# O DESTINO DOS AMANTES

AMÉRICO SIMÕES GARRIDO FH

# O DESTINO DOS AMANTES

Barbara

Revisão: Marcelo Cezar Rodrigues

Capa e diagramação: Meco Garrido

Foto capa: ShutterStock

Dados Internacionais de Catalogação na Publicação (CIP)
(Câmara Brasileira do Livro, SP, Brasil )

Garrido Filho, Américo Simões
PENTALOGIA AMANTES/ Américo Simões. - São Paulo: Barbara Editora, 2022.

LIVRO 1 - O DESTINO DOS AMANTES. ISBN: 978-65-00-45803-9
LIVRO 2 - O ESPELHO TEM DUAS FACES.
LIVRO 3 - PELAS ESQUINAS DA VIDA E DA MORTE.
LIVRO 4 - A DOIS PASSOS DO PARAÍSO.
LIVRO 5 - OS CAMINHOS DO HORIZONTE,
ONDE EU FUI TE REENCONTRAR.

1. Espiritismo 2. Romance espírita. I.Título.
08-0616 CDD-133.93

Índices para catálogo sistemático:
1. Romances espíritas: Espiritismo 133.93

**BARBARA EDITORA**
Av. Dr. Altino Arantes, 742 – 33
Vila Clementino – São Paulo – SP – CEP 04044-060
E-mail: editorabarbara@gmail.com
www.americosimoes.com.br

LIVRO 1

# O DESTINO DOS AMANTES

# CAPÍTULO 1

VALENTINO CASSEL nasceu numa família francesa extremamente rica. Por ser o único herdeiro de seus tios afortunados, tornou-se ainda mais abastado do que o próprio pai. No auge da juventude, apaixonou-se por CARMEM CHERMONT, cuja beleza e luminosidade não ficavam evidentes somente a seus olhos, mas a todos que a conheciam. Moça simples e de família humilde, Valentino viu nela a mulher perfeita para se casar e conceber seus filhos; tornar-se, enfim, o raio de luz que todo homem precisa ter para iluminar seu caminho e ser feliz.

Ela também se apaixonou por ele e soube, de imediato, que ambos ficariam juntos até o fim de suas vidas e se possível fosse, até mesmo além da morte. Um vínculo os unia de forma intensa e sobrenatural.

Quando Valentino foi pedir permissão ao pai da moça para cortejá-la, o Senhor Chermont ficou extremamente lisonjeado, pois sendo Valentino Cassel um sujeito polido, ajuizado e filho de um dos homens mais ricos da região de Bordeaux, seria, indubitavelmente, o genro ideal para qualquer sogro.

Apesar de milionário, Valentino era tão simples quanto um camponês que acordava às cinco da manhã para ordenhar vacas. Dono de um coração benevolente, estava sempre disposto a financiar melhorias em orfanatos, hospitais e moradias dos mais necessitados. Nada queria em troca, exceto a felicidade alheia; se não por completa, pelo menos, por um dia. Com isso, os Cassel se tornaram uma família muito querida e respeitada em Bordeaux, especialmente no vilarejo de Saint-Émilion.

Valentino e Carmem se casaram após um ano de namoro e foram morar na mansão que o avô do moço construíra para a família desfrutar os verões franceses. Um imóvel deslumbrante, de dois andares e muitos ambientes que poderiam abrigar confortavelmente pelo menos oito famílias. O jardim em torno do casarão era simplesmente maravilhoso, havia um labirinto feito de cercas vivas, um haras e um lindo campo de golfe, esporte predileto da família Cassel.

A propriedade ainda resguardava uma praia particular, onde ancorava um iate para atividades de pesca e passeios pelo mar. Luxos que só o dinheiro poderia comprar, mas eles não se gabavam disso e sempre que podiam, levavam familiares e amigos para se divertirem com eles, bem como empregados em seus dias de folga.

Um mês depois de casada, Carmem engravidou e quando completou a quadragésima semana de gravidez, deu à luz um menino forte e sadio em seu próprio leito, amparada por uma parteira e ANGELINA, sua única irmã. Foi um dia feliz.

Quando Valentino voltou para casa e soube da novidade, explodiu de alegria, estourando champanhe para comemorar o momento.

Ao filho, deram o nome de JEAN-PIERRE que cresceu sob os olhos atentos e amorosos dos pais e também das babás e empregados da casa que o queriam tão bem. Ao longo dos anos, Jean-Pierre se tornou definitivamente um filho exemplar. Tratava os pais com respeito e atenção, era estudioso e cauteloso nas suas ações. Uma bênção de Deus para Valentino e Carmem Cassel, depois de enfrentarem triste situação pouco antes de se casarem.

Aos oito anos de idade, um encontro definitivamente mudou a vida do pequeno Jean-Pierre. No meio da grande sala da mansão onde vivia, ele encontrou uma garotinha admirando os quadros enormes que decoravam as paredes do lugar. Seu nome era ISABELLE BINOCHE, filha de uma senhora que prestava serviços domésticos para a mãe de Jean-Pierre e fora até lá receber os honorários pelos serviços prestados.

Ao notar o menino, parado a poucos metros de distância, olhando atentamente para ela com seus olhos verdes, bonitos, a pequena Isabelle sobressaltou-se. Ele, gentil como sempre, sorriu para ela e se aproximou.

– Olá!

– Olá – respondeu ela timidamente.

O menino voltou os olhos para os quadros e disse, apontando especificamente para um em especial:

– De todos, é daquele que eu mais gosto.

A garotinha teve de concordar. De fato, era o mais bonito dentre todas as pinturas a óleo que estavam ali. Retratava um corcel preto, galopando sob um céu de azul intenso e infinito. Animado, Jean-Pierre voltou a falar:

– Eu já pintei um quadro, sabe? Mas não ficou nada bom. A mamãe diz que é porque eu ainda sou muito criança, preciso praticar mais. E você, já tentou?

Isabelle, um tanto sem graça, negou com a cabeça.

– Quer tentar? – sugeriu o menino com redobrada animação. – Tenho tinta e papéis na saleta de estudos. Lá, há também telas em branco. Podemos usar.

Os olhos da menina brilharam diante da proposta. O convite era tentador, por isso, ela o aceitou de imediato.

Quando as mães encontraram os filhos, ambos se divertiam com as tintas, pintando descompromissadamente uma tela. Nesse momento, Carmem Cassel percebeu, mais uma vez, o quanto fazia falta para o menino ter um irmão ou uma irmã. Lembrou-se a seguir, com dor no coração, das vezes em que ele lhe pedira um irmãozinho; algo que ela tentara lhe dar e não conseguira, pois nunca mais engravidou.

Naquele instante, Carmem viu em Isabelle Binoche a companhia perfeita para o filho. Não era o menino que ele tanto sonhara ter como irmão, mas era uma garotinha que muito poderia substituir a irmã que ele não tivera. Foi assim que Jean-Pierre e Isabelle se aproximaram e nunca mais se desgrudaram um do outro.

Aos quinze anos de idade, Isabelle percebeu que seu amor por Jean--Pierre era bem mais forte do que o natural entre irmãos. Ela o amava como homem e sonhava, intimamente, casar-se com ele, ter filhos e ser feliz ao seu lado para o resto de suas vidas. Algo que jamais se passou pela cabeça do adolescente, tanto que quando ela se declarou para ele, já cansada de esperar que Jean-Pierre a notasse, o rapaz teve um sobressalto.

– Você me ama?! – exclamou, surpreso. – Mas...

Havia um "mas", algo pelo qual Isabelle não contava. Em seu íntimo, ele ficaria feliz em saber que ela o queria como seu futuro esposo e pai de seus filhos. O que ele lhe disse a seguir, foi como se um balde d'água fria tivesse sido entornado sobre a sua cabeça, em pleno inverno rigoroso da Europa.

– Isabelle, você é minha irmã e irmãos não se casam.

A resposta dela saltou-lhe da língua com furor:

– Não sou sua irmã! Você sabe disso!

– Para mim é como se fosse.

A decepção tomou conta dela:

– Pensei que ficaria feliz em saber que eu...

– Não me queira mal.

– Não o quero mal, não poderia, eu o amo!

– Eu também a amo. Amamos um ao outro como irmãos!

Ela novamente se exaltou:

– Você me ama como irmã, eu o amo como um homem.

– Isso vai mudar, assim que você conhecer outro rapaz e...

Ela o cortou bruscamente:

– Não quero que mude! Tampouco quero conhecer outro rapaz. É de você que eu gosto, Jean-Pierre. De você, entende?

Ele a compreendia, sem dúvida; mas não podia fazer nada. Seus sentimentos por Isabelle eram mesmo fraternais.

Decepcionada, a adolescente tentou esconder aquilo que definiu como sendo a primeira derrota de sua vida. Mas sua mãe e sua irmã logo notaram o que ia fundo em seu coração e a questionaram a respeito. Isabelle acabou se abrindo com as duas.

– Um dia, mamãe... – confessou, quando conseguiu parar de chorar. – Um dia, Jean-Pierre ainda há de retribuir o meu amor. Quando ele terminar a universidade que pretende cursar e estiver de volta a sua casa, para tomar conta dos negócios do pai, aí sim, ele perceberá que posso ser sua esposa.

A mãe assentiu para agradar a filha, contudo, não tinha esperanças. Para ela, Jean-Pierre acabaria conhecendo outra garota, durante os anos na universidade e se casaria com ela. Que estivesse errada, pelo bem de Isabelle; não queria vê-la sofrendo ainda mais por aquilo.

O ideal mesmo seria ela se apaixonar por outro rapaz, capaz de fazê-la se esquecer de Jean-Pierre, de uma vez por todas, permitindo assim, que ela desse um novo rumo a sua vida. Que Deus lhe concedesse essa graça.

Os pais de Jean-Pierre também sabiam o quanto Isabelle o amava e torciam para que o filho também se apaixonasse por ela. Para Valentino e Carmem, a jovem seria a mulher perfeita para ele desposar e se tornar mãe dos seus filhos.

Aos dezessete anos, Jean-Pierre se tornou um adolescente de caráter impecável. Sobre ele, seu pai dizia: "Ele é bom. Bom de verdade. Nunca faz mal a ninguém, tampouco diz coisas ruins sobre os outros. É um diplomata nato. Inclusive, deveria se tornar um".

Mas Valentino Cassel sabia que muita bondade em um ser humano poderia se tornar um defeito num mundo repleto de invejosos e desonestos. Ser puro era certamente uma dádiva perante Deus, mas no mundo dos homens poderia fazer com que Jean-Pierre caísse nas artimanhas de alguém mal-intencionado. Era preciso ter malícia para se resguardar da maldade alheia. Por isso, o pai o preveniu, especialmente quando estava prestes a ingressar na universidade, o que o obrigaria a viver longe de casa, em contato direto com pessoas que poderiam abusar da sua bondade.

Jean-Pierre ouviu tudo com a maior atenção e garantiu ao pai que nada de mau lhe aconteceria, pois ficaria atento a qualquer um que pudesse querer lhe prejudicar. O Senhor Cassel ficou mais tranquilo desde então.

Quando o rapaz ingressou na universidade, seus pais encararam sua conquista com grande alegria e tristeza, ao mesmo tempo. Sabiam que Jean-Pierre se realizaria futuramente com um diploma nas mãos, contudo, ele teria de morar em Paris, o que seria árduo para o casal que nunca se afastara do filho, por nada, ao longo de sua existência.

Morar num dos quartos do campus da universidade, como fazia a maioria dos estudantes que vinham de outras cidades, tendo de dividir o mesmo aposento com um colega de classe, foi para Jean-Pierre um grande desafio. Para quem tinha morado a vida toda numa mansão com espaço de sobra para correr e brincar, e uma criadagem sempre pronta a manter tudo limpo e organizado, o quarto era o que poderia se chamar de cubículo.

Ter um colega de quarto como EDMOND DUJARDIN, um bon-vivant, amante da boemia e da esbórnia, do prazer ilícito e carnal, foi também para Jean-Pierre outro desafio. Ambos eram contraste um do outro. Como se o amigo fosse a água e ele o óleo que não se misturam.

Para Edmond, seduzir as mulheres era o seu maior propósito de vida. E ele realmente as fascinava com uma facilidade surpreendente. Sabendo do seu poder perante elas, usava e abusava de cada uma que se rendia aos seus encantos. Poucas conseguiam resistir ao seu charme e sedução. Entregavam-se a ele, acreditando que Edmond firmaria compromisso com elas, algo que o rapaz considerava uma prisão. Para que ter uma só mulher, se podia ter diversas e quando bem quisesse? Com as prostitutas, Edmond também vivia suas aventuras amorosas, porque com cada uma delas podia ousar mais e isso o excitava imensamente.

Outros estudantes eram também mulherengos inveterados, vivendo na esbórnia sempre que possível, bebendo e fumando, sem se preocuparem com o amanhã ou com os estudos.

Jean-Pierre era completamente o oposto da maioria e, por isso, logo se tornou alvo de piadas e insinuações maldosas a seu respeito. A princípio, acreditaram que fosse um homossexual enrustido; só depois, é que perceberam que se tratava apenas de um rapaz dotado de uma pureza rara de se encontrar nos homens.

Mesmo assim, caçoavam dele pelas costas e tentavam levá-lo para as noitadas nos bordéis e bares da cidade, onde bebiam e fumavam até o raiar do sol.

Para Jean-Pierre, passar uma noite em claro serviria somente para estudar para uma prova, caso contrário, não faria, pois prejudicaria sua atenção nas aulas do dia seguinte. Ele queria honrar o diploma que receberia ao final do curso. Tornar-se verdadeiramente capaz de exercer a profissão que o diploma lhe habilitaria.

Poucos estudavam como ele e, talvez, por isso, invejavam o seu comportamento, especialmente quando ele se revelava o melhor aluno da classe.

A cada regresso para casa, Jean-Pierre se mostrava mais alto, mais homem e mais lindo perante os olhos de Isabelle. Ambos passavam longos períodos, lado a lado, praticando esportes, jogando conversa fora e fazendo passeios pelos arredores da mansão da família. Eram novamente as duas crianças que um dia se conheceram e se tornaram grandes amigos. Nesse sentido, nada parecia ter mudado entre os dois. E isso fazia com que Isabelle renovasse suas esperanças de um dia ter Jean-Pierre como marido.

Os pais do rapaz também alimentavam tal esperança, pois Jean--Pierre e Isabelle pareciam ter mesmo nascido um para o outro. Infelizmente, Carmem Cassel não viveu o suficiente para ver tal possibilidade se concretizar. Dois anos após o ingresso do filho na universidade, adoeceu gravemente e morreu, dias depois, aos quarenta anos de idade. Sua morte abalou profundamente Valentino e Jean-Pierre que ao lado de Isabelle encontrou conforto, no dia que considerou ser o mais difícil de sua vida até então. Foi também nos estudos que o rapaz conseguiu superar a perda da mãe, dedicando-se em dobro.

Valentino, por sua vez, apegou-se às lembranças felizes que vivera ao lado da esposa para superar o luto. Só ele sabia que, no fundo, Carmem havia morrido de desgosto por nunca ter se perdoado do que fizera a irmã no passado. Mesmo depois de ter tentado reparar seu erro por meio de um sacrifício tamanho, a fatalidade continuou a devastar seu físico e sua alma. Que Carmem encontrasse conforto no reino dos céus, desejou Valentino de coração.

E assim os meses se passaram...

# CAPÍTULO 2

Paris, maio de 1923

Aos vinte e um anos de idade, Jean-Pierre se tornou um lindo rapaz de um metro e oitenta de altura, ombros largos, pele clara, cabelos louros, olhos verdes cintilantes e uma timidez encantadora.

Faltavam apenas dois meses para a conclusão de mais um ano letivo, quando Edmond Dujardin chamou Jean-Pierre, mais uma vez, para ir com ele e os demais colegas da universidade a um baile na bela Paris.

– Meu caro, a vida é uma só! – enfatizou Edmond com perfeita eloquência. – Por isso, você deve aproveitá-la ao máximo. Jogar-se de cabeça! Aventurar-se! Viver! Simplesmente viver, intensamente!

– E não vivo?

– Você?! – O sujeito gargalhou. – É lógico que não, Jean-Pierre. Durante todos esses anos na universidade, você nunca saiu conosco para a boemia. Passou todo esse período enfurnado no seu quarto, estudando feito um jumento.

– Eu gosto de estudar.

– Você nem precisa dos estudos, seu tonto. Você já é rico. Muito rico! Jamais vai precisar desse diploma para sobreviver.

– Estou na universidade para estudar, não para me aventurar.

– Bobagem! A juventude é uma só, saiba aproveitá-la enquanto há tempo. Os anos passarão e você morrerá sem ter tido a oportunidade de se embriagar com os amigos, jogando conversa fora e se deliciando com as mulheres.

Pela primeira vez, as palavras do sujeito surtiram efeito sobre Jean-Pierre Cassel.

– Está bem – afirmou. – Vou com vocês!

Edmond sorriu de orelha a orelha.

– Fala sério?!

Jean-Pierre assentiu e o sorriso de satisfação de Edmond se ampliou.

– Que maravilha! Você não irá se arrepender.

– Não mesmo – respondeu Jean-Pierre de imediato. – Pois estou com os meus estudos em dia e as melhores notas garantidas no meu boletim.

Edmond Dujardin estava eufórico.

– Nossos amigos mal acreditarão quando o virem no baile. Vai ser um assombro. Há há!

Horas depois, Jean-Pierre e Edmond chegavam ao baile repleto de jovens estudantes e outros mais da cidade. Edmond, abrindo um largo sorriso comentou, com redobrado entusiasmo:

– Mulheres, Jean-Pierre! Veja! Quantas!

De fato, havia jovens belíssimas ocupando o salão.

– Veja só, quantas maravilhas você perdeu nesses últimos anos por causa dos estudos. E eu lhe pergunto: valeu a pena? E eu mesmo respondo: não! Pois para um homem de verdade, Jean-Pierre, nada vale mais do que mulheres, sexo, bebida, cigarro e diversão com os amigos.

Jean-Pierre estava prestes a dizer algo em sua defesa quando o amigo o interrompeu, empinando o corpo para frente e adquirindo um tom entusiasmado:

– Jean-Pierre, meu querido, veja só que preciosidade aquela jovem ali... Que formosura!

Havia tantas moças que Jean-Pierre não sabia exatamente a qual Edmond se referia. Percebendo sua dúvida, o sujeito lhe fez um sinal com a cabeça, indicando-lhe a direção que deveria focar seus olhos. Só então, Jean-Pierre observou a jovem que se destacava timidamente num canto recolhido do grande salão. Parecia tímida e frágil, por baixo da leve maquiagem que cobria o seu rosto meigo e angelical.

Os olhos tinham cor violeta e os cabelos eram louros, contrastando lindamente com a pele dourada, como se tivesse sido banhada em mel. Quando ela discretamente olhou para Jean-Pierre, o jovem milionário sentiu o peito incendiar. Seus olhos brilharam como se uma luz tivesse sido acesa dentro deles.

– Que curvas... – murmurou Edmond maliciosamente. – Acho que tirei a sorte grande!

Sem mais, ele pediu licença ao amigo e se dirigiu até a moça. Aproximou-se dela com cautela, como se sua aproximação repentina pudesse assustá-la. Fez-lhe um gesto galanteador e uso das palavras mais pomposas às que um sedutor barato poderia recorrer, na esperança de conquistar uma alma divina. Não levou mais do que um minuto para que voltasse até Jean-Pierre, com ar de derrotado.

– O que houve? – estranhou Jean-Pierre o semblante fechado do amigo. – Está passando mal?

O rapaz, expressando derrota, falou, desolado:

-- Ela não gostou de mim, Jean-Pierre. Foi de você que ela gostou.

– O quê?!

– É isso mesmo o que você ouviu, meu amigo. Ela gostou de você!

Ter a mais bela de todas as mulheres do salão olhando-o com discrição fez com que Jean-Pierre ficasse repentinamente nervoso. Seus olhos piscaram, aflitos, e suas mãos crisparam, como se quisessem rasgar a própria pele.

Edmond Dujardin voltou a falar, com indignação:

– Uma mulher dessas se interessando por você, Jean-Pierre? Não é justo! Você não passa de um frouxo, molenga... Que desperdício!

Jean-Pierre continuava a lançar olhares discretos para tão formosa criatura.

– Ela é mesmo linda... – murmurou, verdadeiramente encantado.

Edmond novamente se agitou:

– Vá falar com ela, homem! Quanto mais rápido for, mais rápido ela perceberá que você não passa de um frouxo e desistirá da sua pessoa. Com isso, terei chance de conquistá-la.

Edmond suspirou e fez um gesto teatral com as mãos, como se envolvesse uma alma feminina nos braços, só que invisível, e dançasse uma valsa com ela.

Jean-Pierre achou graça do amigo que insistiu:

– Anda logo, homem de Deus! Antes que outro se aproxime dela e a seduza com a sua lábia.

Pela primeira vez, Jean-Pierre achou que o amigo tinha razão. Ele precisava mesmo conhecer de perto tão bela criatura; e isso o fez vencer a timidez que o impedia de ir falar com a moça. Aproximou-se dela com cautela, com os olhos a ir e vir dos seus, enquanto sentia sua alma gelar e o coração disparar no peito.

– Olá – disse, enfim, com polidez aristocrática. – Sou Jean-Pierre Cassel, ao seu dispor.

A jovem observou-o com uma expressão nos olhos que ele jamais viu, tampouco saberia definir o que ocultavam.

– O que está achando do baile? – tornou ele, pronunciando devagar as palavras. – Agradável, não?

– Agradabilíssimo – respondeu ela, voltando os olhos para a pista de dança, tomada de casais, dançando alegremente ao som de músicos virtuosos. – Há muito que não via um baile tão animado como esse.

Ele permaneceu olhando para o seu perfil adorável, esperando por mais algumas palavras tão doces quanto o seu olhar, ditas naquele tom de voz suave e musical. Quando ela voltou a encará-lo, um leve sorriso se insinuou na sua linda face de porcelana. Então, lindamente quanto uma poetisa, ela citou Shakespeare:

– "Os sentimentos verdadeiros se manifestam mais por atos do que por palavras".

Sua voz soou tão delicada quanto o som de uma harpa.

– Shakespeare! – exclamou Jean-Pierre encantado.

– Sim! Você gosta?

– Muito!

– Eu também o admiro. Admiro-o tanto quanto uma bela poesia. – Ela riu, tomada de súbito constrangimento. – Quem me dera saber fazer uso das palavras e rimas para escrever uma ou duas...

– Você já tentou?

– Sim. Por muitas vezes. Mas não escrevi nada que valesse a pena compartilhar com o meu semelhante. – Ela riu de suas próprias palavras. – Um dia, quem sabe...

– Quem sabe.

Timidamente, ela desviou o olhar e quando voltou a encará-lo, novo raio de luz parecia ter sido aceso no fundo de seus olhos. Nada mais foi dito, o olhar de um para o outro já dizia tudo. Algo mágico acontecia entre os dois. Algo que só foi desperto ao som dos primeiros acordes de uma nova canção que os músicos tocaram para embalar a noite. Momento em que Jean-Pierre se sentiu mais seguro para convidar a jovem para dançar.

– Concede-me essa dança?

Ela pareceu lisonjeada com o convite; assim sendo, deixou-se ser guiada até a pista de dança, iluminada por um maravilhoso e gigantesco lustre de cristal. Ao envolvê-la em seus braços, ondas de calor atingiram o peito de Jean-Pierre que sorriu para ela, inebriado de encanto por sua beleza. Concentrados um no outro, tudo mais ao redor pareceu se apagar. Era a dança, a música e o fascínio do momento que pontuava seus corações naquele instante. Um privilégio que só os despertos pelo amor parecem ter permissão de usufruir.

Só voltaram a si quando os músicos fizeram nova pausa para o descanso. Jean-Pierre então, sorrindo amavelmente para ela, conduziu-a de volta ao local onde haviam se conhecido. Ali, diante da porta que dava para uma espaçosa e suntuosa sacada, ele, com um gesto de mão, sugeriu que fossem para lá. Um lugar bem mais tranquilo para conversarem. Ela não se opôs, ao contrário, pareceu ter adorado a ideia tanto quanto ele.

Ali, ambos se silenciaram por alguns minutos enquanto admiravam o céu, onde a lua parecia derramar sobre a cidade um brilho incandescente, diferente do normal. Lembrava uma chuva de prata, mágica e encantadora. Jean-Pierre então ousou dizer o que inspirava o seu coração naquele momento:

– Eu não a conheço, mas sinto que é uma pessoa maravilhosa, rara de se encontrar ao longo da vida.

Ela voltou a olhar bem dentro dos seus olhos e disse:

– Você também me parece uma pessoa rara. Aprendi que Deus nos faz encontrar as pessoas por propósitos muito sábios. Cada encontro é uma oportunidade para que possamos crescer como ser humano.

– Pelo visto, você é também muito religiosa.

– Sou. O que seria de nós sem uma religião que nos conduz a Deus, não é mesmo?

– Sim. Tanto que meus pais sempre me ensinaram a importância da Igreja em minha vida e na de qualquer outro. Sou-lhes muito grato pelo que aprendi.

– Meus pais me ensinaram o mesmo.

Um novo ar de admiração transpareceu no rosto de cada jovem. Breve pausa e Jean-Pierre quis saber, empolgado:

– Você ainda não me disse o seu nome.

– Desculpe-me. Chamo-me SILVIA NAVARRO.

– Encantado, Silvia. Veio ao baile sozinha?

– Sim, minha madrinha insistiu. Acha que devo aproveitar melhor a vida. Sou muito caseira, pouco saio.

Ela pareceu mergulhar nas profundezas de si, antes de concluir:

– Fui criada pela minha madrinha, pois meus pais faleceram num acidente. Graças a Deus, pude contar com ela. Sem o seu amparo, eu não teria sobrevivido. Isso prova o quanto Deus é maravilhoso para nós. Pelo menos para mim tem sido, pois jamais me deixou desamparada sequer um momento de minha vida.

– Deus é mesmo maravilhoso!

– Sim...

Ela enxugou uma lágrima com a ponta do dedo delicado e ele lhe ofereceu um lenço.

– Obrigada. Sempre me emociono quando recordo dos meus pais.

– É natural.

Ela concordou e, parecendo retomar a alegria de antes, perguntou:

– E você? É daqui mesmo?

– Não. Sou do vilarejo de Saint-Émilion de Bordeaux. Resido em Paris, desde que comecei a cursar a universidade.

– Que maravilha! É um bom aluno?

Ele corou.

– Acredito que sim.

– Admirável!

– Vim ao baile com os meus amigos da universidade. Insistiram para que eu viesse e foi muito bom terem insistido.

Ela fez ar de interrogação e ele, rindo, explicou-se:

– Caso contrário, eu não estaria aqui conversando com você.

Ela fez ar de lisonja e ele completou:

– Ingressei na universidade com o único propósito de estudar. Fui morar no campus e Edmond foi meu colega de quarto, desde então. Aquele que foi falar com você, antes de eu me dirigir a sua pessoa. Só que ele e alguns mais nunca levaram a universidade a sério. Na verdade, só a cursaram seja por obrigação ou exigência dos pais. Caçoaram de mim por eu ter sido sempre tão aplicado aos estudos; mas tive de ser, caso contrário, não honraria o diploma que em breve terei em minhas mãos.

– Chamo isso de responsabilidade – opinou ela, parecendo muito sensata. – Algo admirável numa pessoa. Parabéns!

– Obrigado.

– E depois de formado, o que pretende fazer?

– Trabalhar com meu pai. Ele precisa de mim.

– É filho único?

– Sim.

– É tão solitário, não acha? Digo, ser filho único. Eu, pelo menos, sempre me senti solitária.

– Eu também, por um tempo. Tanto que esperava ter um irmão, algo que infelizmente nunca aconteceu. Minha mãe tentou novamente mas não conseguiu mais engravidar.

– Acontece. No caso dos meus pais foi diferente. Acho que poderiam ter me dado uma irmã ou um irmão, mas, infelizmente, o acidente os privou de qualquer possibilidade.

– Eu sinto muito.

– São águas passadas.

– São.

Como quem quer espantar a tristeza, Silvia, sorrindo, perguntou num tom mais animado:

– Você me disse que sonhou ter um irmão. Por que não uma irmã?

Ele riu.

– Sei lá. Mas eu também ficaria feliz se tivesse uma. Na verdade, tenho uma de coração. Chama-se Isabelle Binoche. Crescemos praticamente juntos. É filha de um casal que, por muito tempo, prestou serviços na propriedade dos meus pais. Ela é um doce de garota. Uma verdadeira irmã de coração.

– Que bom! Você é um rapaz abençoado, pois pelo menos teve uma irmã de coração. Eu, nem isso. Parece que, na vida, nunca podemos ter tudo o que desejamos. Há sempre uma falta ou duas ou... diversas.

Pela primeira vez, Jean-Pierre viu nela um quê de tristeza que a tornava mais humana.

– Eu sinto muito – admitiu, carinhosamente.

– Sei que me fala com sinceridade e isso muito me encanta.

Breve pausa e o assunto se enveredou por temas corriqueiros. Uma conversa descontraída e animada. Foi assim, até ela dizer que precisava ir embora.

– Tão cedo?

– Não é cedo. Na verdade, já é bem tarde. Não estou acostumada a ficar acordada até essa hora.

– Nos distraímos com a conversa e o tempo passou.

– Pois é. Eu também não gosto de deixar a madrinha sozinha por muito tempo. Ela sofre de asma e ultimamente anda tendo crises pavorosas.

– Eu compreendo. Mas foi muito bom ter conversado com você.

– Eu também achei ótimo.

Um sorriso tímido novamente escapou-lhes dos lábios.

– Gostaria muito de revê-la. Posso?

– É lógico que sim, por que não?

– Onde e quando?

– Amanhã, pode ser?

– É só me dizer o local e a hora.

Ela sorriu e combinou devidamente com ele o encontro. Então, ele a conduziu para fora do salão e permaneceu ao seu lado, até ela entrar num carro de aluguel. Os olhos do rapaz brilhavam ao acenar para a doce e bela Silvia Navarro.

Ao reencontrar os colegas de universidade, Jean-Pierre foi abordado euforicamente por Edmond.

– Quem é ela? Quem é ela?! Conte-me tudo, não me esconda nada!

– Seu nome é Silvia Navarro – explicou Jean-Pierre com grande satisfação. – Vive na companhia da madrinha, desde que os pais morreram num acidente. Combinamos de nos ver amanhã à tarde.

Edmond fez ar de espanto:

– Combinaram?!

– Sim.

– Quem te viu e quem te vê, hein, meu amigo? Nem bem saiu da toca e já está mostrando as garrinhas!

Jean-Pierre se avermelhou, encabulado, e Edmond acrescentou, à toda voz:

– Mas é assim mesmo que um homem deve agir, Jean-Pierre. E digo mais! Muito mais, meu caro! Você é mesmo um sortudo. Conquistou a jovem mais linda do salão. Parabéns!

– Sim! Linda e encantadora... – murmurou Jean-Pierre, como se estivesse em transe. Silvia Navarro o impressionara profundamente. Nenhuma mulher tivera esse poder antes.

Percebendo sua ausência, Edmond cutucou o amigo para despertá-lo.

– Impressão minha, ou você já está caidinho por ela? – perguntou, lançando-lhe um olhar maroto.

– Vamos nos reencontrar amanhã... – murmurou Jean-Pierre com voz delirante.

– Você já me disse.

O rapaz se avermelhou e Edmond novamente caçoou dele:

– As coisas estão se encaminhando para você, meu amigo, bem mais rápido do que eu previ. Quem diria?!

Os colegas, morderam os lábios, perplexos com o que havia acontecido a Jean-Pierre. Silvia Navarro havia mesmo impressionado o tímido e recatado milionário de família tradicional francesa. Nunca uma mulher lhe despertara tanto interesse. Fora preciso certa ousadia para se aproximar dela, encarando-a sem desviar os olhos, ciente, cada vez mais, do seu desejo de conquistá-la. De repente, nada mais tinha importância na vida de Jean-Pierre do que conquistar a bela e fulgurosa jovem, até mesmo para fazer dela sua esposa e mãe dos seus filhos.

# CAPÍTULO 3

No dia seguinte, no lugar e hora combinados, Jean-Pierre Cassel apareceu para rever Silvia Navarro que já o aguardava, trajando um lindo vestido num tom rosa discreto e elegante e um chapéu forrado de tecido no mesmo tom, para proteger seu rosto delicado do sol. Em seus lábios havia um batom carmim, realçando sua boca pequena, linda e jovial. Uma súbita admiração se espalhou pela sua face, ao ver-se novamente diante do rapaz encantador que conhecera no baile da noite anterior.

– Pensei que não viesse – disse ela com certa ansiedade.

– Por que eu deixaria de vir?

– Porque... – ela não soube responder.

Ele, fitando-a com ternura, declarou:

– Você é mesmo muito linda. Sob a claridade do sol, seu rosto se torna ainda mais maravilhoso.

– Assim você me deixa sem graça.

– O que é bonito deve ser elogiado.

– Obrigada.

Ele sorriu e ela retribuiu o sorriso.

– Que tal comermos alguma coisa? Você escolhe. O que preferir.

Ela pareceu adorar a ideia. Os dois se dirigiram para um café nas proximidades e sentaram-se numa das mesinhas com guarda-sol. Olhos nos olhos, cada um falou mais um pouco de si. Ele, dos motivos que o levaram a cursar a universidade; ela, da dificuldade de ser mulher no início do século vinte. Jean-Pierre ouviu tudo com tremenda atenção e deu seu parecer sobre o tema:

– Um dia, as mulheres terão os mesmos direitos dos homens. Não é certo que haja distinção entre os dois sexos.

Ela concordou e o assunto tomou outro rumo.

– Como é mesmo o nome da sua cidade?

– Saint-Émilion. Gostaria de conhecer?

– Eu?! – a pergunta pareceu tomá-la de espanto e empolgação.

– Sim. É um lugar adorável. Se um dia você for até lá, confirmará o que eu digo. Vai amar!

– Você diz isso com tanta certeza.

– Porque todos que visitam o local, apaixonam-se. É mesmo um cantinho privilegiado do planeta.

– Quem sabe um dia, eu me apaixono também.

– Quem sabe?...

Ela sorriu e sugeriu:

– Vamos caminhar um pouco?

– Sim.

Ele pagou pelo que haviam pedido e gentilmente estendeu a mão para ela se levantar. Um minuto depois, os dois caminhavam por uma das passarelas do belíssimo Jardim de Luxemburgo, o maior jardim público de Paris, onde muitos parisienses caminham por entre os gramados bem cuidados do local, tomam sol, fazem piquenique ou leem um bom livro. Em meio ao tête-à-tête, Jean-Pierre quis saber mais sobre os pais da jovem.

– Você me disse que seus pais morreram num acidente. Que tipo de acidente, exatamente?

Ela deteve os passos e sua resposta não poderia ter soado mais triste:

– Não gosto de falar sobre isso.

Jean-Pierre rapidamente se desculpou pela intromissão que considerou extremamente deselegante. Ela, no entanto, reagiu:

– Não há o que se desculpar. É uma pergunta corriqueira de duas pessoas que estão acabando de se conhecer, não é mesmo?

– Acho que sim.

Quase um minuto de silêncio e ela se pôs a falar:

– Pois bem. Eu sempre digo que foi um acidente, para tornar a explicação o mais fácil possível, mas não foi um acidente. A mamãe foi levada de casa por uma paixão tempestuosa e avassaladora, que a fez sumir do mapa e nunca mais dar notícias para mim e meu pai.

Ela novamente reteve os passos e seu tom se intensificou:

– É lógico que só vim a descobrir isso quando mocinha, antes, todos me diziam que a mamãe ficara muito doente e morrera num hospital.

– Eu sinto muito.

Silvia Navarro pareceu se manter firme:

– Às vezes sinto vontade de reencontrá-la, sabe? De lhe dizer poucas e boas, mas... Não vale a pena!

– Acho que não!

Breve pausa e ele perguntou:

– E seu pai, o que houve com ele?

– O papai... – a voz dela soou novamente triste. – Ele morreu, meses depois de minha mãe ter fugido com o amante. Ele era louco por ela, amava-a demais e foi isso que o matou. Durante meses, eu o vi definhando na cama e pensei que era por causa de uma doença; mas não havia doença alguma, ele definhava daquele jeito por causa do amor que sentia pela mulher que me gerou.

– Que final mais triste.

– Sim, demais. É logico que os adultos esconderam de mim a verdadeira causa da morte do meu pai. Acreditei em todos. Era inocente demais para suspeitar que não me diziam a verdade.

– Sem dúvida.

– Por outro lado, ainda penso que teria sido melhor eu não saber de nada. Como diz o ditado: ignorância, em muitos casos, é uma bênção.

– Sim.

Silêncio momentâneo antes de ela retomar ao assunto:

– Acho que é por isso que tenho tanto receio de me apaixonar. A paixão, ou o amor, como queira chamar, pode nos fazer tanto bem quanto mal. Muito mal. Não quero passar por isso.

– Nem todo mundo se comporta da mesma maneira, Silvia.

– Deus queira que não.

A voz triste e frágil da jovem despertou em Jean-Pierre a necessidade de protegê-la de todo e qualquer lado negativo da vida. De repente, ele queria ser o seu escudo, o seu forte, uma couraça para impedir que nada a ferisse durante a sua existência. E ele estava determinado àquilo.

– E seus pais, meu querido, fale-me deles.

– Com prazer. Papai nasceu numa família abastada, cujo dinheiro não o fez pensar que era superior a ninguém. Trata todos, de diferentes classes sociais, com a mesma dignidade.

– Que bonito! É muito raro encontrar pessoas assim, num mundo como o nosso.

– Mas Silvia, elas existem. Da mesma forma que muitas desejam amar sem machucar quem amam.

Não foi preciso explicar a indireta, a moça a compreendeu de imediato e assentiu. Jean-Pierre voltou a falar com entusiasmo:

– A casa onde moramos fica perto de um vilarejo chamado Saint Emilion onde meu pai conheceu minha mãe durante uma missa na igrejinha do local. Apaixonaram-se e se casaram depois de um ano de namoro. Minha mãe pertencia a uma família da região, gente muito simples e honesta. Não demorou muito para a mamãe engravidar de mim e aqui estou, forte e saudável.

Ele riu e ela comentou, demonstrando profunda sinceridade:

– Seus pais devem sentir muito orgulho de você, não?

– Sim. E eu também sinto orgulho deles – o rosto dele entristeceu a seguir. – Infelizmente, a mamãe faleceu há dois anos. Adoeceu repentinamente e não aguentou. Foi um baque para nós. Tinha quarenta anos de idade.

– Que triste!

– É a vida. Da mesma forma que nos dá pessoas queridas; cedo ou tarde, a vida as tira de nós.

– Infelizmente.

Breve pausa e Jean-Pierre procurou espantar a tristeza:

– Vamos nos alegrar! Aproveitar essa tarde linda. Feita para nós!

Silvia concordou plenamente:

– É assim que se fala!

Num impulso, ele quis beijá-la, ali mesmo, na frente de quem quer que fosse. Deteve-se a tempo, pois não seria uma atitude correta para com uma jovem como Silvia.

Mais alguns passos e o casal foi surpreendido por Edmond Dujardin, acompanhado de GUSTAVE FLAUBERT E JACQUES SALOMONE, também estudantes da universidade.

– Jean-Pierre, meu amigo! – exclamou Edmond, visivelmente alcoolizado. – Você não perde mesmo o seu tempo, hein? Quem diria? Mal conheceu essa divina criatura e já a arrastou para cá. Rápido e afoito como um coelho, hein?

Jean-Pierre desaprovou o comentário, pois Silvia Navarro poderia pensar mal a seu respeito, diante de palavras tão inoportunas e sem graça.

Nisso, Gustave Flaubert comentou, também visivelmente embriagado:

– E a auréola sob a sua cabeça, Jean-Pierre, o que fez dela? – o moço riu, envergando-se todo.

Jacques Salomone opinou a seguir:

– E nós que pensamos que você era bobo, hein? Que nada! De bobo você não tem nada! É mesmo um lobo em pele de cordeiro.

– Amigos – abordou Jean-Pierre com certa impaciência. – Não veem que estou acompanhado? Por favor!

Edmond novamente se fez inconveniente. Voltando-se para os dois colegas que o acompanhavam, zombou:

– Vejam só, meus camaradas, como o filhinho de papai fala bonito!

Jean-Pierre deu um passo adiante:

– Edmond, por favor!

Enquanto discutiam, Silvia se afastou do grupo.

– Acho melhor você correr atrás da moça – observou Jacques, exalando forte odor de bebida. – Ela está indo embora.

Quando Jean-Pierre se voltou para trás, Silvia de fato já estava a uma boa distância, estugando os passos, quase correndo, aflita.

– Viu só o que vocês fizeram? – recriminou os amigos e, sem demora, correu atrás da belíssima jovem, dizendo: – Silvia, por favor, espere!

A moça parou e suspirou, demonstrando grande tensão. Levou quase um minuto até que Jean-Pierre conseguisse lhe dizer alguma coisa. Seus olhos iam e vinham dos seus, movidos por grande tensão.

– Fale comigo, Silvia, por favor!

As palavras dela o atingiram em cheio:

– Não temos mais nada a conversar. Deixe-me em paz!

– Por quê?

– Porque sei agora, muito bem quem você é! Um aventureiro, irresponsável! Só quer se divertir às custas das mulheres, das mais tolas, certamente.

– Não, Silvia! Não sou assim! Meus amigos até podem ser, mas eu, não! Edmond, Gustave e Jacques estão bêbados. E isso não é novidade. Na universidade, sempre beberam mais do que estudaram. Não são de confiança.

A moça continuou triste e aborrecida.

– Você diz isso só para me conquistar. Está tentando tapar o sol com a peneira. Sou uma moça digna, sabia? Digna e de respeito.

Nisso, Edmond se aproximou dos dois, dessa vez, pedindo licença para se achegar.

– Senhorita – fez-lhe uma reverência com o chapéu. – Não queira mal o meu amigo. Jean-Pierre Cassel é mesmo um rapaz direito. Outros da nossa turma podem até ser aventureiros, mas Jean-Pierre não é. Na verdade, ninguém é mais correto do que esse meu amigo aqui. Esse é um dos sujeitos mais honestos que já conheci. Acho mesmo que não existe nenhum outro como ele. Dê-lhe uma chance e não se arrependerá.

Jean-Pierre sentiu-se tocado pela intervenção do amigo a seu favor. Jamais pensou que Edmond, tão boêmio e inconsequente como era, pudesse ser capaz de um gesto tão nobre para com ele. Com uma nova mesura, o sujeito se afastou, retomando seu caminho para junto dos colegas endiabrados. Silvia permaneceu quieta, como que tomada por uma profunda indecisão. Por fim, respirou fundo, como quem faz para expelir a tensão e disse:

– Aqueles moços foram muito deselegantes.

– Sim – concordou Jean-Pierre, respirando mais aliviado. – Não deixemos que eles perturbem a nossa paz, por favor.

Ela pareceu relaxar novamente.

– Melhor assim – arrematou Jean-Pierre, abrindo um sorriso encantador. – Você fica muito mais linda quando calma e serena.

Ela retribuiu o sorriso e os dois voltaram a caminhar, lado a lado. Por onde passavam, homens, de todas as idades, com discrição ou não, espiavam, de cima a baixo a jovem de apenas vinte anos de idade. Ela parecia não notar, tampouco Jean-Pierre. Estavam tão envolvidos numa palestra que tudo mais em torno deles parecia ter se evaporado. Foi uma tarde maravilhosa. Excepcionalmente maravilhosa. Nada poderia ter sido tão perfeito quanto o primeiro encontro ao ar livre de Jean-Pierre Cassel e Silvia Navarro.

Ao levar a jovem para o hotel onde estava hospedada, surgiu a oportunidade de Jean-Pierre conhecer MADALENA AYALA, a madrinha de Silvia. Tinha ela os seus trinta e poucos anos. O rosto era redondo, o queixo miúdo, o nariz era aquilino e a pele era de um rosa-pálido, semelhante às pétalas das rosas desse tom. Encontraram a mulher no saguão do hotel, onde Silvia fez as devidas apresentações.

– Madrinha – disse ela com devido respeito. – Quero lhe apresentar o senhor Jean-Pierre Cassel.

A mulher voltou o olhar para o nobre rapaz, estudando seu rosto com grande interesse. Jean-Pierre, rapidamente lhe fez uma mesura e tomou-lhe a mão para beijá-la.

– Como vai? Muito prazer.

A senhora fez ar de lisonja e sorriu com simpatia. Com a afilhada comentou:

– Silvia, minha querida, o rapaz é bem mais do que eu esperava.

Jean-Pierre fez ar de interrogação e Madalena se explicou:

– É bem-apessoado, digo. Tem bons modos. Parece-me verdadeiramente um cavalheiro.

– Obrigado.

– Saiba que minha afilhada é moça direita. Porte-se inadequadamente com ela e o senhor terá de se ver comigo e as autoridades.

Jean-Pierre rapidamente se defendeu:

– Minhas intenções para com sua afilhada são as mais nobres possíveis. Silvia é uma moça encantadora.

– Ela é mesmo encantadora...

– Sim.

Um sorriso pleno se abriu na face perfeitamente escanhoada de Jean-Pierre Cassel; que voltou a olhar para Silvia com admiração. Demonstrando certo constrangimento, a jovem comentou:

– A madrinha se preocupa muito comigo, Jean-Pierre.

– Ela está certa em querer protegê-la. Com tantos cafajestes por aí, não seria justo cair nas mãos de um.

– Sem dúvida.

Madalena voltou a falar:

– Quero o melhor para a minha afilhada. Por eu ter ficado no lugar dos pais dela, sinto-me no direito de protegê-la e encaminhá-la na vida.

– A senhora tem toda razão.

– Que bom que me compreende.

Madalena emitiu um sorriso ainda mais acolhedor e pediu a Jean-Pierre que falasse um pouco mais sobre si, algo que ele fez, com muito gosto.

O encontro terminou com a promessa de Jean-Pierre e Silvia se reverem no dia seguinte, dessa vez, sob as bênçãos de Madalena Ayala.

# CAPÍTULO 4

Ao reencontrar os amigos no campus da universidade, Jean-Pierre novamente reprovou-os pelo episódio deselegante daquela tarde. Os três estavam se arrumando para se divertirem, mais uma noite, no bordel mais badalado da cidade. Convidaram Jean-Pierre para ir com eles, mas o rapaz polidamente declinou o convite.

– Não, obrigado.

– Você nunca vai! – reclamou Gustave seriamente. – Até parece que não gosta de mulher.

– Gosto sim! Só que sou romântico. Prefiro me envolver com uma delas à moda antiga.

– Que baboseira.

– É sério.

– Pelo visto – zombou Edmond, lançando uma piscadela maliciosa para os colegas – o cúpido realmente flechou o nosso adorável e recatado Jean-Pierre Cassel. Mas não é para menos. Aquela jovem é mesmo uma criatura lindíssima.

Os olhos de Jean-Pierre brilharam ao rever a face de Silvia em pensamento.

– Ela nasceu para mim e eu para ela – admitiu, sentindo-se nas nuvens.

Os três colegas gargalharam.

– Estou falando sério! – defendeu-se Jean-Pierre, firmando a voz. – E desejo fazê-la feliz. Muito feliz. Ao meu lado, obviamente.

– Uau! – exclamou Jacques Salomone, ironicamente.

– Vocês verão! – desafiou Jean-Pierre àqueles que nunca se dariam ao luxo de viver algo verdadeiramente romântico ao lado de uma garota.

Novas gargalhadas por parte dos três rapazolas que partiram para a farra, cantarolando debochadamente uma canção romântica da época. Ao ficar só, no quarto, Jean-Pierre largou o corpo numa das poltronas que havia ali, e voltou a pensar na tarde maravilhosa que passara ao lado de Silvia e em tudo mais que estava descobrindo a seu respeito. Ela era mesmo uma criatura encantadora e ele estava adorando tomar parte da sua vida.

Naquele mesmo dia, Isabelle Binoche teve um mau pressentimento. Como se Jean-Pierre estivesse em apuros, necessitando imensamente de ajuda. Isso a fez seguir até a mansão da família Cassel, ansiosa para falar com o dono da casa.

– Senhor Valentino – começou ela, visivelmente aflita, assim que foi recebida por ele numa das salas do château.

– Isabelle, meu anjo, como vai? Aposto que veio saber do Jean-Pierre. Acertei? Deve estar ansiosa pela sua chegada.

– Sim... – Isabelle tentou não corar, mas foi em vão.

O homem, de quase cinquenta anos de idade, sorriso largo e cordial, falou:

– Jean-Pierre está bem e logo, logo ele estará aqui.

Ela procurou sorrir e o gentil senhor perguntou:

– Você gosta muito dele, não é mesmo, Isabelle?

– Sim, senhor. Muito!

– Eu faria muito gosto de vê-los casados, sabe? Você é uma excelente moça. De família respeitável. Seria a nora ideal para mim. E também para a Carmem, se estivesse viva.

– Senhor Valentino, suas palavras me comovem, mas Jean-Pierre me vê apenas como uma amiga, uma irmãzinha de coração.

– É assim, Isabelle, porque Jean-Pierre é ainda muito imaturo. Mas logo, ele perceberá o quanto você pode ser a mulher perfeita para ele se casar e me dar os netos que tanto desejo ter.

O rosto dela relaxou.

– O senhor é muito gentil.

– Você merece todos os elogios, minha querida.

Com renovado entusiasmo, a jovem de vinte e um anos completos perguntou:

– O Senhor quer muito ter netos, não é mesmo?

– Sim. Minha finada e querida Carmem também os queria. Pena que ela não tenha vivido tempo suficiente para conhecê-los.

– Sem dúvida. Dona Carmem era um encanto de mulher, merecia ter vivido por muito mais tempo.

– Concordo com você, mas os percalços da vida não lhe permitiram.

Isabelle teve a impressão de que as palavras dele resguardavam um significado mais profundo e obscuro do que realmente transpareciam.

Assim que a jovem partiu, Valentino Cassel se deparou novamente com um pensamento preocupante. Isabelle Binoche era realmente louca por Jean-Pierre, plenamente apaixonada por ele e, algo lhe dizia, que ela morreria de infelicidade se Jean-Pierre não se casasse com ela. Para Valentino, somente com Isabelle ao seu lado, como legítima esposa, é que o filho estaria em boas mãos. Que o destino colaborasse a favor dos dois. Só assim, ambos encontrariam a paz tão desejada no amor, que todos necessitam para serem felizes.

Ao chegar em casa, Isabelle foi correndo procurar a mãe. Pelo seu ótimo estado de espírito, ANTONINA BINOCHE percebeu de imediato que o jovem Cassel estava bem, caso contrário, a filha teria voltado para casa triste e cabisbaixa.

– Eu disse para você não se preocupar com Jean-Pierre, Isabelle. Que ele certamente estaria bem.

– A senhora me disse, mas...

– Deveria ouvir mais a sua mãe.

– Eu a ouço.

– Ouve, mas não me dá crédito.

A filha sorriu e a mãe a abraçou, beijando-a na testa.

– Ah, mamãe... – murmurou a jovem com voz e olhos sonhadores. – Um dia, Jean-Pierre vai perceber o quanto eu me importo com ele.

– Eu acho que ele já sabe.

– Se sabe, não demonstra.

– Demonstra, sim! É que para você nunca é o suficiente. Na sua cabeça, ele deveria abraçá-la e beijá-la, grato por tudo que você sempre fez por ele. Mas...

Isabelle encarou a mãe, com seus olhos vivos e apaixonados e perguntou, com um quê de aflição:

– Isso é querer muito de quem se ama?

– Não é! – respondeu Antonina de imediato. – Mas o amor de Jean-Pierre por você é de irmão para irmã. Ele mesmo já lhe disse isso.

– Ele não é meu irmão! Nunca foi!

– Eu sei. Todos sabem, mas para ele é apenas isso. Ele não a vê como mulher, apenas como a garotinha que cresceu ao seu lado e foi sempre sua fiel amiga.

Recusando-se novamente a aceitar o fato, Isabelle voltou a falar, sonhadora:

– Um dia, ele há de me notar.

– Deus queira que sim, Isabelle. Deus queira...

A jovem olhou para a mãe com intensidade. A mesma que depositou na voz ao perguntar:

– A senhora não acha que ele possa se apaixonar por mim, não é mesmo?

– Filha, tudo pode acontecer, mas se não acontecer como o esperado, não quero vê-la triste e decepcionada pelo resto da vida.

– Acho tão estranho tudo isso, mamãe. Gostar de alguém, ser bom para essa pessoa e, mesmo assim, ela não retribuir o nosso amor.

– Isabelle, minha querida, as pessoas são assim mesmo. O melhor a fazer, nesse caso, é jamais fazer algo para o outro esperando que ele retribua da mesma forma.

O entusiasmo de minutos atrás desapareceu do rosto da jovem. Pacientemente, Antonina tocou o rosto da filha, mirou seus olhos tristes e disse, procurando ajudá-la:

– Isabelle, minha querida, se você não se casar com Jean-Pierre, há de se casar com um jovem tão bonito e simpático quanto ele. Acredite.

As palavras da mãe faziam sentido, sim, mas para Isabelle, ela não se via amando nenhum outro rapaz senão Jean-Pierre Cassel. Ela desejava ser dele, para toda vida e assim haveria de ser. Bastava apenas ele notá-la como mulher, como uma mulher de verdade. Que ele chegasse logo e, dessa vez, ela voltaria a se declarar para ele como fizera aos quinze anos de idade.

Nos dias que se seguiram, Jean-Pierre e Silvia Navarro continuaram a se encontrar em lugares distintos, ao ar livre, onde se entretinham com deliciosas palestras e a natureza verdejante ao redor. Tudo ia bem, até que num determinado encontro, Silvia se mostrou perturbada e ansiosa com algo.

– O que houve?! – assustou-se Jean-Pierre. – Seus olhos estão vermelhos. Esteve chorando, por acaso?

Ela virou-se vagarosamente para ele, com um olhar crescente de ansiedade e tentou responder à pergunta. Seus lábios estavam brancos, e ele pensou que nunca vira tanto horror num rosto humano, como via no dela naquele instante.

– Diga-me, Silvia, o que houve? Quero ajudá-la.

Ela momentaneamente pareceu em dúvida e ele insistiu:

– Fale, por favor!

Os olhos dela se abaixaram timidamente e, como se fosse algo impróprio, ela admitiu:

– Acho que estou me apaixonando por você.

Os olhos dele brilharam e um sorriso se abriu como um lindo botão de rosa.

– Fala sério?

Ela assentiu e ele, com grande satisfação, respondeu:

– Pois eu também estou me apaixonando por você.

Ela novamente o encarou e a pergunta seguinte pareceu escapar dos seus lábios delicados, quase sem querer:

– Jura?

– Sim.

Envolvidos por um breve e suntuoso silêncio, ambos ficaram a se admirar, olhos nos olhos, até ela abaixar a cabeça e dizer, com grande pesar:

– Isso não é nada bom.

– Não é?!

– Não! É péssimo! O nosso amor é impossível, Jean-Pierre. Foi isso que percebi no decorrer das últimas horas e muito me entristeceu.

– Impossível?! Por quê?! – ele estava visivelmente surpreso e assustado com as palavras dela.

– Porque sou de origem humilde. Seu pai nunca me aceitará como sua...

– Silvia, minha querida, você é uma jovem linda e meiga. Só isso basta para mim e para o meu pai. Quando ele a conhecer, certamente a receberá de braços abertos. Conheço-o bem. É um ótimo sujeito. Minha mãe, se ainda estivesse viva, aceitaria você do mesmo modo. Acredite!

– Como pode ter tanta certeza?

– Porque conheço meus pais imensamente e sei o quanto desejam me ver feliz. E se você me faz feliz...

Novo suspiro por parte dela, na verdade, uma palpitação:

– Acordei no meio da noite, pensando em tudo isso que lhe falei. Depois, não consegui mais dormir.

– Acalme-se. Tudo acabará bem para nós.

Subitamente, ela chorou, e ele rapidamente a consolou em seus braços.

– Não quero perdê-lo, Jean-Pierre – ela sussurrou em tom de desabafo. – Não mesmo!

Envolvendo-a ainda mais em seu abraço, ele afirmou categórico:

– Você não me perderá, isso eu posso lhe garantir.

– Fala sério?

– Nunca falei tão sério em toda minha vida.

Ele intensificou o abraço e a beijou, da forma mais nobre e cavalheiresca da época. Dessa vez, foi ela quem estreitou o abraço e disse:

– Se não pudermos ficar juntos, eu hei de compreender. Todas as pessoas que amei ou poderia amar, eu perdi. Às vezes, penso que só me resta mesmo a solidão ao longo da vida.

– Não pense assim, minha querida. Eu jamais a deixarei só.

Ela ergueu os olhos para ele, tão marejados quanto os seus, e tão suplicantes e carentes de amor quanto os dela. Ele então a beijou, reforçando o abraço, delicadamente, como se o corpo dela fosse de cristal, tão frágil que poderia quebrá-lo se o apertasse mais forte.

Minutos depois, os dois caminhavam lado a lado, envoltos da calmaria habitual.

– Você é um moço tão bonito e atraente. As jovens não devem deixá-lo em paz, não é mesmo?

– Exagero seu.

– Não seja modesto.

Jean-Pierre enrubesceu, sem graça, e foi quando se recordou de Isabelle Binoche. Ela o amava, ele bem sabia, nunca fizera segredo, no entanto, ele a via como a irmã que o destino lhe deu para ocupar o lugar dos irmãos de sangue que não pudera ter. Ele a adorava, poderia dizer até mesmo que a amava, mas como irmã. Puramente uma irmã. Ela teria de entendê-lo e, cedo ou tarde, abrir o seu coração para outro homem que realmente pudesse torná-la feliz e realizada como mulher.

Diante da súbita ausência do rapaz ao seu lado, Silvia Navarro perguntou:

– O que foi? Disse algo que não devia?

– Não, não... É que sua pergunta me fez lembrar de Isabelle.

– Isabelle?! Ah, sim! Você já me falou dela. É a tal que você considera como uma irmã de coração, não é isso?

– Ela mesma. Uma jovem incrível. Só que...

Silvia completou a frase por ele:

– Só que Isabelle o vê como um homem, não é mesmo? Apaixonou-se por você.

As palavras dela o surpreenderam:

– Sim! Como soube?

– Intuição feminina.

Ele riu, sem graça.

– Acho até que meus pais fariam muito gosto se eu me casasse com ela, mas... – novamente ele ponderou antes de completar: – Eu não a amo como mulher. O meu amor por ela é mesmo de irmão.

– Você já disse isso a ela?

– Sim.

– Mas ela não o ouviu, certo?

Ele novamente sorriu, sem graça, e admitiu:

– Não quero fazê-la sofrer; mas Isabelle precisa entender o que se passa realmente em meu coração em relação a ela. Especialmente agora. Agora que encontrei você, Silvia. Entende?

Os olhos dela brilharam e os dele, também.

– É você quem eu quero, Silvia. Desde que a vi, a desejo noite e dia. Cheguei a temer que não me quisesse da mesma forma, mas, depois do que me disse hoje, minutos atrás...

Ele não precisou ir além, ela rapidamente respondeu:

– Sim, Jean-Pierre, eu o quero acima de qualquer coisa desse mundo.

– É tão bom saber disso.

Dessa vez, ele não se conteve. Tomou a jovem nos braços e a beijou carinhosamente. Um beijo terno e afetuoso.

# CAPÍTULO 5

No dia seguinte, como combinado, Jean-Pierre foi rever Silvia no hotel onde ela estava hospedada com a madrinha. Ao vê-lo, a moça pareceu renascer para a vida. Correu até ele, tomou suas mãos e disse, eufórica:

– Pensei que não viesse!

É obvio que ele estranhou suas palavras:

– Mas eu lhe disse que viria. Combinamos, lembra?

– Mas eu achei que, depois da nossa conversa de ontem, você perceberia que sou pobre demais para continuar me querendo.

A resposta dele soou rápida e precisa:

– Silvia, eu jamais me interessaria por uma mulher mediante suas posses. Ou deixaria de amá-la por não ser rica. Não sou desses. Nem eu, nem meu pai. Nem minha mãe era assim. Tratamos todos sempre sem distinção. Ricos, pobres, amigos, familiares e empregados, todos merecem o mesmo respeito.

– Isso é muito raro de acontecer entre os ricos. Pelo que sei, eles só se interessam por pessoas do mesmo nível social que o deles.

– Muitos são assim, não nego, mas conosco é diferente. Você verá.

– Deve ser mesmo, afinal, você continua a me querer, mesmo sabendo que sou de origem humilde.

Sorrindo, ele apaixonadamente declarou:

– Minha querida, estou realmente disposto a fazê-la muito feliz. Uma mulher verdadeiramente feliz.

Inebriados por aquelas palavras e pelo reencontro, ambos se abraçaram e se beijaram, pouco se importando se o lugar era adequado ou não para aquilo. Quando voltaram a si, Madalena Ayala estava parada, a poucos metros de distância, observando atentamente os dois. Ambos logicamente haviam sido pegos de surpresa. Tanto que Jean-Pierre se avermelhou todo e rapidamente pediu desculpas:

– A senhora me perdoe...

O olhar reprovador da mulher se acentuou, deixando Jean-Pierre ainda mais constrangido.

– Bem, eu... – ele mal conseguia reunir as palavras para se expres-

sar devidamente. Por fim, disse o que achava ser necessário e urgente:
– Dona Madalena, aproveito o momento para lhe pedir permissão para cortejar sua afilhada.

A mulher demorou a responder, o que serviu para deixar o moço ainda mais atarantado. Por fim, ela se fez sincera e objetiva:

– Rapaz, seus gestos me fazem acreditar que suas intenções para com minha adorada Silvia são realmente verdadeiras. Todavia, partiremos para a América do Norte em um mês. Silvia irá comigo.

– América do Norte?! – O assombro de Jean-Pierre foi explícito. – Como assim?!

– Silvia não lhe disse? – estranhou Madalena, voltando o olhar para a jovem que, tristemente abaixou a cabeça, parecendo constrangida com a situação. – Pelo visto, ela nada falou! – exclamou a mulher com certo desapontamento. – Eu sinto muito por vocês dois.

Jean-Pierre estava boquiaberto e Silvia parecia afundar num lamaçal de angústia. Tudo o que conseguiu dizer, num tom frágil e entristecido, foi direcionado a Madalena:

– Madrinha, temos mesmo de ir? Não podemos ficar na Europa, por mais algum tempo?

A mulher não fez rodeios:

– Ficar, minha querida?! Como? As passagens já estão compradas. Desocupamos e vendemos a pequena casa que tínhamos para podermos reunir alguns trocados e recomeçar nossas vidas na América. Além do mais, minha irmã já alugou uma casinha para morarmos em Long Island. O aluguel já está correndo...

– É que eu pensei que...

A madrinha nem esperou a afilhada concluir seu raciocínio, simplesmente argumentou:

– Eu sinto muito, minha querida. É melhor eu deixá-la a sós com esse rapaz para que possam conversar a respeito.

Sem mais, Madalena Ayala retirou-se do local, deixando Silvia com lágrimas nos olhos, parecendo tomada de desespero. Então, ela mirou novamente os olhos de Jean-Pierre e tentou explicar o que achava ser necessário:

– Meu querido, não imaginei que fosse me envolver com você da forma que nos envolvemos. Tudo entre você e eu, foi acontecendo tão rapidamente... nem me lembrei mais do fato de que eu e minha madrinha íamos nos mudar daqui. Se lembrei, quis esquecer. Por outro lado, achei que a madrinha acabaria concordando em ficar mais tempo por aqui, o que me daria a chance de conhecê-lo melhor. Acho que me apeguei a essa esperança, sem perceber que não passava mesmo de uma ilusão.

Jean-Pierre pegou em suas mãos como quem faz para confortar o outro e disse:

– Não se culpe. Nem você nem sua madrinha esperavam que fôssemos nos conhecer e nos apaixonar um pelo outro.

– Agora, eu me culpo! – retrucou ela afirmativamente. – Culpo-me imensamente.

Ele a envolveu em seus braços e os dois permaneceram ali, silenciosos e tristes, até ele dizer, com uma convicção tamanha:

– Isso não pode acontecer. Se você partir, não teremos a chance de nos conhecermos melhor e...

– Mas, Jean-Pierre, eu dependo totalmente da minha madrinha. Sem ela...

– Eu sei. Se ao menos ela pudesse adiar a viagem por mais algumas semanas...

– Não há como, meu querido. Você mesmo ouviu ela dizer...

– Ouvi sim...

Ele estreitou o abraço, como se quisesse prendê-la para nunca mais soltá-la. Ela também se agarrou a ele, como se quisesse ficar aprisionada em nome do amor. O silêncio voltou a pairar sobre os dois, até Silvia ter uma ideia:

– Já sei como podemos resolver a nossa situação. Manteremos contato por correspondência. Que tal?

O moço se fez sincero mais uma vez:

– Não vou suportar ficar longe de você, minha querida. Desde que a conheci, não consigo tirá-la do meu pensamento. Já lhe disse isso!

– Oh, meu Deus! Isso não é nada bom. Vou me sentir péssima se você ficar mal por minha causa.

Jean-Pierre pareceu não ouvi-la. Naquele instante, sua mente se agitava, freneticamente, em busca de uma solução para os dois. Mais alguns minutos e ele fez um pedido muito sério a ela:

– Não desista de nós, Silvia. É tudo o que lhe peço. Pois eu não desistirei.

Ela se agarrou a ele ainda mais apertado, enquanto seus olhos refletiam perplexidade e admiração pelo determinismo do rapaz.

Ao voltar para o campus, em seu quarto, Jean-Pierre encontrou Edmond Dujardin na companhia de Gustave e Jacques Salomone. Assim que chegou, Edmond percebeu de imediato sua inquietação.

– Que olhar entristecido é esse, meu amigo? – perguntou com seu cinismo habitual. – Perdeu Silvia Navarro para outro, foi?

Jean-Pierre se enfezou:

– Edmond, não diga isso nem por brincadeira!

– O que houve, então?

Tristemente, Jean-Pierre relatou o que descobriu naquele dia a respeito da jovem. Terminou a narrativa, protestando mais uma vez:

– Silvia não pode ir para a América do Norte. Não agora!

Edmond se mostrava perplexo com o estado do colega. Jamais pensou que uma garota pudesse transformá-lo daquele jeito.

– Jean-Pierre, meu amigo, essa donzela mexeu mesmo com você.

– Sim! E devo tomar alguma atitude para impedi-la de partir. Sou capaz até de me casar com ela para que isso não aconteça.

– Casar?! – assustou-se Jacques Salomone. – Ficou maluco?

– Não! Do hotel para cá vim pensando nisso. É a única solução para o nosso caso.

Gustave Flaubert perguntou a seguir:

– Desculpe me intrometer na sua vida, Jean-Pierre, mas não acha precipitado da sua parte querer essa moça tão avidamente? Você nem sabe se o seu pai a aprovaria no seio de sua família!

– Tenho a certeza de que o meu pai verá Silvia com os mesmos olhos que a vejo. Papai quer que eu faça um bom casamento. Quer uma nora formidável para gerar seus netos. Netos que pretende conhecer ainda em vida, se possível. Portanto...

Edmond, no seu tom debochado costumeiro, deu um novo parecer:

– Então, meu amigo, não perca mais o seu tempo! Faça dessa jovem sua esposa, antes que outro o faça. Eu mesmo farei, se desistir dela. Não se encontra facilmente por aí uma jovem de boa índole, casta e magnificamente perfeita de corpo.

As palavras do sujeito enervaram Jean-Pierre novamente:

– Você nem se atreva a pensar nela dessa forma, Edmond. Silvia já é minha, e será até que a morte nos separe.

– Já não está mais aqui quem falou!

Edmond fez um gesto teatral e Jacques Salomone perguntou a seguir:

– Diga-me, Jean-Pierre, sendo um milionário; nunca fica na dúvida se uma pessoa se aproxima de você, mais interessada no seu dinheiro do que propriamente na sua pessoa?

– Se você, por acaso, está insinuando que Silvia Navarro está interessada na minha fortuna e não em mim, saiba que ela pouco sabe a meu respeito, nesse sentido.

– Como pode ter tanta certeza?

– Onde e quando poderia saber? Além do mais, sei que ela é desprovida de qualquer interesse monetário. Sinto isso pelo seu olhar, pelos seus beijos e por suas atitudes.

Jacques Salomone riu, enlaçou o colega e confessou, zombeteiro:

– Ah, meu amigo, meu amigo... Só estava pondo minhocas na sua cabeça para ver se desistia dela. Assim, eu poderia ter a chance de conquistá-la. Mas não tem jeito, ela é mesmo sua. É tarde demais! Pobre de mim!

Jean-Pierre acabou achando graça do sujeito que logo partiu na companhia de Gustave; iriam se vestir para mais uma noitada na farra habitual. Edmond também se arrumou devidamente elegante e perfumado para se deliciar com o sexo oposto, mais uma vez. Admirando-se no espelho, sorrindo para o seu reflexo como Narciso faria diante de um, exclamou, convencido como sempre do seu poder de sedução:

– Mulheres, aguardem-me! – acertou a gravata e despediu-se de Jean-Pierre. – Cá me vou! Boa noite!

Nem bem fez uma mesura, Jean-Pierre saltou da cadeira em que estivera sentado até aquele momento e disse:

– Vou com você!

– Comigo?! – Edmond ficou realmente espantado. – Para a esbórnia?

– Não! Para o hotel onde Silvia está hospedada.

– A essa hora?! Acha mesmo que deve? A madrinha dela pode não gostar e achar intromissão da sua parte, sei lá!

– Você acha?

– Sabe como são essas senhoras...

– Bem...

– Espere até amanhã. Será melhor.

– Você tem razão.

– Tome algo para dormir. Você precisa relaxar.

– Obrigado.

– Amigos são para essas coisas!

Os dois se abraçaram e Edmond saiu dando pulinhos pelo corredor, eufórico, para mais uma noite que lhe prometia muito riso e diversão. Passou no quarto de Gustave e Jacques e com eles partiu, rumo ao que mais apreciavam fazer de suas vidas. Pelo menos, até aquele ponto da existência de cada um.

Naquela noite, Jean-Pierre dormiu muito mal. A necessidade de impedir que Silvia Navarro partisse para a América do Norte não lhe permitiu relaxar. Foi por isso que, no dia seguinte, logo após a aula, ele correu apressadamente para o hotel em que a jovem estava hospedada, para lhe falar, entusiasmado. Ao vê-lo, Silvia surpreendeu-se com seus olhos brilhantes e cheios de vida.

– O que houve, meu...

O sorriso dele se ampliou:

– Você ia dizer "meu amor"?

Ela abaixou a cabeça, constrangida, mas ele rapidamente tocou-lhe o queixo para fazê-la encará-lo novamente.

– Responda-me. Você ia dizer...

Ela não se conteve e amorosamente respondeu:

– Sim. Mas que bobagem da minha parte querer chamá-lo de "meu amor", ainda mais quando estamos prestes a nos separar.

– Não é bobagem. É lindo! Eu também quero chamá-la de "meu amor". Porque você é realmente o meu amor e eu serei o seu.

Movido pela emoção, ele a beijou terna e apaixonadamente, e ela se entregou a ele por inteira. Estavam sem ar quando o rapaz recuou o rosto e lhe perguntou, resfolegante:

– Foi atrevimento da minha parte, não foi? – ele não lhe deu tempo para responder. – Se foi, não me importa. Eu a quero, Silvia. Quero você como esposa e mãe dos meus filhos. Case-se comigo!

– O quê?! – os olhos dela brilharam.

– É isso mesmo o que você ouviu. Case-se comigo! É a única forma de ficarmos juntos, impedir que você parta com sua madrinha para a América do Norte.

E a moça ficou a olhá-lo, tomada de perplexidade e encanto ao mesmo tempo.

# CAPÍTULO 6

A pergunta de Silvia não poderia ter sido outra:

– Você não pode estar falando sério, pode?

– Falo seriíssimo – afirmou Jean-Pierre decidido.

– Mas...

Ele ajoelhou-se aos pés dela, tomou-lhe a mão e refez o pedido, da forma mais cavalheiresca possível:

– Silvia Navarro, aceita se casar comigo?

Ela continuava se mostrando perplexa diante da determinação do rapaz.

– Eu a quero, Silvia, mais do que tudo. Estou verdadeiramente apaixonado, minha querida. Você é a mulher que a vida escolheu para eu me casar, ter filhos e envelhecer lado a lado.

Demorou até que ela respondesse e quando o fez, foi também com grande emoção:

–Acho que eu sempre soube, desde o momento em que o vi, naquele baile, que ficaríamos juntos como marido e mulher.

Os olhos de ambos se congelaram um no outro e Jean-Pierre reforçou o pedido:

– Casa comigo? Farei de você a mulher mais feliz da Europa.

Ele definitivamente a conquistara. Silvia respondeu:

– É lógico que sim, meu amor! É lógico que sim!

Ele se levantou e a abraçou e beijou, e disse com determinação:

– Vamos agora falar com a sua madrinha. Venha!

Silvia o segurou pelo braço.

– Ela pode não gostar. Pode achar precipitação da minha parte.

– Falemos com ela.

– Eu vou chamá-la, aguarde-me aqui.

Silvia deixou o aposento, estugando os passos, enquanto Jean-Pierre ficou a admirar o céu reluzente de final de primavera pela janela da saleta. Quando Madalena Ayala apareceu, depois de ouvir atentamente o que o jovem Cassel pretendia em relação a sua afilhada, comentou:

– Se você, meu rapaz, realmente pretende desposar a minha adorada Silvia, está bem, abençoo a união de vocês. Só que viajo daqui a um mês e, não posso partir sem ter a certeza de que você realmente se casou com Silvia. Vai que muda de ideia enquanto estou longe. Quem vai ampará-la, desde então?

– Não se preocupe. Casaremos amanhã, logo pela manhã. Que tal?

– Não creio que isso seja possível. Os proclamas para um casamento levam de dois a três meses para ficarem prontos numa prefeitura. Não é algo que se consiga num estalar de dedos.

O sorriso de Jean-Pierre desmoronou. A decepção era tamanha.

– Eu não sabia que para se casar havia tanta burocracia.

– Pois é – afirmou Madalena também demonstrando desapontamento.

Foi Silvia quem falou a seguir:

– Madrinha, a senhora tem um amigo que trabalha na prefeitura, não é mesmo?

– Tenho?! – surpreendeu-se a mulher parecendo puxar pela memória. – Ah! Sim! É verdade! Que cabeça a minha.

– Quem sabe ele não agiliza os proclamas para que eu e Jean-Pierre possamos nos casar em menor tempo?

– Pode ser... – Madalena não parecia convencida de que aquilo fosse realmente possível.

– Fale com ele – insistiu Silvia com precisão. – Não custa tentar.

– Você tem toda razão, minha querida... – murmurou Madalena, pensativa. – Não custa tentar!

E assim foi feito e quando Madalena contou ao casal que o amigo dela faria o possível para agilizar os proclamas do casamento, a esperança de que nada mais atrapalharia a união do casal ressurgiu com força total em seus corações.

Os documentos de ambos foram apresentados na prefeitura para que a certidão de casamento tivesse andamento. Restava apenas aguardar em silêncio, pois Silvia não queria que ninguém soubesse que eles estavam prestes a se casar, para evitar qualquer mau agouro. Jean-Pierre prontamente concordou com ela, apesar de não ser um sujeito supersticioso. Foi então que ele lhe disse:

– Só espero que você não se zangue por não ter um casamento adequado, digo, com um vestido de noiva, igreja enfeitada, convidados...

A resposta de Silvia soou rápida e precisa:

– Eu não me importo com nada disso, meu amor. Para mim, só você me basta.

– O mesmo digo eu, Silvia. Contudo, assim que chegarmos a minha cidade, faremos uma festa para celebrar a nossa união e compartilhar nossa alegria com familiares e amigos. Ocasião em que todos terão o prazer de conhecê-la pessoalmente, minha querida. Aí sim, você poderá usar um lindo vestido e desfrutar de uma festa digna da sua grandeza.

Rubra, Silvia admitiu:

– Se isso for importante para você...

– Será para nós dois. Eu a amo, Silvia.

– Eu também o amo, Jean-Pierre.

Ao voltar para o campus, Jean-Pierre cruzou com o inveterado boêmio: Hubert Lagerfeld.

– Jean-Pierre! – chamou ele, com voz totalmente embriagada. – Onde está ela, Jean-Pierre? Aquela rameira...

Jean-Pierre lhe endereçou um olhar severo.

– Vá se deitar, Hubert. Você mal para em pé.

O sujeito desdenhou suas palavras, sobrepujando-as com outras:

– A rameira, onde está ela?

– Não ando com rameiras.

– Anda sim! Vi você no parque ao lado dela, outro dia...

– Aquela moça será a minha futura esposa, Hubert.

– Pois eu lhe digo que ela não presta. Não passa de uma vagabunda, vadia...

Jean-Pierre o cortou, bruscamente:

– Meça suas palavras, meu amigo! Você está sendo indelicado.

Ele riu, debochado:

– Você diz que vai se casar com ela? Pois então, preste bem atenção ao lençol na noite de núpcias. Se não tiver uma gota de sangue é porque...

Jean-Pierre novamente o cortou:

– Mesmo que ela não fosse virgem, eu me casaria com ela. Até mesmo se fosse uma rameira, eu me casaria com ela!

O colega riu, arreganhando os dentes e exalando o forte odor de bebida.

– Ela realmente o enfeitiçou, Jean-Pierre. Depois não diga que eu não o avisei.

Jean-Pierre deu-lhe as costas e seguiu para seu quarto. Hubert Lagerfeld permaneceu ali, escorado contra a parede, resmungando palavras que mais pareciam estar sendo ditas numa língua estrangeira.

O triste episódio serviu, contudo, para fazer Jean-Pierre notar que sua paixão por Silvia Navarro era tão grande, mas tão grande, que ele seria capaz de superar qualquer defeito seu, caso existisse um. Mas não havia, ela era perfeita em tudo; tão gentil, humana e amorosa quanto Isabelle.

– Isabelle... – murmurou Jean-Pierre, recordando-se dela, naquele instante. Seria um choque para ela saber que ele em breve se casaria com Silvia. Seria quase uma traição. Mas ele nunca lhe prometera nada, fora-lhe sempre sincero. Deixou claro que seu amor por ela era de irmão, não de um homem para uma mulher. Ela teria de aceitar o fato, cedo ou tarde, caso ainda não o tivesse compreendido. Silvia seria sua mulher e Isabelle continuaria sendo sua irmã de coração. Seria assim e ponto final.

Em menos de um mês, a certidão de casamento de Jean-Pierre e Silvia Navarro estava pronta; e o casal assinou o documento com grande alegria. Perante a lei, eles agora eram marido e mulher. Madalena, que os acompanhara, mal cabia em si de felicidade.

– Meus parabéns, minha querida! Meus parabéns! – ela abraçou a jovem e, com lágrimas nos olhos falou, verdadeiramente emocionada: – Esse é um novo começo para você, Silvia. Aproveite a oportunidade! Assim você será muito feliz.

Silvia a olhou, como se fizesse de muito longe, enquanto um sorriso inseguro escapava-lhe pelo canto dos lábios. Ouviu-se, então, Jean-Pierre exclamar com alegria:

– Vejam! Há uma igrejinha do outro lado da rua. Vamos até lá! Com certeza há de ter um padre que possa nos dar uma benção.

– Jean... – Silvia tentou se opor, mas ele não permitiu.

– Venham!

Na capela em questão, o padre levou um susto ao vê-los ali. Olhava para Silvia Navarro com estranheza e para Jean-Pierre com reprovação.

– Acabamos de nos casar no cartório – explicou Jean-Pierre, indo direto ao ponto. A seguir, resumiu os motivos que o levaram a se casar com a jovem, tão apressadamente e sem uma cerimônia religiosa. – Só queremos sua bênção, padre – reforçou Jean-Pierre com diplomacia. – Poderia nos abençoar?

– Não! Isso não é certo! – opôs-se o homem, severamente.

– Sei que não é. Mas diante das circunstâncias, padre...

O homem olhou bem para ele e se fez direto:

– Foi precipitação da sua parte, casar-se assim, de uma hora para outra.

– Foi por amor, padre! Eu e Silvia nos amamos!

O homem voltou a olhar para a jovem que o encarava com austeridade. Pensou em dizer algo, mas desistiu depois da terceira tentativa. Por fim, declarou:

– Está bem. Vou lhes dar a minha bênção. Para que o misericordioso Deus possa realmente iluminar seus caminhos. Afastá-los das artimanhas do demônio.

– Obrigado, padre – agradeceu Jean-Pierre, verdadeiramente lisonjeado.

Depois dessa etapa, Jean-Pierre deixou Silvia e Madalena no hotel, onde a moça terminaria de ajeitar suas malas e ele próprio arrumaria as dele, no campus. Pretendiam partir para Saint-Émilion, no trem da tarde que seguiria para lá.

Ao encontrar Edmond na companhia de Jacques e Gustave, Jean-Pierre falou, com grande satisfação:

– Casei-me esta manhã!

Os três moços se admiraram.

– Você, o quê?! – a exclamação aguda e perplexa partiu de Gustave Flaubert.

– É isso mesmo que você ouviu, meu amigo. Casei-me com Silvia Navarro esta manhã.

– Como?! Vocês mal se conhecem...

– É o seguinte. A madrinha dela... – Jean-Pierre explicou tudo.

– Ah, foi por isso, então.

Os moços se entreolharam, perplexos.

– Não só por isso, mas porque também sei que ela é a mulher ideal para mim.

Os rapazes novamente trocaram olhares abobados e Jacques Salomone, opinou:

– Jean-Pierre, se eu fosse você anulava esse casamento.

Edmond Dujardin discordou no mesmo instante:

– Se o Jean-Pierre acredita que ele e Silvia foram feitos mesmo um para o outro, por que fazer isso, meu caro, Jacques?

– Por quê? Porque...

Gustave Flaubert agarrou o amigo por trás e falou, com forçado bom humor:

– Jacques, meu bom Jacques, você está é com inveja do Jean-Pierre, é isso, confessa!

– Que nada!

– Está sim!

– Eu... – fazendo um gesto irritadiço com as mãos, Jacques deixou o aposento.

– O que deu nele? – indagou Jean-Pierre, estranhando a reação do colega.

– Ciúmes! – respondeu Edmond prontamente. – Deveria cobiçar a Silvia em segredo

– Minha Silvia?!

– Sim, Jean-Pierre, sua Silvia. Linda como é, posso dizer que a maioria dos homens a desejava. Mas agora ela é somente sua. De mais ninguém! Aproveite, meu amigo. Poucos nascem com a sorte de ter uma mulher tão linda quanto ela.

O rapaz sentiu-se mesmo digno do elogio.

Na estação de trem, Silvia despediu-se de Madalena Ayala, deixando-lhe o seu endereço para manterem contato.

– Façam uma boa viagem! – desejou a mulher após abraçar calorosamente a jovem.

– Obrigada.

– E a senhora não se preocupe – garantiu-lhe Jean-Pierre com veracidade. – Silvia estará em boas mãos.

– Eu sei – afirmou Madalena, contendo-se para não chorar novamente de emoção.

Com acenos, o casal subiu no vagão de primeira classe da locomotiva que os levaria até Saint-Émilion. Uma nova etapa de vida estava começando na vida dos dois.

# CAPÍTULO 7

Chegando ao destino, Jean-Pierre e Silvia tomaram um carro de aluguel para levá-los à propriedade da família Cassel que ficava a dois quilômetros de distância de Saint-Émilion. Assim que o veículo tomou a estrada, Silvia demonstrou novamente preocupação:

– E se seu pai não gostar de mim, Jean-Pierre?

– Papai vai adorá-la.

– Temo não agradá-lo.

– Bobagem! Papai nunca foi de implicar com ninguém. Vocês logo se tornarão bons amigos. Acredite!

– Deus o ouça!

E ele procurou alegrá-la, apontando, ao longe, a linda visão que se tinha da baía da Gasconha. Minutos depois, Jean-Pierre anunciava:

– Estamos chegando!

Silvia pareceu se agitar de curiosidade. E quando a mansão dos Cassel se descortinou ao longe, a jovem simplesmente ficou boquiaberta.

– É linda, não é? – indagou Jean-Pierre que considerava o lugar o mais perfeito do mundo.

A moça mal conseguia articular as palavras:

– É formidável. Nunca vi um château tão exuberante.

– Esse agora é o seu lar, meu amor. O nosso lar, até o fim dos nossos dias.

Os olhos de Silvia brilharam, maravilhados, tamanho deslumbre. Alguns segundos a mais e o carro de aluguel estacionava bem diante do suntuoso casarão. Rapidamente, Jean-Pierre saltou do automóvel e ajudou a esposa a descer do veículo. Fez-lhe uma reverência e ela sorriu, deliciada pelo seu cavalheirismo.

– Obrigada.

Ele lhe deu um beijo no rosto e falou, calmamente:

– Aguarde-me aqui. Acho melhor conversar com o papai, antes de você entrar. Ele certamente se assustará com o fato de eu ter me casado sem tê-lo avisado. Mas não se assustará com você, minha querida, posso lhe garantir. Um minuto, volto já!

Ele correu na direção da porta da frente da casa, aberta pelo mordomo que foi até lá, assim que ouviu os estouros do motor do veículo.

– Georges, meu bom Georges! – Jean-Pierre abraçou o homem, por quem tinha grande admiração. – Papai está em casa? Ótimo, preciso falar com ele.

GEORGES DUPONT assentiu e só então voltou a olhar para figura graciosa de Silvia Navarro, em pé, junto às malas do casal. Ela era linda, simplesmente linda e apaixonante. O que poderia chamar de beleza pura e angelical, no entanto, quando seus olhos se encontraram com os dela, algo de estranho ecoou em seu peito. Silvia também se sentiu intimidada pelo modo como o mordomo a olhava. Foi como se ambos tivessem tido um mal pressentimento, ao mesmo tempo.

Assim que Valentino Cassel avistou o filho, pôs o periódico de lado e se levantou da poltrona, abrindo os braços.

– Jean-Pierre, meu querido, que saudade! – pai e filho se abraçaram com fervor. – Que bom tê-lo de volta, meu filho. Que bom!

– Sua bênção, papai.

– Deus o abençoe.

O rapaz beijou a mão do homem e voltou a encará-lo, com seus olhos verdes, intensos, tomados de ansiedade.

– O que há? Você me parece aflito. Algum problema?

– Trago-lhe uma novidade.

– Novidade! Boa, espero!

– Sim, papai, muito boa!

Sem preâmbulos, Jean-Pierre lhe mostrou o dedo anular da mão esquerda, com a aliança de casamento. O pai simplesmente riu:

– O que é isso?

– O senhor, por acaso, não reconhece uma aliança de casamento?

– Reconheço. Sem dúvida, mas...

– Eu me casei, papai.

– Você o quê?!!!

– É isso mesmo que o senhor ouviu. E minha esposa é linda, a mais bela das criaturas.

– Mas você jamais me falou sobre essa garota.

– Porque antes ela não existia. Eu a conheci recentemente. Foi paixão à primeira vista, papai.

– O que deu em você, Jean-Pierre?! Você foi sempre tão comedido.

– É uma breve história. Sente-se, por favor.

O pai atendeu ao pedido e o filho explicou:

– O nome dela é Silvia Navarro. Eu a conheci num baile em Paris. Nós nos apaixonamos no mesmo instante. Ela foi criada pela madrinha, uma senhora muito distinta, à moda antiga, desde que Silvia perdeu os pais. Só que a mulher está de mudança para a América do Norte e Silvia iria com ela, o que me deixou desesperado. Foi quando percebi que o único modo de a manter ao meu lado seria me casando com ela. Contudo, a madrinha não a deixaria ficar em solo europeu sem que ela estivesse devidamente casada. Por isso, casamo-nos o mais rápido possível.

Valentino Cassel estava verdadeiramente perplexo:

– Essa moça realmente o enfeitiçou, Jean-Pierre.

– Não foi feitiço, papai, foi amor. Ela é um encanto, o senhor verá.

– Verei? Onde? Quando?

– Ela está lá fora. Achei melhor que aguardasse eu falar com o senhor. Temi que tivesse um choque.

– O choque maior que estou tendo é com você, Jean-Pierre, que nunca me pareceu ser capaz de uma atitude dessas.

– Eu também me surpreendi comigo mesmo. Todos os meus amigos da universidade se surpreenderam.

– Pois é...

Só nesse momento é que Valentino se lembrou de Isabelle, da tristeza que seria para ela saber que Jean-Pierre havia se casado com outra, e da forma mais inusitada e inesperada possível. Percebendo sua preocupação, o rapaz perguntou:

– O que foi?

– Estava pensando na Isabelle, no choque que será para ela quando souber do seu casamento.

– Papai, Isabelle é como uma irmã para mim. Ela sabe disso.

– Ela o ama, Jean-Pierre.

– Eu sei. Mas meu amor por ela é de irmão para irmã. Só isso. Ela terá de aceitar os fatos. Não tem escolha. É por Silvia Navarro que me apaixonei. Ela é maravilhosa. Ela é perfeita. Quando o senhor a conhecer...

O entusiasmo do filho contagiou o pai.

– Então vá buscá-la, Jean-Pierre.

– Vou, sim, papai! Aguarde-me aqui! Volto já!

Valentino Cassel estava realmente surpreso com a transformação do filho. Jean-Pierre se mostrava completamente mudado, mais solto, feliz e renovado e, isso, a seu ver, era excelente. Sinal de maturidade.

Quando Silvia Navarro, guiada pelo marido, subiu pela primeira vez os degraus que davam acesso à entrada da mansão dos Cassel, Georges, o mordomo, respeitosamente escancarou a porta escalavrada da entrada da casa para dar passagem à moça, recebendo-a, como faria a realeza.

Diante de Silvia, Valentino Cassel compreendeu de imediato por que o filho tomara aquela atitude tão audaciosa. A jovem era realmente deslumbrante. Seus cabelos loiros pareciam ter sido banhados a ouro e os olhos cor violeta, sobre as sobrancelhas delicadas, transformavam sua face na de uma ninfa mitológica.

– Como vai? – saudou ela, olhando com grande interesse para o sogro.

– Bem. Muito bem – ele se curvou diante dela, tomou-lhe a mão direita e a beijou, polidamente. – Valentino Cassel, ao seu dispor. Seja muito bem-vinda a essa casa. Ela agora também lhe pertence!

– Obrigada.

Jean-Pierre, sorrindo de orelha a orelha, perguntou, entusiasmado:

– E então, papai, o que achou? Ela é linda, não é?

– Sim, Jean-Pierre. Esplendidamente linda!

O homem não estava exagerando nos elogios. Silvia Navarro era mesmo um primor; qualquer homem se curvaria a seus pés, diante da sua beleza, delicadeza e feminilidade. Para Valentino, a feminilidade de uma mulher era bem mais importante do que sua beleza e, no caso da nora, ela honrava as duas categorias com elegância.

Abrindo um sorriso para ela, o homem considerou:

– Você deve estar cansada da viagem.

Silvia foi sincera:

– Estou sim, não nego.

– Os empregados cuidarão da bagagem e arrumarão um quarto para vocês.

Admirando as paredes do grande salão, tomadas de quadros lindíssimos pintados a óleo por artistas consagrados, Silvia comentou:

– Nunca estive numa casa como essa. É praticamente um palacete. Já vi algumas, mas nunca tive a oportunidade de visitá-las por dentro.

Encantado com sua admiração pela casa, Valentino voltou a falar, com simpatia:

– Como vê, haverá espaço suficiente para os meus netos correrem por aí. Vocês me darão netos, certo? E logo, por favor!

Silvia sorriu, assentindo e Jean-Pierre completou:

– Quantos netos Deus nos conceder, papai.

– Ótimo! Não sabe o quanto isso me alegra. E antes que me esqueça, Jean-Pierre, precisamos fazer uma festa para apresentar sua esposa aos meus amigos e familiares. Ou melhor, para anunciar a todos o casamento de vocês. Faço questão!

Jean-Pierre gargalhou:

– Eu lhe disse que ele iria querer fazer uma festa. Papai é louco por comemorações.

Silvia novamente sorriu, sentindo-se dentro de um conto de fadas.

A seguir, os empregados foram reunidos na sala, devidamente posicionados, lado a lado, para serem apresentados à recém-chegada. Não havia quem não fitasse Silvia Navarro com interesse e admiração. Para todos, ela reunia as três características mais marcantes que um ser humano pode imprimir ao mundo: beleza, carisma e personalidade.

Enquanto as criadas preparavam o quarto que o casal ocuparia na mansão, Silvia tomou um banho numa banheira devidamente preparada para ela, como se fosse uma rainha cercada de criadas e súditos. Nunca um banho lhe pareceu tão bom.

Depois de se banhar, Jean-Pierre estava novamente na companhia do pai. Valentino Cassel aproveitou o momento a sós com o filho para saber:

– Você e Silvia se casaram com comunhão de bens?

– Sim, papai. Fiz questão! Ela não queria. Não achou justo, mas eu achei que deveria ser assim.

– Fez bem, filho. Ela é uma moça direita.

– E sofrida também.

Jean-Pierre aproveitou para contar ao pai, de forma mais detalhada, o que realmente havia acontecido com os pais de Silvia e, consequentemente, com ela.

Depois de se vestir lindamente com a ajuda de duas camareiras, Silvia reencontrou o marido e juntos foram tomar um refresco acompanhado de pães, brioches, croissants, geleias, manteiga, petit four, frutas e outras delícias. A seguir, Jean-Pierre levou a esposa para conhecer cada cômodo da mansão que metros e metros quadrados, decorados com extremo bom gosto. Chão em tábuas largas, coberto por lindos tapetes floridos, e paredes forradas com lindos papéis de parede, num tom de pêssego, contrastando lindamente com as cortinas em tom bege e carmim.

Havia uma sala com um piano, uma biblioteca que resguardava os clássicos da literatura, publicados até aquela data; e uma sala com lareira, onde a família passava a maior parte do inverno.

O gramado em torno da mansão mais parecia um tapete confeccionado primorosamente pelas mãos da natureza. Era de uma perfeição, cujo tom de verde parecia não existir em lugar algum, pensou Silvia com seus botões.

Logo, ela não saberia dizer qual parte da morada era a mais bela. Se o interior ou o exterior. O mais chocante naquilo tudo é que ela agora pertencia ao lugar. Tornara-se uma espécie de rainha, cercada de criados e súditos ao seu dispor.

Voltando-se para a esposa, Jean-Pierre a abraçou e proclamou:

– Seremos muito felizes aqui.

Ela, envolvida pelo abraço caloroso do marido, concordou:

– Seremos, sim, meu bem. Muito!

E quando Silvia avistou Georges, o mordomo, ao longe, olhando na sua direção, sentiu-se, mais uma vez, desconfortável diante do seu olhar.

# CAPÍTULO 8

No dia seguinte, Jean-Pierre levou Silvia para dar uma volta no iate que ficava aportado na prainha que pertencia à propriedade dos Cassel. Da pequena embarcação, a visão do mar era surpreendentemente linda. A água era tão límpida que podia-se ver com clareza os peixes nadando no fundo do mar. A encosta era surpreendente, cercada de recifes pontiagudos, lisos como limbo. Sob o sol de verão, a água espelhava o céu azul e maravilhoso que só a estação poderia propiciar a todos.

– Estou sem palavras – declarou Silvia ao ser enlaçada pelo marido. – Uma mansão com uma praia particular e um iate... Isso que é vida.

– E agora, meu amor, isso tudo também é seu – afirmou Jean-Pierre, roubando-lhe um beijo a seguir.

Ao voltarem para a mansão, a governanta anunciou que o almoço estava pronto. E foi esplêndido, servido elegantemente por criadas uniformizadas que deixavam Silvia ainda mais mimada com tanto paparico. Pratos finos foram postos à mesa e servidos com a fartura que só os ricos podem usufruir. As sobremesas eram divinas: doces de compota, bolos e frutas. Valentino estava feliz por ver a nora deslumbrada com tudo que sua fortuna podia lhe propiciar.

– Já comecei os preparativos para a festa de casamento de vocês dois – disse ele, alegremente. – Faço questão, de eu mesmo cuidar dos detalhes.

Jean-Pierre se voltou para a esposa e soprou-lhe um beijo. Silvia parecia em transe; pudera, aquilo tudo era simplesmente o avesso da realidade que estava acostumada a viver, desde que se dera por gente.

Quando a notícia do casamento de Jean-Pierre chegou aos ouvidos de Isabelle Binoche, a moça teve a nítida sensação de que um punhal havia sido cravado em seu peito, rasgando-o de cima a baixo. Por minutos, ela permaneceu absorta, mergulhada numa ausência que deixou seus pais e sua irmã muito preocupados. Ela queria ficar só, mas a família temia o que ela poderia fazer contra si, sem ter nenhum deles a sua volta.

Isabelle já ouvira falar sobre a dor da rejeição, o quanto era triste ser e se sentir rejeitada, mas jamais pensou que fosse tão dolorida. Como?, perguntava-se em silêncio. Como alguém poderia recusar o amor de quem verdadeiramente o amava? A resposta fugia-lhe a compreensão.

Mas Jean-Pierre jamais a iludiu, tampouco lhe deu falsas esperanças. Disse-lhe, claramente, que seu amor por ela era apenas de irmão para irmã. Nada mais! Mesmo assim, ela pensou que poderia reverter a situação a seu favor. Fazê-lo enxergar com outros olhos. No entanto, era tarde demais para continuar alimentando qualquer esperança em relação a Jean-Pierre. Ela o perdera para sempre. Os sonhos de amor ao lado dele haviam sido destruídos e que ela procurasse ser feliz, de alguma forma.

Nesse instante, o que a mãe de Isabelle dissera, tempos atrás, voltou a ecoar na sua mente:

"Isabelle, você é uma linda jovem. Se não se casar com Jean-Pierre, há de ser casar com um jovem tão bonito e simpático quanto ele".

Mas ela não queria outro. Era Jean-Pierre ou nada. Pelo visto, só lhe restara o nada.

Os preparativos para a festa de casamento de Jean-Pierre e Silvia iam de vento em popa. Os convites foram impressos e entregues rapidamente para que os convidados, especialmente as mulheres, tivessem tempo suficiente de preparar seus vestidos ou mandar fazer um novo para a grande ocasião. Quando a família de Isabelle recebeu o convite, sua mãe pensou em escondê-lo da filha, para não a fazer sofrer. FRIDA, irmã de Isabelle, repreendeu a mãe no mesmo instante:

– De que adianta esconder, mamãe? Não se fala noutra coisa, por essas bandas, senão essa bendita festa. Querer esconder o fato de Isabelle é o mesmo que querer tapar o sol com a peneira. Impossível!

– Você tem toda razão, Frida. O convite será um novo golpe para ela, mas também uma libertação. A certeza definitiva de que Isabelle precisa realmente esquecer Jean-Pierre e abrir seu coração para outro homem.

– Exato! Dê-me o convite e eu mesma o entregarei para ela.

Minutos depois, Isabelle, com olhos lacrimejantes, examinava o pedaço de papel retangular em suas mãos.

– É triste, maninha? É! – atalhou Frida, friamente. – Mas é a verdade e você deve aceitá-la.

– Você tem razão – concordou Isabelle, relendo o convite pela oitava vez.

– O importante é que você esteja linda nesse dia, capaz de provocar inveja na maioria das mulheres.

– Frida, minha querida, eu não irei a essa festa! Não me sentiria bem...

A voz de Frida Binoche se elevou, num protesto rápido e certeiro:

– Você irá, sim! Quanto mais consciente você ficar de que Jean-Pierre Cassel não pode ser mesmo o homem da sua vida, melhor! Mais rápido você o esquece.

– Não vou me sentir bem...

– Sei que não, mas finja que está tudo bem.

– Não devo...

Frida se fez enfática novamente:

– Isabelle, minha querida, você precisa colocar um ponto final nessa história. Há uma semana que você está trancafiada nesse quarto. Assim você vai acabar jogando fora a sua juventude. Não é certo. Ainda mais para você que foi sempre uma garota apaixonada pela natureza, pelo ar livre e pelas caminhadas. De nada vale querer se esconder do mundo, porque as coisas não saíram como você planejou; o mundo não vai mudar por causa disso, tudo continuará sendo o mesmo. Portanto, reaja!

As palavras da irmã surtiram o efeito desejado.

– Está bem. Farei o que me sugere.

Frida abraçou Isabelle e sorriu. Em seguida, abriu o guarda-roupa, onde havia dois vestidos de festa para escolher. Sem tirá-los do cabide, pediu a Isabelle que pusesse cada um sobre seu corpo e, quando ela o fez, Frida torceu o nariz.

– O que foi? – estranhou Isabelle a reação da irmã.

– Isabelle, minha querida, você precisa de um vestido novo. Um bem exuberante.

– Não temos dinheiro para isso.

– Vamos falar com a mamãe.

Antonina acabou concordando com a filha mais nova e, para isso, juntaram todas as economias disponíveis, para comprar um belo tecido e pagar a melhor costureira do vilarejo para fazer o mais belo dos vestidos que uma jovem pudesse ter em toda vida. Um arranjo de flores de tecido foi mandado fazer especialmente para embelezar os cabelos de Isabelle, para a grande noite. No dia em questão, Isabelle Binoche estava deslumbrante.

– Maninha, você está radiante! – elogiou Frida com sinceridade.

Virando-se de um lado para o outro, espiando-se por sobre os ombros, seu reflexo no espelho, Isabelle teve de concordar. Ela realmente estava linda. Um primor. Poderia não ser a mulher mais bonita da festa, mas certamente marcaria presença.

– Estou tão nervosa – admitiu Isabelle, quando chegou a hora de partir.

– Não fique. Eu estarei com você. E quando vir a outra, erga a cabeça, especialmente diante de Jean-Pierre.

– Vou tentar.

– É assim que se fala.

E as duas partiram em direção à mansão dos Cassel, a menos de um quilometro de distância da residência da família Binoche.

Parentes e amigos queridos de Valentino Cassel, residentes até mesmo de outros países, compareceram à celebração do casamento de Jean-Pierre Cassel com Silvia Navarro. Um banquete delicioso, regado com o mais puro vinho produzido na região foi servido, enquanto músicos animavam os convidados que transitavam pelo château, florido como se estivesse no esplendor da primavera.

Isabelle se mantinha num lugar discreto do local, envergonhada e arrependida de estar ali. Sua vontade era de ir embora, antes que Jean--Pierre a visse e ela tivesse de encará-lo, ao lado da esposa.

Foi Frida quem a fez se mover, misturar-se com os convidados, pois não era justo permanecer como um bicho acuado em meio a uma celebração tão requintada. Passo aqui, passo acolá e o inevitável aconteceu.

– Isabelle! – exclamou Jean-Pierre com grande alegria por revê-la. – Você está linda! – ele a elogiou, medindo de cima a baixo. – Que bom que você veio, minha querida. Hoje é um grande dia para mim. Mas não estaria perfeito sem a sua presença.

Isabelle reforçou o sorriso amarelo para acobertar suas verdadeiras emoções.

– Que você seja muito feliz, Jean-Pierre – foi tudo o que ela conseguiu dizer, antes de ele ser chamado pelo pai. Um alívio para ela, pois mais um minuto diante do rapaz e ela certamente desabaria de tristeza e decepção.

Olhando para ele, ao longe, Isabelle pôde rever os dois, ainda crianças, quando brincavam à sombra de uma grande árvore. Lembranças que eram bem melhores do que a realidade atual, da qual precisava fugir, caso não quisesse mais sofrer por causa dela.

Decidida a ir embora dali, o quanto antes, Isabelle moveu-se em direção a porta da entrada no exato momento em que Silvia aparecia no topo da escadaria, como uma exuberante rainha, olhando para os convidados, como se fossem seus súditos.

A visão provocou uma súbita dor no peito de Isabelle. Silvia era mesmo linda, bem mais do que ela, mas o que mais a impressionou era sua imponência, como se ela já tivesse feito aquilo antes. Atitude de uma moça que já se deixara ser admirada por muitos, em um grande salão.

Jean-Pierre foi até Silvia, tomou-a pela mão e a conduziu escada abaixo, para que todos pudessem admirá-la. Minutos depois, dançavam sob os olhos atentos dos convidados. Jean-Pierre sorria para a esposa, enquanto ela o olhava com imponência, algo que até então nunca deixara transparecer na sua personalidade. Silvia mudara, sim, percebeu Jean-Pierre, desde que ela aparecera no topo da escadaria. Não era mais a moça frágil e humilde que ele conhecera semanas antes, tratava-se agora de uma alma de fibra, dona de si, bem certa do poder que exercia sobre todos, com sua beleza e magnitude.

Ao término da valsa, todos saudaram o casal com uma salva de palmas; e a seguir, receberam os votos de felicidade dos convidados. Silvia se mostrava simpática com todos, mas sem perder a imponência.

Isabelle, por sua vez, estava mesmo decidida a ir embora, antes que se sentisse ainda mais humilhada diante da situação. Já ia se retirando do local, quando Jean-Pierre a segurou pelo braço.

– Espere!

Ela o olhou assustada.

– Aonde pensa que vai? Quero lhe apresentar a Silvia. Venha!

Isabelle quis dizer "não", mas ele já a puxava a caminho da exuberante figura.

– Meu bem, esta é a Isabelle de quem lhe falei. Minha irmãzinha do coração.

De todos os presentes, foi para Isabelle que Silvia olhou com maior interesse, estudando avidamente o seu semblante.

– Muito prazer – falou, lançando um olhar de superioridade sobre a moça.

Isabelle nada respondeu, apenas sorriu, sem muita vontade e quando pensou que poderia sumir dali, Silvia voltou a falar:

– Jean-Pierre me falou muito bem de você. Espero que sejamos amigas.

Ambas se enfrentaram pelo olhar, enquanto Isabelle sentia o ódio e a inquietação dilacerarem seu peito.

– Preciso ir – disse ela, afastando-se ansiosamente.

Jean-Pierre só teve tempo de lhe dizer: "Apareça!". Só então, ele notou que a esposa havia mudado. O ar de preocupação em seu rosto o fez questionar o que havia lhe acontecido.

– Nada não – respondeu Silvia forçosamente. – Bobagem minha!

– Então venha, vamos dançar.

Silvia concordou. Havia recuperado a mesma postura e alegria de antes. Mas eram só aparências; por dentro, forte inquietação a perturbava. A impressão de que Isabelle Binoche, ainda lhe seria extremamente prejudicial um dia, pontuava seu peito. A sensação de que ela lhe tomaria algo importante num futuro próximo tornava-se cada vez mais forte. Ela só não podia prever que fosse o homem da sua vida. Se soubesse de antemão, quanta dor poderia poupar a todos o que estava por vir...

Assim que voltou para casa, Isabelle encontrou a mãe aguardando por ela.

– O que achou dela? – quis saber Antonina, atenta aos olhos da filha.

– Uma festa lindíssima.

– Refiro-me a ela. A esposa de Jean-Pierre. O que achou dela?

Isabelle refletiu, respondendo a pergunta, pausadamente:

– Assim que a vi, fiquei tão impressionada quanto os demais presentes a festa. Ela realmente impressiona com sua beleza e postura. É linda, sim, estupidamente linda. Um corpo perfeito. Mas é como se não coubesse tanta perfeição numa só mulher. No entanto, ela parece perfeita. E sua perfeição a difere das demais mulheres. É como se ela fosse uma deusa mitológica e os demais, ao seu redor, meros mortais.

– Ninguém é tão perfeito assim, filha. Todos nós temos defeitos. O que ela faz é esconder os dela, muito bem.

– Talvez. Mas quando ela me olhou, ou melhor, quando eu consegui encará-la, porque tive dificuldades para o fazer, percebi que já havia visto seus olhos em algum lugar.

– Em algum lugar? – empertigou-se Antonina, arrepiando-se esquisitamente. – Onde?

– Foi a mesma pergunta que me fiz. Somente agora, quando chegava em casa, é que percebi, porque seus olhos me eram tão familiares. Transpareciam medo. O mesmo medo que senti, a vida toda, de perder Jean-Pierre para outra mulher.

– E o que isso quer dizer?

– Não sei. Mas o fato me chamou a atenção, pois uma mulher tão segura como ela não temeria ninguém. Contudo, ela me olhou com temor. Estranho, não?

– Há coisas na vida que não entendemos. Melhor esquecer.

– Sim, mamãe, é melhor esquecer.

Mas o olhar de Silvia Navarro continuou marcado na memória de Isabelle Binoche. Como se fosse o reflexo dos seus próprios olhos no espelho da vida.

Naquela noite, quando Jean-Pierre se recolheu com a esposa no leito do casal, a felicidade parecia tê-lo contagiado por inteiro.

– Foi uma noite maravilhosa, não foi?

– Foi sim... Uma noite espetacular.

Silvia parecia distante, por isso ele se preocupou:

– Você está bem? Alguma coisa a desagradou na festa?

– Não, não. Estou apenas cansada. Foi uma noite e tanto, você há de convir.

– Sim. Uma noite inesquecível.

Ele a beijou, aguardando por seus afetos, o que não aconteceu. Silvia virou-se para o lado e fechou os olhos. Em sua tela mental, a figura discreta e camponesa de Isabelle Binoche voltou a aparecer. A sensação de que ela um dia lhe roubaria algo de muito importante em sua vida voltou a importuná-la. Aquilo só poderia ser um delírio seu, Isabelle Binoche não teria poderes para aquilo, não passava de uma camponesa humilde e inofensiva. Ninguém tão pura poderia perturbar alguém, ainda mais a ela, Silvia Navarro Cassel.

# CAPÍTULO 9

No dia seguinte, Valentino Cassel se mudou para a casa que tinha em Saint-Émilion, para deixar o filho e a nora mais à vontade na mansão que se tornara o lar do casal.

– Não faça isso, papai – protestou Jean-Pierre mais uma vez. – Sua presença nesta casa não nos atrapalha em nada.

– Eu sei. Mesmo assim, prefiro ter meu cantinho privado e tranquilo. Estaremos sempre juntos, afinal, da minha casa até aqui é um pulinho.

– Se o senhor insiste.

Enquanto Jean-Pierre se ocupava em ajudar o pai na mudança, Silvia quis saber, por meio de um dos empregados, onde residia Isabelle Binoche. Assim que obteve a informação, pediu ao mesmo que não comentasse com ninguém a respeito do seu interesse pelo endereço da moça. Perguntara por mera curiosidade. Contudo, seu desejo era mesmo o de rever Isabelle, e já que sua casa era perto dali, decidiu ir até lá, caminhando.

Georges, o mordomo, se opôs à ideia no mesmo instante:

– A senhora não deve sair sozinha por aí.

Os olhos dela o estudaram atentamente.

– É perigoso?

– Não, mas... Nunca se sabe. Além do mais, a senhora é nova por aqui, pode se perder.

– Saberei encontrar meu norte, caso isso aconteça. Não se preocupe.

Silvia partiu, com Georges tentando lhe ser útil mais uma vez:

– Leve uma criada com a senhora!

A moça nada respondeu, continuou andando, decidida, sem olhar para trás. Havia tempos que não se via ansiosa para um encontro. Isabelle encontrava-se em frente à morada, colhendo flores de um pequeno jardim quando Silvia ali chegou. Ao vê-la, ficou totalmente sem ação.

– Então é aqui que você mora? – perguntou Silvia, perpassando os olhos pela casa tipo choupana da família Binoche. Deve ser aconchegante viver aí, não?

Isabelle nada respondeu e Silvia se fez direta:

– Deve estar sedo muito difícil para você, ver Jean-Pierre casado comigo, não é? Não foi minha intenção separá-los, eu...

Isabelle finalmente se pronunciou:

– Não se preocupe. Jean-Pierre nunca me amou. Não dessa forma.

– Eu sei, ele me disse. Mas você o amava e, portanto... Não gostaria de estar na sua pele.

O assunto se perdeu, quando Antonina Binoche saiu à porta. Apresentações foram feitas e logo Silvia partiu, admirando o verde que ladeava o caminho de terra por onde seguia. Assim que se distanciou, Isabelle voltou-se para a mãe e perguntou:

– O que achou dela, mamãe? É bonita, não é?

– É sim, minha filha. Muito bonita. Mas você também é.

– Não tanto quanto ela.

– Isabelle, minha querida, não é só a beleza que se deve levar em conta numa mulher...

– Mas para os homens, mamãe, penso que a beleza deve valer muito mais do que um bom caráter.

Antonina arqueou as sobrancelhas; a filha tinha razão. Infelizmente.

Naquele fim de tarde, quando Jean-Pierre reencontrou a esposa, ele declarou com sinceridade:

– Estava morto de saudades de você, meu amor – beijou-lhe a face e acrescentou: – Soube que saiu para caminhar.

– Saí, sim. E sem querer, encontrei a casa da sua irmãzinha de coração.

– Isabelle?! Vocês conversaram?

– Sim.

– Ela é um doce, não é? Quero muito que sejam amigas.

– Por mim, eu seria, mas não acho que ela queira ser minha amiga, afinal, eu me casei com o homem que ela tanto sonhava em se casar.

O tom da esposa fez Jean-Pierre olhar mais atentamente para ela e dizer:

– Isabelle não é de guardar rancor.

– Será mesmo, Jean-Pierre?

– Pode crer que sim. Conheço-a suficientemente para fazer tal afirmação.

– Se você diz...

Houve um momento de silêncio até que Silvia, melindrosa, dissesse:

– Quero lhe pedir algo...

O marido a incentivou a falar:

– Peça!

– É um presente. Se achar que pode me dar, eu adoraria...

– O que é, meu amor? Diga!

– Queria posar para um pintor. Um que, certamente, fosse capaz de fazer um retrato meu a óleo sobre tela com riqueza de deatlhes. É um sonho antigo. Um sonho bobo, eu sei, mas...

– Não é bobo, Silvia! Pelo contrário, acho uma ideia formidável.

– Mesmo?!

– Sim.

– Posso então mandar chamar o pintor? Conheci um muito bom em Paris. Não deve cobrar barato, mas é excelente.

– Por ser excelente é que cobra caro. Eu pagarei o preço que for. Pode chamá-lo!

Os olhos dela brilharam de empolgação e Jean-Pierre ficou redondamente feliz em poder realizar o desejo da esposa que tanto amava.

LAURENCE PIEMONTE era o nome do virtuoso pintor que Silvia contratou para pintar o seu retrato. Tinha um metro e noventa de altura, ombros largos, tórax bem definido, braços e mãos fortes. Os cabelos eram pretos devidamente alinhados com brilhantina e o bigode, arredondado nas pontas, lembrava os de Salvador Dalí. Não era bonito, mas seu charme e afetação tornavam-no extremamente atraente.

Logo, as sessões de pintura começaram e Silvia parecia estar, cada dia mais, empolgada com aquilo. Seu retrato a óleo teria dois metros de altura por um e meio de largura. Ao final, ganharia uma moldura de madeira, banhada a ouro, o que o tornaria uma verdadeira e deslumbrante obra de arte.

Por escolha de Jean-Pierre, o quadro seria pendurado na grande sala da mansão, para que todos o vissem, assim que visitassem o local.

Numa pausa para um café, Silvia aproveitou para escrever uma carta. Pedia ao chofer que a remetesse, quando Jean-Pierre voltou da visita que fez ao pai no vilarejo. Carinhosamente, ele a beijou na testa e, antes mesmo que perguntasse algo a respeito, ela explicou:

– Escrevi uma carta para a madrinha. Deve estar preocupada comigo.

– Pobre Dona Madalena, deve estar sentindo imensamente a sua falta.

– Nem diga.

Os dois voltaram para dentro da casa e o chofer partiu para a cidade, a fim de despachar a correspondência o quanto antes. Mais tarde, diante do mordomo, o empregado comentou:

– Foi estranho, sabe?

Georges franziu o cenho.

– O que foi estranho?

– A carta da patroa. Ela disse que era para a madrinha, mas estava endereçada a um homem.

– Meu caro, há nomes femininos que se assemelham imensamente aos dos homens.

– Eu sei, mas... O patrão chamou a madrinha dela de Madalena e, na carta estava escrito: E. Dujardin. Neste caso, o correto deveria ser M. de Madalena Dujardin.

– Porque talvez ela tenha um primeiro nome que comece com a letra "e".

O sujeito acabou se dando por convencido:

– O senhor tem toda razão! Que estupidez a minha!

Sem mais, retirou-se, deixando Georges pensativo. De repente, suas próprias palavras não faziam sentido para ele. A cisma aumentou quando, no dia seguinte, chegou uma carta para a patroa, remetida por Madalena Ayala. Ele próprio a entregou para Silvia, sob uma bandeja de prata, que a recebeu, visivelmente eufórica. Tanto que se voltou para Jean-Pierre e comentou, transbordando de alegria:

– Uma carta da madrinha!

Rapidamente, ela abriu a correspondência com um objeto apropriado e se afastou para ler seu conteúdo, em particular. Desde então, Georges se manteve inquieto. O sobrenome da madrinha de Silvia Navarro era Ayala, não Dujardin. Portanto, ela havia mentido para o marido quando disse que havia escrito uma carta para a tal mulher. Não fora para ela, fora para outra pessoa? Quem seria E. Dujardin?

Logo, Georges reprovou o seu próprio comportamento. Não lhe cabia suspeitar da patroa, tampouco querer investigar seus atos. Nunca fora de se intrometer na vida de ninguém, essa não seria a devida conduta de um empregado honesto e servil. Que ele voltasse a se portar devidamente.

A questão é que ele amava Jean-Pierre como um filho e, desde que fora trabalhar naquela casa, procurava evitar que qualquer mal se abatesse sobre o rapaz.

Enquanto o artista pintava o retrato de Silvia, Jean-Pierre se ocupava com as caçadas, o golfe, seu esporte predileto e as visitas ao pai. Certo dia, ao voltar para casa, louco de saudade da esposa, estranhou sua ausência. Silvia havia saído sozinha para dar um passeio, e nenhum dos empregados podia determinar exatamente o caminho que ela havia tomado.

A tarde caía rápido e Jean-Pierre estava preocupado com a sua demora. Já era para ela ter voltado, não poderia ter ido tão longe. Os empregados também pareciam temer alguma coisa de ruim em relação à demora da patroa.

Para tranquilizá-lo, Georges afirmou que Silvia voltaria em breve, que Jean-Pierre não se preocupasse. Mas era óbvio que o mordomo estava mentindo, por mais que tentasse aparentar calmaria; em seus olhos via-se nitidamente preocupação em relação à demora de sua senhoria.

Isso fez Jean-Pierre sair à sua procura, embrenhando-se na mata, chamando por Silvia, cada vez mais alto. Enquanto fazia isso, sua mente era invadida pelos pensamentos mais obscuros. Teria ela se desiquilibrado e caído no mar? Teria sido atacada por um animal selvagem? Violentada por algum mau-caráter? Cada possibilidade que emergia provocava-lhe um tremor interno. Nada poderia acontecer a ela, ele a amava, seria capaz de dar a vida por sua pessoa.

– Silvia! – tornou Jean-Pierre, impostando a voz. – Silvia!

Nada ouviu como resposta, senão o próprio eco de sua voz. Isso o fez voltar para casa onde encontrou a esposa conversando descontraidamente com Laurence Piemonte.

– Silvia! – exclamou Jean-Pierre, aliviado. – Onde esteve?

Ela o encarou com estranheza.

– Por aí, caminhando...

– Meu amor – Jean-Pierre suspirou, beijando-lhe a testa. – Pensei que tivesse acontecido algo de errado com você. Eu já estava em pânico.

– Bobagem, meu querido. Laurence Piemonte estava comigo. Nada de mal poderia me acontecer ao lado de um homem de quase dois metros de altura.

Ela riu e Jean-Pierre achou graça também. Havia mesmo se esquecido da possibilidade dos dois estarem lado a lado.

– Agora vou me banhar – anunciou Silvia, retirando-se para os seus aposentos.

Jean-Pierre já podia respirar aliviado. O grande amor de sua vida estava de volta, são e salvo.

Naquela noite, ao se deitarem, Jean-Pierre se mostrou cheio de desejos pela mulher amada que se revelou indisposta para um momento de amor. Ele queria um filho, tinha pressa naquilo, especialmente para realizar o desejo de seu pai de ter netos.

– Tudo a seu tempo, meu querido – respondeu Silvia muito certa do que dizia. – Não posso engordar, não antes de terminar o meu retrato.

Por amor, mais uma vez, Jean-Pierre compreendeu as razões da esposa. Contudo, quanto mais ele demorasse para dar um neto ao pai, na idade que o pai se encontrava, menor seria o tempo que ele, Valentino Cassel, usufruiria da companhia desse neto.

Os dias seguiram com Silvia posando para o pintor que executava sua obra com maestria. Depois de cada sessão de pintura, a modelo e o artista saíam para caminhar pelos arredores da mansão, despreocupados com a hora de voltar.

Certo dia, Jean-Pierre decidiu tomar parte do passeio. Ao vê-lo se dirigindo para a porta, a voz de Georges ecoou pela grande sala:

– Senhor!

O rapaz rapidamente se voltou para ele.

– Desculpe a minha intromissão, mas... O senhor vai a algum lugar? – perguntou o mordomo com voz ligeiramente atípica.

– Vou atrás da Silvia e do Senhor Piemonte, caminhar com os dois. Está um fim de tarde tão bonito.

– Isso lá é verdade, mas o senhor não acha que...

Só então Jean-Pierre se ateve a inquietação do mordomo.

– Algum problema, Georges?

– Não, meu senhor.

Foi como se o mordomo quisesse lhe dizer mais alguma coisa, algo que não teve coragem. Contudo, Jean-Pierre ignorou o fato e seguiu caminho. Ao passar pelo labirinto de cercas vivas, ouviu risos ecoando dali.

– Silvia?! – chamou ele. – É você?

Nada se ouviu a não ser o eco de sua própria voz.

– Silvia?! – tornou ele caminhando em frente.

Mais alguns passos e ela saiu de trás de um arbusto:

– Bu! – assustou-o e riu. Estava com o cabelo desmantelado e o vestido sujo.

– O que houve?

– Escorreguei – ela riu de si mesma.

– Onde está o Senhor Piemonte?

– Não sei.

– Pensei que estivessem juntos.

– Hoje saí sozinha.

– Não deveria...

– Não se preocupe. Já sou adulta o suficiente para me defender.

Havia em Silvia algo de diferente naquele dia, algo que ele nunca havia notado antes. Foi por isso, talvez, que ele perguntou:

– Silvia, meu amor, você está bem?

A resposta dela soou rápida e precisa:

– Nunca me senti melhor. Na verdade, estou ótima! Posso dizer até que estou nas nuvens!

Ela riu e seus olhos brilharam como se ocultassem chamas.

Naquela noite, ao se deitarem, Jean-Pierre novamente desejou a esposa, que se mostrou mais uma vez indisposta.

– Você anda me evitando... – comentou ele, com os olhos pregados no teto, iluminado pelo luar. – Será que está grávida e por isso...

– Será? – o tom dela soou com certo desdém.

– Deveria ir ao médico, logo cedo, para sabermos. O que acha?

– Irei, mas não antes do meu retrato estar finalizado. Falta pouco, muito pouco.

De fato, Laurence Piemonte terminou sua obra dias depois. O resultado foi arrebatador. O retrato ficara realmente maravilhoso. Parecia uma fotografia, tamanha a perfeição dos detalhes pincelados ali. Voltando-se para o exímio pintor, Jean-Pierre fez-lhe um elogio merecido:

– Parabéns! É uma obra-prima.

Silvia também se mostrava encantada com o resultado. Os empregados da casa, tanto quanto. Chegavam a parar para admirar, tão magnífica pintura, que foi pendurada na sala mais ampla da mansão, como Jean-Pierre queria, desde o início.

Nesse ínterim, Laurence Piemonte partiu, de volta para o seu ateliê em Paris, berço mor dos artistas ascendentes da época.

Jean-Pierre então lembrou a esposa da promessa que ela havia lhe feito. Consultar o médico da família para saber se estava grávida.

– Está bem – concordou Silvia, calmamente – Amanhã mesmo irei fazer uma consulta.

O marido assentiu, esperançoso de que a esposa trouxesse uma boa notícia quando voltasse de lá.

# CAPÍTULO 10

Ao reencontrar a esposa na tarde do dia seguinte, Jean-Pierre a cobriu de beijos, ansioso por saber o que o médico havia lhe dito durante a consulta. Silvia lhe sugeriu um drinque.

– Um drinque a essa hora? – espantou-se o rapaz.

– E, desde quando, há hora certa para se beber e comemorar?

– Comemorar?! Se estiver grávida, não deve beber.

– Não estou grávida.

– Que pena, pensei que...

– Pois pensou errado. Não estou grávida, nem pretendo ficar tão cedo.

O tom ríspido da moça assustou Jean-Pierre:

– Como assim? Você mesma prometeu ao meu pai.

– Menti.

– Mentiu?

– Sim! Para ele não me chatear mais com essa conversa.

Com movimentos rápidos, nada femininos, ela se serviu de uma dose de uísque e ofereceu outra para ele.

– Não quero. Não sou muito de beber.

– É verdade. Esqueci-me completamente.

Então, ela entornou o líquido, encheu novamente o copo e se esparramou na poltrona, deixando Jean-Pierre ainda mais surpreso com o seu comportamento.

– Silvia, você nunca bebeu dessa forma. O que há?

Ela riu e ele, preocupado a preveniu:

– Assim, vai se embriagar. É melhor não exagerar.

Ela novamente riu, de forma ainda mais vulgar. Depois de mais uma golada, falou, olhando para ele com olhos felinos e raivosos:

– Eu sempre bebi assim, Jean-Pierre. Posso beber uma garrafa, que ainda me mantenho em pé, numa boa.

– Silvia, hoje você realmente não está bem.

– Estou ótima!

– Não, essa não é você.

– Você se engana, Jean-Pierre. Essa é a verdadeira Silvia Navarro. Aquela meiguinha e santificada que você conheceu não passava de um personagem criado por mim.

– O que deu em você, Silvia?

Como um raio, ela endireitou o corpo, empinando o rosto para frente, e, mirando com raiva os olhos do marido, falou:

– Ouça-me, criatura! Ouça-me bem! Eu não estava naquele baile por acaso. Fui porque sabia que você estaria lá naquela noite.

Ela tornou a rir de forma vulgar. Para Jean-Pierre, o álcool realmente havia afetado o raciocínio da esposa.

– Silvia, é melhor você...

Ela novamente o desprezou. Levantou-se e pegou outra dose. Ao tentar preveni-la, a moça definitivamente perdeu a compostura:

– Cale a boca! Não me chateie mais com esses seus cuidados. Eles me irritam!

Ela queimou a garganta com mais um gole da bebida e falou, severa:

– Você não acredita em mim, não é mesmo? Mas é a mais pura verdade. Fui àquele baile pelo simples propósito de conhecê-lo e seduzi-lo.

– Você não está falando coisa com coisa.

Ela novamente riu, uma gargalhada malévola e completou:

– Foi Edmond Dujardin quem me mostrou a você, não foi? Que o fez chegar até mim, não é mesmo?

– Sim, mas...

– Ele, e muitos outros colegas da universidade sempre acharam você, Jean-Pierre Cassel, um bobão, retraído e sem graça. Certinho de mais, bonzinho de mais, polido de mais. Duvidavam de sua masculinidade, sabia? Queriam tirar a prova dos nove, só não sabiam como. Quando Edmond me contou sobre você...

– Edmond... Você e Edmond já se conheciam? Isso é mesmo verdade?

– Sim.

– De onde?

– Ora, do prostibulo do qual eu fazia parte. Por muitas vezes ele foi meu cliente.

Dessa vez, Jean-Pierre se enervou:

– Pare de falar bobagens, Silvia! Você está se tornando inconveniente.

Ela o enfrentou com um olhar desafiador:

– Você é mesmo um estúpido. Sua inocência chega a me enojar, sabia?

– Silvia...

Ela novamente arreganhou os dentes, numa risada escandalosa.

– Você se recusa a acreditar, não é mesmo? Eu entendo. Sua pureza é tanta, que jamais poderia imaginar uma coisa dessas a meu respeito. Mas é de lá que eu vim. De um puteiro, onde Edmond e outros mais frequentavam para saciar suas necessidades sexuais.

– Chega!

– Chega, não! Você vai ouvir tudo! Do começo ao fim! É importante que ouça! – ela entornou mais uma dose e foi adiante: – Sou mesmo uma puta. E muitos dos seus colegas de escola se deitaram comigo. Já me deitei com tantos homens que já poderia ter morrido de sífilis ou qualquer outra doença venérea, mas, por enquanto, minha saúde é tão afortunada quanto a minha beleza.

– Isso não pode ser verdade.

– Mas é!

– Não, você é uma jovem linda, pura e de respeito.

Ela novamente riu, balançando a cabeça para os lados.

– Você é mesmo um idiota. Chega a me dar pena! – ela voltou a encher o copo e falou: – Como lhe disse, Edmond e os amigos o achavam bobo. Se não um homossexual, um frouxo. Pois só uma besta para preferir os estudos a mulheres. Quando ele me falou de você, afirmei que o poria a prova. Duvidaram que eu conseguiria e, então, apostei com todos.

– Apostou?

– Sim! Uma aposta que se tornou um delicioso e audacioso jogo para nós. Especialmente para mim. Recordo-me com exatidão o momento em que pedi a Edmond uma foto sua:

"Dê-me uma foto dele para que eu possa reconhecê-lo. Saber como ele é."

"Não tenho. Mas ele estará ao meu lado no baile quando eu preparar o terreno para que ele chegue até você. Mas trata-se de um rapaz de rosto sério, louro, e olhos tão verdes como o mar."

"Bonito?", perguntei.

"Só uma mulher pode julgá-lo bonito ou não. Eu, como homem, acho ele um horror, ainda mais quando comparado a mim."

Gargalhamos. Seus pudores, Jean-Pierre, nunca o permitiriam se aventurar com uma cortesã. Portanto, eu passaria por uma doce e meiga jovem para seduzi-lo. Se eu vencesse a aposta, eles me pagariam uma boa quantia.

– Eles?

– Eles, sim! Edmond, Gustave e Jacques.

Jean-Pierre ainda custava acreditar que aquilo fosse verdade. Para ele, Silvia estava e delirar por causa do álcool. Contudo, a moça revelava-se por inteira:

– Ao me lembrar que você era podre de rico, decidi fazer bem mais do que simplesmente levá-lo para cama. Decidi fazê-lo se apaixonar por mim, perdidamente. Seus amigos duvidaram e, assim, dobramos a aposta. Eu ganhei e exigi cada centavo de todos eles. Coitados, pensaram que eu perdoaria a dívida. Jacques ameaçou contar toda verdade a você, mas desistiu, ao perceber o quanto você se revoltaria contra todos. Ainda mais, estando perdidamente apaixonado por mim.

O mundo perfeito de Jean-Pierre Cassel parecia se espatifar como um linda e cara porcelana. E os fragmentos eram tão pequenos, que seria impossível reconstruí-la novamente.

– Você não pode ser uma cortesã – tornou ele, engolindo em seco. – Você é linda, meiga, doce...

– Sou meiga e doce quando me convém. Aquela Silvia que você conheceu, só agiu daquela forma para conquistá-lo.

– E sua madrinha?

– Minha madrinha?! – Silvia novamente irrompeu numa gargalhada escandalosa. – Madalena é uma das faxineiras do pardieiro de onde eu vim. Divertiu-se um bocado representando o papel de minha madrinha. Ela também fora prostituta quando jovem, e se tornara responsável pela limpeza do lugar depois que perdeu a juventude.

Voltando os olhos para o passado, recapitulando cada cena que tanto a divertiu, Silvia Navarro irrompeu noutra gargalhada, feliz e triunfante. Jean-Pierre estava pálido, com os lábios brancos como se o sangue tivesse sido sugado de todo o seu corpo. Os olhos se mostravam assustados e a voz já não tinha mais a firmeza de antes:

– Se isso tudo é mesmo verdade, Silvia, por que se casou comigo?

– Por quê? – ela o olhou ainda com mais descaso. – Ora, somente um milionário como você poderia me possibilitar uma vida luxuosa e farta como eu sempre sonhei.

A resposta dela soou bem clara, contudo, ele ainda se recusava a aceitar a realidade.

– Silvia – tornou ele, com os olhos ainda cheios de amor por ela. – Você me ama, falou-me olhando nos meus olhos que me amava.

– E você acreditou mesmo nesse discurso de amor à primeira vista? Que idiota!

Jean-Pierre estava atônito.

– Se tudo isso é mesmo verdade. Se você foi realmente uma meretriz... Ainda assim, eu a amo, quero ficar com você. Esqueceremos o seu passado e...

Ela quicou para frente, como uma gata pronta para se defender com as unhas.

– E quem disse que eu quero esquecer o meu passado?

Seu gesto deixou o moço ainda mais atordoado.

– Mas eu a amo, Silvia – insistiu ele, explodindo em lágrimas.

– E, desde quando, eu gosto de frangote? Além do mais, você é péssimo na cama. Não sabe nem tocar uma mulher devidamente. Foi um custo deitar-me com você. Fingir um êxtase que você nunca me provocou, nem vai provocar em qualquer outra mulher. Você pode ter dinheiro, você pode até ter uma boa aparência, mas é incapaz de deixar uma mulher realizada sexualmente.

Forte tontura fez Jean-Pierre se sentar. O choque com a realidade era demais para um moço de coração tão desprovido das imundices do mundo.

Breve pausa e ele perguntou:

– Se Madalena não é sua madrinha, onde estão seus pais? O que realmente aconteceu a eles?

Pela primeira vez ela demonstrou fragilidade. A pergunta certamente a perturbava.

– Meus pais... – repetiu ela com descaso, e, ao mesmo tempo, tristeza. – Vou lhe contar minha história. Não porque eu deva, mas porque quero.

Ela voltou a entornar o copo e se pôs a falar:

– Não sei quem são meus pais. Tudo que sei, é que cresci num orfanato comandado por freiras carolas, feiosas e insuportáveis da cidade de Aisne na região dos Altos da França e vivia carente de afeto, perguntando a Deus, por que meus progenitores haviam morrido, quando, na verdade, ninguém ali sabia ao certo o que lhes havia acontecido. Nessa época, meu maior sonho era ter uma mãe e foi quando conheci MARGUERITE CHEVALIER, uma mulher intensa, que sempre nos levava doces, brinquedos e roupas. Ela me tratava com tanto carinho, mas tanto carinho, que vi nela a mãe perfeita para me criar. Um dia ela prometeu que me adotaria e, desde então, aguardei por esse momento, ansiosamente. Ficava sentada na varanda do orfanato, todas as tardes, de olho no portão que dava para a rua, esperançosa de que ele se abrisse e Marguerite Chevalier finalmente chegasse, para me levar com ela, como me prometera. Levei tempo para perceber que isso não aconteceria, pois ela nunca mais apareceu no orfanato para nos visitar. Uma das freiras me disse, então, que Marguerite havia morrido, por isso nunca mais aparecera ali. Meu desgosto foi tremendo. Chorei por dias e quase definhei na cama de tanta tristeza. As freiras cuidaram de mim com a ajuda de um médico voluntário; se não tivessem, eu certamente teria sucumbido de amargura. Era duro demais para mim saber que a mulher em quem depositei todas as minhas esperanças de ter como minha mãe adotiva morrera, sem que eu pudesse realizar o meu maior sonho.

Magda, uma órfã do lugar, muito ligada em mim, certo dia, achegou-

-se e disse, ansiosa, que precisava me contar algo muito importante.

"Ouvi atrás da porta, foi sem querer...", disse-me ela e eu discordei, no mesmo instante:

"Mentira, Magda! Você ouviu porque quis! Porque está sempre pondo o bedelho onde não é chamada."

A jovem se avermelhou e eu insisti:

"Diga-me logo o que ouviu. Estou curiosa!"

"Diz respeito àquela mulher que você tanto gosta! A tal que prometeu adotá-la quando você fosse maiorzinha."

"Dona Marguerite Chevalier?!"

"Ela mesma. A IRMÃ CLARA perguntou à IRMÃ DULCE se era certo continuar dizendo a você que Marguerite Chevalier havia morrido, quando, na verdade, isso nunca aconteceu."

"Como é que é?!"

"Foi o que eu ouvi!"

"Você tem certeza de que ouviu direito?"

"Absoluta! Irmã Dulce ficou brava com a Irmã Clara, por ela ter tocado no assunto. Pediu-lhe para esquecer e nunca mais falar a respeito!"

"Mas Irmã Dulce me jurou que Dona Marguerite havia morrido. Por que mentiria?"

"Eu não sei."

Fiquei pensativa, desde então, e fui procurar Irmã Dulce, num momento adequado para lhe falar a respeito. Ela simplesmente perdeu a cor quando abordei o tema. Tentou desconversar, mas não permiti que o fizesse.

"Dona Marguerite está viva, não está? Magda ouviu atrás da porta. Magda não mentiria!"

A freira me respondeu secamente. Nunca fora tão seca como naquele instante:

"Pois, dessa vez, ela se enganou!"

"Se enganou, uma ova! E pelo estado perturbador que a senhora se encontra, sei bem que o que ela ouviu é a mais pura verdade."

"Não é!"

"Por que mentir para mim, Irmã? Por quê?"

Os olhos da freira se tornaram febris.

"Essa Dona Marguerite realmente faleceu! Pare de alimentar esperanças quanto a ela!"

Perdi a paciência, fui para cima da mulher, segurei seu hábito na altura do peito e falei:

"Escute aqui, sua freira imunda, gorda e feia. Você vai me dar a informação que eu tanto desejo, por bem ou por mal."

Minhas palavras a assustaram.

"Silvia, esses não são modos de falar com uma serva do Senhor Deus!"

"Responda a minha pergunta!", berrei, furiosa.

"O que houve com você? Parece até possuída pelo demônio!", estremeceu a Irmã.

"Eu quero a verdade! Mereço saber! É minha por direito. Por que me disseram que Dona Marguerite estava morta? Sonho em ser adotada por ela..."

"Eu sei, minha querida..."

"Não me chame de querida. Soa falso!"

A freira novamente perdeu o chão.

"Vamos lá, feiosa, desembucha!"

A mulher, vermelha de constrangimento, acabou abrindo o jogo:

"Está bem! Responderei a sua pergunta com toda veracidade." Irmã Dulce tomou ar. "Visto que Dona Marguerite Chevalier nunca mais apareceu aqui para vê-la, deduzimos que ela tivesse morrido. Caso contrário, já teria cumprido o que lhe prometeu. Ou ficou doente e impossibilitada de honrar a promessa, ou mudou-se do país, por algum motivo de força maior. Dizer a você que ela havia morrido foi a melhor forma, na minha opinião, de livrá-la do sofrimento da rejeição. Não queria que pensasse que fora rejeitada ou enganada por essa mulher. Há muita gente má nesse mundo, Silvia, não queria que sofresse."

"Dona Marguerite era uma mulher boníssima."

"Eu sei. Mesmo assim..."

A freira achou melhor não dizer mais nada e eu senti, naquele momento, a esperança ressurgir dentro de mim. A possibilidade de Dona Marguerite Chevalier estar viva, em algum lugar do planeta, mexeu ferozmente com o meu coração. Deixou-me disposta a procurá-la, até mesmo no inferno se fosse preciso.

Por quantas e quantas vezes eu a imaginei estendida debaixo da terra, imóvel e fria. Contudo, em algum lugar do mundo, Marguerite Chevalier ainda se movia e falava com as mãos e os olhos vivos e atentos. Saber que a minha possível mãezinha de criação permanecia viva era bom demais, uma alegria tremenda.

Silvia fez uma pausa, o tempo suficiente para umedecer a garganta com mais alguns goles de uísque. Jean-Pierre ainda se mantinha atento às suas palavras, ainda preferindo acreditar que toda aquela história não passava de pura imaginação da parte da esposa. Contudo, tudo aquilo era a mais pura verdade. E muito mais ainda lhe seria revelado.

# CAPÍTULO 11

Um respiro e Silvia retomou sua história:

– Desde que descobri que Marguerite Chevalier estava viva, mil perguntas me atordoavam a mente. Se ela realmente estivesse viva, por que não fora me buscar no orfanato, como tantas vezes me prometera? Por que me abandonara ali? Deveria ter tido um motivo. Um muito bom, caso contrário, teria cumprido a promessa. Só poderia mesmo ter ficado doente, uma doença que a prendera à cama, impossibilitando-a de me dar explicações.

Decidi, então, fugir do orfanato para poder encontrá-la. Mas para isso, eu precisaria de algum dinheiro e, por isso, roubei o dízimo da missa e persuadi algumas das freiras a me dar outro tanto. Se não fizessem por bem, haveriam de fazer por mal. Eu conhecia os seus podres. Sabia do vício de uma por bebida alcoólica e dos deslizes de uma outra com um sujeito casado. Não seriam poupadas enquanto não me dessem o que eu tanto queria. Com esse dinheiro, eu fugi, determinada a alcançar a minha meta. Infelizmente, eu pouco conhecia sobre o mundo em si. Tudo o que eu conhecera da vida, até então, passara-se dentro do maldito orfanato, nada além de suas paredes e muros. Foi por isso que caí nas artimanhas de um canalha que prometera me ajudar a encontrar Marguerite Chevalier, quando, na verdade, queria apenas me ter para sexo casual e gratuito. Acreditei nele, a princípio, porque fui tola. Extremamente inexperiente.

"Venha cá, belezura", disse-me ele, certo dia, no quarto da espelunca que arranjara para eu morar. "Ponha a cabeça no colo do papai que vou niná-la." Eu estava tão carente e solitária, que acabei atendendo ao seu pedido, sem perceber quais eram suas verdadeiras intenções. Ele se aproveitou da minha inocência e desespero para encontrar uma mãe, mas ele também teve o que mereceu. Ah, se teve!

– O que você fez a ele, Silvia? – indagou Jean-Pierre assustado.

Ela riu:

– Quer mesmo saber? Acho que não teria estômago para ouvir.

Jean-Pierre mordeu os lábios, envolto de certo receio e ela prosseguiu:

– Na ocasião, achei que só esse sujeito é que não prestava. Mas eu estava enganada. Todos os homens que pensei que poderiam me ajudar, sem querer nada em troca, abusaram de mim. Fingiram-se de santos, até me encurralarem num quarto de quinta, apenas para me possuírem. Quando não quis, quando me recusei, por pouco não fui espancada. Engravidei e fui levada a um médico para abortar, sem saber exatamente o que se passava. Mas o importante era encontrar Marguerite Chevalier, nada me faria desistir da ideia. Eu a queria como mãe e ela também poderia me dar uma família. Por isso, continuei determinada a encontrá-la, sendo capaz de suportar as piores humilhações para atingir a minha meta. Havia se passado um ano, desde que eu fugira do orfanato, quando finalmente consegui localizá-la. Ela morava num casarão bonito, num local discreto em Nice. Foi o dia mais feliz da minha vida.

"Olá", disse eu, trêmula, assim que me vi diante dela em sua casa.

"Pois não?", perguntou-me ela, lançando-me um olhar furtivo.

"A senhora não está me reconhecendo?", perguntei, quase desmoronando de emoção.

Marguerite Chevalier me olhou mais atentamente.

"Sou Silvia Navarro. Do orfanato Santa Eulália."

A memória da mulher pareceu clarear.

"A senhora costumava nos visitar. Foi quando me conheceu e prometeu me adotar. Lembra-se?"

Marguerite Chevalier pareceu puxar pela memória. Eu nem esperei por sua resposta, e desatei a falar:

"Quando deixou de visitar o orfanato, as freiras me disseram que a senhora havia morrido, por isso, não mais apareceu por lá, tampouco cumpriu o que me prometera. Naquele momento, eu quase morri de desgosto. Eu já tinha a senhora como minha mãe legítima. Foi muito difícil para mim aceitar sua morte."

Lágrimas riscavam a minha face, quando Marguerite Chevalier riu, causando-me espanto.

"O que realmente aconteceu?", perguntei, estranhando seu comportamento.

"Nada não, minha querida, é que já fui dada como morta tantas vezes..."

"O que houve? Por que a senhora não foi me buscar como havia me prometido?"

A mulher abaixou o olhar, parecendo repentinamente com pena de mim. E eu, mais uma vez, voltei a falar, sem lhe dar chances de responder a minha pergunta.

"Fiz de tudo para localizá-la. Desejei isso, dia após dia, noite após noite."

Ela pôs de lado o que fazia e veio até mim, tocou meu queixo, empinando meu rosto para cima e sorriu.

"Qual é mesmo o seu nome?"

"Silvia. Silvia Navarro."

"Você ficou muito bonita, Silvia. Parabéns!"

Enrubesci.

"Desculpe-me por não ter ido buscá-la como prometi, mas é que tive alguns imprevistos que me forçaram a mudar de cidade."

"Então a senhora iria mesmo me adotar?"

"É logico que sim, meu bem. Iria, não! Vou!"

Meus olhos tolos brilharam.

"Jura?!"

"Sim! Essa casa será sua, como já é de todas as pequenas que acolhi, na esperança de lhes dar um futuro mais digno."

Sorrindo e chorando ao mesmo tempo, pedi-lhe algo muito importante para mim, naquele momento:

"Posso lhe dar um abraço?"

"Claro que sim, ma chérie."

Aquele abraço era tão necessário para mim como o ar que eu precisava para viver. No entanto, não foi tão caloroso quanto imaginei que seria. Pelo menos, por parte dela.

"Vamos arranjar um quarto para você", falou Marguerite a seguir. "Você dividirá o aposento com outra garota" e, num berro, ela chamou por uma tal de ESTELA.

"Olá, mamãe", disse a moça, surgindo rapidamente na sala por meio de uma porta balcão.

"Olá, Estela. Essa é a Silvia e ela agora vai dividir o quarto com você. Ajeite tudo para ela."

A criatura me mediu da cabeça aos pés, com um olhar que muito me assustou. Havia inveja e pouco caso reluzindo naqueles olhos aparentemente inocentes. Eu já me retirava do aposento, quando Marguerite Chevalier me chamou:

"Vestidos. Você precisa de novos e bonitos. Vou providenciar!". Minutos depois, ela me levou a uma loja no centro da cidade, onde comprou quatro vestidos e roupas íntimas novinhas para mim. Eu não sabia como agradecê-la. Eu estava maravilhada. Quando voltamos para o casarão, outras moças se encontravam ali, lançando-me olhares maliciosos e arrogantes.

"Vá tomar um banho, filhinha", disse-me Dona Marguerite, carinhosamente. "Quero vê-la limpa e perfumada. Depois, vista um dos vestidos novos e venha me ver."

Obedeci. De fato, eu ficara linda. Nunca me achara tão bonita como naquele instante. Ao me ver diante da mulher que acreditava querer ser minha mãe, sorri.

"O que achou?", perguntei inocentemente.

Ela me pediu para dar uma voltinha e aplaudiu.

"Você está linda. Simplesmente linda!"

Contive-me para não chorar.

"Agora, ouça-me!", disse-me ela seriamente a seguir. "O negócio aqui é bem simples. Homens virão procurá-la e você vai satisfazê-los, sexualmente, até se fartarem. Parte do que receber deles será para pagar as despesas de sua moradia e alimentação. O restante é seu! Para gastar como bem desejar."

"Homens?!", estremeci. "Eles não prestam! Todos que cruzaram o meu caminho só queriam abusar de mim!"

A mulher riu.

"Se não quisessem, não seriam homens, minha querida. Seriam maricas!"

"Não quero me envolver com eles. Quero apenas viver aqui, ao seu lado. Ser sua filha. Só isso!"

"Eu sei, mas precisamos nos sustentar. Dinheiro não cai do céu. Não sou rica. Nunca fui!"

"Eu posso limpar a casa..."

A mulher não a permitiu continuar:

"Bonita como é, limpando uma casa?! Nunca! Seria um desperdício. Um total desperdício!"

Só então, pude ouvir o risinho abafado das outras moças que residiam ali. Elas riam descaradamente da minha inocência.

"Compreendeu, meu bem?" arrematou Marguerite Chevalier até onde a paciência lhe permitia. "Agora vá comer alguma coisa e se preparar para a noitada. Sendo novinha na casa, terá fila na porta do seu quarto."

Sem mais, ela se afastou e Estela fez sinal para eu acompanhá-la. Seguíamos para a cozinha, quando Estela soltou a língua:

"A madame Chevalier, que carinhosamente chamamos de mãezinha, também me tirou do orfanato. Da mesma forma que ela prometeu a você, prometeu a mim e às outras que residem aqui. Alegou que nos adotaria, fez e nos trouxe para cá."

"É um gesto nobre."

A moça riu.

"A madame só nos adotou para trabalhar para ela. Dar-lhe o dinheiro necessário para pagar seus luxos."

"Isso não é verdade."

"Você é muito inocente", Estela tornou a rir. "É obvio que algumas daqui vieram simplesmente bater à porta e ela as acolheu, porque passaram no seu critério de jovem bonita e saudável. As que não, sequer tomou tempo para ouvi-las. Madame não é, nem nunca foi uma doçura, sabe? Da mesma forma que iludiu você, iludiu todas nós."

"Não quero ser uma prostituta!", falei, arrepiando-me só de pensar na hipótese.

"Você não tem escolha. Órfã, pobre e miserável como é, seu único ponto a favor é a beleza. Tire proveito disso!"

"Um homem decente pode se interessar por mim."

"Não me faça rir. Homens da alta sociedade só buscam garotas como nós para satisfazê-los na cama. Nada além disso!"

Seria mesmo verdade, o que Estela me disse? Perguntei-me, silenciosamente.

Depois de jantar, voltei para a salona, onde homens de todas as idades começavam a chegar. Ao me verem, olhavam-me como animais farejando uma presa. Meu primeiro cliente foi escolhido por meio de um leilão, dirigido pela própria cafetina. Quem pagasse mais, teria a mim em primeiro lugar e um sujeito horrendo pagou.

"Não quero ser uma prostituta", supliquei baixinho ao ouvido daquela que acreditei que seria uma mãe perfeita para mim. Contudo, ela me respondeu com fingida diplomacia:

"Minha querida, você precisa me pagar pelos vestidos que comprei para você."

"Mas..."

"Não eram presentes! Se eu os desse para você, teria de dar para as outras meninas. Não tenho dinheiro para isso."

"Mas...", era tudo o que eu conseguia dizer.

"Agora vá!", ordenou-me Marguerite, com um sorriso fingido, pegando firmemente no meu braço e me entregando para o cliente que aguardava, impacientemente, por mim. Fui praticamente arrastada pela escada que levava aos quartos, localizados no andar superior do sobrado. Eu tremia inteira quando ele me agarrou e começou a me despir, visto que eu não tomava a iniciativa. Quando jogou-me na cama e deitou-se sobre mim, senti-me sufocada. Pedi para ele parar e quando não o fez, comecei a gritar. Ele então me tapou a boca e continuou possuindo meu corpo, violentamente. Ao término, cuspiu-me na cara e soltou alguns palavrões. Vestiu-se rapidamente e foi reclamar com a dona do prostibulo o fato de eu não ser mais virgem. Até então, ela nada sabia do que eu havia passado nas mãos dos homens que prometeram me ajudar a localizá-la. Ficou furiosa por ter de devolver ao sujeito parte do dinheiro que ele havia pago para me desvirginar. Quando me encontrou, Marguerite Chevalier estava transformada. Nunca pensei que pudesse se tornar uma mulher tão insensível e abominável como se mostrou naquele instante.

"Você me fez perder uma boa quantia, sabia? Enganou-me direitinho com essa carinha de anjo."

Tentei me defender:

"Fui desvirginada contra a minha vontade por homens que me prometeram encontrá-la e se aproveitaram de mim por isso."

"Não me importam os seus motivos. Pois hoje você vai atender o dobro de clientes até compensar o dinheiro que investi na compra dos seus vestidos."

Por acreditar que ela ainda me amaria com os mesmos sentimentos de uma mãe progenitora, acatei sua ordem. Naquele dia, fui dormir às seis da manhã. Mais de dez homens me possuíram e me forçaram a fazer coisas que eu jamais imaginei ser possível. Eu estava exausta e enojada. Ainda assim, disposta a agradar Marguerite Chevalier para que ela finalmente me reconhecesse como uma filha querida. Mesmo me sentindo dolorida, continuei a receber muitos clientes, como ela exigia, noite após noite. Quando eu reclamava de dor, ela simplesmente me oferecia uma pomada e dizia que logo eu me acostumaria.

Foi assim, até eu perceber que jamais significaria algo mais para ela. Que continuaria sendo apenas mais uma dentro daquele antro de perdição. E eu queria o seu amor, a sua atenção... Que ela me olhasse com os mesmos olhos que eu olhava para ela. No entanto...

Só então me passou pela cabeça o verdadeiro motivo que fez Irmã Dulce inventar que Marguerite Chevalier havia morrido. De algum modo, ela deveria ter descoberto que ela não passava de uma cafetina imunda e nojenta. Compreendi a seguir, porque Marguerite vivia mudando de cidade e país. Toda vez que as autoridades descobriam o seu negócio, ela fugia para outro local, para evitar ser presa ou evitar qualquer outro tipo de escândalo. Minha decepção era tanta, mas tanta, que, de repente, eu queria morrer.

"Não sou especial para a senhora, não é mesmo?", desabafei, quando me vi a sós com ela em seu quarto.

"É sim, minha querida. É sim!", respondeu-me ela, com a cara mais deslavada do mundo.

"Sou não! A senhora só me quer aqui para ganhar dinheiro às minhas custas!"

"Ossos do ofício!"

"Eu vou embora!", anunciei, decidida.

"Para onde? De volta para aquele orfanato peçonhento, comandado por aquelas freiras insuportáveis? Não seja tola! Aqui, pelo menos, você pode se divertir e fazer algum dinheiro para o seu sustento. Pobre do jeito que é, nunca conseguirá nada além da prostituição para se garantir financeiramente na vida. Aproveite sua beleza e juventude enquanto pode."

Infelizmente, a megera estava certa. Pobre do jeito que eu era, só mesmo a prostituição me daria um sustento rápido e digno, como eu gostaria de ter. Assim, fui parar noutro bordel só que, dessa vez, fazendo exigências para não ser mais uma qualquer no local. Logo, homens e mais homens faziam fila novamente na porta do meu quarto para me terem e então percebi que no fundo eu apreciava aquilo, eu nascera mesmo para ser uma meretriz, só que de luxo!

Silvia novamente mirou os olhos verdes e tristonhos daquele que se tornara seu marido e disse, retumbante:

– Incrível, não? A vida lhe deu tudo o que a maioria dos seres humanos preza: luxo, fartura, requinte, status, abundância e, até mesmo, uma família. Alguns tiveram a mesma sorte que a sua. Comigo foi completamente diferente, não tive nenhuma coisa nem outra. Nada! A vida me desprezou, da mesma forma que eu a desprezo.

Jean-Pierre reagiu no mesmo instante. Levantou-se de onde estivera sentado até então, foi até ela e disse, mirando ternamente seus olhos:

– Ao meu lado, Silvia, sua vida poderá ser totalmente diferente. Já é diferente do que foi, não percebe? Eu ainda posso lhe fazer muito feliz. Acredite!

– Não pode! Nunca poderá! Você é um frouxo na cama, já lhe disse isso! Se Laurence Piemonte não tivesse vindo para cá e me pegado de jeito, eu teria enlouquecido ao seu lado.

– Laurence, o pintor?!

– Sim. Por que acha que o escolhi para pintar um retrato meu? Para poder tê-lo aqui, ao meu dispor. Nos divertimos tanto enquanto ele pintava o meu quadro, especialmente quando saíamos para caminhar.

– Vocês dois?...

– Sim – ela riu, orgulhosa de sua própria astúcia. – Ele, sim, sabe fazer uma alma feminina feliz.

Silvia suspirou só de lembrar dos momentos que ela e o amante desfrutaram sob o sol daquele verão inesquecível, em meio à natureza em torno da propriedade da família Cassel.

Diante de uma inesperada tontura, Jean-Pierre voltou a se sentar. Ao perceber seu estado, a esposa sorriu maleficamente. Dava-lhe prazer ver um sujeito que tivera tudo na vida sendo pisoteado por ela.

– Edmond... – continuou Silvia com prazer. – Eu e ele nos encontrávamos enquanto você me fazia a corte, sabia? Ríamos muito às suas costas. Ele, sim, saber fazer uma mulher feliz, mas não passa de um mulherengo inveterado, e, comparado a você, um pobretão.

– Edmond não pode ter sido tão cruel comigo – desabafou Jean--Pierre, custando a acreditar naquilo.

– Mas foi! Não só ele como Gustave e Jacques. E saiba que nos divertimos um bocado às suas custas.

Ela repetiu a gargalhada maléfica e encerrou o assunto, dizendo:

– Agora vou tomar meu banho, enquanto você digere a podridão do meu mundo junto ao seu.

Sem mais, ela deixou a saleta, passando pela porta como se fosse feita somente de fumaça.

O que se via no cômodo, segundos depois, era um moço, no esplendor dos seus vinte e um anos, cuja inocência em seu coração ainda se recusava acreditar que tudo aquilo que Silvia Navarro havia lhe dito fosse mesmo verdade.

Somente nesse instante, é que Jean-Pierre se recordou de Hubert Lagerfeld e de suas palavras.

"Jean-Pierre! Onde está ela? Aquela rameira...", perguntou-lhe o sujeito, exalando forte odor de bebida alcoólica. "Pois ela não presta, Jean-Pierre! Não passa de uma vagabunda, vadia..."

Ele tentara preveni-lo e ele não lhe dera confiança por acreditar que o álcool havia lhe afetado os miolos.

Quando Georges encontrou o patrão ali, naquele estado deprimente, percebeu de imediato o que havia lhe acontecido.

– Meu Senhor... – opinou, sabiamente. – Foi melhor assim.

Seu parecer despertou Jean-Pierre de sua letargia.

– Como foi que descobriu, Georges? Como e quando?

O empregado limpou a garganta e, ponderadamente explicou:

– Quando a vi pela primeira vez, percebi que havia algo de errado com ela. Era polida demais, cordata demais, linda demais... Ninguém é tão perfeito. Pelo menos, nunca encontrei alguém que fosse assim ao longo da vida. Então, quando o pintor chegou a essa casa e o senhor se ausentava para visitar seu pai, logo compreendi o que se passava às portas fechadas da saleta, onde ele pintava o retrato dela. Por muitas vezes, ambos saíam para um passeio pela natureza e, quando voltavam, era visível o que haviam feito na mata. Por muitas vezes, ela o levou até o quarto de vocês e...

– Georges, por que não me disse?

– Eu não tinha como provar, meu senhor. Além do mais, temi o que a verdade poderia lhe causar.

Jean-Pierre mergulhou as mãos na cabeça, num gesto desesperador.

– Quero morrer de vergonha, Georges. Morrer!

– Não diga isso, meu senhor. Seria um tremendo desgosto para o seu pai.

– Eu sei. Pobrezinho. Se ele souber da verdade, não me perdoará jamais!

– O perdoará porque o ama acima de tudo.

Jean-Pierre se agitou:

– Mas eu ainda posso conquistá-la. Fazê-la me amar, como eu a amo!

– O senhor acha mesmo que deve insistir nisso?

– Sim, Georges! Pelo amor que sinto por ela farei de tudo para conquistá-la.

O mordomo achou melhor não dizer mais nada.

Naquela noite, ao descer para o jantar, Silvia Navarro usava um perfume forte e provocante. Transparecia bom humor e felicidade. Jean-Pierre, por sua vez, era o avesso da vitalidade e da alegria de viver de antes. Pouco tocou na comida e até os empregados se sentiram mal diante do seu estado deplorável.

Ao recolher-se na sala com lareira, seu cômodo favorito da casa, Silvia o seguiu. Ali, voltou-se para ele e disse, com ênfase:

– Amanhã mesmo quero que chame o seu advogado para acertar tudo sobre o nosso divórcio.

– Divórcio, Silvia?! É muito cedo para isso, nem bem nos casamos.

– Para mim foi mais do que o suficiente. Quero o dinheiro que me cabe por termos nos casados em comunhão de bens. Tenho planos para ele.

– Um divórcio agora, deixará o meu pai decepcionado. É capaz de morrer de decepção.

– Que morra! Já passou da hora!

Novamente as palavras dela o atingiram na alma.

– E mande providenciar outro quarto para você. Enquanto eu estiver nessa casa, não durmo mais ao seu lado nem que o demônio insista.

Jean-Pierre reagiu no mesmo instante:

– Não posso pedir isso aos empregados. O que eles pensarão de mim?

– Problema seu! No meu quarto você não entra mais. Se não pedir para retirarem suas roupas de lá, eu mesma mando jogar no corredor da casa.

– Silvia, por favor...

Ela não lhe deu ouvidos, simplesmente partiu em direção aos seus aposentos.

Jean-Pierre permaneceu sentado, com o olhar perdido no nada, rememorando incansavelmente tudo o que Silvia havia lhe dito. Ele ainda a amava e estava disposto a fazê-la se apaixonar por ele. Não desistiria de sua meta. Seria capaz de mover terra e céus para conquistá-la.

Ao chegar ao quarto que ocupava com a esposa, o rapaz encontrou a porta trancada a chave. Mesmo assim, bateu de leve, na esperança de que a esposa abrisse para ele, mas nada aconteceu. Ela realmente cumprira o que prometeu e, por isso, ele foi obrigado a se deitar noutro aposento onde ficou insone até a madrugada.

# CAPÍTULO 12

No dia seguinte, logo pela manhã, Jean-Pierre escalou seu chofer de confiança para levá-lo a uma cidade nos arredores de Paris. Estava tão aturdido com tudo a que Silvia lhe revelou, que temeu sofrer um acidente se dirigisse, ele próprio, o carro de sua propriedade.

Foi o próprio Edmond Dujardin quem o recebeu à porta da casa onde residia com os pais.

– Jean-Pierre?! – espantou-se o moço, ao vê-lo bem diante dos seus olhos.

O colega não precisou dizer ao que vinha, Edmond soube de imediato o que o levara até ali. Quase chorando, Jean-Pierre o questionou:

– Por que vocês fizeram isso comigo?

O sujeito perdeu o chão. Queria encontrar uma resposta e não conseguiu. Jean-Pierre voltou a falar, tremendo:

– Eu nunca fiz mal a nenhum de vocês e, no entanto, foram perversos comigo. De uma crueldade...

Edmond jamais pensou que ficaria em tão difícil situação por causa de uma brincadeira de mau gosto. Levou minutos até que conseguisse dizer alguma coisa:

– Foi ela, Jean-Pierre. Foi ela quem surgiu com a ideia de lhe pregar uma peça. Eu, Gustave e Jacques duvidamos que você cairia, por isso, apostamos e, no entanto, ela saiu vitoriosa do embuste. Quando percebemos que você havia se apaixonado por Silvia, Jacques achou melhor lhe revelar toda a verdade. Temi, porém, que se revoltasse conosco e, até mesmo, nos prejudicasse perante as autoridades. Conversando com Silvia, ela nos garantiu que também havia se apaixonado por você, e nos implorou que nada lhe revelássemos sobre a aposta e seu passado devasso. Se lhe contássemos a verdade, você certamente se decepcionaria com ela e jamais ficariam juntos, como ela tanto desejava. Por isso, mantivemos o segredo. Acreditamos nela. Acreditamos piamente.

– Mas era tudo mentira! – explodiu Jean-Pierre, tomado de indignação. – Ela não se casou comigo por amor e, sim, por dinheiro. Talvez até para provar a si mesma que conseguiria. Deve ter apostado consigo mesma.

– Pelo visto, ela ludibriou todos nós. Eu sinto muito, Jean-Pierre.

– Vocês destruíram a minha vida.

– Você pode se divorciar dela.

– Eu sei, mas meu pai não receberá bem a notícia, coitado! Na idade em que está, um baque desses pode matá-lo.

– Eu sinto muito.

Breve pausa e Jean-Pierre quis saber:

– Onde fica o pardieiro em que vocês a conheceram?

A pergunta surpreendeu Edmond.

– Por que quer saber, Jean-Pierre? O que pretende fazer lá?

– Diga-me, por favor!

– Está bem. Vou anotar o endereço.

Dali, Jean-Pierre seguiu diretamente para Paris em busca do bordel onde Silvia Navarro vivera nos últimos meses. Não foi preciso perguntar por Madalena, a própria o atendeu à porta e, diante dele, estremeceu. Por fim, o convidou a entrar e o conduziu até uma saleta, onde pudessem conversar a sós.

– Foi Silvia quem lhe contou tudo, não foi? – começou ela ainda com dificuldades para encará-lo. – Eu sabia que ela não conseguiria manter a verdade escondida por muito tempo. Por um lado, foi melhor assim. Essa loucura já foi longe demais. Saiba também que só tomei parte nisso por perceber que você poderia ser, de fato, o homem certo para tirar Silvia do caos emocional em que se encontrava. Quando o vi apaixonado por ela, desejei do fundo do meu coração que seu amor pudesse abrandar sua raiva, amaciar o seu coração.

As palavras dela fizeram Jean-Pierre olhar para Madalena Ayala com outros olhos.

– Você a ama, não é mesmo? – continuou ela, sabiamente. – Apesar de tudo, ainda se mantém apaixonado por ela, certo? Mesmo depois de saber que tudo não passou de uma aposta boba e cruel, você a perdoou, porque tem um coração benevolente. É uma daquelas raras pessoas, cujo mal não consegue de modo algum poluir o coração.

Os lábios dele tremeram e a mulher concluiu:

– Você pensa que ela é má, não é? Todos pensam! Mas não é verdade. Silvia reage assim porque foi extremamente pisoteada pela vida. Ela deve ter lhe contado tudo, não?

Jean-Pierre assentiu e Madalena foi além:

– A vida não foi nada fácil para Silvia. Pisou nela tantas vezes que seu comportamento se torna até compreensível e perdoável. Contudo, as feridas dela permanecem abertas e dolorosas. Só o amor, somente um grande amor poderá cicatrizá-las. Pelo menos, é assim que eu penso.

Breve pausa e ela voltou a encará-lo, com olhos sinceros e suplicantes:

– Se você ainda a ama, lute pelo seu amor. Como disse, só mesmo um grande amor para transformar Silvia Navarro numa pessoa melhor. Tomara que você consiga, porque desejo o melhor para ela. É como uma filha para mim. Quero vê-la bem e feliz. Longe, bem longe das amarguras do passado.

Madalena Ayala estava sendo sincera e sua sinceridade contagiou Jean-Pierre Cassel que partiu do lugar definitivamente determinado a conquistar Silvia Navarro de vez.

Ao voltar para a mansão, Jean-Pierre encontrou Silvia, furiosa, aguardando por ele.

– Ainda bem que você voltou, seu estrupício!

– Estive com Madalena... – começou ele, achando que ela se interessaria pelo tema.

Mas Silvia o cortou, bruscamente:

– Nada do que você faz ou deixa de fazer me interessa.

– Pensei que gostaria de saber da sua amiga...

– Quando eu quiser notícias dela, eu mesma vou atrás. Agora vamos ao que interessa. Pelo menos para mim. Sabendo que você demoraria a chamar por um advogado, eu mesmo convoquei um para vir preparar os papeis do nosso divórcio.

– Silvia, precisamos conversar...

– Não temos mais nada a conversar. – E voltando-se para o advogado que ela havia chamado, inquiriu, severa: – E então, onde assinamos?

O sujeito enviesou o cenho e disse:

– Madame... A senhora e o seu marido não se casaram com comunhão de bens.

– Impossível! – exclamou Silvia, furiosa. – Deixe-me ver essa porcaria.

Ao constatar o fato, Silvia virou o próprio demônio. Voltou-se para Jean-Pierre, fuzilando-o com o olhar.

– Você me disse que o casamento era com comunhão total de bens e, no entanto, era mentira. – Sua boca espumava de raiva.

Jean-Pierre estava tão pasmo quanto ela. Pegou o documento e o analisou.

– Eu não entendo... – afirmou, chocado. – Na hora de redigir a certidão, o escrivão do cartório deve ter se confundido...

Só então, Silvia percebeu o que havia acontecido.

– O escrivão... – murmurou ela, furiosa. – Foi ele! Ele fez de propósito. Eu sabia que o conhecia de algum lugar. Deve ter sido um dos meus clientes e percebeu quais eram as minhas verdadeiras intenções ao me casar com você. Demônio! Ele e aquele padre maldito que você insistiu para que abençoasse o nosso casamento. Ele também fora meu cliente e tinha raiva de mim por ter caçoado dele, certa vez, ao descobrir qual era sua verdadeira função na sociedade.

Silvia fez uma pausa para expelir o ódio que incendiava o seu interior naquele instante e disse:

– Mesmo assim, sairei desse casamento com a metade dos seus bens como haveria de ser, se o canalha do escrivão não tivesse mudado a cláusula de comunhão de bens.

Jean-Pierre estava prestes a concordar com ela, quando percebeu que o fato era um ponto a seu favor.

– Não, Silvia. Não lhe darei metade dos meus bens. Se quiser o divórcio, eu até lhe dou, mas sairá desse casamento exatamente como entrou. Sem nenhum tostão.

Ela queria simplesmente voar sobre ele e unhá-lo e estapeá-lo. Ele voltou a falar, com segurança:

– Mantenha-se casada comigo, para que meu pai não sofra uma decepção e, mais tarde, eu lhe darei uma boa soma de dinheiro.

– Escuta aqui, seu frouxo. Ou você me dá o que eu quero, agora, ou seu pai vai ficar sabendo de tudo pela minha própria boca.

– Se você fizer isso, não receberá sequer o que te proponho.

O ódio que ela sentia naquele instante parecia que iria consumi-la inteira. O advogado partiu, a mando da moça que pediu um tempo para refletir sobre a situação em que se encontrava. Voltando-se para Jean-Pierre, assim que se viu a sós com ele, voltou a falar, cheia de lascívia:

– Essa você venceu. Por ora. Mas depois...

Ela riu, maleficamente. Um riso tão desagradável que perturbou até si mesma.

# CAPÍTULO 13

Mais um dia e Jean-Pierre havia ido visitar o pai como de costume. Estava mais confiante de que poderia salvar seu casamento com Silvia. Ao chegar à mansão, foi informado de que a moça se encontrava em seu quarto. Avidamente, ele seguiu para lá e, dessa vez, entrou no aposento sem bater à porta.

– Silvia...

Não foi além. Estancou de súbito ao ver a moça sobre a cama, ao lado de um camponês, nus, aos beijos e abraços.

– Meu marido está de volta! – zombou Silvia, saltando da cama. – Que bom!

Foi até ele e lhe deu um beijo falso na bochecha. Ao toque dos seus lábios, Jean-Pierre estremeceu, chegando a fechar os olhos até espremê-los, como se aquilo pudesse apagar a realidade da qual tomava parte.

– Esse moço, Silvia... – gaguejou, quando conseguiu articular as palavras. – Quem é ele?

– Um amigo – respondeu ela, lançando-lhe um olhar matreiro e desafiador.

Mirando fundo seus olhos, ele a reprendeu, sem elevar a voz:

– Você perdeu o juízo, Silvia?

Ela riu, debochada.

– Ainda bem que perdi, Jean-Pierre. Se eu fosse você, perderia também. Essa sua vidinha de bom moço não leva a nada, viu?

Ela voltou para a cama, onde se aninhou ao rapaz que, tal como ela, sem pudor algum, enlaçou-a e lhe beijou, como se não houvesse mais ninguém no aposento senão os dois.

O estômago de Jean-Pierre havia embrulhado, a cabeça latejava e faltava-lhe o ar. Assim, ele deixou o aposento e seguiu para o quarto que passara ocupar nos últimos dias, escorando-se na parede.

Trechos da conversa que tivera com Madalena Ayala reapareciam com grande força em sua memória naquele instante:

"Você pensa que ela é má, não é? Todos pensam! Mas não é verdade. Silvia reage assim, porque foi extremamente pisoteada pela vida... Se você ainda a ama, lute pelo seu amor. Só mesmo um grande amor para transformar Silvia Navarro numa pessoa de bem com a vida. Tomara que você consiga, porque desejo o melhor para ela. Quero vê-la bem e feliz. Longe, bem longe das amarguras do passado."

Madalena tinha razão em tudo que dissera, admitiu Jean-Pierre ainda disposto a lutar pelo amor de Silvia.

No jantar daquela noite, Silvia apareceu trajando um vestido bordô com um decote ousado e os olhos exageradamente pintados, como os de uma marafona.

– Silvia! – exaltou-se ele procurando controlar a altura da voz. – Esse vestido... – murmurou ele contrafeito –, essa maquiagem pesada...

Os olhos dela brilharam triunfantes.

– Você gostou? – Ela deu um giro e completou, ainda mais matreira. – É assim que gosto de me vestir e de me maquiar – breve pausa e ela acrescentou, olhando desafiadoramente; – O cabelo à la garçonne também ficou bom, não acha?

– Vestida e maquiada assim, você parece...

Ela se adiantou, interpelando suas palavras:

– Uma vadia? – ela riu. – É o que sou. Esqueceu?

No dia seguinte, Silvia voltou do vilarejo com outro sujeito, rústico e viril. Passou por Jean-Pierre como se ele fosse invisível e insignificante; puxando o amante pelo punho, em direção ao quarto que ela ocupava na casa. Ali, fechou-se e se entregou despudoradamente aos prazeres da carne, gemendo e gritando para qualquer um que quisesse ouvir.

Dias depois, Jean-Pierre flagrava a esposa com o ajudante do jardineiro. Ambos estavam nus sob o sol, parecendo não se importar com quem os encontrasse ali, naquela devassidão.

Mais um dia, e ele pegou a esposa com outro na cama. Cada dia era com um diferente e aquilo tinha de ter fim. Ao término de mais uma aventura carnal, Jean-Pierre foi falar com ela, seriamente:

– Silvia...

– Olá, meu bem...

– Você poderia, pelo menos, escolher homens de outras regiões. Daqui a pouco, todo mundo vai saber o que se passa aqui. Nas cidades pequenas, as notícias correm e as fofocas, voam...

A resposta dela foi enfática:

– Esse é um problema seu, Jean-Pierre. Totalmente seu!

– Você pega qualquer um, é isso?

– Sim! Qualquer um que seja melhor do que você.

– Você realmente não se importa comigo. Está se lascando com a minha reputação.

– Reputação de frouxo, você quer dizer? – ela riu. – Poupe-me, Jean-Pierre. Por favor! Se eu fosse você, fazia o mesmo que eu. Saia por aí, catando mulheres e tirando proveito disso. Quem sabe uma delas não o ensina a ser homem de verdade.

– Silvia...

– Diga!

– Tira esse ódio do coração. Ele ainda vai matá-la!

– Que mate! Todos terão mesmo que morrer um dia. Por ódio ou doença, pouco importa. A morte é certa. Dela ninguém escapa!

– Um dia você há de se cansar dessa vida. Há de querer um homem gentil e sincero ao seu lado.

– Gentil e sincero? Ah, por favor! Esse tipo de homem não existe. São todos canalhas. Nenhum presta. A maioria dos que foram e ainda vão comigo para cama são casados e vão à igreja todo fim de semana.

– Eu não sou como todo homem.

– Porque é um bobo! Frouxo!

– Cuidado, você ainda pode se apaixonar por um...

– Apaixonar-me por um? Me poupe!

– Pois eu ainda penso que um grande amor poderia mudá-la, Silvia. Na verdade, o que lhe falta é um amor de verdade para torná-la mais feliz.

– Não me falta, não! Só eu me basto!

– Meus pais foram muitos felizes no casamento.

– Isso é o que você pensa. Isso é o que todo filho quer acreditar sobre o seu pai e sua mãe.

Jean-Pierre achou melhor não dizer mais nada, sua cabeça já doía, a ponto de explodir.

Até quando ele suportaria aquilo? Pelo pai, sim, ele haveria de aguentar calado, para não o decepcionar jamais. Tamanha decepção poderia matá-lo e ele o queria vivo, bem vivo, para lhe dar o neto que tanto sonhava ter.

Ao visitar o pai, novamente, Valentino Cassel notou mais uma vez que o filho parecia preocupado com algo.

– O que foi? – perguntou-lhe, olhando mais atentamente para o semblante do rapaz.

– Nada não, papai.

– E Silvia, como vai?

– Bem. Tudo bem.

Recordando-se das palavras que a própria Silvia havia lhe dito, no dia anterior, Jean-Pierre perguntou a Valentino:

– Papai, você e a mamãe foram felizes?

– Eu e sua mãe? É logico que sim! Imensamente! A cada dia, a cada momento, era uma alegria tamanha termos nos apaixonado um pelo outro. É lógico que tivemos percalços durante a vida, e foi graças ao amor que sentíamos um pelo outro que pudemos superá-los.

– Que bom!

– Jean-Pierre, meu filho, nada no mundo se iguala ao amor. Com ele, somos mais fortes. Fortes o necessário para enfrentar nossas próprias deficiências e deslizes.

– Que bom, papai. Que bom saber que o senhor e a mamãe foram um casal feliz.

– Da mesma forma que você e sua esposa serão, meu querido.

– Sim. Da mesma forma.

No íntimo, Jean-Pierre desejava aquilo imensamente. Continuava determinado a conquistar Silvia Navarro, apesar de toda a sua rejeição. Pegando um álbum de fotografias, Valentino Cassel o abriu numa página específica e disse:

– Veja essa foto, meu filho... Veja como eu e sua mãe estamos felizes.

Jean-Pierre olhou com admiração para o retrato que mostrava o casal, ainda jovem, lado a lado, com a baía da Gasconha.

– A mamãe era mesmo muito linda – comentou Jean-Pierre, com lágrimas nos olhos.

– Era sim – Valentino também se emocionou. – Que pena ela ter morrido tão cedo.

– Infelizmente.

Ambos ficaram admirando as demais fotos do álbum, até Jean-Pierre perguntar:

– Quem é mesmo essa mulher que aparece ao lado da mamãe em diversas fotos?

– É Angelina, irmã de sua mãe.

– Verdade! – exclamou o moço, olhando mais atentamente para o retrato da tia. – O que houve mesmo com ela?

– Mudou-se para outro país quando você ainda era um bebê. Por isso você não se recorda dela.

– A mamãe falava dela, às vezes. E falava sempre com muito carinho.

– Sua mãe sempre sentiu saudades de Angelina. Chego a pensar que foi isso que a deixou tão precocemente doente... – o homem novamente derramou algumas lágrimas.

Jean-Pierre o consolou e, por fim, levantou-se, pegou seu chapéu na galhada do veado, preso na parede, e despediu-se.

– Preciso ir. Silvia me espera para o almoço.

– Vá sim, filho. Que Deus o abençoe.

– Amém!

Nem bem se moveu, o pai o chamou:

– Jean-Pierre, aguardo ansiosamente a chegada dos meus netos. Não se esqueça deles, por favor.

O moço procurou sorrir, fingindo-se de alegre, quando, na verdade, desmoronava por dentro.

– Eles logo nascerão, papai. Prometo.

O rapaz queria imensamente que aquilo fosse verdade, uma verdade que parecia cada vez mais distante da realidade.

Pelo caminho, de volta à mansão, Jean-Pierre parou o carro no ponto em que podia avistar o golfo da Gasconha, enquanto uma torrente de pensamentos negativos o atingia em cheio.

Tolo... Como ele fora tolo em cair numa armadilha daquelas. Inocente. Sim, ingênuo e imaturo. Bobo. Muito bobo! Silvia tinha razão ao chamá-lo de todos aqueles nomes.

O ódio súbito por si mesmo fê-lo chorar, dando vazão à tempestade emocional que o aprisionava, desde que a esposa lhe contara toda verdade. Veio para fora com toda força. Que ninguém o visse naquele estado, seria ainda mais vergonhoso do que já estava sendo. Somente quando seus olhos se desembaçaram é que Jean-Pierre pode ver Isabelle em pé, parada diante do carro. Ela saíra para caminhar e o destino a conduziu até ali.

– Jean-Pierre? – pronunciou ela, seu nome com extremo cuidado. – O que houve?

Ele não sabia o que fazer, rapidamente enxugou as lágrimas, saiu do carro e procurou se explicar:

– Isabelle, você aqui?!

– Estava caminhando e... O que houve? Algum problema?

– Não, não... Está tudo bem.

– Mas você estava chorando.

– É, pois é. Estava sim. Não sei o que me deu.

Ela estudou seus olhos mais atentamente e admitiu:

– Você não está bem.

– Estou sim.

– Não, não está. Eu o conheço muito bem. Não queira me enganar. Aconteceu alguma coisa de errado entre você e a Silvia?

– Não! Garanto-lhe que não!

– Você me parece tão triste e abatido.

– Devo ter me resfriado.

– Jean-Pierre, por conhecê-lo desde criança, sei bem quando está mal e o mais importante, quando não está me dizendo a verdade.

– Estou bem sim, Isabelle... Não se preocupe.

– Só quero ajudar.

– A melhor forma de ajudar, muitas vezes, é não se intrometer na vida alheia.

– Desculpe-me.

Ao perceber o quanto havia sido grosseiro com aquela que tinha como irmã de coração, o moço tentou se desculpar.

– Você realmente não está bem – tornou ela, reflexiva. – Seja o que for que o perturba, saiba que pode contar comigo para o que der e vier.

– Eu sei.

– Que bom.

Ele novamente ficou sem graça diante dela e disse, querendo desesperadamente sumir dali.

– Eu já vou indo. Quer uma carona?

– Não, obrigada. Caminhar me faz bem, me ajuda a espairecer e a manter o físico sadio.

– Eu sei. Também gosto, você sabe. É que fui visitar o meu pai e...

– Como ele está?

– Bem, graças a Deus.

– Estimo.

– E sua família?

– Todos bem, também.

– Bom saber.

Despedidas foram feitas e Jean-Pierre partiu, o mais rápido possível, antes que desmoronasse diante da moça. Tomou o trajeto até a mansão, decidido a seguir em frente com seu plano de fazer Silvia Navarro amá-lo, verdadeiramente, podendo, assim, mudar o curso de suas vidas.

Ao chegar na casa, ele quis novamente conversar com ela, na esperança de fazê-la ceder. Contudo, encontrou Silvia em seu quarto, estirada na cama, nua, ao lado de dois moços. Diante de Jean-Pierre, os amantes de Silvia pularam do leito, em busca de suas vestes espalhadas pelo chão.

– Por que a pressa, rapazes? – desdenhou Silvia, com seu humor ácido. – Voltem já para cá!

Os sujeitos estavam verdadeiramente apavorados.

– Silvia... – Jean-Pierre tentou falar e ela cinicamente o interrompeu:

– Jean-Pierre, meu amor... Você está sendo indelicado. É muito feio atrapalhar uma mulher quando ela está se dando ao desfrute. Agora saia! Suma daqui!

Antes que ela começasse a gritar e os empregados da casa a ouvissem, Jean-Pierre acatou sua ordem. Contudo, era óbvio que a criadagem estava a par do que estava acontecendo entre ele e a esposa. E muito antes de ele próprio tomar conhecimento dos fatos. Isso o fez se sentir ainda mais envergonhado e oprimido perante tudo.

# CAPÍTULO 14

Nos dias que se seguiram, o mal-estar que envolvia Jean-Pierre o fez perder o apetite e emagrecer a olhos vistos. Embora fizesse de tudo para demonstrar a alegria costumeira, todos percebiam sua infelicidade. Ele já não via mais beleza nas manhãs, prenunciando um belo dia, tampouco no verde reluzente da natureza sob o sol dos últimos dias de verão do ano. Era como se tudo, ao seu redor, tivesse sido pintado de cinza. Apagado tal como ele, físico e moralmente.

– Meu senhor – observou Georges, deveras preocupado com o estado de saúde do patrão. – Se continuar assim, guardando tudo, calado, acabará adoecendo. O senhor precisa tomar uma atitude. Dar fim a essa situação, o quanto antes.

– Meu pai, Georges...

– Seu pai suportará a notícia, bem mais do que ao vê-lo adoecendo, fisicamente como está.

– Mas eu ainda a amo!

O mordomo foi novamente perspicaz no seu parecer:

– O senhor pensa que pode fazê-la se apaixonar pelo senhor, mas está enganado. Ela nunca o amará, porque tem o coração fechado para o amor. É tanto ódio e revolta alojado dentro de si que qualquer ato sincero de amor será repudiado por ela. Meu senhor, não alimente mais ilusões a respeito dessa mulher. Ela não tem coração, nunca terá!

Georges estava certo, admitiu Jean-Pierre, silenciosamente. Não havia mesmo como lutar contra aquela verdade nua e crua.

Ouviu-se então o relincho estridente de um dos cavalos da propriedade, seguido de um grito. Os dois homens rapidamente correram até o pátio, para saber o que havia acontecido. Silvia havia saído para cavalgar e ao voltar para casa, o garanhão, por algum motivo, empinou e ela caiu de cima dele.

Jean-Pierre rapidamente a acudiu e um médico foi chamado. Logo, ficou constatado que Silvia fraturara a perna e que teria de permanecer imobilizada por pelo menos dois meses. A notícia quase matou a moça de raiva. Ela simplesmente odiou ver-se presa a uma cama, inerte, dependendo da boa vontade de todos ao seu redor.

Jean-Pierre, por sua vez, encarou o episódio como a última chance de conquistar seu coração. Permanecia ao seu lado, lendo para ela trechos dos periódicos, sendo-lhe útil de toda forma. Havia dias em que ela acordava furiosa, mal-humorada e gritava com ele, dizia-lhe os piores impropérios e, mesmo assim, ele permanecia ao seu lado como um cão fiel. A bondade e lealdade de Jean-Pierre a incomodavam tremendamente. Ao invés de cativá-la, faziam-na repeli-lo ainda mais. Contudo, houve um momento de trégua por parte dela.

Havia se passado um mês desde a queda do cavalo, e ela parecia mais amena com ele, pelo menos naquele dia em questão. Ao dizer a ela que um filho poderia mudar sua visão de mundo, bem como aproximá-los, Silvia concordou com o marido. Visto que ela não se dera ao desfrute com outros homens, desde que ficara acamada, seria a oportunidade perfeita de ele fecundá-la, garantindo que o filho fosse dele próprio. Assim foi feito e logo Silvia se descobriu grávida.

– Que notícia maravilhosa! – exclamou o rapaz, verdadeiramente feliz com a descoberta.

Silvia retrucou no mesmo instante:

– É muito fácil para um homem elogiar uma gravidez, porque não é ele quem passa nove meses engordando e suando horrores para gerar um filho.

– Mas toda mulher sonha em ser mãe, não sonha?

– Toda, vírgula. Nao sou como todas. Você ainda não percebeu?

Jean-Pierre achou graça e continuou convicto de que a gravidez faria Silvia mudar, tornando-a mais humana e sensata.

Nas semanas que se seguiram, seu alvo parecia ter sido atingido. Silvia se mostrava mais calma e serena. Alimentava-se bem, seguindo devidamente a orientação médica, para que a criança nascesse forte e sadia. Quando a barriga dela se tornou saliente, Jean-Pierre contou ao pai a novidade. Não fizera antes para não deixá-lo com falsas esperanças.

Quando o médico apareceu na casa para examiná-la, concluiu que a gravidez corria bem.

– Obrigado, doutor. Estou muito feliz – admitiu Jean-Pierre, verdadeiramente contente com o fato.

Voltando-se para a esposa, comentou, empolgado:

– Logo, logo, o nosso bebê estará engatinhando pela casa. Mal posso esperar por esse momento.

Silvia nada respondeu, seu olhar se mantinha longe, admirando o mar que podia avistar, por meio da janela do seu quarto.

Dias depois, outro médico chegava à mansão dos Cassel a pedido da futura mamãe.

– Por que o mandou chamar? – quis saber Jean-Pierre, assim que soube da presença do profissional.

– Para eu me certificar de que realmente está tudo bem com o bebê.

– Sabemos que está. O Doutor Patrick nos disse.

– Quero ouvir uma segunda opinião.

– Ah, sim, fez bem.

– Agora, querido, deixe-me a sós com o doutor.

– Certamente.

Assim que Jean-Pierre se retirou do aposento, o rosto de Silvia tornou-se ainda mais vívido. Seus olhos pareciam maiores e mais brilhantes do que o normal. Um misto de prazer e loucura pareciam ter dominado a sua pessoa naquele instante.

– Madame – chamou o médico, com a impresão de que ela havia se esquecido dele.

– O que está esperando? – atalhou ela bruscamente. – Faça já o seu trabalho!

-- Minha senhora...

Silvia o impediu de continuar:

– Não me venha com sermões. Se precisasse deles, procuraria um padre.

– Pode ser perigoso. Pode impedi-la de vir a gerar novos filhos.

– Desde quando eu pretendo ter outros filhos?

– A senhora já é mãe?

A pergunta a pegou de surpresa, deixou-a ligeiramente desconcertada.

– Não lhe devo satisfações da minha vida. Só quero o aborto. Faça o que lhe peço e será bem recompensado.

– Seu marido está a par da sua decisão?

Ela novamente o fuzilou com o olhar.

– Você é surdo, por acaso? Burro?

– Acalme-se, madame, por favor!

– Impossível me acalmar, diante de um idiota como você.

O sujeito suspirou. Sua tensão era visivel.

– Está bem – disse, enfim. – Farei o que deseja.

– Então comece, seu retardado. Agora!

Quando Jean-Pierre voltou ao quarto e avistou o lençol todo ensaguentado, parou, chocado.

– O que houve?!

A resposta dela soou com a maior frieza do mundo:

– Um aborto.

– O quê?! Você perdeu a criança? O que houve?

Ela riu:

– Mandei tirar. Está aqui, veja! Não é o que você queria? Pegue!

Jean-Pierre estremeceu. Os olhos explodiram em lágrimas ao ver o feto ensaguentado sobre a cama.

– Você não fez isso. Não pode ter feito. Não pode ser tão má.

– Você achou mesmo que eu lhe daria um filho, seu imbecil?

– Se não ia, por que me deixou engavidá-la?

– Para que perdesse, de vez, qualquer esperança a meu respeito. E nunca mais grudasse em mim, seu pegajoso insuportavel.

– Você não pode ter usado uma criança inocente para... Era o nosso filho, Silvia! O nosso filho!

– Eu nunca quis ter um. Ainda mais com você. Um frouxo!

– É contra as leis de Deus.

– Que Deus?! O mesmo que me deixou sozinha num orfanato, cercada de outros orfãos remelentos? Que permitiu que uma cafetina me inspirasse sonhos, de que um dia eu seria adotada por ela, quando, na verdade, bajulava-me somente para me fazer mais uma das garotas do seu bordel?

Ela bufou.

– Para mim, um aborto é uma bênção! Para que viver num mundo podre como esse? Para quê? Eu lhe pergunto.

– Silvia... – Jean-Pierre escorava-se contra a parede do quarto, suando em profusão, prestes a vomitar diante daquela atrocidade.

Lançando-lhe um olhar de soslaio, Silvia acrescentou:

– Só mesmo você para pensar que eu teria um filho seu. – Ela riu, cheia de escárnio e acrescentou: – Agora eu sei que dinheiro nenhum pode transformar um homem num homem de verdade. E toda mulher, apesar de apreciar o dinheiro, mais do que tudo, deseja um homem viril e ousado. Um macho, na sua essência.

Jean-Pierre não mais se aguentou, deixou o aposento, escorando-se pelas paredes e ao chegar no corredor, vomitou tantas golfadas que seu corpo parecia prestes a ruir. Quão tolo fora ele em se apegar a esperança de que Silvia Navarro mudaria por meio de uma gravidez. Nada no mundo a faria mudar. Nem mesmo o inferno, se realmente existisse um. Aquele foi, sem dúvida, o pior dia na vida do rapaz. Algo de que ele gostaria de esquecer, para todo sempre, se Deus assim permitisse.

Foi a própria criada que Silvia mandou chamar, para recolher os lençóis manchados de sangue, quem recolheu o feto em formação e, mais tarde, com a ajuda de Georges, o mordomo, o sepultou num dos jardins da casa. Jean-Pierre não quis participar do procedimento, pois seria ainda mais doloroso para ele ver aquilo com os próprios olhos. Contudo, logo pela manhã do dia seguinte, ele foi até a igreja pedir ao padre que rezasse uma missa para o filho assassinado no dia anterior. Para evitar complicações, afirmou que o bebê morrera por causa de um aborto espontâneo. Valentino também acreditou na mentira, e ficou extremamente triste com o ocorrido.

Porém, Jean-Pierre precisava desabafar com alguém e só uma pessoa poderia lhe dar um verdadeiro apoio emocional: Isabelle Binoche. Por isso, pegou e carro e dirigiu até sua casa. A vida os uniria novamente.

# CAPÍTULO 15

Ao chegar à casa da moça, encontrou o local silencioso, sinal de que os moradores não estavam. Estava prestes a partir, quando a porta da frente se abriu e Isabelle apareceu.

– Jean-Pierre?! Que surpresa agradável!

Ele, timidamente sorriu para ela, que o convidou a entrar, antes que se congelasse lá fora. Fazia muito frio, porque o inverno francês atravessava o período mais rigoroso da estação.

– O bom filho a casa torna, não é isso que dizem? – falou Isabelle, abrindo-lhe um sorriso de pura alegria por recebê-lo ali.

Ele assentiu. Estava visivelmente acanhado e inseguro. Quanto mais tentava parecer natural, mais artificial se sentia.

– Bebe um refresco? – sugeriu ela, procurando descontrair sua tensão.

– Sim. Obrigado.

– Estou sozinha. O papai, a mamãe e a Frida foram visitar uma parente distante – explicou Isabelle da cozinha. – Eu não fui, porque, você sabe, detesto sair de casa no frio.

Minutos depois, Jean-Pierre se mantinha olhando para o copo em sua mão, com um sorriso forçado bailando em seus lábios, para disfarçar seu verdadeiro estado emocional. Era óbvio que havia algo de muito errado com ele, bem sabia Isabelle, o que a fez perguntar:

– O que há, Jean-Pierre? Posso ver em seus olhos que algo muito sério o perturba. Até sua postura mudou. Você agora anda arcado, como se estivesse carregando o mundo sobre as costas. Você e Silvia não estão bem, é isso? A relação de vocês...

O rapaz não se aguentou. Explodiu em lágrimas e a amiga o acolheu em seus braços, como uma mãe protetora.

Custou, mas ele finalmente relatou o que vinha passando nas mãos da esposa.

– É difícil de acreditar que exista alguém assim, mas ela está lá em casa, ocupando a mansão dos Cassel como minha legítima esposa. Ainda assim, eu não a quero mal. Na verdade, sinto pena e até ódio de mim por não conseguir mudá-la. Sinto o mesmo em relação a ela por não se permitir mudar.

– Ninguém pode mudar o outro, Jean-Pierre. A não ser que o outro permita.

Ele assentiu e fugindo do seu olhar, admitiu:

– Você deve estar achando ótimo o que me aconteceu, não é? Como um castigo, uma punição merecida por eu não ter correspondido ao seu amor...

Ela rapidamente se defendeu:

– Não, meu querido. Jamais faria isso. Por mais triste que eu tenha me sentido por não termos ficado juntos, ainda assim, eu o quero bem. Muito bem.

– Fui precipitado demais. Eu deveria ter procurado conhecê-la melhor, saber sua procedência, seu passado. Não consigo deixar de me culpar pelo que fiz.

– Quantos homens já não se deixaram cair aos pés de uma mulher mal-intencionada? Usando sua beleza para seduzi-los e tirar proveito próprio. Não se culpe.

– Obrigado por me ouvir e me compreender.

– Fomos sempre solidários um ao outro, por que eu haveria de ser diferente agora?

– Verdade – o rosto dele relaxou em meio a um sorriso suave. – É melhor eu ir embora.

– Por causa dela? – inquiriu Isabelle olhando severamente para ele. – Ela realmente anseia pela sua volta?

A face dele tornou a desmoronar.

– Acho que não.

– Então, fique mais um pouco. Sua companhia me faz bem. Sempre fez.

– A sua também. Tanto que já estava com saudades.

Timidamente ele sorriu para ela que pegou-lhe a mão e a beijou carinhosamente. Por fim, ela o beijou nos lábios de forma sincera e afetuosa.

– Eu não esperava por isso – admitiu ele, quando pôde. – Mas foi bom!

Ela nada respondeu, apenas o apertou contra si, beijando-lhe os cabelos e deliciando-se mais uma vez com o seu perfume único e maravilhoso. Ele também se apertou a ela, enquanto murmurava:

– Não devo fazer isso... Sou um homem casado e...

– Duvido que sua esposa se importaria conosco.

O parecer dela, tão preciso, fez Jean-Pierre novamente relaxar. Isabelle estava certa, Silvia não se importaria com aquilo, tanto que o queria longe de si, a qualquer custo.

– Não pense mais no que lhe aconteceu – murmurou Isabelle sabiamente. – Pense no que poderá fazer de sua vida a partir de agora. Eu o amo, Jean-Pierre. Sempre o amei.

Aquilo era a mais pura verdade e ele havia trocado o seu amor pelos encantos de Silvia Navarro. Por sua beleza por sua lábia.

No minuto seguinte, ela o conduziu até o quarto que ocupava na casa onde os dois se amaram intensamente. Jean-Pierre partiu dali, levando a certeza de que ainda poderia ser feliz ao lado de uma mulher. E essa mulher seria Isabelle Binoche, como ela tanto o desejava.

Na mansão, Jean-Pierre encontrou Silvia sentada numa das poltronas da sala de estar, com um livro nas mãos; parecendo totalmente entretida com a leitura. Ao vê-lo, parado na porta, ela o fitou atentamente com sua arrogância costumeira.

– Pelo visto, o passeio foi bom... – comentou, lançando lhe um olhar malicioso.

Ele nada respondeu, apenas ficou atento aos seus olhos, carregados de pintura, como se ela fosse sair para uma grande festa.

– Ah!... – suspirou ela. – Se a vida fosse um livro, seria tudo mais fácil, não?

– Não – respondeu ele tenazmente.

Sua resposta a surpreendeu e ele, polido como de costume, explicou-se:

– Num livro, estaríamos sob o domínio do autor. Nossas vidas seguiriam conforme a sua vontade. Não teríamos o livre-arbítrio. Por isso, penso que a vida real é muito mais interessante, pois nos permite fazer dela o que bem quisermos.

Ela simplesmente fechou o livro que lia, colocou-o sobre a mesinha ao lado da poltrona e o aplaudiu, sarcástica, pelas palavras que ele havia dito.

– Olha ele! – exclamou, esbanjando ironia. – Não é tão burrinho quanto eu pensava. Há uma certa inteligência aí dentro dessa cachola. Quem diria, hein?

– Você sempre zomba de mim, Silvia. Por quê?

Ela apenas bocejou, levantou-se e ao passar por ele, inspirou o ar. Com um olhar malicioso, comentou, no seu tom mais irônico:

– O perfume dela até que é bom. Sinal que tem bom gosto. Não é qualquer mulher.

Ele evitou encará-la e ela riu, debochando mais uma vez da sua pureza de espírito.

– Tomara que você consiga fazê-la atingir o clímax. Se não conseguir, também não tem problema. Compense todas elas com dinheiro ou joias. Mulheres adoram ganhar presentes.

Jean-Pierre achou melhor aguentar calado tal provocação. Incitá-lo a uma briga para transtorná-lo, era isso que ela desejava e ele não faria o seu jogo.

Ao se encaminhar para a porta, ele a chamou, seriamente:

– Silvia! Amanhã mesmo entrarei em contato com o advogado de minha família para preparar o nosso divórcio. Dar-lhe-ei uma quantia justa pelo tempo que ficamos casados, assim você terá uma bela quantia em suas mãos para dar um novo rumo em sua vida. Com isso, você estará livre de mim e eu de você.

– Opa! – exclamou ela, radiante. – Antes tarde do que nunca! Amei!

E pensando em Isabelle, Jean-Pierre repetiu para si, baixinho:

– Sim. Antes tarde do que nunca!

Na manhã seguinte, como havia planejado, Jean-Pierre entrou em contato com o escritório do advogado da família, infelizmente, o sujeito estava de viagem de férias com a família e só voltaria dentro de três semanas. O jeito era esperar por sua chegada para finalmente se ver livre de Silvia Navarro.

O próximo encontro do rapaz com Isabelle Binoche aconteceu na tarde do mesmo dia. Ao vê-lo parado diante da porta da sua casa, segurando uma flor que ele próprio havia colhido de um jardim de sua propriedade, Isabelle enrubesceu de alegria. Não havia mais angústia no olhar de Jean-Pierre, apenas paz, e isso a deixou extremamente feliz.

Assim que ela lhe deu passagem para adentrar sua morada, Jean-Pierre fechou a porta atrás de si e a tomou nos braços. Beijou-lhe os lábios, a ponta do nariz e da testa e sorriu esplendidamente para ela. Permaneceram abraçados até Isabelle recuar a cabeça e fitá-lo, com olhos cintilantes de amor, pronta para dizer:

– Finalmente o destino nos uniu, Jean-Pierre... Estou tão feliz por isso. E por tudo de bom que ainda poderá nos acontecer.

Movido por suas palavras, ele a ergueu nos braços e a levou para o quarto que ela ocupava na casa. Logo, estavam deitados na cama, entrelaçados, deliciando-se com o calor que irradiava dos seus corpos. Após se amarem, ambos permaneceram em silêncio, admirando-se e recordando fatos do pasado.

Para Jean-Pierre, voltar para a mansão já não era mais um pesadelo. A casa não mais lhe parecia uma prisão; um lugar triste e solitário. Tornara-se novamente a residência perfeita para ele viver até o final da vida, como sempre sonhou. Em breve, Silvia estaria longe dali e Isabelle ocuparia o seu lugar como deveria ter sido desde do início.

Quando os pais de Isabelle voltaram de viagem, o casal passou a se encontrar no bangalô de frente para o mar, que o avô de Jean-Pierre havia construído na pequena extensão de praia, dentro da propriedade da família. Cada encontro era um renascimento para o casal.

Foi no próprio bangalô, num momento de distração dos amantes, que Silvia Navarro pegou ambos na cama. Quando os viu, desesperados, tentando esconder com o lençol seus corpos nus, ela gargalhou espalhafatosamente.

– Vocês são patéticos – admitiu, rindo com escárnio. – Nasceram mesmo um para o outro! Não sei dizer qual dos dois é o mais insignificante. Acho que ambos, na mesma proporção.

Jean-Pierre se mantinha em alerta, enquanto confortava Isabelle diante da inesperada invasão de privacidade. Silvia era tão capaz de intimidar as pessoas, que os fazia se sentir, naquele momento, o casal mais imundo do planeta. Por fim, lançando olhares críticos para o ambiente, a impiedosa criatura comentou, maliciosamente:

-- Esse bangalô é mesmo um bom lugar para fornicações. Parabéns! Escolheram o lugar certo!

Ela novamente riu com escárnio e deixou o local, cantarolando uma canção francesa chamada "Quand les papillons", sucesso na voz da cantora Yvonne Printemps.

– Essa mulher me causa arrepios – admitiu Isabelle assim que a outra partiu.

Jean-Pierre abraçou a amada com mais intensidade e procurou tranquilizá-la. Contudo, a mente de Isabelle não se aquietou. Perguntas iam e vinham, como as ondas do mar:

– Como ela poderia saber que estávamos aqui? Quando e onde soube de nós dois? Por que invadir o nosso espaço, sabendo que estávamos nos amando?

A resposta de Jean-Pierre foi simples e direta:

– Ela é esperta. Muito mais do que pensamos.

Isabelle concordou com um balançar de cabeça, enquanto o amante procurava acalmá-la, intensificando o abraço.

Ao voltar para casa na companhia de Jean-Pierre, o pai de Isabelle reprendeu a filha por estar acompanhada de um homem casado. Jean--Pierre queria muito se explicar, mesmo que a explicação dos fatos expusesse os infortúnios de sua vida particular. Assim, pediu ao homem permissão para lhe falar. Entraram na casa e ficaram todos na sala, enquanto ele relatou seu drama com a esposa. Ao término da narrativa, o Senhor Binoche foi extremamente sincero ao dizer:

– A situação em que você se encontra, Jean-Pierre, é mesmo lastimável. Quero você tão bem quanto a um filho, pois o vi crescer, esteve sempre na companhia de minha adorada Isabelle. Mas não é certo vê--lo cortejando minha filha, enquanto está casado com essa... – ele não completou a frase.

– Meu senhor...

– Jean-Pierre, meu querido, não insista! Enquanto não se separar dessa ordinária, não verá mais Isabelle. E saiba que só permitirei a união de vocês dois por ainda ter muito apreço a sua pessoa. Caso contrário, não deixaria minha filha se casar com um divorciado. Não ficaria bem para ela e nem para mim, diante da sociedade.

A decisão do homem caiu como um balde de água fria no casal. Mas ele estava certo, concluiu Jean-Pierre, minutos depois. A sociedade cairia matando caso descobrisse que Isabelle e Jean-Pierre haviam se tornado amantes.

Assim que o rapaz partiu, Antonina Binoche comentou, mais para si, do que propriamente com a filha e o marido.

– Se o Senhor Valentino souber o que se passa com o filho, há de se sentir muito mal. Já não basta o que teve de enfrentar no passado, ao lado de Dona Carmem. Pobre mulher, acho que nunca se perd...

Antonina suspendeu a frase, assim que percebeu que não deveria mais falar sobre aquilo. Contudo, Isabelle ouvira e, por isso, quis aprofundar o assunto:

– Mamãe, do que a senhora está falando? O que exatamente Dona Carmem e Seu Valentino tiveram de enfrentar no passado?

– Nada não, filha.

– Como nada, ouvi bem claro...

Foi o pai da moça quem respondeu:

– Eles passaram por uma grande tristeza, minha filha. Foi, na verdade, uma tragédia. Na ocasião, eles ainda não eram casados. Eram apenas noivos e... Mas sua mãe está certa, coisas tristes não devem ser lembradas.

E o assunto tomou outro rumo, assim que Frida Binoche entrou na casa.

Ao chegar a mansão, Jean-Pierre quis imediatamente falar com Silvia a respeito do que havia acontecido no bangalô, todavia, ela não se encontrava em aposento algum. Quando pensou em procurá-la pelos jardins da casa e arredores, seu pai apareceu para uma visita surpresa.

– Papai! – exclamou o moço contrafeito.

– Cheguei em má hora? – questionou Valentino, diante da reação do filho. – Você está de saída? Algum problema?

– Não, não, papai – Jean-Pierre tentava com grande custo se manter calmo.

Pai e filho se abraçaram e Valentino Cassel quis saber:

– Onde está a sua esposa? Há tempos que não a vejo.

Mais um sorrisinho amarelo e Jean-Pierre respondeu:

– Ela deva estar no jardim... Caminhando.

– Vamos ao encontro dela.

Aquilo não deveria acontecer. Silvia poderia estar fazendo uma das suas e se o pai descobrisse, o choque poderia matá-lo.

– O senhor fique aqui, eu mesmo vou atrás dela.

– Que nada, vou com você. Aproveito para ver se os jardineiros estão cuidando bem das minhas roseiras.

– Estão sim, papai, não se preocupe.

A sorte foi Georges voltar da sua hora do chá.

– Senhor Valentino! – saudou-lhe o refinado mordomo. – Que surpresa mais agradável!

O homem rapidamente se voltou para ele.

– Olá, Georges. Como vai? É sempre muito bom revê-lo.

– Obrigado. O mesmo digo eu a respeito do senhor.

Percebendo que Jean-Pierre tentava lhe dizer algo, por meio de um olhar apreensivo, o fiel mordomo se viu obrigado a fazer uso de uma mentira:

– Foi muito bom o senhor ter aparecido, preciso lhe falar sobre...

– Agora não, meu caro Georges. Estou de saída com o meu filho. Está um fim de tarde tão bonito. Quero dar uma espiada nas roseiras enquanto procuramos por minha nora.

Georges tentou agir, rapidamente:

– Mas, meu senhor, o nosso assunto realmente carece de urgência.

– Depois...

Jean-Pierre aproveitou a deixa para dizer:

– Papai, converse com o Georges agora; depois, quando estiver na companhia de Silvia, não terá tempo.

Só então o milionário pescou algo no ar.

– Vocês estão esquisitos. Algum problema?

– Nenhum problema, papai, só acho que seria mais oportuno o senhor...

– Está bem, está bem...

Sem mais, Jean-Pierre seguiu apressado para o belo jardim aos fundos da mansão, em busca da esposa. Onde ela estaria?, perguntou-se, olhando de um lado para o outro. Passo aqui, passo acolá e ele foi parar no labirinto de cercas vivas, criado por seu bisavô, para divertir os familiares, quando esses ainda eram pequenos. Quantas e quantas vezes ele não brincara ali com a mãe, o pai e também com Isabelle.

Foi então que ele ouviu gemidos e sussurros, ecoando ali perto.

Eram de Silvia, certamente, não havia dúvidas. Isso o fez entrar no labirinto verdejante, aflito e afoito para encontrar a jovem, antes que seu pai, porventura, aparecesse no local. Não demorou muito para localizá-la, estava nos braços do domador de cavalos que cuidava do pequeno haras da família Cassel. Ao vê-lo, o moço rapidamente recuou e fechou a braguilha. Perdeu a fala e ficou trêmulo. Nem ele, nem Jean-Pierre conseguiram dizer alguma coisa, paralisaram-se por minutos enquanto Silvia gargalhava, espalhafatosamente.

– Ora, ora, ora... – zombou ela, vulgarmente. – Se não é o meu querido marido.

– Silvia, aqui não é lugar para você...

– Todo lugar é lugar, meu querido. Bobo é você que escolhe apenas um.

– Silvia...

– Suma daqui! Já me atrapalhou demais.

Era melhor sair, antes que ela fizesse um escândalo e seu pai ouvisse. Assim, ele se retirou, cabisbaixo, torcendo para que Georges continuasse mantendo o velho Valentino dentro da mansão. Quando o funcionário fez menção de ir atrás do patrão, Silvia o segurou pelo braço e disse, ferina:

– Termine o que começou.

– Serei despedido – retrucou o sujeito, aflito.

– Não será! Eu também mando nessa pocilga, esqueceu-se?

– Mas...

– Pensando bem, você irá sim, para o olho da rua, se não terminar direito o que começou e acho bom você ser bom, ou melhor, formidável, caso contrário...

– A senhora é casada...

– E daí?

– E daí que não é certo.

– Eu nunca gostei do que é certo, meu caro. Nunca!

Ela riu e o puxou novamente para cima dela. Ao deixar o labirinto, Jean-Pierre a segurou pelo braço e disse, severamente:

– Meu pai está na casa. Quer vê-la!

Silvia jogou a cabeça para trás, endereçando-lhe um de seus olhares matreiros e desdenhosos.

– Você tem tanto medo de que eu ponha tudo a perder – afirmou –, que está prestes a se borrar nas calças, não é mesmo?

– Não me torture mais, Silvia. Eu lhe imploro!

Ela nada respondeu, apenas tomou a direção da mansão, com Jean-Pierre à sua sombra, como se fosse um cachorrinho dependente do seu amor e da sua compaixão. Pelo trajeto, ela voltou a falar com ironia:

– Quem diria que você, o tonto e frouxo Jean-Pierre Cassel arranjaria uma amante, hein?

– A culpa é sua!

– Minha?! Não é não! É da vida.

– Poderia ter sido tudo tão diferente entre nós...

– Mas agora é tarde, não é meu querido? Você está apaixonado por aquela camponesa branquela, sem graça e insignificante, não é mesmo? Posso ver em seus olhos.

Diante de Valentino, Silvia Navarro se tornou novamente uma atriz perfeita, não porque amasse a arte de atuar, mas simplesmente porque sentia prazer em fazer de otário os homens.

– Querida nora, que bom revê-la – o sogro a saudou, beijando-lhe a mão, com a elegância dos bons costumes da época.

– O prazer é todo meu – respondeu Silvia no papel de nora perfeita. E antes que o homem lhe cobrasse a vinda de um neto, ela rapidamente falou: – Não me esqueci da promessa que lhe fiz. É que depois da perda do meu bebê...

– Sim, minha querida, eu sinto muito. Não quero pressioná-la, mas...

– Eu compreendo sua urgência. Fique tranquilo. No momento certo, eu hei de engravidar novamente, e o senhor terá o neto que tanto deseja.

– Deus há de nos conceder essa graça.

– Há sim! – Silvia enlaçou Jean-Pierre e repetiu com a mesma falsidade que lhe era tão peculiar. – Que Deus nos conceda essa graça!

E voltando-se para o marido, deu-lhe uma piscadela maliciosa e falou, num tom mais animado:

– Sabe do que eu realmente preciso, para esquecer de vez, a minha gravidez malsucedida? De uma festa para me alegrar. Uma festa a fantasia. Essa casa anda muito morta, muito mórbida...

Valentino Cassel adorou a ideia.

– Que ótima ideia, minha querida! Que assim seja! Mãos à obra! Amanhã mesmo eu já providenciarei a minha fantasia.

Silvia pareceu lisonjeada.

– O senhor é mesmo um sogro maravilhoso.

– E você, minha doçura, a nora perfeita. Que me dá tanto orgulho.

– Perfeita, eu?! – ela riu, fingindo modéstia.

– Sim, meu anjo. Perfeita! Não é mesmo Jean-Pierre?

– É sim, papai. Perfeita!...

E nos olhos de Silvia Navarro, Jean-Pierre pôde ver as chamas do demônio, ardendo infinitamente.

Assim que o pai partiu, Jean-Pierre se fez franco:

– Não estou com clima para festas, Silvia.

– Não está? Problema seu!

– Silvia, por favor....

–Amanhã mesmo começarei os preparativos. Quero convidar gente de fora. Amigos antigos. Vou lotar esse casarão de convidados. Será algo inesquecível.

– Não quero pessoas aqui. A essa altura, muitos já devem estar falando de mim pelas costas. Já devem saber com que tipo de mulher estou casado e...

– Meu querido. Falem bem ou mal, contanto que falem de você, é o que importa.

– Não penso assim.

– Dane-se você! Faremos a festa e não se fala mais nisso. E escolha uma fantasia adequada para usar no grande dia. Uma com chifres lhe cairia muito bem.

– Silvia, você faz de tudo para me provocar.

– Não mesmo, meu querido. Você é que se incomoda com tudo que eu faço ou digo. É mesmo um chato de galocha. E olha, a vida está passando, viu? Se eu fosse você, aproveitava enquanto tem saúde e idade. Antes que se torne um velho decrépito, solitário e infeliz. E antes que me esqueça, pode convidar a sua amante, ouviu? Quero ver como aquela santinha vai se comportar diante de mim, depois que a peguei na cama ao seu lado. Santinha do pau oco, isso sim, é o que ela é!

E gargalhando zombeteiramente, Silvia subiu os degraus que levavam ao andar superior da casa e se dirigiu para o seu leito. Jean-Pierre permaneceu ali, cabisbaixo, ainda perturbado pelos acontecimentos daquele dia tão tumultuado de sua vida. Mais um dentre tantos que ainda estavam por vir.

# CAPÍTULO 16

Duas semanas depois, acontecia a tão desejada e deslumbrante festa a fantasia que Silvia Navarro tanto queria. Muitos convidados, trajando fantasias brilhantes, transitavam pelos luxuosos salões da mansão dos Cassel. No entanto, nenhuma fantasia foi tão marcante quanto a que anfitriã usou na noite em questão. Ao surgir no topo da escadaria de onde podia ser contemplada por todos os convidados, não teve quem não a admirasse. Silvia trajava um vestido rodado, típico do século dezenove, ornamentado inteiramente com camélias de tecido. Via-se ali, em carne e osso, a representação fiel da Dama das Camélias, personagem que o autor Alexandre Dumas imortalizara em sua obra de maior repercussão.

Silvia parecia fazer gosto de ser a Dama das Camélias, ainda que a personagem nunca se dera ao desfrute e à libertinagem que ela tanto apreciava. Sorrindo, deslumbrantemente para todos, ela ergueu uma taça com champanhe para o alto e falou, a toda voz:

– Bem-vindos ao meu salão.

Todos aplaudiram e ela completou, impostando novamente o tom:

– Essa festa é para celebrar o amor. O amor que me uniu ao meu excelentíssimo marido Jean-Pierre Cassel.

Nova salva de palmas e Silvia perguntou, espiando os rostos abaixo:

– Jean-Pierre, meu querido, onde está você?

Naquele instante, Jean-Pierre queria simplesmente morrer de vergonha. É óbvio que muitos dos homens ali presentes, especialmente os que já haviam se deitado com Silvia, zombavam dele pelas costas. A má fama da esposa já deveria percorrer por toda Bordeaux e adjacências, sem dúvida alguma. Ainda assim, ele tinha de se juntar a ela no topo da escadaria, como ela tanto desejava, senão seu pai estranharia o seu comportamento. Outros que nada sabiam a respeito dela, também. Por ora, o melhor a se fazer era continuar fingindo que estava tudo bem entre os dois.

O próximo passo de Silvia foi voltar-se para Jean-Pierre e pedir, baixinho, em tom de exigência:

– Beije-me! Beije-me com vontade, seu trouxa!

Por medo de que ela fizesse um escândalo, se ele não atendesse ao seu pedido, Jean-Pierre obedeceu. Nova salva de palmas ecoou no recinto, enquanto Silvia Navarro olhava triunfante para todos, especialmente para aquele que, na lei, ainda era o seu legítimo marido.

Assim que o sogro foi embora, Silvia desaparecia em meio aos convidados, como uma naja em meio às pedras do deserto. Havia levado um dos convidados para o labirinto de cercas vivas ao fundo da casa, onde o despiu, despudoradamente e o seduziu.

– Alguém pode nos ver – preocupou-se o sujeito.

– Se nos virem, logo perceberão que você está fantasiado de Adão e eu de Eva.

Histericamente ela riu e se jogou sobre o indivíduo. Os rapazes que já tinham ouvido falar das proezas de Silvia Navarro haviam seguido ela com o sujeito e espiavam, por entre as moitas, o que faziam ali sob o luar intenso. A ousadia dela os levava ao delírio.

Quando Jean-Pierre avistou o aglomerado de moços ao longe, estranhou o porquê de eles estarem ali. Chegou a pensar na possibilidade de Silvia estar junto deles, mas desacreditou que ela seria capaz de tal baixeza. No entanto, ao chegar ao local, ele compreendeu de uma vez por todas que Silvia Navarro era capaz de muito mais. Diante dos olhares dos rapazes a sua volta, Jean-Pierre estremeceu. Deveriam estar rindo dele, por ser tão otário nas mãos daquela vadia. De fato, estavam.

– Isso não é vida – murmurou silenciosamente. – Não é!

Cabisbaixo, voltou para casa e não mais se desgrudou do pai que poderia cismar de querer dar uma volta ao luar, pegando, assim, Silvia na sua devassidão absurda.

Ao término da festa, Jean-Pierre se fechou em seu quarto, deitou na cama e adormeceu de roupa e tudo.

Sentia-se péssimo na manhã seguinte, tanto que permaneceu no quarto, por horas deitado sobre o leito, na posição fetal. Se Georges estivesse ali, saberia o que fazer para alegrá-lo, mas era seu dia de folga. Não podia contar com ele.

Por fim, Jean-Pierre desceu para um almoço tardio e foi quando recebeu uma boa notícia: seu advogado de confiança havia retornado das férias e seguia ao seu encontro para atender suas necessidades.

Diante do homem, Jean-Pierre explicou a situação e chamou Silvia para lhe falar do acordo financeiro que estava disposto a fazer com ela.

Nem bem escutou a proposta, a moça exigiu o dobro.

- E acho bom aceitar minha oferta – arrematou Silvia empoderada. – Antes que eu exija mais.

Jean-Pierre acabou concordando. Assim, o documento foi redigido nos mínimos detalhes e na hora de assiná-lo, Silvia o examinou, linha por linha, e num repente o rasgou. Diante dos olhos atônitos de Jean-Pierre, ela declarou:

– Com o divórcio você fica livre para se casar com a camponesa feiosa e eu não quero vê-lo feliz. Portanto, continuaremos casados!

Jean-Pierre mal podia acreditar no que estava ouvindo. Silvia, mais uma vez, o tinha em suas mãos para torturá-lo. Até quando ele suportaria aquele pesadelo? O desgosto o fez perder o ânimo de viver.

Havia se passado uma semana desde os últimos acontecimentos, quando Jean-Pierre foi para o escritório da casa, convicto de que o suicídio seria a única forma de se libertar de Silvia Navarro. Assim, ele tirou do bolso do paletó a substância venenosa que conseguira para dar fim a sua vida, derramou-a num copo com uísque e se preparou para bebê-la.

Não havia mais dúvidas, aquela era realmente sua única saída. Bastava uma golada e tudo estaria acabado. Fim!

Estava prestes a tomar o líquido, quando a porta da saleta se abriu e Silvia Navarro apareceu. Ao vê-lo naquele estado, ela riu, regozijando-se abertamente do prazer de vê-lo sofrer.

– Jean-Pierre, Jean-Pierre... Chorando outra vez? Até parece uma manteiga derretida. Não sabe fazer outra coisa da vida senão chorar? Você não é mais um moleque, é um homem, seja um!

As palavras dela o despertaram daquele estado hipnótico. Deram-lhe coragem para responder à altura:

– Você não vale nada mesmo.

Ela riu:

– Nunca vali e daí?

– Como pode ser tão indecente?

– Sendo, ora! – nova gargalhada.

Ele deixou o local, onde estava sentado e foi até a janela, cravando as mãos na cabeça e repetindo, desconsoladamente:

– Como fui tolo... Tolo! Tolo!

Ela novamente o desafiou:

– Foi! E pior, continuará sendo porque nasceu assim.

Ele agora puxava os fios cabelos, como se pudesse arrancar suas amarguras por meio de cada fio. Virou-se para a lareira, de costas para ela e novamente chorou, dessa vez, de raiva, ódio e revolta.

Silvia voltou a rir dele, divertindo-se toda por vê-lo naquele estado desesperador, ruindo por dentro e por fora. Ah, como ele gostaria de lhe dizer umas verdades, sim, não podia mais ficar calado. Ela não podia continuar dominando a sua vida. Aquilo tinha de ter um fim. Assim, ele se voltou para ela, pronto para enfrentá-la. O que viu, paralisou-o. Silvia segurava o copo em sua mão direita, contendo o líquido envenenado, e a metade dele já havia sido ingerido por ela.

– O que foi? – ela novamente riu, transbordando de sarcasmo. – Viu um fantasma, foi? – e ela entornou o último gole. – A bebida era para você? Sinto muito! – Novamente ela riu, zombeteira.

– O uísque... – murmurou ele em pânico.

– Era seu, eu sei. E daí?

Os lábios dele tremiam. Seus olhos pareciam que iam saltar as órbitas. Só então ela compreendeu sua reação. Olhou para o copo vazio, no mesmo instante em que levava a mão ao estômago. Seu rosto perdeu a cor e seus lábios se entreabriram de pavor.

– Você... – ela balbuciou horrorizada. – Você...

# CAPÍTULO 17

Depois de deitar Silvia num divã, Jean-Pierre deixou a saleta, chamando aos berros pelos empregados. Todos correram para lá e com a ajuda de alguns, levaram Silvia até o carro que partiu acelerado para o hospital da cidade mais próxima. Jean-Pierre foi com ela, segurando amavelmente sua mão.

– Você vai sair dessa. Confie em Deus!

Assim que chegaram ao local, Silvia foi internada em estado grave. Jean-Pierre, por sua vez, explicou rapidamente ao médico o que havia lhe acontecido. Para o sujeito, a paciente havia tomado o líquido com o veneno para se matar.

– Senhor Cassel, faremos o possível para salvar sua esposa. Acalme-se!

– Obrigado, doutor.

Todo o procedimento foi tomado e, por sorte, Silvia escapou da morte por um triz. Ao recobrar a consciência, ela mesma mandou chamar um dos médicos responsáveis por ela, para lhe falar em particular:

– O meu marido...

– Sim, madame, o que tem ele?

– Foi ele quem me deu a bebida com veneno. Ele queria me matar. Ver-se livre de mim. Chame a polícia! Agora, vá!

– A senhora deve se acalmar.

– Você não pode ser tão idiota. Acabei de lhe dizer que o meu marido tentou me matar e você continua parado, olhando para mim, com essa cara de asno?

– A senhora diz que seu marido tentou matá-la, é isso?

– Exato!

– Não pode ser. Foi ele quem a trouxe para o hospital e estava desesperado.

– Ele estava com medo, isso sim! Medo de ir parar na cadeia. Deve ter se arrependido do que fez, ou percebido que seria facilmente pego pela polícia, por isso, tentou corrigir a burrada.

– É melhor, agora, a senhora se acalmar...

– Quer chamar a polícia, por favor!! Se não o fizer, eu mesma chamo.

– Está bem, está bem.

O médico estava confuso. Para ele, a paciente estava delirando. Por fim, achou melhor fazer o que ela pedia, para desencargo de consciência.

Quando dois policiais entraram no quarto, onde Silvia se mantinha acamada, em observação, ela foi direto ao ponto:

– Meu marido tentou me matar.

– A senhora tem certeza disso?

– É obvio que tenho! E, por pouco, ele não conseguiu.

– Por que motivo ele faria isso? Vocês não se davam bem?

Silvia mentia com a maior naturalidade:

– No começo, sim, mas depois...

– Depois do quê, senhora?

– Da outra entrar na vida dele – Silvia suspirou, fingida. – Ele quis me matar para ficar livre para a amante. O nome dela é Isabelle Binoche, e ela e ele devem estar mancomunados nesse plano sórdido.

– Desde quando o seu marido tem uma amante?

– Não sei precisar. Só sei que são amantes e qualquer um nas proximidades pode confirmar o fato para os senhores.

– O seu marido é Jean-Pierre Cassel, certo?

– O próprio.

Os dois homens se entreolharam e a moça, de exuberante beleza em frente a eles, elevou a voz:

– Vocês precisam fazer justiça. Em meu nome.

– Acalme-se, madame. Vamos investigar tudo, não se preocupe.

– Acho bom!

Assim que os policiais partiram, os olhos de Silvia brilharam, como os de um felino prestes a agarrar sua presa. Ela quis rir, triunfante, mas conteve-se. Se a ouvissem, poderiam pensar que estava louca.

Diante de Jean-Pierre, os policiais explicaram o motivo da visita.

– Silvia disse isso?! – ele estava perplexo com o que ouvira.

– O senhor, por acaso, tem mesmo algo a ver com o ocorrido?

Jean-Pierre perdeu o norte. Se ele contasse a verdade, os motivos que o levaram a querer cometer o suicídio, todos saberiam o quão tolo ele fora nas mãos de Silvia Navarro e quão fraco era para lutar contra aquilo, preferindo a solução dos covardes para fugir de um problema. Seria uma dupla decepção para o pai que fizera de tudo por ele, a vida toda.

Por outro lado, seria o álibi perfeito para se safar das acusações da esposa. Entretanto, a verdade também o incriminaria, pois lhe daria mil motivos para matar Silvia, ou seja, não acreditariam que ele tentou se envenenar para acabar com a própria vida. Pensariam que ele realmente quis matá-la para se livrar dela e viver finalmente ao lado de Isabelle. O policial perguntou a seguir:

– Podemos dar uma olhada no local onde ocorreu o infortúnio?

– Sim, sim.

Foi na gaveta da escrivaninha da sala com lareira, que o policial encontrou o envelope com o veneno que Jean-Pierre havia usado e guardado ali, antes de acompanhar Silvia até o hospital.

– Isso lhe pertence?

– Sim.

Jean-Pierre estava roxo. Os dois homens se entreolharam e o tenente disse:

– Senhor Cassel, o senhor está preso por tentativa de homicídio.

No mesmo instante, ele foi algemado.

– Tudo o que disser, poderá ser usado contra o senhor nos tribunais.

Quando o senhor Valentino Cassel tomou conhecimento do episódio, mandou chamar o melhor advogado da região para defender o filho.

Assim que soube do ocorrido, Isabelle correu para a chefatura de polícia, para ver Jean-Pierre, urgentemente. Mal sabia, o quanto sua visita complicaria ainda mais as coisas para o rapaz.

– Jean-Pierre! – exclamou ela, assim que o viu atrás das grades da prisão. – Sei bem que não foi você. Não seria capaz...

Os olhos dele se fecharam, emocionados, e ela delicadamente perguntou:

– O que houve, exatamente? Por que Silvia tomou aquilo? Como esse veneno foi parar na bebida dela?

O embaraço fez o moço virar o rosto para o lado e admitir:

– Isabelle, sinto vergonha de lhe contar o que realmente aconteceu.

Pelo seu aspecto, ela juntou os fatos.

– Jean-Pierre, meu amor... Por quê?

Foi preciso grande esforço da parte dele para responder a questão:

– Porque mesmo oferecendo a Silvia, uma quantia generosa para ela se divorciar de mim, ela não quis para me impedir de ser feliz ao seu lado, Isabelle. Então, o desespero tomou conta de mim e... Só serviu para piorar as coisas.

– Não se culpe! Você vai sair dessa. Basta contar a verdade à polícia e...

O rosto dele se transformou. Com uma expressão de horror, admitiu:

– Não posso contar a verdade a ninguém, jamais! Nem você deve fazer isso. Se todos souberem o que realmente aconteceu, morrerei de vergonha e humilhação. Meu pai então saberá de tudo e grande desgosto lhe causarei. Não há mais esperanças para mim, Isabelle. Não mais!

– A esperança é a última que morre – retrucou a jovem, confiante. – Não é isso que dizem? Pois saiba que a mantenho bem viva dentro do meu coração – ela pegou sua mão por meio das grades, entrelaçou seus dedos aos dele e completou, seriamente: – Não desista de nós. Ainda podemos ser felizes. Tenho fé, e fé é tudo que nos resta diante de algo tão absurdo como o que estamos vivendo agora. Estou do seu lado, orando fervorosamente para que tudo se resolva da melhor forma. Não se esqueça disso!

– Obrigado, meu amor. Muito obrigado.

Assim que deixou o local, Isabelle Binoche foi conduzida por dois policiais até a sala do delegado. Um bigodudo de porte austero. Tipo de pessoa que não estava ali para brincar. Era rápido e preciso nos seus objetivos.

– Mademoiselle Binoche, queira sentar-se, por favor – pediu-lhe educadamente.

Isabelle atendeu ao pedido e, por desconhecer o que deveria ou não dizer perante as autoridades, acabou sendo sincera demais no momento errado. Os fatos que narrou só serviriam para prejudicar Jean-Pierre ainda mais.

– A senhorita e o prisioneiro se conhecem desde quando?

A resposta dela soou rápida e precisa:

– Desde que éramos crianças. Meus pais prestavam serviços para a família Cassel e foi assim que eu e Jean-Pierre nos conhecemos. Desde então, tornamo-nos grandes amigos; amigos irmãos.

Estudando atentamente seus olhos, o severo delegado fez breve pausa antes de passar para a próxima pergunta:

– Há boatos de que a senhorita e o jovem Cassel são amantes, isso procede?

Isabelle ficou momentaneamente em dúvida quanto ao que dizer. Por fim, optou mais uma vez pela verdade, sem perceber que, neste caso, a verdade só serviria para complicar ainda mais a situação de Jean-Pierre.

– O casamento dele não ia nada bem e ele me procurou para desabafar. Isso nos aproximou.

– Então vocês são mesmo amantes?

– Fomos, até meu pai descobrir e proibir a nossa aproximação. Desaprovou totalmente o que estávamos fazendo, pois Jean-Pierre era casado, apesar de ser um casamento apenas de aparências. Ela, digo, Silvia Navarro, o despreza. Nunca foi uma esposa correta.

– O que mademoiselle quer dizer com "correta"?

– Estou tão atordoada que já nem sei mais o que quero dizer.

Era melhor calar-se, percebeu Isabelle, naquele instante. Se dissesse mais, todos acabariam sabendo da verdade que Jean-Pierre tanto se envergonhava. A verdade que solidificaria ainda mais o motivo para ele querer envenenar a esposa.

– Mademoiselle?

– Pois não?

– Voltaremos a chamá-la para depor. Por enquanto é só.

Isabelle assentiu e deixou o local, sentindo-se ainda mais preocupada do que quando chegara ali. Voltava para casa, quando foi possuída por uma ideia eficaz, porém arriscada, que poderia libertar de vez, Jean-Pierre daquele mal-entendido.

Quando o pai chegou à delegacia, Jean-Pierre deu um salto.

– Papai! – exclamou, surpreso e triste ao mesmo tempo.

– Jean-Pierre, meu filho.

Os dois se tocaram por entre as grades e choraram.

– O que houve com você? Que confusão é essa? Por que sua esposa o está acusando dessa forma?

– É uma longa história, papai. Não queria que soubesse, para não se decepcionar comigo, mas não há outro jeito, o senhor tem de saber. Vou lhe contar tudo, desde o início.

Valentino Cassel ouviu toda história, sem interromper o filho, por um minuto sequer. Somente ao término da narrativa é que ele deu seu parecer sobre o caso:

– Já mandei chamar um excelente advogado. Ele vai tirá-lo dessa. E juntos vamos pôr essa moça degradante no seu devido lugar.

Nesse ínterim, Silvia Navarro havia voltado para casa e se sentia ainda mais soberba e triunfante. A criadagem sabia muito bem quem era ela e do que era capaz, mas mantinham-se polidos com sua pessoa, porque assim deveriam se comportar perante a patroa. Nem bem ela adentrou seu quarto, Georges foi lhe falar.

– Madame...

Ela o olhou com desagrado:

– O que é?

O fiel mordomo perdeu a voz. Foi preciso limpar a garganta para que suas palavras soassem num tom devidamente alto e claro:

– O veneno que estava na bebida que a senhora ingeriu. Não pode ter sido posto ali pelo patrão. Ele jamais mataria alguém. Sequer uma mosca.

O cenho dela se enviesou ainda mais.

– Mas estava ali e eu o bebi.

– Essa atitude não combina com a personalidade dócil e amável do Senhor Jean-Pierre. Por isso, continuo achando o fato muito estranho. Achando que...

Ela o cortou bruscamente:

– E desde quando me interessa saber o que você pensa ou não de alguma coisa? – ela bufou. – Desde quando é pago para opinar?

Ambos se fuzilavam pelo olhar.

– De qualquer modo – completou Silvia, severamente. – Deixemos a polícia apurar os fatos. Eles logo descobrirão que Jean-Pierre e Isabelle eram amantes, que eu me recusei a lhe dar o divórcio, motivos de sobra para ele querer dar cabo de mim.

Georges se manteve quieto, porque assim deveria agir. Ele já ia se retirando, quando ela o chamou:

– Georges?!

– Sim, madame.

– Você e os demais empregados dessa casa me odeiam, não é mesmo?

Ele poderia ter ficado embaraçado diante da pergunta, mas não, continuou olhando para ela, de cabeça erguida e olhos confiantes.

– Eu sei. Não adianta negar – admitiu ela, endereçando-lhe um olhar penetrante. – Mas vocês vão ter de me aturar, se quiserem continuar trabalhando nessa casa para sustentar essa vidinha pobre e medíocre de meros subalternos que são.

O mordomo se mostrou inabalado com a ofensa. Refinado, como sempre, perguntou:

– Posso me retirar agora, madame?

– Pode sim. E mande preparar um jantar muito especial para mim essa noite. Quero comemorar minha volta para casa.

– Sim, senhora.

Silvia sorriu, triunfantemente para o seu reflexo no espelho. Os olhos brilhavam de forma fulgurante, como os de uma loba sob o luar.

# CAPÍTULO 18

Silvia havia tomado seu banho, vestindo-se exuberantemente como se fosse receber os homens num salão de um prostíbulo elegante de Paris, quando Georges voltou ao quarto para lhe informar que havia uma pessoa querendo lhe falar.

– Uma visita para mim? Quem é?

– É melhor a senhora ver com os próprios olhos.

Silvia desaprovou a resposta, mas aceitou o desafio. Diante da figura trêmula e insegura de Isabelle Binoche, ela soltou a voz, rindo, sardonicamente:

– Só podia ser você. A mocinha da história.

– Silvia – começou Isabelle com voz trêmula – venho-lhe pedir encarecidamente...

A outra a cortou, rispidamente:

– Já sei, já sei! Quer que eu tire o seu queridinho do cárcere, não é isso? Mesmo depois de ele ter tentando me matar, deseja que eu salve o seu pescoço, certo?

– Você sabe muito bem que Jean-Pierre não faria isso. Que o veneno era para ele e você o tomou por engano.

Ela novamente riu, arreganhando os dentes.

– Sim, eu sei! – o tom dela era de puro deboche. – Eu sei, você sabe, mas a polícia não. Isso me põe em vantagem. Ainda que ele admita o que fez, pensarão tratar-se de um blefe para se safar de uma tentativa de homicídio. Em suma, seu queridinho está realmente em maus lençóis. Se correr o bicho pega, se ficar o bicho come!

Isabelle não se deu por vencida:

– Jean-Pierre é um moço bom, você sabe. Puro e gentil...

– Que seja! Isso o não livra da suspeita de querer me assassinar. Sinceramente, doçura, não vejo saída para o seu amorzinho, sabia? Vá se acostumando com a ideia.

Silvia novamente riu, sórdida, e Isabelle achou melhor partir. Com Silvia Navarro não havia mesmo diálogo; deveria possuir a alma mais torpe da humanidade. Antes de deixar a casa, Georges lhe falou, com compaixão:

– Pelo menos, mademoiselle tentou. Isso é o que vale.

Ambos se olharam, compartilhando da mesma tristeza que massacrava seus corações. Ao chegar em casa, Isabelle foi consolada pela mãe e pela irmã. Seu pai também estava a seu lado, entristecido com os rumos que a vida do jovem Cassel havia tomado.

Na cadeia, enquanto isso, Jean-Pierre avistava o céu reduzido a uma pequena abertura na parede. Não podia imaginar que tudo que estava passando tinha a ver com atitudes desastrosas que tomara na encarnação passada.

No dia seguinte, por volta das onze da manhã, Silvia recebeu uma nova visita surpresa.

– Madalena! – exclamou, verdadeiramente feliz com sua chegada. – Que surpresa mais agradável!

As duas se abraçaram, efusivamente, e voltando os olhos para as paredes da sala deslumbrante em que estava, a recém-chegada comentou:

– Silvia, isso não é uma casa, é um palacete.

Silvia fez ar de desdém e a mulher completou:

– Você é mesmo muito sortuda. Além de se casar com um milionário, vive nessa casa tão luxuosa. Quantas mulheres não sonham com isso? Infelizmente, poucas conseguem realizar esse sonho.

Silvia deu de ombros e Madalena quis saber:

– E Jean-Pierre, onde está? Posso vê-lo, não posso?

– Jean-Pierre?! – Silvia gargalhou. – A uma hora dessas ele está numa cela.

– O quê? – Madalena ficou assustada.

– Eu lhe explico.

E depois da amiga relatar o ocorrido, Madalena seriamente opinou:

– Silvia, minha querida. A vida está lhe dando a oportunidade de ser feliz ao lado de um moço sensacional. De boa índole e milionário. Aproveite!

– Eu aproveitaria, se ele fosse realmente aproveitável como homem. Além de não ser, tudo nele me incomoda. Por isso, continuo vivendo minhas aventuras amorosas por entre as árvores, arbustos, pedras e até mesmo na praia particular da família Cassel. Tornei-me a própria Chapeuzinho Vermelho às avessas. Ou seja, sou eu quem rouba os docinhos do lobo.

A mulher novamente ficou assombrada diante dos relatos da jovem.

– Silvia, minha querida, se eu fosse você, aproveitava a oportunidade para mudar de vida e ser verdadeiramente plena e feliz.

A moça novamente desdenhou as palavras da amiga.

– Madalena, minha querida, você continua querendo me apontar os caminhos que devo seguir.

– São apenas dois caminhos, Silvia. O do bem e do mal.

– O mal me quis, o bem sempre me desprezou. Fico com quem me quer bem.

– Isso não é verdade. Hoje, o bem está aos seus pés. Jean-Pierre é o bem, fique com ele.

– Jean-Pierre já não me quer mais. Ele agora ama Isabelle Binoche e se casará com ela, se não apodrecer na prisão.

– Silvia, por favor! Poupe esse moço dessa desgraça que armou contra ele.

– Ele não queria morrer? Que morra então na cadeia.

– Silvia – o tom de Madalena era reprovador.

– Mudemos de assunto! – atalhou Silvia entediando-se com o tema. – Fale-me de você e do bordel. Como vão as coisas por lá?

Madalena se pôs a contar, despertando na amiga, saudades da vida que levava num dos prostíbulos mais conhecidos de Paris. As duas então almoçaram e saíram para caminhar pelo gramado verdejante em torno da linda mansão.

– Isso aqui é um sonho – murmurou Madalena envaidecida por poder visitar uma propriedade tão linda quanto aquela. – Eu, no seu lugar...

Silvia não a deixou concluir o raciocínio:

– Sermões de novo?! Não minha querida, por favor! Fale-me de Paris. Estou morta de saudades de lá.

E Madalena atendeu ao seu pedido. Falou com gosto da bela cidade que tornara-se o berço da arte, atraindo artistas ascendentes de todas as idades. Uma metrópole cada vez mais linda, sinônimo do luxo e do bom gosto europeu do início do século vinte. Silvia suspirou só de se imaginar, novamente, tomando parte daquilo tudo.

Antes de partir, Madalena reiterou seu pedido:

– Não vou lhe dar sermão, apenas um conselho. Se você não gosta desse lugar, tampouco desse rapaz, volte a ser feliz à sua maneira. Se é isso o que realmente deseja, do fundo do seu coração, retome sua vida de antes e permita que Jean-Pierre também seja feliz ao modo dele.

Pela primeira vez, Silvia achou que Madalena tinha razão no que lhe dissera. Além do mais, ela dera o golpe em Jean-Pierre para ter dinheiro suficiente para se vingar da mulher que, direta ou indiretamente havia destruído seus sonhos.

Na manhã seguinte, depois de acompanhar a amiga até a estação ferroviária, onde Madalena tomou um trem de volta a Paris, Silvia foi visitar Jean-Pierre na prisão. Ao vê-la, o moço estremeceu, temendo novamente o pior por parte dela.

– Olá, meu querido – falou ela, assim que ficaram a sós. – Quem te vê e quem te viu, hein, garotão?

Ele abaixou o olhar e ela, quase num sussurro, disse:

– É o seguinte. Tenho uma proposta para você. Eu desminto o que disse perante a polícia e você fica livre. Dou-lhe o divórcio que tanto necessita para ficar com sua amante e você estará definitivamente livre de mim.

– O que você ganha com isso?

– A-há! – ela riu, matreira. – Está ficando um bocadinho mais esperto. Parabéns!!

– Diga logo, Silvia. O que quer de mim?

– Dinheiro! Todo o dinheiro que me caberia, se eu tivesse realmente me casado com você com comunhão de bens.

- Mas isso não é certo. Nós mal ficamos casados...

- É isso ou apodrecer na cadeia. A escolha está em suas mãos.

Jean-Pierre percebeu que se a certidão de casamento tivesse sido feita como ele havia pedido ao escrivão, Silvia realmente herdaria metade dos seus bens, caso se divorciassem. Portanto, dar-lhe aquela soma para ver-se livre dela, de uma vez por todas, aconteceria, cedo ou tarde.

– Está bem – concordou ele –, farei o que me pede. Só não entendo como pretende me livrar da confusão em que me meteu.

– Você verá! Sou esperta.

– Disso não tenho dúvidas.

– Primeiro, os papéis todos assinados. Depois, a minha confissão.

– Não confio em você.

– É pegar ou largar!

– Façamos o seguinte. Assinamos o que é de direito, mas você só pegará os documentos cabíveis depois...

– Jean-Pierre, Jean-Pierre... Você não está em condição de me exigir nada. Ou você faz o que eu mando ou...

– Falarei com o meu advogado. Ele providenciará tudo.

– Combinado.

– Ele deve procurá-la ainda essa semana.

– Agilize as coisas, meu querido. Detesto esperar.

Quando Silvia Navarro deixou a delegacia, o delegado ficou a observá-la até ela entrar no carro com chofer e partir.

– Essa então é a esposa do Senhor Cassel. Bonita, sem dúvida, mas... Pobre coitado, deve ter lhe dado uma dor de cabeça tremenda.

– Se deu... – respondeu o seu auxiliar que já conhecia a má fama de Silvia Navarro Cassel. – Por isso que ele tentou matá-la. Acho bom o senhor saber mais a respeito dela.

O delegado ouviu tudo, enquanto alisava o bigode e soltava assovios de assombro. A seguir, foi atender à solicitação de Jean-Pierre que pedia a presença de seu advogado, ali, o mais urgente possível. Quando o homem chegou, Valentino Cassel estava com ele.

Ao ver a soma que receberia ao se divorciar de Jean-Pierre Cassel, Silvia torceu o nariz na mesma hora.

– Jean-Pierre pensa que sou tola? Sei que tenho direito a muito mais. O Sr. Valentino é um milionário, portanto...

– Ele é – respondeu o advogado prontamente. – Só que seu dinheiro ainda não foi passado para o filho, afinal, o Senhor Valentino Cassel continua vivo. Só depois da sua morte é que Jean-Pierre herdará toda a sua fortuna. A parte que lhe cabe agora vem somente do que pertenceu à mãe de Jean-Pierre, da qual você receberá metade como exige.

Silvia resmungou, tremelicando-se inteira:

– Aquele velho horroroso já deveria ter batido as botas faz tempo. De que serve continuar vivo, capenga como está? – Breve pausa e ela concluiu: – Está bem, onde eu assino?

Depois de toda documentação devidamente assinada, o advogado observou seriamente:

– Agora, a senhora faça o que prometeu ao seu ex-marido. Diga a polícia o que pretende dizer para livrá-lo da prisão.

Ela riu, matreira.

– Talvez eu tenha mudado de ideia – gargalhou.

O sujeito rapidamente recolheu os papeis e seu auxiliar, um homem de um metro e noventa, forte e compenetrado, tomou a frente, olhando desafiadoramente para Silvia Navarro.

– Ui – brincou ela. – Ele vem com a herança?

Nenhum dos homens gostou da piada, mesmo assim, Silvia não se deixou intimidar. Minutos depois, estava sentada diante do delegado, explicando o que achava ser necessário para livrar Jean-Pierre das acusações que lhe fizera. Admitiu que havia bebido demais naquele dia e que, em algum momento, pusera o veneno no próprio uísque; como brincadeira, distraiu-se e o tomou. Não dissera nada antes porque não se recordava do que realmente havia acontecido. Culpara Jean-Pierre por impulso e raiva dele por ter uma amante. Mas ela já não mais se importava com a sua vida. Haviam se divorciado e, com isso, o casamento chegara ao fim.

O delegado já não tinha mais dúvidas quanto a inocência de Jean-Pierre Cassel. Para ele, Silvia Navarro armara tudo aquilo para culpá-lo e forçá-lo a lhe dar grande soma em dinheiro para se ver livre da acusação. Ele já conhecera uma mulher assim no passado, capaz de tudo para satisfazer seus próprios desejos.

Ao conversar a sós com Jean-Pierre, o delegado explicou:

– Senhor Cassel, sua ex-esposa acabou de tirar a queixa contra o senhor. Alegou isso e mais aquilo, mas...

O tom do delegado assustou Jean-Pierre.

– A princípio – continuou o bigodudo –, eu realmente pensei que o senhor havia tentado envenenar sua esposa, mas depois, conhecendo um pouquinho mais sobre a vida que o senhor levava ao lado dela, percebi que o veneno naquele copo fora mesmo destinado a sua pessoa, não é mesmo?

O delegado não esperou que Jean-Pierre confirmasse sua suspeita. Completou:

– O senhor, desiludido com o seu casamento, desesperado por estar preso a uma mulher desse perfil, quis dar fim a sua vida. Contudo, algo inesperado aconteceu e foi ela quem acabou tomando a substância por engano. Não é isso?

Jean-Pierre abaixou a cabeça e engoliu em seco.

– Eu sinto muito. Mas o senhor deveria ter dito a verdade, desde o começo. Sei que seria vergonhoso para o senhor, entretanto, a verdade o libertaria.

Jean-Pierre se explicou:

– Eu sei. Mas a verdade também afetaria negativamente o meu pai. Quis poupá-lo desse baque.

– Entendo. O importante é que a fulana tirou a queixa, o senhor está livre.

Jean-Pierre respirou aliviado. O pesadelo havia acabado.

– Só mais uma pergunta – acrescentou o delegado, olhando atentamente para o absolvido. – O senhor não precisa me responder, se não quiser, mas... Quanto custou sua liberdade? Porque Silvia Navarro não fez de graça. Duvido que tenho feito.

Jean-Pierre não viu motivos para não responder a pergunta:

– Silvia ficou com metade da herança que minha mãe me deixou.

– Eu já imaginava.

– Mas agora estou livre, isso é o que importa.

– Sim, sem dúvida. Mas...

– Mas?

– O senhor acha justo que ela saia da sua vida, levando essa bolada toda de dinheiro, simplesmente por meio de uma chantagem?

– O destino quis assim. O que posso fazer?

– Entendo. A vida nem sempre é justa. Na verdade, nunca é para a maioria das pessoas. Se fosse, não deixaria uma mau-caráter como sua ex-esposa, sair impune de um casamento com um sujeito sensacional como o senhor. A vida deveria cobrar de todos por suas atitudes indevidas.

Jean-Pierre se absteve de fazer qualquer comentário. Simplesmente perguntou:

– Posso ir agora?

– Pode.

Jean-Pierre agradeceu a gentileza e partiu para a casa do pai.

– Filho! – exclamou Valentino, indo ao seu encontro e abraçando-o fortemente. – Acabou! O pesadelo acabou!

– Eu quis tanto poupar o senhor de tudo isso.

– Não deveria. Isso quase custou a sua vida. Se tivesse me dito quem era ela, desde o início, eu o teria ajudado a se ver livre dessa infeliz, muito antes. Você não foi o primeiro nem será o último a cair nas artimanhas de uma garota mal-intencionada.

O rapaz assentiu com lágrimas nos olhos.

Ao chegar a mansão, Jean-Pierre foi saudado por todos os empregados que o queriam tão bem. Forte emoção sentiu ao ver todos reunidos na grande sala, olhando respeitosamente na sua direção. A governanta, o mordomo, o jardineiro, o chofer e as camareiras, cozinheiras e passadeiras, todos, sem exceção, estavam ali. Jean-Pierre então voltou-se para Georges e perguntou:

– E quanto a ela? Já se foi?

O mordomo não precisou responder. Naquele exato momento, Silvia Navarro surgia no topo da escadaria, olhando na direção do ex-marido, com a sua arrogância de sempre. A seguir, desceu lentamente cada degrau, acompanhada de três criadas que carregavam as suas malas. Diante de Jean-Pierre parou e disse, com arrogância e desprezo na voz:

– Aqui termina a nossa história. Você nunca mais me verá. Está tão livre de mim quanto eu de você. Não foi nada fácil suportá-lo, sabia? O cheiro da sua pele e da sua boca me embrulhavam o estômago. Por muitas vezes, eu quis vomitar. Você não é para mim, nunca foi, nem eu sou para você. Jean-Pierre, sou obrigada a admitir que você nasceu mesmo para aquela sonsa interiorana. Faça bom proveito dela e dessa vida medíocre que vocês levam aqui.

Ele se manteve calado.

– Adeus, ma-chérie. Até nunca mais!

E com passos decididos, a moça deixou a casa sob o olhar atento do ex-marido.

– Senhor – chamou-lhe Georges, despertando-o do transe. – Acabou! O senhor está livre!

O moço afirmou que "sim", movendo lentamente a cabeça para cima e para baixo. Abraçou o funcionário mais antigo da casa e chorou em seu ombro. Georges tinha Jean-Pierre como um filho. Tal como um pai, queria vê-lo verdadeiramente feliz e amado.

– Meu senhor – aconselhou o mordomo, minutos depois –, mademoiselle Isabelle deve ser informada a respeito da sua libertação, não acha?

– Sim!

– Então vá a sua casa e lhe ponha a par dos últimos acontecimentos.

– Irei! Quero apenas tomar um banho, fazer a barba, livrar-me desse aspecto deprimente.

– Faça isso, meu senhor.

Assim foi feito.

Quando Isabelle avistou Jean-Pierre em frente à sua morada, de rosto devidamente escanhoado, cabelos penteados e vestes impecáveis, por um minuto ela pensou que estivesse sonhando.

– Jean-Pierre! – exclamou, correndo até ele e o abraçando fortemente.

Ele sorriu, feliz, e disse, com tremenda satisfação:

– Estou livre, Isabelle. Finalmente livre para você!

– Quer dizer então que ela finalmente foi embora da sua vida?

– Sim, e para sempre.

– Graças a Deus!

– Agora, poderemos ficar juntos. Naquele dia, seu pai me disse que se eu me divorciasse dela...

– Sim, meu amor, ele disse.

– Então, só falta uma coisa a ser feita. Pedi-la em casamento.

Os olhos dela se arregalaram, surpresos e maravilhados.

– Desculpe-me por tê-la feito esperar tanto por isso.

– Eu esperaria a eternidade por você, Jean-Pierre. Você foi sempre o meu grande amor.

Novamente ele sorriu e a beijou, transbordando de realização e felicidade.

Logo, Jean-Pierre explicava tudo para o Senhor Binoche e pedia a mão de sua filha em casamento.

Nesse ínterim, na estação de trem, Silvia Navarro se mantinha absorta no assento do vagão de primeira classe. Quando o trem se moveu, novamente ela sorriu para si, por ver seus planos concretizados, muito além do que havia sonhado. Seu próximo passo, seria voltar para Paris, hospedar-se num hotel luxuoso até que pudesse realizar sua maior meta. Por ora, no entanto, ela precisava dormir, recuperar a vitalidade para estar pronta e vigorosa quando o momento chegasse.

Seus olhos então foram surpreendidos por um belo par de olhos masculinos, olhando discretamente na sua direção. Era um moço belga, bonito, de não mais que vinte e um anos, contudo, parecia ser tão maduro quanto um sujeito acima dos quarenta. Seria mesmo? Silvia quis saber. Isso a fez mudar de ideia. Descansaria depois de conquistar tal beldade e torturar seu coração, com um adeus repentino.

# CAPÍTULO 19

Rever Paris foi para Silvia como rever seu passado, só que às avessas. Pois agora ela era rica e não mais precisava se submeter às amarguras que suportara para sobreviver na vida.

Quando Madalena recebeu o recado de que Silvia se encontrava na cidade, hospedada no grande e luxuoso hotel Ritz, ela rapidamente foi ao seu encontro.

– Silvia, minha querida, que surpresa mais agradável! – a mulher abraçou a moça, com o mesmo carinho de uma mãe para com sua filha. – E seu marido?

– Meu ex-marido. Nos divorciamos. Tirei a queixa que o mantinha na prisão e lhe dei o divórcio em troca da metade do seu patrimônio. O idiota ficou livre de mim e eu, livre dele, finalmente.

– Fez bem. Pretende morar em Paris?

– Ainda não sei. Antes preciso resolver umas pendências.

Madalena percebeu de imediato o que Silvia tinha em mente e a aconselhou na maior das boas intenções:

– Esqueça-se dela, Silvia! Não vale a pena!

Silvia riu. Um riso nervoso e curto. A voz de Madalena se elevou:

– Você ainda vai se destruir por causa dessa mulher. Ouça o meu conselho! Apague-a de uma vez por todas da sua memória, seja feliz! Você tem tudo agora para ser feliz!

Mas nada faria Silvia desistir do propósito de fazer com que Marguerite Chevalier pagasse por todo o mal que havia lhe causado.

– Não posso. Você sabe que não posso – respondeu ela, enfim.

– Pois vai se ferir novamente com essa história.

– Talvez sim, talvez não. Quem pode prever o futuro?

– Se é assim que você deseja...

Madalena partiu, contrariada, deixando Silvia a sós com os seus pensamentos. Recordando-se mais uma vez da mulher que havia lhe prometido um lar, um coração e uma vida em família e nada fez. Algo que ela jamais deveria ter prometido a uma menina carente de afeto, especialmente materno. Ter uma mãe era o que Silvia mais desejara na vida, desde pequenininha, e Marguerite Chevalier a fizera pensar que seria sua mãe, quando, na verdade, a queria apenas para tomar parte do bordel que administrava para lucrar às suas custas. Por isso, ela haveria de pagar por todo mal que lhe causara. Não sossegaria enquanto não lhe desse o troco merecido.

Ao chegar ao prostíbulo de Marguerite Chevalier, em Nice, Silvia foi recebida à porta por ROMEU DUARTINO, o criado magricela e afeminado da cafetina, que olhou para a moça com desagrado e superioridade. Ao dizer ao que vinha, Silvia rapidamente ouviu uma desculpa qualquer para não importunar a dona do bordel. Mesmo assim, ela se manteve firme e insistente.

– Trago-lhe um recado importante – mentiu. – Algo do interesse da Madame.

Romeu achou melhor ir falar com a patroa. Enquanto aguardava, Silvia ficou a observar o lugar onde um dia tinha morado. Pisar naquele antro, novamente, era para ela como repisar sobre sua alma, de forma cruel e degradante. Ela mesma havia se proibido relembrar o que vivera ali, nas mãos daqueles homens nojentos e despudorados.

Ao voltar-se na direção da larga escada que dava acesso ao andar superior, ela se reviu, novamente com dezesseis anos, na primeira noite em que fora obrigada a se prostituir. Viu-se sendo puxada pelo punho, pelo sujeito pançudo que a arrematara no leilão, no dia de sua estreia no bordel. Ela ainda podia sentir o seu mau cheiro, provocando-lhe náuseas e pavor. Podia sentir-se sufocando, debaixo de sua banha suarenta que pingava sobre seu corpo, provocando-lhe asco e desespero. O pior foi quando ele a virou de bruços, pesando seu corpo disforme sobre o seu, sem se importar se ela ainda podia respirar com facilidade. Não, não podia, e isso a fez pensar que morreria asfixiada.

Naquela noite, cada homem que a possuiu matou de vez o que restara da sua inocência, dando lugar a uma alma vingativa e amarga. Ela só não tinha consciência disso, até sofrer a maior de todas as decepções. O momento em que percebeu que ela nunca fora especial para Marguerite Chevalier. Que para ela, fora apenas mais uma, algo que, no íntimo, já sabia, mas recusava-se acreditar.

Nesse dia, Silvia quis dar fim a sua vida e Marguerite a segurou pelo punho, apertando-o firmemente e disse:

"Se você tomar veneno ou cortar a garganta como algumas já fizeram, eu vou chorar, sim, mas não de pena e sim de ódio, por eu ter perdido uma fonte tão invejável de renda."

Ela torceu seu braço e acrescentou, ferina:

"Contudo, se você se suicidar quando já estiver pelancuda e adoentada, estourarei uma champanhe, pois será uma a menos a me aborrecer e para sustentar."

Marguerite Chevalier sempre fora sincera ao extremo, com Silvia, pelo menos, fazia questão de ser.

Havia certamente uma alma boa em meio àquele antro de devassidão. Estela Lacan era a alma que levara Silvia para um canto, num momento oportuno e lhe dera o maior conselho que alguém poderia ter lhe dado, até aquele momento:

"Silvia, você não precisa desse lugar para sobreviver. Tem beleza suficiente para conquistar um homem digno que se apaixone por você e lhe dê um lar de verdade. Esqueça que um dia tomou parte desse antro de perdição e recomece sua vida."

Mas Silvia não a ouviu. Permaneceu obstinada no seu intento de conquistar o amor de Marguerite Chevalier, capaz de qualquer coisa para fazê-la amá-la como uma filha legítima.

Quando Romeu Duartino reapareceu, Silvia emergiu de suas lembranças. Ele lhe fez um sinal com os dedos para ela acompanhá-lo e ela o seguiu, obedientemente. O cômodo em que a cafetina permanecia, praticamente o dia todo, ainda era o mesmo. Diante da porta, um frio na barriga fez Silvia travar os passos e respirar fundo, para se armar para o que estava por vir. Por fim, ergueu a cabeça e entrou, imponente, disposta a enfrentar e humilhar a megera, como tanto queria.

– Olá – disse Marguerite Chevalier, lançando-lhe um olhar curioso. Olhar que desmoronou logo a seguir. – Ah! É você... – o desagrado na voz era total. – O que deseja? Estou sem tempo, diga logo! – ela riu. – A uma hora dessas, pensei que já estivesse morta. Esse vestido que está usando é muito bonito. Alta costura. Comprou usado ou roubou?

Silvia não se deixou abater pelas ofensas.

– Comprei-o com o meu próprio dinheiro. Agora sou uma mulher rica. Muito rica.

A cafetina demorou a se pronunciar e quando o fez, foi sem qualquer emoção:

– Bom para você!

É obvio que Silvia esperava por uma reação completamente diferente da parte da mulher. Queria ouvi-la cobrindo-lhe de elogios. Encarando-a com novos olhos, uma nova percepção. Mas não, tudo o que Marguerite Chevalier lhe disse foi: "Bom para você!" e retomara os seus afazeres, como se ela já não estivesse mais ali. Mas ela estava e ficaria, até a cafetina ouvir tudo o que ela estava disposta a lhe dizer.

Incomodada com sua presença, Marguerite Chevalier lhe endereçou um olhar de descaso. Mediu-a novamente de cima a baixo e falou, afiada:

– Não espera que eu, agora, goste de você, porque enriqueceu às custas de um tolo qualquer – um risinho de escarninho, escapou-lhe pelo canto da boca enrugada e pensa para o lado direito. – Para mim, você continua sendo a mesma tolinha que um dia entrou por essa porta e fugiu pela outra.

Silvia finalmente reagiu. Empinou o rosto e falou, bem certa de suas palavras:

– Você está com inveja de mim, não é? Por eu ter sido mais esperta do que você. Por ter conseguido chegar aonde cheguei.

Marguerite defendeu sua honra sem rebaixe algum:

– Inveja? – riu. – Por favor!

– Inveja, sim!

A mulher tornou a rir:

– Minha querida, eu tenho é pena de você. Muita pena! Pois tão extensa quanto a sua beleza é sua burrice e perversidade.

Silvia não se conteve:

– Sou assim, porque você me fez assim.

– Não me culpe pelos seus atos. Eu apenas despertei em você o que já residia em seu coração. Se a maldade prevaleceu, é porque ela sempre dominou o seu interior.

Marguerite Chevalier se levantou da mesa, posicionou-se diante da visitante e falou, mirando profundamente seus olhos:

– Vou lhe dar um conselho, minha querida. Ouça-o bem!

– Dispenso os seus conselhos.

– Mesmo assim, eu lhe darei. Você agora é rica, aproveite, então, essa oportunidade para ser feliz. Para viver com dignidade. Quantas jovens não sonham ter essa chance?

Aquele era o mesmo conselho que Madalena Ayala havia lhe dado, recordou-se Silvia imediatamente, contudo, só serviu para agravar sua ira.

– Você ainda irá precisar de mim – afirmou Silvia, segurando-se para não gritar de ódio.

– Nunca precisei. Não será agora! – afirmou a mulher, categoricamente. – Ainda que precise, há tantas outras pessoas com quem eu posso contar. Pobre ou rica, você seria a última pessoa que eu procuraria. Pode estar certa disso!

Elas novamente se enfrentaram pelo olhar e Marguerite terminou o confronto, pedindo licença para ir cuidar dos seus afazeres. Ao passar por Silvia, a moça, quase chorando de raiva, praguejou, furiosa:

– Que você morra na sarjeta! Ouviu? Morra!

Marguerite imediatamente pediu a Romeu Duartino que pusesse a jovem para fora do casarão.

– Não me toque! – grunhiu Silvia, assim que o sujeito se aproximou. – Conheço bem a saída.

Ela já se encaminhava para lá quando Marguerite Chevalier voltou a falar, num misto de ironia e benevolência:

– Adeus, chérie. E não se esqueça do meu conselho, d'accord?

De todas as humilhações que passara na vida, aquela fora a pior, na concepção de Silvia. Ao chegar no hotel que escolhera para ficar hospedada em Nice, seu rosto havia se tornado o avesso do que sempre fora. Transformara-se numa máscara pétrea e demoníaca.

No barzinho do luxuoso quarto que ocupava, ela quis se servir de quase todas as bebidas alcoólicas disponíveis ali, mas não teve paciência. Num rompante furioso, arremessou todas as garrafas, copos e cálices contra as paredes, causando o maior estardalhaço no local. Com a ponta de uma faca, riscou os móveis, rascou as almofadas das poltronas, um sofá e o colchão. Foi a forma que seu subconsciente encontrou para expurgar o ódio que sentia de si, pelo que vivera, mais uma vez, nas mãos da cafetina desalmada.

Quando o gerente e alguns criados do hotel chegaram ao quarto, batendo à porta para saber os motivos dos estalos que perturbaram os demais hóspedes, Silvia enfrentou a todos com a faca na mão.

– Agora eu sou rica, muito rica, posso tudo! – gritou, retumbante. – E vocês sumam daqui, seus pobretões feiosos e insignificantes para o mundo.

É obvio que ela gastou um bocado para cobrir os danos que causara ao quarto do hotel, mas partiu dali de cabeça erguida, portando-se novamente como uma rainha exuberante e inatingível.

# CAPÍTULO 20

Dias depois, Madalena estava novamente ao lado de Silvia, no quarto luxuoso do maravilhoso hotel Ritz em que estava hospedada em Paris. Disposta a lhe dar novos conselhos, com a maior das boas intenções, Madalena falou:

– E agora, minha querida? Qual é o próximo passo?

Silvia foi extremamente sincera ao responder:

– De volta a minha vida de antes, ma chérie.

Madalena se inflamou:

– Você não precisa mais se prostituir, Silvia. Você agora é rica.

– Eu sei. Mesmo assim, continuarei sendo uma marafona, só que de luxo. Atenderei no meu próprio palacete e só os homens que me interessarem. Antes, eram eles que me escolhiam, agora, serei eu quem vai escolhê-los.

– É isso mesmo que você quer, Silvia? Tem certeza?

– A vida me fez rameira. Serei uma até morrer.

– Mas você pode fazer tudo diferente, minha querida. Pode conhecer um homem, casar-se e ter filhos. Levar uma vida correta, normal.

– A essas alturas da vida, Madalena, você ainda acredita no amor? O amor, nada mais é do que a própria vida, pronta para encantar o ser humano e puxar-lhe o tapete, quando ele menos esperar. O amor não existe. É uma fábula. Uma farsa.

– Porque você nunca se apaixonou de verdade.

– Nenhum homem será digno do meu amor.

– Talvez haja um que possa surpreendê-la. Fazer com que você se entregue para ele, de corpo e alma.

Silvia, explicitamente caçoou das palavras da amiga:

– Madalena, minha querida, homem nenhum presta, entenda isso, de uma vez por todas. A maioria dos meus clientes e dos seus eram casados, pais de família, religiosos e respeitados na sociedade. Esqueceu-se disso, por acaso? Nas igrejas até parecem santos, mas longe disso tudo, sempre que possível, tornam-se obscenos, verdadeiros demônios dentre as quatro paredes de um bordel. Tornam-se assim porque é o que realmente são. Demônios.

– Nem todos são assim, Silvia. Nem todos.

– Pois eu lhe digo que são todos, sem exceção!

Madalena achou melhor não prolongar o assunto. Ao contrário de Silvia, ela ainda acreditava no amor. Acreditava também que a amiga mudaria, caso realmente encontrasse um homem que verdadeiramente a amasse. Jean-Pierre poderia ter sido esse homem. Ao seu lado, ela certamente teria tido uma vida de rainha, mas ela não se apaixonou por ele, só o queria para torturá-lo, como a vida a torturou. Para Silvia, a vida era tal como um homem que só queria se aproveitar das mulheres, especialmente as desafortunadas.

Foi naquele mesmo dia, pouco depois de Madalena partir, que Silvia recebeu a visita de uma jovem de olhos grandes e ansiosos à porta do seu quarto no hotel Ritz.

– Pois não, o que deseja? – inquiriu Silvia, medindo a mocinha de cima a baixo.

– Me chamo VERUSKA CARON – apresentou-se a recém-chegada. – Sou uma das moças do bordel em que Dona Madalena trabalha.

– Sei. E daí? – inquiriu Silvia secamente.

A mocinha timidamente respondeu:

– Dona Madalena me falou da madame, certo dia... Quando soube que a senhora é rica, extremamente rica, na mesma hora pensei que poderia trabalhar para a senhora. Tomando parte da sua criadagem. Não suporto mais viver naquele lugar.

Silvia permaneceu calada, enquanto algo se agitava em seu cérebro. Por fim, num tom mais simpático, respondeu:

– Estou mesmo precisando de uma criada de confiança. Uma espécie de governanta da casa que em breve será minha mais nova residência. Se estiver mesmo a fim de trabalhar no ramo, faço um teste com você. Mas aviso, desde já, que sou exigente, se não atender às minhas necessidades, estará no olho da rua sem perdão. Compreendeu?

– Sim. É mais do que justo. Mas se me der uma chance, prometo não a desapontar.

– Está bem. Está contratada. Mas saiba que farei da minha nova residência um prostibulo de luxo, onde só eu serei a meretriz.

– Mas sendo rica como é, a madame ainda precisa se prostituir?

– Isso quem sabe sou eu. Contrato você para manter a casa devidamente limpa e organizada. Não a quero como amiga, tampouco conselheira ou confidente. Ponha-se no seu lugar e não teremos problemas.

– Desculpe-me.

Breve pausa e a jovem perguntou:

– Quando começo?

– Já!

Veruska sorriu, realizada.

O próximo passo de Silvia foi comprar uma mansão; um palacete, propriamente dito, em Amsterdã, onde fixaria residência e receberia os homens que mais lhe interessassem. Ali, contratou um arquiteto para reformar o casarão e um decorador renomado para decorá-lo, ao estilo dos milionários. A reforma do local causou grande buchicho na vizinhança. Todos queriam ver de perto a nova proprietária que em breve se mudaria para tão suntuosa mansão. Mas Silvia ainda levaria meses para se mudar para lá em definitivo.

Desde então, Veruska Caron ficou a cargo de organizar tudo para a patroa, enquanto a mansão estivesse sendo reformada. Qualquer imprevisto lhe comunicaria, bem como se incumbiria de fazer as compras do que fosse necessário, pondo Silvia sempre a par dos gastos. Ter de viver no meio do poeirão que a reforma levantaria diariamente não seria nada agradável para a jovem, mas como o próprio mestre de obras havia lhe dito: a bagunça seria temporária; logo, tudo ali estaria um brinco, dando gosto de se ver. No íntimo, Veruska duvidava que aquilo pudesse ser verdade. Contudo, se manteve o mais eficiente possível em seu mais novo trabalho para não decepcionar a patroa.

Foi durante um passeio pela cidade de Paris que Silvia avistou um orfanato que a fez recordar-se daquele em que ela havia crescido e vivido os primeiros quinze anos de sua vida. O lugar onde ela passou boa parte do seu tempo, ansiando por ter uma mãe e um pai que a amassem, como a maioria ama seus filhos. A lembrança despertou em Silvia uma vontade surpreendente de rever o velho orfanato e saber o que havia mudado desde que ela fugira de lá. As freiras que cuidaram dela ainda estariam vivas? Só mesmo indo até o local para obter as respostas.

Assim, Silvia tomou o primeiro trem que partia, na manhã seguinte, para a cidade de Aisne, localizada na região dos Altos da França, cuja capital é a cidade de Laon. Durante toda viagem, as lembranças do que vivera no orfanato Santa Eulália prendiam mais sua atenção do que a bela paisagem que podia ver por meio da janela do vagão de primeira classe que ocupava.

Ao chegar no local, forte onda de calor atingiu o seu peito. Pisar ali, depois de tudo que passara nas mãos de Marguerite Chevalier, era quase como reencontrar sua inocência perdida. Isso a fez tomar um minuto para admirar a fachada do orfanato antes de se dirigir à recepção.

– Pois não? – perguntou a Irmã que a recebeu a porta do local.

– Irmã Clara se encontra?

– A quem devo anunciar?

– Silvia Navarro.

– Aguarde-me um minuto. Vou ver se ela pode recebê-la.

Enquanto só, Silvia reviu a si mesma em pensamento, quando menina, olhando por uma das janelas que dava para rua, aguardando ansiosamente pela vinda de seus pais biológicos ou de qualquer casal que pudesse adotá-la. Que pudesse lhe dar todo amor de pai e mãe que ela tanto carecia e tão bem fazia a um filho ou a qualquer outro ser do planeta.

– Silvia! – ecoou uma voz alegre no local. – É mesmo você, minha querida! – Irmã Clara foi até ela e perguntou: – Não vai me dar um abraço?

Silvia não queria. Não sabia ao certo o porquê, mas achou que seria melhor não abraçar ninguém dali. Contudo, retribuiu o abraço caloroso da freira, que novamente voltou a olhar para ela, com admiração.

– Você se tornou uma moça muito bonita. Deus seja louvado!

Silvia assentiu, mesmo se sentindo pouco à vontade na presença da mulher. Então, para quebrar o mal-estar repentino, ela comentou:

– Pelo pouco que vi, poucas mudanças ocorreram aqui desde que parti.

– Desde que você fugiu, não é mesmo, minha querida?

– Sim. E não me arrependo. Além do quê, não me arrependo de nada do que fiz nessa vida até então.

A Irmã pareceu acolher suas palavras sem julgamento. A seguir, sua curiosidade falou mais alto:

– E quanto a ela, minha querida? Você a encontrou? Realizou o seu maior sonho?

Silvia rapidamente soube a quem Irmã Clara se referia e, por isso, desconversou, para não ficar sem graça diante dela. Percebendo sua fuga, a Irmã achou melhor mudar de assunto.

– Minha querida, você veio em boa hora. Se eu soubesse onde encontrá-la, já teria lhe mandado uma carta.

Silvia franziu os olhos, ensimesmada, e a Irmã tratou logo de se explicar:

– Irmã Dulce está muito doente. Entre a vida e a morte. Por isso, queria tê-la aqui, minha querida.

Silvia novamente olhou com estranheza para a mulher. Achar que ela se preocupava ou que sentia muito pesar caso alguma das Irmãs do orfanato viesse a falecer, era inocência demais da parte dela. Silvia sequer se lembrava delas, na verdade, preferia esquecê-las, por completo. Só fora mesmo até lá para mostrar o que fora capaz de fazer de bom por si mesma, desde que fugira dali. Que Irmã Dulce morresse, o quanto antes, e bem longe dela.

– Venha! – Irmã Clara falou, tocando-lhe o braço. – Vou levá-la até a Irmã.

Silvia não se moveu, chamando rapidamente a atenção da mulher para ela.

– O que foi?

– Não vou! Não quero ir.

– Mas é muito importante que você a veja. Há algo que ela precisa lhe dizer. Algo do seu interesse.

Silvia pareceu não se entusiasmar com a notícia, afinal, o que Irmã Dulce poderia lhe dizer de tão importante para obrigá-la a ficar diante do seu corpo moribundo e, certamente, fedorento? Diante da sua estagnação, Irmã Clara insistiu, seriamente. Foi quase uma ordem:

– Venha!

Silvia acabou cedendo, arrependendo-se, no minuto seguinte, assim que seguiu pelos corredores do orfanato. A cada passo, uma recordação vinha ao seu encontro, como um raio disparado do céu. Amargas lembranças da infância que passara ali, desejando que sua mãe verdadeira voltasse à vida ou uma nova surgisse para adotá-la e ampará-la, ressuscitavam em sua mente.

Mais alguns passos e Irmã Clara parou. Com cautela, abriu a porta de um quarto e conduziu Silvia até o seu interior, onde Irmã Dulce jazia na cama, com uma aparência cadavérica. Ao vê-la, Silvia imediatamente sentiu seu estômago embrulhar, enquanto Irmã Clara, cordialmente, aproximava-se do leito e dizia, com ternura:

– Irmã... Tenho uma surpresa para você.

Os olhos da moribunda se moveram, vagarosamente. Com redobrado entusiasmo na voz, Irmã Clara acrescentou:

– Veja quem está aqui!

Quando os olhos da doente avistaram Silvia Navarro, elegantemente vestida, em pé, olhando com estranheza e repulsa na sua direção, forte emoção a fez estremecer. Ao tentar dizer alguma coisa, sua voz falhou, e apenas uma tosse seca e repetitiva ecoou de seus lábios ressequidos.

– Você veio... – murmurou a doente, finalmente. Seus olhos agora lacrimejavam. – Obrigada, Senhor. Obrigada.

Silvia continuou lhe endereçando um olhar de repulsa e nojo, enquanto o rosto da moribunda havia adquirido alguma cor. Irmã Clara pediu licença e se retirou. Achou melhor que somente as duas permanecessem no quarto para conversarem. Assim que saiu, Silvia continuou cada vez mais incomodada com a situação.

– O que é? – perguntou secamente. – Irmã Clara disse-me que a senhora tem algo importante para me dizer... O que é? Diga!

A mulher novamente tossiu e com grande esforço procurou manter a voz:

– Como vê, Silvia, estou à beira da morte. Antes disso, precisava lhe contar a verdade. Você deve sabê-la. Foi sempre um direito seu.

As palavras mexeram com a moça.

– Verdade?! Que verdade?

– Sobre os motivos que a fizeram crescer nesse orfanato, sem ter um pai e uma mãe.

Silvia agora estava interessada.

– Você sabe quem são meus pais? Sabe se estão vivos?

A mulher fez "sim" com a cabeça, enquanto seus olhos se entristeciam ainda mais. Por duas, três vezes, hesitou antes de lhe dizer o que era preciso:

– Fui eu, Silvia... Fui eu quem gerou você em meu ventre.

Os olhos da moça se enviesaram. Para ela, Irmã Dulce havia perdido completamente a noção da realidade.

# CAPÍTULO 21

– É isso mesmo o que você ouviu – continuou Irmã Dulce, arquejando sem parar. – Você nasceu de meu ventre.

A frase tornou a sacudir Silvia por dentro.

– Que história mais estapafúrdia é essa? – rosnou ela, como um cão feroz.

– É verdade. Você é mesmo minha filha.

– Mentira! – Silvia começou a se agitar toda. As mãos perdiam o controle sobre si. – Sou clara, você é morena. Isso não pode ser verdade. Pare de inventar coisas a meu respeito. Não brinque comigo.

– Você puxou a seu pai. Ele é claro, ele que é...

– Ele?! – a voz de Silvia se elevou, tomada de horror. – Quer dizer que ele está vivo? Quer dizer que você sabe, sempre soube disso e nunca me contou nada?

Ela gritou e a mulher não conseguiu dizer mais nada, desabou num choro agonizante. Silvia, por sua vez, procurava se controlar, mas era como se o demônio a tivesse possuído por inteira.

– Você não pode ser a minha mãe! Não pode! – esbravejou, levando as mãos aos cabelos louros já desmantelados pelo alvoroço do último minuto. – É desumano! Você mesma me disse que minha mãe havia me deixado aqui, porque algo muito ruim havia acontecido a ela. Abandonou-me aqui, por não ter escolha...

A freira assentiu:

– Foi mesmo por não ter escolha!

Silvia não a ouviu, sua revolta era tanta que ficou surda para tudo mais a sua volta.

– Quantas e quantas vezes eu não imaginei minha mãe estendida debaixo da terra, imóvel e fria? E, por isso, chorei baixinho na escuridão do meu quarto à noite. Contudo, ela se movia e falava; viva, muito viva e bem perto de mim.

Irmã Dulce tentou se explicar, mas foi novamente interrompida pela jovem furiosa:

– Você sempre soube o quanto eu desejei conhecer a minha mãe. Mesmo assim, manteve-se calada o tempo todo, deixando-me sofrer bem diante dos seus olhos. Por quê? Por que fez isso comigo?

A Irmã precisava lhe dar a devida explicação. Era um direito da filha saber de toda verdade.

– Você foi fruto de um pecado – explicou Irmã Dulce com a força que ainda lhe restava. – Um deslize da minha parte...

– Deslize?! Pecado?! – exaltou-se Silvia indignada.

– Sim. Eu era uma freira, não podia ter me deixado seduzir...Para me redimir dos meus pecados, entreguei você a Deus, como prova da minha redenção perante Ele.

– Quer dizer que você me privou de ter uma mãe por causa de Deus? Fez isso em nome de Deus?

– Sim, para me redimir perante Ele.

– Perante Ele? – O descaso na voz de Silvia era total. – Quer dizer que por causa "Dele" você me deixou sofrendo?

– Eu pequei! Eu tinha de me redimir!

– Isso não pode ser verdade, só pode ser um delírio. Que mãe deixaria sua criança passando vontade de ter uma mãe, ao seu lado, por causa de Deus? Que Deus é esse?

– Silvia!

– Tenho nojo de você!

– Os caminhos que levam a Deus são isentos de impurezas...

Silvia bufou:

– Por sua causa, eu fui parar nas mãos daquela mulher horrível. De tão carente por uma mãe eu... – Silvia estremeceu e grunhiu, como um animal abatido. – Você se doou para os pobres e carentes, pessoas que nem seu sangue tinham nas veias, enquanto eu fui deixada à mingua.

– Foi o acordo que fiz com a madre superiora.

– Acordo?!

– Sim, para me redimir, perante o Senhor e a própria Igreja.

Nova tosse estremeceu a Irmã que, arquejante, prosseguiu:

– Eu não queria morrer sem que você soubesse da verdade. Hoje, você é adulta, portanto, é capaz de compreender o que me levou a agir dessa forma.

– Adulta?! – Silvia riu, amargurada. – Adulta, sim! Estúpida, não! Por Deus, você me fez infeliz. Em nome de Deus, você me roubou a graça de crescer e conviver com a minha própria mãe. Se realmente existir um inferno, ele é pouco para a sua alma torpe e imunda.

– Pensa que não sofri?

– Sofreu por medo de Deus, não por mim.

Silvia fez uma pausa, enquanto seu coração batia acelerado, quase saindo pela boca.

– Quem é meu pai? – perguntou a seguir. – Onde ele está? Diga-me o nome dele – e diante da insegurança da mulher acamada, Silvia gritou, ensandecida: – O nome dele!

Ao ouvir seus gritos, Irmã Clara correu até o quarto.

– Silvia, acalme-se!

– Como posso ter calma diante dessa...?

Ela não conseguiu terminar a frase, por pouco não chorou, de raiva, revolta e ódio ao mesmo tempo. Queria mesmo é saltar sobre a mulher acamada, para descarregar sua fúria sobre ela. E ela estava verdadeiramente a ponto de perder o controle sobre si, percebeu Irmã Clara e, por isso, chamou-a à realidade:

– Veja, Silvia, ela se foi.

Silvia não a compreendeu de imediato. Levou quase um minuto até que percebesse o que realmente se passava ali. Irmã Dulce estava morta e, com ela, toda possibilidade de localizar seu pai. Isso a feriu mais do que sua própria morte.

Depois de Irmã Clara conduzir a moça para o pátio, onde ela poderia respirar ar puro, a mulher novamente procurou acalmá-la:

– Abrande o seu coração, minha querida. Sossegue e recomece sua vida. Esqueça o passado, siga em frente, sem nunca mais olhar para trás. O passado a Deus pertence!

– Não pertence, não! – respondeu Silvia furiosa. – Pertence única e exclusivamente a mim! Do passado ninguém se liberta. Do futuro, sim, porque ainda não o viveu, mas o passado permanece em todos porque cria raízes, é o que faz de cada um ser o que é.

– Torno a repetir, Silvia. Ninguém pode ser feliz, carregando amarguras no coração. Portanto...

– Não carrego amarguras... Carrego ódio, rancor e raiva, muita raiva.

A Irmã engoliu em seco e Silvia insistiu:

– Quem é o meu pai? Diga-me! Mereço saber. A senhora sabe, não sabe?

Irmã Clara achou melhor ser sincera:

– Sim, eu sei. Mas de que vale procurá-lo, agora? Ele pecou...

– Somos todos frutos do pecado. Não é isso que prega o catolicismo?

A Irmã se viu obrigada a concordar, porém, permaneceu calada, até Silvia, furiosa, renovar o seu pedido:

– Vamos lá, Irmã, desembucha! Diga-me o nome dele e onde posso encontrá-lo.

A freira mordeu os lábios, incerta e temerosa do que sua reposta poderia causar tanto na filha quanto no pai. Por fim, optou pela verdade:

– Está bem. Como você mesma disse, tem o direito de saber. – Irmã

Clara tomou ar e falou: – O nome dele é MATHIAS SORIAT. Na época em que conheceu Dulce, ele era apenas um padre recém-ordenado. Hoje, é bispo da diocese de San Leopoldo, na Espanha.

– Um bispo?!...

– Sim. Foi quando ele veio visitar o orfanato que conheceu Irmã Dulce e... Tanto ele quanto ela caíram em tentação. Ludibriados pelo demônio, pecaram e, quando se arrependeram do que haviam feito, já era tarde demais para escaparem impunes do pecado cometido.

– Cair em tentação, demônio, tarde demais para escaparem impune?...

– Você sabe muito bem o que a Igreja pensa a respeito do aborto. Por isso, eles não tiveram escolha. Foi a madre superiora quem os aconselhou...

– Não me diga mais nada. Quanto mais ouço, mais enojada me sinto com toda essa história.

Silvia tomou ar e procurou se recompor.

– Se tiver o endereço dele para me dar...

– Silvia, você não deve importuná-lo. Hoje ele é respeitadíssimo.

– Quero vê-lo. Pelo menos, uma vez.

Tocada pelo pedido, a Irmã acabou cedendo. Sabia, desde muito tempo, o quão importante fora para Silvia conhecer seus pais verdadeiros.

– Está bem. Vou anotar.

Enquanto ela o fazia, o espírito de duas Irmãs desencarnadas, que haviam trabalhado no orfanato, presenciavam tudo com tremenda indignação.

– Pobre moça – comentou uma delas. – Passou a infância toda mendigando por afeto, enquanto a mãe estava o tempo todo ao seu lado, e poderia suprir sua carência. Dulce agiu muito errado.

– Foi a solução que ela encontrou para...

– Protegê-la diante da Igreja? Sim! Diante de Deus, não! Pois Deus jamais aceitaria uma solução tão árdua para uma criança e para a própria mãe, que fez o que fez com a menina, como punição pelo pecado cometido. Deus é amor. Ama-nos incondicionalmente. É pura compreensão. Jamais puniria uma mãe e uma filha dessa forma. Tudo o que aconteceu foi fruto de uma tremenda ignorância.

– Pensando bem, você tem toda razão.

– É logico que tenho! E digo mais. Dulce realmente se apaixonou por aquele homem e se entregou a ele por amor, totalmente por amor. Ele é que foi um covarde e pôs na cabeça dela, depois de seduzi-la, que não havia escolha para os dois, senão esquecer o pecado cometido e fazer da menina uma órfã. Ele sim não teve coração. Tampouco respeito para com a filha que gerou, nem para com Dulce que o amou verdadeiramente.

Infelizmente, muitos homens agem assim com mulheres apaixonadas.

A Irmã concordou com a amiga, mais uma vez.

Assim que deixou o orfanato, Silvia tomou um carro de aluguel, direto para a estação ferroviária, onde apanhou o próximo trem que seguiria para a Espanha. Quem a visse, naquele minuto, não a reconheceria. Já não era mais a mesma jovem de vinte e um anos, exuberante e cheia de si, que tanto mal fizera a Jean-Pierre Cassel.

Ao descer na cidade de San Leopoldo, um carro de aluguel levou Silvia para um hotel, onde ela pôde se recompor da viagem e se preparar para o grande encontro com o homem que era seu verdadeiro pai. Chegou à igreja onde ele celebrava missas, sentindo a ansiedade dominar o seu peito. Ainda não sabia o que diria a ele, tampouco, como ele reagiria ao vê-la. Por isso, via-se cada vez mais ansiosa para o grande encontro.

# CAPÍTULO 22

Mathias Soriat celebrava uma das missas da catedral da cidade de San Leopoldo, quando Silvia Navarro ali chegou. Assim que soube que era ele quem realizava o culto, ela discretamente se encaminhou até os bancos mais próximos do altar para poder vê-lo mais de perto. O sermão daquele dia era sobre o aborto e as palavras do padre foram precisas em relação ao tema:

– Um dos maiores pecados que um homem ou uma mulher podem cometer é o aborto. Quem pratica o aborto, está, em outras palavras, cometendo um assassinato. Deus não deu a ninguém o direito de matar o seu semelhante. Um filho, mesmo nascido de um estupro ou de um momento leviano, por parte de um casal, deve ser aceito, incondicionalmente. Aceito e criado amorosamente. Essas são as leis de Deus.

Silvia não se conteve, ficou de pé na mesma hora, erguendo o dedo indicador da mão direita, como quem pede permissão a um palestrante para lhe fazer uma pergunta. Sua atitude surpreendeu e assustou o padre tanto quanto os fiéis ali presentes.

– Pois não, senhorita? – reagiu Mathias Soriat, franzindo os olhos para poder enxergá-la melhor. O rosto da jovem lhe era familiar.

Silvia pronunciou-se a toda voz:

– O senhor acabou de dizer que um dos maiores pecados que um homem ou uma mulher podem cometer na vida é o aborto. Não seria também pecado, um pai e uma mãe abandonarem uma criança num orfanato, só porque ela nasceu de um amor proibido? Ou simplesmente de um desejo carnal e repentino de um padre nojento por uma freira carente?

Mathias Soriat estremeceu, tanto quanto os fiéis presentes à missa. Logo, um burburinho ecoou e Silvia repetiu a pergunta, impostando ainda mais a voz:

– Responda-me, bispo. É pecado ou não é?

Não havia mais mistério, Mathias Soriat sabia muito bem quem era a moça, e ele temeu sua vinda como a própria morte. Algo sempre lhe dissera que um dia a garota descobriria tudo e iria procurá-lo. O momento havia chegado.

Ao se posicionar diante dele, linda, inteira e mulher, um frêmito de emoção ecoou no peito do sujeito. Diante dos olhos furiosos e desafiadores daquela que era sua filha legítima, o sujeito engoliu em seco, encolhendo-se todo, como se uma bomba estivesse prestes a desabar sobre a sua cabeça.

Silvia voltou-se para os fiéis que a olhavam assustados e indignados e falou, sem temor algum:

– Senhoras e senhores, esse homem que vocês tanto respeitam e têm como exemplo de bondade e dignidade, há duas décadas seduziu uma freira que engravidou de mim. Ambos, por vergonha do que fizeram, deixaram-me crescer num orfanato, acreditando que meus pais haviam morrido, quando, na verdade, estavam vivos. Vivíssimos! – ela tomou ar. – Desde menina, o meu maior sonho era ter conhecido os meus pais; perguntava a Deus: por que eles haviam morrido, se eu queria tanto tê-los ao meu lado e ter sido amada por eles?

Silvia novamente se voltou para Mathias Soriat que se mantinha em pânico, suando em profusão.

– Sou eu sim, papai... – disse ela com evidente sarcasmo na voz. – Sua filha! A filhinha que o senhor no fundo, desejou que nunca nascesse.

Os fiéis se moveram nos bancos, enquanto exclamações de espanto e indignação ecoavam de suas bocas entreabertas. O bispo procurou manter a calma.

– Senhorita, acalme-se! Estamos na casa de Deus.

– Que se lasque!

– Respeito, por favor!

Silvia deu um passo à frente e, sem errar, deu-lhe um tapa na face. As palavras que usou a seguir, saltaram-lhe da boca aos cuspes:

– Falso moralista. Nojento. Imundo. Desumano.

– Moça – o coroinha tentou intervir.

– Cale a boca! – berrou Silvia ensandecida. – A minha conversa aqui é com esse fulano que me pôs no mundo e, por causa da sua religião, deixou-me crescer num orfanato, carente de pai e mãe.

O bispo ainda procurava se manter o mesmo, mas era nítido que, por dentro, havia perdido totalmente o controle sobre a situação. Lançando um olhar de nojo sobre a mesa do altar, Silvia, com descaso, falou:

– Sempre ouvi dizer que esse era um local sagrado, que os que aqui pisavam eram tão sagrados quanto Deus. Fui tão ingênua quanto qualquer outro aqui presente.

Num súbito rompante, ela derrubou tudo que havia sobre a mesa, provocando susto e revolta nos que estavam ali para assistir à missa.

Diante do imprevisto, um padre correu até o altar e aconselhou Mathias a deixar o local, na companhia da moça que o afrontava. Ele assumiria a missa a partir daquele ponto. O sujeito acabou concordando. Por ora, era o melhor a se fazer. Cabisbaixo, o bispo deixou o altar, enquanto seu colega aconselhava Silvia a acompanhá-lo. Ela, exaltada como nunca, repeliu-o totalmente:

– Não me toque! Você, como qualquer outro da sua laia, não vale nada.

Cuspiu-lhe na cara e deixou a catedral, pelo corredor central, com o rosto empinado, lançando olhares enojados para todos que olhavam assustados para ela.

Enquanto isso, Mathias Soriat queria simplesmente morrer de vergonha. Por nenhum momento pensou em Silvia e no quanto fora difícil para ela viver em meio a uma mentira. Ele só pensava em si, no que pensariam dele depois disso, no status que estava prestes a perder, juntamente com sua reputação de bom cidadão. Não teria mais coragem de encarar ninguém da comunidade. Todos o julgariam e sua vaidade não permitiria tal sentença.

Foi na bebida que ele afogou seu desespero. Para ele, Silvia continuava sendo aquela que nascera contra a sua vontade e viera para destruir a sua paz. Tal como no passado, ela voltara para atormentá-lo e assombrá-lo com um espírito obsessor.

Quando não viu mais saída para os seus tormentos, fechou-se no quarto que ocupava na residência dos padres, amarrou uma corda numa das vigas do teto de madeira, subiu numa cadeira, fez um laço, pôs no pescoço e deu um chute naquilo que suportava o peso do seu corpo.

Minutos antes, Silvia Navarro chegava ao local, procurando por ele. Um noviço havia lhe dito onde ela poderia encontrá-lo e foi, por isso, que ela entrou no seu quarto, no exato momento em que o homem chutava a cadeira para se enforcar. Silvia, olhos arregalados, parou de súbito, boquiaberta diante da cena.

A cadeira havia apenas tombado, numa altura em que o homem ainda podia se apoiar sobre ela, com a ponta de um dos pés. Aquilo fez Mathias Soriat cair em si novamente, percebendo a loucura que acabara de fazer. A corda apertava seu pescoço e ele, com grande esforço, procurava se equilibrar para não morrer.

Silvia não esperava por aquilo, o choque de encontrá-lo naquela circunstâncias a deixou temporariamente sem ação.

– Ajude-me! – pediu-lhe o pai com voz esganiçada.

Silvia se mantinha em transe.

– Ajude-me! – repetiu ele, arrependido amargamente do que fizera. – Por favor, ajude-me!

Finalmente ela se moveu. Deu um passo cauteloso a frente e depois outro e mais outro, sem tirar os olhos do homem de rosto avermelhado, com a corda apertando o pescoço, tentando desesperadamente se apoiar com os pés na parte mais alta da cadeira tombada.

O horror tomava conta do ambiente, enquanto o silêncio caía pesado e assustador. Diante dos olhos de súplica, daquele que verdadeiramente era seu pai, Silvia Navarro finalmente fez uso das palavras:

– Em nome de Deus, você me rejeitou. Se agiu conforme seus mandamentos, será salvo por Ele.

O olhar de terror e desespero do padre se agravou. A garganta se comprimia, por isso não conseguia emitir mais nenhum som. Com a mesma frieza de antes, Silvia voltou a falar:

– Você não me quis. Mesmo com sua igreja condenando o aborto, você quis me abortar. Agora você está nas minhas mãos. Dependendo inteiramente de mim, a filha que tanto rejeitou, para salvá-lo da sua covardia, ignorância e estupidez.

O homem novamente tentou falar, enquanto a ponta do pé direito tremia sob a parte mais alta da cadeira tombada. Seus olhos demonstravam horror e desespero, pavor e súplica, ao mesmo tempo.

Então, no exato momento em que ele novamente suplicava, num fio de voz: "Salve-me!", Silvia chutou a cadeira para longe e o peso dele caiu com tudo, violentamente.

Com seus olhos lindos, ela ficou a observá-lo, atentamente, estrebuchando conforme a corda o estrangulava. Sim, ele pensou que ela o agarraria a tempo de impedi-lo de morrer enforcado, mas a moça não moveu um só dedo. Continuou no papel de cruel espectadora de uma tragédia real. Ele ainda olhava para ela, suplicante e desesperado, quando a escuridão o envolveu por inteiro.

Silvia, então, friamente tocou seu corpo, até fazê-lo balançar como um pêndulo de um relógio de horror. Como se fosse um boneco, o morto ficou a balançar, conforme ela o impulsionava com as mãos.

– Depois de tudo o que você me fez passar – murmurou ela, divertindo-se com o que fazia. – Agora você realmente percebeu o quanto a minha existência poderia ser de grande valia para a sua pessoa, não é? Tarde demais, papai! Tarde demais!

Ela voltou a empurrá-lo, olhando divertidamente para o que fazia, como se não houvesse nada ali, senão um boneco, balançando de um lado para o outro. Em seu íntimo, não havia mesmo ninguém, pois ela não criara vínculos com aquele ser humano, tampouco amor, porque ele a rejeitara, desde o instante que soubera que ela nasceria. Privara-a do amor de pai, por safadeza e falso moralismo.

Quando um padre, recém-ordenado, chegou ali e viu o que se passava, tratou imediatamente de amparar Silvia, por acreditar que ela estivesse em choque, diante de tão assustadora realidade.

– Acalme-se! É melhor se sentar.

Com tato, ele a conduziu até a poltrona que havia ali e lhe ofereceu um copo d'água.

– Pobre bispo... Depois do escândalo que passou por causa da...

Só então ele percebeu que a moça ao seu lado era a tal filha do sujeito.

– Deve estar sendo um baque para a senhora encontrá-lo nesse estado. Eu sinto muito.

Silvia, olhando friamente para o rapaz, agitou-se ao perceber que ele fazia grande esforço para não olhar para o seu decote provocante. Então, ela apanhou sua mão, admirou-a por alguns segundos e a colocou sobre os seus seios.

– Não! – reagiu ele, mas ela não o deixou recuar. Levantou-se, mirando seus olhos assustados e o arrastou até a cama, onde o seduziu despudoradamente.

– Eu preciso... – ele tentava dizer, mas ela o calou com um tapa na boca.

Enquanto ela o seduzia, seus olhos vertiam-se para homem que acabara de se enforcar. Um prazer mórbido explodia no fundo dos olhos, como se realmente aquilo pudesse dissolver toda carência e rancor que, desde menina, habitava o seu coração.

# CAPÍTULO 23

Quando Silvia reencontrou Madalena, contou-lhe tudo o que descobrira sobre o seu passado e que acontecera, desde então. A mulher ficou deveras horrorizada, jamais pensou que alguém poderia ferir tanto uma criança, atribuindo a Deus suas manobras.

– E agora, minha querida? – perguntou a amiga para a jovem que tanto estimava.

– Agora, você irá a Côte d'Azur comigo.

– Côte d'Azur?! – Madalena ficou eufórica. – Quer dizer que você mudou os seus planos?

– Não mudei uma vírgula sequer. Tenho apenas de me resguardar pelos próximos meses que virão. Você logo entenderá o porquê.

– Silvia! – exclamou Madalena, já imaginando o que seria. – Não cometa o mesmo erro que seus pais. Você não tem motivos para agir como eles agiram. Portanto...

A jovem simplesmente mudou os rumos da conversa, para algo que considerava ser mais agradável de se falar a respeito. Dias depois, as duas partiam para a Côte d'Azur, Costa Azul ou Riviera Francesa como também é chamada, situada no litoral sul da França, de frente para o Mar Mediterrâneo, fazendo fronteira com a Itália. Uma das áreas mais luxuosas, caras e sofisticadas do mundo.

O bangalô que Silvia alugou para ela e Madalena morarem era extremamente luxuoso e confortável. Desde então, Madalena orava fervorosamente para que Deus fizesse Silvia perceber, o quanto antes, que sua vida poderia ser completamente diferente do que fora até então. Só assim, ela realmente encontraria a felicidade plena que todo ser humano merecia ter. Entretanto, Silvia continuava obstinada a seguir em frente com os planos que traçara para si. Sua teimosia ainda seria sua derrota, bem sabia Madalena que estimava a moça como se fosse sua própria filha.

A cerimônia de casamento de Isabelle Binoche e Jean-Pierre Cassel aconteceu numa tarde agradável do final do mês de maio de 1924. Sendo Jean-Pierre divorciado, ele e Isabelle não poderiam casar na igreja, portanto, casaram-se apenas no civil e celebraram o enlace com uma linda festa na mansão da família Cassel.

Jean-Pierre trajava um terno impecável e Isabelle um lindo vestido de fina renda francesa, num tom perolizado, que acentuava sua beleza. Os convivas olhavam embevecidos para tão deslumbrante figura e Jean-Pierre também só tinha olhos para tão formosa criatura.

O senhor Valentino mal cabia em si de felicidade, ainda mais por saber que Isabelle já carregava no ventre o seu neto tão almejado. Ficara grávida de Jean-Pierre no primeiro encontro dos dois na casa da moça.

– Isabelle, minha filha – falou Antonina Binoche, tomada de emoção. – Desejo-lhe toda a felicidade do mundo, meu anjo.

A mãe beijou a filha no rosto e a abraçou carinhosamente. O pai também desejou felicidades à filha e saudou Jean-Pierre, feliz por tê-lo como genro. Nesse mesmo dia, Frida Binoche anunciou o seu noivado com um rapaz de boa família de um vilarejo próximo. Era uma fase de ouro para a família de Isabelle, sinal de que o amor, no final, triunfara para todos.

Aos seis meses de gravidez, Jean-Pierre já podia sentir os primeiros chutes da criança que em breve nasceria.

– Que loucura, não? – comentou, comovido. – Saber que nascemos da barriga de nossas mães.

– É um milagre da natureza.

– Sem dúvida. A vida em si é um milagre da natureza.

Carinhosamente ele beijou a barriga da esposa e Isabelle perguntou:

– Se nascer é um milagre da natureza, por que uns nascem bons e outros maus?

Jean-Pierre ergueu as sobrancelhas como quem diz: boa pergunta!

– Deve ser porque a vida é feita de opostos. Homem e mulher, luz e escuridão, alegria e tristeza, saúde e doença, amor e desamor...

Isabelle, no entanto, replicou:

– Mas o mundo seria bem melhor se todos fossem bons, não acha?

– Sem dúvida, mas não é assim que acontece. Infelizmente.

– Sim, meu querido. Infelizmente. – O rebento novamente se mexeu no útero da mãe que exclamou, empolgada: – Moveu-se! Ele se moveu mais uma vez!

Jean-Pierre rapidamente voltou a tocar a barriga da esposa para sentir os movimentos do bebê.

Quatro meses depois, nascia JEAN-LUC BINOCHE CASSEL. Um menino forte e sadio.

O Senhor Valentino mal se continha de felicidade. Desejara ter um neto e finalmente fora agraciado com o nascimento de um. Os pais de Isabelle também estavam radiantes com a chegada do menino que também era o primeiro neto do casal. Frida Binoche, por sua vez, estava feliz pelo nascimento do sobrinho e pelo seu casamento que ocorreria em menos de um mês na capela do vilarejo de Saint-Émilion.

Outro grande momento que marcou a vida da família Binoche.

Quando chegou ao fim, o tempo que Silvia carecia de morar na Côte d'Azur, ela finalmente estava pronta para se mudar para sua linda morada na Holanda. Antes de partir, porém, ela reforçou o convite que fizera a Madalena, para ir morar com ela na suntuosa mansão. A proposta era mesmo tentadora, mas Madalena preferiu continuar morando na cidade luz, pois algo lhe dizia que ali, ela finalmente encontraria a oportunidade de ser verdadeiramente feliz ao lado de um homem que realmente soubesse valorizá-la como mulher.

Quando Silvia chegou a sua mais nova morada na Holanda, o lugar já estava perfeitamente reformado e mobiliado com extremo bom gosto. Tapetes persas cobriam o chão, quadros pintados a óleo em pesadas molduras forravam as paredes, mesas de cedro com vasos de porcelana ou de cristal murano, preto e âmbar continham flores para alegrar os ambientes; cortinas bordô com lindos pompons cobriam as janelas dos aposentos luxuosos e sofisticados. Era uma casa com todos os confortos possíveis e inimagináveis para a época. Algo que só mesmo os ricos poderiam usufruir.

Veruska mantinha a casa arrumada e limpa, controlando rigorosamente os criados, pois Silvia era tão exigente quanto a dona do bordel que ela trabalhara em Paris.

A chegada de Silvia à cidade que escolhera para morar causou grande furor nos moradores. Sua beleza e charme atraíam a atenção de todos por onde passava, despertando volúpia nos homens e inveja e ciúmes nas mulheres.

Logo, cidadãos de todas as idades se jogavam aos pés de Silvia, propondo-lhe casamento e uma vida de rainha. Os que se aproximavam dela, galantes e sedutores, eram repelidos pelo seu olhar de superioridade e grandeza. Atitude que os deixava atiçados e capazes de qualquer loucura para conquistá-la. Silvia agia assim porque sabia que os homens tinham instinto de caçadores e odiavam uma presa fácil; por isso, ela se fazia de difícil para ter qualquer um do seu interesse à sua mercê. E eles sempre caíam na dela, sem jamais perceber que ela fazia tudo aquilo propositadamente.

Quando descobriram que tipo de mulher era ela, pois Silvia não mais fez segredo de todos, continuaram enfeitiçados por sua beleza e audácia. Silvia dizia, alto e em bom tom, para qualquer um que quisesse ouvi-la, em qualquer lugar: "Sou meretriz e gosto de ser uma!". Quando embriagada, apropriava-se de nomes vulgares para descrever a si mesma, sem pudor algum: "Sou uma vadia, sim, e com muito orgulho! É isso mesmo que sou. Uma vadia!".

Para afrontar a sociedade conservadora da época, ela fazia questão de visitar os lugares que só os ricos tinham acesso e pensavam ser exclusivamente seus. Quando alguém se opunha à sua presença no local, ela revidava: "Sou rica, meu querido. Rica, linda e deliciosa, superior a qualquer um de vocês!". E uma gargalhada triunfante ecoava a seguir.

Quando ela abriu seu casarão para receber os homens, havia fila para entrar no seu requintado e sofisticado cenário de promiscuidade. Ali, ela desfilava por entre os visitantes da noite e escolhia o que mais lhe agradava para usufruir do seu corpo naquele momento.

Os que não eram escolhidos voltavam cabisbaixos para casa ou iam afogar sua falta de sorte nos botequins. Os que eram aceitos por Silvia tornavam-se, cedo ou tarde, submissos à sua vaidade e aos seus caprichos. Para se divertir ainda mais com tudo aquilo, Silvia deixava os clientes que escolhia com a impressão de que não haviam lhe proporcionado prazer durante o ato sexual. Se fossem bons, dizia, teriam lhe propiciado um fluxo de prazer muito superior ao atingido. Ela sempre escolhia os mais velhos para que pensassem que já não tinham mais capacidade de satisfazer uma mulher na cama. Vê-los deixando seu quarto, sentindo-se impotentes e derrotados, fazia com que ela se sentisse a pessoa mais inteligente da sua época. Seria de fato?

Silvia fez de Sebastian Kurz, respeitado cidadão e pai de família, religioso defensor dos bons costumes e da moral, que nunca dera um passo em falso na vida, um escravo. Não sossegou enquanto não o fez abandonar a família para se render de vez aos seus caprichos. Foi um escândalo na alta sociedade, inclusive, poucos acreditaram que um homem tão ilustre e respeitador como Sebastian Kurz tivesse mesmo se rendido aos encantos de uma marafona. Quando já não havia mais nada que pudesse despertar seu interesse no sujeito, Silvia o proibiu de vê-la. O homem, desesperado, batia à porta de sua mansão, implorando por seu amor e atenção, enquanto ela, simplesmente o ignorava e pedia a seus capangas que o levassem para longe dali, nem que fosse arrastado. Se retornasse, que lhe dessem uma surra bem dada, o que de fato aconteceu, pois o velho estava completamente apaixonado e obcecado pela cortesã. Com isso, Sebastian Kurz acabou na sarjeta e, quando um de seus filhos soube o que havia acontecido ao pai, foi buscá-lo para lhe dar abrigo. O sujeito nunca mais foi o mesmo.

Quando Gerard Polanski, outro respeitado cidadão de Amsterdã, apaixonado perdidamente por Silvia, cometeu suicídio por ela desprezá-lo sem pesar algum, Silvia simplesmente respondeu: "Ele morreu? Antes ele do que eu!". Para ela, não havia distinção alguma entre um homem e um leitão que se abatia para ser servido numa refeição. A mesma falta de compaixão que o mundo tinha pelo animal, Silvia tinha pela alma humana. Especialmente pelos homens, os mais abastados, de preferência.

Patrick Dupont foi outro respeitado cidadão que se rendeu aos encantos da cortesã. Com esse, Silvia usou de outra estratégia para destruir sua alegria. Mandou chamar a esposa para flagrar os dois na cama, algo que deixou a mulher em surto.

Com outros cidadãos, Silvia fez o mesmo. Mandava Veruska se passar por informante, para que as esposas pudessem flagrar seus maridos em situação indecente e comprometedora. Algumas dessas esposas se recusavam a ir; sabiam muito bem o que seus maridos faziam quando longe de casa e tinham de aceitar, afinal, dependiam deles financeiramente. Flagrá-los com uma amante ou uma cocote poderia fazê-los se voltarem contra elas, o que prejudicaria totalmente o convívio do casal, ainda que já fosse precário e artificial.

Percebendo quais eram as verdadeiras intenções por trás das conquistas da meretriz de luxo, Helena Dupont, esposa de Patrick Dupont, decidiu dar o troco em Silvia Navarro. Foi à mansão para falar com ela e, num momento oportuno, passou a chave na porta do aposento em que se encontravam e lhe deu uma surra. Silvia foi pega desprevenidamente, o que a impediu de se defender como deveria. A mulher também era forte e a fúria a deixou ainda mais violenta, o que se tornou outro empecilho para Silvia se safar do seu ataque surpresa.

– Você é o problema! – acusou a mulher, cuspindo em Silvia caída ao chão. – Pessoas como você já deveriam estar mortas há muito tempo. São como pragas. Desvirtuam a moral e os bons costumes. Só querem destruir famílias e a integridade moral do ser.

Ela não foi além; nesse momento, os capangas de Silvia arrombaram a porta e enxotaram a figura vingativa dali. Ao ver a patroa estirada ao chão, Veruska entrou em pânico, rapidamente mandou chamar um médico que cuidou de Silvia ali mesmo, como ela tanto queria. Se fosse levada para um hospital, todos saberiam o que lhe acontecera e aquilo logo viraria notícia a saltar de boca em boca pela cidade. Seria uma derrota para ela. Uma tremenda vergonha.

Levou quase um mês para que ela ficasse completamente recuperada e, quando isso aconteceu, ela mandou chamar o marido da mulher que a espancara, para lhe falar em particular. Fingida, chorou diante dele como se fosse a moça mais apaixonada do mundo. Disse que o amava e que poderiam ser felizes como marido e mulher. Que ela seria só dele, de mais nenhum outro homem.

Patrick Dupont se encantou com a ideia, mas temia a reação da esposa, caso a abandonasse para viver ao lado da jovem cortesã. Silvia, então, lhe fez uma sugestão descabida. Que ele ligasse o gás, enquanto a esposa estivesse dormindo, saísse da casa, sorrateiramente, e deixasse o resto por conta do destino. Só assim ele se livraria da mulher e ficaria inteiramente livre para ela.

Patrick Dupont, enfeitiçado pelo diabólico poder de sedução de Silvia Navarro, aceitou a sugestão da moça, sem medir as consequências. Estava tão apaixonado por Silvia que seria capaz de fazer qualquer loucura para tê-la somente para ele. Exclusivamente para ele.

Assim, ele fez o que ela lhe tinha sugerido. Depositou um sonífero no chá da esposa para que não tivesse a chance de despertar enquanto o gás se espalhasse pela casa, abriu as quatro bocas do fogão, no momento oportuno, e partiu dali, apressado, com o máximo de cuidado para não ser visto por nenhum vizinho. Enquanto se afastava da casa, recordou-se da vela que Silvia pedira para ele deixar acesa, diante da imagem de um santo qualquer, para que seus planos fossem abençoados e nada desse errado.

Só então ele percebeu o quanto aquilo seria perigoso, poderia pôr fogo na casa, destruir um bem material que, para ele, era de grande valia. Por isso, ele voltou para lá, estugando os passos, suando em profusão, para impedir que a casa fosse pelos ares. Quando lá chegou, o interior da morada já estava impregnado de gás, um segundo a mais e foi tudo pelos ares. Foi como se o incêndio estivesse apenas aguardando por sua chegada.

Os relógios marcavam três da madrugada quando se deu a explosão. O fogo rugia furioso e se consumiu tão vorazmente que quando os bombeiros chegaram, desenrolando a mangueira com altivez, não havia mais nada a ser feito, senão, molhar os telhados das casas vizinhas para que o fogo não se espalhasse.

Os vizinhos olhavam para a casa em chamas, protegendo a face contra o calor do fogo. Quando começaram a procurar, por entre os rostos iluminados pelas chamas, o casal Helena e Patrick Dupont, proprietários da casa e não o encontraram, concluíram que os dois haviam morrido em meio à tragédia. Os bombeiros chegaram a arremessar água sobre os escombros fumegantes, como se pudessem salvar alguma parte corpórea do casal, mas somente no dia seguinte é que os corpos foram localizados, provocando grande choque e tristeza nos que os conheciam.

Quando a notícia chegou aos ouvidos de Silvia, garrafas de champanhe Moët & Chandon, Cuvée Bi Centenary, Cuvée Dry Imperial e Krug Private Cuvée, as bebidas mais caras da época, foram abertas por ela para brindar o acontecimento. Ela bebeu até se embriagar e se entregar para quem quisesse se refestelar, gratuitamente, com o seu corpo esguio e maravilhoso, naquela noite. Enquanto as famílias do casal, morto no incêndio, chorava suas mortes, Silvia Navarro parecia sapatear sobre suas lápides.

Rudolf Biancheri, um proxeneta holandês, também se apaixonou irremediavelmente por Silvia Navarro, mesmo ouvindo sua intuição dizer que ela significava perigo para a sua vida. Tão enfeitiçado ficou pela moça, que estava disposto a comprar sua lealdade e fidelidade com presentes e joias que Silvia desdenhava a olhos vistos.

– Não preciso do seu dinheiro, sou rica, inclusive, muito mais do que você. De qualquer modo, não sou de fazer desperdícios, darei essas quinquilharias de quinta categoria que você me trouxe de presente à primeira mendiga que encontrar pela rua.

– Mas eu a amo, Silvia. Estou perdidamente apaixonado por você – esbravejava o homem com desespero crescente na voz.

– Problema seu! – respondia Silvia, friamente. – Não lhe pedi para gostar de mim.

O sujeito se defendeu no mesmo instante:

– É muito mais do que gostar, Silvia. É paixão!

– Que seja! – ela o desprezou mais uma vez. – Não pedi nem uma coisa nem outra. Você que se vire com os seus sentimentos.

– Você não pode ser tão fria...

– Quer apostar?

– Por você, minha querida, sou capaz de largar minha esposa e todo conforto para ficar ao seu lado.

– Muitos me dizem a mesma coisa. Inclusive, homens bem melhores do que você. Verdadeiramente bonitos, viris e joviais, o que é mais importante.

Ela riu, irônica e enfadada antes de admitir:

– O que você deseja, na verdade, é me controlar com seus presentes e seu dinheiro suado e mesquinho. Pois saiba que ainda está para nascer o homem que será capaz de me fazer resguardar-me somente para ele.

O sangue afluiu ao rosto do sujeito, enquanto os olhos dela se tornavam ainda mais frios.

– Agora me deixe em paz. Suma!

Num repente, o sujeito começou a chorar e se torturar com tapas no próprio rosto.

– Só de imaginar você com outros homens – admitiu ele entre lágrimas –, entrando e saindo furtivamente dessa casa... Chego a enlouquecer.

– Pois que enlouqueça de vez. E bem longe de mim.

E o homem teve de ser arrastado para fora da mansão pelos capangas de Silvia que já estavam acostumados a fazer aquilo pelo menos uma vez na semana. Mas Rudolf Biancheri não se deu por vencido. Continuou a comprar presentes caros e refinados para presentear a meretriz, que doava displicentemente tudo que recebia dele para mulheres carentes. Um dia, cansada de ser importunada pelo sujeito, Silvia o chamou para ter uma conversa séria e definitiva.

– Se me ama de verdade – começou a falar sem reticências –, faça-me um cheque no valor de....

Ao ouvir a soma, Rudolf Biancheri, estremeceu:

– Não possuo essa quantia.

Silvia não pareceu se abalar, simplesmente respondeu:

– Então faça um cheque com a quantia total que dispões hoje nos bancos. Se realmente me ama, faça isso, ou então...

Rudolf Biancheri engoliu em seco. Por fim, pegou o talão e preencheu uma das folhas como Silvia havia lhe pedido.

– Aqui está – disse ele, estendendo-lhe a folha de papel.

Os olhos da jovem se arquearam, brilhando intensamente.

– Ótimo! Agora você já pode ir.

– Ir?! Para onde? E quanto a nós?

– Você logo obterá notícias minhas.

Sem mais, ela ordenou a seus capangas que acompanhassem o sujeito até a porta. No dia seguinte, assim que possível, Silvia descontou o cheque, zerando totalmente a conta do indivíduo. Quando Rudolf voltou a mansão, acreditando que tudo entre ele e Silvia Navarro seria diferente, a partir de então, foi barrado na porta pelos seguranças da moça, que prometeram escorraçá-lo de lá, caso insistisse em continuar aparecendo ali para perturbar a dona da casa.

A pressão do homem subiu, tamanho nervoso que passou, mas de nada adiantaria seu desespero, pelo visto, ele fora mais um tolo nas mãos de Silvia Navarro. Ao voltar para casa, a esposa de Rudolf Biancheri já aguardava por ele, na companhia do pai. Ele mal conseguia olhar para ambos, tamanho o desgosto que sentia pela nova rejeição por parte da meretriz de luxo.

– Venha, meu genro – disse o sogro, convidando-o para um passeio de carro.

– Aonde vamos? – perguntou Rudolf abatido.

– Visitar um lugar, não muito longe da cidade. Sua esposa irá conosco.

Rudolf acabou indo e quando o carro estacionou em frente a um sanatório, dois enfermeiros foram recebê-los. Logo, escoltavam Rudolf Biancheri para o interior do lugar. Ali, ele ficaria internado até que voltasse a demonstrar perfeita sanidade. Com o cheque nominal que Rudolf dera a Silvia, sua esposa conseguiu provar para o médico que o marido estava completamente aquém das suas faculdades mentais, com isso, foi decretado a sua internação. É obvio que fora por intermédio de Silvia, que ela conseguiu o cheque para comprovar o fato. Só não esperava que Silvia o fosse descontar como fez, logo depois de recuperá-lo. A Senhora Biancheri já não sabia dizer quem ela odiava mais: se o marido ou Silvia Navarro que a deixara na miséria. Mas um dia, a jovem rameira teria o troco. Senão nessa vida, numa próxima. Pois ela acreditava no processo das reencarnações.

Eduard Garcin foi outra vítima nas mãos da despudorada e vingativa cortesã. Tivera sempre a regra invariável de não acreditar em quase nada do que as mulheres lhe diziam, pois na sua opinião, eram capazes de mentir até mesmo sobre as coisas mais banais. Com Silvia, no entanto, ele punha fé em cada palavra que ela usava, propositadamente para seduzi-lo. Foi assim até ela perceber que o havia dominado completamente. Eduard Garcin havia caído em sua teia de despudorados interesses e ela já podia rejeitá-lo, como sempre fazia, com todos que se rendiam aos encantos. Esse era sempre o momento de maior prazer para a Silvia.

Quando isso aconteceu, Eduard ficou tão desesperado que foi capaz de invadir a casa da meretriz por meio da janela do andar superior, pegando-a desprevenida e indefesa.

– Você é como todas as outras! – acusou ele, furioso. – Quão tolo fui eu em acreditar que você fosse diferente. Mas eu vou lhe dar o troco. Você precisa receber uma lição.

Pela segunda vez, Silvia fora pega de surpresa. Todavia, ela rapidamente agiu para se livrar do inesperado.

– É assim mesmo que um homem deve agir – ela o elogiou para cativar seu ego. – Um homem de verdade não pode deixar barato quem lhe faz de trouxa.

As palavras dela, ditas naquele tom feminino inebriante, abrandaram a fúria do revoltado. Ela então o convidou a beber, fazendo com que Eduard Garcin se sentisse amado e querido por ela, novamente. Silvia tomava uma taça de champanhe atrás do outro, com intervalos cada vez menores. Então, ela quebrou a garrafa na mesa e a comprimiu contra o rosto dele, num repente assustador.

– Se você invadir minha casa novamente, eu o mato! Está ouvindo? Eu o mato!

O invasor mal podia acreditar que ela o pegara novamente.

– Fora daqui! – berrou Silvia e, quando Eduard pensou em se dirigir à porta, ela o segurou pelo braço e disse, ferina:

– Você vai sair daqui pela janela! Entrou por ela, sairá por ela!

O homem tremeu:

-- Posso cair...

Ela não respondeu, apenas empunhou a garrafa quebrada na direção do rosto do sujeito, ameaçando-o até fazê-lo chegar ao local onde, num repente, ela avançou contra ele que, para não se ferir, recuou o corpo, desequilibrando-se e caindo janela abaixo. Minutos depois, a mando da proprietária, seus capangas arrastavam o homem alquebrado até uma sarjeta nas proximidades.

O que Eduard Garcin fez deixara Silvia furiosa.

– Tolos! Não passam de uns tolos! Todos eles! Pensam que podem dominar Silvia Navarro, ameaçá-la; coitados! Não passam de uns coitados!

Quando os homens da cidade e região perceberam quem Silvia Navarro era de fato, quais eram suas verdadeiras intenções por trás do interesse que demonstrava ter pelo sexo masculino, continuaram, mesmo assim, investindo na sua pessoa. Conquistá-la acabou se tornando uma deliciosa competição entre todos. Quem conseguisse dominar a fera, seria o vitorioso dentre eles. Ainda que isso lhes custasse a própria vida.

Nesse ínterim, Silvia conseguiu mais um trunfo. Mandara investigar a vida particular de Marguerite Chevalier e descobrira que sua situação econômica ia de mal a pior. Com isso, por meio de um leilão bancário, arrematou o imóvel onde ela mantinha seu prostíbulo e a despejou do lugar, assim que a lei lhe permitiu. Nessa hora, Marguerite Chevalier quis morrer de desgosto; pois o prostíbulo era sua vida, sua alegria e seu ganha-pão, sem ele, padeceria de tédio e acabaria na miséria. Por ter acumulado dívidas, não tinha mais crédito na praça para alugar outro lugar e dar continuidade ao seu "negócio".

Silvia então reapareceu, para contar à cafetina que ela era a mais nova proprietária do lugar. A mulher não se mostrou surpresa, apenas disse, com ironia e desprezo na voz:

– E eu que pensei que você teria mais o que fazer da vida, com o dinheiro que roubou de um idiota qualquer. Mas me enganei redondamente. A fortuna não lhe serviu para nada. Você continua tão pobre quanto antes. Na verdade, a única riqueza que possui é a sua burrice, pois é vasta e grandiosa.

Marguerite soltou um risinho de pouco caso antes de acrescentar:

– Você pode ter todos os homens do mundo com sua beleza e seu charme, mas isso de nada adianta para você, cujo coração é fechado para o amor e desprovido de afeto.

– Calada!

– Calada, você! Eu ainda não terminei! Você agora vai me ouvir, sua... – Marguerite descartou a palavra chula para não comprometer o seu raciocínio. – Você pode ter hoje uma vasta fortuna que adquiriu por meios ilícitos. Mas sem amor, continuará tão pobre quanto qualquer mendigo desse planeta.

A mulher soltou outro risinho e acrescentou:

– Você me destruiu, e daí? O que você realmente ganha com isso? O meu amor? Não! O meu respeito? Jamais! A minha submissão? Nunca! Você apenas ganhou um prazer momentâneo, nada além disso. E quando esse prazer passar, se é que já não passou, você voltará a encarar a si mesma, uma jovem de não mais que vinte e poucos anos de idade, que nasceu sem sorte e, perante ao mundo, é tão insignificante quanto um grão de areia.

No íntimo, Silvia fizera tudo aquilo contra Marguerite na intenção de que ela finalmente a amasse e a admirasse. Mas a cafetina não se curvaria perante sua pessoa, pois era tão orgulhosa quanto a própria Silvia.

# CAPÍTULO 24

Por questões de trabalho, Jean-Pierre teria de se ausentar de sua casa por quase um mês. Ao receber a notícia, Isabelle torceu o nariz. Não lhe agradava a ideia de ter de ficar longe do marido por tantos dias, mas era questão de trabalho, ela tinha de aceitar.

– Vá com Deus, meu amor – disse ela, beijando-lhe carinhosamente o rosto.

– Obrigado. Cuide bem do nosso filho.

– Pode deixar, meu querido.

Ele novamente a beijou e ela retribuiu o beijo, acenando, a seguir, para o chofer, que levaria Jean-Pierre à estação onde ele apanharia o trem que seguiria até Zurique, na Suíça.

Todos que conheciam Silvia Navarro de perto acreditavam que ela era indestrutível. Nada, absolutamente nada poderia perturbá-la ou adoecê-la, destruí-la ou atormentá-la. Mas isso não era plenamente verdade. O último episódio vivido com Marguerite Chevalier a havia nocauteado totalmente. Feito ela se render, sem se aperceber, a uma estranha angústia que lhe dominava o peito, enquanto a rejeição da mulher esmagava o seu coração. Silvia já não podia mais suportar de maneira sóbria o dia a dia. Por isso, ela bebia cada vez mais, na esperança de cessar, de vez, qualquer elo com o passado que tanto a entristecia.

Estendida na cama, por muitas vezes, ela reconstituía sua infância triste e miserável e a adolescência inquieta e corrompida que tivera. Sorte foi o que lhe faltou a vida toda. Pelo menos um pingo de sorte, acreditava em seu íntimo. Mas ela estava enganada. Oportunidades não lhe faltaram para mudar de vida e ser feliz. Foi ela quem não soube aproveitá-las; desprezou uma a uma, por se manter agarrada às amarguras do que viveu na infância ou adolescência.

Ela sempre teve, a cada manhã, o poder de escolher uma vida melhor por meio de atitudes mais dignas e coerentes para com a felicidade própria. Mas ela se recusou a tomar qualquer atitude positiva em relação a isso, por teimosia e rebeldia.

Silvia Navarro era um exemplo clássico de indivíduo que se recusa a perceber o quanto a vida está disposta a lhe ajudar, se ele fizer as escolhas mais saudáveis para si.

Ao ver-se deprimindo cada vez mais, Silvia decidiu se alegrar. Era preciso, ou logo seria morta pela tristeza que insistia em querer dominá-la. Assim, ela decidiu ir ao teatro, assistir uma das óperas mais elogiadas da Europa na ocasião, a qual, por sorte, apresentava-se no melhor teatro da cidade em que ela residia. É certo que antes ela nunca se interessara por aquele tipo de arte, tampouco sabia se iria gostar, o importante, no entanto, era se distrair com algo além dos homens que escolhia para se divertir, pelas noites imundas da sua existência. Teria gosto também em esfregar na face de qualquer um que não aceitasse sua vida de meretriz, sua presença marcante e avassaladora em meio a alta sociedade.

Silvia foi levada ao teatro num belo carro, o melhor que o dinheiro poderia comprar na época, guiado por seu dedicado chofer. Àquela hora, o local já estava cheio de gente. A maioria pertencente à nata da sociedade holandesa.

A malta também se fazia presente, porém um tanto ofuscada pelo glamour dos ricos e poderosos. Os homens finos estavam vestidos elegantemente com ternos, coletes e camisas de colarinhos engomados, com lindas gravatas em laço, feitas com os mais finos tecidos europeus. As mulheres usavam vestidos de seda ou veludo em tons pastel, com ornamentos nos cabelos, no mesmo tom da roupa, para combinar com seus leques e se refrescarem durante a apresentação.

Ao descer do veículo, com a ajuda de seu chofer, Silvia tomou alguns segundos para admirar a imponente construção, tão linda quanto a maioria dos teatros europeus. Veruska, que havia ido com ela de companhia, também se encantou pela beleza arquitetônica do local.

Diante do crescente número de olhares se voltando na sua direção, Silvia sentiu seu ego inflar. Não era apenas uma mulher de rosto e corpo bonito, na flor da idade, a chamar atenção de todos, e, sim, uma mulher riquíssima, que muitos desafortunados adoravam bajular.

Enquanto subia a longa escadaria, acompanhada de Veruska, Silvia se sentiu uma princesa às avessas, mediante os olhos das pessoas, convergidos na sua direção. Ao seguir pelo grande hall de entrada do teatro, as puritanas e beatas sentiam-se ultrajadas com a sua presença, enquanto outras indignavam-se com a sua beleza. Os homens, no entanto, mantinham-se encantados por tudo que Silvia Navarro continha em si. Para os cavalheiros do seu interesse, ela os seduzia por meio de um breve olhar; para as mulheres que a peitavam e a olhavam com nojo, ela emitia um sorrisinho de vitória e superioridade.

Assim que ocupou seu camarote, Silvia admirou, por meio de um discreto binóculo, o interior da sala de espetáculos. Veruska fez o mesmo, encantada, sentindo-se dentro de um sonho que, cedo ou tarde, acabaria.

Voltando os olhos para a plateia à torrinha, onde se localizava a malta da sociedade, Silvia repentinamente avistou um rosto que lhe era muito familiar. O impacto a deixou imediatamente em alerta. O que ela via não podia ser real. Aquela pessoa, ali, não fazia sentido. Ela só poderia estar vendo coisas. Subitamente, os olhares de ambos se cruzaram e se prenderam um ao outro, fazendo Silvia perder, momentaneamente, seu autodomínio implacável. Algo muito raro de acontecer. Diante do olhar cheio de interesse do sujeito, ela engoliu em seco, ficando visivelmente desconcertada.

– Que diabos ele faz aqui? – questionou-se, num resmungo nervoso. – Não faz sentido.

Sua pergunta chamou a atenção de Veruska.

– O que foi que a madame disse? – perguntou a criada, olhando curiosamente para a patroa.

Silvia sequer ouviu a pergunta. Ficara momentaneamente alheia, a tudo mais a sua volta. Voltando os olhos na mesma direção da patroa, Veruska avistou o cavalheiro bem-vestido, que atentamente olhava naquela mesmíssima direção. Isso a fez comentar, entusiasmada:

– Madame, madame, madame! Mais um que se encantou pela senhora. Veja como a admira!

A empolgação da criada deixou Silvia ainda mais irritada:

– Calada!

Veruska fez uma careta, deu de ombros e procurou se entreter com outros presentes. Silvia, por sua vez, procurava desprezar o cavalheiro, por meio de um olhar rebelde e indiferente, contudo, a admiração com que o moço a olhava saltava-lhe aos olhos com força redobrada.

Ao perceber que ele não recuaria, Silvia voltou a atenção para o palco, decidida a ignorá-lo, sequer lembrar da sua presença sob o mesmo teto do majestoso teatro em que se encontravam. A ópera estava prestes a começar e ela procurou se concentrar na soberba apresentação que emocionou a maioria dos presentes.

Quinze minutos depois, ela se via espiando pelo canto dos olhos aquele que tanto a importunava por meio do seu olhar. Ele ainda se mantinha atento a sua pessoa e isso a deixou ainda mais incomodada.

No intervalo de uma música para a outra, quando Silvia não mais se conteve de curiosidade, novamente encarou o sujeito que pareceu gostar da sua atitude. Tanto que sorriu lindamente para ela. Um sorriso benevolente e apaixonante, que serviu apenas para deixar Silvia ainda mais inquieta e irritada com a sua atitude.

– Que ousadia – murmurou ela com descaso.

Seu cenho se fechou e ela novamente procurou se concentrar na ópera, aquele espetáculo magistral. Infelizmente, aquilo não foi o suficiente para prender sua atenção, como ela tanto esperava; volta e meia, pegava-se olhando de viés na direção do cavalheiro que também demonstrava dificuldades para se concentrar no espetáculo.

Ao término da apresentação, assim que Silvia e Veruska chegaram ao hall, Enrico Balzano, inveterado boêmio e poeta, foi cumprimentar a cortesã mais desejada da cidade.

– Silvia Navarro! – exclamou com satisfação. – Que honra ter sua companhia em tão agradável noite.

Inclinando-se cerimoniosamente na sua direção, o sujeito tomou-lhe a mão e a beijou. Ela procurou sorrir, para que ninguém notasse sua apreensão. Continuava em estado de alerta, procurando, em meio ao público que deixava o teatro, o moço que tanto a perturbara naquela noite. Por sorte, o indivíduo parecia ter se evaporado. Fora, certamente, alguém cuja luz do teatro a fizera confundir com aquele que pensou ser.

Veruska despertou Silvia novamente para a realidade:

– Madame. Pensei que ele viria falar com a senhora.

– Ele? Ele quem?

– O tal sujeito... O cavalheiro que ficou a admirá-la durante o musical. Ele a olhava com tanto interesse. Achei-o atraente.

– Gostou?! Pegue-o para você. Está mais do que na hora de conseguir um tolo para sustentá-la.

– Pensei que a madame também o tivesse achado atraente, ficou a observá-lo...

– Foi porque ele me lembrou alguém. Alguém que jamais poderia estar aqui. Alguém que eu jamais gostaria de reencontrar um dia.

– Posso saber quem é ele?

– Não, Veruska, não pode! Não gosto que se intrometam na minha vida, ainda mais no que diz respeito ao meu passado.

Naquela noite, por mais que tentasse, Silvia Navarro não conseguiu deixar de pensar na figura que tanto a impressionou no teatro. O episódio ativou-lhe memórias que não queria reviver, as quais pensou ter esquecido para sempre e, no entanto, ainda estavam ali, bem vívidas em sua memória.

Dias depois, Silvia, envolta num casaco de pele lindíssimo, seguia de carro com seu chofer por uma das ruas principais da cidade, quando seus olhos atentos prenderam-se à figura distinta de um cavalheiro elegante, junto ao muro do outro lado da rua. Ele parecia estar aguardando por alguém ou por alguma locomoção. Duvidando de sua capacidade ocular, naquele momento, Silvia enviesou os olhos para enxergá-lo melhor. Arrepiou-se ao notar que o tal sujeito era o mesmo que vira no teatro, dias antes e que tanto a incomodou.

– Não pode ser... – murmurou, agarrando com raiva a gargantilha de ouro com brilhantes que adornava o seu pescoço fino e delicado. – Ele não estaria aqui...

Imediatamente, ela ordenou ao motorista que estacionasse o veículo na vaga mais oportuna. Assim que o carro parou, Silvia tomou a calçada, seguindo na direção do moço para confirmar suas suspeitas.

– Só mesmo de perto poderei ver se é mesmo ele ou não – comentou consigo, enquanto apertava os passos determinados.

Ao ver-se a poucos metros de onde o sujeito se encontrava, ela parou. Até então, ele não havia notado sua aproximação e, quando o fez, grande espanto transpareceu em sua face clara e bem escanhoada. Os lábios se entreabriram, as pupilas se dilataram, e a surpresa do momento o enrubesceu.

De frente para ele e sob a luz do sol, Silvia Navarro pôde examinar seu rosto com maior atenção. Na noite em que o viu no teatro, não pudera vê-lo nitidamente, por causa da luz amarelada do local. Agora, ela podia vê-lo claramente e confirmar, de vez, que era mesmo quem ela pensou ser. O próprio.

A constatação a fez lhe dar as costas e seguir de volta para o carro, caminhando através dos passantes, como aprendera havia muito tempo: de cabeça erguida, sorriso inóspito e nada de contato visual com ninguém. O sujeito a seguiu, todo recacho, estugando os passos. Quando finalmente a alcançou, ele soltou um sonoro suspiro de alívio.

– Madame! – falou com elegância.

Silvia fingiu não ouvi-lo e ele tornou a chamá-la, procurando firmar a voz:

– Madame, espere, por favor!

Dessa vez, ela travou os passos, voltou-se para ele e ordenou, furiosa:

– Afaste-se de mim! Ouviu? Afaste-se!

Sem mais, Silvia atravessou a rua, sem notar se vinham carros na sua direção. Correu até seu veículo, demonstrando cada vez mais pressa. Assim que se acomodou no assento, fez sinal para o chofer seguir caminho, impossibilitando qualquer contato por parte do cavalheiro que seguira ao seu encalço. Recusou-se a olhar para os lados ou para trás. Mantinha-se rígida, olhos atentos, na direção que o carro seguia.

– Madame, algum problema? – perguntou o motorista, todo solícito. – Aquele sujeito... Ele a insultou?

Silvia nada respondeu, porque simplesmente não ouviu a pergunta do chofer. Mantinha-se mergulhada em suas conjecturas.

O motorista percebeu que alguma coisa a atingira em cheio. A patroa ficara imóvel, como se prendesse a respiração. Por que ficaria daquele jeito? Teria sido por causa do tal sujeito que a seguiu até o carro? Quem era ele? Por que ela se importava tanto com a sua pessoa? Aquilo não fazia sentido, pois a patroa não temia ninguém, todos sabiam. Ainda mais, um homem. Mas aquele moço, de algum modo, a amedrontava e a questão era: por quê?

Quando o crepúsculo se tornou noite, Silvia se viu com a mente repleta de pensamentos desconcertantes a respeito do encontro daquela tarde.

"O que ele quer de mim?", perguntava-se, aflita, ansiando por uma resposta urgente de sua mente atribulada. Seu coração estava acelerado, tamanha preocupação e contrariedade. Só havia um modo de ela superar tal infortúnio, esquecer-se por completo do encontro desagradável daquela tarde. Abriria novamente as portas de seu palacete para um novo cliente, mais um de seu agrado, e se divertiria com ele até se entediar com os prazeres da carne.

Naquela noite, ao invés de desfilar entre os interessados, Silvia decidiu convidar um a um no quarto que usava para receber seus amantes. Estava sentada, de forma insinuante por sobre um divã de cetim bordô, saboreando uma taça de champanhe, quando o primeiro interessado da noite apareceu. Era ainda bem cedo para os homens chegarem, aquele certamente se adiantara. Ao chegar à porta do cômodo, o sujeito parou para admirar a cortesã. Quando Silvia o reconheceu, teve um sobressalto; seus lábios tremeram e suas mãos agarraram os braços do divã, como que para se proteger.

– Madame – murmurou o recém-chegado, olhando fixamente para ela, com um olhar cheio de encanto e admiração.

Silvia nada respondeu, manteve apenas os olhos frios e inexpressivos, fixados no inesperado visitante, perguntando-se se ele era mesmo real, ou aquilo era fruto de sua mente perturbada e embriagada. Ele continuou a olhá-la fixamente, como se visse uma deusa diante de si. Por fim, quando ela não mais suportou o silêncio, perguntou:

– Como me encontrou? – a boca dela tremia, os caninos compridos e pontiagudos mordiam os lábios num acesso de fúria e tensão ao mesmo tempo. – Isso não pode estar acontecendo. Não pode!

Suas unhas rasgavam o estofamento da poltrona, desfiando a seda.

A resposta dele soou forte e precisa:

– Quis saber quem era mademoiselle e logo obtive informações a seu respeito. Um tanto chocado fiquei, confesso, mas ainda assim, dentro de mim, falou mais alto a vontade de conhecê-la, ao menos poder vê-la mais de perto.

Silvia voltou a contrair os lábios, enquanto seus olhos adquiriam um brilho de intensa crueldade.

– Tire esse sorriso nojento da sua cara! – ralhou. – Não suporto esse seu fingimento.

– Pergunto – atalhou ele sem perder a classe. – É assim que mademoiselle trata todos os seus "fregueses"? É de praxe?

Silvia fechou ainda mãos o cenho.

– Se tentar alguma coisa contra mim, eu o mato! Está ouvindo? Eu o mato! Direi que foi em defesa própria. Que você veio aqui para se vingar de mim e...

– Quero apenas acalentar o seu coração.

– Chega! Se continuar a zombar de mim com ironias, chamarei as autoridades.

– Por quem me toma? Não pode me odiar se nunca antes nos conhecemos.

– Chega de cinismo. Pensa que sou otária?

Ela fechou a boca, firmemente, enquanto os dentes afiados mordiam o seu lábio inferior. Sua raiva era tanta que o recém-chegado podia senti-la aumentando além de qualquer controle.

– Só quero poder conhecê-la melhor – tornou ele com elegância.

Ela encaminhou-se para a porta e falou, com todas as letras:

– Fora daqui!

– Mademoiselle...

– Fora! – gritou Silvia espumando raiva. Subitamente parecia estar à beira de uma síncope.

Quando os dois capangas de Silvia surgiram à porta, o visitante achou melhor partir. Assim que se foi, a raiva que Silvia sentira até então se agravou, seu sangue fervilhava, provocando-lhe uma tremedeira estranha e assustadora.

Bruscamente, ela pegou a garrafa de champanhe e tornou a encher a taça até transbordar. Sua mão tremia tanto que o gargalo batia ruidosamente sobre a superfície do cristal em sua mão trêmula. O tilintar a incomodou de tal forma que por pouco ela não arremessou a garrafa contra a parede. Quando a bebida espumante escorreu por sua garganta, fez de forma tão exagerada que Silvia se engasgou. Um toque na porta a despertou de suas aflições.

– Madame! – falou Veruska delicadamente. – Ele já se foi!

Silvia removeu as lágrimas provocadas pelo engasgo com as costas das mãos e murmurou:

– Ainda bem. Que vá para nunca mais voltar! Se ele não me deixar em paz, terei de procurar as autoridades.

Os dedos da mão de Silvia se contraíram lentamente para a palma, enquanto a outra mão deslizava como um gato para a beira da poltrona. Ainda que soubesse que não deveria se intrometer na vida da patroa, Veruska se atreveu a matar a sua curiosidade. Entrou no quarto de mansinho e perguntou, com evidente preocupação:

– Quem é esse sujeito, madame? Por que o teme tanto? O que ele quer? Por que está atrás da senhora?

A cada pergunta, Silvia estremecia. Por fim, mal movendo os lábios, ela finalmente respondeu:

– Aquele homem... Aquele homem é o meu ex-marido.

E o rosto da criada se contorceu numa expressão de profundo espanto e curiosidade.

# CAPÍTULO 25

No dia seguinte, a fim de espairecer, Silvia Navarro decidiu ir ao um parque da cidade, o belíssimo Vondelpark, onde poderia sentar-se à sombra de uma árvore frondosa e ler um bom livro para se distrair.

Escolhera um dos romances encantadores de Alexandre Dumas, contudo, não conseguia se concentrar na leitura por mais que se esforçasse. Qualquer barulho ou qualquer passante desviavam com facilidade sua atenção das páginas do livro. Quando ela finalmente conseguiu relaxar, uma sombra caiu-lhe sobre a sua pessoa, provocando-lhe surpresa e raiva, ao mesmo tempo. Ela rapidamente voltou-se para o sujeito, na intenção de reprová-lo pelo incômodo que estava lhe causando. Quando o viu, estremeceu de súbito, a olhos vistos. O moço, fitando-a atentamente falou, com galanteios:

– Nos encontramos novamente. Isso muito me alegra.

– Você, outra vez?!

– Sim. E antes que pense que estou a segui-la, saiba que o nosso encontro se deu de forma totalmente espontânea.

– Você quer que eu realmente acredite nisso?

Ele ia dizer algo, mas mudou de ideia. Com uma expressão pensativa nos olhos, permaneceu, até comentar:

– Mademoiselle me tem por outra pessoa, isso é fato. Não sei o que esse indivíduo foi capaz de fazer a tão formosa criatura, mas, certamente foi algo de muito grave. Algo de que ele se arrepende, amargamente.

– Você está errado e sabe muito bem disso.

– Sei?

– Não se faça de cínico.

– Não sou.

– Chega! Deixe-me em paz!

Ele calou-se, por alguns segundos, estudando atentamente o semblante da linda moça a sua frente. Por fim, disse:

– Pelo medo que vejo estampado na sua face, presumo que foi mademoiselle quem fez algo de errado com esse sujeito que supõe ser eu, correto? Teme que ele venha atrás da senhorita para uma desforra, não é isso?

Silvia se levantou e, mirando firmemente os olhos do moço, falou, claramente:

– Eu jamais temi você, Jean-Pierre Cassel! Você não passa de um filhinho de papai, mimado e bobo.

As palavras dela pareceram lhe causar espanto.

– Jean-Pierre Cassel?!... – ele repetiu, articulando calmamente cada sílaba. – Então é esse o nome do fulano.

Silvia novamente se exaltou:

– Você acredita mesmo que pode me enganar com esse fingimento estúpido?

Ele fez uma careta e ela riu, debochada.

– Só você mesmo para acreditar que eu, Silvia Navarro, seria iludida por sua pessoa infame. Ora, por favor, poupe-me desse seu papel ridículo.

A voz dele se elevou:

– Meu nome é VINCENT PÉREZ.

– Vincent Pérez?! Ah, que lindo! – ela riu, debochada. – Não sabia que tinha talento para dramatização.

– E não tenho.

Silvia bufou.

– Jean-Pierre, Jean-Pierre... Desista desse seu joguinho bobo. Não vale a pena perder seu tempo nem o meu.

– Mademoiselle, não estou a fazer jogo algum.

– Repito o que lhe disse outro dia, se continuar a me importunar, eu acabo com você.

– Recordo-me bem de suas palavras.

– Pelo visto, não foram suficientes para assustá-lo.

– Não!

Afrontando-o pelo olhar, Silvia o estudou mais atentamente e disse:

– Confesso que há algo de diferente em você. Transparece certa maturidade, o que é compreensível, afinal, ninguém permanece xucro pelo resto da vida, não é mesmo?

– É o que sempre ouvi dizer.

Ela novamente bufou.

– O que quer de mim, Jean-Pierre?! Diga! Quanto mais cedo eu ficar livre de você, melhor para mim.

– Já lhe disse que meu nome é Vincent Pérez.

– Jean-Pierre, por favor! Não somos mais crianças para esse tipo de brincadeira.

– É a mademoiselle que acha que estou brincando. Eu mesmo não estou para brincadeira alguma.

– Veio para se desforrar de mim, é isso? Quer me perturbar pelo que lhe fiz? Chamarei as autoridades.

– Chame! Chame sim e provarei à mademoiselle que sou mesmo Vincent Pérez.

Breve pausa e num tom muito diferente, ele admitiu:

– De mademoiselle, eu só quero uma coisa. Conhecê-la melhor. Desde a noite da opereta, não mais consegui tirá-la do meu pensamento. Mesmo depois de saber que é uma cortesã de luxo, ainda assim, desejo conhecê-la mais profundamente.

O tom dele a desarmou temporariamente. Por mais que quisesse, não conseguia desprender o olhar dos dele. Por fim, ela soltou um risinho de escárnio e admitiu:

– Isso não pode estar acontecendo... Que palhaçada!

Ele, sem perder o galanteio, acrescentou:

– Permita-me conhecê-la um pouco mais. É só isso que lhe peço.

O tom dele fez Silvia perceber, naquele instante, que só havia um modo de desmascará-lo, entrando no seu jogo.

– Está bem. Como é mesmo seu nome? Vincent Pérez? Pois bem, jantaremos juntos essa noite em minha casa. Aguardo você às dezenove horas. Lembre-se de que tenho seguranças, portanto, não tente fazer nada contra mim que será impedido e acabará atrás das grades.

– Nada de mal lhe farei. Tem a minha palavra.

– Sua palavra? – ela riu, quase histérica. – Poupe-me de suas ironias, Jean-Pierre. Ou melhor, Vincent Pérez.

Assim que ele se foi, Silvia acabou achando graça de si mesma, por ter feito o que fez.

– Já que ele insiste em querer me fazer de tola – comentou consigo mesma –, farei o seu jogo até virá-lo contra si. E ele então cairá novamente nas minhas garras, como no passado – ela tornou a rir. – Vincent Pérez... Essa é boa!

Naquela noite, Silvia precisou beber algo mais forte para relaxar. Não podia ser muito, pois precisava ficar lúcida o suficiente para apanhar Jean-Pierre Cassel numa falha de interpretação. Faria ele beber até se embriagar. Só assim, ele perderia o controle sob suas ações e sua farsa cairia por terra. Quando isso acontecesse, ela novamente o humilharia e o condenaria à vergonha que outrora lhe jogara na alma.

Só mesmo um tolo para acreditar que poderia ser mais esperto do que ela, coitado. Jean-Pierre fora sempre um fraco, não seria diferente agora. Seu tiro sairia pela culatra; sua vingança pelo que ela lhe fez fracassaria tanto quanto sua fraqueza.

Quando o moço chegou para o encontro marcado, Silvia estava lindamente vestida e maquiada. O vestido, num tom esverdeado provocante, era impecável e exuberante, realçando seus seios fartos e suas curvas sinuosas. O louro dos seus cabelos contrastava lindamente com o tom do vestido e a maquiagem suave que cobria seu rosto de porcelana.

Ele a olhou com admiração, enquanto ela lhe endereçava um olhar especulativo. Por fim, ela sorriu como se fosse a megera domada de William Shakespeare e disse, no seu tom sedutor costumeiro:

– Boa noite!

– Boa noite – respondeu ele com baixa inflexão na voz.

Foi até ela, tomou-lhe a mão e a beijou.

– Pontualidade britânica – elogiou Silvia com evidente sarcasmo.

– Obrigado.

Ela tentou conter um riso inesperado e não conseguiu.

– Ainda custo a acreditar que tenha tanto talento para as artes cênicas – admitiu, entre risos.

Ele se manteve impassível diante da sua desconfiança, o que a fez perder momentaneamente a sua autoconfiança.

– Ah, Jean-Pierre... Jean-Pierre... Você quer mesmo continuar desempenhando esse papel? Tudo bem. Desempenharei o meu, também. Farei o seu jogo já que lhe convém. Mas no final, só haverá um vencedor e serei eu. Compreende? Está preparado?

Diante de seu olhar imperturbável ela retomou a postura e disse, firmemente:

– Acompanha-me num drinque?

– Agradeço o convite, mas não sou muito de beber.

– Então és um marica. Para mim, homem que não bebe não é homem.

Dessa vez, foi ele quem riu, um tanto sem graça.

– Sente-se, fique à vontade – sugeriu ela, enquanto ocupava o divã, de forma provocante e sensual.

– Fale-me de você. Gostaria imensamente de saber mais a seu respeito.

O moço não hesitou, contou tudo sobre a sua origem humilde e os anos que passou numa universidade. Estava na Holanda a passeio, de férias, pois havia muito que desejava conhecer Amsterdã e seus arredores encantadores.

– Foi uma sorte ter vindo para cá, justamente agora – admitiu ele a certa altura. – Se tivesse vindo antes, como tanto quis, não teria tido a oportunidade de conhecê-la.

– Como pode saber que não me encontraria aqui antes?

– Segundo soube, mademoiselle se mudou a poucos meses para cá, não é isso?

– Sim, de fato.

Ela o estudava atentamente, enquanto sentia o líquido gasoso queimar sua garganta. Um minuto a mais e Veruska apareceu, anunciando que o jantar estava servido. Foi uma refeição esplêndida, caprichosamente preparada pelo exímio cozinheiro que Silvia havia roubado de um finíssimo restaurante francês, só para cozinhar para ela. O salário que oferecera para o sujeito era irrecusável, por isso, ele aceitou sua proposta de emprego sem hesitar, deixando o restaurante sem aviso prévio, como a própria Silvia exigira que ele fizesse. O estabelecimento quase fechou as portas por causa disso e o proprietário rogou tanta praga em Silvia Navarro que, se praga pegasse, ela estaria morta em poucos anos.

Durante a refeição, Silvia falou um pouco mais de sua vida, praguejando os homens como tanto apreciava fazer, o que a fazia se sentir superior a eles.

Ao término, os dois foram para uma saleta com lareira, onde foi servido um delicioso licor de amêndoas para ambos. Tanto ele, quanto ela, saborearam a bebida sem tirar os olhos um do outro. Havia um clima de forte sedução pairando no ar, envolvendo um a um, misteriosamente.

– Até quando, Jean-Pierre? – perguntou ela, minutos depois, ao atingir o limite da sua paciência. – Até quando você pretende continuar interpretando esse papel ridículo para cima de mim? Acha mesmo que pode me enganar? Convencer-me de que é outra pessoa, um borra-botas qualquer?

Nada no moço se alterou. Manteve-se sério e preciso, tanto quanto as palavras que usou a seguir:

– Mademoiselle, eu a quero.

A declaração dele, feita tão repentinamente a surpreendeu. Um espasmo estranho a desestabilizou, um anseio se avolumou em seu peito, algo que ela tratou de reprimir para recuperar o controle.

– Minhas palavras a assustam? – tornou o cavalheiro, olhando intensamente para ela com seus olhos verdes profundos e cintilantes.

– Não, seu tolo. Elas me divertem!

Obstinadamente ele continuou:

– Desde que a vi no teatro, aquela noite, desejo-a mais do que tudo.

– Quanta baboseira.

– Duvida de mim? É certo que o faça, pois ainda estamos nos conhecendo.

– Quanta lorota!

O rosto dele se manteve impassível.

– Sou romântico, por isso me expresso assim.

Ela tentou conter o riso e não conseguiu.

– Você me quer, é?

– Sim. Por que complicar tanto?

– O que você realmente quer é me matar...

– Só se for de amor!

Ela novamente riu e a risada logo se tornou uma gargalhada, longa e escrachada.

– Não é à toa que dizem que quando o mel é bom, a abelha volta!

Ele pareceu não entender sua colocação e ela, ainda rindo, acrescentou:

– Você foi a última pessoa que eu pensei que sentiria saudades dos meus atributos.

– Sinto lhe dizer que não poderia sentir saudades do que não conheço.

– Sei... – o rosto dela novamente se fechou e a voz se tornou áspera e impaciente: – Pare! Pare com isso, agora!

– Está bem. Mademoiselle tem toda razão. Já perdemos tempo demais com preâmbulos. Façamos uso agora de outros atributos do ser humano.

Ele se levantou, peitando-a com o olhar, e quando ela imitou seu gesto, ele deu um passo à frente, envolveu-a em seus braços e falou, sedutoramente aos seus ouvidos:

– Eu a quero, agora.

Ela tentou gritar, mas apenas um grasnido emergiu de sua garganta. De repente, sem saber ao certo o porquê, ela se deixou ficar sob o seu domínio. Era como se aqueles olhos verdes, lindos e penetrantes, tivessem o poder de hipnotizá-la. Quando ele a beijou, ela simplesmente amoleceu em seus braços, desarmando, de vez, qualquer barreira contra ele.

Fisicamente, ele era uma cópia fiel de Jean-Pierre Cassel, não havia dúvidas, contudo, havia um poder de sedução em sua pessoa que não se assemelhava em nada a Jean-Pierre, observou Silvia, silenciosamente.

O beijo e o abraço a deixaram sem fôlego. Então, tomada por um rompante esquisito, ela o empurrou para longe e falou, exaltada:

– Chega! Você não vai me fazer de boba. Não mesmo!

– Mademoiselle, eu jamais desejei fazê-la de tola.

– Quer sim, eu sei, eu sinto!

Ele continuou imperturbável.

– Saiba que mademoiselle, mesmo histérica não perde o charme.

Silvia se recompôs. Ajeitou o decote, o vestido e o cabelo, e quando olhou para ele, seus olhos verdes e penetrantes pareceram querer hipnotizá-la novamente. Ela quis se defender, estapeá-lo, unhá-lo, mas novamente foi vencida pelos encantos do charmoso cavalheiro que a beijou forte e decididamente, até fazê-la refém de seu amor.

– Calma, leoa! Muita calma! – murmurou ele ao seu ouvido, quando teve chance. Ela ia gritar, quando ele a fez sentar-se no seu colo.

– Você parece uma leoa, sabia? Uma leoa que precisa ser domada. Bem domada.

Aquela voz, grave e sedutora, parecia ter o poder de fazê-la escrava dos seus desejos.

– Não fuja de mim – sussurrou ele ao seu ouvido. – Eu a quero...

– Não, você não me quer – sussurrou ela, enquanto ele a inundava de beijos molhados, provocando-lhe arrepios intensos e prazerosos. – Seu único desejo é o de me destruir...

– Entregue-se! – murmurou ele, carinhosamente, enquanto corria a língua pelo seu pescoço. – Entregue-se totalmente. Eu sei que você também me deseja.

Quando ele fez menção de querer levá-la para o quarto, Silvia finalmente reagiu.

– Hoje não! – declarou, esbaforida.

– Por que não? – inquiriu ele levemente desapontado.

– Porque não.

Ele analisou seus olhos por um instante, até ela se afastar, apoiando-se sobre o espaldar de uma poltrona.

– É melhor você ir.

– Poxa, pensei que passaríamos a noite juntos.

– Pois se enganou. Hoje não estou com vontade.

– Está certo. Podemos nos ver amanhã?

– Amanhã? Não sei, talvez...

– Eu voltarei no mesmo horário, se não se importar.

– Não sei se quero que volte.

– Pois eu gostaria imensamente que desejasse a minha volta.

– Eu...

– É melhor eu ir.

– Sim. É melhor.

– Obrigado pelo jantar. Estava maravilhoso.

Assim que ele se dirigiu à porta, ela o chamou, arriscando uma última cartada para a noite:

– Jean-Pierre?

Ele rapidamente travou os passos, voltou seus olhos verdes intensos para ela e respondeu:

– Vincent Pérez, mademoiselle. Vincent Pérez é o meu nome.

Sem mais, ele partiu, deixando-a trêmula de tanto esforço que fazia para se manter em pé.

Ao voltar para o quarto, Silvia teve problemas com a maçaneta da porta. Parecia girá-la com mãos bobas e gordurosas. Quando finalmente adentrou o recinto, escorou-se contra a parede para não ir ao chão. A cabeça girava, enquanto um riso atrapalhado emergia do seu interior. Ao ver seu reflexo no suntuoso espelho emoldurado que havia no aposento, ela afirmou com voz ondulante:

– É ele, sim! O próprio Jean-Pierre Cassel. Está apenas um pouco mais esperto e maduro, contudo, ainda é ele. O próprio. Mas eu farei seu jogo até derrotá-lo e humilhá-lo como fiz anteriormente. Ele verá! E, dessa vez, ele nunca mais se atreverá a se meter a besta comigo.

Ela se escorou até o divã, onde se sentou e se recostou nas almofadas de cetim florido e brilhante. Lembrou-se então do que Vincent Pérez havia lhe dito: "Calma, leoa! Muita calma!... Você parece uma leoa, sabia? Uma leoa que precisa ser domada. Bem domada...".

A lembrança produziu ondas nervosas pelo corpo todo de Silvia, arrepiando os seus cabelos e deixando sulcos gelados que ardiam em sua pele.

– Ele pensa que vai me enlouquecer – desabafou com certo ódio. – Não vai! Eu o enlouqueço antes. Ele verá!

# CAPÍTULO 26

Na manhã seguinte, depois de tomar um farto café da manhã para se recompor e começar bem o dia, Silvia ordenou a um de seus capangas que fosse até o hotel onde Vincent Pérez estava hospedado e descobrisse tudo a seu respeito. O próprio Vincent havia lhe dito o nome do hotel em meio a conversa da noite anterior.

– Quero saber tudo a seu respeito. Se está só ou acompanhado. Invada o aposento, revire suas coisas, traga-me seus documentos originais.

– Está bem, madame.

E o sujeito trouxe tudo o que ela lhe pediu. E os documentos encontrados no humilde quarto que Vincent ocupava no modesto hotel comprovavam que seu nome era realmente Vincent Pérez.

– Não! – exclamou Silvia, horrorizada com o que via em suas mãos. – Esses documentos não podem ser reais. Ele falsificou tudo isso. Sabia que eu mandaria investigá-lo e se preveniu. Pois o malandro está se mostrando bem mais esperto do que eu pensava. Incrível! Jamais pensei que Jean-Pierre Cassel pudesse se transformar num rato astuto e manhoso. Como pode?

A seguir, ela mandou o capanga devolver tudo o que ele havia pegado, e colocar no mesmo lugar em que ele encontrara no quarto do hotel. Não queria que o sujeito soubesse do que havia ocorrido. Desde então, Silvia ficou a matutar, andando de um lado para o outro, deixando os empregados ao seu redor cabreiros com o seu nervosismo.

Foi então que Silvia percebeu que só havia uma forma de comprovar que Vincent Pérez era mesmo Jean-Pierre Cassel. Levando-o para a cama. Ele disse que voltaria naquela noite, pois bem, ela o estaria esperando, pronta para desmascará-lo de uma vez por todas.

Quando o sujeito apareceu, Silvia o recebeu diretamente em seu quarto.

– Como passou o dia?

– Bem... – mentiu ela sem grande sucesso.

Ambos se olhavam cuidadosamente. Então ele pegou sua mão e a apertou de leve contra o seu rosto devidamente escanhoado.

– O que há? Você me parece tensa – perguntou ele num murmúrio sedutor.

E ela estava sem saber ao certo o porquê. Mesmo assim, ela preferiu encobrir a verdade.

– Tensa, eu? Não! Apenas cansada das atividades diárias. Elas me consomem...

O moço não lhe permitiu completar a frase, beijou-a com intensidade e paixão. Agiu tão rápido que Silvia foi pega desprevenida. Quando deu por si, já estava em seus braços, rendida aos seus encantos.

– Você agora é minha – declarou ele com voz de trovão. – Totalmente minha!

Os olhos dela piscaram, assustados, enquanto ele voltava a inundá-la de beijos, prendendo seus pulsos como duas algemas.

– Relaxe – pediu ele, dominando seu corpo por inteiro.

Ela não conseguiu responder, apenas suspirou, extasiada, e ele a carregou nos braços até a cama onde a deitou, despiu e fez amor com ela. Foi tudo tão maravilhoso que Silvia se esqueceu completamente do que pretendia com aquele encontro, em relação ao amante. Tanto, que após se amarem, ela achegou-se a ele, inspirando seu cheiro de homem que ela tanto apreciava. Então, correu suavemente seus dedos finos e delicado pelas linhas do seu tórax, delineando os mamilos, deixando-o ainda mais entorpecido de desejo e paixão. Ele calmamente afagava seus cabelos, deslizando sua mão calma e agradável pelos fios sedosos. Transportou-a para um mundo, onde só havia paz e amor, nada além do que uma mulher necessita para ser feliz.

– Você está muito mudado, confesso – sussurrou ela, como se jogasse palavras ao vento.

Ele a apertou ainda mais contra o seu peito e declarou:

– Você ainda acredita que eu seja mesmo outra pessoa?

Ela preferiu não responder, apenas suspirou fundo e relaxou novamente em seus braços.

Assim que ele partiu, Silvia permaneceu em seu quarto, nua, em meio aos travesseiros com fronhas de cetim. Para ela, o homem com quem se deitara havia pouco era mesmo Jean-Pierre Cassel. Não podia negar que havia mudado, que aprendera seduzir uma mulher como poucos, contudo, ainda era ele e ela haveria de provar. Mais um encontro entre os dois e ela lhe tiraria a máscara num momento oportuno. Embriagado de bebida e sedução, ele acabaria se entregando, escorregando na própria mentira.

Assim, Silvia o recebeu mais uma vez em sua belíssima mansão. Dessa vez, Vincent vestia uma camisa azul clara de mangas compridas com calças de prega, no melhor estilo da moda dos anos vinte do século passado.

Não havia ameaça em seu rosto, nem em sua atitude. Demonstrava apenas alegria em poder revê-la, mais uma vez, para se deliciarem um com o outro. Ao ficar a centímetros de distância dela, ele pegou uma mecha de seu cabelo e a cheirou, prazerosamente. Depois, deslizou seus dedos pela superfície delicada do seu rosto, até delinear seus lábios, provocando-lhe palpitações e sorrisos súbitos. E, mais uma vez, ela era dominada por ele, aninhando-se em seu peito que parecia ser o seu mais perfeito porto seguro.

Novamente, eles jantaram à luz de velas, jogaram conversa fora, enquanto bebiam um saboroso vinho francês, produzido na região da Alsácia. Quando ele novamente a possuiu, Silvia mais uma vez se desligou da realidade e do seu objetivo de desmascará-lo. Quando deu por si, o sol da manhã já invadia seu quarto e o amante estava ao seu lado, nu, dormindo serenamente feito um anjo.

Acabara dormindo ali, sem que ela se desse conta; mas foi bom, na verdade, foi ótimo despertar ao seu lado. Ele era incrível, seu corpo, seu cheiro e seu jeito de fazer amor, provocava-lhe prazeres jamais sentidos antes.

Os dois tomaram um café da manhã saboroso e quando ele se despediu dela, após dar-lhe um beijo molhado, perguntou:

– Nos vemos essa noite?

– S-sim, sim... – gaguejou ela, querendo no fundo que ele ficasse por mais tempo.

Assim que ele partiu, Silvia novamente sondou suas conjecturas a respeito do rapaz. Ela não mais conseguira tirá-lo do pensamento, depois que fizeram amor pela primeira vez. E daí vinha o princípio de pânico a atormentá-la, sobremaneiramente. O verdadeiro Jean-Pierre nunca a fizera se sentir daquele modo, portanto, Vincent Pérez só poderia ser mesmo o próprio Vincent Pérez, como ele dizia ser. Mas aquilo não fazia sentido algum. Não poderia haver duas pessoas idênticas como os dois, a não ser que fossem gêmeos idênticos e, segundo ela bem sabia, Jean-Pierre fora filho único de Valentino e Carmem Cassel. Quanto mais Silvia avaliava a situação, mais confusa se sentia.

Mais uma noite, e o sujeito que se dizia chamar Vincent Pérez visitava Silvia Navarro em sua mansão. Dessa vez, Silvia se entregou a ele com alegria, rompendo todas as barreiras que criara em torno de si para se proteger da sua pessoa.

Os lábios dele sob os seus, deslisando e bailando, encaixando-se perfeitamente aos dela, levavam-na a loucura. Ainda mais quando ele corria as mãos, incansáveis, ao longo de suas costas, acariciando e pressionando ao mesmo tempo sua carne febril de tanto desejo e paixão.

Ela não queria que ele parasse jamais.

Seu sorriso de amor foi o passe para ele levantá-la nos braços e carregá-la até seu quarto, onde a despiu e cobriu seu corpo todo de beijos molhados e calorosos. Ela se mantinha em silêncio, deixando apenas escapar diminutos gemidos de prazer.

Então, ele escorregou até seus seios, pressionando a face naquele calor e maciez, beijando seus mamilos entumecidos e róseos, provocando nela suspiros e risos de prazer.

Quando o corpo febril dele pousou sobre o dela, e sua respiração pesada atingiu-lhe o rosto, Silvia delirou tão intensamente quanto o momento em que atingiu o êxtase supremo. Então, tudo ficou em calmaria. Ambos jaziam, lado a lado, sob o efeito do climax de segundos atrás.

Quando novamente se olharam, um sorriso repleto de amor resplandeceu em suas faces coradas e delirantes de paixão.

Os labios de cada um pareciam famintos pelo sabor dos lábios do outro. Bastavam ceder e foi o que fizeram. Um beijo demorado, doce e pleno que se estendeu até o pescoço, depois o nariz, olhos e testa. Enquanto ele a beijava, seus olhos dilatavam-se de paixão. Foram tão intesos, que Silvia chegou a pensar que seu coração fosse explodir de tanta alegria.

– Preciso umedecer a boca – disse ela, levantando-se em busca de um champanhe gelado dentro de um baldinho com gelo, aguardando um momento propício para ser saboreada.

Entre um gole e outro, ambos se beijavam e riam de si mesmos, por parecerem bobos, o que de fato eram, mas não estavam nem aí. Minutos depois, amavam-se novamente de forma intensa e apaixonante. E na plenitude do orgasmo, a vida nunca tivera tanto sentido para os dois como naquele momento. Não foi preciso convidá-lo para dormir ali, ele simplesmente adormeceu, acordando somente na manhã seguinte, quando ela o beijou suavemente na face.

Outra noite de amor e mais tantas vieram a partir de então, que Silvia já não mais se lembrava do seu propósito mor com tudo aquilo. Mas quando ela se percebeu carente totalmente dos afagos do rapaz que se apresentava com o nome de Vincent Pérez, Silvia ficou alarmada e decidiu cortar de vez qualquer ligação com o amante.

– Se gostamos tanto um do outro, por que devemos nos separar? – questionou ele sua decisão.

– Quem, por acaso, disse que eu gosto de você? – mentiu ela para não se rebaixar.

E a resposta dele foi rápida e certeira:

– Seus olhos, seus beijos e seus carinhos.

– Bobagem.

– Não é bobagem. Você sabe muito bem que não é.

Ela bufou:

– De qualquer modo, não quero mais vê-lo. A decisão está tomada e não sou de voltar atrás. Agora vá, e nunca mais me procure.

– Nossa história não termina aqui. Você verá!

– Adeus.

– Até breve.

Ela foi até a porta, abriu-a com agressividade e ordenou que ele saísse. Visto que ela não voltaria atrás, ele deixou o aposento e partiu. Silvia então bateu a porta com toda força e com as paredes falou, como se pudessem realmente ouvi-la.

– Ainda está para nascer o homem que ousará me fazer escrava da paixão.

Gargalhou, esganiçada, e informou aos criados que a mansão seria reaberta para todos que a desejassem, dos quais ela escolheria quem mais lhe agradasse para levá-lo para a cama. Diante da decisão, Veruska perguntou à patroa:

– Por que madame deve fugir de uma paixão como essa? Tão intensa, tão linda?

– Porque ele só me seduziu para se vingar de mim. Exatamente como eu fiz com ele no passado.

– E se ele for mesmo quem diz ser?

– Não é. Sei que não é.

– Pense, por um minuto, se ele for realmente quem diz ser, então ele está sendo sincero quanto ao que diz sentir pela senhora. Ele realmente se apaixonou pela senhora.

– De que me vale a paixão... Ela cedo ou tarde acaba.

– Todas?

– Todas. E são sempre as mulheres que saem perdendo em toda essa história. Porque são sempre os homens que deixam de amá-las, se bem que, algum dia, realmente fizeram.

– Madame...

– Não diga mais nada, Veruska. Há casos em que a ignorância é uma benção.

– Madame está apaixonada por esse cavalheiro. Todos podem ver.

– Pois estão todos errados. E não me chateie mais com essa história. Senão, irá parar no olho da rua.

– Já não está mais aqui quem falou.

– Acho bom.

Mas era óbvio que Silvia estava completamente apaixonada pelo misterioso Vincent Pérez. Até mesmo os passarinhos que cantavam próximo a janela do seu quarto sabiam disso.

Naquele dia, em meio ao sexo com o cliente escolhido da noite, Silvia teve um surto, empurrou o sujeito de cima dela e pediu que fosse embora. Ao recusar, ela o estapeou e chamou por seus capangas que arrastaram o homem, ainda nu, para fora dos aposentos da patroa.

Pela primeira vez, depois de anos, Silvia não conseguia se satisfazer com a devassidão. Seu coração batia disparado e sua mente vagava longe. Só mesmo uma forte dose de bebida para fazê-la dormir e acordar novinha em folha no dia seguinte, pensou ela, tomando o líquido e indo para a cama. Contudo, o sono não veio, a inquietude permanecia e nada parecia ter o poder de afugentá-la de si mesma. Foi uma noite caótica, passou toda a madrugada em claro. Na manhã seguinte sentia-se péssima, com olheiras profundas e um mau humor insuportável até mesmo para ela.

Ao anoitecer do mesmo dia, quando seus ardorosos fãs chegaram a sua residência, esperançosos de serem escolhidos por ela para usufruírem do seu corpo tão desejado por todos, Silvia novamente se mostrou indisposta a levar aquilo adiante. Todos estranharam seu comportamento e se perguntaram se ela não estaria doente.

Veruska também se preocupava. Não gostava de ver a patroa, sentada, imóvel, olhando fixamente para o nada, hora após hora.

A mente de Silvia Navarro vagueava como uma pessoa perdida na escuridão. Num momento, ela via o rosto de Jean-Pierre Cassel, chocado ao saber que ela era uma cortesã e que só se envolvera com ele por causa de uma aposta sórdida com seus colegas de universidade. Noutro instante, ela via o rosto daquele que se dizia chamar Vincent Pérez, olhando sedutoramente para ela, derrubando suas defesas e a surpreendendo a cada noite de amor.

Ela devia ter se afastado dele, pensou, aflita. Devia ter evitado seus olhos, sua boca, seu perfume, sua presença, tudo, enfim, que parecia ter o poder de paralisá-la. Pois ele parecia tê-la posto numa espécie de transe; enfeitiçado seu coração por meio de uma magia qualquer, diante da qual ela tinha de se libertar para não se tornar mais dependente dos seus encantos. Seria mesmo capaz?

Nos dias que se seguiram, Silvia continuou mandando dispensar todos os homens que a procuravam por diversão. Tal resolução deixou Veruska ainda mais preocupada com o estado da patroa, pois se ela continuasse assim, enlouqueceria ou morreria de desgosto.

Quando Vincent Pérez voltou a mansão e pediu para ser anunciado à dona da casa, Silvia continuou se mostrando irredutível quanto a sua reaproximação.

– Deixe-o ir! – disse ela, com fingida certeza de que era aquilo mesmo que desejava para si. – Já lhe disse para nunca mais me procurar, não sei por que ele insiste.

Mas Veruska não atendeu ao pedido da patroa, ainda que perdesse o emprego e sua confiança; ela abriu a porta para o sujeito porque sabia o quanto Silvia o desejava vê-lo e não admitia por teimosia.

Ao ver o moço invadindo seu quarto, Silvia pensou em gritar, contudo, uma alegria imensa e inesperada dentro dela abafou seu grito, deixando-a de boca semiaberta. O visitante se sentou ao seu lado, olhando-a com admiração e, quando ela viu seu rosto de anjo a centímetros do seu, qualquer barreira que ainda existisse dentro dela em relação a ele se rompeu.

– Estava com saudades – admitiu ele com voz aveludada. – Sei que me pediu para nunca mais procurá-la, mas não tive forças. Quis ir embora da cidade, interromper minhas férias, mas meu interesse por você falou mais alto. Eu a quero, Silvia. Quero você imensamente.

Antes ele não tivesse dito aquilo, pensou ela como um raio. Pois, no fundo, era tudo o que ela mais ansiava ouvir de seus lábios.

Os olhos dela piscaram, aflitos.

– Diga-me com sinceridade – perguntou ele a seguir. – Você não me quer por eu não ser rico, é isso?

– Não, em absoluto.

– Então, é por causa do tal sujeito que você diz se parecer comigo? Mas não sou ele, já lhe disse.

Seria bom mesmo que ele não fosse Jean-Pierre Cassel, caso contrário, seria humilhante demais para ela ter se apaixonado por quem tanto desprezara.

No seu momento de reflexão, ele viu a oportunidade para dominá-la, segurar seu rosto com suas mãos viris e beijá-la ardentemente. Então, ele afastou o cabelo dela da nuca, de modo que seus lábios pudessem tocar o espaço abaixo de sua orelha para beijar e lhe provocar cócegas. A respiração dele, quente e intensa por sobre a sua pele, deixava Silvia ainda mais entregue a sua pessoa.

– Nós dois juntos, para sempre... – murmurou ele, provocando na moça verdadeiros arrepios voluptuosos. – Visualize a ideia...

A proposta era tão tentadora que Silvia respondeu sem se ater às próprias palavras:

– Já não me interessa mais saber se você é Jean-Pierre Cassel ou Vincent Pérez...

– Que bom... – sussurrou ele, enquanto seu nariz deslizava pelo canto do seu queixo.

– Você tem sido capaz de me surpreender em todos os sentidos.

– Ainda posso surpreendê-la muito mais, se me der a chance.

E suas mãos correram suavemente pelas linhas de suas costas, delineando sua clavícula, deixando Silvia ainda mais entregue.

– Você me completa, sabia? – desabafou ela, murmurante. – Quando estou com você, quando me encaixo em você, quando me sinto em você... – ela suspirou. – Você está me deixando louca, Vincent. Simplesmente louca!

Ele também se mostrou sincero:

– E você, Silvia? O que pensa que está fazendo de mim?

Mais uma torrente de beijos pelo seu rosto e ela afirmou, com convicção:

– Eu já não sei mais como lutar contra você. Vencê-lo.

– Silvia, isso não é uma guerra. Tampouco uma competição.

Os olhos dele lampejaram para os seus ao admitir:

– Quero você imensamente, mas tenho medo de querer – confessou ela, incapaz de esconder o desejo em sua voz.

– Bobagem.

– Não é.

– É sim. Pode crer.

Ele pousou a cabeça em seu ombro, deliciando-se com o cheiro da sua pele. E mais uma vez ele dormiu ali, depois de se amarem.

Ainda se mantinham enlaçados quando o sol iluminou os canais da belíssima Amsterdã. O quando o quarto se tornou mais claro com a elevação do sol, ele despertou, voltou-se para Silvia e lhe desejou bom-dia.

Ela o encarou com seus olhos esplêndidos e ele lhe fez uma sugestão, espetacular. Passarem o dia juntos, aproveitando o sol maravilhoso que iluminava a bela cidade. Foi impossível ela recusar o convite. Antes de partirem, porém, Silvia tomou um minuto para repreender Veruska por ter desobedecido suas ordens.

– Eu sabia do risco que estava correndo ao desobedecer a senhora – admitiu a moça sem titubear. – Mas eu sabia também que, no íntimo, a senhora almejava revê-lo. E foi bom, não foi? A senhora acordou revitalizada. Com olhos felizes e radiantes. Não suportava mais vê-la tristonha e apática.

– Você acha mesmo que hoje estou melhor? – inquiriu Silvia, pensativa.

– Olhe-se no espelho.

Silvia aceitou a sugestão e gostou do que viu. Teve de concordar com Veruska, ela acordara mesmo com outro aspecto.

O passeio por Amsterdã foi deveras prazeroso. Um tête-a-tête agradável entre os dois com sorrisos largos e descompromissados. Pareciam dois adolescentes no esplendor da juventude descobrindo o amor.

Ao voltar para casa, Silvia ria por qualquer coisa. Ao encontrar Veruska, a moça endereçou-lhe um olhar maroto:

– Viu como foi bom eu ter desobedecido a senhora?

Silvia fez uma careta e acabou rindo da situação.

– Veja só, está rindo à toa, de tanta felicidade...

– Se o que estou sentindo é mesmo o que chamam de felicidade...

– A senhora ama esse moço.

– Amar? Talvez...

– Pois eu acho ele tão bonito, tão elegante. Aqueles olhos verdes, bonitos, aquele cabelo loiro e aquela pele rosada. Quem me dera ter um homem assim, apaixonado por mim.

Silvia se desligou temporariamente do que a moça dizia, e quanto ela notou sua ausência, foi no exato momento em que seus olhos brilharam de excitamento.

– O que foi? – Veruska estranhou sua reação.

– Fui mesmo uma estúpida! – exclamou Silvia boquiaberta. – Como posso ter sido tão idiota?

– Do que madame está falando?

Silvia sequer respondeu à pergunta da moça, simplesmente passou a mão no telefone e pediu à telefonista que ligasse para a mansão dos Cassel. Aguardou ansiosa até que a conexão fosse feita e foi a governanta quem respondeu a chamada, muito refinadamente, como sempre.

– O Senhor Jean-Pierre Cassel não está. Viajou a negócios.

Silvia não se espantou nenhum pouco com a notícia. Já esperava por ela.

– Alguém sabe quando ele volta? – perguntou Silvia a seguir.

– Segundo sua esposa, já era para ele ter voltado.

– Ah, sim, com certeza.

Silvia agradeceu a informação e desligou.

– Eu estava certa o tempo todo. Vincent Pérez é mesmo Jean-Pierre Cassel. Assim que revê-lo, vou acabar de uma vez por todas com a sua farsa. Contudo... Ele pode continuar relutante em assumir sua verdadeira identidade. Portanto... – os olhos de Silvia brilharam. – Só há um jeito de eu desmascará-lo. De forma prática e eficaz.

Ela suspirou mais aliviada e riu:

– Dessa vez, ele não poderá me escapar. Jean-Pierre Cassel, meu querido, sua farsa está prestes a acabar.

Voltando-se para a criada, Silvia falou, a toda voz:

– Arrume minhas malas, Veruska. Eu e o Senhor Vincent Pérez vamos viajar.

– Viajar?! Para onde?

– Vamos para Saint-Émilion, onde Jean-Pierre Cassel reside. Só mesmo lá poderei provar que Vincent é mesmo Jean-Pierre, pois ele não poderá ser duas pessoas ao mesmo tempo.

Silvia riu triunfante.

– Se Vincent Pérez recusar o meu convite, é porque ele é mesmo Jean-Pierre Cassel, sem sombra de dúvida – novo sorriso e ela afirmou, categórica: – Eu disse que somente um de nós sairia vitorioso no final dessa história, e serei eu a vencedora.

Quando Silvia fez o convite ao amante, ele pareceu adorar a ideia, surpreendendo Silvia com sua reação.

– Que bom que gostou da ideia – falou ela sem esconder o cinismo.

– Viajar é sempre bom. Sair da mesmice é necessário, vez ou outra.

– Sem dúvida.

Ela o olhou profundamente, procurando por qualquer indício de preocupação e não encontrou. Ou ele sabia fingir muito bem, esconder completamente seus sentimentos ou a viagem realmente não o impressionara, tampouco o preocupara.

– Quando partimos?

– Amanhã pela manhã, se não se importar?

– Por mim está ótimo.

Quando a bagagem ficou pronta, Veruska levantou uma hipótese que deixou Silvia com a pulga atrás da orelha.

– Madame, não seria exatamente isso o que ele mais quer?

– O quê?

– Atraí-la de volta para aquela cidade.

– Por que ele haveria de querer que eu voltasse para lá?

– Essa é a pergunta: por quê?

A questão deixou Silvia Navarro visivelmente preocupada. Por fim, disse:

– Não tenho escapatória, senão seguir com ele para aquele fim de mundo. Se ele realmente me quer atrair para lá, seja por qual motivo for, só descobrirei indo. Não tenho escolha. Preciso desmascarar Jean-Pierre Cassel e só conseguirei dessa forma.

Veruska assentiu e Silvia completou, pensativa:

– Resta saber se ele virá. Ou se inventará uma desculpa qualquer, de última hora, para não poder viajar. Se fizer isso, é porque acertei na mosca. Vincent e Jean-Pierre são mesmo uma única pessoa.

E novamente um sorriso triunfante brilhou na face linda e jovial da cortesã de luxo.

Na manhã seguinte, Silvia acordou antes da hora prevista. Estava ansiosa para saber se o amante viria ou não. Ao sair da casa para confirmar se toda bagagem havia sido devidamente acomodada no carro, surpreendeu-se ao avistar Vincent parado junto a um dos arbustos que ornamentavam o jardim da mansão. Estava com os braços cruzados, olhando na sua direção com curiosidade. Vestia uma camisa azul clara de mangas compridas e uma calça de pregas num tom caqui que lhe caía muito bem. Não havia medo em seu rosto nem ansiedade em sua atitude. Ele foi até ela, ergueu a mecha de seu cabelo e o cheirou delicadamente. Depois, colocou-a no lugar e sorriu, exibindo seus dentes bonitos e alinhados.

– Pensei que não viesse – disse ela lançando-lhe um olhar maroto.

– Não sou de fugir da raia.

– Não mesmo?

Seu sorriso agradável lentamente se ampliou, cresceu, até que não era mais simplesmente um sorriso bonito e sim, algo do além, impossível de se explicar.

– Vamos? – perguntou ela crente de que na última hora ele recuaria.

Ele novamente sorriu, lindo e maravilhoso e simplesmente respondeu com uma certeza impecável:

– Vamos!

Vincent recolocou o chapéu e entrou no carro conversível, acomodando-se no assento ao lado dela. Silvia teve a sensação de que triunfaria, de que haveria de vencê-lo, custasse o que custasse. O carro tomou a estrada e seguiu seu destino.

LIVRO 2

# O ESPELHO TEM DUAS FACES

# CAPÍTULO 1

Chegando a Saint-Émilion, Silvia fez uma parada rápida na única estalagem do lugar para reservar o melhor quarto para ela. Ao voltar para o carro, lançou um de seus olhares marotos para Vincent que, pacientemente, ficara aguardando no veículo, como ela havia lhe pedido. Com determinação, o moço girou a chave na ignição, pisou no acelerador e o carro partiu para o seu destino

Seguiam pela estradinha estreita que levava à ravina onde a casa dos Cassel fora construída, passando pelos carvalhos, quando Vincent Pérez comentou:

– Que lugar mais lindo! – e diante do risinho cínico de sua acompanhante, ele a questionou, olhando curiosamente para o seu perfil: – Não acha bonito?

– Ah, sim, lindo! – respondeu Silvia, maliciosamente. Como se ele não conhecesse nada dali. Tolinho! Ainda pensa que me engana!, comentou consigo mesma.

Minutos depois, chegavam a deslumbrante mansão da família Cassel.

– É aqui! – exclamou Silvia, lançando um olhar endiabrado para o moço que olhava com profunda admiração para o belíssimo casarão.

– Esplêndida morada! – elogiou ele, merecidamente, à obra arquitetônica.

– Sim, esplêndida! – ironizou Silvia fazendo um muxoxo. – Agora, venha! A verdade nos espera!

E o moço seguiu a sua sombra, como um cordeirinho. Ao abrir a porta da frente da casa, Georges, literalmente perdeu a fala e a polidez que lhe era tão peculiar.

– Madame?! – exclamou, franzindo o cenho severamente.

– Olá, Georges.

Ela passou por ele feito uma lufada de vento.

– Meu senhor... – gaguejou o mordomo, perante Vincent que nada respondeu, apenas lhe endereçou uma piscadela gentil e amistosa.

– Isabelle – perguntou Silvia, austeramente. – Onde está a dita cuja?

O velho mordomo rapidamente respondeu:

– Em algum canto da casa, vou procurá-la.

– Rápido! – exigiu Silvia, batendo com as mãos como quem faz para acelerar algo. – Esse moloide...

Georges a ouviu mas não deu importância. Estava tão perturbado com a chegada do patrão em companhia daquela mulher que todos ali odiavam, que nada o perturbaria mais do que aquilo.

Ao encontrar Isabelle, Georges teve dificuldades para lhe falar:

– Madame... Aquela mulher... Aquela mulher está aí e quer ver a senhora.

– Mulher?! A que mulher você se refere, Georges?

Não foi preciso responder, a impaciência de Silvia Navarro a fizera seguir ao encalço da dona da casa.

– Euzinha, minha querida!

Isabelle teve um sobressalto.

– Você?!

– Olá, meu bem.

Isabelle estava em choque:

– O que quer aqui? Por que voltou?

Silvia riu e com sua acidez costumeira, respondeu:

– Precisamos resolver uma questão. Você logo entenderá. Acompanhe-me!

Visto que Isabelle não se movia, Silvia a tomou pelo punho e a puxou atrás de si. Ao chegarem na grande sala, Isabelle estranhou Vincent parado ali, admirando os quadros à óleo que decoravam lindamente o ambiente.

– Jean-Pierre?! – chamou ela, medindo o moço de cima a baixo.

O rapaz se voltou para ela com um sorriso receptivo:

– Olá, como vai?

Os olhos de ambos brilharam, por motivos diferentes.

– O que você faz aqui, acompanhado dessa mulher? – foi a pergunta seguinte de Isabelle ao moço.

– Ela me trouxe para cá...

– Ela?! Não estou entendo nada.

– Nem eu – admitiu ele.

Silvia os interrompeu:

– Mas eu, sim! Seu excelentíssimo marido pensou em me fazer de trouxa. Foi atrás de mim e se apresentou com o nome de Vincent Pérez.

Isabelle perdeu a cor:

– Isso não pode ser verdade.

– Mas é! Tanto que ele está bem aqui diante dos nossos olhos.

Isabelle continuava aturdida, enquanto Silvia se sentia cada vez mais vitoriosa.

– Dias atrás – continuou ela, triunfante –, liguei para essa casa, querendo falar com Jean-Pierre Cassel e me disseram que ele havia viajado a negócios. Achei curioso Jean-Pierre não estar aqui, justamente quando esse sujeito que se diz chamar Vincent Pérez se mantinha ao meu lado em Amsterdã, onde atualmente resido. Considerando o fato de que não poderia haver duas pessoas iguais no mundo, a não ser que Jean-Pierre tivesse tido um irmão gêmeo, idêntico, o que não aconteceu, pois até onde sei, é filho único de Valentino Cassel, concluí que Vincent Pérez só poderia ser mesmo Jean-Pierre Cassel tentando me fazer de boba, otária e imbecil, pelo que fiz a ele, tempos atrás. Coitado! Achou mesmo que poderia me enganar. Mas quem vai rir por último sou eu. Euzinha! Silvia Navarro!

Isabelle, ainda aturdida, tentou esclarecer os fatos:

– Jean-Pierre realmente viajou a negócios faz um mês, porém, voltou para casa já faz dois dias.

Silvia gargalhou.

– Se voltou? Onde está ele agora? Onde está Jean-Pierre Cassel?

A pergunta ecoou no grande salão, tanto quanto a resposta que se ouviu a seguir:

– Estou aqui!

Quando as pessoas na sala voltaram os olhos para o topo da escadaria e avistaram o dono da casa, olhando naquela direção, arrepiaram-se até a alma. Os olhos de Vincent Pérez estavam tão arregalados que pareciam que iam saltar as órbitas. Com Jean-Pierre acontecia o mesmo. A surpresa o dominava por inteiro. Tanto que ele desceu cada degrau cautelosamente, sem desviar, por momento algum, dos olhos daquele que parecia ser o seu mais perfeito reflexo no espelho.

De repente, os lábios de Vincent sorriram, movidos por uma nova alegria que dominava totalmente o seu peito.

– Então você realmente existe – comentou, emocionado. – Silvia estava certa o tempo todo, se não o visse com os meus próprios olhos, jamais acreditaria.

– Meu Deus! – exclamou Silvia, diante dos dois moços idênticos, posicionados um de frente para o outro, como se fossem o reflexo de cada um no espelho da vida. Ela estava abobada.

Georges e os demais criados da casa que se encontravam ali, naquele momento, também estavam boquiabertos diante do que viam.

– Como isso pode ser possível? – indagou Isabelle, assustada. – Não faz sentido.

Vincent voltou a falar:

– Cheguei a pensar que Silvia Navarro estivesse louca ao achar que eu era você. Só agora percebo o quanto foi difícil para ela lidar com a situação.

Silvia tomou a palavra:

– Como fui tola em pensar que Vincent era Jean-Pierre. É óbvio que não poderia ser, apesar da semelhança inconfundível, os dois são completamente diferentes em personalidade. Além do mais, Jean-Pierre não seria capaz de arquitetar algo tão mirabolante para se vingar de mim. Se eu soubesse que Jean-Pierre tinha um irmão gêmeo univitelino, jamais teria pensando que um era o outro – e voltando-se para Jean-Pierre, Silvia, com certo ódio, acrescentou: – Queridinho, por que você nunca me falou a respeito do seu irmão? Se tivesse me dito, teria me poupado uma baita dor de cabeça.

A resposta de Jean-Pierre foi imediata:

– Não falei, porque nunca tive um irmão. Sou filho único.

– Mas Vincent só pode ser seu irmão gêmeo, sim! – afirmou Silvia categórica –, do qual você nunca tomou conhecimento.

– Se isso fosse mesmo verdade, meu pai saberia e já teria me falado a respeito.

Vincent foi da mesma opinião:

– Minha mãe, também. E ela nunca me falou nada sobre eu ter um irmão gêmeo.

– Que coisa mais estranha – exclamou Silvia, sentindo sua alma se inquietar. – Para mim, vocês são realmente gêmeos, e o motivo pelo qual foram separados, isso ainda é um mistério. Um mistério que teremos de apurar. Alguém tem de saber a verdade. Algo desse tipo não pode ter passado despercebido das pessoas desta casa.

Vincent perguntou a seguir, parecendo gostar muito da ideia:

– Eu e você, gêmeos? Será?

– Que outra explicação haveria para tamanha semelhança? – atalhou Silvia, impaciente. Voltando-se para Jean-Pierre, ela rapidamente falou, como um raio: – Seu pai! Onde está ele?

– Na casa dele. Anda adoentado, coitado.

– Pois ele deve saber de algo para esclarecer os fatos. Conversem com ele.

– Duvido que ele saiba, caso contrário, já teria me falado a respeito do Vincent há muito tempo.

– Talvez não possa. Por algum motivo.

Isabelle opinou a seguir:

– Jean-Pierre, meu querido, se pretende conversar com seu pai a respeito disso tudo, aconselho-o a ir com calma. Lembre-se de que ele não anda nada bem de saúde.

– É verdade, minha querida. De qualquer modo, não posso deixar de abordar o assunto com ele. Sinto-me deveras curioso diante desse fato.

– Entendo.

Voltando-se para Vincent, Jean-Pierre falou:

– Se você puder ir me encontrar na casa do meu pai, por volta das 16 horas... Esse horário está bom para você?

– Por mim, tudo bem! É só me passar o endereço.

Silvia se adiantou:

– Eu o levo. Sei bem onde é.

– Mas Silvia – atalhou Jean-Pierre em tom comedido. – Será melhor que somente eu e o Vincent conversemos com o meu pai.

– Você tem razão! – concordou ela, num minuto raro de bom senso. – O velhote, certamente, vai levar um baita susto quando vir vocês dois, lado a lado. E já que todo velho tem o coração fraco, emoção de mais pode fazê-lo bater com as botas, ali mesmo, na frente de vocês dois. Tomara que isso não aconteça, mas se tiver de acontecer, que seja depois de ele apresentar uma explicação plausível para o fato de você e Vincent serem a fuça um do outro.

O trato estava feito. Assim que Vincent e Silvia se foram, Jean-Pierre se voltou para o espelho da grande sala e, diante do seu próprio reflexo, reavaliou os últimos acontecimentos. Nem seu pai nem sua mãe haviam lhe dito sobre um irmão gêmeo. Se houvesse um, eles teriam falado a respeito. Aquilo não fazia sentido. Contudo, a possibilidade de ter um irmão o alegrava imensamente, pois desde menino desejara ter um.

Enquanto Vincent Peréz dirigia o carro, os lábios de Silvia sorriam, estampando uma alegria que nunca antes sentira em toda vida. Vincent era real, real como as manhãs, real como a paixão enlouquecedora que sentia por ele. Longe dali, noutro país, em meio ao luxo que seu dinheiro ainda podia lhes dar, eles se casariam e viveriam felizes para sempre. Frequentariam o teatro, a ópera, os parques, os museus, as festas e os melhores restaurantes da cidade. As pessoas se admirariam perante o amor que os unia. Seriam vistos como o casal mais feliz do mundo e, dessa vez, não seria fingimento, como fora a união dela com Jean-Pierre; outrora. Seria plenamente verdade, uma verdade retumbante, da qual Silvia sentiria orgulho de estar vivendo.

Minutos depois, no quarto da pousada, Silvia se servia de uma dose de uísque.

– Beber a essa hora, Silvia?

– Sim! Preciso! Depois do que acabo de presenciar – ela entornou o líquido e completou, decidida: – Partiremos daqui no final de semana. Não suporto esse lugar. Nunca gostei. Parece mais um cemitério em que as pessoas foram enterradas vivas.

Ele assentiu, enquanto saboreava um prato que havia pedido para forrar o estômago.

– Só mais uma coisa – continuou Silvia, determinada. – E não me importa se você não conseguir me responder agora.

– Diga, Silvia. O que é?

– É bem simples – respondeu ela, convicta dos seus sentimentos pelo moço. – Quero me casar com você.

Ele a encarou, sorrindo, ternamente:

– Finalmente você me deu um crédito. Estou muito feliz!

– Dei, porque agora sei quem você realmente é. Ou melhor, que não é aquele imbecil que acabamos de encontrar naquele casarão.

– Não o trate assim. Ele me pareceu ser uma ótima pessoa.

– Talvez seja, de fato.

Breve pausa e a bebida voltou a queimar a garganta da moça, radiante. Vincent então sugeriu:

– Quando formos embora daqui, poderíamos ir visitar minha mãe, para que eu possa apresentá-la a você e você a ela. Que tal?

– Pode ser...

Subitamente, Silvia ficara com a mente em torvelinhos. Quando voltou a falar, sua voz soou eufórica e exclamativa:

– Pare! Pare tudo!

– O que foi? – assustou-se o moço, olhando preocupado para a amante que abria um sorriso de orelha a orelha, parecendo vislumbrar um tesouro a sua frente.

– Nós não podemos ir embora tão cedo!

– Ora, por quê?

– Você ainda me pergunta o porquê?

Ela se levantou, agarrou-lhe os punhos, e olhando fixamente em seus olhos verdes, explicou:

– Se você for mesmo irmão gêmeo de Jean-Pierre Cassel, parte da fortuna do Senhor Valentino é sua por direito. Mesmo que seja dividida pela metade, você e Jean-Pierre ainda serão milionários. Portanto, daqui, você não sai, não antes de exigir os seus direitos legais. Ou seja: abocanhar cada centavo do que possivelmente lhe pertence.

– Eu...

– Você não havia pensado nisso, não é mesmo?

– Não, sinceramente não.

– Pois foi tão lerdo quanto eu.

– Eu... – ele tentou ajuntar as ideias.

– Madre dio, Vincent, você é um milionário. Um milionário!

– Silvia...

– Bendita hora em que você cruzou o meu caminho.

– Silvia...

– Diga!

– Eu não me importo com nada disso.

– Não se importa com o quê? Com uma fortuna estrondosa que lhe pertence por direito? O que deu em você? Endoidou?

– Sempre tive uma vida modesta, minha mãe sempre me ensinou...

– Sua mãe! Bem lembrado! Será por meio dela que poderemos provar que você e Jean-Pierre são irmãos.

– Minha mãe teria me dito se eu tivesse um irmão, Silvia.

– Será mesmo?

– Confio nela, plenamente.

– Pois eu não confio em ninguém. Nem mesmo na minha sombra.

– Não exagere.

– Se for preciso, traremos sua mãe para cá.

– Ela não gosta de viajar.

– Quando ela souber que você precisa dela para herdar alguns milhões, ela virá, acredite!

– Minha mãe não se deixa deslumbrar por dinheiro, Silvia.

– Conta outra!

– Falo sério!

– Meu caro, não há ninguém que não se deixe deslumbrar por uma vasta fortuna. Sei bem o que digo. Acredite!

– Pois minha mãe é diferente.

– Veremos!

E não se falou mais nisso, pelo menos por ora.

# CAPÍTULO 2

Por volta das quinze e trinta, Jean-Pierre pegou o carro e seguiu até a casa do pai, onde o encontrou, acamado.

– Papai!

– Olá, Jean-Pierre.

– Como está?

– Bem, na medida do possível.

– Estimo.

O filho tomou a mão do pai e a beijou.

– O que há? – empertigou-se Valentino. – Você parece ansioso para me dizer algo.

– Estou.

– O que houve?

– Bem... Eu nem sei por onde começar. O fato se deu há pouco, lá em casa... Silvia Navarro reapareceu.

– Aquela desalmada! O que ela quer, dessa vez?

– Ela veio de longe, papai. Para tirar a limpo uma história maluca. Algo que me impressionou tremendamente e, com certeza, irá impressioná-lo também.

– Você está me deixando preocupado, Jean-Pierre...

– Veja o senhor que história mais impressionante. Silvia conheceu um moço, extremamente parecido comigo, na cidade em que ela reside atualmente. Acreditando ser eu que me passava por esse sujeito, na intenção de me vingar dela pelo que me fizera no passado, Silvia o trouxe para cá, para desmascará-lo. Afinal, não poderia haver dois de mim ao mesmo tempo. O fato é que o sujeito realmente existe e é uma cópia fiel da minha pessoa, papai.

Os olhos do homem arregalaram, de forma assustadora. Olhava agora para o filho com certo horror.

– Como isso é possível, papai? Se eu não tive um irmão gêmeo, como podemos ser tão parecidos?

O Senhor Valentino ficou temporariamente absorto.

– Papai?

– Você disse que esse sujeito está na cidade?

– Sim. Hospedado com Silvia na pousada.

– Gostaria de vê-lo, Jean-Pierre, por favor.

– O senhor tem mesmo certeza disso?

– Sim, filho. Se você diz que ele é tão semelhante a você.

– Está bem. Em breve ele estará aqui. Combinei de encontrá-lo aqui, às dezesseis horas. Vim antes para preparar o terreno. Caso o senhor não aprovasse a ideia, eu mudaria os planos.

– Obrigado por se preocupar comigo, filho. Você é sempre tão carinhoso.

– Porque o amo, papai.

Valentino assentiu:

– Eu também o amo, meu filho. Muito!

Às dezesseis horas em ponto, Vincent Pérez chegou a casa do Senhor Valentino que o encarava com espanto e ternura, ao mesmo tempo.

– Vincent é exatamente igual a mim, não é mesmo, papai? – opinou Jean-Pierre com certo orgulho. – Como se ele fosse o meu reflexo perfeito num espelho qualquer.

– Sim... – o homem tremia visivelmente. – Deixe-me tocar seu rosto, por favor!

Vincent se aproximou do velho, que deslizou seus dedos trêmulos sobre a sua face, como se ali estivesse lendo algo em braile. Seus olhos logo transbordaram em lágrimas a rolar por sua face enrugada pelo tempo. Vincent também se sentia comovido com aquele encontro surpreendente. Houve uma pausa, um breve silêncio, até o senhor Valentino perguntar:

– O nome da sua mãe... O nome dela, por acaso, é ANGELINA CHERMONT?

O moço balançou a cabeça, positivamente:

– Sim! O senhor a conhece?

O velho assentiu:

– Conheço. Mas faz muitos anos que não a vejo. Foi há muito, muito tempo...

Jean-Pierre não se conteve:

– Papai, quem é Angelina?

A resposta do homem foi imediata:

– Angelina, Jean-Pierre... Angelina é a irmã de sua finada mãe, lembra-se?

– Minha tia?! – a memória de Jean-Pierre reavivou-se no mesmo instante: – É verdade! A mamãe me falou dela algumas vezes.

– Sim. Sua mãe a adorava.

Jean-Pierre e Vincent se olharam.

– Quer dizer, então, que eu e o Vincent somos primos? Por isso somos tão parecidos?

O homem tentou responder, mas a forte emoção não lhe permitiu.

– Calma, papai.

Jean-Pierre deu-lhe um copo d'água para beber.

– Sente-se melhor?

– Sim.

Houve uma nova e desconfortável pausa até o idoso explicar:

– Respondendo a sua pergunta, Jean-Pierre. Você e Vincent não são primos.

– Mas se ele é filho da minha tia...

– Não, Jean-Pierre. Vincent não é filho dela.

As palavras do homem assustaram Vincent Pérez.

– O que o senhor está dizendo? É obvio que sou filho de Angelina Chermont.

– Meu querido rapaz, você deveria ter sabido disso tudo há muito mais tempo. Mas eu não tive como lhe dizer a verdade... A verdade é que você e Jean-Pierre são realmente irmãos. Meus filhos! Filhos meus com Carmem, minha esposa.

O moço recuou o corpo num movimento abrupto.

– O senhor não pode estar falando sério.

– Eu digo a verdade.

– Não pode ser. Minha mãe é Angelina Chermont e meu pai foi Xavier Pérez.

– Angelina é sua mãe de criação. Mãe biológica, não!

O moço estava visivelmente decepcionado.

– Se sou realmente filho do senhor com sua esposa, por que fui criado por Angelina?

Jean-Pierre também quis saber:

– Sim, papai, por que eu e Vincent fomos separados? Por que vocês nunca me contaram nada a respeito dele?

– Porque... – o homem perdia a força para falar. Foi preciso umedecer a garganta mais uma vez para se explicar: – Vocês foram separados por causa de uma fatalidade que vivemos no passado. Uma tragédia. Um lapso do destino – o homem chorou. – Vou lhes contar tudo.

Tomou fôlego e se pôs a narrar:

– Foi antes de eu e Carmem nos casarmos que tudo aconteceu. Angelina Chermont, casara-se com um sujeito chamado Xavier Pérez, que viera de fora, e não parecia gozar de muita saúde. De fato, o pobre coitado morreu pouco antes do casal completar dois anos de casamento. Nessa ocasião, Angelina já havia dado à luz o filho do casal. Seu nome era Joseph Pérez. Tivera uma gravidez de risco e o médico a aconselhou não mais engravidar, para evitar futuras complicações para o bebê ou ela própria. Mesmo com a morte do marido, Angelina se mostrou forte o suficiente para criar o filho, sozinha. O menino, no entanto, logo demonstrou certa anormalidade; era quietinho de mais, apático de mais, e os médicos suspeitaram que ele tivesse algum tipo de deficiência. Eu e Carmem estávamos noivos nessa ocasião, e o nosso casamento ocorreria em poucos meses. Pretendíamos levar Angelina e o menino para morarem conosco na mansão, para facilitar a vida de ambos.

Valentino fez uma pausa antes de prosseguir.

– Um dia, então, Carmem foi visitar Angelina na casinha humilde que o marido dela havia alugado para eles morarem. O local ficava sobre à baía da Gasconha. Durante a visita, Angelina pediu a Carmem que cuidasse do garoto, enquanto ela fosse até a loja de secos e molhados comprar alguns alimentos. Carmem, muito prestativa, atendeu ao seu pedido e foi, minutos depois, que eu apareci, ansioso para lhe mostrar o automóvel que eu havia comprado. Soube que encontraria Carmem ali, por intermédio do pai dela que, na ocasião, ainda estava vivo. Convidei-a, então, para dar uma voltinha no veículo.

"Agora não, meu amor. Estou pajeando o meu sobrinho", respondeu-me ela com sensatez.

"Traga ele conosco", sugeri.

"Ele está dormindo."

"Então venha só você. Não demoraremos mais do que um minutinho."

"Será?"

"Se ele está dormindo."

"Está bem, acho que não haverá problema."

"Sim!"

E lá fomos nós. Só que dispersos pela beleza verdejante do lugar, acabamos demorando bem mais tempo do que havíamos planejado. Quando voltamos, encontramos Angelina em frente a porta da sua casa, transfigurada de preocupação.

"Ainda bem que vocês chegaram!", exclamou ela, aflita. "Levei um susto ao chegar aqui e não encontrar o Joseph na caminha!".

Carmem e eu nos olhamos.

"Como assim?!", exclamou Carmem sem entender. "Deixamos o menino dormindo..."

Só então Angelina percebeu o que se passava.

"Quer dizer que o Joseph não está com vocês?!". Ela passou voando por nós em direção ao carro. Ao ver que o veículo estava vazio, gritou: "Onde está ele, então?!".

Tentei acalmar seus nervos:

"Você já olhou em todos os cômodos?", perguntei, ansiando por uma resposta negativa.

"Sim!", respondeu ela, quase num grito. E andando de um lado para o outro, começou a chamar pelo menino. "Joseph! Joseph!".

Imediatamente saímos em busca do garoto, mas ele havia desaparecido. Foi Carmem, minutos depois, quem encontrou o ursinho de pano com que o menino brincava rente ao penhasco, situado a cem metros da casinha que ele e Angelina moravam. Logo, deduzimos o que havia acontecido: a criança acordara, descera da caminha e partira em busca da mãe. Foi caminhando, caminhando e...

Valentino não foi além. Fechou os olhos até espremê-los e baixar a cabeça, pesaroso. Quando voltou a falar, os olhos vertiam-se em lágrimas e a voz soava triste e cansada:

– Quando Angelina se voltou para Carmem, aos berros, dizendo: "Você matou o meu filho! Você matou o meu filho!", tive de segurá-la, antes que pulasse em Carmem e a desfigurasse com suas unhas pontiagudas. Ela estava histérica, completamente fora de si e com razão. Mas Carmem não fora culpada por aquilo, eu é que insisti para que déssemos uma volta. Ela não queria. Mesmo assim, Carmem assumiu totalmente a culpa pelo que acontecera com o sobrinho e jamais se perdoou pelo que houve. Aquele foi o pior dia de nossas vidas. Chamamos as autoridades. Buscas foram feitas, mas infelizmente o pequenino jamais foi encontrado. Havia mesmo morrido no mar. Uma criança daquela idade não sobreviveria a uma queda tão alta, tampouco teria condições de nadar. Foi uma tragédia imperdoável.

O Senhor Valentino precisou de um momento para se recompor.

– Quando Carmem ficou grávida, eu e ela éramos só alegria. No dia do parto, eu não estava presente. Viajara a negócios. O que vou lhes contar, me foi relatado por Carmem tempos depois. Ela deu à luz gêmeos e quando Angelina viu os dois meninos, revoltou-se:

"Você com dois e eu sem nenhum. Isso não é justo!"

As palavras dela dilaceraram o coração da irmã que, sem pensar duas vezes, decidiu lhe dar um dos meninos, na doce esperança de reparar o mal que havíamos cometido.

"Você quer mesmo me dar um dos gêmeos para eu criar?", indagou Angelina, emocionada.

"Sim!", afirmou Carmem categórica. "É a forma de eu lhe devolver o filho que, infelizmente, lhe tirei naquela tarde fatídica, minha irmã."

Angelina emocionou-se.

"Tem certeza de que é isso mesmo o que você quer, Carmem? Todos saberão o que você fez. Seu marido não vai permitir".

"Ele não ficará sabendo. Será um segredo só nosso. Só que, para isso, você terá de morar noutro lugar. Bem longe de nós, para que Valentino nunca descubra. Eu lhe darei o dinheiro necessário para isso. Levará consigo as joias que ganhei do Valentino e, com a venda delas, terá o suficiente até que eu possa lhe enviar mais. Assim que tiver um endereço, escreva-me; só assim poderei ajudá-la financeiramente e manteremos contato."

"Carmem... Você realmente fala sério?"

"Falo, minha irmã. Aceite!"

Com lágrimas, Angelina não pensou duas vezes. Diante do berço, tirou um dos meninos e o abraçou, carinhosamente.

"Meu filho...", murmurou, entre lágrimas. "Meu filho adorado...".

"Para as autoridades apresente os documentos do seu filho morto. Tenha apenas o cuidado de manchar as datas com um pingo de óleo, para que não percebam que ele nasceu muito antes, deste que agora é seu", explicou Carmem, sabiamente.

"Você tem razão."

"Depois, registre o menino com outro nome. Como se não tivesse tido tempo de registrá-lo quando nasceu. Diga que o pai da criança está doente e, por isso, não pôde acompanhá-la ao cartório. Ou simplesmente que morreu, pouco depois do menino nascer."

Angelina assentiu e Carmem perguntou, olhando maternalmente para seus olhos inebriados de alegria:

"Está feliz?"

"Muito!", respondeu Angelina, radiante. "Não imagina o quanto!"

Angelina novamente admirou o rostinho da criança e tocou-lhe a ponta do nariz, fazendo-lhe um gracejo. Só então, lembrou-se da parteira, o que a deixou aflita, pois a mulher poderia revelar a todos, especialmente a Valentino, que Carmem havia tido gêmeos. Carmem mais uma vez a tranquilizou:

"A parteira não frequenta essa casa, portanto, não há chances de ela perceber o que houve. Se por acaso, um dia, ela me questionar a respeito, direi que um dos gêmeos faleceu e que nada disse ao meu marido, para não fazê-lo sofrer. Afinal, na ocasião do nascimento dos dois, ele estava viajando a negócios."

"Você pensa em tudo, Carmem! Que bom!"

Carmem só não previu o quanto ela sofreria com a ausência do outro filho.

Valentino fez uma nova pausa e Jean-Pierre declarou, pasmo:

– Quer dizer então que...

– Sim, Jean-Pierre, você e Vincent são realmente irmãos.

Os dois moços se entreolharam verdadeiramente emocionados com o fato. Foi Jean-Pierre quem perguntou, a seguir:

– Quando e como o senhor ficou sabendo disso tudo?

– Anos depois. Foi a própria Carmem quem me contou. Achei estranho, na ocasião, que Angelina tivesse ido embora da cidade de uma hora para outra. Carmem me disse que ela fora cuidar de uma tia distante e eu acreditei. Disse-me que a tia pagar-lhe-ia um bom salário e que ela não poderia perder aquela oportunidade por nada desse mundo. Só estranhei quando soube, por acaso, que ela havia partido da cidade levando consigo uma criança. Foi o barbeiro que eu frequentava no vilarejo quem me disse. Sua mãe me alegou que a criança fora pega para criar. Angelina queria tanto reaver o filho que havia perdido que, quando soube da existência de um menino órfão, nas proximidades, adotou-o. Achei seu gesto maravilhoso. Angelina agora teria, de certo modo, uma criança para substituir aquela que havia morrido de forma tão trágica. Carmem chegou a derramar lágrimas diante de mim, ao me ver contente pelos rumos que a vida de sua irmã havia tomado.

"Que Angelina seja muito feliz", disse eu com sinceridade.

"Ela será", respondeu Carmem. "Ela e o bebê serão!"

Eu jamais poderia imaginar que o menino adotado por Angelina era o meu próprio filho. Se na ocasião eu tivesse sabido, teria ido buscá-lo no mesmo instante, afinal, era meu filho. Ambos eram meus!

Um dia, então, a mesma parteira que havia ajudado Carmem a dar à luz os gêmeos, apareceu na mansão para ajudar no parto de uma das criadas; foi quando ela questionou Carmem a respeito dos meninos que ela ajudou a pôr no mundo.

"E os gêmeos, como vão?"

Carmem não esperava pela pergunta. Ficou desconsertada. Percebendo seu estado, a mulher mudou de assunto. Mas aquilo me deixou com a pulga atrás da orelha.

"De que gêmeos aquela parteira estava falando, Carmem?", perguntei a ela, assim que a mulher partiu.

"Pobre coitada, confundiu-me com outra mulher que ajudara no parto."

"Ah, sim..."

A princípio aceitei o fato, mas, depois, aquilo ficou martelando na minha cabeça. Decidido a tirar aquela história a limpo, descobri o endereço da parteira e fui atrás dela.

"Pois não?", disse-me ela, ao abrir a porta da frente de sua humilde casa.

"Olá, sou Valentino Cassel. Venho até a senhora para tirar uma dúvida."

"Diga".

"No dia em que a senhora esteve lá em casa, ajudando uma das minhas criadas a dar à luz, perguntou a minha esposa e respeito dos gêmeos. De que gêmeos a senhora estava falando?"

A mulher, com os olhos a ir e vir dos meus, respondeu-me com dificuldades:

“Confundi sua esposa com outra senhora. Desculpe-me. Ajudo tantas mulheres que...”

A resposta dela não me convenceu.

“A senhora está mentindo!”

“Não, senhor!”

“Minha esposa, por acaso, teve gêmeos?”

A mulher branqueou:

“Nada sei. Converse com ela”

Sem mais, ela fechou a porta na minha cara, deixando-me completamente aturdido com tudo aquilo. Mal sei como consegui voltar para a mansão. Minha cabeça rodopiava. Ao me ver novamente, frente a frente com Carmem, contei-lhe o que havia feito e insisti:

“Diga-me a verdade, Carmem! Você deu à luz gêmeos, foi isso?”

Ela estremeceu.

“O que houve com a outra criança, Carmem? Diga-me. Ela morreu no parto?”

Ela não conseguia me encarar, tampouco responder.

“Não estou bravo com você. Apenas quero a verdade. É um direito meu. De pai!”

Estendeu-se um breve silêncio até que ela conseguisse me encarar novamente para dizer:

“Houve sim, uma outra criança. Outro menino. Eram gêmeos. Morreu, pouco depois de eu dar a luz.”

A descoberta me atingiu o peito.

“Por que você não me contou a respeito, Carmem?”

“Para não feri-lo, como eu me senti ferida. Quis apagar da memória esse episódio tão triste de nossa vida.”

Fui até ela e a abracei.

“Minha querida, por que suportar toda essa tristeza, sozinha? Eu teria lhe dado apoio.”

Envolvi ela em meu abraço, enquanto ela chorava feito uma criança assustada.

“Está tudo bem. Não se preocupe mais com isso.”

Ela pareceu relaxar. Ficamos em paz novamente, até que me ocorreu algo.

“Onde você sepultou o corpo do nosso filho, Carmem?”

Ela certamente não esperava por essa questão.

“Eu não sei. Nunca soube!”

“Não?!”

“Não! Como lhe disse, eu quis esquecer completamente o que aconteceu. Por isso, peço-lhe, encarecidamente, que esqueça tudo isso, por favor!”

"Eu gostaria, mas..."
"Isso pertence ao passado."
"Eu sei, Carmem. Acalme-se!"
Outra vez, ela estava visivelmente apavorada. Silencie-me, por alguns minutos. Por fim, perguntei, porque precisava muito saber:
"Você chegou a ir ao sepultamento da criança?"
"Não! Eu não!"
"Então, quem cuidou do sepultado para você?"
"Já lhe pedi para esquecer tudo isso, Valentino!"
"Eu sei, mas, custa você sanar essa minha curiosidade?"
Ela procurou desconversar:
"Infelizmente, eu não sei onde a criança foi sepultada."
"Você já me disse. Mas a pessoa que se encarregou do fato deve saber."
"Ela não mora mais aqui. Portanto..."
"Quem foi?"
Carmem fez novamente mistério para responder:
"Angelina. Foi ela quem cuidou disso para mim."
"Angelina?!"
"Sim! Por isso não temos como saber."
"Mas Angelina ainda está viva, ela pode nos contar!"
"Angelina hoje mora longe, meu amor. Ela mesma já pode ter se esquecido. Além do mais, para que revirar o passado? Esqueça isso!"
"Pensando bem, você tem razão."
Novamente, eu abracei forte a minha esposa, procurando reverter todo o desespero que lhe causara com a minha curiosidade sobre o que havia ocorrido. Contudo, toda vez que eu via Jean-Pierre, ainda criança, e brincava com ele em frente a um espelho, eu me lembrava que ele havia tido um irmão que, provavelmente, seria muito semelhante a ele ou idêntico. O fato me incomodava além da conta e, diante da minha inquietação, Carmem tentava apaziguar o meu caos interior com palavras de consolo, pois sempre fora de pôr panos quentes nos desalentos da vida.
Decidi, então, ir visitar o cemitério do vilarejo em busca da lápide onde meu filho poderia ter sido sepultado. Nada contei a Carmem sobre isso. Respeitei sua decisão de não mais tocar no assunto. Entretanto, não havia local algum que coincidisse com a data em que o menino supostamente morrera. Nenhum túmulo fora registrado no nome de Angelina e, para mim, aquilo era muito estranho.
"Angelina... Angelina... Angelina...", o nome dela passou a se propagar em minha mente de forma inquietante. Por quê? Era o que eu mais gostaria de saber.
Foi então que, diante do espelho, segurando Jean-Pierre nos braços,

eu liguei os fatos. Angelina havia partido da cidade levando um bebê consigo. Um menino órfão que, segundo Carmem, ela havia adotado para ocupar o lugar do filho morto. Ao suspeitar do que poderia ter acontecido, refutei imediatamente a ideia. Carmem não poderia ter feito aquilo, não comigo, que era o pai da criança. Mesmo assim, confrontei-a a respeito:

"Carmem...", as palavras pareciam ter dificuldade para atravessar a minha garganta, por temer que ela confirmasse as minhas suspeitas. Tinha receio do que eu poderia fazer contra ela se aquilo realmente fosse verdade.

"O que é?", perguntou-me ela, percebendo minha angustia.

Ainda com dificuldades, expus os fatos:

"Procurei pela sepultura do menino no cemitério do vilarejo. Não encontrei nenhuma lápide..."

Carmem se enervou:

"Você de novo com essa história, Valentino?"

"Carmem!", continuei firme e ela me olhou com explícita apreensão. "O filho que Angelina levou com ela. O que você diz que ela o adotou. Um menino, segundo me recordo. Essa criança era um dos gêmeos, não é mesmo?"

Ela estremeceu visivelmente diante dos meus olhos.

"Responda, Carmem!"

Nem era preciso responder, sua reação confirmou o fato. Naquele momento, eu me segurei para não berrar.

"Você não fez isso comigo, Carmem. Não fez! Não pode ter feito!"

Ela se deixou sentar numa poltrona, como quem admite uma derrota e declarou:

"De que adianta negar? Não há mais nada a fazer. Acabou! Foi melhor assim, afinal, você sempre teve o direito de saber de tudo. Eu só não tive coragem..."

Calei-a com um grito de revolta:

"Como você pôde tirar o meu filho de mim?

Eu estava furioso. Revoltado. Subindo pelas paredes de tanto ódio.

Carmem não se deixou abater por minha revolta, defendeu-se eloquentemente:

"Valentino, nós devíamos isso a ela!"

"Não!", retruquei severamente.

"Devíamos, sim!", tornou ela eloquentemente. "Por nossa culpa, o pequeno Joseph caiu do penhasco. Você foi tão culpado quanto eu!"

"Foi um acidente! Não foi por querer!"

"Fomos levianos. Eu não podia ter deixado o menino sozinho. Jamais! Mas você insistiu. Disse que era apenas uma voltinha..."

Suas palavras me atingiram em cheio. Ela estava certa. Totalmente certa em tudo o que me dissera.

"Valentino, nós tínhamos dois meninos", prosseguiu Carmem, enfaticamente. "Dois meninos saudáveis e Angelina não tinha nenhum. Nunca mais teria. O médico já havia dito para ela que não mais conseguiria engravidar, depois das complicações que tivera para gerar o pequeno Joseph. Eu não esperava ter gêmeos. Quando vi, foi uma tremenda surpresa! Uma grande alegria! Então, diante da minha irmã que não tivera, nem nunca teria a mesma sorte, eu decidi dar um deles para ela. Para reparar o mal que havíamos cometido e também lhe ser solidaria. Angelina sempre tivera uma vida sofrida. Perdera o marido e o filho..."

Argumentei seriamente:

"Você só pensou nela, Carmem. Esqueceu-se completamente de mim. Dos meus sentimentos. Por mais que tenhamos errado no passado, você não tinha esse direito. Ele também era meu filho. Você se apoderou de um poder que não era exclusivamente seu. Você passou por cima dos meus direitos como pai do menino."

"Você não sentiria nada se não soubesse que a criança existiu!"

"Não mesmo! Porque você me privou de sentir qualquer coisa a respeito dela. Achou-se no direito de me roubar tal felicidade. Você..."

Não consegui completar a frase. Estava arrasado e desesperado.

"Que decepção, Carmem. Que decepção! Mas eu vou atrás da Angelina. Vou buscar o meu filho! Dê-me o endereço dela, sei que você o tem!"

"Não faça isso, Valentino!"

"Faço, faço, sim! Trata-se do meu filho!"

"Angelina vai ficar arrasada. Ela não merece outro golpe na vida. A essa altura, já se apegou à criança. Separá-la dele, nesse momento, a deixará transtornada."

"Ela viverá conosco. Trarei ela e o menino para viverem nesta casa. Ficarão sob o nosso amparo."

"Os dois vivendo aqui?"

"Sim. Será o melhor para todos!"

Carmem refletiu:

"Está bem. Acho justo. É realmente uma ideia que não havia me ocorrido."

"Está vendo? Se antes tivesse me contado tudo, eu teria dado um desfecho muito melhor para essa história."

"Só agora vejo que você tem toda razão. Fui estúpida. Perdoe-me."

Eu a abracei e procurei acalmá-la:

"Iremos resolver tudo isso da melhor forma, meu amor. Não se preocupe. Vai acabar tudo bem."

"Deus seja louvado!"

E eu acreditei mesmo que aquilo era o melhor para todos.

# CAPÍTULO 3

Após um respiro, Valentino Cassel voltou a narrar sua história:

–Assim que Carmem me passou o endereço de Angelina, parti atrás dela. Só não esperava que ela houvesse mudado de endereço sem ter informado a irmã. A última carta que havia mandado para Carmem, fora escrita oito meses antes da data em que nos encontrávamos na época. Quase enlouqueci de desespero ao saber do ocorrido. Eu tinha de encontrá-la, era uma necessidade visceral. Assim, fui batendo de porta em porta na vizinhança que ela residira, em busca de alguém que tivesse seu novo endereço. Infelizmente ninguém o tinha.

"E agora?", perguntei-me, disposto a mover mundos e fundos para localizar o paradeiro dela e do menino.

Levou quase seis meses até que eu conseguisse uma pista. Foi necessário contratar um detetive para isso. Por sorte, ele era um dos bons. Quando Angelina me viu em frente a porta da sua nova morada, surtou, porque deduziu, de imediato, o que me levara até ela.

"Vá embora!", falou sem pesar.

"Precisamos conversar, Angelina!"

"Estou ocupada!"

Ela estava visivelmente transtornada. Tremia da cabeça aos pés.

"Acalme-se! Venho em paz."

Ela me olhou com desconfiança e eu lhe expus os fatos:

"Já sei de tudo, Angelina."

"Do que está falando?"

"Do menino. Meu filho!"

"Seu filho?!"

"Carmem me contou tudo!"

Ao dar um passo à frente, ela segurou a porta para me impedir de entrar.

"Aqui você não entra!", falou, reticente. "Aqui você não é bem-vindo!"

"Ouça-me! Tenho uma proposta a lhe fazer!"

"Não quero saber!"

"Escute-me!"

"Vá embora!"

"Não sem antes fazê-la me ouvir."

Ela segurava a porta com toda força, e seus olhos, vermelhos de raiva, explodiam em lágrimas. Expliquei a ela, ali mesmo, qual era o meu plano e ela logo respondeu:

"Não volto nunca mais para aquela lugar. De lá só tenho péssimas recordações. Você não pode me obrigar."

"Eu quero o meu filho junto de mim, Angelina. Ele é meu filho!"

"Ele não é mais o seu filho! Nunca foi! É meu! Todinho meu!"

"Angelina..."

"Você e Carmem tiveram dois. É mais do que justo que eu ficasse com um, afinal, você e ela mataram o meu menino!"

Ela explodiu num choro convulsivo. Eu tentei argumentar:

"Aquilo foi uma fatalidade. Não fizemos por querer. Eu já lhe pedi desculpas..."

"Desde quando suas desculpas serviram para alguma coisa? Elas, por acaso, ressuscitaram o meu filho? Não! Ele continuou morto! Meu único e adorado filho continuou morto. Enquanto vocês tiveram dois, fortes e sadios!".

Ela novamente chorou, desesperada, interrompendo sua defesa.

Tive pena dela, muita pena. Só então, ela me deu passagem para adentrar a casa, um lugar muito modesto, mas aconchegante. Seu rosto estava desfigurado, tamanho o desespero. Quando ela novamente falou, sua voz soou cansada e aflita:

"Valentino, ouça-me bem, por favor! O Vincent se tornou a minha única alegria nessa vida. Não é justo que você o tire de mim agora. Não depois de tudo o que me aconteceu. E por culpa de vocês!"

Infelizmente ela estava certa. O pequeno Joseph morrera por culpa minha e de Carmem e nada que fizéssemos poderia reverter essa tragédia. Contudo, eu não achava certo reparar o mal afastando o meu filho de mim e de Carmem. Quando ela se ajoelhou aos meus pés, eu a segurei pelo braço e disse:

"Não faça isso, por favor!"

Ela tremia-se toda. Naquele instante, temi que tivesse uma morte súbita.

"Angelina, por favor, levante-se!"

Eu já não sabia mais o que fazer para suavizar a situação. Aos prantos, ela voltou a desabafar:

"Aqui, longe de você e da Carmem, o Vincent é o meu filho. Legitimamente, o meu filho. Se formos morar com vocês, cedo ou tarde, ele saberá que não sou sua mãe. Não quero vê-lo me olhando com olhos de sobrinho. Quero vê-lo me olhando com olhos de filho. Com o mesmo afeto que o meu menino olharia para mim se estivesse vivo."

"Eu entendo você..."

Ela não me deixou continuar. Levantou-se abruptamente, segurou firme os meus braços e falou, seriamente:

"Se me entende mesmo, deixe tudo como está. Eu lhe imploro!"

Ela conseguira me deixar com o coração partido. Lembrei-me de Carmem nesse momento; se fora capaz de dar o próprio filho para a irmã, é porque se ressentia amargamente do que fizemos. Ainda que fosse uma fatalidade, ainda que não tivéssemos feito por querer, a culpa ainda era nossa. Carmem ficara responsável pelo menino e eu insisti para que déssemos uma voltinha. Na verdade, o mais culpado naquilo tudo fora eu.

Valentino respirou fundo e concluiu:

– Sendo assim, acabei concordando com Angelina. Aceitei seu pedido e me propus a lhe dar um dinheiro mensal, uma quantia razoável para que ela e o menino tivessem uma vida digna. Ela não se opôs. Quando lhe perguntei onde estava o pequenino, ela me explicou que ele estava na vizinha, brincando com um amiguinho. Pensei em vê-lo, mas desisti no mesmo instante em que me surgiu a ideia. Já dizia o ditado: o que os olhos não veem, o coração não sente. Por isso, parti sem olhar para trás. Chorei durante a viagem inteira de volta para casa. E ainda mais quando descobri, mais tarde, que Angelina havia se mudado daquela cidade, em menos de uma semana, sem deixar paradeiro.

Vincent, pensativo, comentou:

– Então foi por isso que nos mudamos para outro canto da Europa, de uma hora para outra. Agora tudo faz sentido.

Valentino opinou:

– O medo de perdê-lo deixou Angelina desnorteada. Acho que teve medo de que eu voltasse a procurá-lo e lhe dissesse toda a verdade, por isso, mudou-se e, dessa vez, fez o possível para não ser descoberta. Achei melhor acatar sua decisão.

– Pobre mamãe. Eu jamais poderia imaginar que ela tivesse passado por tanta tristeza.

– Pois é.

– Mesmo assim, penso que ela deveria ter me dito a verdade. Afinal...

Valentino lhe respondeu com o coração:

– Por medo de perdê-lo, ela jamais lhe diria. Como ela mesma disse: você se tornou tudo para ela.

– Sim. Só agora eu realmente consigo compreender, porque ela se preocupava tanto comigo. Sempre querendo me prender dentro de casa, junto à barra de sua saia; jamais me permitindo viajar com os amigos.

Vincent refletiu por alguns instantes e, ao voltar-se para Jean-Pierre, que ouvira tudo em silêncio, emocionando-se também com o que fora revelado, disse, vertendo-se em lágrimas:

– Então, você é mesmo meu irmão.

– Sou! – respondeu Jean-Pierre, feliz pela descoberta. – E apesar de eu ainda não o conhecer totalmente, sinto muito orgulho de tê-lo como irmão.

– Digo o mesmo!

Os dois se abraçaram e choraram um no ombro do outro. Quando voltaram a encarar o pai, Vincent ajoelhou-se rente ao seu leito, tomou-lhe a mão e a beijou.

– Eu sempre quis conhecer o meu pai – admitiu com sinceridade tamanha. Valentino levou à boca sua mão entrelaçada a dele, beijou-a e disse, também choroso:

– Eu também quis muito conhecê-lo. Não faz ideia do quanto estou feliz agora em poder finalmente realizar meu sonho.

O moço se curvou sobre o pai e lhe beijou a face, demorado e carinhosamente. O elo que se havia perdido no passado fora refeito e, dessa vez, para sempre. Voltando-se para Jean-Pierre, Vincent comentou:

– Deve ter sido um peso e tanto para a nossa mãe carregar em segredo toda essa história.

– Sem dúvida – admitiu Valentino, pesaroso. – Isso a impediu de ser feliz plenamente.

– Pobre mamãe.

O senhor Valentino limpou os óculos de aros de metal num lenço e fez um adendo:

– Amanhã mesmo, falarei com o meu advogado para que você possa constar no meu testamento.

Vincent respondeu prontamente ao comentário inesperado do pai.

– Papai, o importante para mim agora é ver o senhor gozando de boa saúde.

– Obrigado, meu filho. Mas você é meu herdeiro, sempre foi. Só não tomei providências antes por não conseguir localizar o seu paradeiro. Mas agora é diferente.

– Eu sei, mas... Nada disso realmente importa para mim.

– Ainda assim, você deve herdar o que é seu por direito.

– Se o senhor insiste.

E o assunto se tornou mais descontraído a seguir, entre o pai e seus dois filhos.

Ao voltar para a pousada, Vincent encontrou Silvia subindo pelas paredes, tamanha curiosidade para saber o que havia se passado naquele encontro vespertino. Depois de lhe contar tudo, tim-tim por tim-tim, como ela fizera questão de saber, a moça se mostrou realizada:

– Ainda bem que o velhote tocou no assunto da herança. Não seria justo você ficar de fora da fortuna que lhe pertence, afinal...

Vincent delicadamente a interrompeu:

– Silvia, minha querida, eu sinceramente não estou preocupado com isso.

– Pois deveria! A fortuna é sua, por direito!

– Eu sei, mas para mim não faria falta alguma. Acostumei-me à vida modesta que sempre tive ao lado da minha mãe. Nunca me faltou nada. Não tenho do que reclamar. Sinceramente, eu não preciso de uma casa luxuosa ou de um carro caríssimo para ser feliz. A felicidade está no amor.

A moça pareceu não ouvi-lo. Ergueu a voz, num tom estridente e falou:

– Só agora percebo o quanto sua mãe é burra!

– Silvia! Não fale assim dela.

– Falo sim, meu querido. Ela foi burra, burra, burra! Onde já se viu, deixá-lo de fora da herança do seu pai? Só porque tinha medo de o perder? Ah, por favor! Burrice tem limite! Ainda bem que você me encontrou, senão...

Vincent achou melhor mudar de assunto. Aproveitar o momento para sanar uma curiosidade antiga. Esclarecer um fato que até então lhe era desconhecido.

– Silvia, será que agora você pode me contar exatamente o que fez a Jean-Pierre para temer que ele fosse atrás de você para uma desforra?

Silvia fez um muxoxo.

– O que interessa isso agora? O importante é saber da sua herança. Da parte que lhe cabe quando o velhote bater as botas.

– Diga-me, Silvia. O que foi que você realmente fez a Jean-Pierre?

Ela novamente fez bico.

– Quer realmente saber? Eu lhe digo. Sem vergonha alguma. É uma história até que bem interessante. Assim você conhece um pouco melhor a respeito da anta do seu irmão. O paspalho. O bobo alegre.

E Silvia Navarro se pôs a falar. Ao término, Vincent parecia em choque:

– Quer dizer que... Por isso você tinha tanto medo de mim.

– Mas agora não o temo mais, meu amor! Porque você é outro e completamente diferente daquele paspalhão. De você eu gosto. É bem mais do que gostar. Estou apaixonada por você. Já lhe disse, não?

– Mesmo assim, Silvia... O que você fez ao Jean-Pierre não se faz.

– Quem mandou ele ser otário?

– Sil...

Ela o calou com a ponta dos dedos.

– Vem fazer amor comigo, vem!
– Agora não, Silvia.
– Venha, por favor.
E mais uma vez ela conseguiu fazê-lo se render aos seus encantos.
– Amo você, Vincent! Amo demais! – sussurrou ela no ouvido do amante, depois de se amarem. – É um alivio saber que você não é Jean-Pierre Cassel. Que é mesmo outro homem. Livre para mim.
O rapaz riu feito um menino bem-humorado:
– Eu lhe disse.
– Como eu poderia acreditar? Se bem que os fatos eram irrefutáveis, você me provocava sensações inéditas, desejos e delirios de amor que o outro jamais conseguiu despertar em mim. Mesmo assim, eu duvidava que...
– Entendo agora o porquê. Eu, na sua posição, também teria permanecido na cisma.
Ela se agarrou a ele e suspirou, repentinamente angustiada.
– O que foi?
– Não sei... – declarou Silvia, atordoada. – Um súbito medo de que tudo isso não passe de um sonho.
Ele puxou-lhe o cabelo até fazê-la olhar para ele que afirmou:
– Eu sou real, Silvia. Sempre fui.
– Então, prometa-me que nunca mais vai se separar de mim.
– Prometo.
E ambos se beijaram novamente, calorosamente.

Ao chegar em casa, Jean-Pierre também relatou para Isabelle e Georges tudo o que se pai revelara naquela tarde. Ambos estavam verdadeiramente impressionados com os fatos e a mudança repentina que suas vidas tomariam a seguir.

# CAPÍTULO 4

No dia seguinte, após o almoço, o Senhor Valentino já estava com toda papelada pronta pelo seu advogado de confiança, em que reconhecia Vincent Pérez como seu legitimo filho e, portanto, herdeiro seu.

– Agora, sim! – declarou o homem, emocionado. – Fiz o que era certo. Já posso morrer em paz.

– Não diga isso, papai.

– Mas é verdade. Sinto-me aliviado. Como se tivesse tirado um peso do coração.

Vincent abraçou o pai e o agradeceu.

– Ser reconhecido como seu filho é maravilhoso, muito me orgulha. Quanto à herança, não era preciso. Eu realmente não faço questão.

– Mas é sua por direito. Só não pude passá-la antes porque não sabia onde você e Angelina se encontravam, tampouco com que nome ela o havia registrado. Graças a Deus, você veio até mim; ainda que tenha sido por meio daquela moça desagradável. Pelo menos, ela nos ajudou, de certa forma.

Vincent achou graça e tornou a abraçar o pai, transbordando de amor por sua pessoa.

Jean-Pierre também estava presente, compartilhando o desfecho alegre para aquela história de rumos tão tristes.

Nesse ínterim, Isabelle foi visitar sua mãe na casa de sua família. Nem todos os fatos surpreenderam Antonina Binoche, pois muitos, no vilarejo, souberam da triste fatalidade com o filho de Angelina Chermont, na ocasião. E do quão desesperador foi para Valentino e Carmem Cassel durante todos aqueles anos, suportar o peso da culpa pela morte do menino. A própria Carmem havia lhe dito, em tom confidencial, certa vez, a respeito do triste episódio.

– A Dona Carmem, coitada... – comentou Antonina, recordando-se da mulher que tanto estimava. – Nunca se perdoou pela perda do sobrinho. Mesmo tendo dado um dos gêmeos para a irmã, ela continuou carregada de culpa. Por isso tinha aquele olhar tão triste. Coitada, nunca pôde ser feliz totalmente...

– Foi uma fatalidade...

– Foi. Mas também uma irresponsabilidade. O menino ficara sob a sua guarda. Por mais que estivesse dormindo, não poderia tê-lo deixado sozinho. Crianças são muito rápidas, movem-se num piscar de olhos...

E por falar em criança, Antonina sorriu para o neto que estava sentado no seu colo:

– Esse meu neto está cada vez mais lindo.

O menino pareceu compreender o elogio. Tanto que retribuiu o sorriso e fez fusquinha.

– Meu querido, a vovó te ama!

Antonina abraçou o pequeno Jean-Luc que se alegrou novamente com tanto mimo.

Ver sua mãe com seu filho deixou Isabelle comovida. Era bom demais poder propiciar tanta alegria a ambos. Nesse momento, ela se lembrou de Angelina; apesar de não conhecê-la pessoalmente, podia imaginar o quanto tinha sido dolorido para ela perder o filho daquela forma. Ela mesma não suportaria tanta tristeza.

– O que foi? – perguntou Antonina, diante do rosto amargurado da filha.

– Estava pensando em Angelina. No quanto foi sofrido para ela perder o filho daquela forma estúpida.

– Foi terrível! E ele nunca foi encontrado. Desapareceu nas águas.

– Que horror!

Breve pausa e Isabelle indagou:

– Será que ele realmente caiu do penhasco?

O comentário surpreendeu Antonina.

– Sim! De que outra forma ele teria desaparecido?

– Por meio de um rapto, talvez...

– Um rapto?! Não! Angelina era pobre, não teria como pagar um resgate.

– Talvez não tenha sido um rapto para se obter dinheiro, e, sim, para ficar com a criança. Alguém que pretendia vender o menino ou ficar com ele por não poder ter filhos.

– Acho que nunca ninguém pensou nessa possibilidade. De qualquer modo, as autoridades teriam descoberto algo na época.

– É... Pode ser... – concordou a jovem, voltando a agradecer a Deus, pelo filho saudável que tivera.

Ao reencontrar Silvia, Vincent recebeu muitos beijos e beliscões. Só então ela notou um quê de preocupação enviesando o seu semblante.

– O que foi?

– Estou pensando na mamãe. Quando ela souber que já sei de tudo... Preciso ir vê-la.

– Irei com você.

– Seria um prazer levá-la comigo, minha querida, mas prefiro falar com ela em particular. Não sei como ela vai reagir diante dos fatos. Receio que passe mal. Deus queira que isso não aconteça.

– Você tem toda razão. Apegada a você como ela é, pode mesmo não se sentir bem. É melhor mesmo que vá sozinho.

Vincent assentiu e, naquela mesma tarde, tomou o trem rumo à cidade onde Angelina Chermont residia.

Chegando a casa da mãe, Vincent adentrou o local com sua própria chave.

– Mamãe! – chamou ele no tom carinhoso que sempre usava para se dirigir a ela.

– Vincent, meu filho! Que saudade! – a mulher correu até ele e o abraçou, forte e desesperadamente. Então, afastou o rosto para ver seus olhos com maior precisão. – Por onde andou, meu querido? Quer me matar de preocupação?

– É uma longa história, mamãe.

Ele tirou o casaco, pendurou-o no cabideiro enquanto Angelina o admirava da cabeça aos pés.

– Você está muito mais bonito do que da última vez em que nos vimos. Ganhou corpo. Os olhos brilham. Parece mais feliz. O que há?

Havia um toque de preocupação no tom do rapaz, ao responder:

– Como lhe disse, mamãe: é uma longa história.

– Sou toda ouvidos.

Não foi fácil para ele ir direto ao assunto. Floreou, floreou até Angelina perceber o que estava acontecendo.

– Pare de enrolar sua mãe, Vincent! Vá direto ao ponto!

Ele tomou ar e procurou olhar diretamente nos olhos dela, o que a deixou ainda mais inquieta.

– O que aconteceu, Vincent? Desembucha!

Ele precisava ser forte e foi:

– Já sei de tudo, mamãe.

Angelina enviesou o cenho.

– Tudo?! Tudo o quê, Vincent?

– Tudo.

Pelos olhos dele, verdes feito quartzo, ela compreendeu o real significado de suas palavras. Assustada, deu um passo para trás, como se pudesse fugir da realidade com um simples movimento físico.

– O nome do meu verdadeiro pai é Valentino Cassel. E da minha mãe biológica é Carmem Chermont Cassel.

– Não! – Angelina gritou, afastando-se ainda mais. – Não! Não! Não!

Ela ficara subitamente histérica e descontrolada. Vincent não esperava por aquela reação.

– Você é meu filho, Vincent! Meu filho! – continuou ela aos gritos.

– Acalme-se, mamãe.

– Meu filho, meu filho, meu filho!

Num gesto desesperador, Angelina passou as mãos sobre os móveis, jogando ao chão tudo o que estava sobre a superfície.

– Você é meu filho! Meu filho! – repetia ela, ensandecida.

O moço precisou elevar a voz para que ela o ouvisse:

– Sim, mamãe! Continuo sendo seu filho! A senhora me criou. A senhora cuidou de mim durante todos esses anos. Mesmo assim, a senhora não tinha o direito de me esconder a verdade.

As palavras dele e o tom que usou a assustaram.

– É o dinheiro dele que você quer, é isso? – ela o desafiou seriamente. – É pelo dinheiro, confesse!

– Não é o dinheiro do meu pai que me importa, mamãe. Nunca me deixei deslumbrar por bens matérias, e a senhora sabe muito bem disso. O que me importa, nisso tudo, é apenas a minha verdadeira origem. Só isso!

– Pois agora você sabe. Então vá correndo para os braços dos dois.

– Valentino Cassel está muito mal de saúde, mamãe. E Carmem Cassel, sua irmã, morreu há mais de três anos.

A informação mais uma vez surpreendeu Angelina.

– Carmem, morta?

– Sim.

– Não pode ser. Era mais jovem do que eu.

– Mas é verdade.

A mulher se deixou sentar numa cadeira de madeira, calou-se e pareceu temporariamente submersa num mundo de lembranças e recordações. Vincent decidiu respeitar o seu momento. Por isso, silenciou-se tanto quanto ela. Ao voltar ao presente, Angelina encarou o filho e perguntou, a meia voz:

– Onde e quando descobriu tudo isso? – seus olhos lacrimejavam e as mãos se mostravam inquietas.

– É uma longa história. Vou contar para a senhora.

Assim ele fez e ela ouviu tudo atentamente, ora com uma expressão de perplexidade, ora de revolta.

– Quer dizer, então, que você se envolveu com uma prostituta barata? Você me envergonha, Vincent. Me enoja. Não o criei com tanto amor para acabar nos braços de uma vadia qualquer.

– Silvia não é má pessoa, mamãe. É uma moça sofrida. Por isso tornou-se uma... O importante é que ela está apaixonada por mim e...

A mulher não se conteve, levantou-se, furiosa, e foi para cima do moço:

– Eu não o criei para se casar com uma vagabunda!

– Não a chame assim, mamãe!

– De que jeito você quer que eu a chame? De marafona de luxo, mulher da vida?

Angelina soltou um grunhido, cerrou os dentes, segurou-se para não estapear o rapaz. Vincent, por sua vez, tentou novamente defender a moça:

– Com o tempo, a senhora vai se acostumar a ideia. Depois de conhecer Silvia pessoalmente, verá que ela merece uma segunda chance.

Angelina não perdoou o moço, deu-lhe um tapa na face que o deixou temporariamente absorto.

– Eu o criei na maciota. Esse foi o meu erro. Você deveria ter apanhado mais, bem mais, para ter juízo quando adulto.

Vincent ainda se mantinha em choque, massageando o rosto, vivendo um misto de pena e revolta ao mesmo tempo. Angelina foi severa mais uma vez:

– Você vai se afastar dessa moça! Ouviu, Vincent? Vai se afastar dela e de todos mais que acabou de conhecer. Não é justo que eu, depois de tudo que fiz por você...

– Mamãe – tornou ele, entusiasmado –, agora eu tenho um irmão. Um irmão como eu sempre quis. O irmão que eu sempre pedi à senhora para me dar e nunca teve a chance.

Ele suspirou e mentalmente regressou no tempo.

– Quando criança, eu me olhava no espelho e sentia algo, sabe? Como se o espelho tivesse duas faces. A minha e de outro alguém que não estava ali, mas que era muito semelhante a mim. Acho que, no íntimo, eu sempre soube da existência de Jean-Pierre. Por isso, sonhava tanto em ter um irmão. Insistia para que a senhora me desse um irmãozinho assim que possível. Eu e Jean-Pierre nascemos do mesmo útero. Passamos ali nove meses, lado a lado, por isso eu sentia a sua falta.

Angelina se manteve espumando de raiva. Seu corpo chegava a dar espasmos repetidos, tamanho o ódio que sentia.

– Mamãe – Vincent voltou a falar docemente. – O meu pai me quer junto dele, o mais rápido possível, pois não deve viver por muito mais tempo; encontra-se bem debilitado e quer passar o pouco tempo que ainda lhe resta ao meu lado. Quero agradá-lo. Por isso, mudarei definitivamente para Saint-Émilion com a Silvia.

Angelina balançou negativamente a cabeça, enquanto sentia o ódio escorrer pela boca em forma de saliva, uma saliva amarga e corrosiva.

– Mamãe, o meu pai também quer a senhora lá. Esse é outro dos motivos que me trazem até aqui. Vim buscá-la, vou levá-la comigo. Não há mais porque a senhora continuar vivendo distante dos seus.

A resposta dela soou rápida e severa:

– Minha irmã está morta, de que me vale voltar? Além do mais, aquele lugar não me traz boas recordações. Por isso, manterei distância de lá, até que a morte me leve desse mundo podre e injusto.

Vincent se aproximou dela e pousou delicadamente as mãos em seus ombros.

– Eu me sentirei muito mais tranquilo se a senhora for comigo. Não precisa ver o meu pai se não quiser, é um direito seu. Mas considere a possibilidade de se mudar para lá, por favor.

– Não irei, Vincent. E ponto final! Prefiro o inferno a ter de morar com você e a vagabunda por quem se diz apaixonado.

– Digo-lhe mais uma vez que Silvia não é má pessoa. A senhora verá!

– Verei? – Angelina riu, sarcástica. – Deus me livre! – descaradamente deu três toques na madeira, como dita a superstição. – Longe de mim, satanás!

Vincent preferiu lhe dar um tempo para refletir. Assim, foi tomar um banho enquanto Angelina permanecia na sala, remoendo os últimos acontecimentos.

– Vagabunda! – praguejou entredentes. – Foi por sua culpa que toda verdade veio à tona. Ordinária.

Ela se referia a Silvia, cujo ódio pela moça crescia em proporções inimagináveis. Pois foi pensando e amaldiçoando a jovem cortesã que Angelina percebeu algo muito importante. Algo que a fez mudar de opinião e expressão. Quando Vincent voltou à sala, de banho tomado, a mulher parecia doce e amável novamente.

– Vincent, meu filho – disse ela, assustadoramente amorosa – Você tem toda razão. Será bem melhor eu me mudar com você para Saint-Émilion.

O moço se alegrou na mesma hora.

– Que ótimo, mamãe!

– Sim, meu querido. Só mesmo estando próximo de você é que posso salvá-lo da sua maior estupidez. Fazê-lo perceber, a tempo, o quão tolo será, se você realmente se casar com essa rameira. Eu não a conheço pessoalmente, mas é o suficiente para saber que ela não presta. Que você merece uma mulher muito mais digna do que essa vadia. Ainda irei lhe provar que ela não é mulher para você. Que não serve nem como esposa nem como amante. Portanto, se você me arranjar uma casa para eu morar sozinha, mudo-me para lá o quanto antes. Mas bem longe da vista dos que não desejo rever ou conhecer.

Vincent concordou de prontidão. O fato da mãe ter aceitado sua proposta já era um bom começo. Com o tempo, ela conheceria Silvia Navarro e descobriria os seus encantos. Nada como o tempo para reparar e aproximar as pessoas. Seria mesmo?

# CAPÍTULO 5

A chegada de Angelina Chermont a Saint-Émilion causou grande impacto em sua pessoa. Ela não queria estar ali. Jurou que nunca mais poria os pés naquele lugar, contudo, o destino mais uma vez a atraiu para lá. O maldito destino! Sórdido como nada mais no universo poderia ser. Por outro lado, só mesmo estando ali é que ela poderia salvar o filho das garras da jovem meretriz, e ela o faria, a qualquer custo.

Depois de examinar cada cômodo da casa que Vincent alugara para a mãe morar, o moço voltou-se para ela e disse, sorrindo:

– É ou não é uma casinha aconchegante?

– Até que é.

– Não é uma casa sofisticada, como a senhora merece, mas foi a melhor que consegui, em tão pouco tempo, com a ajuda do Senhor Valentino. Se a senhora tivesse aceitado morar comigo e com a Silvia...

O olhar dela bastou para fazê-lo calar-se.

– Está ótimo! Não pretendo ficar aqui por muito tempo. Nem você.

– Enquanto o meu pai for vivo...

– Foi isso que eu quis dizer. Depois...

– Sim, depois podemos ir embora.

– Acho bom.

Ele abriu um novo sorriso para a mãe e a envolveu em seu abraço caloroso.

– Entendo seus motivos para não gostar daqui, mamãe. O que a senhora passou nesse lugar com a perda do seu filho, não foi nada fácil. Mas logo, logo a senhora se acostuma.

– Esse lugar nunca me trouxe sorte, Vincent. Nunca me permitiu ser feliz, como eu tanto queria. Longe daqui, pelo menos, eu pude encontrar um pouco de felicidade.

– Eu sei...

Enquanto ela abria uma das malas, Vincent perguntou o que havia muito tempo queria saber:

– Mamãe. Aonde foi que ocorreu a tragédia?

Sua pergunta inesperada fez Angelina retesar o corpo, arremessando seu olhar para um canto qualquer do aposento. O moço tratou logo de se desculpar:

– Sei que não deveria falar a respeito, mas eu gostaria imensamente de saber...

– Foi há tanto tempo que...

– Por isso que a senhora nunca gostou de praia?

– Deve ser por isso.

– Entendo.

Ele foi até ela, abraçou-a e beijou-a novamente, procurando confortá--la.

– Eu a amo, sabia? É bom que saiba.

A palavra "amor", dita com tanta veracidade, surtiu efeito. Fê-la sorrir para ele e voltar a se ocupar com seus afazeres. Estava ali uma mulher feito rocha, observou Vincent com seus botões; por nenhum momento derramou uma lágrima sequer perante a menção do passado que tanto a feriu.

Visto que Angelina jamais iria até Valentino Cassel, ele próprio tomou a decisão de ir vê-la. Quando ela o viu parado diante da porta central de sua mais nova morada, um frêmito de emoção estremeceu seu corpo.

– Sinto muito, Angelina, mas eu tinha de vir – admitiu Valentino um tanto envergonhado.

– Eu sabia que não me deixaria em paz – respondeu ela, secamente.

A contragosto, deu-lhe passagem para adentrar o recinto. Por um minuto ou dois, o recém-chegado não sabia o que dizer, por onde começar um diálogo. Por fim, optou simplesmente pelo básico:

– Angelina, não me queira mal. Eu a quero bem. Se a verdade veio à tona, é porque assim tinha de ser, não acha?

A resposta dela soou curta e ríspida:

– Não acho nada.

Ele não se importou:

– Reconhecer o Vincent como um dos meus filhos legítimos foi de extrema importância para mim e para ele, afinal, ele é meu herdeiro por direito.

Ela novamente desviou os olhos quando ele a encarou e disse:

– A Carmem, pobrezinha, quis tanto revê-la antes de morrer. Se tivéssemos seu endereço, mas você nunca fez questão de manter contato – ele tomou ar e enxugou os olhos lacrimejantes. – Angelina, Carmem amava você incondicionalmente. Nunca se perdoou pelo destino trágico do seu filho. Eu também não me perdoei. Sempre que me lembro sinto um aperto no peito. Um dor que quase dilacera a alma.

Ainda sem olhar para ele, Angelina respondeu, secamente:

– São águas passadas.

– Eu sei, mas... Você a perdoou, não perdoou?

Ela nada respondeu. Também não era preciso, Valentino bem sabia qual seria a sua resposta.

– Bem... – tornou ele, percebendo o quanto sua presença ali desagradava a cunhada. – Eu já vou indo. Não quero mais perturbá-la com a minha presença.

Ele pousava a mão na maçaneta quando ela falou, num tom de súplica:

– Valentino...

Ele imediatamente se voltou para trás, na sua direção.

– Diga!

– A cortesã. A vagabunda que anda enfeitiçando o meu filho. Quero vê-la longe dele, entendeu?

– Eu também me preocupo com a relação dos dois. Ela não foi correta com Jean-Pierre no passado, duvido que venha a ser com o Vincent no presente. Em todo caso, Vincent confia nela. Já conversei com ele a respeito.

– Ele é um tolo. Como todo apaixonado.

– O que mais posso fazer para afastá-lo dela, Angelina?

– Dinheiro? Ofereça-lhe dinheiro.

– Ela já é rica. Saiu do casamento com Jean-Pierre com metade do que ele herdou da mãe. Foi muito dinheiro. Contudo, acho que ela realmente está apaixonada pelo Vincent, como ele me parece estar apaixonado por ela.

Angelina balançou a cabeça, contrariada.

– Isso não é certo. Ela é uma vagabunda, ordinária. Ainda vai destruir o meu menino.

– Entendo a sua preocupação, mas... Se não fosse Silvia Navarro, Vincent nunca teria descoberto a verdade. Nem eu teria tido o prazer de conhecê-lo. Sei bem que não tenho muito mais tempo de vida, mas quero passar ao lado dele o pouco que me resta. Sei que você odeia essa situação, mas... Tenha pena de mim. Eu e Carmem pagamos caro pelo deslize que cometemos no passado.

Angelina Chermont simplesmente ignorou suas palavras. Reassumindo o seu tom autoritário de sempre, ela elevou a voz e perguntou:

– Quer dizer que você não vai tomar nenhuma atitude para afastar aquela ordinária do meu menino? Então, terei eu mesma de tomar as devidas providências.

E como quem espanta galinhas com as mãos, Angelina foi até a porta, abriu-a e falou, furiosa novamente:

– Me faça um favor! Não volte a me procurar. Revê-lo é reviver o passado que tanto me feriu e ainda me fere. Longe desse lugar, eu até consegui me esquecer parcialmente o que vivi. Agora, já não tenho mais esse poder. Tudo renasceu, ainda mais mórbido do que foi.

Os olhos de Valentino voltaram a lacrimejar, enquanto os dela permaneciam secos e flamejantes, como um inferno de lavas.

– Pelo visto, o que eu e Carmem fizemos por você, não foi o suficiente para reparar o mal que lhe causamos no passado. Eu sinto muito.

Angelina, com uma expressão nítida de descaso e repulsa, virou o rosto para o lado, recusando-se a encarar o cunhado novamente. Visto que não havia mais o que fazer para abrandar a situação, Valentino Cassel partiu, cabisbaixo e entristecido. O peso da culpa que havia anos carregava pela morte do sobrinho parecia muito maior naquele instante.

Ao vê-lo seguindo para o carro, o chofer foi ao seu encontro.

– O senhor está bem?

– Não, não estou. Plenamente nunca estive. Se o ser humano tivesse o poder de reverter o passado...

– O que posso fazer pelo senhor?

– Leve-me de volta para casa.

Assim foi feito, enquanto Valentino Cassel recordava-se mais uma vez do dia em que a tragédia se dera, com aquele que viria a ser seu legítimo sobrinho.

Em sua casa, largada no sofá, Angelina também remoía o passado. Voltar para aquela cidade era mais do que revisitá-lo, era revivê-lo totalmente. Ela não suportaria aquilo por muito tempo. Teria de apressar as coisas. Afugentar Silvia Navarro da vida do filho o quanto antes. Ela jamais aceitaria uma meretriz como nora. Porque ela não merecia um rapaz de ouro como Vincent, criado por ela com tanto amor e dedicação. Suas reflexões foram interrompidas por um "Toque-toque" na porta.

– Pelo visto, nesse inferno não se tem sossego! – resmungou Angelina, levantando-se do sofá contra a sua vontade.

Abriu a porta com tanto ímpeto que a visita assustou-se com o seu gesto brusco.

– Olá – disse a visitante num tom ligeiramente inseguro.

Angelina mediu a moça de cima a baixo, enviesando o cenho, expressão nítida de quem se desagradava profundamente com a sua presença.

– Dona Angelina? – perguntou a recém-chegada sem ter realmente necessidade.

A mulher se manteve ereta, peitando a visitante com seu olhar de soberania.

– Sou Silvia Navarro, venho até aqui lhe dar as boas-vindas...

Angelina a cortou bruscamente:

– Sei muito bem quem você é. Sinto cheiro de vadia à distância.

Silvia se conteve. Nunca fora de se humilhar perante ninguém, tampouco se rebaixar, mas com Angelina teria de ter paciência, ela era muito importante para Vincent, por isso, esqueceria o insulto para tentar ser sua amiga a qualquer custo.

– Dona Angelina, a senhora não me vê com bons olhos, eu sei...

– Se sabe, por que veio?

– Porque gostaria de ser sua amiga.

– Eu não!

– Mas eu faço questão. Amo o seu filho. Quero muito que saiba disso.

– Ama coisa nenhuma! Você só quer o dinheiro dele.

– A senhora está enganada. Eu realmente gosto dele. Por Vincent, sou capaz de qualquer coisa. Tanto que abandonei a minha vida mundana para me dedicar somente a ele. Vincent mudou a minha vida. Está me fazendo ver coisas que antes eu não percebia.

Angelina fez um muxoxo.

– A senhora precisa acreditar em mim.

– Acredito! Acredito, sim! Contudo, seu passado pecaminoso continua enraizado na sua alma. Uma vez vagabunda, sempre vagabunda. Jamais perderá o estigma.

Dessa vez, Silvia não se segurou. Quando deu por si, já havia dado um tapa na face de Angelina que rapidamente revidou.

– A senhora me ofendeu – explicou a moça, apertando sua face para conter a dor.

– Problema seu! Não aceito você como nora, nunca aceitarei e farei de tudo para vê-la longe do meu filho.

O ódio voltou a dominar Silvia Navarro:

– Ele nem é seu filho.

Angelina não deixou por menos. Agarrou a moça pelos cabelos e falou, furiosa:

– Pois você vai sair da vida do meu menino por bem ou por mal. Pelo visto, será por mal! Que assim seja!

Silvia não deixou por menos:

– Pois a senhora sairá da vida dele muito antes de mim. Porque está velha e todo velho não tarda a morrer. Sairá também porque para um homem apaixonado como seu filho está por mim, a mulher vale mais do que qualquer coisa e a senhora é realmente uma coisa, chata e insignificante.

Angelina riu:

– Eu sabia que você era bem mais do que uma vagabunda. É mesmo uma canalha de alma torpe e deplorável. Se meu filho, até agora, foi um títere em suas mãos, deixará de ser, porque a cegueira da paixão um dia acaba. Você verá!

– Dona Angelina, a senhora não vai me destruir.

– Não preciso. Você fará isso por si mesma.

O tom dela assustou Silvia e Angelina gritou:

– Agora suma daqui, vadia! Fora!

Silvia obedeceu, não porque se achou derrotada, mas porque não se humilharia mais diante daquela mulher que definiu como sendo abominável.

Olhando pela janela da frente da casa, Angelina observou Silvia tomar seu carro e partir.

– Essa imunda e desqualificada... – resmungou, feito uma velha ranzinza e abilolada. – Pois ela vai sair da vida do Vincent por bem ou por mal. Vai sim! Vincent não pode ser tão idiota. Não pode!

Mas por que ele não seria?, perguntou-se subitamente. Sendo filho de Carmem e Valentino Cassel, que na sua concepção eram dois estúpidos, o menino também herdara a estupidez dos pais. Por isso, ela tinha de protegê-lo, como sempre fizera, desde que ele era um menininho frágil e inofensivo em seus braços.

Ao voltar os olhos para o seu reflexo no espelho, Angelina percebeu que havia mais alguém ali, poucos metros de distância de onde ela se encontrava. O espírito de Carmem Cassel olhava seriamente na sua direção. Havia uma expressão de contrariedade em seus olhos, mas Angelina não se deixou abater por aquilo, simplesmente ignorou sua presença, indo cuidar dos seus afazeres domésticos, sem pesar algum.

Pelo caminho de volta a sua casa, Silvia avistou Isabelle observando a vitrine da loja mais refinada do vilarejo e fez questão de parar e ir falar com ela. Assim que o motorista estacionou o carro, ela saltou do veículo e foi ao encontro da moça.

– Olá, queridinha, como vai? – perguntou, pegando a moça totalmente de surpresa.

Movida pelo impulso da polidez, Isabelle saudou sua chegada com gentileza. Silvia, por sua vez, voltou os olhos para a vitrine da loja e comentou:

– Para as mulheres, não há nada melhor do que sair para fazer compras, não é mesmo?

Isabelle nada respondeu. Queria apenas partir dali, o mais depressa possível, para se ver livre daquele encontro tão desagradável. Silvia não se deixou intimidar, voltou a soltar a língua com determinação:

– Queridinha, você tem muito o que me agradecer, hein? Jean-Pierre nunca a teria visto com os olhos do coração se eu não tivesse entrado na vida dele e dilacerado seu espírito.

Aquilo era a mais pura verdade, bem sabia Isabelle, mesmo assim, ela não admitiria.

– Como vê – continuou Silvia, orgulhosa de si –, não sou de todo má – ela riu. – O mais curioso nisso tudo é que acabei me apaixonando por uma réplica perfeita do Jean-Pierre. Mesmo assim, eles são tão diferentes. Vincent é mais fogoso, Jean-Pierre... – ela suspendeu a frase por outra: – Mas se ele a faz feliz, é porque é suficientemente bom para você, não é mesmo? O que prova que até os imprestáveis não são de todo mal.

Isabelle não se aguentou mais:

– Preciso ir. Adeus.

– Vá pela sombra – zombou Silvia, endereçando um olhar de esguelha para a moça que se afastava estugando os passos. Nesse momento, Silvia se perguntou se Isabelle Binoche era mesmo tão boa moça como parecia ser. Deveria, por que não? Afinal, casara-se com um tonto tão semelhante a ela. Prova definitiva de que os iguais se atraem e não os opostos, como se costumava dizer.

Assim que chegou em casa, Silvia arremessou seus pertences ao longe. Estava furiosa.

– Quem Angelina Chermont pensa que é? – ralhou entredentes. – Só me faltava essa. Ter de aguentar uma sogra insuportável com olhos de urubu faminto por carne apodrecida. Ela não passa de um urubu. Tem olhos e bico de urubu!

Revendo o rosto severo e cruel de Angelina na memória, Silvia se arrepiou.

– Aqueles olhos... Já os vi antes – comentou consigo, enquanto reativava a memória. – Onde foi mesmo que os vi?

E ela se voltou para o espelho, onde o reflexo dos próprios olhos a perturbaram. Ouviu então a chave girando na fechadura. Vincent estava chegando. Isso a fez se recompor e aguardar por ele, com um sorriso bonito em sua face de anjo rebelde.

– Meu amor...

– Olá, minha querida.

Beijaram-se e ele perguntou:

– Como foi com a mamãe? Ela é adorável, não?

– É – respondeu ela com um risinho amarelo.

Ele riu e a abraçou.

– Tenha paciência, ela anda enciumada. Está com medo de que eu dê mais atenção a você do que a ela. É natural.

Silvia procurou sorrir e ele inquiriu:

– Foi tão ruim assim o encontro de vocês duas?

A moça nem precisou responder, Vincent, rindo, admitiu:

– É, Dona Angelina não é fácil. É possessiva, autoritária e dominadora. Muito parecida com você.

Silvia se avermelhou toda e ele sugeriu:

– Mas não desista de ser sua amiga. Com o tempo, ela se acostuma com você e você com ela.

E Silvia achou melhor não compartilhar com Vincent o que pensou naquele instante.

# CAPÍTULO 6

No dia seguinte, Vincent e o pai foram passar o dia com Jean-Pierre em sua mansão. Ao ver o pequeno Jean-Luc dando os seus primeiros passinhos, Vincent se alegrou. Agachou-se diante do menino e procurou ajudá-lo.

– Ele é adorável. Adoro crianças.

O comentário despertou a atenção de Valentino que, entusiasmado, comentou:

– Eu quis tanto ter um neto. Quase que morro sem conhecer pelo menos um.

Jean-Pierre se achegou ao pai, passou-lhe o braço sobre o ombro e disse, com sinceridade:

– Eu fiz o possível, papai. Se dependesse de mim, o senhor já teria tido um ou mais...

– Eu sei, meu querido. A culpa foi daquela...

Valentino rapidamente suspendeu a frase ao perceber o quanto aquele comentário poderia ferir Vincent, que se mostrava cada vez mais apaixonado por Silvia Navarro. As palavras seguintes foram de Jean-Pierre:

– Vincent, meu irmão. O golfe é o meu passatempo preferido. Você sabe jogar?

Vincent fez uma careta, como quem diz "Não, infelizmente!".

– Se estiver disposto a aprender, serei seu professor, com muito prazer! – prontificou-se Jean-Pierre que adoraria ter um parceiro para jogar.

O irmão se animou tremendamente com a sugestão:

– Quando as aulas começam?

– Já! – empolgou-se Jean-Pierre, conduzindo Vincent até o campo de golfe.

Enquanto o moço aprendia as primeiras lições, Valentino observava os gêmeos de longe. Ao seu lado, Isabelle brincava com Jean-Luc que se mostrava com uma energia redobrada aquela manhã.

– O senhor deve estar muito feliz, não é mesmo? – perguntou Isabelle para o sogro que tanto respeitava.

Com lágrima nos olhos, Valentino Cassel respondeu com grande satisfação:

– Se estou. Saber que os meninos estão finalmente juntos, como deveria ter sido desde o princípio, é uma bênção. Se Carmem estivesse aqui, ela também estaria feliz por vê-los, lado a lado.

– Ela deve estar. Afinal, a morte não é o fim. Esteja ela onde estiver, seu espírito deve estar a par do que se passa aqui no plano terrestre.

Valentino olhou curiosamente para a nora e perguntou:

– Você acredita mesmo que isso seja possível?

– É claro que sim, afinal, aprendemos na igreja que todos nós temos uma alma e quando o corpo padece, essa alma vai para o céu onde permanece sentada ao lado de Deus Pai Todo-Poderoso.

– É verdade.

– Portanto... Diga-me, Senhor Valentino, o senhor é um homem de fé?

– Sempre fui. É na fé que encontramos forças para superar os obstáculos da vida, e as tragédias também.

– Sem dúvida.

E naquele instante, Isabelle pensou no quanto aquele homem havia sofrido por causa da morte do sobrinho e da separação dos gêmeos. Um sofrimento velado e tortuoso.

Uma hora depois, Georges aparecia no recinto, informando a todos que o almoço estava servido. Foi uma refeição descontraída, com muito bate papo e anedotas. A comida estava excelente; a sobremesa, saborosíssima, tanto que Vincent fez questão de elogiar pessoalmente as cozinheiras. A criadagem ainda se mostrava perplexa com a semelhança dos gêmeos, apenas Georges conseguia distinguir um do outro com facilidade.

– Depois da sesta – informou Jean-Pierre, animado –, vou levá-lo a nossa praia particular. Não é muito extensa, mas é extremamente agradável.

– Uma praia particular?! – espantou-se Vincent com a sua modéstia costumeira.

– Sim! E temos até um iate para fazermos passeios em alto-mar, quando o dia está favorável.

– Poxa! Vou adorar!

E assim foi feito. Vincent mal podia acreditar que uma família pudesse ter uma prainha particular em sua propriedade. Foi um dia memorável, o primeiro de muitos que os gêmeos desejavam passar lado a lado.

Ao rever Silvia, naquele dia, ela logo se mostrou enciumada e irônica com o amante.

– Pelo visto, o dia foi maravilhoso, não?

Vincent assentiu.

– Foi um sonho! Meu pai ficou tão feliz por me ver ao lado de Jean-Pierre, novamente.

– Imagino...

– Não vá me dizer que está com ciúmes?

– Estou sim, não vou negar. Não consigo entender como uma pessoa pode preferir a companhia do irmão e do próprio pai a minha pessoa.

Vincent riu.

– Vou fingir que não ouvi suas palavras.

Ela se achegou a ele e o acariciou.

– Mal vejo a hora de tê-lo só para mim.

– Possessiva, você, hein?

– O que é meu, ninguém tasca!

E sem que lhe desse chances para escapar, ela o arrastou até o quarto, jogou-o na cama e pulou sobre ele, cobrindo-o de beijos e obscenidades.

Ao encontrar Jean-Pierre na sala de leitura, Georges aproveitou o momento para lhe falar em particular. Limpou a garganta e disse, corajosamente:

– Desculpe intrometer-me, senhor, mas...

Seu tom assustou Jean-Pierre que descruzou as pernas e ficou atento.

– Pode falar, Georges. O que há? – perguntou, estudando atentamente o semblante preocupado do mais antigo funcionário da casa.

A voz do homem assumiu um tom confidencial a seguir:

– Serei invasivo se eu disser o que penso, mas tenho de ser; afinal, a segurança do senhor é muito importante para mim. Estimo o senhor como um filho, pois o vi crescer...

Jean-Pierre assentiu, encorajando o mordomo a prosseguir. Georges então perguntou a ele o que há dias o preocupava:

– O senhor acha mesmo que deve confiar plenamente nesse sujeito?

A palavra sujeito soou bastante estranha aos ouvidos de Jean-Pierre que simplesmente não sabia a quem o mordomo se referia. Por isso, Georges rapidamente se explicou:

– Falo do Senhor Vincent Pérez. É seu irmão gêmeo, todos sabem, mas...

– Prossiga, Georges.

– O senhor dele nada sabe. Desconhece sua índole. Pode ser má. Um mau-caráter.

Jean-Pierre estava deveras surpreso com o comentário. Por nenhum momento duvidaria do caráter do irmão. Por isso, respondeu com segurança:

– Meu bom e preocupado, Georges. Vincent me parece ser um indivíduo tão idôneo quanto eu. Se somos gêmeos, temos índoles iguais, não acha?

– Meu senhor, nenhum filho é igual ao outro. Nem mesmo gêmeos idênticos.

– Se eu não lhe der uma chance de provar que é um bom sujeito, como saberei?

– O senhor tem razão. Dê-lhe a chance que merece. Mas fique atento.

– Vincent não é má pessoa, tenho certeza disso. É apenas uma vítima de algo que nos distanciou. Uma fatalidade, infelizmente.

– Eu sei. De qualquer modo...

Jean-Pierre voltou a falar com total confiança:

– Meu bom Georges, não se preocupe com isso. Meu pai confia em Vincent tanto quanto eu. Nada de mau nos acontecerá. Pode estar certo disso.

Coube ao mordomo concordar com o patrão, enquanto se prometia, intimamente, manter os olhos atentos em Vincent Pérez para detectar qualquer desvio de caráter da sua parte. Aproveitando o encontro, Jean-Pierre comentou:

– Meu bom Georges, faltam apenas algumas semanas para sair a sua aposentadoria, não é mesmo?

– Sim, senhor. Fico contente com a aposentadoria e, ao mesmo tempo, triste; afinal, acostumei-me tanto à companhia de vocês que ter de ir embora daqui é o mesmo que partir com uma perna amputada.

– Eu sei. Nós também sentiremos a sua falta, mas você merece aproveitar a vida. Conhecer lugares, divertir-se um pouco. A vida não é só trabalho.

– Sim, senhor. Mas me acostumei tanto a uma vida servil que receio, sinceramente, não saber o que fazer dos meus dias sem uma obrigação diária.

– Você se acostumará. Especialmente quando estiver sendo um turista por aí.

O homem assentiu e Jean-Pierre perguntou:

– Você irá mesmo morar com sua irmã?

– Sim, senhor. Ela precisa de mim. Não anda nada bem de saúde.

– Que pena.

– É a vida. Temos de nos conformar.

– Sim.

Jean-Pierre terminou o encontro, expressando sua gratidão tamanha por tudo que o empregado havia feito por ele, desde que fora trabalhar naquela casa. E Jean-Pierre era apenas um garotinho nessa época, a quem Georges se apegara como se fosse um filho seu.

Ao encontrar Isabelle, minutos depois, Jean-Pierre comentou com ela a respeito da dúvida que o velho Georges tinha em relação à índole de Vincent Pérez. Isabelle refletiu antes de opinar:

– Tal como você, não creio que Vincent seja um mau-caráter. Todavia, convivendo com Silvia Navarro, pode vir a se tornar um. Você a conhece bem, todos nós a conhecemos e sabemos do que ela é capaz. Se ela puder voltar Vincent contra você para importuná-lo, destruir sua paz, ela o fará. Silvia é uma mulher perigosa.

– Ela e Vincent estão apaixonados um pelo outro. Não seria o amor capaz de mudar a índole de uma pessoa, torná-la mais humana?

Isabelle fez ar de dúvida. Contudo, pediu a Deus que sim. Nunca fora de desejar mal a ninguém, até mesmo a Silvia Navarro, apesar de toda maldade que ela fizera à Jean-Pierre. De certo modo, Silvia estava certa quando lhe dissera que foi graças a ela, que Jean-Pierre pôde perceber que ela, Isabelle Binoche, poderia ser realmente a mulher perfeita para ele se casar.

Com a decisão de Silvia e Vincent se casarem e morarem em Saint-Émilion, enquanto Valentino Cassel fosse vivo, Silvia decidiu voltar à Holanda, para pôr sua casa a venda e dispensar seus empregados. Dali, nada levaria para a sua mais nova morada, pois estava decidida a não manter mais nenhum elo com o passado promíscuo e infeliz que tivera até conhecer Vincent Pérez.

– Aguarde-me! Eu volto logo! – disse ela o moço, quando se despediram na estação de trem.

– Vou sentir sua falta – respondeu ele com sinceridade.

– Eu também – afirmou ela quase querendo desistir de ir, para não ter de se distanciar do seu homem amado.

Os dois se beijaram, e Vincent permaneceu ali acenando para ela, até o trem partir.

Nesse mesmo dia, o rapaz aproveitou para se dedicar à mãe que já reclamava sua ausência.

– Você nunca tem tempo para mim – afirmou Angelina fazendo-se de coitada.

– Não diga isso, mamãe.

– Digo, porque é verdade.

O moço tentou se explicar:

– Tento dar atenção a todos que me cercam.

Mas Angelina não quis saber retrucou severamente:

– Antes era só eu na sua vida.

Vincent riu.

– Dona Angelina, não seja tão possessiva.

Ela fez beiço e ele deu-lhe um beijo, comentando a seguir:

– Silvia partiu hoje para a Holanda, para desfazer de sua casa por lá e dispensar seus funcionários.

– Tomara que ela tenha ido para nunca mais voltar.

– Mamãe! – o tom do rapaz foi de repreensão.

– Vincent, meu filho, aquela mulher não presta.

– A senhora está com ciúmes.

– Não é ciúmes. É instinto de mãe. Aquela moça ainda vai desgraçar a sua vida.

– Não exagere, mamãe.

– Não é exagero. É precaução. Você sentiria o mesmo, se estivesse na minha pele, ao ver seu filho nas mãos de uma rameira mau-caráter e demoníaca.

– Mamãe, por favor! Eu e Silvia vamos nos casar. Ela será minha esposa e sua nora. É melhor aceitar os fatos e procurar ser sua amiga.

– Jamais!

Ele novamente achou graça da fúria da mulher que o criou e, para evitar novos rompantes, mudou de assunto. Quinze minutos depois, Vincent abordava algo que havia muito gostaria de saber.

– Como ela era, mamãe. Carmem Cassel, fale-me dela.

A pergunta do filho fez Angelina se arrepiar até a alma.

– Por que isso agora, Vincent?

– Ora, mamãe. Tenho curiosidade de saber. A senhora e ela eram irmãs. Portanto, ninguém melhor para me falar dela do que a senhora.

– É verdade...

A voz de Angelina soou distante e esquisita. Havia um evidente rancor em meio às palavras que ela usou para descrever Carmem Chermont Cassel.

– Minha irmã era uma mulher de sorte, daquelas pessoas cujo vento parece soprar sempre a favor.

– E isso incomodava a senhora?

– Acho que sim. Pois enquanto a vida a favorecia, em todos os sentidos, comigo agia exatamente ao contrário. Destruindo os meus sonhos, deixando-me cada vez mais à mingua da miséria humana.

– Sua vida foi sempre tão ruim assim?

Ela assentiu, com os olhos parecendo brilhar de ódio. Por um minuto, foi como se tivesse se desligado da realidade, sido levada para o passado que ela tanto desprezava.

Vincent enlaçou a mãe e procurou animá-la:

– O que passou, passou, mamãe. O importante é o agora. E continuo disposto a fazê-la feliz.

O espírito altivo de Angelina Chermont se reacendeu:

– Se quer mesmo me fazer feliz, case-se com outra moça. Afaste-se daquela desqualificada o quanto antes.

Vincent nada afirmou, apenas murmurou com bom humor:

– Não é à toa que dizem: nora e sogra são como cão e gato. Difícil conviverem em paz.

E ali estava um exemplo bem evidente do fato, confirmou Vincent em pensamento. Tanto Silvia quanto Angelina se odiavam.

Pelo caminho até sua casa, Vincent voltou a pensar na mãe biológica e foi isso que o fez tomar a direção do cemitério da cidade. Queria ver seu túmulo, ter, enfim, algum contato com ela, de certa forma.

O coveiro já havia ido embora quando ele lá chegou. Restavam apenas o silêncio e as rajadas de outono derrubando as folhas secas das árvores. Onde ela teria sido sepultada, perguntou-se e, sem demora, foi procurar por sua lápide. O nome de Carmem Cassel certamente estaria estampado numa, facilitando sua localização.

O lugar àquela hora tinha um aspecto sinistro. Com a temperatura baixa tornava-se ainda mais lúgubre e inóspito. Estalos de madeira fizeram Vincent pensar que havia mais alguém ali, nas proximidades. Mas não havia, concluiu, ao olhar para os quatro cantos do local. Fora apenas uma mera impressão. Retomando sua busca, ele seguiu lendo cada nome escrito nas lápides do lugar.

"Jean... Suzanne... Thierry Miller... Anne Peterson... Antoine Gilbert... Valérie... Carmem Chermont Cassel." Ele a achara. Na lápide lia-se o nome dela, a data do seu nascimento e morte, e as palavras: "Que Deus a tenha!"

Uma nova rajada de vento levantou as folhas do chão e o assustou. Havia um zunido em meio ao vento. Um zunido que mais lhe parecia ser uma voz rouca e feminina a lhe dizer: São Marcelino... São Marcelino... São Marcelino...

Um novo estalo de graveto, pisado por alguém, ecoou perto dali. E depois outro e mais outro, até que uma voz bem conhecida soou nitidamente aos seus ouvidos:

– Por que veio aqui, Vincent?

O moço se arrepiou todo. Angelina estava a poucos metros de distância.

– Queria orar por ela, mamãe – respondeu ele, enfim, com voz tímida.

A opinião dela foi deveras cruel:

– E você acha mesmo que um punhado de ossos pode ouvi-lo? Não seja tolo.

– É que todos têm o hábito de ir ao cemitério, orar por seus entes queridos.

– Porque são todos uns imbecis.

– Bem, eu... Como a senhora sabia que eu estaria aqui?

-- Intuição de mãe. Algo me dizia que você viria para cá e...

Tanto ele quanto ela olharam curiosamente para o túmulo de Carmem Cassel, cada qual tomado por uma emoção diferente. Então, ressurgindo da introspecção, Vincent voltou-se para Angelina e disse:

– Mamãe, já que está aqui, não gostaria de visitar o túmulo do seu filho?

O semblante da mulher tornou-se ainda mais carregado.

– Desculpe-me por ter perguntado. Sei o quanto isso deve mexer com a senhora...

A resposta dela soou ríspida e prática:

– Não há túmulo algum para eu visitar, Vincent. O corpo do menino foi tragado pelo mar. Esqueceu-se?

– É verdade! Havia me esquecido completamente.

Ela pareceu se arrepiar por inteira.

– É melhor irmos – comentou trêmula.

– Sim, vamos – concordou ele, acompanhando a mãe para fora daquele lugar lúgubre e infértil. Nunca ele sentira tanta pena dela como naquele instante. Jamais havia se dado conta da sua fragilidade, talvez, porque ela própria nunca a deixara transparecer como naquele momento.

Naquela noite, ao tentar adormecer, Vincent se recordou da visita que fizera ao túmulo de Carmem Cassel naquele fim de tarde. Lembrou--se com exatidão do momento em que uma rajada de vento levantara as folhas do chão e o assustara, zunindo em seus ouvidos como se fosse uma voz rouca e feminina, dizendo: "São Marcelino". Soara tão nitidamente que o impressionara. Mas aquilo não passava de algo projetado por sua mente, afinal, o vento não era um ser pensante. Não teria como dizer algo lógico e sensato. Por outro lado, ele nunca ouvira falar daquele santo. Fora, sem dúvida alguma, um produto da sua imaginação.

"São Marcelino... São Marcelino... São Marcelino...", repetiu ele, silenciosamente como se contasse carneirinhos para embalar no sono. E foi assim que ele finalmente conseguiu adormecer.

Em seu leito, iluminado apenas pelo luar que se infiltrava por meio da fresta da janela, a dona daquela voz misteriosa o observava. O espírito de uma mulher desencarnada. De sua verdadeira mãe: Carmem Chermont Cassel.

# CAPÍTULO 7

Mais um dia e Vincent se preparava para ir a casa do irmão fazer suas aulas de golfe. Como de costume, preferiu ir caminhando até a mansão para exercitar o corpo. Um percurso excelente para a realização de um exercício completo. O dia não estava propício para caminhadas, nuvens escuras se projetavam no céu, encobrindo a claridade do dia, contudo, ele preferiu ir a pé. Com sorte, chegaria ao seu destino antes da possível chuva cair. A paisagem que ladeava o caminho era magnífica, transmitia uma paz que só mesmo o campo era capaz de proporcionar.

Pelo caminho, para sua surpresa, encontrou Isabelle voltando para casa depois de ter ido visitar a mãe. Também era adepta de uma boa caminhada, para exercitar os músculos e manter-se sempre saudável.

– Olá! – chamou ele, pegando-a de surpresa.

– Olá! – respondeu ela, sem esconder o choque com o encontro. – Vincent?!

– Como vai? – sorriu ele, de ponta a ponta.

– Bem e você?

– Bem, também. Seguindo para a mansão? Posso acompanhá-la? Também estou indo para lá. Jean-Pierre me prometeu mais umas lições de golfe, se bem que acho que vai chover.

– É o que parece. Espero chegarmos a tempo.

Ele uniu as mãos em louvor, fazendo uma careta. Alguns passos em silêncio, devido a um constrangimento repentino e ele quis saber:

– Você sempre morou aqui? Desde que nasceu?

– Sim. Minha família toda é daqui. Amo essas terras, acho que jamais conseguiria viver noutro lugar.

– Quer dizer, então, que conhece Jean-Pierre desde garoto?

– Sim, desde menino. Encontrávamo-nos na igreja, em festas comemorativas. Quando dei por mim, eu já o amava loucamente. Queria me casar com ele e ter filhos. Não sonhava com outro destino para mim, senão este. Sofri um bocado, ao perceber que ele não me via com o mesmo fascínio. Para ele, eu era apenas uma amiga com a qual tinha crescido, por morarmos perto um do outro. Só eu sei o que passei por amá-lo sem reciprocidade da sua parte. Por isso, fechei-me totalmente para o amor. Então, quando parecia ter me restado somente a tristeza e a solidão, Jean-Pierre se reaproximou de mim, procurando apoio diante do drama que estava vivendo ao lado de Silvia. Aquela trama ordinária que ela armou contra ele... – ela não completou a frase, mordeu os lábios e pediu desculpas pelo que disse.

– Não precisa se desculpar. Silvia não foi correta. Vivo com ela, mas nem por isso aprovo o que ela fez.

– Obrigada por me compreender. Que sorte a dela ter encontrado você.

– Você acha?

– Sim. Só mesmo um grande amor poderia mudá-la. Ela o ama intensamente. Posso sentir isso.

– Eu também gosto dela.

– Que bom! Pois amor sem reciprocidade não é nada agradável. Eu que o diga!

– Sim.

Ao olhar além, Vincent divisou as nuvens negras deslizando sobre as planícies, tangidas pelo vento da estação, vindas com força total naquela direção.

– Vai chover e muito – comentou, alarmado.

Olhando para o mesmo ponto, Isabelle inquiriu:

– Mas não será agora, será?

– Creio que sim.

As nuvens trovejaram e relampejaram mais fortes dessa vez.

– É melhor apertarmos o passo – aconselhou Vincent, por precaução.

– Sim.

Não demorou muito para que ambos farejassem o cheiro da chuva desabando não muito longe dali.

– Gosto de sentir o cheiro agradável de terra molhada – admitiu Isabelle, resfolegante. – Mas para isso, prefiro estar bem protegida dos pingos.

Ele riu e continuou a andar, apressado.

Impelidas pelo vento, as nuvens logo alcançaram os dois, derramando uma torrente interminável de gotas pesadas. O primeiro instinto de ambos foi correr a todo fôlego em busca de um abrigo; mas logo perceberam que de nada adiantaria, já estavam molhados. Os cabelos grudavam na testa, escorriam por sobre os olhos, enquanto a chuva rangia nos carvalhos e o vento gelava seus corpos. Ambos acabaram achando graça da situação. Assim sendo, voltaram a andar no ritmo normal, enquanto relâmpagos riscavam o céu e a cortina de chuva lhes prejudicava a visão.

– De que adianta lutar quando já se foi derrotado, não é mesmo? – comentou Vincent com bom humor.

Isabelle teve de concordar.

Assim que chegaram a mansão, Isabelle pediu a Georges que providenciasse uma muda de roupa para Vincent e lhe indicasse um banheiro para se lavar e se secar. Poderia ser qualquer roupa de Jean-Pierre, afinal, ambos vestiam o mesmo tamanho. O mordomo rapidamente tomou as providências, levou o sujeito até um dos quartos com banheiro, preparou-lhe o banho e enquanto Vincent se lavava, foi pegar emprestado uma das roupas do patrão.

Quando Isabelle reencontrou Vincent, de banho tomado, vestindo as roupas emprestadas de Jean-Pierre, ela simplesmente correu até ele e o abraçou.

– Meu amor, meu amor... Que saudade! Não gosto de vê-lo longe de casa em meio a esses temporais.

Vincent permaneceu neutro, com as mãos levemente erguidas para o alto, até que Isabelle compreendesse quem era ele de fato. Quando ela o beijou, de leve, nos lábios, ondas de calor atingiram o peito do rapaz. Diante de sua insípida reação, Isabelle recuou o rosto, fitando-o com olhos curiosos.

– O que foi, meu amor?

Os lábios de Vincent tremeram e seu rosto corou. Ele quis explicar, mas não conseguiu. O ar agora lhe faltava.

– Jean-Pierre... – tornou Isabelle, preocupada com seu estado.

Só então ela notou o erro que havia cometido. No mesmo instante, seu rosto desmoronou, como um daqueles esculpido em areia. Um sorriso sem graça escapou-lhe pelo canto dos lábios e; para quebrar o gelo, Vincent fez uma careta, erguendo as mãos, como quem diz: acontece!

Realmente havia acontecido. Isabelle havia confundido Vincent com Jean-Pierre.

– Desculpe-me – pediu ela, transtornada. – Agi tão precipitadamente. Eu deveria...

– É natural que se confunda. Além de eu me parecer com Jean-Pierre, estou vestindo as roupas dele. Não se culpe.

– Mas eu deveria ter...

– Esqueça! Eu já esqueci.

Ela suspirou, aliviada.

– Obrigada.

Em seguida, Jean-Pierre chegou a mansão. Ao vê-lo, Isabelle o abraçou com a mesma devoção e amor de sempre.

– Meu amor. Que bom que chegou! Já estava com saudades!

Ao ver a moça, fitando Jean-Pierre nos olhos, transbordando de afeição por ele, Vincent admirou-se. Ela realmente amava o marido e aquele amor tão puro e verdadeiro era tão admirável quanto o que Silvia sentia por ele.

Jean-Pierre voltou-se para o irmão e disse, com pesar:

– E lá se foram as nossas aulas de golfe.

– Outros dias virão!

– Com certeza.

– Que tal uma partidinha de gamão?

– Boa ideia!

– Você janta conosco.

– Não quero incomodar.

– Incômodo algum.

Durante o jantar, Vincent e Jean-Pierre conversaram descontraidamente, enquanto Isabelle ainda parecia estar se culpando pelo equivoco que cometera naquela tarde. Mesmo dizendo que não precisava, Jean-Pierre fez questão de levar o irmão de carro até sua casa.

Ao se recolher em seu quarto, Vincent voltou a sentir o perfume de Isabelle deixado na roupa que ele pegara emprestada do irmão. Isso o fez recordar-se do agradável tête-à-tête que tivera com a cunhada naquela tarde. Ele já havia notado o quanto ela era adorável, mas não tanto quanto naquele dia. Isabelle era realmente uma camponesa com algo a mais. Doce, simples e feminina. Fiel ao marido, ao lar e à sua própria essência de mulher. Algo que ele sempre admirou no sexo oposto.

Silvia, com seu jeito mandão e possessivo, ciumento e autoritário, comprometia negativamente sua feminilidade a qual, para ele, era essencial numa dama. Se ela deixasse de ser tão masculinizada, tornar-se-ia, indubitavelmente, a mulher perfeita para ele, em todos os sentidos.

Por fim, Vincent se entregou ao sono, dormindo feito um bebê. Fora mais um dia especial em sua vida, e que outros viessem iguais com as bênçãos de Deus.

Assim que o solo secou da chuva forte que caíra naquele dia, Jean-Pierre retomou às aulas de golfe com o irmão. Só mesmo com o solo seco poderiam praticar o golfe sem escorregar na grama ou levantar crostas de barro com os movimentos dos tacos.

Vincent se divertia com o golfe, como uma criança se diverte com uma nova brincadeira. Ao rever Isabelle, naquela tarde, a moça ainda se mostrava um tanto sem graça na sua presença por tê-lo confundido, dias antes, com Jean-Pierre. Ele foi até ela, tomou-lhe a mão e a beijou.

– Bom te ver! – exclamou com exímia polidez.

– Obrigada – agradeceu ela, ainda envolta de constrangimento.

Ela já ia se retirando quando ele a chamou, fazendo-a olhar novamente para ele que disse:

– É impressão minha ou você anda me evitando, por causa daquela bobagem que aconteceu entre nós dois naquele dia chuvoso?

– Não, em absoluto!

– É que...

Jean-Pierre apareceu e enlaçou a esposa:

– Que bobagem foi essa? – perguntou bem-humorado.

Isabelle corou e Vincent achou melhor explicar, para evitar qualquer mal-entendido.

– Naquele dia em que apanhamos chuva, você deve se recordar de que Georges me emprestou roupas suas para eu vestir e quando Isabelle me viu, pensou que eu era você.

Jean-Pierre gargalhou.

– Vincent, meu irmão, até eu confundiria você comigo mesmo!

Todos riram.

– Está vendo, Isabelle.

Ela assentiu, sorrindo amarelo para os dois. É obvio que ela ainda se sentia envergonhada diante do que tinha acontecido. Mas como o próprio Jean-Pierre havia dito, confundir os irmãos era algo que poderia acontecer naturalmente a qualquer um. Desde então, Isabelle voltou a ser a mesma na presença de Vincent Pérez. A que sempre fora antes do mal-entendido. E isso alegrou o moço tremendamente.

Nos dias que se seguiram, Vincent se dedicou às aulas de golfe com redobrado entusiasmo. A facilidade com que aprendia a dominar os tacos, de diversos tamanhos, para arremessar as bolas nos devidos buracos espalhados pelo campo destinado à pratica do esporte, surpreendia a si mesmo e ao próprio irmão. Tornava-se cada vez mais fácil para ele, tal qual era para Jean-Pierre, acertar os buracos usando o menor número possível de tacadas.

– Desse jeito – comentou Jean-Pierre, certo dia, com excelente bom humor –, meu irmãozinho acabará jogando golfe bem melhor do que eu, que comecei a praticar desde garoto.

Vincent agradeceu o elogio e quando avistou Isabelle na varanda da casa, brincando com o pequeno Jean-Luc, sua alegria se ampliou. Fazia-lhe bem olhar para ela, vê-la sorrindo para ele, demonstrando sempre felicidade por tê-lo ali, no seio da família.

Isabelle, Isabelle, Isabelle... Ela era perfeita, ela era... O rosto dele escureceu, o corpo ficou tenso e em alerta. Uma pergunta perturbadora raiou no céu da sua mente atribulada naquele instante. Estaria ele tão interessado pelo golfe, somente para poder voltar à mansão e rever a cunhada? Não, é obvio que não! Ele estava apenas imaginando coisas.

Delirando.

– Vincent, sua vez – repetiu Jean-Pierre, pela quarta vez, já que o irmão parecia ter ficado alheio a tudo mais a sua volta.

– Oi?

– Sua vez.

– Ah, sim! – Vincent se avermelhou todo e as tacadas seguintes foram infames, quando comparadas às primeiras daquele dia.

– O que houve? – estranhou Jean-Pierre, olhando curiosamente para o moço. – Você me parece preocupado.

– Eu?! – Vincent se apavorou. Precisava de uma desculpa urgente e não conseguia formular uma. – Sei lá! Acho que...

Jean-Pierre achou graça do irmão e resolveu suspender a partida, por achar que Vincent já estava cansado de tanto treinar.

– Vamos tomar um refresco – sugeriu. – Deve ter pão também, saído há pouco do forno. Acabo de sentir o cheirinho.

– Ah, sim! Vamos sim! – Vincent nunca ficara tão sem graça em toda vida.

Foi à mesa, durante o lanche da tarde que as preocupações de Vincent Pérez se agravaram. Por mais que tentasse, não conseguia tirar os olhos de Isabelle. Seu interesse pelo que ela tinha a contar para ele e Jean-Pierre, naquele momento, era total. Ele ouvia tudo com grande satisfação.

Naquele dia, ao voltar para casa, Vincent se deparou novamente com a pergunta que havia se feito naquela tarde: estaria ele tão interessado pelo golfe somente para poder voltar àquela casa e rever a cunhada? Estaria? E a resposta surgiu finalmente, ecoando do seu coração. Sim! Sua empolgação pelo golfe se dava para poder rever Isabelle, do que propriamente pela prática do esporte em si. E aquilo era extremamente assustador. Pois não era nada bonito cobiçar a mulher do irmão. Além do mais, ele já tinha Silvia ao seu lado e ela o amava tão loucamente quanto Isabelle amava Jean-Pierre. Aquele sentimento por Isabelle só podia ser fruto de carência afetiva. Que Silvia voltasse o quanto antes para junto dele, e fazê-lo pôr a cabeça no lugar.

Disposto a evitar qualquer pensamento impróprio a respeito da cunhada, Vincent decidiu suspender as aulas de golfe, alegando que iria se dedicar inteiramente ao pai e à mãe, em períodos alternados, para que não passassem os dias tão solitários.

Angelina logo percebeu que algo atormentava o filho e quis saber o que era. Vincent desconversou e quando ela insistiu, ele simplesmente mentiu:

– É a Silvia, mamãe. Ela está demorando muito para voltar. Sinto falta dela. Muita falta!

Angelina não era boba, sabia que ele não dizia a verdade, mas preferiu, pelo menos por ora, deixá-lo pensando que acreditara nele. Quando pensou na possibilidade de ele estar apaixonado por outra moça, alegrou-se imensamente, pois nada a faria tão feliz do que ver o filho longe da meretriz que ela detestava.

Por não ter mais desculpas para recusar os convites de Jean-Pierre, Vincent retornou à mansão, convicto de que seu interesse por Isabelle havia esmorecido durante o período que ele ficara longe dela. Chegando lá, descobriu que os donos da casa haviam saído para fazer um piquenique com o filho. Georges estava de folga, por isso, ele foi recebido por uma das criadas que, ao vê-lo, confundiu-o com o patrão. Depois de esclarecer o mal-entendido, Vincent argumentou:

– Não quero incomodá-los. Volto noutra hora. Obrigado.

Nem bem deu as costas, ele se voltou para a moça e perguntou:

– Por mera curiosidade, apenas, mas... Você saberia me dizer, aonde exatamente seus senhorios foram fazer o piquenique?

A moça refletiu por um minuto e foi sincera:

– Sou nova aqui, ainda não conheço muito bem os hábitos dos patrões. Se o senhor quiser, pergunto para outra criada.

– Não, não! Não é preciso. Grato!

Mas era preciso, sim! Vincent queria rever o irmão e a cunhada. Mais precisamente Isabelle, para provar a si mesmo que ela não mais exercia fascínio sobre a sua pessoa. Isso o fez se embrenhar pela mata em busca do casal com o menino. Assim, ele andou, andou, até que sentiu o perfume inconfundível de Isabelle, chegando até ele por meio de uma brisa. Uma fragrância tão delicada quanto sua essência de mulher. Ouviu, então, um graveto sendo pisado por alguém, o que o fez se voltar para trás, onde, para sua surpresa, Isabelle se encontrava parada, linda, magnificamente linda, olhando curiosamente na sua direção. Ela sorriu para ele com simpatia e ele, imediatamente retribuiu o sorriso.

– Vincent, você aqui! – exclamou ela, parecendo muito alegre por revê-lo. – Que surpresa!

– Pois é – ele se avermelhou todo. – Quis chegar à praia e acabei me perdendo.

– Venha! Eu, Jean-Pierre e o Jean-Luc estamos fazendo um piquenique.

– Um piquenique?!

– É! O Jean-Luc está amando.

– Faço ideia...

– O Jean-Pierre vai adorar sua presença.

– Não quero atrapalhar.

– Em absoluto.

Ao vê-lo se aproximando, Jean-Pierre abriu um sorriso largo.

– Quem é vivo sempre aparece!

Os dois trocaram um abraço e Vincent foi convidado a se sentar ao lado do casal. Logo, o tio estava a brincar com o sobrinho que sempre se divertia com os seus agrados.

– Ele é mesmo um menino adorável – elogiou Vincent com sinceridade.

– Logo, você terá o seu – observou Jean-Pierre com sensatez.

– Terei? – Vincent estava tão entretido com o sobrinho que não compreendeu o irmão.

Jean-Pierre traduziu melhor suas palavras, dizendo:

– Você e Silvia certamente pretendem ter filhos, não?

O moço não havia pensado naquilo até então. Por isso que não pôde responder com precisão a pergunta de Jean-Pierre.

– Ah, sim... Certamente!

A conversa tomou outro rumo a seguir. E quanto mais se estendia, mais e mais crescia dentro de Vincent o desejo de admirar os belos traços de Isabelle Binoche Cassel. Era com um imã atraindo o metal e ele já estava cansado de lutar contra aquela atração imensurável. Ficara distante daquela casa por mais de duas semanas na intenção de esfriar qualquer interesse seu pela cunhada e, no entanto, o interesse se mantinha tão forte ou até mesmo maior do que antes. Por isso, Vincent se levantou, alegando uma desculpa qualquer para ter de partir tão cedo e se foi, mesmo com Jean-Pierre insistindo para que ele ficasse mais um pouco. Partiu, fingindo uma serenidade que não tinha.

Assim que se viu fora do campo de visão do casal, Vincent diminuiu os passos e respirou fundo. Ele havia se apaixonado por Isabelle Cassel, não havia mais dúvidas. Uma paixão súbita e avassaladora. A pior de todas as paixões. O que era preocupante, pois Isabelle era casada com Jean-Pierre, o irmão que tanto lhe queria bem.

Uma simples rajada de vento fez Vincent estremecer. Foi como se, de repente, ele tivesse ficado nu em meio a uma geleira. Que Silvia voltasse para ele o quanto antes, pois ela sim, o amava e o queria como marido. Ela sim, estava livre para ele. Inteiramente livre para ser sua esposa.

Com grande esforço, Vincent retomou o caminho, claudicando entre a trilha sinuosa e verdejante que se estendia em meio às árvores suntuosas. Respirava ofegante, como se o ar tivesse ficado subitamente escasso ou seus pulmões precisassem de maior quantidade para sobreviver.

Ao avistar o mar com suas nuances de azul-carmim, Vincent novamente pensou em Silvia, no quanto era importante o seu retorno, para libertá-lo daquela paixão ensandecida por Isabelle Cassel. Com Silvia ao seu lado, ele não mais seria perturbado por aquela atração insana e proibida.

Contudo, era em Isabelle que seus pensamentos se mantinham colados. Nela, tão linda e angelical. Nela, beijando-o sem querer, naquele dia chuvoso, e o despertando para uma atração jamais sentida por uma mulher até então em sua vida.

A volta de Silvia Navarro finalmente aconteceu. Vincent a recebeu tão efusivamente que a moça se sentiu a mulher mais amada do planeta.

– Por que demorou tanto?

– Porque havia muito o que fazer. Os empregados foram dispensados, a casa foi posta à venda. Deixei Veruska incumbida de resolver assuntos pendentes para mim.

– Ótimo! Ela é de sua inteira confiança, não é?

– Sim!

– Que bom!

Assim que chegaram a casa, Vincent ergueu Silvia nos braços e a levou para o quarto do casal. Colocou-a na cama e a despiu. Beijou-a dos pés à cabeça e fez amor com ela. Nunca se sentira tão necessitado de uma mulher como nos últimos dias. Com a volta dela, a paz voltaria a reinar em sua mente e em seu coração, e isso era o que ele mais desejava. Paz, paz, paz!

# CAPÍTULO 8

Pelo fato de ter Silvia novamente em seus braços, Vincent não mais temeu ir à casa do irmão para jogarem golfe. Acreditou que estava plenamente curado da paixonite absurda que sentia pela cunhada e, portanto, não havia mais o que temer.

Assim que chegou à mansão, foi desperto pelo som de um piano ecoando pela interior da casa. Quem estaria tocando? A curiosidade o levou até a janela, de onde o som do instrumento parecia se propagar. Era uma composição tão surpreendentemente bem executada que era impossível acreditar que somente um par de mãos dedilhava as teclas do magnífico instrumento.

Encontrar Isabelle com seus dedos habilidosos, fluindo velozes pelas teclas de marfim não foi, de certo modo, surpresa alguma para Vincent. Só ela mesma poderia dominar o piano com tamanha maestria.

Subitamente, ela finalizou a canção e lhe endereçou um olhar de boas-vindas. Vincent sorriu para ela, maravilhado. Aplaudiu e pulou a janela, indo se posicionar ao seu lado.

– Mais uma, por favor!

Ela apreciou o pedido e a melodia seguinte que tocou foi tão bem executada quanto a anterior. Vincent fechou os olhos, deixando-se levar pela cadência das notas e toda a sua magia. Ao reabrir os olhos, o perfil de Isabelle ocupou toda a sua visão. Ela era tão linda quanto o seu talento para a música. Uma combinação de talento e traços perfeitos num só ser humano.

A última nota da melodia, ecoou pungentemente pelo salão até encontrar, de vez, o silêncio habitual do recinto.

– Linda, simplesmente linda! – Vincent parabenizou a moça com voracidade.

– Obrigada. É a preferida dele.

Por alguns segundos, Vincent não sabia de quem ela estava falando.

– Jean-Pierre – explicou Isabelle, amavelmente. – É a sua canção preferida.

– Ah, sim! Certamente!

As sobrancelhas do moço se uniram. A simples menção do nome do irmão o desagradou profundamente. Destruiu, por completo, a magia do momento que vivia ao lado da moça que tantos desejos despertavam o seu coração. Que seu casamento com Silvia acontecesse o mais rápido possível, para que ele não mais alimentasse qualquer esperança em relação à cunhada.

Contudo, o amor que fazia com a amante já não lhe dava mais o prazer de antes. Foi durante um café da manhã que Silvia finalmente percebeu que havia algo de errado com o amado.

– Vincent – chamou ela, incisivamente. – Está tudo bem?

– Oi?!

Ele parecia desperto de um transe.

– Eu perguntei se está tudo bem com você?

– Comigo?! Sim, lógico! Por que não haveria de estar?

– Você anda tão distante, como se estivesse com a cabeça nas nuvens.

– Você acha? Deve ser de preocupação com a saúde do meu pai. Ele anda tão debilitado ultimamente.

– Pode ser...

Ainda que o conhecesse por tão pouco tempo, Silvia sabia que o real motivo não era aquele. O amante apenas caíra na defensiva. Desde então, ela se manteria atenta a suas ações, observando-o em cada detalhe.

Quando ele se mostrou indisposto a fazer amor com ela, Silvia ficou ainda mais cismada.

– Vincent, meu querido, você precisa ir ao médico. Estou começando a achar que você está com algum problema de saúde.

– Eu?!

– Você, sim!

Ele pareceu refletir a respeito.

– Talvez você tenha razão. Amanhã mesmo irei fazer uma consulta.

– Faça isso, meu querido.

Naquele mesmo dia, Silvia foi falar com Angelina. Assim que a mulher abriu a porta e viu a moça parada diante dela, fuzilou-a com seu olhar de descaso e preconceito.

– Venho em missão de paz – adiantou-se Silvia, ponderadamente. – Quero falar do Vincent. Ele não anda bem...

– Pudera, vivendo ao seu lado.

– Dona Angelina, por favor.

– Você lhe faz mal. Afaste-se dele, e ele, com certeza, voltará a gozar da saúde plena e jovial que tinha antes de conhecê-la.

Silvia tentou conter o ódio que a mulher despertava em si, mas não conseguiu.

– A senhora é mesmo uma mulher desprezível. Por isso, acabou seca e enrugada...

– Um dia, meu filho há de ver quem você realmente é, sua ordinária. Aí, então, ele despertará do feitiço que você jogou nele.

– Deixe-me esclarecer duas coisinhas para a senhora. Primeiro: feitiço é com a sua pessoa que não passa de uma bruxa maléfica e asquerosa. Segundo: Vincent não é seu filho, nunca foi, nunca será!

A mão pesada de Angelina acertou sem dó a face linda e delicada de Silvia Navarro. A mulher cuspia fogo, de tão furiosa que ficou diante das provocações da jovem que, por sua vez, também explodia por dentro, tamanha a raiva.

– Demônio! – trovejou Silvia, enquanto tomava o rumo da rua.

Angelina não deixou por menos, respondeu à altura:

– Vade retro satanás! Você só arrastou os homens aos seus pés, por causa do seu rostinho bonito e do seu corpo delgado. Mas tudo isso o tempo se encarregará de destruir e, quando isso acontecer, não haverá nada além de vermes a desejá-la.

Silvia riu e acidamente respondeu:

– Pelo menos, muitos me quiseram. Quanto a você... O único macho que conseguiu atrair morreu em menos de dois anos de casado, porque não suportou a sua pessoa. Pudera, horrorosa como é. Pelancuda e baforenta como está.

Por pouco, as duas mulheres não se atracaram. Quando Silvia tomou o carro, precisou de um momento para se recompor. Seu coração estava acelerado, o ar lhe faltava. Se pudesse, daria fim a futura sogra antes mesmo de Angelina se tornar sua sogra. Que ela morresse, o mais cedo possível, para que o mundo se tornasse um lugar menos pior sem a sua pessoa. Mal sabiam as duas que, numa vida futura, elas se encontrariam novamente e da forma mais inusitada e surpreendente possível.

Diante da insistência da amante, Vincent foi ver um médico que o examinou e ficou certo de que ele não tinha nada, exceto um forte abalo emocional. Ao saber do diagnóstico, Silvia abraçou o rapaz e afirmou com grande alegria:

– Nós vamos superar essa fase, meu amor. Vamos sim!

Ao sentir o corpo dele junto ao seu, com seu calor humano envolvendo-a por inteira, a moça teve a certeza de que o amava loucamente e de que seria capaz de qualquer coisa por ele. Até mesmo matar, se preciso fosse para mantê-lo ao seu lado.

Mais um dia e Vincent Pérez estava ao lado do pai, procurando lhe ser gentil com palavras e gestos afetuosos. A saúde de Valentino Cassel parecia ter piorado consideravelmente nos últimos dias. Tivera uma forte gripe que atacou seus pulmões, resultando numa pneumonia. Intuindo que não tardaria a morrer, o homem se voltou para o filho ao seu lado e disse, procurando firmar a voz:

– Agora já posso morrer em paz. Meus dois filhos estão juntos e fiz justiça àquele que tive de abrir mão para compensar o mal que, direta ou indiretamente, eu e Carmem fizemos a Angelina.

Vincent massageou a mão do pai e disse, com voz embargada:

– O senhor ainda há de viver por muitos anos, papai. Acredite! Levamos tanto tempo para nos encontrar, não é certo que o senhor se vá agora...

Os olhos de Valentino transbordaram de lágrimas.

– Perdoe-me, filho. Perdoe-me por ter consentido que sua mãe o entregasse para Angelina, como substituto do filho que ela perdera de forma tão trágica.

O moço carinhosamente respondeu:

– Não há o que perdoar, papai. Ja lhe disse isso.

Valentino continuou:

– Consenti que Angelina continuasse com você porque senti muita pena dela. Não queria que ela sofresse novamente, havia se apegado a você. Tirá-lo dela depois de seis, sete anos de convivio, seria-lhe uma tortura. Até mesmo para você, que até então fora criado por ela.

– Eu sei. O senhor fez o que achou ser o certo na época. Eu o compreendo.

Jean-Pierre chegou a seguir e se sentou do outro lado da cama em que Valentino estava deitado. Tomou a mão do pai e a beijou, desejando-lhe um bom-dia. Ele e o irmão permaneceram ao lado do pai, quietos, podendo assim testemunhar – graças a Deus – a serenidade, pelo menos física, do seu falecimento.

No velório de Valentino Cassel havia muita gente, pois ele fora sempre um homem muito influente e querido, tanto ricos quanto pobres.

Jean-Pierre se achegou ao irmão e disse, com tenacidade:

– O papai ja não está mais entre nós, mas eu e você ainda estamos juntos e isso me alegra imensamente.

Os dois se abraçaram enquanto derramavam novas lágrimas. Quando os olhos de Vincent se desembaçaram, a visão de Isabelle, vestida de preto por causa do luto, tornou-se nítida. Até mesmo triste e abatida, ela se conservava linda e atraente.

Era um pecado, um tremendo desrespeito ele pensar nela naquele instante tão triste de suas vidas; contudo, seu coração não mais respeitava seu bom senso.

Antes de voltar para casa, Vincent foi ver a mãe.

– Achei que a senhora fosse ao velório do papai – disse ele assim que a viu. – Ou pelo menos ao enterro.

– Pra quê? – desdenhou ela. – Nenhum morto fica esperando companhia nessa hora, tampouco sente falta de quem não foi vê-lo, ridiculamente estirado num caixão.

– Que fosse por consideração, pelo bem que ele foi capaz de fazer pela senhora.

– Bem?! Que bem?! Tudo o que Valentino fez por mim foi por obrigação. Se eu fosse justa teria denunciado ele e Carmem pela morte do meu menino. Eles mataram o meu filho, esqueceu? Portanto... que o inferno saiba recebê-los com todas as honrarias do demônio.

Vincent achou melhor encerrar o assunto, a mãe estava impossível naquele dia. E ele estava sem paciência para qualquer coisa além da tristeza pela morte do pai.

Ao reencontrar Silvia na casa do casal, Vincent a abraçou e chorou em seu ombro feito uma criança desesperada e solitária. Ela o consolou, surpresa consigo mesma por demonstrar tanto carinho a uma pessoa. Então, num momento propício, ela comentou:

– Meu amor, já que seu pai não se encontra mais no mundo dos vivos, podemos ir embora desse fim de mundo. O que acha?

Vincent ouviu suas palavras com o maior espanto. Foi como se elas o tivessem despertado de um sonho bom.

– Ir embora daqui? Endoidou?! – sua resposta soou antes que ele pudesse contê-la.

– Você mesmo disse que só moraria aqui pelo tempo que seu pai estivesse vivo. Depois de sua morte, iríamos embora...

– Disse? Disse sim, mas... – ele abaixou os olhos para as próprias mãos e murmurou, meio inibido: – Não gostaria de me mudar tão cedo, eu e Jean-Pierre estamos nos dando tão bem. Quero aproveitar melhor da sua companhia.

Silvia pensou por um momento, analisando cada palavra e respondeu:

– Mas uma hora teremos de partir para um lugar que possa realmente honrar o título de cidade. Para que também tenhamos a nossa própria casa. Uma morada digna de se viver. Com todo o luxo que eu e você merecemos ter na vida.

Voltando os olhos para os cantos da sala, como quem avalia avidamente um ambiente, Vincent comentou com tamanha simplicidade:

– Aqui não é mau.

– Não é mau?! – ela riu, inconformada. – É péssimo! Se podemos viver no luxo, não há por que vivermos numa pocilga dessas.

– Nunca fui de luxos, Silvia.

– Mas eu, sim! E não vou permitir que você, com todo o dinheiro que agora possui, viva como um camponês qualquer.

Ele tentou articular uma nova defesa, mas as palavras não tiveram êxito.

Foi nesse momento, porém, que algo se acendeu na mente de Silvia Navarro. Algo que há muito já deveria ter percebido e deixara passar. O real motivo pelo qual Vincent vinha se comportando daquela maneira. Trava-se de uma outra mulher, pela qual ele ficara enrabichado e, certamente a conhecera, enquanto ela viajara para resolver suas pendências na Holanda. Quem seria a tal? Ela precisava descobrir ou simplesmente partir com ele daquele lugar, o quanto antes, para cortar de vez o mal pela raiz. Como ela fora estúpida. Lenta demais para se tocar do fato.

– Vincent!

O tom sério dela o assustou. Fez com que ele olhasse para ela com certo temor. Silvia o olhava desafiadoramente, perfurando-lhe os olhos sob o domínio total do ciúme e do ódio. Por fim, ela tirou da garganta o que estava profundamente entalado ali:

– Você anda abobalhado ultimamente. Tão bobo quanto um adolescente inexperiente e apaixonado.

– Eu?!

– Você, sim! Não se faça de sonso.

– Aonde você quer chegar, Silvia?

– Preciso mesmo dizer, Vincent?

Ele engoliu em seco e ela foi além:

– Demorei tempo demais para compreender o que realmente está se passando com você. Fui mesmo uma estúpida. Era tudo tão nítido, tão fácil de se perceber.

– Sem delírios, Silvia, por favor!

– Delírios?! Não há delírio algum. Você anda enrabichado por um rabo de saia qualquer e é isso que o vem tirando do prumo. Tentei lutar contra essa possibilidade, mas suas atitudes confirmaram minhas suspeitas.

– Não diga tolices, Silvia!

– Vai continuar negando?

– Vou! Porque isso não é verdade!

Ela deu um passo à frente e o desafiou:

– Então afirme isso, olhando bem nos meus olhos.

Ele recuou:

– Não preciso afirmar. Não quero. Não vejo necessidade.

Ela riu e se jogou no sofá.

– Você pensa que me engana. Não sou boba, nunca fui. Sou capaz de farejar uma mentira a quilômetros de distância. – Ela novamente riu, nervosa e insistiu na pergunta: – Quem é ela, Vincent? Desembucha!

Ele se manteve quieto, evitando seus olhos.

– Não precisa me dizer; eu mesma descubro! – afirmou categórica.

Seu tom decidido o fez reagir, voltar-se para ela e afirmar, olhando profundamente em seus olhos febris:

– É você quem eu amo, Silvia. Só você!

– Amava! – retrucou ela quase num grito.

-- Ainda a amo! Acredite! – insistiu ele querendo muito acreditar naquilo. Mas ela não se deixou enganar:

– Não da mesma forma que antes.

– Silvia!...

– Vincent, para que negar? Seu amor por essa mulher salta-lhe aos olhos. Não sei nem porque me espanto diante do fato. Você é um homem e como todos, não presta!

Ele tentou se defender, mais uma vez, e não conseguiu. Ela também não aguardava por sua defesa, pois nada a faria mudar de ideia. Dessa forma, Vincent achou melhor procurar a mãe para, quem sabe, ajudá-lo diante do drama que estava vivendo.

Ao recebê-lo à porta, Angelina percebeu de imediato que algo de muito grave havia acontecido ao filho.

– O que a coquete desclassificada fez com você, dessa vez, Vincent? Você está com um aspecto horrível.

Para não ter de encarar a mãe, o moço adentrou sua morada, voltou-se de costas para ela mirando a lareira adormecida e disse:

– Estou verdadeiramente apaixonado, mamãe.

Angelina foi severa ao dizer:

– Aquela vadia não merece o seu amor, Vincent! Não sei porque você insiste nessa ideia.

– Mamãe, não é pela Silvia que estou apaixonado.

– Não?! – o rosto de Angelina se transformou. – Mas isso é uma notícia maravilhosa, meu filho. Quem é a felizarda?

O sujeito não conseguiu responder a pergunta, abaixou a cabeça e mergulhou as mãos nos cabelos.

– Quem é ela, Vincent? – tornou a mulher sem esconder a ansiedade.

Foi preciso grande esforço da parte dele para finalmente responder a questão:

– Isabelle, mamãe. Isabelle Binoche.

A mulher estremeceu por inteira.

– Você se refere a...

– Sim! A esposa do meu irmão.

Angelina arrepiou-se até a alma. Andou de um lado para o outro, em busca de um conselho válido para tirar o filho de mais um desatino, e falou a toda voz:

– Vincent, que dedo mais podre você tem para escolher as mulheres. Que horror!

Ele desabou a chorar e Angelina continuou, mais racional do que nunca:

– Essa Isabelle gosta de você, Vincent? – ela nem esperou pela resposta. – Não, não gosta! Então esqueça-se dela. Dela e da vagabunda!

– Mamãe...

– Fuja de ambas, Vincent. Com nenhuma das duas você será feliz. Ouça o que lhe digo. Minha intuição sempre foi forte. Vamos embora daqui, para um novo lugar, uma nova vida.

– Eu...

– Vincent, meu filho, essa é a sua única salvação! – Angelina bufou. – Eu sabia que esse lugar só me traria desavenças novamente. Por isso que me recusei a voltar e, no entanto...

O moço olhava agora para a mãe com olhos de súplica, enquanto lágrimas e mais lágrimas rolavam por sua face amargurada. Houve um momento de silêncio até ele explicar:

– A Silvia já descobriu o que se passa comigo. Neguei, mas ela não é boba. Só não sabe ainda quem é a mulher por quem me apaixonei.

– Vocês homens são mesmo uns volúveis. Semanas antes, você amava loucamente essa cortesã do demônio, agora, já ama outra. Haja paciência!

– Aconteceu, mamãe! O que há de se fazer?

Só então ela acolheu o filho em seus braços, por pena, querendo imensamente libertá-lo daquele caos emocional.

Nesse ínterim, Silvia Navarro ficara a refletir sobre a paixão secreta do amante. Se o confrontasse novamente, ele continuaria negando o fato. Se continuasse demonstrando desconfiança, ele tomaria cuidado para não deixá-la descobrir quem se tornara sua mais nova paixão. O melhor a fazer, por ora, era fingir que se enganara, que tudo não passara de fruto da sua mente ciumenta e possessiva. Só assim ela poderia descobrir a verdade e afastá-lo da dita cuja.

Silvia despertou de suas reflexões ao ouvir batidas na porta, o que a fez ajeitar o vestido e os cabelos para ir ver quem era. Surpreendeu-se ao ver Jean-Pierre parado ali, olhando timidamente para ela. Sabia que era ele, pois jamais o confundiria com Vincent, como a maioria confundia os dois no dia a dia.

– Olá.

– Olá!

– O Vincent está?

– Saiu. Foi ver a mãe.

– Diga a ele para ir jantar em casa essa noite. Há tempos que ele não aparece. Assim, vou acabar pensando que ele anda me evitando.

– Digo sim.

Diante do seu olhar arguto e penetrante, Jean-Pierre ficou subitamente sem graça.

– Bem... Eu já me vou.

Ela riu.

– O que foi?

– Você, Jean-Pierre.

– O que tem eu?

– Sequer é capaz de sentir ódio de mim, não é mesmo?

A pergunta o pegara desprevenido. Mas Silvia estava certa, apesar de todo mal que ela havia lhe feito, ele não mantinha qualquer ressentimento contra ela. Não gostava nem a detestava. Houvera um tempo, sim, durante a agonia que ele passara em suas mãos, quando ela fizera de sua vida um inferno, que uma ira intensa, por muitas vezes, chegara a se insinuar dentro de si. Mas depois que ela partira de sua vida, a bondade voltou a prevalecer em seu coração, sobrepujando qualquer sentimento de ódio ou de revolta em relação a ela. Os horrores do que viveram lado a lado pertencia ao passado. Ele conseguira colocar um ponto final em toda aquela história e, portanto, não havia motivos para querer mal a sua pessoa.

Por fim, ele concordou com ela, por meio de uma expressão inocente, totalmente pacífica.

– Eu sabia! – exclamou Silvia, soltando um risinho de superioridade. – E tem mais, Jean-Pierre! Você já se deu conta, alguma vez, de que se eu não tivesse entrado na sua vida, você jamais teria se apaixonado por Isabelle, reconhecido o seu amor e visto ela como mulher?

Silvia estava certa mais uma vez, reconheceu o moço, silenciosamente. Graças ao caos em que ela transformara sua vida, ele pôde descobrir o quanto Isabelle era adorável e poderia ser, realmente, a mulher ideal para ele se casar. Sem Silvia na sua vida, ele provavelmente nunca teria se apaixonado por Isabelle, tampouco descoberto o verdadeiro amor.

– Foi graças a mim, também – tornou ela retumbante –, que você pôde conhecer o seu irmão. E seu pai pôde reencontrar o filho. Como vê, não sou de todo mal.

– Ninguém é, Silvia.

Os olhos dela subitamente se abaixaram, entristecidos, e sua voz se apagou ao dizer:

– Se Vincent não tivesse entrado em minha vida, eu jamais retornaria a esse lugar. Não gosto daqui.

– Eu sei.

– Mas o destino me trouxe de volta. O maldito destino! Mas agora que seu pai morreu, eu e o Vincent partiremos daqui, o mais breve possível. Esse lugar não me faz bem. Preciso de luz e agito, da beleza e do glamour que só as grandes cidades podem me dar.

– Não gostaria de me distanciar do meu irmão, novamente, mas se não há outro jeito...

Silvia pareceu voltar a si num estalo:

– Dar-lhe-ei o recado, queridinho. Até mais!

E fechou a porta na cara do moço, sem pesar algum. Jean-Pierre riu. Já se acostumara aos repentes da moça. Também, depois de tantos que passara em suas mãos. A seguir, ele entrou em seu carro e partiu.

Ao voltar para casa, Vincent se surpreendeu ao ver Silvia trajando um elegante vestido azul que realçava lindamente suas curvas. Seu rosto estava maquiado como se ela fosse para uma grande festa.

– Você está linda – elogiou ele com sinceridade.

– Estou, não estou? – ela se virou de um lado para o outro e afirmou: – Quis ficar bonita para o meu futuro marido.

Ele forçou um sorriso e ela o beijou.

– Arrume-se, rápido! Temos um compromisso para essa noite.

– Compromisso?

– Sim! Um jantar na casa do seu irmão. Ele mesmo esteve aqui para convidá-lo.

A possibilidade de rever Isabelle agradou Vincent imensamente. Silvia apanhou sua bolsa de madrepérola e, segurando-a numa altura apropriada, perguntou:

– Ornou com esse vestido, não ornou?

Só então, Vincent percebeu por que Silvia estava tão elegantemente vestida.

– Ele também a convidou, Silvia?

– Não! Diretamente não – respondeu ela displicentemente – Mas...

A presença de Silvia na casa de Jean-Pierre e Isabelle poderia ser extremamente desagradável para o casal.

– Acho melhor você não ir – opinou o moço por bom senso.

– Vou sim! – respondeu ela determinada. – Sem a minha presença, esse jantar será um porre. Uma monotonia sem igual. Convenhamos, seu irmão e sua cunhada são muito chatos.

– Silvia... Eles ficarão sem graça com a sua presença.

– Problema deles! Eu e você já estamos praticamente casados. Logo, serei sua legítima esposa. Eles terão de me engolir, afinal, aonde o marido vai, a esposa deve acompanhá-lo e vice-versa.

O moço mordeu os lábios, sem saber mais o que dizer. Fora pego de surpresa. E conhecendo Silvia como conhecia, sabia que nada a faria mudar de ideia.

– Arrume-se rápido! – tornou ela, olhando desafiadoramente para ele. – Não é nada elegante chegar atrasado aos compromissos.

E ele acabou acatando sua ordem.

# CAPÍTULO 9

Ao chegarem à mansão, foram recebidos a porta por Georges que, por mais polido que fosse, fechou o cenho ao encarar Silvia Navarro.

– Olá, queridinho, como vai? – ela zombou dele, enquanto adentrava a morada com seu andar imponente e triunfante.

O homem engoliu em seco. A boa educação o mandava receber as pessoas, fosse quem fosse, com refinamento. Mas Silvia Navarro não era uma pessoa, era um monstro, uma loba em pele de cordeiro.

– A casa não mudou nada! – comentou ela, varrendo a grande sala com seus olhos vivos e debochados. – Mas comigo aqui, tinha mais vida. Bem mais vida!

Quando Isabelle e Jean-Pierre apareceram, o choque com a presença da moça na casa foi inevitável.

– Olá, queridinhos! – saudou Silvia o casal. E juntando-se a Vincent, completou: – Aonde o marido vai, a esposa deve acompanhá-lo. É assim que mandam as tradições, não é mesmo? Sei que ainda não nos casamos no papel, mas já que moramos juntos, é como se já estivéssemos casados. Concordam?

A polidez de Jean-Pierre evitou que surgisse qualquer desconforto entre todos. Por isso, ele rapidamente sorriu para a ex-mulher e lhe deu as boas-vindas.

– Jean-Pierre Cassel é mesmo um cavalheiro – Silvia o elogiou porque era mesmo verdade.

Isabelle achou melhor seguir o exemplo do marido, pois era o melhor a ser feito, pelo menos por hora, diante da situação que se encontravam.

No minuto seguinte, Jean-Pierre preparou alguns drinques, enquanto Silvia desembestava a falar a respeito de sua ida à Holanda para dirimir assuntos pessoais. Quando Jean-Pierre pôs um drinque em suas mãos, ela maliciosamente perguntou:

– Esse não está envenenado, está?

Vincent corou de vergonha, enquanto Silvia caiu numa gargalhada espontânea e espalhafatosa.

– Brincadeirinha, meu querido. Brincadeirinha!

Jean-Pierre encarou aquilo com bom-humor e quando o jantar foi servido, os empregados da casa mal podiam acreditar que Silvia Navarro estava novamente sentada à mesa com o patrão, mesmo depois de todo mal que havia lhe causado.

– Mas esse lagarto está uma delícia – elogiou Silvia e com razão. – Pelo visto, a cozinheira daqui continua muito boa. Em minha casa em Amsterdã, contratei um chef de cozinha formidável para preparar exclusivamente as minhas refeições – ela baixou a voz para acrescentar num tom matreiro: – Na verdade, eu o roubei de um refinado restaurante parisiense. É óbvio que ele aceitou a minha oferta, ofereci a ele quase o triplo do que ganhava naquela espelunca. Os donos do lugar ficaram desesperados, chegaram a me implorar que não fizesse aquilo, ou que, pelo menos, deixasse o cozinheiro ali até contratarem um tão bom quanto ele. Pois eu não quis nem saber. O problema era deles, não meu! Portanto...

Silvia se serviu de mais um pedaço de carne e suspirou:

– Hum... Bom demais!

Voltou-se então para Isabelle e ironicamente perguntou:

– O que há, doçura? Você está tão quietinha. O gato, por acaso, mordeu sua língua?

Enquanto Isabelle se avermelhava, Silvia riu gostosamente. A seguir, voltou-se para Vincent que também se mostrava taciturno e comentou:

– Pelo visto, o gato também fisgou da sua língua, não é meu amor?

Ele emitiu um sorrisinho amarelo, enquanto reforçava, intimamente, o desejo de ir embora dali o quanto antes. Custava-lhe não poder olhar para Isabelle com admiração e despreocupação. Se fizesse, Silvia poderia perceber que era por Isabelle que ele estava apaixonado.

Silvia voltou a falar e, no fundo foi bom para que o clima na mesa não ficasse tão constrangedor. Um momento de distração e Vincent se esqueceu que Silvia poderia notar, por meio do seu olhar, o que ele, com grande esforço, procurava ocultar de todos. Só então ela compreendeu porque os olhos dele refletiam medo e, ao mesmo tempo, desejo intenso e voraz. Seria mesmo Isabelle a mulher por quem Vincent estaria apaixonado?, questionou-se Silvia, silenciosamente. A resposta não tardou a chegar.

Ao voltar os olhos para ela, Vincent sem querer se entregou. E para fugir da situação, comentou:

– A comida está mesmo deliciosa – elogiou para quebrar o clima tenso que sombreava a sua pessoa.

Mas Silvia não deixou aquilo passar em branco e ironicamente falou:

– Não é somente a comida que o agrada, não é mesmo, meu querido? – uma pausa e acrescentou, ferina: – Eu diria que algo mais o apetece e de forma avassaladora.

Jean-Pierre e Isabelle se entreolharam, sem entender, enquanto Vincent Pérez procurava rapidamente por uma saída.

– Você está absolutamente certa, Silvia! Tudo aqui me apetece. A presença do meu irmão e da minha cunhada. A sua. Isso me dá a certeza de que estou em boa companhia. Que nunca mais estarei sozinho.

Ele novamente transparecia calma e naturalidade, mas o medo de que Silvia Navarro pusesse tudo a perder atingia-lhe a boca do estômago, desenfreadamente.

Ao tomarem o carro de volta para o vilarejo, Silvia soltou o verbo:

– Quando e onde você se apaixonou por aquela camponesa sem graça? Diga-me!

– O que é isso, Silvia?! Ficou maluca?

– Pensa mesmo que sou tola? – ela riu com escárnio. – Eu sabia que havia um rabo de saia na jogada, só não podia imaginar que fosse essa fulaninha chocha e sem graça.

– Silvia, por favor! O ciúme está deixando-a maluca.

– Pare de mentir para mim, Vincent. Poupe-se desse trabalho. Aquela caipira o encantou. Não sei como pôde, mas o encantou! Lamentável que isso tenha acontecido, porque se ela e Jean-Pierre souberem o que se passa em seu coração, o convívio de vocês estará afetado para sempre.

– Nada vai me separar novamente do meu irmão, Silvia.

– Nada mesmo?

Ele engoliu em seco, amarrou o cenho e concentrou-se na estrada. Silvia ficou temporariamente calada, com os pensamentos em rodopio.

– Essa é a maior! – exclamou, sentindo-se ultrajada. – Você apaixonado pela esposa medíocre do abestalhado do seu irmão.

– Não fale assim dos dois, Silvia, por favor!

– Falo, falo sim! A boca é minha, falo como eu quiser.

– Às vezes penso que você não tem coração.

– Pouco me importa o que você pensa de mim! O que me importa, agora, é imaginar como o seu irmão vai reagir ao saber que você está caidinho pela mulher dele.

– Silvia, não ouse pôr caraminholas na cabeça do Jean-Pierre.

Ela novamente riu, debochada.

– Está com medo, não está?

– Não quero que nada estrague o nosso convívio. Já ficamos tempo demais separados um do outro, não seria junto nos afastarmos novamente por causa de uma bobagem da sua parte.

– Bobagem?! Sei...

Ambos novamente se silenciaram e foi assim até chegarem ao vilarejo. Já se encontravam no quarto despindo-se da roupa elegante que vestiram para irem ao jantar, quando Silvia abordou o assunto por outro ângulo:

– Saiba que Isabelle nunca ficará com você. O amor dela por Jean-Pierre é infinito.

Vincent permaneceu em silêncio, vestindo o pijama, enquanto ela continuou falando, confiante:

– Você pode até amá-la, mas Isabelle jamais será sua. Eu fosse você, partiria comigo para uma outra cidade, um outro país, o quanto antes. Não quero vê-lo sofrendo. E digo isso porque ainda o amo. Infelizmente.

– Silvia...

– Ouça o meu conselho, Vincent! Mudemo-nos daqui, o mais rápido possível. Já diz o ditado: o que os olhos não veem, o coração não sente.

Um momento de hesitação e ele acabou concordando:

– Está bem. Mas minha mãe terá de ir conosco.

– Desde que ela resida noutra casa, por mim, tudo bem. Porque se eu não a tolero, e ela não me tolera, será impossível morarmos sob o mesmo teto, concorda?

Ele assentiu, mas via-se grande pesar em seus olhos verdes e cintilantes, subitamente úmidos e entristecidos.

Silvia então se aproximou do amante, envolveu-o em seus braços e o beijou carinhosamente. Ele retribuiu seu gesto, percebendo que a moça se tornara para ele a âncora que o impedia de colidir contra os recifes em dias de mar revolto.

Foi pouco antes de adormecer, naquela noite, que Silvia se recordou do momento em que Jean-Pierre a apresentou para Isabelle Binoche e ela teve um mal pressentimento.

"Meu bem, esta é a Isabelle de quem lhe falei. Minha irmãzinha do coração", disse Jean-Pierre para Silvia, na ocasião.

De todos os presentes, foi Isabelle quem mais despertou o interesse de Silvia naquele dia.

"Jean-Pierre me falou muito bem de você. Espero que sejamos amigas", disse ela, estudando avidamente o semblante da moça.

Isabelle nada respondeu, apenas disse: "Preciso ir" e partiu ansiosa.

Jean-Pierre só teve tempo de lhe dizer: "Venha nos visitar!" e quando voltou a olhar para a esposa, o ar de preocupação em seu rosto o fez questionar o que havia lhe acontecido.

"Nada não, Jean-Pierre. Bobagem minha!", respondera Silvia transparecendo a mesma naturalidade de sempre.

"Então venha! Vamos dançar!", sugerira ele, conduzindo-a para a pista de dança improvisada no meio do salão.

E Silvia concordou, recuperando a mesma postura e alegria de antes. Mas eram só aparências; por dentro, forte inquietação a perturbava. A impressão de que Isabelle Binoche ainda lhe seria extremamente prejudicial, num futuro próximo, pontuava seu peito. Que ela lhe tomaria algo importante, tornava-se cada vez mais forte para Silvia.

Se ela soubesse, de antemão, que esse "algo importante" seria o homem da sua vida, ela jamais teria levado Vincent Pérez para aquela cidadezinha insuportável. A constatação fez Silvia estremecer e refletir em busca de uma saída eficaz para dar fim ao seu martírio e ao de Vincent também.

Foi durante o café da manhã, que ela conversou com ele a respeito.

– Eles têm de saber o que está acontecendo com você, Vincent. Foi essa a conclusão a que cheguei durante a noite, depois de muito refletir a respeito.

– Eles? Eles quem, Silvia? Do que está falando?

– Refiro-me a Jean-Pierre e Isabelle. Ambos têm de saber que você está apaixonado por Isabelle. Só assim terei garantias de que vocês nunca mais vão se ver. Porque tanto Jean-Pierre quanto Isabelle romperão com você os laços fraternos que os une.

Vincent quicou para trás, furioso.

– Já lhe disse que não quero perder o contato com o meu irmão! Além do mais, o que ele vai pensar de mim?

– Problema dele! O importante é que vocês se afastem um do outro, terminantemente. Se Jean-Pierre não se afastar, Isabelle o fará. Ela sempre me pareceu menos burra do que ele.

– Silvia, por favor...

– Só assim eu voltarei a confiar em você, Vincent.

– Silvia, nada disso é preciso, pode ter certeza de que...

Ela nada mais disse, apenas dirigiu-se para o closet que ficava junto ao quarto, no andar superior do sobrado; lá se vestiu e se maquiou, impecavelmente, como sempre fazia quando ia sair de casa.

– Aonde você vai? – estranhou Vincent ao vê-la naquela estica.

– Vou à casa do seu irmão. Contarei tudo para ele e para Isabelle a seu respeito.

Vincent novamente se alarmou.

– Não, você não vai! – berrou.

Silvia simplesmente desdenhou sua fúria.

– Vou! Vou sim! E ninguém vai me impedir.

Num repente de raiva ele a segurou pelo pescoço e entredentes, falou:

– Você não pode atrapalhar a minha vida. Você não tem esse direito.

– Solte-me! Você está me sufocando.

– É para sufocar mesmo.

Ele continuou a segurá-la com as duas mãos cravadas em seu pescoço fino e delicado. Quando a soltou, ela arquejou, temporariamente, até começar a rir, triunfante e descabidamente. Sua reação assustou Vincent, que se mantinha parado a poucos metros de sua figura.

– Ninguém ganha de mim, Vincent. Ninguém! – admitiu ela muito segura de si.

Num rápido movimento, ela apanhou sua bolsa e quando ia descer o primeiro degrau da escada que unia os dois pavimentos, Vincent se moveu na sua direção e seu movimento ágil a assustou, fazendo-a pisar em falso, rolando escada abaixo.

# CAPÍTULO 10

O choque com a queda de Silvia fez Vincent parar no topo da escada com uma expressão de horror. Ele precisava acudi-la, urgentemente, e foi quando ele desceu o primeiro degrau que percebeu que, com ela morta, Jean-Pierre jamais saberia da paixão crescente que ele sentia por Isabelle. Se Silvia contasse para os dois, ambos se afastariam dele e, com isso, nada mais entre os três poderia ser o mesmo.

Nesse momento, a porta da frente da casa se abriu e Angelina Chermont entrou. Era a primeira vez que ela punha os pés naquela casa. Acordara naquele dia sendo induzida por uma voz mental a ir ver o filho em sua morada. Ao ouvir o grito de Silvia e o estrondo a seguir, Angelina, assustada, girou a maçaneta da porta que àquela hora já havia sido aberta pelo próprio Vincent ao ir pegar os litros de leite deixados pelo leiteiro na varanda.

Ao avistar Silvia Navarro estirada aos pés da escada, seu rosto se contorceu num misto de surpresa e felicidade. Que a usurpadora estivesse morta, rogou. Só assim, Vincent estaria livre dela para sempre.

Ao ver Vincent no topo da escada, olhando apavorado na sua direção, Angelina sentiu seu corpo se arrepiar até a alma. Pela posição do rapaz, tornava-se evidente que ele havia empurrado a moça, escada abaixo, de propósito.

– Filho?! – murmurou ela estarrecida.

O moço rapidamente desceu os degraus, tendo o cuidado para não pisar em Silvia, assim que chegou até ela. Ele queria falar, mas não tinha forças, as palavras pareciam ter se aglutinado em sua garganta. Angelina lhe pediu calma, com sua sagacidade costumeira e disse, feliz da vida:

– Se ela está morta, teve o que mereceu!

O moço finalmente soltou a voz:

– Não diga isso, mamãe!

A mulher simplesmente o encarou com seus olhos frios e dominadores:

– Foi a melhor saída para você, Vincent. Acredite!

– Mamãe...

Nisso, os dois ouviram uma batida na porta e quando olharam para trás, havia um policial parado ali.

– Desculpem-me, mas estava aberta. Moro ao lado, ouvi um grito e um estrondo, pensei que houvesse acontecido alguma coi... – ele não completou a frase ao avistar Silvia Navarro caída aos pés da escada. – O que houve?

As mãos de Vincent se crisparam, enquanto os músculos do rosto endureciam subitamente. Para ajudar o filho, Angelina respondeu à pergunta do policial com tenacidade:

– Ela pisou em falso e rolou escada abaixo.

O policial curvou-se sobre o corpo de Silvia, procurando sua pulsação.

– Ela está morta – disse a seguir. – Deve ter destroncado o pescoço ao cair.

Vincent estremeceu e logo seus olhos lacrimejavam, entristecidos. Aquilo só podia ser um pesadelo, Silvia não podia ter morrido. Ele não a queria mal. Jamais quis. Só não gostaria que ela o afastasse de Isabelle e Jean-Pierre...

Angelina, por sua vez, fechou os olhos, intimamente feliz por saber que doravante, o filho e ela também, estariam livres para sempre da rameira insuportável. Sua morte, para Angelina, foi como uma benção caída do céu.

– O grito se deu quando ela caiu? – perguntou o policial a seguir.

– Sim, sim... – Angelina tornou a responder pelo filho.

– O senhor estava com ela?

Vincent assentiu, enquanto seus olhos minavam lágrimas, ininterruptas.

– O senhor e ela eram casados?

– Pretendíamos nos casar dentro em breve.

As respostas de Vincent eram precisas, contudo, o policial tinha a nítida impressão de que o sujeito procurava ocultar algo. Ouvira uma discussão. Teria ele discutido com a futura esposa e a empurrado escada abaixo, num momento de fúria?

– Preciso lhe perguntar, é meu dever - o tom do policial assustou Vincent.– O senhor, por acaso, empurrou essa moça?

Angelina novamente se adiantou na resposta:

– Policial! Essa jovem realmente pisou em falso e caiu. Vi isso acontecer, bem diante dos meus olhos.

O policial ficou impressionado com a firmeza com que a mulher afirmara aquilo.

– Está bem. É melhor chamarmos uma ambulância. Há um telefone na casa? Posso usá-lo? Obrigado.

A ambulância chegou acompanhada da polícia, o que deixou Vincent e Angelina alarmados.

– A polícia aqui, para quê, policial? – questionou Angelina desconfiada.

– Apenas uma ação rotineira – explicou o sujeito calmamente.

Meia hora depois, o cadáver tinha sido fotografado e removido; os peritos da polícia tinham examinado atentamente o local e já haviam ido embora. Vincent e Angelina seguiram então para a delegacia, onde o delegado apurou os fatos. O testemunho de Angelina ajudou Vincent totalmente. Sem ela, na casa, ele provavelmente teria complicações para se safar da hipótese de ter empurrado a amante escada abaixo.

Diante do corpo de Silvia, ocupando um caixão de ébano, Vincent Pérez desejou que a moça voltasse à vida, não por medo de se complicar perante as autoridades, por causa da sua morte suspeita, mas simplesmente porque a queria viva, linda e radiante como sempre tinha sido. Se ele não tivesse elevado a voz, feito ela temê-lo e, por isso, querer descer a escada sem tomar os devidos cuidados, ela ainda estaria viva. E ainda que pusesse a perder todos os seus planos de amor em relação a Isabelle, ela continuaria viva e deslumbrante como sempre.

Para Vincent, aquele momento lhe pareceu o mais longo de sua existência. Tinha a sensação de estar carregando todo o peso do mundo nas costas.

– Eu sinto muito – falou Isabelle, com sinceridade, ao dar-lhe os pêsames.

Ele nada conseguiu responder, apenas abaixou a cabeça e chorou como uma criança sentida e solitária. Jean-Pierre tentou consolá-lo, a seguir, com um abraço e algumas palavras de conforto.

– Poxa, perdemos o nosso pai há tão pouco tempo. E agora você perde a Silvia. Imagino como isso deve estar sendo difícil para você. Saiba, porém, que pode contar comigo para o que der e vier, pelo resto de sua vida. Somos irmãos e nada é mais forte do que o sangue que nos une.

– Obrigado, meu irmão. Muito obrigado.

E Vincent retribuiu o abraço, porque precisava dele mais do que tudo naquele instante desolador.

Do cemitério, Vincent seguiu diretamente para a casa de Angelina.

– Mamãe... – desabafou, assim que a viu. – Mal consigo acreditar que Silvia esteja morta.

A mulher soltou um suspiro de alívio.

– Foi melhor assim, Vincent. Já lhe disse isso!

– A senhora não pode estar falando sério.

Angelina se exaltou:

– Você queria mesmo que eu derramasse alguma lágrima por aquela vagabunda? Não seja patético, Vincent.

– Mamãe...

– Com ela ao seu lado, você jamais teria tranquilidade. Acredite! Sei bem do que estou falando.

Ele se sentou na poltrona, escondeu o rosto entre as mãos e chorou.

– Ela queria contar tudo para o Jean-Pierre e, consequentemente, para a Isabelle... Queria contar que eu...

Ele não conseguiu terminar a frase, mas Angelina, sim:

– Queria contar que você está apaixonado por Isabelle Cassel. Que está louco por ela!

– Não fale assim, mamãe!

– Falo, porque é verdade, ora! Assuma os seus sentimentos!

Ele chorou ainda mais e Angelina não teve piedade:

– Você ficou tão louco por Isabelle que foi capaz... – ela calou-se, fechou os olhos e travou os lábios, antes que dissesse o que não devia. Mas a vontade de dizer, falou mais alto em seu coração: – Por isso você empurrou a Silvia, não é mesmo, Vincent? Empurrou-a escada abaixo para que ela não tivesse a chance de contar a Jean-Pierre e sua esposa o que se passa em seu coração.

Ele gritou, horrorizado:

– Não, mamãe! Eu não a empurrei. Eu juro! Mas acho que ela pensou que eu iria matá-la e, por isso, pisou em falso e despencou de lá. Foi horrível.

– Acalme-se, meu querido. Acalme-se! – Angelina sentou-se ao lado dele e o fez deitar sua cabeça em seu colo, como sempre fazia toda vez que o encontrava desesperado por algo. Um minuto de silêncio e Angelina voltou a amaldiçoar Silvia Navarro. – Aquela ordinária teve a morte que mereceu, Vincent. Ela não prestava. Nunca prestou. Percebi isso assim que bati os olhos nela.

Vincent tentou defender Silvia, novamente:

– Silvia foi apenas mais uma vítima do destino cruel que tanto mal nos faz, sem se importar com os nossos sentimentos.

– Que nada, filho! Ela teve chances de mudar de vida e não fez nada. Ela teve a oportunidade de ser feliz e não aproveitou. Agiu assim porque nunca mereceu de fato uma nova chance.

– Se eu não tivesse me apaixonado por Isabelle, nada disso teria acontecido.

– Vincent, meu filho, ouça bem o que eu tenho a lhe dizer. Isabelle Cassel não o quer. Ela ama Jean-Pierre e é feliz ao seu lado. Não perca mais um minuto sequer da sua vida alimentando esperanças em relação a essa moça.

– Eu sei, mamãe. Mas eu a amo. É mais forte do que eu.

A mulher novamente se exaltou:

– Por isso que precisamos ir embora daqui, o quanto antes!

– Mas...

– Partiremos ainda essa semana. De volta para a nossa casa em Luxemburgo. Lá, você recomeçará sua vida e encontrará outra mulher para ser feliz.

– A senhora tem toda razão, mamãe. É o melhor mesmo que temos a fazer.

Pela razão, ele concordava com a mãe; pela emoção, ele jamais partiria dali, a não ser que fosse com Isabelle Binoche Cassel ao seu lado. E Angelina sabia de suas verdadeiras intenções, porque aprendera a conhecer o filho tão bem quanto a si mesma. Ainda assim, ela pretendia libertá-lo daquela paixão impossível, levando-o para longe dali, antes que ele destruísse sua vida e a de mais alguém.

Enquanto isso, no cemitério, junto à cova em que seu corpo carnal fora sepultado, o espírito de Silvia Navarro se mantinha furioso.

– Levante-se daí, sua idiota! – ordenou, como se o invólucro que abrigara seu espírito até horas antes pudesse realmente atender ao seu pedido. – Não posso acabar assim. Não é justo! Não depois de tudo que fiz para me dar bem na vida. Não é certo eu não poder usufruir do que conquistei.

Ela bufou.

– E tem mais. Vincent não pode sair impune do que me aconteceu. Nem ele nem aquela caipira merecem a felicidade. Eles têm de pagar pelo que me fizeram.

Ajoelhando-se sobre a cova, ela tentou tirar a terra que havia ali, num gesto descontrolado e desesperador. Mas ela já não tinha mais poderes para interagir com a matéria terrestre. Isso a deixou ainda mais fula da vida:

– A morte não é para mim. Não para mim que sou rica, linda e exuberante! A morte é para os pobres e insignificantes. Feios e detestáveis. Comigo é diferente. Eu sou maravilhosa, milionária e desejada por todos os homens desse mundo nojento. Portanto...

E o espírito de Silvia Navarro gritou novamente, socando o solo com toda força de que dispunha.

Quando dois espíritos de luz surgiram para conduzi-la ao plano espiritual, Silvia simplesmente virou o demônio.

– Afastem-se de mim! – ela recuava impondo as mãos para frente. – Fiquem longe, bem longe de mim, seus feiosos nojentos.

Então, subitamente, ela tomou a direção que seguia para fora do cemitério. Alcançando a rua, seguiu, claudicando enquanto o ódio a dominava por inteira. Espíritos malfazejos a observavam de longe. Muitos, dos quais, Silvia destruíra suas vidas. Chegando à casa onde residira com Vincent, ela entrou, chamando aos berros, pelo amante:

– Onde você está, seu demônio? Onde você está?

Ela percorreu cada cômodo em busca dele e, quando não o encontrou, caiu de joelhos, batendo novamente com o punho fechado no assoalho enquanto gritava, ensandecida:

– Eu sou rica, eu sou linda, eu sou jovem, eu posso tudo! Os homens me desejam, o meu corpo é perfeito!

Espíritos de luz tentaram novamente acudi-la e Silvia recuou, aos gritos, bem no momento em que ela percebeu que Vincent só poderia estar num lugar, àquela hora. Na casa da mãe.

Pelo caminho, os conselhos de Madalena Ayala voltaram a ecoar perturbadoramente na sua mente:

"Meus parabéns, minha querida... Esse é um novo começo para você, Silvia. Aproveite a oportunidade! Assim você será muito feliz", dissera ela quando Silvia se casara com Jean-Pierre Cassel.

"Esqueça-se dela, Silvia! Não vale a pena! Você ainda vai se destruir por causa dessa mulher. Ouça o meu conselho! Apague-a de uma vez por todas da sua memória, seja feliz! Você tem tudo agora para ser feliz!"

Aconselhara Madalena quando Silvia decidiu ir atrás de Marguerite Chevalier e fazê-la pagar por todo o mal que havia lhe causado.

"Silvia!", preveniu Madalena antes de partirem para a Côte d'Azur, "Não cometa o mesmo erro que seus pais. Você não tem motivos para agir como eles agiram. Portanto..."

– Não! – gritava Silvia tapando os próprios ouvidos. Mas a voz era interna, não se calava simplesmente por meio de berros histéricos.

E quando os bons espíritos tentaram novamente ajudá-la a seguir os caminhos da luz, Silvia tornou a berrar:

– Afastem-se de mim! Não gosto de gente feia e velha do meu lado. Xô!

Nesse ínterim, Angelina Chermont se mantinha em sua casa, ajoelhada diante de uma imagem de santo, com as mãos unidas em louvor, rogando proteção ao filho. Ela rezava para afastar Vincent daquele lugar, antes que outra desgraça acontecesse.

Angelina já havia ido se deitar quando o espírito de Silvia ali chegou e desejou que a vela que a mulher havia acendido para iluminar suas preces, tombasse e incendiasse a morada. Tão forte foi sua intenção que uma súbita rajada de vento derrubou o objeto de cima do altar, indo ao chão, caindo perto da cortina que logo pegou fogo. Como Vincent e Angelina estavam dormindo, profundamente, demorou para que percebessem o que havia acontecido. Quando despertaram devido ao forte cheiro de queimado, a sala da casa já estava em chamas que se alastravam rapidamente para os cômodos adjacentes.

– Mamãe! – gritou Vincent desesperado.

Angelina estava em choque e ele a conduziu para a janela do corredor, por onde podiam sair sem ter de passar pelo fogo.

– O que houve? – indagou ele, aflito. – A senhora, por acaso, deixou alguma vela acesa?

A resposta dela foi imediata:

– Sim, mas...

– Foi isso então que começou o incêndio.

A intuição de Angelina dizia que o motivo era outro e quando ela avistou o espírito de Silvia, olhando na sua direção, por meio da janela, ela compreendeu o que realmente havia acontecido.

– Foi ela, a filha do demônio.

Vincent estranhou suas palavras e ela logo se explicou:

– Silvia! Foi ela!

– Silvia está morta, mamãe. Morta!

– Seu corpo pode estar; seu espírito, não! E é ele quem está por trás desse incêndio.

Para Vincent, o choque com o incêndio estava fazendo a mãe delirar. Vincent então a conduziu até a casa onde ele morara com Silvia, para que dormissem num lugar mais adequado. Silvia, por sua vez, acompanhou-os até o local, adorando ver o estrago que fizera em suas vidas. E aquele fora apenas o início. Não sossegaria enquanto não destruísse a vida daqueles que ela julgava serem os responsáveis por sua morte prematura. O inferno seria deles, não seu. E esse era um pacto seu com o demônio.

# CAPÍTULO 11

Nesse ínterim, Georges cumpriu seu último dia de trabalho na mansão dos Cassel. Diante de Jean-Pierre, anunciou, com voz embargada:

– Chegou o momento, meu senhor.

– E você não está feliz, não é, Georges? – questionou Jean-Pierre também emotivo.

– Estou dividido – admitiu o fiel mordomo quase derramando lágrimas.

– Eu entendo. Mas essa casa é sua para voltar quantas vezes desejar, só que doravante como hóspede.

O sujeito abaixou a cabeça comovido:

– O senhor me deixa sem palavras.

Abrindo os braços, Jean-Pierre convidou Georges para um abraço caloroso e agradecido por tudo de bom que o velho mordomo havia feito por todos naquela casa, especialmente por ele, desde que era um menino. A seguir, Jean-Pierre lhe entregou um cheque com o valor dos acertos devidos e mais outro de presente, com uma soma tão generosa que permitiria ao homem comprar uma casa se assim quisesse.

– Quanta generosidade – agradeceu o velho funcionário com lágrimas a inundar sua face.

– Por tudo o que você fez pelo meu pai, minha mãe e a mim, você merece muito mais, Georges. Serei eternamente grato pelo seu empenho no trabalho e seu carinho por todos nós.

Para Georges, era uma honra se aposentar ouvindo tais palavras. Isabelle foi a próxima a agradecê-lo pelo seu empenho naquela casa e pelo carinho com que ele sempre a tratara desde menina.

– Que você seja muito feliz – desejou Isabelle com sinceridade.

E ele retribuiu os votos com todo amor:

– A senhora também.

A seguir, Jean-Pierre fez questão de ele próprio levar o antigo empregado até a estação ferroviária para que Georges apanhasse um trem rumo a sua nova morada.

Afim de alegrar o irmão, Jean-Pierre foi buscá-lo de carro em sua casa para passar o dia com ele na mansão. Vincent se recusou, mas o irmão não aceitou um "não" como resposta.

Depois de jogarem golfe e caminharem um pouco, Jean-Pierre falou em tom determinante:

– Você passa a noite conosco.

– Eu?! Não!

– Eu e Isabelle insistimos. E o pequeno Jean-Luc também. É melhor você passar uns dias fora de casa depois do que aconteceu. Até que se recupere totalmente.

– Mas...

Isabelle interveio com sua voz doce e adorável:

– O Jean-Pierre tem razão, Vincent. Nesse momento, você precisa respirar novos ares.

E o pedido dela foi suficiente para convencê-lo a ficar.

Naquela noite, Vincent enfrentou uma insônia terrível. Quando não mais suportou ficar insone, levantou-se da cama, vestiu um robe e deixou o aposento. O longo e extenso corredor da mansão estava escuro aquela hora, mas não a ponto de impedi-lo de andar por ali, livremente.

Olhando de um lado para o outro, para cima e para baixo, Vincent avistou a porta do quarto que Isabelle e Jean-Pierre ocupavam na casa. Movido por uma audaciosa coragem, ele foi até lá, querendo muito que ela estivesse destrancada para poder espiar Isabelle adormecida em seu leito. Por isso, girou a maçaneta, bem devagar, para que nenhum rangido pudesse denunciar sua presença ali e, para sua alegria, a porta se abriu tranquilamente. Cuidadoso e descaradamente ele espiou o interior do aposento, quase sem respirar direito, por medo que fosse ouvido pelo casal adormecido.

Isabelle estava linda sob a luz do luar que invadia o local, por meio da enorme janela retangular descortinada. Parecia uma princesa de um conto de fadas. Os lábios estavam ligeiramente entreabertos, o que despertou nele o desejo intenso de se curvar sobre ela e beijá-la, volupituosamente. Isabelle era mesmo linda, a mulher mais encantadora que ele já conhecera em toda vida.

Por longos minutos, ele permaneceu ali, em pé, lutando contra sua ânsia de se deitar ao lado dela e poder sentir o seu calor. Mas se fizesse aquilo, ela certamente despertaria e ele seria expulso daquela casa para sempre.

Ao lado dela estava Jean-Pierre, adormecido, pacificamente, como Vincent também gostaria de estar. Se houvesse uma chance de ele ocupar o lugar do irmão e tornar-se para Isabelle tudo o que Jean-Pierre significava para ela, ele faria, sem hesitar.

Ao voltar para o seu quarto, Vincent se jogou na cama, ainda enebriado pela visão magnifica que tivera da cunhada. Foi pensando nela, no que seria sua vida ao seu lado, que ele finalmente adormeceu naquela noite.

Tão maravilhado estava com o que viu, que sequer notou a presença de Silvia Navarro, em espírito, ali, observando-o atentamente. O ódio a dominava por inteiro e a raiva, tanto quanto. Ela se mantinha disposta a destruir o homem que um dia fora capaz de amar tão intensamente. Haveria de destruí-lo, de alguma forma, cedo ou tarde. Não sossegaria enquanto não o visse na pior, como ela se encontrava naquele momento, por escolha própria. Novamente uma escolha errada feita por ela mesma na existência em questão.

Na manhã seguinte, logo no café da manhã, Vincent começou a se incomodar com o modo carinhoso com que Isabelle tratava Jean-Pierre e ele a ela. Isabelle o abraçando forte e apaixonadamente, derramando todo o seu amor por ele que retribuía à altura, feliz por tê-la como esposa e mãe de seu filho. Ah, como ele, Vincent, gostaria de ser Jean-Pierre, só para poder ter aquela mulher em seus braços, sentir seus beijos, seu perfume ou simplesmente ter o que mais importava para ele: o seu amor. Era isso o que ele mais desejava nos últimos tempos.

Por não suportar mais presenciar a vida amorosa e perfeita de Jean-Pierre e Isabelle, Vincent decidiu partir, alegando que não poderia deixar Angelina sozinha por muito tempo. Quis ir embora a pé, pois a caminhada o ajudaria a refrescar a mente. Assim, ele seguiu caminho, enquanto tentava converter seus sentimentos ruins em bons para que a angústia em si se desvanecesse. Mas a visão de Isabelle, deitada na cama sob o luar, voltava a preencher totalmente a sua tela mental. Até mesmo dormindo ela era esplêndida e Jean-Pierre, certamente, nunca se dera conta do fato, pois nunca havia parado para admirá-la, adormecida. E novamente ele se viu pensando na possibilidade de ocupar o lugar do irmão para tornar-se para Isabelle tudo o que Jean-Pierre significava para ela. Se houvesse um modo, ele faria sem hesitar.

Mas só havia um jeito de ele ter Isabelle para sempre ao seu lado. Se Jean-Pierre morresse de repente, ainda jovem e cheio de vida. Então, ele a consolaria até fazê-la se apaixonar por ele. Seriam dois viúvos, praticamente, tentando confortar um ao outro. Essa era a solução para o seu maior problema. Não havia outra escolha senão fazer Jean-Pierre morrer, e o mais rápido possível.

Seu rosto estava sombrio, os olhos aturdidos, a língua a umedecer os lábios cada vez mais secos. A questão agora era: como fazer Jean-Pierre morrer de uma forma que parecesse um acidente? Se não conseguisse encontrar a resposta, não teria êxito nos seus planos.

Ao avistar o mar sob o sol poente, com suas ondas fortes e espumantes batendo violentamente contra os recifes, Vincent teve uma ideia. Mar, ondas, recifes e um iate... O iate que ficava ancorado na prainha particular da propriedade de Jean-Pierre Cassel. Era tudo o que ele precisava para pôr seu plano em ação.

Num dia propício, ele convidaria o irmão para dar um passeio de iate e o prenderia na cabine num momento oportuno, direcionando a embarcação contra os recifes que logo perfurariam o casco e afundariam o iate, levando Jean-Pierre para o fundo, onde ele morreria afogado, pois não conseguiria se libertar dali a tempo.

Ele, Vincent, por sua vez, nadaria até a praia mais próxima e contaria a todos a sua versão dos fatos. Diria que foi um acidente e que Jean-Pierre morrera afogado ao tentar escapar da catástrofe. O plano era perfeito, bastava agora esperar um dia apropriado para pô-lo em ação.

Ao reencontrar Angelina, ela percebeu que o filho estava ansioso e esquisito.

– O que há, Vincent? Você não me parece nada bem. O que está se passando pela sua cabeça? Não vá cometer nenhuma besteira, por favor.

– O que é isso, mamãe? Está me estranhando?

A mulher o estudou mais atentamente, certa de que ele mentia descaradamente. Então, ele a beijou e foi tomar um banho. Ao reencontrá-la, para o jantar, Angelina voltou a tocar no assunto que para ela era questão de urgência.

– Precisamos ir embora daqui, Vincent. Para uma outra cidade, uma nova casa. Não há motivos para retardar essa mudança.

Ele pareceu não a ouvir. Assobiava alegremente, transparecendo excelente bom humor.

– Vincent! – tornou Angelina elevando a voz. – Se não mudarmos agora, uma desgraça pode nos acontecer.

– Não exagere, mamãe. Garanto-lhe que nada de mau há de nos acontecer.

E o assunto se encerrou ali, para desespero de Angelina Chermont.

# CAPÍTULO 12

O dia seguinte amanheceu com céu azul bonito, isento de nuvens, o dia perfeito para Vincent executar seu plano, percebeu ele assim que abriu a janela do seu quarto. Ao pegar a chave do carro, Angelina o questionou:

– Aonde você vai?

– Dar uma volta...

– Vincent – o tom dela foi repreendedor.

Ele bufou.

– Vou à casa de Jean-Pierre. Ele me convidou...

– Você não deve ir mais lá. Ouça o meu conselho.

– Será a última vez, mamãe. Prometo!

Angelina não queria deixá-lo partir, mas Vincent estava determinado.

Ao ver Vincent chegando à mansão, Jean-Pierre o recebeu de braços abertos.

– Que bom vê-lo tão cheio de vida – Jean-Pierre o elogiou, deixando-se envolver pelo o abraço forte e protetor do irmã-gêmeo.

– A vida continua, não é o que dizem? – atalhou Vincent com um brilho estranho nos olhos. – Já que o dia está tão bonito, pensei em fazermos um passeio de iate. Que tal?

– Ótima ideia! Há muito que não navego – empolgou-se Jean-Pierre sem pressentir o perigo que corria nas mãos do irmão.

E voltando-se para Isabelle, Jean-Pierre a convidou para o passeio.

Vincent não esperava por aquilo, tampouco saberia como evitar que ela fosse com os dois. Não podia haver mais ninguém à bordo se ele quisesse que realmente o seu plano desse certo. Por sorte, Isabelle preferiu ficar com o filho, mas se mostrou agradecida pelo convite.

Na hora combinada, os gêmeos partiram em direção à praia que ficava dentro da propriedade da família. Chegando lá, desprenderam o iate do tronco e Jean-Pierre assumiu o leme. Continuava contando animadamente para o irmão as proezas que havia feito ali quando menino, quando Vincent chamou Jean-Pierre para dentro da cabine. Nesse momento, eles já estavam a uma boa distância da praia.

– É mesmo um lugarzinho aconchegante – admitiu Jean-Pierre olhando com admiração para o lugar.

– É, sim. Muito!

A voz de Vincent soou distante e foi isso que chamou a atenção do irmão.

– Você está bem? – questionou ele olhando-o com mais atenção.

– Estou. Estou sim.

Mas Vincent estava tão pálido que sua afirmação era totalmente descabida. Jean-Pierre fez uma careta e se sentou no sofá de dois lugares que havia no ambiente, rente à parede de madeira envernizada. Respirou fundo e sorriu.

– Vincent, meu querido, sente-se e relaxe um pouco. Você me parece tão apreensivo.

O rosto do moço escureceu e um brilho cruel transpareceu em seus olhos verdes e inquietos. Sua voz tornou-se ainda mais estranha ao dizer:

– Jean-Pierre, eu o trouxe até aqui para lhe falar algo muito importante.

– Sou todo ouvidos.

Vincent não perdeu tempo.

– Todos pensam que fiquei deslumbrado com a fortuna que eu herdaria do nosso pai. Talvez você também pense o mesmo.

– Não, Vincent, não penso. Acredite!

– Está bem. Acredito. Todavia, você possui algo, entre aspas, que me fascina imensamente e, por ela, sou capaz de lhe dar toda a herança que recebi do nosso pai, só para possuí-la.

– Vincent, do que exatamente você está falando? Não consigo entender.

– Estou falando de Isabelle. Desde o primeiro instante em que a vi.... – ele suspirou. – Estou apaixonado por ela, Jean-Pierre. Louco de amor por ela, entende?

O irmão não sabia o que responder. Então, Vincent fechou os olhos, enquanto confessava, angustiado, tudo o que sentia pela moça em questão.

– Jean-Pierre, meu irmão, eu desejo Isabelle de todas as formas possíveis e impossíveis. Foi isso o que Silvia descobriu, poucas horas antes de morrer. Ela ia contar para você e Isabelle o que se passava em meu coração. Vocês nunca mais seriam os mesmos comigo e, então... Eu perderia a mulher que tanto amo. Sim, eu a amo! Tanto que lhe dou em troca, se quiser, toda fortuna que o nosso pai me deixou.

– Vincent, Isabelle é minha esposa, mãe do meu filho. Eu também a amo.

– Não como eu a amo.

– Como pode saber?
– Eu sei. Eu sinto.
Ambos ficaram temporariamente parados, cada um revendo Isabelle, em pensamento, à sua maneira. Só então, Jean-Pierre percebeu a adrenalina pulsando em suas veias, enquanto a percepção do perigo aumentava em seu interior. Cautelosamente, ele chamou pelo nome do irmão, a fim de despertá-lo daquele transe doentio.
– Vincent.
O moço voltou à realidade, mirando fundo seus olhos como se admirasse o próprio reflexo no espelho da vida.
– Jean-Pierre, meu irmão, eu o pouparia de tudo isso, eu juro, se você se contentasse em sumir do mapa, com toda a nossa fortuna, deixando Isabelle somente para mim. Ah, sim, Jean-Pierre eu o pouparia. Mas você nunca há de trocá-la por toda fortuna do mundo, ainda que haja mil mulheres disponíveis para você. Esse é o maior erro dos homens. Quão tolo somos nós, ao nos escravizarmos a uma mulher, mesmo sabendo que tantas podemos ter, a qualquer minuto.
– Ter, sim. Amar, jamais! – pontuou Jean-Pierre, seriamente.
– Sim, Jean-Pierre. Amar, jamais! Esse é um grande problema. O grande inferno de todo homem.
Subitamente o iate balançou, pegando os gêmeos desprevenidamente.
– O leme, Vincent! – exclamou Jean-Pierre, tendo dificuldades para se levantar. – Precisamos...
Vincent sorriu.
– Estamos a caminho dos recifes, meu irmão.
– Sim! – concordou Jean-Pierre, aturdido. – E o iate irá se chocar contra eles, se não o desviarmos a tempo.
– É exatamente o que eu quero que aconteça.
– Você perdeu o juízo?!
– Não, Jean-Pierre. Eu o trouxe aqui por um simples propósito. Só um de nós voltará para casa hoje e serei eu.
Jean-Pierre, atônito, desiquilibrou-se novamente quando o iate balançou.
– Você morrerá – continuou Vincent, friamente. – E eu vou consolar Isabelle até fazê-la se apaixonar por mim.
Jean-Pierre continuava em choque:
– Vincent, meu irmão, você não pode estar falando sério. Endoidou!
– É a única forma de fazê-la me notar, Jean-Pierre. De eu e ela ficarmos juntos para sempre.
Jean-Pierre gritou, um grito longo e estridente, um grito animal:
– O leme, Vincent! O leme!

E Vincent Pérez sorriu para ele, como quem sorri para uma recordação e lhe disse adeus. Num movimento rápido, atravessou a porta da cabine e a fechou por fora. Em seguida, jogou a chave no mar, enquanto Jean-Pierre gritava por socorro.

– Abra essa porta, Vincent! Abra!

Mas Vincent se manteve surdo aos seus apelos, tomou o leme e conduziu, de vez, o iate na direção dos recifes.

– Isabelle... Minha linda Isabelle – repetia, apegando-se à imagem da moça em pensamento para continuar forte o suficiente e concluir seus planos.

Enquanto isso, Jean-Pierre esmurrava a porta da cabine com toda força, na esperança de destrancá-la. Os recifes se aproximavam e o seu desespero aumentava. Seu fim parecia inevitável.

– Vincent! – bramiu ele à toda voz. Era um último apelo. Mas Vincent parecia alheio a tudo mais a sua volta, seu coração havia virado uma pedra insensível e imutável.

Quando o iate estava prestes a colidir com os recifes, Vincent saltou ao mar e começou a nadar na direção da praia mais próxima.

Nesse ínterim, Isabelle se via diante de um pressentimento funesto. Sua reação chamou a atenção da babá que cuidava do pequeno Jean-Luc, ao seu lado.

– Madame – perguntou a moça preocupada. – A senhora está bem?

Isabelle se manteve com a mão no peito, na altura do coração, com o rosto amargurado e os olhos dilatados de preocupação.

– Quer um copo d'água? – sugeriu a babá, mas tudo o que Isabelle desejou, naquele momento de tensão, foi ter filho em seus braços. A funcionária entregou o menino para ela que o abraçou, forte, como se dependesse daquele abraço para continuar viva. Algo muito grave estava acontecendo, ela só não sabia precisar com quem. Que não fosse com Jean-Pierre, nem com nenhum outro membro de sua família.

Enquanto isso, o iate já havia colidido contra os recifes que perfuraram o casco e, por isso, afundava no mar revolto. A cabine do iate onde Jean-Pierre se encontrava preso enchia-se de água velozmente, levando-o ao desespero final. As escotilhas eram pequenas demais para ele sair por elas, portanto, não havia mesmo como escapar daquela cilada. Seu fim estava próximo. Não havia mesmo salvação.

Não muito longe dali, Vincent dava braçadas cada vez mais fortes para chegar à praia o quanto antes. Queria sumir dali, o mais rápido possível. Quanto mais cedo estivesse longe daquele episódio mortal, melhor. Ele então consolaria Isabelle e ela logo perceberia o quanto ele poderia fazê-la feliz.

No vilarejo, Angelina também tinha um mau pressentimento. O filho, pensou atribulada. Estava em perigo, concluiu com dor no coração. E, no mesmo instante, ela se culpou por ter permitido que Vincent fosse novamente à casa do irmão. Sabia que havia algo de errado com ele naquele dia e, no entanto, consentira com a sua determinação em sair. Que Deus protegesse o seu menino, livrando-o de todo mal que pudesse estar enfrentando naquele momento.

No iate em que Jean-Pierre se encontrava preso, lutando para sobreviver, a água já estava chegando ao seu peito, em poucos minutos morreria afogado.

Vincent, por sua vez, continuava nadando com braçadas largas e o pensamento fixo em Isabelle Binoche. Ele a faria esquecer-se de Jean--Pierre. Faria com que ela redescobrisse o amor ao seu lado. Jean-Pierre nunca mais interferiria na sua vida. Estaria morto e submerso no mar, junto ao iate naufragado.

Jean-Pierre... Jean-Pierre... Jean-Pierre... De repente, a imagem do irmão se afogando tomou totalmente conta da sua mente. Mas não era nele que ele deveria pensar, Isabelle é quem deveria ocupar seus pensamentos. Isabelle... Isabelle... Isabelle...

Mas a imagem do irmão se afogando parecia ser mais forte do que tudo. Jean-Pierre, seu irmão. Jean-Pierre, o bondoso. Jean-Pierre, o que o acolheu maravilhosamente bem. Jean-Pierre, que era puro de coração.

Só de imaginá-lo se afogando, indo ao fundo do mar para nunca mais voltar, sem sequer ter uma lápide em sua memória, devastava-lhe o coração. Ele não merecia aquilo, mas era a única forma de ele, Vincent, ter Isabelle Binoche para sempre. A linda, esplêndida e carinhosa Isabelle.

E novamente a visão de Jean-Pierre se afogando voltou a torturá-lo, a ponto de fazê-lo parar e gritar. Voltar a cabeça para trás, na direção do iate sendo devorado pelas águas do mar que em minutos matariam Jean--Pierre. E sua morte faria de Vincent um assassino, pois ele prendera o irmão na cabine e jogara o iate contra os recifes com o simples propósito de matá-lo, realmente. Aquilo se enquadrava, perante as autoridades, como um assassinato frio e premeditado. O peso na sua consciência se intensificou a ponto de fazê-lo gritar novamente de raiva e incerteza.

– Jean-Pierre, meu irmão... – murmurou, sentindo os olhos arderem de pesar e ódio, ao mesmo tempo.

Não era justo deixá-lo morrer. Ainda que fosse necessário para ele ficar com Isabelle, Jean-Pierre era seu irmão. O único elo familiar com sua verdadeira origem.

Quando Vincent não mais suportou a ideia, de deixar Jean-Pierre morrer daquela maneira, ele voltou a nadar na direção do iate, com toda força que dispunha, decidido a tirar o irmão de lá, se ainda houvesse tempo. Temeu, de repente, que não tivesse força suficiente para aquilo, mas, pelo menos, ele tinha de tentar.

Nesse ínterim, Isabelle e Angelina, cada qual na sua casa, mantinham-se aflitas, diante do pressentimento de que alguma coisa ruim estava acontecendo a quem tanto amavam. Silvia Navarro, por sua vez, assistia a tudo, de longe, vibrando para que nenhum dos gêmeos sobrevivesse àquela insensatez.

Enquanto isso, Vincent nadava com toda força que ainda dispunha nos braços. Dentro de si, bem lá no fundo, jazia um medo tão grande de que não chegaria a tempo de salvar o irmão que, se o deixasse dominá-lo, não teria mesmo chances de salvar Jean-Pierre.

"Preciso salvá-lo", repetia incansavelmente. "Não é justo que ele morra!". Com essa determinação, Vincent ergueu uma barreira tão forte contra o pessimismo que foi capaz de nadar com braçadas ainda mais longas e precisas. "Não pare", dizia uma voz em sua mente. "Ele precisa da sua ajuda, continue em frente. Está quase chegando."

Parte do iate ficara preso num recife, o que retardou o seu naufrágio por completo. Assim, Vincent subiu a bordo, arrastando-se e depois se segurou no corrimão.

"Salve-o", dizia para si mesmo. "Corra! Antes que seja tarde!"

Por sorte, a porta da cabine estava fora da água. A inclinação do iate a manteve suspensa, o que ajudaria a abri-la sem muitos problemas. Mas ele havia jogado a chave ao mar, não havia como destrancá-la, senão indo de encontro a ela com toda força que dispunha. Ao bater com o ombro naquela superfície de madeira sólida, Vincent gemeu de dor, mas era o único jeito se quisesse tirar Jean-Pierre dali. Mais uma tentativa e outra e mais outra e a porta finalmente se destravou. Contudo, devido à pressão da água no interior da cabine, foi preciso Jean-Pierre puxar a porta com as duas mãos, para que ela pudesse lhe dar passagem suficiente para sair do local.

Ao ver o irmão, Jean-Pierre o encarou com surpresa. Não havia ódio em seu semblante, apenas um espasmo de surpresa e agradecimento.

– Venha! – gritou Vincent, bem no momento em que o iate virou ainda mais para o lado e a água invadiu tudo ali.

Jean-Pierre atendeu ao seu pedido, mas com o movimento brusco e repentino da embarcação, desequilibrou-se e caiu, batendo a cabeça na quina da proa. O impacto o fez desmaiar, o que deixou Vincent ainda mais desesperado.

– Jean-Pierre – suplicava, enquanto tentava despertar o irmão com tapas no rosto e chacoalhões. – Acorde, por favor! Acorde!

E visto que Jean-Pierre não despertaria facilmente, Vincent o ergueu nos braços e se jogou com ele no mar, bem quando o iate se desprendia do recife e naufragava de vez. Os dois emergiram e somente Vincent Pérez voltou à superfície.

– Jean-Pierre! – chamou ele, girando o pescoço ao redor. E quando não o viu, mergulhou atrás dele para alcançá-lo a tempo de trazê-lo para a superfície. Pensara que o impacto com a água o despertaria, o que não aconteceu, pois Jean-Pierre ainda se mantinha inconsciente quando submergiu.

Sem mais demora, Vincent agarrou o irmão, enlaçando-o pelo tórax, de uma forma que pudesse nadar com a força de um só braço. Foi preciso um esforço sobre-humano da parte de Vincent para salvar a ele e ao irmão do afogamento. Quando o cansaço se tornou forte demais para suportar, Vincent tomou fôlego e prosseguiu. Não podia parar. Morrer ali, jamais. Assim, recomeçou as braçadas, com os dentes trincados, enquanto o senso de desorientação desaparecia.

Ao chegar no ponto em que as ondas se formam, Vincent as aproveitou para ganhar impulso e, assim, chegar mais rápido à praia. Ao perceber que dava pé, passou a caminhar, enquanto arrastava o irmão por cima da água, além dos limites das ondas, onde o solo ficava duro e compacto. Tudo começava a embaciar à sua volta, ele fizera esforço demais, o susto com tudo aquilo também o deixara esgotado. Sem condições físicas de ir além, ele sentou-se ao lado de Jean-Pierre enquanto procurava recuperar o fôlego e a calmaria. Por fim, esticou seu corpo sobre a areia e apagou.

Quando Jean-Pierre recobrou os sentidos e viu o irmão estirado, ali, ao seu lado, chamou-o para despertá-lo. Quando seus olhos se encontraram, o constrangimento foi total por parte de Vincent que silenciosamente levantou-se e seguiu o irmão de volta para a civilização, sem nada dizer.

Apenas o som do mar e das gaivotas com seus voos rasantes ecoava por ali. O sol já se escondia atrás dos montes e os gêmeos permaneciam calados, cabisbaixos, ainda envoltos pelo horror vivido há pouco, quando começaram a subir a encosta.

Jean-Pierre tentava manter o ritmo, enquanto, as pernas lhe pareciam duas colunas de chumbo. Precisava parar e descansar, mas, ao mesmo tempo, queria voltar para casa o quanto antes e tentar esquecer a tragédia da qual sobrevivera. Por isso, obrigou-se a continuar em frente.

Vincent o seguia, calado e cabisbaixo, parecendo muito envergonhado. Quando lá em cima, de onde se podia ver o mar e os recifes que perfuraram o casco do iate, Vincent parou para tomar ar. Demorou algum tempo para que Jean-Pierre percebesse que o irmão havia deixado de segui-lo. Ao avistá-lo com os olhos focados no ponto onde se dera a tragédia, Jean-Pierre perguntou, sem rodeios:

– Você está arrependido, não está?

Por um momento, Vincent não sabia precisar o sentido exato da pergunta. Arrependido de quê?, perguntou-se, intimamente. De tentar matar o irmão ou de ter desistido do que fez? Quando ambos novamente se encararam, Vincent foi sincero:

– Você nunca mais me verá com bons olhos, não é mesmo, Jean-Pierre? Se afastará de mim e também fará com que Isabelle se afaste. E eu serei obrigado a viver, sem ter, pelo menos, a companhia da mulher que tanto amo.

Jean-Pierre foi bem sensato ao dizer:

– Vincent, meu irmão, você há de encontrar outra moça tão maravilhosa quanto Isabelle. Uma que realmente o ame e o faça feliz.

– É fácil dizer... – ele chorou. – Eu deveria tê-lo deixado morrer, sabe? Teria sido o ideal para mim. Mas não consegui. O peso na consciência foi mais forte do que eu.

Jean-Pierre novamente opinou com sensatez:

– Será mesmo que me matando você seria capaz de conquistar Isabelle? Será?

A dúvida pairou no ar e Vincent o questionou:

– Você está com raiva de mim, não está? Pode dizer!

– Estou. Estou sim. Você tentou me matar. Queria que eu sentisse o quê, a seu respeito?

– Eu sei... Só lhe peço uma coisa. Não conte nada para Isabelle nem para ninguém. Se o fizer, ela se afastará de mim. Não quero que isso aconteça. Não vou suportar a ideia de vê-la me odiando.

Jean-Pierre permaneceu calado.

– Responda-me!

Ele não podia responder algo de que não tinha certeza. Isso deixou Vincent irritado, fez com que ele fosse para cima de Jean-Pierre, exigindo uma resposta. Em meio à discussão, ambos se alteraram e um deles escorregou diante do empurrão do outro. De longe, via-se um dos gêmeos à beira do penhasco, tentando segurar o outro que desesperadamente implorava por socorro. O suor escorria pelas mãos de ambos, um suor que aumentava cada vez mais, fazendo com que as mãos deslizassem como sabão.

– Não me solte! – implorava aquele que estava prestes a cair do penhasco. Mas o outro não conseguiu segurá-lo. A mão deslizou e o moço caiu nas águas que o tragaram rapidamente.

– Não! – gritou o gêmeo que deixara o outro cair sem querer. – Não!

O horror diante da situação o havia paralisado.

# CAPÍTULO 13

Isabelle se encontrava ao lado do filho, ansiando pela volta do marido, quando ele apareceu à porta todo sujo e, no rosto uma expressão assustadora.

– Jean-Pierre?! – exclamou a moça, assustada com seu aspecto. – O que houve?

Ele estava atordoado demais para responder. Ela entregou o menino para a babá e foi até o marido; ele continuava olhando para ela, com o rosto enviesado, olhos vermelhos e lacrimejantes, como se uma forte dor o devastasse interiormente.

– Jean-Pierre, meu amor, fale! O que aconteceu?

Ele não conseguia responder. Ela então o abraçou, desesperadamente, e ele enterrou o rosto em seus cabelos, apertando-o contra sua quentura sedosa e perfumada.

– Está tudo bem, meu amor. Estou aqui, por você – afirmou Isabelle, como uma mãe protetora faria com um filho naquele estado.

Quando começou a chorar e a soluçar, ela ficou ainda mais alarmada com a sua reação, pois nunca vira Jean-Pierre perder o equilíbrio como daquela forma.

– Santo Deus! O que houve com você, meu querido?...

Ele recuou a cabeça e finalmente conseguiu firmar a voz:

– Isabelle, meu amor, pensei que nunca mais a veria. Nunca mais!...

Ela afagou seu rosto e lhe pediu calma.

– Sente-se aqui – sugeriu, puxando-o pelo punho até o sofá. – Onde está o Vincent? Vocês saíram juntos para dar uma volta de iate...

– Ele... Ele caiu de um penhasco.

O choque que a notícia causou na moça foi notável.

– Ele escorregou e... – o moço se arrepiou só de se lembrar da cena. – Deve estar morto a uma hora dessas. O que eu poderia fazer? Se eu pulasse atrás dele, também teria morrido afogado ou me arrebentado nas pedras. Foi um horror! Sinto-me tão culpado. Tentei segurá-lo, mas o suor de nossas mãos fizeram-no deslizar... Que desgraça!

– Não se culpe! Tenho certeza absoluta de que você fez tudo o que podia para salvá-lo.

– Fiz, sim! E, no entanto... – a voz dele falhou novamente e lágrimas inundaram seu rosto amargurado. – Pobre Vincent. Vivemos tão longe um do outro por tanto tempo e agora, quando podíamos desfrutar da companhia um do outro, ele morre dessa forma tão estúpida.

Ele fez uma pausa, porque ficou em dúvida se deveria ou não contar para Isabelle o que Vincent planejou fazer para ficar com ela. Por fim, ele optou por lhe dizer a verdade. Contou-lhe detalhadamente tudo o que havia se passado naquela tarde fatídica, e os motivos que fizeram Vincent Pérez querer matá-lo.

Isabelle via-se novamente chocada diante dos fatos.

– Quer dizer, então, que... – ela estava boquiaberta. Jamais poderia imaginar que Vincent houvesse se apaixonado por ela, a ponto de querer matar o irmão a quem dizia amar incondicionalmente, só para deixá-la livre para ele.

Diante de sua perplexidade, Jean-Pierre comentou:

– É chocante, não é? Imagine só, então, como eu fiquei na hora em que ele me revelou seu plano maléfico. Foi horrível e desesperador.

– Imagino, meu querido. E sinto muito por tudo o que você passou. Agora, é melhor você tomar um banho, trocar de roupa e comer alguma coisa.

– Sim. Mas alguém tem de ir ao vilarejo avisar Dona Angelina a respeito do que aconteceu.

– Faremos isso mais tarde. Eu mesma irei com você.

– Obrigado.

– E também passaremos na polícia.

A menção do lugar fez o moço estremecer a olhos vistos.

– Na polícia? Para quê?

– Ora, meu querido, as autoridades precisam saber que Vincent morreu nesta tarde, como você me relatou, para que façam uma busca pelo corpo dele caído ao mar.

– Ah, sim! Você tem toda razão! Mas não acho que devamos contar toda verdade às autoridades. Eles não precisam saber do plano sórdido que o Vincent armou para cima de mim só para ficar com você. Diremos apenas que foi um acidente de iate e que, quando voltávamos para casa, ele escorregou e caiu.

Isabelle concordou com Jean-Pierre que concluiu:

– Digo isso porque podem pensar que eu, tomado de raiva por Vincent ter tentando me matar, empurrei-o do penhasco ou qualquer coisa do tipo.

– Sim! Como chegaram a pensar que Vincent havia empurrado Silvia Navarro escada baixo.

– Exato!

E o moço arrepiou-se até a alma, só de imaginar a cena.

Duas horas depois, Isabelle e o marido chegavam a casa de Angelina Chermont. Ela já havia se recolhido em seu quarto quando ouviu as batidas na porta. Ao abri-la, estranhou a figura do casal parado ali, olhando com certa apreensão para ela.

– O que houve? Para vocês virem aqui, a essa hora, é porque certamente aconteceu algo grave.

– Acalme-se, titia.

– O Vincent! Cadê ele? Onde está o meu filho? – O desespero da mulher foi total.

– Houve um acidente – explicou Jean-Pierre com certa ponderação. – Eu e o Vincent saímos para dar uma volta de iate, por sugestão dele próprio e o iate acabou se chocando contra os recifes. Conseguimos escapar do acidente e nadamos até a praia mais próxima. Então, quando voltávamos para casa, o Vincent aproximou-se da beira do penhasco para ver melhor o ponto do naufrágio e sem querer escorregou e... Ainda tive tempo de segurá-lo pela mão, mas o suor...

Jean-Pierre não conseguiu completar a frase e a mulher, custando acreditar que aquilo realmente tivesse acontecido, murmurou:

– Meu Vincent, morto? Não pode ser verdade.

– Infelizmente é – afirmou Isabelle categórica. – Uma fatalidade...

A mulher voltou-se para ela e mirou fundo seus olhos castanhos e bonitos, enquanto algo parecia se agitar em seu cérebro. Por fim, disse:

– A morte não manda aviso, não é mesmo?

Tão desagradável foi o modo como a mulher olhava para Isabelle que a moça desviou o olhar e Jean-Pierre assumiu os rumos da conversa, novamente.

– Tia Angelina, saiba que pode contar comigo e com Isabelle para o que precisar. A senhora é minha tia, portanto, faz parte da nossa família.

Angelina nada respondeu, ficou apenas olhando atentamente para o moço, estudando seu semblante com olhos de coruja. Diante de seu repentino silêncio, Jean-Pierre, perguntou:

– Dona Angelina, a senhora ouviu o que eu disse?

– Ah, sim! – exclamou ela, parecendo despertar de um transe. – Obrigada.

O mais estranho, naquilo tudo, foi a frieza com que Angelina se mostrava perante a tragédia. Nenhuma lágrima escorreu dos seus olhos, tampouco um grito de desespero emergiu do seu interior.

– Há algo mais que eu possa fazer pela senhora? – indagou Jean-Pierre a seguir.

– Sim! – a resposta da mulher soou rápida e precisa. – Diga-me a verdade. Toda ela, sem me esconder nada.

– Mas eu lhe disse! – respondeu Jean-Pierre com certa indignação.

– Não disse, não! – retrucou Angelina seriamente, enfrentando-o pelo olhar.

Isabelle, então, resolveu responder pelo marido:

– Dona Angelina está certa, meu amor. Se ela deseja saber toda verdade, conte. É um direito dela, afinal, Vincent foi criado por ela.

Jean-Pierre engoliu em seco. Não seria nada agradável para ele ter de abordar novamente o assunto, pois seu relato o faria reviver, de algum modo, tudo o que passara de assustador naquela tarde fatídica. Mas como a própria Isabelle havia dito, Angelina Chermont tinha o direito de saber de tudo. Por isso, ele lhe relatou todos os fatos, sem excluir nenhum detalhe. Ao término da narrativa, a mulher voltou a olhar para Isabelle Cassel e admitiu:

– De fato, o Vincent estava loucamente apaixonado por você.

Foi como se Angelina avaliasse a moça para saber se valera a pena o filho ter realmente se apaixonado por ela daquela forma.

– Agora precisamos ir à delegacia dar parte do acidente – informou Jean-Pierre pondo-se de partida. – Eles certamente farão uma busca e...

Angelina o questionou seriamente:

– Quer dizer que o Vincent ainda pode estar vivo?

A resposta do sobrinho foi precisa:

– Não acredito que possa ter sobrevivido à queda. É mais para tentarem localizar o corpo.

– Ah, sim, claro.

O rosto dela continuou sério e pensativo.

– Dona Angelina – tornou Jean-Pierre, carinhosamente – se a senhora precisar de nossa ajuda para qualquer coisa, não hesite em nos procurar. Se quiser ir passar a noite conosco, na mansão, para não ficar só, está convidada.

– Você é muito gentil. Mas eu ficarei aqui mesmo, aguardando notícias do meu filho. Vai que, por sorte, a polícia o encontre vivo e...

Jean-Pierre e Isabelle se entreolharam e, sem mais, partiram para a delegacia, onde Jean-Pierre relatou o acidente às autoridades, tudo o que era preciso, da forma que havia planejado, para que as buscas pelo corpo de Vincent Pérez começassem o mais rápido possível. Jean-Pierre lhes passou também as coordenadas para que as autoridades tivessem êxito na função.

Ao voltarem para casa, Jean-Pierre tristemente comentou com Isabelle:

– Fiquei com pena de Dona Angelina. Só serviu para aumentar o meu sentimento de culpa em relação a tudo o que aconteceu.

A resposta de Isabelle foi severa:

– Vincent é o único culpado por tudo que houve. Se ele não tivesse tramado a sua morte...

Os olhos de Jean-Pierre se encheram d'água e Isabelle o chamou:

– Venha! Vou lhe fazer um escalda-pés. Você andou tanto hoje que está mancando, sabia?

De fato, ele sentia seus pés latejarem. Assim, a própria Isabelle esquentou a água e a depositou numa bacia própria para aquilo e, a seguir, tirou os sapatos e as meias do marido para que ele pudesse mergulhar os pés confortavelmente na água morna.

– Foi uma ótima ideia! Obrigado! – agradeceu Jean-Pierre, relaxando.

Ela se sentou ao lado dele e os dois trocaram um beijo afetuoso.

– O que seria de mim sem você? – admitiu ele, sentindo os olhos umedecerem. – Um nada, certamente.

Ela descansou a cabeça em seu ombro e o momento foi de gratidão por estarem juntos, como sempre, desde que haviam se conhecido, quando ainda eram crianças.

– Eu o amo, Jean-Pierre – declarou ela com emoção. – Nunca se esqueça do quanto eu o amo.

Ele também lhe foi sincero:

– Eu também a amo, Isabelle. E lhe peço perdão por ter demorado tanto para retribuir o seu amor.

Ela sorriu para ele, grata à vida, por tê-lo como seu legítimo e adorado marido.

Ao se deitarem, naquela noite, Isabelle cobriu Jean-Pierre com uma manta para protegê-lo da baixa e inesperada queda da temperatura noturna.

– Durma bem, meu querido. Uma noite bem dormida será excelente para o seu restabelecimento. Deus guardará o seu sono.

A cabeça dele pendeu para o lado e ele logo adormeceu, tamanha exaustão pelo que havia passado naquele dia fatídico. A moça permaneceu de pé, velando seu homem, até se embrenhar debaixo do lençol para também adormecer como um anjo. Foi uma noite tranquila, em comparação ao dia trágico que viveram e que jamais se apagaria de suas memórias.

Enquanto isso, o espírito de Silvia Navarro os observava com um sorriso maligno e triunfante ao mesmo tempo.

# CAPÍTULO 14

Na manhã seguinte, a exaustão fez Jean-Pierre acordar bem mais tarde do que estava acostumado. Para alegrá-lo, Isabelle o surpreendeu com um delicioso café da manhã sobre uma bandeja, para ele saborear ali mesmo na cama, no quarto do casal.

– Eu não mereço tudo isso! – exclamou ele, maravilhado, quando ela delicadamente colocou a bandeja à sua frente. – Assim vou acabar mimado.

Ela o beijou na testa, desejando-lhe um ótimo dia e disse:

– Minha mãe sempre diz que não há nada melhor do que um café reforçado para espantar o cansaço e nos renovar.

– Pois acho que sua mãe está certa.

Isabelle sentou-se ao lado dele na cama e ficou a admirá-lo. Ao pegar uma das deliciosas rosquinhas de nata que havia ali, o marido automaticamente protestou:

– Epa! São minhas!

Jean-Pierre estava bem-humorado, percebeu Isabelle, feliz por vê-lo animado. Temia que ele não se recuperasse do abalo que sofrera no último dia. Mas pelo visto sua preocupação fora em vão.

Nesse ínterim, as buscas pelo corpo de Vincent Pérez haviam começado, mas até então, sem êxito. Os barcos pesqueiros também estavam atentos a qualquer sinal do cadáver do moço.

Na hora do almoço, Jean-Pierre encontrava a esposa dando papinha para o filho do casal.

– E aí, garotão? – brincou ele com o menino que rapidamente fez fusquinha para o pai. Quando o garoto limpou o prato, Isabelle lhe fez um elogio merecido:

– É assim que se faz, meu amor! Para crescer forte e bonito como o seu pai.

Deu-lhe um beijo na testa e, só então, Jean-Pierre tomou o filho nos braços para brincar com ele e seus brinquedos. Foi quando passavam pela sala de estar, em frente ao espelho gigante que havia ali, envolto por uma linda moldura de cedro, que Jean-Pierre teve um leve sobressalto.

– O que foi, meu amor? – estranhou Isabelle sua reação.

– Nada não – mentiu ele sem grande sucesso.

– Alguma coisa o assustou – insistiu ela, atenta à sua fisionomia. – O que foi?

Jean-Pierre riu.

– Uma bobagem tão grande que se eu lhe disser, é bem capaz de rir de mim.

Visto que a esposa ainda se mostrava disposta a saber o que tinha acontecido, ele se apropriou das palavras corretas para explicar o fato:

– O espelho. Ao me ver refletido, assustei-me. Foi como se eu estivesse diante do Vincent, entende? Como se o meu reflexo fosse ele, em carne e osso.

– É normal que você reaja assim, afinal, o que aconteceu entre vocês é ainda muito recente.

– Sim – afirmou Jean-Pierre, ainda incomodado com seu reflexo no grande espelho que havia ali para dar amplitude ao ambiente. Ele estava ainda mais sério quando a encarou e disse: – Será que as autoridades já começaram as buscas pelo corpo do Vincent?

– Certamente que sim, meu amor. E logo saberemos se tiveram êxito.

O moço assentiu, enquanto uma lágrima escorria por sua face rosada.

– Precisamos saber como minha tia está passando. Preocupo-me com ela.

– Ah, sim, certamente.

– E precisamos também mandar rezar uma missa pela alma do Vincent, não acha?

– Faremos tudo isso.

Mas no fundo, Isabelle não se importava com a missa. Para ela, Vincent Pérez tivera o que mereceu por tentar matar o próprio irmão que tanto o queria bem. De que valeria uma missa para uma alma que certamente havia ido parar no inferno, pelo mal que tentara fazer ao próximo? Quanto a Angelina, ela, sim, era digna de pena; por isso mandaria o chofer até sua casa levar-lhe um bolo e outros agrados e também saber como ela estava passando.

Quando o chofer voltou da casa da mulher no vilarejo, Angelina Chermont veio com ele.

– Dona Angelina, que surpresa mais agradável! – alegrou-se Jean-Pierre ao ver a tia.

Os olhos dela brilharam, enquanto admirava a face do sobrinho por um longo minuto.

– Desculpe-me por vir sem avisar – disse ela, enfim – mas...

– A senhora é sempre muito bem-vinda a essa casa.

– Obrigada.

Isabelle a cumprimentou e Angelina comentou:

– Estive há pouco na delegacia para saber sobre a busca, mas, até então, nada.

O rosto dela se transformou numa máscara pétrea e ressentida.

– Eu sinto muito – admitiu Jean-Pierre, achegando-se à tia e pousando carinhosamente a mão sobre o seu antebraço.

A mulher ficou a admirar sua mão com olhos fixos e carentes por quase dois minutos. Então, voltou-se para ele e lhe fez um pedido muito importante para si mesma:

– Posso tocar sua face?

O pedido não surpreendeu Jean-Pierre, foi como se já esperasse por aquilo.

– Claro que sim, titia.

Seus olhos se encheram d'água, enquanto Angelina acariciava seu rosto, como se fosse uma deficiente visual a ler um texto em braile.

– Obrigada – agradeceu ela, embevecida pela gentileza do rapaz.

– Não há de quê.

Os olhos dele transbordavam em lágrimas, enquanto os dela se mantinham secos e frios.

– Tocar sua face, para mim, é o mesmo que tocar a face do Vincent, entende? – Um minuto de silêncio e ela completou: – É uma forma de eu revê-lo.

Jean-Pierre engoliu em seco e sua voz fraquejou ao dizer:

– A senhora pode me tocar sempre que quiser. Se isso realmente lhe fará bem, ficarei honrado em poder ajudá-la.

– Obrigada.

Isabelle também se sentiu comovida com a cena.

Voltando os olhos para o pequeno Jean-Luc, Angelina pareceu se reacender para a vida.

– Posso pegá-lo? Faz tanto tempo que não seguro uma criança no colo.

Isabelle pareceu fazer gosto em agradar a mulher. Entregou-lhe o filho que foi acolhido por Angelina com uma expressão de alegria de ambas as partes.

– Ele é mesmo um menino adorável.

Ela fez fusquinha e o garotinho adorou suas micagens. Jean-Pierre admirava a cena, ainda com os olhos a lacrimejar, quando um brilho estranho transpareceu nos olhos castanhos da tia. Por algum motivo obscuro, ele sentiu medo do que viu. Muito medo.

Naquele fim de tarde, Jean-Pierre ligou para as autoridades a fim de saber a quantas andava a busca pelo corpo de Vincent Pérez. Infelizmente, não o haviam encontrado até então. As buscas continuariam no dia seguinte, mas a possibilidade de Vincent ter sobrevivido à queda já tinha sido descartada. A informação deixou Jean-Pierre tão triste que ele decidiu se recolher mais cedo para dormir. Isabelle o apoiou totalmente; o descanso lhe faria bem, não só para se recuperar do susto que levara no dia anterior, ao ser quase assassinado pelo irmão, mas também pela perda do mesmo.

Na manhã seguinte, o jovem Cassel acordou mais disposto, o que alegrou Isabelle imensamente. Enquanto ela se vestia, ele se espreguiçava, soltando um bocejo vigoroso.

– Bom dia, meu amor.

– Bom dia – respondeu ela, indo até ele para lhe dar um beijo na testa. – Dormiu bem?

– Bem melhor do que na última noite.

– Isso é ótimo!

Ela terminou de se vestir e ele brincou:

– Café da manhã na cama, hoje, nem pensar, né?

– Não, se não você se acostuma mal.

– É verdade.

– Vou cuidar do Jean-Luc e o encontro na copa.

– Está bem, meu amor. Nos vemos lá.

Isabelle deixou o quarto, feliz por ver o marido se recuperando e foi atrás do filho que a essas alturas já estava sob os cuidados da babá. Assim que a esposa partiu, Jean-Pierre se levantou e substituiu o pijama pelas roupas do dia. Diante do espelho, conferiu se estava elegante e foi quando, novamente, assustou-se com o seu reflexo.

Os olhos enormes, refletidos ali, pareciam mergulhar nos seus como se pudessem penetrar até o fundo de sua própria alma. Era como se o reflexo fosse do irmão desencarnado, olhando recriminatoriamente para ele, por tê-lo deixado cair do penhasco.

– Não fiz por querer – declarou Jean-Pierre, como se falasse diretamente com Vincent. – Nossas mãos escorregaram por causa do suor. Maldito suor. Se não fosse o suor...

Interrompeu-se, esboçando um sorriso forçado.

– Isso é loucura! – admitiu, caçoando de si. – Vincent está morto! O reflexo no espelho é seu, Jean-Pierre. Exclusivamente seu!

Mas, no íntimo, por algum motivo obscuro, ele não acreditava piamente naquilo. Para ele, Vincent Pérez estava ali, bem vivo, dentro daquele espelho que refletia um outro plano da existência humana.

Nos dias que se seguiram, um sentimento de gratidão pelo marido ter sobrevivido àquela tragédia invadia o coração de Isabelle, a ponto de fazê-la parar em frente a imagem de uma santa, agradecendo-a profundamente por tê-lo salvado.

Contudo, o choque permanecia tumultuando os sentimentos de Jean-Pierre que, para não preocupar a esposa, fingia estar plenamente são e sadio.

Certa noite, a fim de alegrar o marido, Isabelle sugeriu que tomassem um vinho. Jean-Pierre se empolgou e quis ele mesmo abrir a bebida. Estava prestes a tirar a rolha, quando colidiu com o reflexo dos próprios olhos no espelho da sala. O susto foi tão grande que a garrafa lhe escapou das mãos e se espatifou no chão. Isabelle correu até ele que disse, apavorado:

– Vincent estava lá, Isabelle. Olhando para mim com olhos tomados de ódio por eu não o ter salvado.

O moço desabou a chorar e Isabelle rapidamente o acudiu:

– Acalme-se, meu querido. Não se torture mais com isso.

Ele novamente ficou sério e desabafou:

– O Vincent não sossegará enquanto não se vingar de mim.

– Vincent está morto, Jean-Pierre. Morto, entende? Não pode mais se comunicar com os vivos.

– Pois eu ainda o sinto bem vivo. E o que é pior. Bem perto de nós.

E subitamente, as palavras do marido fizeram Isabelle gelar até a alma.

Dias depois, em meio à madrugada, Isabelle acordava sobressaltada. Só quando acendeu a luz do abajur, à beira da cama, é que notou que Jean-Pierre não estava deitado ao seu lado. Onde estaria? Ela se levantou e foi procurá-lo pela casa. Encontrou-o num quarto cuja porta estava entreaberta. Jean-Pierre estava ali, sentado numa poltrona, cabisbaixo e reflexivo. Ao vê-la, parada junto à porta mal iluminada do ambiente, ele lhe dirigiu um olhar de piedade e admitiu:

– Não consigo parar de pensar nos acontecimentos daquele dia. Não consigo tirar da cabeça as palavras que Vincent me disse naquele momento desesperador: "Não me deixe cair, não me deixe cair. Salve-me!". E então o suor de nossas mãos o fez escorregar; ele gritou e eu gritei, enquanto ele atingia a água e afundava.

Isabelle aproximou-se dele, pousou a mão sobre seu ombro e falou, amorosamente:

– O que você viveu não foi nada fácil. Mas você precisa superar tudo isso. Precisa se dedicar a qualquer atividade que o mantenha afastado dessa lembrança tão triste. Quero ajudá-lo no que for possível.

Ele assentiu e ela concluiu:

– Agora, venha! Voltemos para o quarto.

Ela o ajudou a se levantar e o conduziu de volta ao leito do casal.

– Isabelle, você é sempre tão boa para mim. O que seria de mim sem você, minha querida?

Ela nada respondeu, apenas o beijou, porque assim ditava o seu coração naquele instante. Enquanto isso, o espírito de Silvia Navarro observava o casal com olhos de cobiça e revolta. Não sossegaria enquanto não visse a ruína do casal.

# CAPÍTULO 15

No dia seguinte, logo pela manhã, ela acompanhou Jean-Pierre a uma consulta psiquiátrica. O diagnóstico do médico foi preciso: distúrbio mental devido ao grande abalo que vivera com a perda do irmão naquele dia fatídico. Cápsulas para dormir e manter o ânimo equilibrado lhe foram prescritas e, se o problema persistisse, o ideal mesmo seria interná-lo numa clínica para pacientes com traumas e problemas psíquicos. A sugestão não agradou Isabelle de modo algum, seu marido não era louco, internações daquele tipo eram somente para doentes mentais; Jean-Pierre era são. Sempre fora.

Ao voltarem para a mansão, enquanto Jean-Pierre se banhava, Isabelle recebeu Angelina Chermont numa visita inesperada.

– Desculpe vir assim, sem avisar – disse a mulher indo ao encontro da moça. – Interrompo alguma coisa?

– Não senhora. Seja bem-vinda.

– Obrigada.

– Aceita um chá?

– Uma água, por favor.

Nem bem se sentou e Angelina percebeu que Isabelle estava abatida e preocupada com alguma coisa muito séria. Quis saber o motivo e a moça explicou, seriamente:

– Jean-Pierre anda cada vez mais perturbado com tudo que aconteceu. A morte trágica do irmão não lhe sai do pensamento.

– Eu imagino. Pobrezinho.

– Por isso o levei ao médico essa manhã. Acabamos de chegar. E o doutor nos aconselhou a interná-lo num sanatório, caso os remédios não surtam efeito. Confidenciou-me que se ele não for tratado devidamente da cabeça, irá enlouquecer.

A mulher deu um salto, protestando veemente:

– Jean-Pierre num sanatório? Isso não!

Isabelle replicou no mesmo instante:

– A senhora teve a mesma reação que eu tive. Internar Jean-Pierre num lugar desses não me agrada nem um pouco.

– Nem a mim! É cruel demais. Não permita!

– Mas e se ele piorar?

Angelina foi até a moça e sentou-se ao seu lado. Cravou-lhe as mãos nos braços e pediu, em tom de súplica:

–Ainda que Jean-Pierre não apresente melhoras, não o deixe ir para lá. Eu lhe imploro! Se for, ele morrerá de desgosto.

Pela primeira vez, Isabelle estranhou o comportamento de Angelina. Havia preocupação demais por parte dela em relação ao sobrinho com quem nunca tivera contato ao longo da vida.

Parecendo cair em si novamente, Angelina se explicou:

– É que o Jean-Pierre é como se fosse o meu próprio filho, entende? Interná-lo num sanatório seria como internar o meu amado Vincent ali. Eu não aceitaria jamais. Ainda que ele estivesse mal da cabeça.

Isabelle assentiu, pensativa.

Nisso, Jean-Pierre apareceu e quando Angelina o viu, seu rosto se transformou em pura alegria e satisfação. Carinhosamente ele a beijou na face e ela retribuiu a gentileza, acariciando o seu rosto com a mesma ternura.

– Meu querido, quanta saudade.

– Como vai, titia?

Ambos ficaram a se admirar por um longo minuto e ela, então, aconselhou-o a fazer o tratamento médico prescrito para que ele recuperasse a saúde o quanto antes.

Jean-Pierre agradeceu o incentivo e, para espanto de Isabelle, sugeriu:

– A senhora deveria morar aqui conosco. Num casarão como esse, há quartos de sobra para a hospedarmos. Assim, a senhora terá companhia pelo resto da sua vida.

A mulher corou.

– Imagine só, meu querido, eu querer dar trabalho a vocês.

– Não seria trabalho algum, não é mesmo Isabelle?

A pergunta pegara a moça desprevenida.

– Sim... Sim... Seria uma honra! – respondeu ela, um tanto dispersa, pois intimamente estivera avaliando a crescente intimidade entre Jean-Pierre e a tia. Incrível como ele se apegara a ela, tão fortemente desde que Vincent havia morrido.

Quando Angelina estava prestes a partir, Isabelle aproveitou o momento para lhe perguntar algo que havia lhe ocorrido minutos antes:

– Eu estava prensando, sabe? Desculpe-me até por perguntar a respeito, mas...

– O que é meu bem? Pode dizer.

– É que o Vincent dizia que a senhora não gostava daqui, por causa do que acontecera com o seu filho no passado.

– É verdade.

– Que a senhora só voltou para cá porque o Vincent insistiu muito.

– Isso também é verdade. Caso contrário, nunca mais poria os pés nessas terras.

– Pois bem. Agora que o Vincent está morto, esse lugar deve ter se tornado ainda mais triste para a senhora, não é mesmo?

– Sim. Sem dúvida.

– Então, presumo que a senhora se mudará daqui, dentro em breve, não é mesmo? Voltará para a cidade onde se habituou a viver desde que saíra daqui, anos atrás, levando nos braços, o Vincent, ainda bebê.

O rosto de Angelina enrijeceu. Foi como se a pergunta de Isabelle a tivesse deixado sem graça e sem resposta ao mesmo tempo. Por fim, em meio a um sorrisinho amarelo, ela se explicou:

– Essa era a minha verdadeira intenção, no começo, quando voltei para cá. Mas agora percebi que aqui também estão as minhas raízes, o que torna esse lugar o meu lar de verdade, portanto, ficarei residindo aqui até o fim da minha vida.

– Entendo.

Isabelle avaliou sua resposta, enquanto Angelina parecia querer fugir do seu olhar e da sua presença o quanto antes.

– Bem... – disse ela um tanto aflita. – Eu já vou indo...

Mas Isabelle pareceu não a ouvir, pois suas palavras seguintes não condiziam com as que Angelina acabara de lhe dizer.

– Admirável, sabe?

– O quê? – estranhou a mulher.

– A forma com que a senhora se recuperou da morte do seu filho que dizia amar tanto.

– E amava – retrucou Angelina prontamente. – Mas chorar por sua morte não o me traria de volta. Portanto, só me resta prosseguir, levando comigo as boas lembranças dos bons momentos que vivemos lado a lado.

Isabelle fez um gesto de assentimento e Angelina partiu, de volta para sua morada, levada pelo chofer num dos carros da propriedade de Jean-Pierre. Pela janela da frente da casa, Isabelle ficou a observar o carro partindo, enquanto uma cisma crescente se agitava em seu cérebro.

No dia seguinte, por volta das catorze horas, um delicioso cheirinho de pão saído do forno fez Jean-Pierre seguir até a cozinha para conferir com os próprios olhos tamanha maravilha. Ao se aproximar do local, ele parou, ao ouvir uma das criadas conversando veladamente com a cozinheira.

– Não é ele – dizia a moça. – É ele e ao mesmo tempo não é. Se é que me entende?

– Ficou maluca, menina? – retrucou a cozinheira em polvorosa. – É obvio que o patrão é mesmo o patrão.

– Ele está diferente. Muito diferente, Edith. É como se fosse o outro se passando por ele.

– Você quer dizer... O irmão gêmeo dele?

– Sim!

– Mas o Senhor Vincent está morto. Caiu do penhasco. Arrebentou--se nas pedras.

– É o que foi dito. Mas... E se na verdade foi o Senhor Jean-Pierre quem caiu e o outro tomou o seu lugar?

– Não, não, não, menina! Isso seria impossível!

– Lembra-se da história do príncipe e do plebeu?

– Aquilo é apenas uma história fantasiosa, entende? Na realidade, tudo é muito diferente.

– Será?

– Quer um conselho? Não exponha mais suas desconfianças para ninguém. Se o que você pensa for mesmo verdade, o falso patrão é capaz de matá-la por ter descoberto sua farsa.

– Você tem toda razão, se ele matou o próprio irmão, seria bem capaz de matar novamente, ainda mais uma pessoa indefesa como eu.

Foi então que a moça avistou Jean-Pierre parado na porta, olhando bem na sua direção. O susto foi tão grande que ela deixou cair o prato que enxugava. O objeto se espatifou, causando grande estardalhaço.

– Senhor Cassel – exclamou a cozinheira, engolindo em seco a seguir.

– Olá.

– O que o senhor deseja? – a mulher começava a tremer por inteira.

– O pão. Foi feito agora, não foi?

Por um minuto, a cozinheira ficou muda e absorta.

– O pão – repetiu ele, indicando o forno.

– Ah, sim! – exclamou a mulher retomando a realidade. – O senhor quer um pedaço? Posso mandar servir na copa.

– Está bem. Aguardarei lá. Obrigado.

– De nada.

Assim que ele se foi, as duas mulheres se entreolharam e a cozinheira beliscou a outra.

– Quem muito abre a boca come mosquito!

– Eu ia saber que ele estaria bem atrás de nós, ao tocar no assunto? Ele nunca vem aqui. Mais um bom motivo para eu perceber que ele não é ele. Se fosse...

A cozinheira teve de admitir:

– Nesse ponto você tem toda razão. O patrão raramente aparecia aqui.

O que ambas não notaram é que Isabelle também ouvira o pequeno diálogo entre as duas funcionárias, por meio de uma porta adjacente. Seguira para a cozinha para ver os pães que havia saído do forno e, por isso, ouviu tudo. O episódio a fez recuar e tomar outro rumo da casa, em busca de um lugar onde pudesse recolocar sua cabeça no lugar.

Mais um dia, e Angelina Chermont estava de volta à mansão.

– Dona Angelina está aí, meu senhor. Deseja vê-lo! – informou o novo mordomo da casa assim que localizou o patrão.

– Minha tia?! Diga-lhe que me aguarde um minuto e já irei ter com ela.

– Sim, senhor.

Jean-Pierre se ajeitou com esmero e foi ao encontro da mulher que ao vê-lo, sorriu e disse:

– Vim, novamente sem avisar, porque precisava muito lhe falar, meu querido.

– Pois não, titia. Sou todo ouvidos.

– Aqui, não, meu anjo. Num lugar mais reservado, por favor.

Nesse momento, Isabelle apareceu.

– Bom dia, Dona Angelina, como vai?

– Bem, minha querida. E você?

– Bem, também, na medida do possível.

– Estimo.

Fez-se um breve silêncio até que a visita se voltasse para o dono da casa e dissesse:

– Vamos, então?

Isabelle pensou que a mulher também se dirigia a ela e, por isso, a acompanhou.

– Não, não, não minha querida – adiantou-se Angelina assim que viu a moça vindo na sua direção. - O assunto é apenas entre mim e o Vincent.

– A senhora quer dizer, Jean-Pierre?

– Oh, sim! Jean-Pierre. Desculpe!

Sem mais, a mulher e o moço seguiram para a sala da lareira e Isabelle permaneceu ali, farejando algo de errado no ar. Por isso, tomou a liberdade de ir até o local escutar atrás da porta o que Angelina Chermont tinha a dizer ao sobrinho. Como a porta estava entreaberta, tornou-se bem mais fácil para ela ouvir o que a mulher tinha a dizer.

– Vincent, meu filho...

Jean-Pierre rapidamente corrigiu a tia:

– Dona Angelina, o Vincent morreu, lembra-se? Sou o Jean-Pierre, seu sobrinho.

Ela soltou um risinho curto e irônico.

– Vincent, meu filho, você pode enganar quem você quiser, menos a mim, que o criei desde que era um bebezinho com fraudas.

Jean-Pierre mais uma vez se manifestou, parecendo tomado de indignação:

– Titia, a senhora não está me entendendo...

– Não adianta negar, meu querido. Eu sei que você é o Vincent, meu filho, e está se passando pelo seu irmão para poder ficar com Isabelle, que tanto ama.

– A senhora está enganada...

Angelina pareceu não ouvi-lo, continuou a falar, decidida:

– Eu soube da verdade, desde o primeiro instante que o vi. Eu jamais me deixaria levar pelas aparências.

O eco da sala propagava suas vozes; mesmo que falassem baixo, era impossível não serem ouvidos por quem estivesse nas proximidades. E foi assim que Isabelle pode ouvir tudo, tim-tim por tim-tim, o que a deixou petrificada.

– Por Isabelle, você seria capaz de tudo – continuou Angelina resoluta. – Tanto que tramou a morte do seu irmão e a executou com êxito. Quem caiu do penhasco foi Jean-Pierre e não Vincent Pérez. Por medo de que Isabelle não o aceitasse como amante, você decidiu se passar por Jean-Pierre. Por isso, anda tão atormentado que eu sei. É o peso da consciência. O peso da verdade que o atormenta.

– A senhora está enganada.

– Não estou! Pelo amor doentio como o seu por Isabelle, muitos homens e mulheres também já foram capazes das piores coisas.

Jean-Pierre não parecia mais disposto a continuar se defendendo. Por isso, deu fim à conversa, dizendo:

– É só isso que a senhora tinha a me dizer?

– Não, filho! O que me trouxe aqui é algo muito mais sério e preocupante. Tanto que não consegui dormir a noite de tanta preocupação.

– Do que a senhora está falando?

Antes de responder, Angelina olhou para a porta, para se certificar de que ninguém estivesse ali para ouvir o que ela tinha a contar.

– Eu estava mesmo muito feliz por saber que você conseguira ficar com Isabelle como tanto desejava. Ela é mesmo uma mulher muito melhor do que Silvia, sem sombra de dúvida. Você fez a escolha certa. Certíssima. Mas...

– Diga logo aonde a senhora quer chegar.

Jean-Pierre se mostrava corado e impaciente.

– O médico – explicou Angelina, finalmente. – Ele quer internar você num sanatório, caso os remédios que lhe prescreveu não surtam efeito, ou seja, caso sua cabeça continue ruim. Só que você não pode ir parar num lugar desses, de jeito nenhum. Lá você ficará ainda mais deprimido, pior do que está.

– O que a senhora me sugere, então?

– Que finja estar bem, até que sua cabeça volte a ficar como antes.

Sem mais, Angelina foi até o moço, tomou-lhe a mão direita e a beijou.

– Eu jamais contarei a alguém o que sei. Você pode ficar tranquilo. Comigo seu segredo ficará sempre muito bem guardado.

Jean-Pierre se manteve olhando para ela, com crescente espanto no olhar.

# CAPÍTULO 16

Assim que Angelina partiu, Isabelle questionou o marido a respeito da visita relâmpago que a mulher havia lhe feito.

– Sobre o que vocês conversaram? – quis saber ela de forma despretensiosa e fingida.

– Nada importante – respondeu ele, ocupado com o filho nos braços.

A desconfiança de Isabella aumentou.

– Nada mesmo? – inquiriu ela, avaliando o rosto do moço com renovado interesse.

– Nada que valha a pena ser mencionado – respondeu ele ainda entretido com o filho. – A saudade que Dona Angelina sente do Vincent está fazendo com que ela se apegue a fantasias.

– Entendo.

Desde então, Isabelle se manteve desconfiada. Isso a fez inventar uma desculpa para ir ver os pais, quando, na verdade, foi visitar Angelina Chermont em sua casa no vilarejo e lhe falar em particular.

– Isabelle! – exclamou a mulher, assim que a viu diante da porta dianteira de sua casa. – Que bons ventos a trazem, meu anjo?

– Estava na vila e resolvi vir vê-la. Interrompo alguma coisa?

– Em absoluto. Entre, sinta-se à vontade. É um prazer recebê-la em minha humilde morada. Quer um chá? Eu preparo rapidinho.

– Não, obrigada.

Fez-se uma breve pausa até a moça dizer ao que vinha.

– Está manhã, quando a senhora esteve na mansão para conversar em particular com o meu marido. Bem... O eco da sala em que vocês dois ficaram conversando propagou-se numa altura suficiente para que eu pudesse ouvi-los.

Angelina se mostrou visivelmente empenhada em disfarçar qualquer abatimento em relação àquilo. Isabelle, por sua vez, manteve-se firme e direta ao questionar:

– A senhora acredita mesmo que Jean-Pierre é, na verdade, o Vincent, seu filho?

Os cantos dos lábios da mulher tremeram, como se movidos por forte tensão.

– Por favor, responda-me com sinceridade – insistiu Isabelle, mirando atentamente os olhos de Angelina que, gesticulando fortemente com as mãos, respondeu:

– Não, é obvio que não!

– Mas eu ouvi a senhora dizer que Jean-Pierre é, na verdade, o Vincent. Ele negou e a senhora insistiu.

Angelina parecia sem chão, tanto que se apoiou no sofá e sentou-se.

– Eu disse o que disse – afirmou ela, enfim, transparecendo na voz profundo conflito –, porque Jean-Pierre lembra o Vincent em todos os sentidos. Dessa forma, acabei me deixando levar por essa ideia fantasiosa. Foi o modo que encontrei para manter vivo o Vincent, meu filho adorado. Mas não se preocupe, o homem que está naquela casa é mesmo Jean-Pierre Cassel. Pode estar certa disso!

Isabelle não se deixou convencer:

– Para mim, a senhora está acobertando seu filho.

Angelina reagiu no mesmo instante:

– Ora, por que eu faria isso?

– Porque sabe muito bem da paixão que ele sente por mim. E que a única forma de ele ficar ao meu lado seria se passando por Jean-Pierre.

– Não, isso não!

Angelina Chermont estava visivelmente desesperada. E seu desespero se agravou quando Isabelle anunciou a decisão que havia tomado ainda naquela tarde.

– Estou mesmo decidida a internar o meu marido numa clínica para doentes mentais.

– Num sanatório, você quer dizer? – retorquiu Angelina, levantando-se do estofado num salto. – Não faça isso! Já lhe disse que se interná-lo num lugar desses ele morrerá de desgosto.

Isabelle se manteve determinada:

– Mesmo assim, estou decidida a aceitar a sugestão médica.

A mulher se calou. Sentou-se no sofá novamente e subitamente começou a chorar, escondendo o rosto entre as mãos. Entre lágrimas e soluços, ela novamente insistiu, em tom de súplica:

– Não permita que ele seja internado. Eu lhe imploro. É cruel demais.

Para Isabelle não havia mais dúvidas de que o homem que ela até então pensava ser seu marido era, na verdade, Vincent Pérez. Antes de partir, ela seriamente perguntou para Angelina, que continuava chorando convulsivamente:

– Dona Angelina, há mais alguma coisa que a senhora queira me dizer? – e diante do silêncio da mulher, Isabelle concluiu: – Não? Tem mesmo certeza? Então eu já vou indo.

Nem bem ela se moveu em direção à porta, Angelina a preveniu:

– Você irá se arrepender amargamente se consentir que seu marido seja internado num sanatório. Os médicos que trabalham nesses lugares não têm coração, todos sabem. São até mais loucos do que os próprios pacientes que são internados ali. Por isso eu lhe peço... Na verdade, eu lhe imploro...

Isabelle voltou-se para ela e seriamente perguntou:

– É só isso mesmo que a senhora tem a me dizer?

A mulher engoliu em seco e sem mais interrupções, Isabelle partiu, diretamente para a chefatura de polícia, onde quis falar a sós com o delegado. O homem mal podia acreditar no que a bela moça havia ido lhe contar. Estava tão pasmo quanto a própria Isabelle diante da hipótese de Jean-Pierre ser, na verdade, Vincent Pérez se passando pelo irmão.

– Preciso dizer, minha senhora – observou o delegado, ponderadamente –, que Dona Angelina também pode estar lhe dizendo a verdade.

Isabelle já havia considerado a possibilidade e, por isso, declarou:

– Daí a importância de internar meu marido, entre aspas, num sanatório. Só mesmo num, sob observação médica, é que descobriremos a verdade. Contudo, estou absolutamente certa de que Angelina Chermont mente para acobertar o filho. Se eu fosse o senhor, iria à casa dela para apurar os fatos.

O delegado franziu o cenho, pensativo, e acabou aceitando a sugestão. Assim que Isabelle partiu, vestiu seu sobretudo, pôs o chapéu e seguiu em direção à casa em que Angelina Chermont residia. Quando a mulher o viu em frente à sua porta e soube o porquê de ele estar ali, desabou. E acabou falando mais do que devia.

– Foi por amor, entende? Foi por amor que o Vincent fez tudo isso. Ele ama Isabelle demais. É louco por ela. O senhor mesmo já amou loucamente uma mulher, não amou? Então pode compreendê-lo.

– Então é mesmo verdade. O homem que hoje está na mansão dos Cassel e se diz ser Jean-Pierre Cassel é, na verdade, Vincent Pérez, seu filho.

– Sim. Mas ninguém deve saber disso. Eu lhe imploro!

– Minha senhora...

Ela não o deixou concluir:

– Prometa-me que não dirá nada a ninguém. Especialmente a Isabelle. Ela já anda tão desconfiada. Se souber que o marido dela é meu filho, sentir-se-á ultrajada. Afastará Vincent de perto dela e isso o fará sofrer demais.

– Minha senhora, seus sentimentos pelo seu filho são louváveis, mas essa farsa tem de ter fim.

– Não pode!

– Eu represento a justiça.

– Então faça justiça em nome do amor! É só o que lhe peço.

Mesmo diante do estado perturbador daquela mulher, o delegado estava decidido a pôr fim naquela farsa absurda.

Ao chegar à mansão, Isabelle sequer teve ânimo para brincar com o filho e, quando o delegado ligara para informá-la o que havia apurado durante a visita que fizera a Angelina Chermont, Isabelle quis simplesmente morrer de desgosto e revolta. Há semanas ela vinha dormindo com o inimigo, o homem que tentara matar seu marido e havia conseguido, de outra forma. Um lunático, capaz das piores coisas para satisfazer a si mesmo. Ela não suportaria conviver com ele por mais um minuto sequer. Sua vontade era pô-lo para fora daquela casa, escorraçá-lo dali o quanto antes, levado pela própria polícia para ser detido e colocado atrás das grades.

Contudo, Vincent continuaria afirmando ser Jean-Pierre e só mesmo numa clínica para tratamento de doenças mentais é que os médicos conseguiriam persuadi-lo a dizer quem ele realmente era, assumindo, enfim, sua verdadeira personalidade. Por isso, Isabelle ligou para o médico para acertar os detalhes da internação daquele que ela acreditava piamente ser Vincent Pérez. Uma ambulância iria buscar o paciente no dia seguinte, logo pela manhã.

– Meu amor? – chamou o marido, pegando a esposa desprevenidamente. – Está tudo bem? – perguntou ele, achegando-se a ela e estudando atentamente seus olhos. – Você me parece cansada... O que houve? Está tão abatida.

– Deve ser por causa das regras – mentiu Isabelle mal conseguindo encarar o sujeito à sua frente. Foi um momento tão desesperador para ela que por pouco não lhe revelou tudo o que já sabia a seu respeito. Por fim, relatou para ele o que havia decidido junto ao médico naquela tarde.

– Se você e o doutor acham que realmente essa é a melhor solução para mim, irei de bom grado. Afinal, é minha saúde quem está em jogo. Quero ficar bem para o meu filho e para você, meu amor.

E quando ele quis beijá-la nos lábios, Isabelle não teve como recuar. Naquele momento, apesar de todo ódio e revolta que sentia por ele, ela teve pena da sua pessoa. Mas Vincent Pérez era um assassino, matara o próprio irmão e, portanto, tinha de pagar pelo crime que cometera.

Quando a ambulância chegou à mansão, Jean-Pierre abraçou o filho calorosamente e declarou entre lágrimas:

– Eu volto logo, meu querido. Não se preocupe.

Beijou-lhe a testa e procurou sorrir. Ao despedir-se de Isabelle, a moça se manteve firme, enquanto ele a envolvia num abraço carinhoso e lhe beijava afetuosamente:

– As visitas ao hospital serão permitidas, não serão?

Ela fez que sim com a cabeça e ele pareceu se alegrar com aquilo.

– Então, logo nos veremos.

– Logo nos veremos – mentiu ela, certa de que nunca mais poria os olhos naquele impostor.

Jean-Pierre acenou para alguns dos empregados que estavam ali e seguiu até a ambulância que o aguardava. Ainda que todos ali já soubessem que o sujeito, na verdade, era Vincent Pérez querendo se passar pelo irmão, sentiram pena ao vê-lo deixando aquela casa, naquele estado tão deplorável. Só de saberem que ele, provavelmente, nunca mais deixaria o local para onde estava sendo levado, que poderia até mesmo morrer lá dentro como acontecia como muitos dos internados ali, ficaram ainda mais angustiados com o seu triste fim.

Assim que a ambulância partiu, Isabelle foi até o quarto onde o filho ficara sob os cuidados da babá, tomou o menino nos braços e o abraçou carinhosamente, como se sua vida dependesse daquele abraço.

Tão logo soube da internação, Angelina tomou um carro de aluguel em direção à mansão dos Cassel e quando lá, diante de Isabelle, soltou o verbo:

– Eu lhe pedi tanto para não o mandar para aquele lugar. Mesmo assim, você não me deu ouvidos.

Isabelle, muito perspicaz, respondeu:

– Eu não entendo a senhora. Não mesmo! Se o homem que foi internado há pouco é seu sobrinho, como a senhora mesma diz, por que se preocupa tanto?

– Já lhe apresentei meus motivos.

– Pois eu ainda acho que os motivos que a senhora me alegou são falsos. Por que não me diz a verdade? Eu também mereço saber.

Pela primeira vez, Angelina pareceu ter pena da moça. Abaixou a cabeça e numa voz lamuriosa admitiu:

– Você tem toda razão. Não é certo continuar enganando-a. Você estava certa quando me disse que eu estava protegendo o Vincent. Eu realmente estava. E você faria o mesmo em relação ao seu filho, por amá-lo incondicionalmente e querer protegê-lo de todo mal. Mas, Isabelle, eu lhe peço, do fundo do meu coração, que perdoe meu filho. Perdoe por tudo o que ele foi capaz de fazer à você nas últimas semanas. O amor dele por você o tornou capaz de qualquer coisa.

– Até mesmo para matar o próprio irmão?

– Sim! Até mesmo para isso.

Isabelle se arrepiou e Angelina acrescentou, seriamente:

– Mas veja bem. Acredito piamente quando o Vincent diz que, na hora em que o iate estava prestes a afundar, ele se arrependeu amargamente do que fez e, por isso, voltou até lá e salvou Jean-Pierre da morte. Da mesma forma que acredito, quando ele diz que Jean-Pierre, revoltado, saltou sobre ele, os dois rolaram em meio a socos e pontapés e ele acabou se desiquilibrando e caindo do precipício. Vincent realmente tentou salvá-lo, mas suas mãos escorregaram por causa do suor. Por isso, ele anda tão perturbado. Ele queria ter salvado o irmão e não conseguiu.

– Eu sei...

– Pode perdoá-lo pelo que ele lhe fez?

Isabelle não soube responder e Angelina Chermont tampouco esperou por sua resposta. Chorou convulsivamente:

– Não vou suportar ver o meu filho naquele lugar. Mas sei, também, que ele precisa ficar lá por um tempo.

O comentário surpreendeu Isabelle, totalmente:

– A senhora sabe?

– Sim, eu sei. No fundo, eu sempre soube, afinal, os tormentos do Vincent são reais. Isso ninguém pode negar. O que ele fez contra o irmão deve ter afetado sua cabeça a ponto de deixá-lo maluco. Chego a pensar que...

– Diga – incentivou Isabelle, assustada e aflita perante as palavras da mulher.

– Chego a pensar que ele incorporou Jean-Pierre para amenizar a culpa que sente em relação à sua morte. Para ele, Vincent realmente morreu como punição pelo que fizera ao irmão naquela tarde fatídica.

– Foi a mesma conclusão a que o psiquiatra chegou.

– Está vendo?

Breve pausa e Angelina comentou:

– Sei que terei de visitá-lo naquele lugar. Minhas visitas certamente serão de extrema importância para ele, mas... – ela novamente chorou, desesperada. – Mas ver um filho nessas condições é doloroso demais para uma mãe.

Dessa vez Isabelle consolou a mulher desesperada. Sua sinceridade havia tocado profundamente o seu coração.

Naquele mesmo dia Isabelle vestiu luto pela morte do marido e se tornou visível aos olhos de todos que ela jamais voltaria a ser a mesma depois da sua morte. Os empregados da casa, sem exceção, também trajaram luto em respeito à morte do patrão. E uma missa foi marcada pela sua alma.

O espírito de Silvia Navarro, por sua vez, presenciava os acontecimentos, gargalhando da tragédia em si. E debochando daqueles que tentavam levá-la para a luz ou que seguiam para lá por meio da bondade e do amor.

# CAPÍTULO 17

A chegada de Jean-Pierre ao sanatório foi um choque tremendo para ele. Por fora, via-se uma edificação bonita e bem-cuidada, pacífica e arejada; por dentro, o lugar era deprimente. Gritos ecoavam ao longe e perto, a qualquer hora do dia, provocando um mal-estar nos que ainda estavam desacostumados àquele ambiente.

O quarto que lhe fora reservado era frio e tristonho. Havia apenas uma cama, uma mesa de cabeceira, um abajur e uma mesa de canto. Nas paredes havia apenas um crucifixo pendurado e no banheiro, um espelhinho retangular para o paciente se enxergar quando estivesse fazendo a barba. Para Jean-Pierre, o mais assustador ali foram as grades que cobriam a janela pelo lado de fora, dando a impressão de estar preso em uma jaula.

O médico responsável por Jean-Pierre enquanto estivesse internado no sanatório entrou no quarto. Era um sujeito por volta dos seus cinquenta anos de idade, com cabelos grisalhos nas têmporas e um olhar penetrante e sádico. Fez as devidas apresentações e lhe informou que o tratamento começaria por meio de novos remédios ingeridos ao longo do dia.

JOANA MULLINS, a enfermeira responsável por aquela ala, apareceu no quarto a seguir, trazendo consigo os remédios prescritos e um sorriso de boas-vindas, o que deixou Jean-Pierre se sentindo menos mal diante do rumo que sua vida havia tomado.

– Olá! – disse ela, abrindo um sorriso de ponta a ponta. – Seja muito bem-vindo. Serei eu uma das enfermeiras que vão cuidar do senhor enquanto estiver internado aqui.

– Obrigado.

A moça tomou um minuto para observá-lo, atraída por sua beleza masculina e pelo fato de ter sabido que ele era um dos homens mais ricos da região. Joana Mullins tinha lá, os seus quase trinta anos. Era alta, loura e magra, com mãos e pés particularmente delicados. Não era feia, mas se achava, e esse fato encobria qualquer beleza que pudesse atrair os homens. Era um exemplo vivo do que a falta de uma boa autoestima pode causar ao ser humano.

De repente, gritos ensurdecedores ecoaram pelos longos e assustadores corredores do local. Era como se pessoas estivessem sendo torturadas, até mesmo sendo queimadas vivas.

– Que gritos são esses? – perguntou Jean-Pierre assustado.

– Não se assuste. Acontece sempre. Muitos dos pacientes reagem histericamente aos tratamentos médicos.

– Mas são gritos de horror.

– Eu já me acostumei.

– Você já presenciou algum desses tratamentos?

– Não. São feitos a portas fechadas. Mas não se preocupe. Os médicos sabem o que fazem.

Saberiam mesmo?, questionou-se Jean-Pierre, arrepiando-se novamente até a alma diante dos gritos de pavor.

Voltando os olhos para a janela, Joana Mullins comentou:

– Veja! O sol está tão lindo lá fora. Ótimo para darmos uma volta pelos jardins. Assim o senhor conhece melhor o local.

De fato, o dia estava mesmo convidativo para um passeio, constatou Jean-Pierre, sentindo-se contagiado pela empolgação da enfermeira.

– É uma ótima ideia!

Ela novamente sorriu e seus olhos piscaram, inebriados de interesse pelo paciente bonito, rico e jovial.

– Eu volto num piscar de olhos! – disse Joana Mullins e, um minuto depois, reaparecia no quarto trazendo consigo uma cadeira de rodas para poder levar o paciente ao passeio.

– Não é preciso – adiantou-se Jean-Pierre rapidamente. – Posso ir andando.

– Eu sei. Mas todo paciente que for dar uma volta pelo pátio deve ser levado numa cadeira de rodas, até que seja permitido o contrário.

Ele pareceu entender.

– Está bem.

Antes de saírem, Joana certificou-se de que o paciente havia mesmo tomado os remédios prescritos pelo médico e, só então, ajudou-o a se sentar na cadeira. Logo, ela a conduzia para fora do quarto, onde dois enfermeiros vieram algemar os punhos e tornozelos de Jean-Pierre.

– O que é isso? – exaltou-se ele, tomado de indignação.

– Normas da casa – explicou Joana, com a voz eficiente de uma típica enfermeira.

Não foi nada agradável para Jean-Pierre ver-se naquela condição. Era como se fosse um prisioneiro numa penitenciaria de máxima segurança, e não um paciente num hospital para doentes mentais. Assim que saíram para o pátio, ele quis saber:

– Por que tomam medidas tão drásticas com os pacientes daqui?

A resposta da moça foi precisa:

– Porque muitos dos pacientes daqui são agressivos. De uma hora para outra, em questão de segundos, são capazes de matar um de nós, e das piores formas.

– Isso já aconteceu antes?

– Sim. Não só aqui, como em diversos sanatórios.

– Não sabia que havia pacientes tão perigosos num lugar desses.

– Infelizmente há. Por isso, todo cuidado é pouco.

Jean-Pierre tomou um minuto para observar o rosto dos pacientes que também estavam no pátio para tomar sol. Em seus olhos havia tristeza, pesar e uma profunda apatia.

– Eles todos me parecem dopados – comentou, penalizado com o que viu.

– Faz parte do tratamento – respondeu Joana sempre muito eficiente. Sinal de que eram extremamente competente na função que exercia, o que lhe rendeu um elogio da parte de Jean-Pierre.

– Procuro sempre fazer o meu melhor – explicou a moça, sentindo-se lisonjeada com o elogio, ainda mais partindo de um moço tão bonito e endinheirado. Nunca ninguém ali fora-lhe tão gentil, tampouco reconhecera seus esforços profissionais.

– Faz muito que trabalha aqui? – perguntou Jean-Pierre a seguir.

– Há mais de dez anos. Comecei aos dezoito.

– Não deve ser fácil ter de conviver com essa tristeza diariamente.

– Sim, mas que escolha tenho eu, se nasci pobre e preciso do trabalho para me sustentar?

Jean-Pierre teve de concordar com ela, que assumiu um tom mais alegre para dizer:

– Soube que o senhor é um homem muito rico... Isso é mesmo verdade? Pois saiba que há outros pacientes tão ricos quanto o senhor internados aqui. Mas seus familiares pouco aparecem para vê-los. Na verdade, nunca vêm. Mandam o dinheiro por meio de depósito e confiam plenamente que conosco estarão em boas mãos.

– E estão?

Ela riu, ultrajada.

– É obvio que sim. Veja só como eu o trato.

– Desculpe-me, é verdade. Você é mesmo muito gentil. Mas será que todos os enfermeiros são tão carinhosos e gentis com os seus pacientes, devotados e atenciosos como você diz ser com todos?

Joana sabia que nem todos ali eram como ela, contudo, achou melhor acobertar a verdade:

– Sim, todos são excelentes com os seus pacientes. Assim como eu procuro ser com todos.

Jean-Pierre pareceu acreditar nela.

Ao voltarem para o quarto, o paciente quis saber se havia algum recado de sua esposa para ele. Estava ansioso por uma ligação de Isabelle, mas foi informado de que até então, ela não havia ligado. Certamente, porque ela pretendia ir vê-lo pessoalmente, assim que possível, acreditava Jean-Pierre. Contudo, isso não aconteceu nos dias que se seguiram, o que deixou Jean-Pierre extremamente preocupado.

Onde estaria Isabelle? Por que ela não ligava para ele nem aparecia para visita-lo? Seriam normas médicas? Ter-lhe-ia acontecido alguma coisa grave? Aquilo não fazia sentido. Foi então que ele pediu permissão à supervisora do lugar para fazer uma ligação para a esposa e saber se estava tudo bem em casa. Ao ser informado que os pacientes não tinham esse direito a não ser que o médico permitisse, Jean-Pierre ficou furioso, ainda mais quando o médico lhe negou o pedido. Foi preciso dois enfermeiros para segurá-lo enquanto lhe aplicavam um sedativo para lhe acalmar os nervos.

A sensação de que havia algo sinistro envolvendo suas vidas começou a deixar Jean-Pierre cada vez mais apreensivo e ansioso. Ao perceber que os remédios prescritos o deixavam dopado, começou a fingir que os tomava para poder se manter são o suficiente para entender o que estava se passando ali e consigo mesmo.

Quando o médico responsável pelo tratamento reapareceu para uma visita, Jean-Pierre lhe foi franco:

– Doutor, não quero mais ficar aqui. Foi um erro eu ter vindo para cá. Esse lugar me deprime, faz com que eu me sinta pior do que antes. Sinto falta da minha mulher e do meu filho. Quero ir embora.

– Todos querem – respondeu o homem com uma determinação e frieza que deixou Jean-Pierre assustado.

– Todos?! – indagou alarmado.

– Sim. Porque querem fugir do tratamento que lhes são prescritos para recuperaram a saúde mental.

– Mas no meu caso é diferente.

– Diferente, por quê?

– Porque é.

Jean-Pierre se sentiu momentaneamente desconsertado. A sensação de que se tornara um prisioneiro daquele lugar voltou a lhe atingir o peito com tudo. O médico, no seu tom sádico peculiar, voltou a falar:

– Escute-me. Serei franco com o senhor. Assim que estiver melhor, o senhor voltará para casa.

– Deixe-me pelo menos ligar para a minha esposa para saber se ela e o meu filho estão bem.

– O isolamento faz parte do tratamento. Assim que passar esse período, o senhor poderá ligar.

Jean-Pierre teve a impressão de que só lhe dizia aquilo para acalmá-lo. De qualquer modo, Isabelle quebraria as regras, não suportaria a distância por muito tempo; ligaria para ouvir sua voz. Ele se agarrou àquela esperança como um desenganado se apega à fé.

No dia seguinte, logo pela manhã, dois enfermeiros apareceram para conduzir Jean-Pierre até uma das salas de tratamento psiquiátrico por meio de aparelhos desenvolvidos na época para curar doenças mentais.

Ali, Jean-Pierre foi recebido pelo médico que ficara a cargo do seu tratamento, o qual o estimulou a contar tudo o que se passara naquela tarde fatídica entre ele e o irmão. Ao término da narrativa, o doutor se silenciou por alguns minutos, analisando o paciente atentamente e perguntou:

– Qual dos gêmeos caiu do penhasco?

– Eu já lhe disse. Foi Vincent Pérez quem caiu.

– Não teria sido Jean-Pierre Cassel?

– Não! Jean-Pierre Cassel sou eu! Vincent, meu irmão, é quem caiu no mar!

– O senhor se sente culpado pelo que aconteceu ao seu irmão?

– Sim! Apesar de ele ter tentado me matar, eu o amava, eu...

Ao sinal do médico, os enfermeiros deitaram Jean-Pierre numa mesa giratória, onde prenderam seus tornozelos e punhos para que ele não caísse dali. Então, começaram a girar a mesa, enquanto o médico lhe fazia perguntas práticas e diretas:

– Seu nome. Diga-me o seu nome!

– Jean-Pierre Cassel!

– Esse não é seu nome – retrucou o médico seriamente. – Seu verdadeiro nome é Vincent Pérez. O senhor assumiu a identidade do seu irmão para encobrir a culpa que sente por tê-lo deixado cair do penhasco, naquele fim de tarde fatídico que passaram lado a lado.

– Não! Isso não é verdade.

– É verdade, sim! O senhor também se sente culpado por tentar assassinar seu irmão, prendendo-o na cabine do iate que conduziu, propositadamente, em direção aos recifes que perfuraram o casco e afundaram a embarcação.

– Não, não, não!!! Foi o Vincent quem fez isso, não eu! Vincent queria me matar para poder ficar com Isabelle, minha esposa e...

Quanto mais Jean-Pierre negava os fatos, mais e mais a mesa girava, provocando-lhe náusea e tontura.

– Parem com isso! – suplicava. – Parem! Estou ficando tonto. Tonto...

A sala girava sob seus olhos tomados de horror e profundo mal-estar.

Ao voltar para o quarto, Jean-Pierre apagou, tamanho choque com a realidade vivida havia pouco. Ao recobrar os sentidos, Joana Mullins estava ali, olhando sonhadoramente para ele, estirado em seu leito.

– Aquele médico está louco! – protestou Jean-Pierre com ódio explícito na voz. – Ele pensa que sou, na verdade, o meu irmão gêmeo.

Para a moça entendê-lo melhor, Jean-Pierre lhe narrou toda a história que envolvia seu nascimento e de Vincent Pérez, até os tempos em que se reencontraram e Vincent se apaixonou por Isabelle. Joana ouviu tudo com grande interesse e, ao término da narrativa, comentou:

– Quer dizer, então, que quem caiu do penhasco foi seu irmão? Vincent Pérez?

– Ele próprio.

Discretamente, Joana leu o nome do paciente que estava escrito no prontuário do sanatório. Ao perceber seu espanto, Jean-Pierre perguntou:

– O que foi? – e olhando para o prontuário nas mãos da enfermeira, quis dar uma olhada no que estava escrito ali.

Chocou-se ao ver que o nome do paciente era Vincent Pérez e não Jean-Pierre Cassel. Aquilo o deixou em pânico, mal podendo acreditar que houvesse sido internado ali com o nome do irmão. Aquilo sim era loucura. Quis ligar para Isabelle para que ela o tirasse de lá o mais urgente possível. Por falar nela, onde estaria que até então não havia ligado para ele para saber como estava passando? Foi então que ele uniu os fatos.

– Deus meu, todo-poderoso! – exclamou em choque. – Agora eu sei porque Isabelle não me ligou e porque estava tão fria comigo quando me mandou para cá. Ela pensa que eu...

Subitamente ele saltou da cama, passou voando por Joana Mullins e escancarou a porta.

– Preciso dizer a verdade para ela! – afirmou, tomando o corredor para fugir dali o quanto antes. Mas não foi além. Dois enfermeiros brutamontes que também serviam de seguranças do interior do sanatório o detiveram e o arrastaram de volta para o quarto, aos berros.

– Sou mesmo Jean-Pierre Cassel! Vocês precisam acreditar em mim, pois eu digo a verdade!

Por mais que bradasse por justiça, Jean-Pierre foi atado à cama e dopado por meio de uma injeção tranquilizante. Ao vê-lo apagar, Joana Mullins respirou mais aliviada. Não lhe agradava nem um pouco a ideia de ver seu homem lindo e milionário longe dela tão cedo. Estava disposta a conquistá-lo e faria com grande empenho para realizar seu maior sonho, o de se casar com um moço lindo, rico e totalmente dependente dela.

# CAPÍTULO 18

Dias depois, Jean-Pierre era surpreendido por uma notícia boa. Uma outra enfermeira apareceu no quarto e disse com um descaso total:

– Há uma visita para o senhor.

Jean-Pierre se alegrou.

– Uma visita? Que bom!

Isabelle!, pensou Jean-Pierre, feliz da vida. Só podia ser ela. Que alegria! Mas quando seus olhos avistaram Angelina Chermont, esperando por ele na sala de visitas que mais parecia uma jaula para animais selvagens, o rosto de Jean-Pierre mudou radicalmente.

– A senhora?! – exclamou ele deveras surpreso por vê-la ali.

A mulher nada respondeu, apenas o estudou de cima a baixo, com olhos frios e sombrios.

– Foi muito bom a senhora ter vindo – declarou Jean-Pierre, assim que se sentou de frente para ela. – Só mesmo a senhora pode me ajudar a esclarecer um tremendo mal-entendido que estão fazendo comigo. O médico que está cuidando do meu caso acredita que eu seja Vincent Pérez e não Jean-Pierre Cassel. Acredita que Vincent assumiu a personalidade de Jean-Pierre para ficar com Isabelle ou encobrir a culpa que sente por ter assassinado o irmão. Não sei onde e quando esse médico doido levantou essa hipótese, por isso, preciso muito da sua ajuda. Só mesmo a senhora pode provar para todos que sou mesmo Jean-Pierre Cassel e não o Vincent, o filho que criou com tanto amor.

Ainda séria, Angelina assentiu e Jean-Pierre completou:

– Só assim eu poderei deixar esse lugar horrível, voltar para casa e provar para Isabelle quem sou de fato. Pois até ela, certamente, deve estar achando que sou o Vincent tentando se passar por mim.

Angelina concordou plenamente:

– Isabelle não acha que você é o Vincent, ela tem certeza. Inclusive, foi ela mesma quem levantou a hipótese perante o médico que você frequentava.

– Isabelle?!

– Ela mesma! E ela chegou a essa conclusão devido às circunstâncias e, também, por causa de uma ajudinha minha.

– Ajuda da senhora?! – Jean-Pierre estranhou suas palavras.

– Sim! Pois eu o queria preso num lugar como esse e, para isso, eu tinha de convencê-la de que você era mesmo Vincent tentando se passar por Jean-Pierre.

Jean-Pierre pensou não ter ouvido direito.

– É isso mesmo o que você ouviu – reforçou Angelina com um olhar diabólico que fez o sobrinho se arrepiar até a alma. Quando ela voltou a falar, foi quase um desabafo, num tom que mais parecia vir das trevas: – Você matou o Vincent e agora vai pagar da pior forma pelo que fez a ele.

Jean-Pierre por pouco não saltou da cadeira.

– Eu não o matei! Eu juro! Foi ele quem quis me matar. Por causa de Isabelle.

– Matou, sim! – insistiu ela, furiosa, enquanto Jean-Pierre tentava se defender mais uma vez:

– Já expliquei o que houve. Ele caiu do penhasco. Tentei segurá-lo, mas o suor em nossas mãos...

Quase chorando, Angelina afirmou:

– O Vincent era tudo o que eu tinha. Por isso, você vai acabar aqui até morrer de desespero e arrependimento pelo que fez a ele. Desde o primeiro instante em que o vi, depois da tragédia, eu sabia que você era mesmo Jean-Pierre Cassel. Eu jamais o confundiria com o Vincent. Apesar da semelhança, sei muito bem distinguir um do outro. No entanto, eu quis imensamente que você fosse o meu filho adorado, que tivesse sobrevivido a estupidez que ele próprio cometera naquela tarde. Mas, infelizmente, fora Jean-Pierre Cassel quem sobrevivera a tudo aquilo e ainda seria Jean-Pierre Cassel quem viveria ao lado de Isabelle e do filho, felizes e contentes para sempre. Eu não poderia suportar tal ideia. Era injustiça demais para com o Vincent que fizera de tudo em nome do amor que sentiu por uma mulher.

Angelina tomou ar e foi além:

– Fiquei imensamente feliz quando soube que você andava perturbado da cabeça. Não faz ideia do quanto isso me alegrou. Especialmente quando surgiu a possibilidade de interná-lo num lugar desses. Foi então que me ocorreu a ideia de fazer com que todos pensassem que você era, na verdade, o Vincent, tentando se passar por Jean-Pierre Cassel. Só assim Isabelle o rejeitaria, não mais se oporia à intenção do médico de interná-lo num sanatório e, o mais importante, esqueceria de você, para sempre. Naquela manhã em que fui a sua casa para lhe falar em particular, eu sabia que Isabelle nos ouviria, porque já havia plantado em sua mente a semente da dúvida. Por isso, fiz questão de deixar a porta entreaberta da saleta que ocupamos, para que ela pudesse ouvir com clareza o que eu tinha a lhe dizer. Eu tinha de fazê-la pensar, definitivamente, que você era o Vincent que havia enganado-a aquele tempo todo. Isabelle, então, ficaria revoltada e o mandaria para cá, sem pestanejar. E foi o que ela fez.

– A senhora não fez isso.

– Fiz muito mais. Quando o delegado me procurou para apurar os fatos que Isabelle havia lhe contado, confirmei tudo para que não houvesse mais dúvidas quanto à sua identidade. Hoje, Isabelle usa luto por sua morte e os empregados da casa também. Pois para todos, Jean-Pierre está morto, apodrecido junto aos corais do oceano.

– Tia Angelina, sou seu sobrinho! – protestou Jean-Pierre indignado e aflito. – Filho de sua irmã que tanto lhe queria bem. Que foi capaz até de lhe dar o próprio filho para...

– O que Carmem tinha de acertar comigo, acertou! O problema agora é entre mim e você, que deixou meu filho morrer naquele dia macabro. E nada me tira da cabeça que você fez de propósito. De raiva pelo que o Vincent havia lhe feito, e também, por ter desejado sua esposa, você o deixou cair penhasco abaixo, como vingança.

Jean-Pierre ficou subitamente afogueado e Angelina deu sua última sentença.

– Pois agora você vai morrer aqui, arrependendo-se amargamente do que fez ao meu filho. E digo mais. Se o demônio me permitisse fazer uma troca, eu trocaria você pelo Vincent sem hesitar. Você não significa nada para mim. Nunca significou. O Vincent, sim, foi a razão da minha vida.

– Se eu permanecer num lugar desses, vou enlouquecer.

– E vai mesmo! Na verdade, estou contando com isso. Num lugar assim, ninguém nunca melhora, só piora. Onde você acha que eu trabalhei a vida toda para sustentar a mim e ao Vincent? Pois eu lhe digo. Foi como enfermeira ou pajem ou dama de companhia de doentes mentais. Portanto, se depender de mim, você só sai daqui direto para o cemitério.

– A senhora não pode deixar que todos continuem pensando que eu sou Vincent. Por misericórdia...

– Por misericórdia?! E, por acaso, algum dia, a vida teve misericórdia de mim?

Angelina parecia cada vez mais feliz por ver o sobrinho em total desespero.

– Não seria certo, sabe? – continuou ela, ferina. – Você, feliz e radiante ao lado de Isabelle e do filho, enquanto o meu Vincent apodrece no fundo do mar. Incapaz de ter tido uma vida feliz ao lado da mulher por quem verdadeiramente se apaixonou e da possibilidade de ter filhos com ela. Vincent merecia o mundo e, no entanto, você usurpou dele todas as chances de conquistar esse mundo. Você o matou e, por isso, vai apodrecer nesse lugar horrendo e deprimente.

– E quanto a Isabelle? – questionou Jean-Pierre aflito. – Vincent a amava. Não tem pena dela por estar vivendo uma mentira?

– Pois ela também merece sofrer. Se não fosse ela, o Vincent não teria feito o que fez e, portanto, ainda estaria vivo. Ah, como eu odeio o amor. É tão odioso que é capaz de nos fazer cometer as maiores burradas da vida em seu nome. Para mim, é coisa do demônio. Uma artimanha do tinhoso para nos fazer penar nessa vida infame e sem sentido.

Angelina suspirou e se levantou.

– Adeus!

Jean-Pierre também se levantou e a segurou pelos punhos.

– Não vá! – suplicou, com olhos explodindo de aflição.

Ela o olhou com descaso e ele gritou:

– Não me deixe aqui!

E quando ela tentou soltar seus braços e não conseguiu, os enfermeiros que ficavam ali de vigia para socorrer qualquer eventualidade correram para acudi-la. Assim que agarraram Jean-Pierre, ele esperneou e tornou a bradar por justiça:

– Foi ela! Foi ela quem armou tudo isso para cima de mim. Ela sabe que não sou o Vincent. Alguém tem de acreditar em mim. Pelo amor de Deus, alguém tem de acreditar em mim!

Ele foi arrastado até o quarto que ocupava no sanatório e sedado, como acontecia com todos que se rebelavam contra algo ali.

Enquanto isso, o espírito de Silvia Navarro assistia tudo, deliciando-se, como sempre, com o sofrimento alheio.

O próximo passo de Angelina foi procurar o médico responsável por Jean-Pierre para lhe dizer de forma prática e direta:

– Não adianta – lamentou ela com lágrimas fingidas a rolar pela face. – Vincent, meu filho, continua achando que é o irmão que ele próprio assassinou. Acho que não vai se recuperar nunca mais. E pela explosão que teve há pouco, percebo que se tornou agressivo. Tive medo, sabe? Medo de que ele me agredisse. Que até mesmo quebrasse os meus braços quando agarrou meus punhos com uma força demoníaca. Acho melhor pedir para um padre vir benzê-lo. Deve estar possuído. Acredito nisso. Já vi muitos casos.

Angelina mentia tão convincentemente que seria capaz de acreditar em suas próprias mentiras. Não sentia um pingo de pena do sobrinho, tampouco de ninguém diante da realidade em que vivia. Quando partiu do sanatório, estava certa de que havia feito justiça em nome do filho.

Havia jurado que vingaria sua morte e o fez. Agora, poderia dizer que estava menos infeliz.

Ao voltar para casa, Angelina encontrou o local imerso no mesmo silêncio fúnebre e tristonho que o havia deixado. Parou por um minuto, diante da foto do filho no porta-retratos, acariciando a imagem como se fosse o próprio moço em carne e osso, e só então notou que havia alguém mais ali, sentado na poltrona, encoberto pela penumbra do lugar.

– Você?! – exclamou ela, assim que acendeu a luz da sala. – O que faz aqui?! – desesperou-se, assim que reconheceu a figura. – Como escapou do sanatório? Longe de mim! Longe de mim!

A voz suave do sujeito finalmente ecoou no recinto:

– Sou eu, mamãe.

Os olhos da mulher se arregalaram e uma alegria súbita tomou-lhe o ser:

– Vincent, meu filho! – exclamou eufórica. – Vincent!

Naquele instante, o tempo pareceu congelar para ambos.

# CAPÍTULO 19

Angelina se agarrou ao filho chorando convulsivamente. Ele também a abraçou com voracidade e desespero.

– Por que me deixou pensando que você havia morrido? – quis saber ela, quando conseguiu recuperar a voz.

A resposta dele foi rápida e precisa:

– Porque não tive saúde física e mental para retornar para casa, mamãe.

O abraço se intensificou e ela novamente desabafou, entre lágrimas:

– Pensar que você estivesse morto foi desesperador para mim. Quis morrer junto!

– Mas eu estou aqui, mamãe. E escapei da morte por um triz.

Ela afastou o rosto e admirou sua face. Com a ponta dos dedos, enxugou-lhe as lágrimas e admitiu, feliz:

– Meu filho querido... Que saudade!

Mais um longo minuto de carinho entre os dois e Angelina se afastou dele, fitando-o com um olhar reprovador. Disse:

– Você foi muito estúpido em tentar matar o seu irmão. De nada valeria matá-lo para que Isabelle pudesse ficar livre para você. Ela ama Jean-Pierre, não se renderia aos seus encantos, mesmo com você a consolando e lhe devotando todo o seu amor.

– Fui mesmo um tolo, mamãe. Arrependi-me amargamente. O plano virou-se contra mim e, por pouco, quase morri ao cair de um penhasco.

– O importante é que você está vivo, meu querido. Vivíssimo!

– Sim! Ao cair no mar, as ondas me jogaram contra um vão que havia nas pedras, onde pude permanecer até que tivesse forças para nadar novamente. Infelizmente isso não aconteceu e eu acabei adormecendo, crente de que em breve estaria morto. Foram as piores horas da minha vida. Despertei somente quando os primeiros raios do sol incidiram no mar e iluminaram minha face. Foi então que avistei um barco de pescadores e fiz sinal para eles, na esperança de que me tirassem dali. Visto que era perigoso aportar tão rente aos recifes, tive de nadar até a embarcação e, quando lá cheguei, perdi os sentidos. Só voltei a mim quando o barco já havia ancorado num pequeno porto de madeira, em uma praia recuada há alguns quilômetros dali. Foi então que descobri que havia apenas um tripulante no barco pesqueiro, e foi ele quem me deu de comer e beber até que eu ficasse apto novamente para enfrentar a minha triste realidade. O pobre homem não me fez muitas perguntas, disse-lhe apenas que eu havia caído do penhasco, sem querer, e acho que ele pensou que eu fizera aquilo com a intensão de me matar. Era um senhor muito religioso, orava por mim todos os dias em frente a uma santa de barro. Perdera a esposa recentemente e os filhos moravam longe, só o visitavam em datas especiais.

– Que desgraça, meu filho. Que desgraça!

– Poderia ter sido muito pior, mamãe, se esse pescador não tivesse aparecido.

– Ainda bem que ele apareceu.

– Sim. Foi uma bênção.

Breve pausa e Vincent comentou:

– A uma hora dessas, todos devem estar pensando que estou morto, não é mesmo? Pobre Jean-Pierre, ficou desesperado tentando me salvar... Mas a culpa foi minha. Toda minha! Por falar em Jean-Pierre, preciso ir até sua casa, o quanto antes...

Angelina o interpelou, seriamente, dizendo:

– Jean-Pierre está num hospício.

– Num hospício?! Como assim? Por quê?

– Porque ficou abestalhado depois da sua morte. Com um sentimento de culpa tamanho e, também, porque colaborei para que ele fosse parar lá.

– A senhora?!

– Eu mesma!

Angelina lhe apresentou seus motivos.

– Mamãe, a senhora não fez isso.

– Fiz e com muito gosto! Não era justo deixar Jean-Pierre vivendo feliz ao lado de Isabelle e do filho, enquanto você não tivera a mesma sorte.

– Que horror, mamãe.

– Horror, nada! Fiz justiça apenas.

Vincent estava verdadeiramente indignado. A mãe fora longe demais e ele tinha de reverter aquela situação o quanto antes.

– Onde fica esse hospício? Preciso ir lá. Urgentemente!

Ela se manteve muda, olhando para ele.

– Diga-me, mamãe.

– Diga-me você, Vincent! Você ama ou não ama Isabelle Binoche?

O tom dela o assustou.

– Amo! – admitiu ele atarantado. – Mas de que me adianta amá-la? A senhora mesma disse que ela só tem olhos para Jean-Pierre.

– Exato! Só que para Isabelle, foi Jean-Pierre quem caiu do penhasco. Não você!

O moço franziu a testa, pois fugia-lhe a compreensão aonde a mãe queria chegar. Angelina se fez novamente implacável:

– Não vê, seu estúpido, que essa é a oportunidade perfeita para você ficar com Isabelle que tanto ama? Ela pensará que você é Jean-Pierre e se entregará totalmente a você, como tanto deseja.

– Mamãe...

– É a sua chance de ser feliz ao lado dessa moça, Vincent!

A visão dele, ao lado de Isabelle o animou.

– A senhora acha?

– Não acho, tenho certeza! Estou começando a achar que a queda afetou seus miolos, Vincent.

– Mamãe...

– Ouça-me! Para todos, Vincent está no sanatório. E ficará lá, até que assuma a sua verdadeira identidade, o que certamente nunca fará. Você, por sua vez, assumirá o papel de Jean-Pierre, até que essa vida estúpida e sem sentido acabe. Assim, você terá Isabelle eternamente ao seu lado.

A ideia lhe era extremamente tentadora, percebeu Vincent, na quietude do ser. Mesmo assim, sua sensatez prevaleceu:

– Sou louco por Isabelle, não nego! Completamente apaixonado por ela, admito, mas chegar ao ponto de enganá-la dessa forma...

– Vincent, meu filho, deixe de ser trouxa! A oportunidade que você tanto queria agora está em suas mãos. Não a deixe passar. Só assim você será feliz como tanto sonhou e como eu tanto sonhei que você seria ao longo dessa vida ingrata.

O moço ainda se mantinha em dúvida:

– A ideia é tentadora, não nego, mas eu me passar por Jean-Pierre, acho isso impossível. Posso dar um fora. Dizer coisas que Jean-Pierre jamais diria, ou não saber responder o que ele certamente saberia, sobre fatos que marcaram a sua vida.

Angelina se mostrou ardilosa novamente:

– Lembre-se de que você caiu de um penhasco e ficou inconsciente por algum tempo, após ter sido salvo pelo bendito pescador. Isso afetou sua memória. Qualquer fato que não se recorde da vida de Jean-Pierre será inteiramente compreensível por todos.

A mãe estava certa, admitiu Vincent intimamente. Admirando-se no espelho, abriu um largo sorriso para si e admitiu:

– Se eu não amasse Isabelle como amo...

A mãe se aproximou dele e, mirando seus olhos, refletidos no espelho, articulou:

– Vincent, meu filho, você nunca mais terá uma oportunidade como essa. É pegar ou largar!

Angelina finalmente conseguira contagiá-lo com a sua ideia maléfica e fascinante ao mesmo tempo.

– Mamãe, a senhora tem toda razão! É mesmo a minha chance de viver finalmente ao lado da mulher que tanto amo.

– Exato!

Ele tentou sorrir.

– Agora preciso tomar um banho e vestir uma roupa limpa e cheirosa para ir ver Isabelle.

Angelina o repreendeu no mesmo instante:

– Que banho que nada, seu besta! Você não pode dizer a ela nem a ninguém que passou aqui. Jean-Pierre jamais me procuraria em primeiro lugar, assim que voltasse para a cidade. Ele seguiria direto para sua mansão, a fim de rever a esposa e o filho. É para lá que você deve ir, agora, molambento como está.

– A senhora tem toda razão, mamãe.

– Eu sempre tenho razão, Vincent. Sempre!

E diante de um medo repentino de que o plano não desse certo, Angelina foi severa mais uma vez com o moço:

– Você ama Isabelle, não ama, Vincent? Então se arrisque por ela, da mesma forma que se arriscou para tentar matar Jean-Pierre no iate.

O filho assentiu e a mãe o beijou na testa.

– Vá, meu querido! Não retarde mais o tempo que você pode passar ao lado da mulher que tanto deseja.

Ele acolheu aquelas palavras com determinação, dizendo:

– Deseje-me boa sorte.

A mulher abriu um sorriso maravilhoso e afirmou:

– Toda sorte do mundo, meu querido.

Ele lhe deu um sorriso confiante e partiu decidido, a pé, em direção à propriedade dos Cassel. Pela janela da frente de sua casa, Angelina ficou a admirá-lo até perdê-lo de vista. Seu coração batia feliz, tamanha a satisfação de poder ajudar o filho a se realizar no amor como tanto sonhava.

Ali presente também estava Silvia Navarro, em espírito, querendo esganar Angelina Chermont por ter sugerido a Vincent uma forma de finalmente ficar ao lado de Isabelle Binoche Cassel. Aquilo não poderia acontecer, não seria justo e Silvia faria de tudo que estivesse ao seu alcance para destruir os planos de felicidade de Vincent Pérez. Se ela nao pode ser feliz ao seu lado, ele também não seria feliz ao lado de mais ninguém. E Silvia novamente se juntou as forças do mal para realizar seus propositos malignos.

Isabelle estava sentada na sala de estar, com o filho no colo, tentando alegrar o menino e a ela mesma diante do pesadelo que havia se transformado sua vida nas últimas semanas, quando o novo mordomo apareceu, pedindo licença para lhe falar. Diante do seu aspecto aturtido, Isabelle se preocupou:

– James, o que houve? Até parece que viu um fantasma.

O homem teve dificuldades para falar, tamanho o nervosismo.

– Madame, ele voltou!

Isabelle rapidamente ficou em estado de alerta.

– Ele, quem, James?!

– Ele!... Aquele que se dizia ser seu marido.

– Vincent?! – Isabelle abraçou o filho como que para protegê-lo. – Ele deve ter fugido do sanatório. Ligue agora mesmo para lá e peça ajuda. Eles devem estar à sua procura. Chame também as autoridades. Ele pode ser perigoso.

– Sim, senhora.

As medidas foram tomadas e quando o mordomo informou a patroa que, segundo a direção do sanátorio, o paciente Vincent Pérez continuava em seu quarto, devidamente alojado, Isabelle estremeceu.

– Jean-Pierre – balbuciou ela, tomada de súbida alegria. Sem mais, correu para a sala onde o visitante aguardava por ela. Ao vê-lo, seus olhos brilharam e lágrimas escorreram por sua face palida e amargurada. Ele não precisou dizer nada, Isabelle simplesmente o abraçou, apaixonadamente.

– Meu amor, meu amor... – balbuciou ela, emocionada.

Ambos ficaram enlaçados, como duas crianças que se reencontram após longas e terríveis horas de separação. Ela se aferrava a ele como se dependesse do seu abraço para sobreviver. Algo que Vincent adorou, pois significava entrega total da parte dela para ele. Sua felicidade, então, era tamanha, pois finalmente ele havia conseguido atingir sua meta, a maior de todas: o amor de Isabelle Binoche Cassel.

– Eu quase enlouqueci, só de pensar que você estivesse morto – desabafou ela, parecendo incapaz de normalizar a respiração. – Foi horrível. Simplesmente horrível.

Ele a envolveu ainda mais forte em seus braços, externando todo o seu carinho e admitiu:

– Não morri por um triz. A hipótese de nunca mais vê-la foi o que mais doeu em mim, durante os apertos que passei – as lágrimas lhe afluíam pela face numa torrente interminável, e os lábios tremiam tanto quanto seu corpo junto ao dela. – Mas estamos juntos novamente, não se preocupe, nada mais pode nos separar.

Isabelle afastou o rosto e sorriu para ele, tomando-lhe as mãos e beijando-as com devoção.

– Que saudade, meu amor. Que saudade!

Afagando o seu rosto, ele declarou:

– Fui salvo por Deus, porque não seria justo deixá-la viúva tão jovem. O que sentimos um pelo outro era belo demais para ser destruído por uma fatalidade.

Uma pontada de receio imobilizou Vincent naquele instante. Ele estava sendo poético demais e Jean-Pierre não era dado aquele tipo de romantismo, se continuasse, Isabelle logo perceberia a farsa.

– Ah, meu amor, meu amor... – suspirou ela, mal conseguindo falar de tanta emoção. – Por que demorou tanto para voltar para casa?

A resposta dele foi imediata, porque já esperava por ela:

– Demorei porque perdi a memória por algum tempo. Houve uma pancada na minha cabeça. Ela doía, latejava.

– Então você precisa ir a um médico, urgentemente.

– Irei.

Subitamente ele recuou, mergulhou as mãos nos cabelos e disse, fingindo profundo abalo:

– O Vincent, Isabelle! Você não vai acreditar no que ele foi capaz de fazer. Ele tentou me matar e, por pouco, não conseguiu. Ele a desejava. Estava completamente apaixonado por você, acreditou que se eu morresse, ele poderia consolá-la até fazê-la se apaixonar por ele.

– Mas é você quem eu amo, Jean-Pierre. Desde sempre, será o único amor da minha vida.

– Eu sei, mas a paixão que o Vincent tinha por você deixou-o louco. A propósito, você tem notícias dele?

Ela assentiu e deu um passo para trás. Ainda lhe era muito difícil falar a respeito, no entanto, era preciso, o marido tinha de saber de tudo o que se passara na sua ausência. Por isso, ela relatou os fatos detalhadamente e com grande cautela. Concluiu, dizendo:

– Hoje, o Vincent está internado num sanatório. Ainda acredita ser você. Ou simplesmente finge ser você.

– Não imaginei que ele chegasse a esse ponto. Mas para quem tentou me matar, não é de se espantar.

Isabelle agora parecia envergonhada de si mesma:

– Ah, meu amor, eu fui tão tola. Tão tola...

– Não se culpe mais por isso. Passemos uma borracha no que aconteceu e recomecemos a vida.

– Sim. Você tem toda razão!

Naquele instante, mirando os olhos verdes e bonitos de quem ela acreditava ser seu marido, Isabelle notou algo de diferente no fundo dos olhos dele, algo que não soube definir o que era.

– Agora eu preciso ver o meu filho – disse ele a seguir.

– Sem dúvida, meu amor.

Rapidamente ela foi apanhá-lo com a babá e colocou o pequenino Jean-Luc nos braços do recém-chegado. Vincent abraçou o menino com tremendo afeto, como se fosse realmente seu pai verdadeiro. Era uma cena tocante, não havia quem dali não se emocionasse, contudo, não passava de uma encenação sórdida e vil da parte de Vincent Pérez.

O próximo passo do moço foi tomar um banho, fazer a barba e se perfumar. Ao reencontrar Isabelle, ela já não usava mais o luto. Trajava um vestido rosado, alegre e bonito, cheio de vida como ela se sentia naquele instante. Todos os empregados da casa também substituíram o luto por seus trajes normais. A mansão voltara a vida, o patrão estava de volta, a tristeza havia ido embora.

– Agora, sim! – elogiou Vincent, lançando um olhar de admiração para Isabelle. – Você recuperou até a sua cor natural. Quando cheguei, você estava pálida e abatida. Branca feito cal.

– Eu sei.

Ela se achegou a ele que a abraçou, suspirando de alegria. Seus dedos engalfinhavam-se em seus cabelos, enquanto seus lábios queimavam sob os dela. Então Isabelle recuou o rosto, respirando ofegante e perguntou, sem esconder a aflição:

– E se o Vincent deixar o sanatório e vier nos aborrecer?

O sujeito se fez claro ao afirmar:

– Ele não se atreveria. Além do mais, dúvido que ele receba alta, se você disse que ele está maluco. Mesmo que não esteja, eu ainda posso complicar a vida dele perante as autoridades ao contar que ele tentou me matar. Temos o iate afundado para comprovar o fato, portanto, ele nunca mais fará nada de mau contra nós. Garanto-lhe.

Ele novamente a abraçou e garantiu:

– Estarei sempre ao seu lado, meu amor. Para protegê-la sempre, sempre, sempre. Não tenha medo.

As palavras dele fizeram desaparecer todas as inseguranças que Isabelle Cassel ainda tinha em seu coração.

– Confio em você – declarou ela com certo alívio. – Como sempre.

E novamente ela se apertou a ele, fazendo dele seu porto seguro.

Naquela mesma noite, depois que todos já haviam se recolhido, Vincent abriu um vinho e encheu um copo para ele e outro para Isabelle.

Ambos tomaram o líquido bordô, sem tirar os olhos um do outro. Então, ele a envolveu em seus braços, de forma tão apaixonante que ela chegou a suspirar de êxtase.

– Jean-Pierre, meu amor, assim você me deixa sem fôlego – declarou ela, em meio a uma rápida sucessão de beijos, ao redor de seus lábios por parte daquele que acreditava ser o seu marido.

O rosto dele transbordava de adoração. A seguir ele a puxou pela mão até o quarto onde fizeram amor e depois adormeceram, serenos sob o luar que entrava pela grande janela envidraçada e refletia-se no espelho enorme que havia ali. Um espelho com uma linda moldura de madeira, pintada na cor dourada e que parecia ter uma face própria a vigiá-los. Algo sobrenatural e assustador.

A face no espelho era a de Silvia Navarro e em seus olhos, as chamas de um inferno particular brilhavam ardentemente, tamanho o ódio que ela sentia por ver Vincent e Isabelle lado a lado. O ódio foi tanto que no dia seguinte havia uma rachadura ali, algo que as camareiras só foram notar dias depois.

Enquanto isso, Jean-Pierre se debatia novamente com sua triste realidade. O médico responsável pelo seu tratamento estava mais uma vez em seu quarto, porque o paciente o havia mandado chamar com urgência.

– Doutor! Minha tia esteve aqui e... – Jean-Pierre relatou detalhadamente tudo o que havia descoberto, durante a visita de Angelina ao sanatório. – Como o senhor pode perceber – continuou ele afoito – fui vítima da maldade dessa mulher.

O homem o encarava, seriamente, demonstrando profunda atenção. Jean-Pierre continuou:

– Portanto, eu preciso ir para a minha casa, o mais rápido possível, para que eu possa explicar à minha esposa o que realmente se passa comigo. Explicar para ela que sou mesmo seu marido e que minha tia fez ela pensar o contrário, por propósitos malignos.

Diante do silêncio do doutor, Jean-Pierre se agitou:

– O senhor não vai tomar as devidas providências?

O sujeito finalmente deu seu parecer:

– O que o senhor me relatou é mesmo muito interessante. Contudo, não podemos esquecer de que o senhor veio para cá porque se sentia deprimido por causa da morte do seu irmão gêmeo. Por isso não conseguia dormir direito, tampouco comer, e tinha surtos pavorosos de pânico e culpa, toda vez que via seu reflexo no espelho.

O rosto de Jean-Pierre murchou.

– É verdade ou não é?

– É, mas diante do que minha tia me disse. Isabelle, minha esposa, precisa saber que...

– Façamos assim – interrompeu-lhe o médico. – Eu mesmo ligo para sua esposa e informo tudo o que se passou durante a visita que sua tia fizera ao senhor. Assim, ela fica a par da situação e o senhor, menos tenso.

Jean-Pierre continuou desapontado:

– Agradeço sua gentileza, mas eu mesmo gostaria de falar com Isabelle.

– Infelizmente, isso ainda não será possível. Quando for, eu mesmo o aviso. Agora, eu preciso ir cuidar dos outros pacientes. Passar bem.

Sem mais, o médico partiu e Jean-Pierre teve novamente a sensação de que ele havia caído numa cilada. Uma cilada semelhante a que ele próprio armou numa vida passada para prejudicar o relacionamento de Vincent e Silvia na ocasião. Os horrores que Jean-Pierre vinha passando nos últimos tempos eram, na verdade, fruto do que ele próprio havia plantado numa vida anterior àquela. Ele semeara o mal e o mal voltara para ele. Infelizmente.

# CAPÍTULO 20

No mês que se seguiu, Vincent Pérez conseguiu se passar pelo irmão sem problema algum. Andava feliz consigo mesmo por conseguir enganar a todos com supremacia, até que o inesperado aconteceu. O mordomo apareceu trazendo os recibos dos empregados para ele assinar e outros pagamentos para ele preencher os cheques respectivos. E agora?, perguntou-se Jean-Pierre silenciosamente, enquanto sentia a alma gelar de pânico. Ele havia se esquecido daquele pormenor. Como explicaria a todos que sua assinatura havia mudado, inclusive diante do gerente do banco? O jeito foi buscar pela assinatura do irmão em documentos antigos para tentar imitá-la o mais perfeito possível antes de ir até o banco e explicar que, por causa da queda do penhasco, ele não conseguia mais firmar a mão como antes. A mentira convenceu o gerente, pois, afinal, a assinatura também não estava tão diferente da anterior registrada no banco. Nesse momento, Vincent se agradeceu pelas horas que ficara praticando o estelionato.

Dias depois, a vontade de ir visitar Jean-Pierre no sanatório continuava perturbando sua paz. Não sossegaria enquanto não lhe fosse fazer uma visita. Era a forma inconsciente que ele encontrou para aliviar a culpa que sentia por manter o irmão internado naquele lugar triste e assustador.

Assim, Vincent esperou o bigode crescer para ter um diferencial em relação a Jean-Pierre quando fosse visitá-lo no sanatório. Para que ninguém de lá o confundisse com o irmão que geralmente mantinha o rosto bem escanhoado.

Chegando ao local, Vincent se apresentou com o nome de Jean-Pierre Cassel, deixando bem claro que era irmão gêmeo do paciente Vincent Pérez, internado ali, para não haver nenhum tipo de confusão entre os dois. A recepcionista pediu-lhe que a acompanhasse e ele a seguiu, em meio a uma inquietação repentina e um desconforto estranho.

Diante do rosto dos pacientes internados ali, Vincent chegou a pensar que teria sido melhor nunca ter posto os pés no local. Era triste e deprimente demais ver qualquer ser humano naquelas condições.

Por um momento, ele receou que aqueles rostos ficassem cravados em sua memória para sempre, atormentando-o infinitamente. Teve pena até mesmo das pessoas que trabalhavam ali. Por outro lado, agradeceu a Deus por existir um lugar como aquele, dentre tantos outros espalhados pelo país, para cuidar dos infelizes atingidos por tão triste enfermidade.

Quando a mulher parou em frente a uma porta, identificada com o número 13, ela pediu ao visitante que a aguardasse ali até que fosse apanhar a chave do aposento no local devido. Só então abriu a porta e adentrou o aposento, cautelosamente, seguida por Vincent que se sentia bastante apreensivo perante o que estava por vir.

Diante do paciente estirado na cama, a mulher comunicou ao que vinha:

– Senhor Pérez, há uma visita para o senhor.

Jean-Pierre despertou do cochilo induzido pelos remédios que fora obrigado a tomar, tendo certa dificuldade para se concentrar no que estava acontecendo. A mulher pediu licença ao visitante e se retirou do aposento, fechando a porta ao sair. Levou alguns segundos até que Jean-Pierre reconhecesse o irmão e, quando o fez, a alegria tomou conta dele totalmente. Sorriu como se tivesse tirando um peso das costas.

– Vincent! – exclamou maravilhado e, com cuidado, levantou-se da cama para abraçar o moço que retribuiu o abraço, porque o amor que ele sentia por Jean-Pierre, naquele momento, pelo menos, falou mais alto em seu coração.

– Não sabe o quanto me faz feliz saber que está vivo – admitiu Jean-Pierre com lágrimas nos olhos. – Essa é a melhor notícia que recebo desde que... – ele suspirou, abatido. – É uma longa história, mas certamente você já deve estar a par do que me aconteceu.

Vincent fez que sim com a cabeça e Jean-Pierre arrematou:

– Que bom! Por isso veio me ver, para acabar de vez com todo esse mal-entendido.

A reação de Vincent não foi das melhores.

– O que foi? – estranhou Jean-Pierre olhando gravemente para o gêmeo. –Algum problema? Se guarda algum ressentimento de mim pelo que lhe aconteceu, saiba que fiz de tudo para impedir que você caísse daquele penhasco. E por não ter conseguido, vivi a sombra da culpa desde então.

– Faço ideia.

– Você quis me socar. Eu apenas me defendi. Jamais lhe quis fazer mal.

– Eu sei. Você é bom por natureza. Eu, nem tanto.

– Não diga isso.

– Digo, porque é a mais pura verdade. Ninguém é mesmo igual a ninguém. Nem mesmo gêmeos idênticos.

– Esqueça isso! O importante é que você está vivo e retomou a sua vida. Isso é o que realmente importa. Com você, vivo, poderei finalmente deixar esse lugar.

– Não é bem assim, Jean-Pierre – afirmou Vincent um tanto embaraçado. – Eu não retomei a minha vida de antes.

As sobrancelhas de Jean-Pierre se arquearam numa expressão de surpresa e perplexidade.

– Aonde quer chegar? – perguntou, olhando seriamente para o irmão.

– Quero dizer, em outras palavras, que não sou mais Vincent Pérez. Vincent Pérez agora é você.

– Que maluquice é essa, Vincent?

– É isso mesmo o que você ouviu. Agora sou você e você é eu.

– Você só pode estar brincando.

– Falo sério! Ao voltar para o vilarejo em busca da minha mãe, descobri que você havia sido internado aqui por apresentar problemas psíquicos e também por pensarem que você era eu, tentando me passar por você.

– Sim! Angelina foi a maior culpada nisso tudo. Alegou que eu era você de propósito, só para vingar a sua morte. Até então, acreditava que você havia morrido. Mas agora que sabemos que está vivo, não há mais motivos para...

Vincent o interrompeu, seriamente:

– Jean-Pierre, meu irmão, as coisas continuarão como estão. Porque voltei dizendo que sou você. Se todos pensavam que Vincent tentara se passar por Jean-Pierre Cassel e, depois disso, fora internado num sanatório, então, eu só poderia ser mesmo o verdadeiro Jean-Pierre Cassel que voltou depois de cair do penhasco, naquela tarde fatídica. Convenci a todos de que sou mesmo você, e até mesmo convenci Isabelle a acreditar em mim. Desde então, estamos juntos como marido e mulher. Assumir a sua identidade foi a melhor forma de eu viver ao lado dela, por quem me apaixonei perdidamente, você sabe.

– Você não fez isso...

– Fiz! E confesso que a ideia partiu de minha mãe, sempre disposta a me fazer feliz, coitadinha.

– Dona Angelina... – balbuciou Jean-Pierre, engolindo em seco.

O clima entre os dois irmãos se tornou tenso e havia revolta na voz de Jean-Pierre quando voltou a falar:

– Saiba que Isabelle só vive com você porque pensa que você sou eu. Se não fosse assim...

– De qualquer modo, ela não sente a sua falta.

– Isso não é certo.

– Não me importa se é certo ou errado. O que importa é que eu e Isabelle estamos juntos. Ela me faz feliz e eu a ela.

O sangue de Jean-Pierre ferveu. Por pouco ele não saltou sobre o irmão extravasando toda a sua fúria.

– Você é mesmo um canalha.

– Canalha, não! Eu apenas luto pelo amor que sinto por Isabelle, é diferente!

– É a mesma coisa. Canalhice, mau-caratismo... Se você fosse correto, não agiria dessa forma.

– O importante é que Isabelle agora me ama.

– Ela ama a mim! Cedo ou tarde, vai perceber a troca.

– Ela jamais notará, porque posso ser um marido muito melhor do que você foi para ela. Esqueceu-se, por acaso, que a desprezou no passado? Que preferiu Silvia a ela. Que só a notou, depois de Silvia tê-lo feito de otário. Sem a Silvia na sua vida, você nunca teria se relacionado com Isabelle. Ela só ocupou espaço no seu coração porque você estava na pior. Jogado às traças da vergonha e da humilhação. Só por isso. Comigo, aconteceu tudo completamente diferente. Posso dizer que eu amei Isabelle desde o primeiro instante em que a vi. O jeito doce de ela falar e agir. O modo como ela olha para tudo e para todos. Aqueles olhos são lindos... Aquela pele... Ah, meu caro, você nunca valorizou Isabelle como eu a valorizo. Jamais foi capaz!

– Pois você está muito engando.

– Não estou! E você sabe muito bem disso. E vou fazê-la feliz até o último dia da minha vida.

– Você não pode continuar essa farsa. Não é justo.

– Justo ou não, será assim.

Para Jean-Pierre, Vincent havia enlouquecido e ele, sim, é quem deveria estar internado ali. Para mudar de assunto, Vincent voltou os olhos para o quarto e comentou:

– É um lugarzinho até que aconchegante, não é mesmo? Certamente que muito diferente do palacete que sempre estivera acostumado a viver, mas...

Voltando a encarar o irmão, Vincent se fez sincero, mais uma vez:

– Eu já lhe disse que nunca desejei o dinheiro do nosso pai. A fortuna dele nunca me deslumbrou. Tanto que eu abriria mão dela para poder ficar com Isabelle. Para mim, ela vale mais do que qualquer preciosidade desse mundo.

Breve pausa e ele prosseguiu:

– Silvia Navarro foi uma aventura. Uma deliciosa e apaixonante aventura. No entanto, jamais senti por ela o que sinto por sua esposa. Por Isabelle, tenho amor; por ela, sou capaz de tudo. Consegue me entender?

Jean-Pierre sequer respondeu e Vincent voltou a falar em tom de desabafo:

– Diga-me, com sinceridade, Jean-Pierre, se você seria capaz de abrir mão da sua fortuna por causa de uma mulher como Isabelle? Em nome de um grande amor? Seria? Duvido. Por isso, afirmo, com todas as letras, que o meu amor por ela é muito maior do que o seu, se é que realmente você a amou algum dia.

– Ainda assim – respondeu Jean-Pierre, transfigurado –, é a mim que Isabelle ama.

– Eu sei. Por isso, eu me tornei Jean-Pierre Cassel. E será assim até o fim da nossa vida.

Jean-Pierre não se aguentou mais. Saltou sobre o irmão e o segurou pelo colarinho, com toda força que ainda lhe restava:

– Você tem que me tirar daqui! Eu lhe suplico! Por favor!

Assustado com a sua reação, Vincent gritou por socorro:

– Enfermeira! Me ajude!

Logo, dois brutamontes apareceram e seguraram o paciente.

– Soltem-me! – esperneava Jean-Pierre, tomado de indignação.

Vincent se posicionou novamente na sua defensiva:

– Meu irmão realmente não está bem. Pobrezinho.

Os enfermeiros tiveram de arrastar Jean-Pierre de volta à cama, prendendo-o ali com a ajuda de outros dois funcionários; assim que tiveram chance, aplicaram um novo sedativo no paciente para conter sua fúria.

Vincent ajeitou seu terno e, quando tomou o corredor, encontrou Joana Mullins, olhando atentamente para ele.

– O que foi? – perguntou secamente, incomodado com o olhar da enfermeira.

– A semelhança – respondeu a moça, abobada. – É mesmo assustadora.

– Mesmo eu estando de bigode?

– Sim.

– É porque somos gêmeos univitelinos.

– Mesmo assim, não pensei que se parecessem tanto.

– Por isso é que deixei o bigode crescer, para que nenhum de vocês aqui me confundissem com o meu irmão.

Ela fez ar de compreensão e ele se despediu, friamente.

– Passar bem.

– Passar bem.

Nem bem ele deu um passo e Joana Mullins voltou a falar:

– Meu senhor. A mãe de vocês só esteve aqui uma vez, visitando o seu irmão. Gostaria de saber se ela está bem, se por acaso adoeceu e, por isso, não pôde mais vir visitá-lo.

Vincent ficou temporariamente sem resposta. Angelina não poderia ter cometido aquele erro. Se Isabelle soubesse que ela só estivera no sanatório uma única vez, suspeitaria da farsa. Tão devotada ao filho como era, Angelina não o deixaria de visitá-lo, ao menos uma vez na semana. Ele falaria com ela a respeito, o quanto antes, para que tomasse a devida providência.

Voltando a si, Vincent respondeu à pergunta da moça com toda cautela possível:

– Ela provavelmente não tem vindo visitá-lo, como deveria, porque deve ser muito difícil para ela ver o Vincent tão doente como está. E também por ser uma idosa, é difícil se locomover até aqui.

– Eu compreendo – admitiu Joana Mullins, pensativa. – É que pensei que...

Vincent a incentivou a falar.

– É que muitos dos pais que trazem seus filhos para cá, nunca mais voltam para vê-los. Tê-los aqui, bem longe dos olhos da sociedade, acaba sendo uma benção para eles, pois evita que passem vergonha diante dos outros.

Vincent jamais imaginou que um pai ou uma mãe poderia agir daquela forma.

– É assustador, não é? – indagou Joana, admirando os olhos verdes do sujeito à sua frente. – Se eu fosse uma mãe e tivesse um filho com problema mental, eu jamais deixaria de visitá-lo, ainda que fosse triste vê-lo assim.

– Seu raciocínio tem lógica, mas nem todos são assim. Cada um é um. Cada qual com um sentimento diferente.

– É verdade.

– Bem, eu preciso ir. Cuide do meu irmão por mim – da carteira, ele tirou uma nota que deu à moça com boa vontade. – Tome, em agradecimento pelos seus préstimos.

– Não é preciso.

– Faço questão.

– Está bem, obrigada.

Sem mais, ele partiu, deixando Joana Mullins suspirando de encantamento por sua masculinidade, tão atraente para o sexo oposto.

Ao chegar à mansão, Vincent encontrou Isabelle aflita:

– Você demorou! Onde esteve?

Ele não sabia se deveria mesmo contar a ela o que fizera naquela tarde. Por fim, optou pela verdade:

– Fui visitar o Vincent no sanatório.

Isabelle se arrepiou a olhos vistos, mas ele não se ateve ao impacto que a revelação lhe causou.

– Apesar dos pesares, ele é meu irmão. Continua sendo o meu irmão.

– Sim, claro! – exclamou ela, puramente por polidez. – E como ele está?

– Péssimo. Não pensei que o encontraria tão mal.

– Está tendo o que merece. Cavou sua própria cova.

O comentário dela surpreendeu o moço, que tristemente comentou:

– Tenho pena dele, sabe? Tão jovem, internado num lugar tão deprimente como aquele.

A opinião da moça foi novamente ferina:

– Pois dele, não tenho pena alguma. Um mau-caráter daqueles não merece a compaixão de ninguém. – Breve pausa e ela perguntou, com profundo descaso: – Ele já assumiu sua verdadeira personalidade ou ainda se recusa a fazer isso?

– Recusa-se.

– Pois eu duvido que ele um dia assuma quem verdadeiramente é.

– Talvez não, mesmo.

A raiva que Isabelle sentia de Vincent Pérez foi o que mais deixou o verdadeiro Vincent assustado. Ela simplesmente o abominava, quando o que ele mais queria, do fundo do seu coração, era que ela o amasse tanto quanto ele a amava.

– Você alguma vez já pensou em visitá-lo no sanatório? – perguntou ele a seguir.

– Eu?! Visitá-lo?! – espantou-se Isabelle a olhos vistos. – Nunca! O que aquele homem fez comigo não tem perdão.

– Mas ele fez tudo por amor, não foi? Por ser totalmente apaixonado por você.

– Foi por egoísmo, isso sim! Egoísmo e mimo. Não aceita perder, não aceita obter um "não" como resposta.

As palavras dela novamente o fizeram se sentir mal. A ponto de fazê-lo se encolher todo dentro de suas vestes. E o que ela lhe disse a seguir o atingiu em cheio novamente:

– É melhor você nunca mais pôr os pés naquele lugar. Sua palidez me diz que a visita não lhe fez nada bem.

– Você tem razão. Cheguei a sentir meu estômago embrulhar.

– Pois então, não volte mais lá. Vai que a loucura seja contagiosa. Sabe-se lá!

O alerta o incomodou. Seria mesmo possível enlouquecer só de conviver com os diagnosticados loucos? A possibilidade deixou Vincent apavorado. Temeu pelo bem do próprio irmão.

Atenta as ações do verdadeiro Vincent Pérez continuava o espírito de Silvia Navarro. Ansiando loucamente pelo momento em que Isabelle

Binoche Cassel descobriria que foi enganada pelo sujeito e se revoltaria contra ele a ponto de matar o gêmeo farsante. Para isso acontecer, Silvia faria tudo o que estivesse ao seu alcance para desmascará-lo. Ele e Isabelle nunca mais seriam felizes plenamente e Jean-Pierre, por sua vez, já estaria louco pelos horrores que vinha passando no sanatório. Seria a vingança perfeita para os três que direta e indiretamente havia contribuído para o seu final trágico e prematuro. Aí, sim, Silvia Navarro se sentiria plena e feliz. Pois justiça havia sido feita em seu nome e pela sua alma.

Já era tarde da noite quando Jean-Pierre recuperou os sentidos. Joana Mullins estava ao seu lado, admirando seu semblante adormecido, até então.

– Olá – disse ela, sem esconder a atração que sentia por aquele moço bonito. Algo que Jean-Pierre, por estar sempre grogue, não havia se dado conta até então. Joana se sentia tão atraída que seria capaz de ficar de olho nele, mesmo depois do seu expediente já ter terminado.

– Olá – respondeu Jean-Pierre com voz adormecida.

A enfermeira aproximou-se da cama, pousou a mão no antebraço do paciente e afirmou, com sinceridade:

– Que bom que seu irmão veio lhe ver, não é mesmo?

A resposta dele soou ríspida e sentida, ao mesmo tempo:

– Meu irmão está sendo uma tremenda decepção para mim.

– Não fale assim. Ele me parece lhe querer tão bem. Preocupa-se com o senhor.

– Não, ele só se preocupa com o próprio umbigo. É só nisso que ele pensa. Infelizmente.

– Vocês são mesmo idênticos. Fiquei impressionada.

– Por causa da nossa perfeita semelhança é que ele se apoderou da minha esposa, da minha casa e da minha vida, propriamente falando.

Joana pensou em opinar, mas calou-se. Jean-Pierre, olhando-a com amargura, desabafou:

– Você acreditaria se eu lhe dissesse que o meu irmão, por quem você tanto se simpatizou, quis me matar para poder ficar com a minha esposa?

Ao perceber seu interesse pela história, Jean-Pierre decidiu contar a ela tudo o que Vincent havia tramado para poder ficar com Isabelle Cassel. Relatou o episódio do iate contra os recifes até a queda de Vincent do penhasco. Ao término da narrativa, Jean-Pierre endereçou um olhar desconfiado para a moça que também o olhava com desconfiança.

– Você não acredita em mim, não é mesmo? Ninguém acredita. Esse é o grande problema. Mas aquele que esteve aqui essa tarde, ele, sim, é Vincent Pérez e não eu, como todos pensam. E isso não é loucura da minha cabeça. Nunca foi! O verdadeiro Jean-Pierre Cassel sou eu, entende? Eu aqui que vos falo!

Joana continuava olhando para ele com olhos descrentes, o que enfureceu Jean-Pierre tremendamente:

– Saia daqui! Quero fica sozinho.

– Não precisa ser grosseiro. Não lhe quero mal.

– Se me quisesse realmente bem, ajudar-me-ia a fugir desse lugar. Para que eu pudesse provar a todos que sou mesmo Jean-Pierre Cassel.

A enfermeira fez um gesto de impotência com as mãos e deixou o aposento.

Ao ver-se só, naquele quarto triste e solitário, Jean-Pierre novamente chorou sua desgraça. Se não fosse Angelina, com toda sua maldade, ele estaria livre daquele lugar pavoroso. Ela era a culpada de tudo, a verdadeira vilã da história e ele jamais pensou que ela poderia fazer algo tão abominável contra ele, o filho da irmã e do cunhado que foram capazes de abrir mão de uma criança para torná-la novamente feliz. Jean-Pierre conhecera Silvia Navarro profundamente, uma jovem capaz das piores façanhas e safadezas para com o seu semelhante, mas jamais pensou que houvesse uma mulher tão igual a ela ou até mesmo pior, como se mostrava Angelina Chermont. Isso o deixava com mais pena do ser humano. Quão triste deveria ser para Deus ver criaturas tão vis como Silvia e Angelina e tantos outros disseminadores do ódio sobre a Terra.

# CAPÍTULO 21

No dia seguinte, assim que pôde, Vincent foi visitar a mãe no vilarejo.

– Estive lá, mamãe.

– Lá? – o rosto de Angelina se enrijeceu. – Lá onde, Vincent?

Não foi preciso ele responder, ela logo o compreendeu.

– Eu precisava vê-lo – defendeu-se o moço, quase chorando.

– Precisava nada! – ralhou a mulher, furiosa.

– Mamãe, o Jean-Pierre precisava saber que estou vivo. Só assim ele não se sentirá mais culpado por não ter conseguido me impedir de cair daquele maldito penhasco.

– E você acha mesmo que ele tinha algum remorso por aquilo?

– Claro que sim! Tanto que ele adoeceu por causa disso, lembra? Agora, ele não precisa mais sofrer por isso.

Angelina fez ar de indiferença e o moço prosseguiu, tristonho:

– Mamãe, o Jean-Pierre ficou atordoado quando lhe contei que estou me passando por ele. Na verdade, ele ficou furioso. Foi preciso eu gritar por socorro antes que ele me agredisse fisicamente. Se os enfermeiros não tivessem chegado a tempo e o dominado.

– Bem feito! Assim você aprende a nunca mais pôr os pés lá.

Vincent abaixou a cabeça, quando o sentimento de culpa pesou em sua consciência.

– Não me sinto bem sabendo que Jean-Pierre está naquele lugar horrível.

A voz de Angelina se elevou, ríspida e impiedosa:

– É a sua única escolha, se quiser continuar casado, entre aspas, com a mulher que tanto ama.

– Eu sei, mas...

A rigidez da mulher se agravou:

– Não tenha pena do seu irmão, Vincent, ele não teria de você.

– Mas ele teve, mamãe! Mesmo depois de eu ter jogado o iate contra os recifes, para matá-lo, Jean-Pierre fez o possível para não me deixar cair daquele maldito penhasco. Segurou-me com toda força que dispunha e teria me salvado, se não fosse o suor, escorrendo pelas nossas mãos.

Angelina se fez forte novamente. Segurou firme os ombros do filho, exigindo que ele olhasse para ela, intensamente.

– Ouça-me bem, Vincent. Ouça-me muito bem! Nesse mundo, nenhum homem de coração mole tem sucesso. Ou Jean-Pierre continua preso naquele sanatório, ou você já pode dizer adeus, a vida que está levando ao lado de Isabelle que tanto ama. Você escolhe!

O moço, estremecido, admitiu:

– Se Jean-Pierre ao menos pudesse se apaixonar por outra mulher, enquanto está lá... Deixando Isabelle inteiramente livre para mim... Então, nenhum de nós sofreria mais por isso.

Angelina voltou a ser franca e enérgica:

– Vincent, meu querido, não se esqueça jamais de que Isabelle só está com você porque pensa que você é Jean-Pierre Cassel. Se ela souber que foi enganada durante esse tempo todo...

Vincent reagiu no mesmo instante:

– Antes que ela possa vir a saber, pretendo engravidá-la. Então, mesmo que ela descubra toda verdade, o nosso filho nos manterá unidos para sempre. Fará com que Isabelle me veja com olhos mais amorosos e compreensíveis.

– Que você esteja certo, Vincent. Bem certo nas suas palavras.

– Estou, mamãe. Sei que estou.

O encontro terminou com Vincent Pérez voltando para a mansão dos Cassel, disposto a deixar Isabelle grávida, o quanto antes. Só que ela já havia engravidado dele, na primeira noite de amor que tiveram após sua chegada à mansão. Confirmara o fato naquele mesmo dia, ao visitar o médico no vilarejo.

Ao saber da notícia, Vincent explodiu de alegria.

– Um filho! – exclamou, radiante. – Que sonho!

Abraçou a mulher e a cobriu de beijos.

– Não imagina o quanto estou feliz, meu amor – acrescentou com lágrimas nos olhos e ao ver Jean-Luc com a babá, tomou o menino em seus braços e falou, mirando fundo seus olhinhos verdes e bonitos:

– Jean-Luc, meu querido, você logo terá um irmãozinho para brincar com você e se divertirem um bocado por essa casa.

O menino sorriu como se estivesse entendendo profundamente o significado daquelas palavras.

Em seguida, o futuro papai abriu um champanhe para brindar com os empregados da casa a grande novidade. Foi uma noite de comemoração entre todos. Isabelle participou de tudo, transparecendo a mesma alegria e empolgação que o marido sentia pela grande novidade.

Por querer compartilhar da alegria de ser pai pela primeira vez, Vincent voltou ao sanatório para contar a grande novidade ao irmão.

– E você veio aqui para me dizer isso? – indignou-se Jean-Pierre furioso. – O que pretende? Humilhar-me?

– Não! Só queria que soubesse! Não faz ideia do quanto estou feliz.

– Feliz à custa da desgraça alheia! Acha isso realmente bonito?

Vincent mudou de assunto:

– Ouça-me, meu irmão. Aqui há certamente mulheres por quem você pode se apaixonar. É disso que você precisa, de um novo amor em sua vida.

– Não quero outra mulher senão a que já tenho. Você, sim, é que deveria ter levado esse conselho à risca.

– Eu tentei e não consegui.

– Grande novidade.

– Bem, eu já vou indo.

– Vá sim! De volta para vida de mentira que você leva ao lado de Isabelle. Não se esqueça, jamais, que é a mim que ela ama. Você pode tê-la enganado até agora, mas não há bem que dure para sempre nem mal que perdure. Cedo ou tarde, você vai se trair e, quando ela souber que foi enganada esse tempo todo, vai odiá-lo tão intensamente que será capaz de matá-lo!

– Ela não saberá! Mesmo que saiba, irá me compreender e me perdoar, quando perceber que só fiz o que fiz para que nada no mundo pudesse me separar da mulher que eu amo.

– Será mesmo que ela o compreenderá?

Vincent não disse mais nada, apenas recolocou o chapéu sobre a cabeça e partiu. Ao tomar o corredor, encontrou-se novamente com Joana Mullins, que o encarou com tanta admiração que ele decidiu ser simpático com ela, mais uma vez:

– Olá – falou, abrindo-lhe um sorriso receptivo.

– Olá! – respondeu ela, encantada com seu gesto. – O senhor está bem?

– Sim, com a graça de Deus.

– Estimo.

– E o meu irmão, tem passado bem?

– Sim, na medida do possível. Anda sedado, porque às vezes se torna agressivo e quer fugir daqui.

– Entendo...

– Mas eu faço o meu melhor por ele. Dedico-me ao máximo para que ele não se sinta tão mal.

Naquele instante, Vincent percebeu que a enfermeira estava interessada em Jean-Pierre e o fato o alegrou imensamente. Aliviou sua culpa por manter o irmão preso naquele lugar lúgubre e deprimente. Com ela cuidando de Jean-Pierre, ele, de certo modo, estaria em boas mãos. Assim, Vincent se reaproximou de Joana e perguntou, com discrição:

– Posso confiar em você, não posso?

– Sim, claro que sim! – a moça corou.

– Percebo que tem grande carinho pelo meu irmão, não é mesmo?

A moça se avermelhou como um pimentão e, Vincent, adorando seu jeito, completou com voz propositadamente sedutora:

– Acho que ele também gosta muito de você. Pois a elogiou imensamente durante a minha conversa com ele.

Os olhos de Joana brilharam.

– É sério?!

– Sim. Por isso lhe peço, encarecidamente que continue cuidando dele com a devoção de sempre. E aqui está um presente meu pela dedicação que você tem pelo meu irmão.

– Obrigada.

As mãos dela tremiam quando pegou as notas da mão do verdadeiro Vincent Pérez. E um suspiro profundo ecoou do seu peito, só de saber que o rico paciente parecia tão interessado nela quanto ela estava por ele.

Do sanatório, Vincent seguiu diretamente para a casa de Angelina.

– Mamãe – disse ele, assim que adentrou sua morada.

No mesmo instante, Angelina o repreendeu:

– Já lhe disse para não me chamar assim. Alguém pode ouvi-lo.

– Eu sei, mas é que estou tão feliz com a novidade.

– Novidade?! Que novidade?!

– Isabelle está gravida de mim. Não é maravilhoso? Vou ter um filho e a senhora será vovó.

E abrindo os braços para ela, ele completou, transbordando de alegria:

– Não mereço um abraço pela grande conquista?

– É lógico que sim, meu querido! – e Angelina abraçou o filho de forma terna e radiante.

– É tão maravilhoso saber que a mulher que eu tanto amo me dará um filho que nos unirá até o fim dos nossos dias. Mal vejo a hora de ter essa criança em meus braços, para cobri-la de amor e dedicação. Brincar com ela e educá-la da melhor forma possível.

– Vincent, meu filho, estou certa de que você será mesmo um pai maravilhoso.

– Serei, não serei?

E o abraço carinhoso e efusivo se repetiu; quando Vincent viu seu reflexo no espelho, havia uma sombra atrás dele. Como se fosse a silhueta de uma mulher, propriamente falando. Mas aquilo só poderia ser uma ilusão de ótica, afinal, nada no mundo se materializaria daquela forma.

Ao passar em frente a escada, de onde Silvia Navarro havia caído e encontrado a morte, Vincent se arrepiou só de lembrar daquele momento tão triste e desagradável de sua vida. Então, seus pensamentos se voltaram para Silvia, na sua beleza estonteante e também na sua paixão sincera e devotada a ele.

Ela realmente o amara e se transformara numa pessoa melhor por causa do amor que sentia por ele. No entanto, ele se apaixonara apenas pela sua exuberância e magnitude. Não fora da mesma forma que se encantou por Isabelle e toda sua simplicidade camponesa.

Por Isabelle foi amor, o amor mais profundo que já sentiu por uma mulher em toda a sua vida. Por Silvia foi paixão. E como toda paixão, logo teve o seu fim. Ele não pedira para ser assim, aconteceu. Obra do destino. Que Silvia estivesse bem, onde quer que estivesse, e o compreendesse e o perdoasse por não a ter amado com a mesma intensidade que ela o amou.

Ao voltar os olhos para o topo da escada, Vincent reviu Silvia pisando em falso e rolando escada abaixo até destroncar o pescoço. Ela não merecia ter tido aquele fim. Ninguém merecia.

– O que foi? – quis saber Angelina diante do desligamento do filho.

– Lembrei-me da Silvia ao passar por aqui. No quão triste foi seu fim.

– Aquela víbora teve o que mereceu.

– Eu não a queria mal, mamãe.

– Pois eu a queria pessimamente mal e bem longe de nós. Numa hora dessas, ela deve estar, com certeza, no quinto dos infernos, atormentando o diabo. Chego a ter pena dele, sabe? Do demônio. Não, dela.

E Vincent achou melhor não dizer mais nada. Deu simplesmente um beijo na mãe e partiu, sob os olhos atentos do espírito de Silvia Navarro que sorria diabolicamente para o que presenciou entre Angelina e o filho.

Minutos depois, na estrada de volta para casa, Silvia voltou a ocupar os pensamentos de Vincent Pérez. Isso o fez orar por sua alma, para que encontrasse a paz tão merecida por todos os filhos de Deus. Mas Silvia jamais se sentiria em paz enquanto não se vingasse de Vincent por ele ter se apaixonado por Isabelle, e da própria Isabelle por tê-lo feito se apaixonar por ela, direta ou indiretamente.

Ao chegar à mansão, Vincent preferiu não comentar com Isabelle a respeito da visita que ele fizera ao irmão naquele dia. Ela já o havia aconselhado a não pôr mais os pés no sanatório e, portanto, aborrecer-

-se-ia com o fato de ele ter ido lá novamente contrariando seu pedido.

Ao admirar Isabelle, brincando com o pequeno Jean-Luc, Vincent se recordou das palavras que Jean-Pierre havia lhe dito naquela manhã.

"Não se esqueça, jamais, que é a mim que ela ama. Você pode tê-la enganado até agora, mas não há bem que dure para sempre nem mal que perdure. Cedo ou tarde, você vai se trair e quando ela souber que foi enganada esse tempo todo, vai odiá-lo tão intensamente que é capaz de matá-lo!"

Jean-Pierre estaria certo quanto àquilo? Isabelle seria mesmo capaz de matá-lo se soubesse que fora enganada por ele, mesmo depois de ter tido um filho seu? Não! Isabelle acabaria se apaixonando por ele nesse período, e perceberia que o amava bem mais do que a Jean-Pierre.

A conclusão deixou Vincent mais aliviado desde então.

Foi quando ele se dirigiu para o quarto a fim de tomar seu banho que teve a impressão de ver alguém, pelo canto dos olhos, movendo-se na sua lateral. Mas não havia ninguém ali, constatou ao virar-se naquela direção. Ao subir a escadaria que ligava os dois pavimentos da casa, a sensação de que era observado por alguém se intensificou. E novamente ele olhou ao redor e não encontrou ninguém ali.

O espírito de Silvia Navarro se mantinha atento aos passos daquele que fora o grande amor de sua vida. Mantinha-se atenta para incitá-lo, por meio de vibrações negativas, a cometer qualquer deslize para arruinar de vez com sua vida feliz ao lado de Isabelle Cassel.

# CAPÍTULO 22

Com o passar dos dias, Jean-Pierre se mantinha cada vez mais deprimido, diante da situação em que vivia. Não mais se alimentava direito, tampouco dormia plenamente. Enquanto ele não falasse com Isabelle, não sossegaria.

Quando a camareira encontrou a bandeja com o almoço que levara para ele mais uma vez sem ter sido tocada, comunicou imediatamente à enfermeira chefe daquela sessão. Uma mulher grandalhona, com porte e aspecto masculino, desprovida de qualquer tato para lidar com qualquer ser da Terra.

– É melhor você comer – ordenou ela, disposta a persuadir o paciente a se alimentar por bem ou por mal. – Comida fria não faz bem.

– Ouça-me! – falou Jean-Pierre, desesperado. Mas não foi além, a grandalhona segurou firmemente seu antebraço e falou, seriamente:

– Quanto mais escarcéu fizer, pior será para o senhor.

Jean-Pierre tentou se explicar:

– Preciso urgentemente falar com a minha esposa. O que tenho a lhe dizer é muito sério. Arranje-me um telefone e a recompensarei com um bom dinheiro.

A brutalhona ignorou seu apelo sem o menor pesar.

– Coma! – ordenou, olhando para ele com austeridade. – Estou mandando!

Com um grito de irritação, Jean-Pierre jogou a bandeja longe e o estrondo da queda fez com que dois enfermeiros corressem para lá e o agarrassem, sem lhe dar chances de se defender. Assim, Jean-Pierre foi novamente dopado com uma injeção e apagou.

– Pobre homem – comentou um dos enfermeiros com seus colegas de trabalho. – Tão moço e, no entanto, tão maluco. Deve ter usado muito entorpecente. A maioria desses riquinhos, filhos de papai, usam.

Não houve ali quem não concordasse com a sua opinião.

No mesmo dia, Isabelle foi visitar a mãe na choupana da família Binoche. Ao comentar com Antonina a respeito do mal-estar que vinha sentindo nas últimas semanas, sua mãe foi da seguinte opinião:

– Muitas mulheres em início de gravidez têm lá seus humores alterados. E nenhuma gravidez é igual a outra. Eu mesma fiquei de um jeito quando engravidei de você e de outro quando engravidei da sua irmã.

– Pode ser...

– O que a preocupa, filha?

– É algo em mim, mamãe. Às vezes penso que não sou mais a mesma.

– É natural que se sinta assim. Mudamos com o tempo. Quanto mais velhos, mais maduros. Mais experientes com a vida. Agora, alegre-se! Uma nova criança vem aí para fazê-la tão feliz quanto o Jean-Luc a faz.

A moça sorriu e abraçou a mãe, retribuindo todo o seu afeto. No íntimo, porém, algo a importunava sobremaneira.

Já era madrugada quando Jean-Pierre recobrou os sentidos e tentou, com certo esforço, recordar os últimos acontecimentos em torno da sua vida naquele lugar lúgubre e assustador. Algo parecia ter drenado todo o seu poder de compreensão. Por isso foi preciso bastante tempo para encaixar peças mentalmente e compreender o que se passara com ele nas últimas horas. Por fim, sentou-se na cama, ainda que sentisse sua cabeça girar e ficou a contemplar a porta do quarto como se fosse um quadro de magnifica beleza.

No silêncio do recinto, o vivo e metódico tique-taque do relógio parecia emitir um som infernal. Ao focar seus olhos nos ponteiros, um pensamento grotesco lhe passou pela mente. O tempo iria correr, seguir seu curso veloz e ininterrupto, e ele ficaria preso àquele lugar, diagnosticado como louco, para sempre, se não fizesse algo para escapar dali.

A percepção lhe deu forças para se levantar do leito e seguir até a porta, ainda que cambaleando e se escorando contra a parede. Ao pousar a mão na maçaneta, chamou-se de burro, pois é óbvio que a porta estaria trancada. Nenhum dos funcionários dali, arriscar-se-ia a ter um de seus pacientes fugindo dos seus quartos para perambular feito fantasma pelos corredores do sanatório. Mesmo assim, ele girou a maçaneta e, quando a porta se abriu, pasmou. A possibilidade de fugir dali estava a um passo de ser conquistada.

Com cautela, ele espiou o corredor onde não havia ninguém à vista àquela hora da noite, o que reforçou sua esperança de escapar dali para poder desmascarar Vincent Pérez e recuperar sua verdadeira identidade.

Passo a passo, Jean-Pierre deixou o aposento e caminhou cautelosamente pelo corredor. A ansiedade era tanta que logo ele estava a respirar pela boca, como se lhe faltasse o ar. O suor provocado pela tensão, escorria-lhe pelas costas e pelo estômago, chegando a molhar suas vestes.

"Calma, meu amigo. Muita calma", aconselhou a si mesmo.

Seu coração quase parou quando ele ouviu passos vindo naquela direção. Aquilo o fez se esconder rapidamente atrás de um recuo, recostando-se contra uma parede de concreto mal-iluminada e friorenta. Os passos tornaram-se mais nitidos. Eram de uma enfermeira e um enfermeiro que procuravam um lugar discreto para namorarem. Que não ficassem ali, rogou Jean-Pierre aos céus, pois aquilo estragaria seus planos de fuga.

Por fim, o casal seguiu para um aposento vazio, onde se entregaram despudoradamente aos desejos da carne. Jean-Pierre então, retomou o caminho do corredor e, quando avistou uma porta em que estava escrito "saída de emerência", dirigiu-se imeditamente para lá. Logo, estava no pátio do sanatório, respirando o ar puro da noite e exigindo o máximo da sua mente e do seu corpo para alcançar a saída daquele lugar, que mais parecia uma penitenciária de alta segurança.

Já podia sentir-se livre da injustiça que lhe fora atribuída nas últimas semanas. Mais alguns passos e ele avistou um portão que, com certeza, o levaria para fora daquele lugar medonho. Infelizmente estava trancado. Tentou outro nas proximidades e também não teve êxito. O muro, infelizmente, era muito alto para escalar e, mesmo assim, não conseguiria, devido à fraqueza que sentia por causa dos remédios que o obrigavam a tomar. Teria de haver outro meio de fugir dali. Só precisava encontrá-lo.

E ele procurou, procurou e o único acesso para a rua seria mesmo pela frente do sanatório, onde ficava a recepção e dois vigilantes. Mas se o vissem de pijama, saberiam imediatamente que se tratava de um paciente em fuga.

Assim, Jean-Pierre partiu em busca de alguma roupa masculina que pudesse vestir para parecer um dos enfermeiros indo embora para casa, após cumprir o seu turno. Por sorte, ele logo encontrou uma vestimenta perfeita, quase na sua medida, provavelmente uma deixada ali por algum dos funcionários para qualquer eventualidade. Vestiu-a com ímpeto, tendo novamente a sensação de que faltava pouco para recuperar sua total liberdade.

Depois de checar sua aparência num pequeno espelho que havia naquele cômodo, Jean-Pierre se dirigiu para a recepção com o corpo ereto para não transparecer o medo que sentia de ser descoberto, bem no momento de sua fuga.

– Boa noite – disse ele, firmando a voz, ao passar pelos seguranças.

– Boa noite – responderam-lhe os dois encarregados em uníssono.

E um deles voltou a contar para o outro o caso que estava narrando com grande satisfação antes de ter sido levemente interrompido. Seu colega de trabalho, no entanto, pediu-lhe um minuto e, voltando-se na direção de Jean-Pierre que se afastava do local a passos ligeiros, perguntou:

– Allan? – chamou-o dessa forma, por pensar ser o tal sujeito que estava partindo do sanatório àquela hora da noite.

Jean-Pierre nada respondeu, sequer voltou-se para trás. Continuou acelerando o passo, sentindo-se em meio a um pânico crescente e assustador. Sua atitude foi o suficiente para o segurança perceber que se tratava de um paciente em fuga. Assim, ele fez sinal para o companheiro de trabalho ajudá-lo a deter o fugitivo, imediatamente. Ambos correram ao encalço de Jean-Pierre, dizendo:

– Espere, meu senhor!

Jean-Pierre também se pôs a correr, ainda que tonto pelo efeito da injeção que haviam lhe dado naquela tarde. Malditas injeções e cápsulas! Estavam acabando com sua resistência física e sua capacidade mental.

Novamente ele quis correr mais depressa, mas suas pernas não obedeciam ao seu comando. "Tenho de escapar daqui!", pensava aflito. "Tenho de escapar!". Era como se ele estivesse submerso na água, já quase sem ar, desesperado para alcançar a superfície e encher os pulmões de oxigênio.

Sem sua total vitalidade, Jean-Pierre foi logo detido pelos seguranças e seu declínio foi rápido. Nesse momento, o horror novamente se apossou da sua pessoa. Suas últimas palavras foram:

– Preciso falar com minha esposa. É urgente!

Apagou. E sem nenhum tato, foi arrastado até o interior do sanatório, posto numa cadeira de rodas e levado de volta para o seu quarto. Ao recuperar os sentidos, ele já se encontrava em seu leito, iluminado apenas pelo luar filtrado pela janela daquele aposento frio e solitário. Passava pouco das quatro da manhã, observou ele no relógio da parede, enquanto se sentia frustrado porque seu plano de fuga falhara totalmente. Mas ele não desistiria de fugir dali para provar a todos quem era ele de fato; haveria de encontrar uma forma, cedo ou tarde, com a ajuda de Deus.

O pior aconteceu no dia seguinte. Ao saber que o paciente havia tentado fugir durante a madrugada, o médico responsável por ele mandou-o para uma espécie de solitária. Ali, Jean-Pierre passaria somente a água e pão por dias, pois o médico em questão acreditava ser essa a melhor forma de tirar da cabeça dos pacientes qualquer intenção de fuga.

Ver-se naquele lugar sufocante e frio, numa camisa de força, foi para Jean-Pierre um horror ainda maior do que já vivera, desde que fora internado naquele lugar pavoroso. Foi como se tivesse sido enterrado vivo, logo o ar lhe faltaria e só lhe restaria a escura crueldade da morte.

Muitos pacientes já haviam sido levados para lá como forma de punição, e quando deixavam o local, estavam tão fracos fisicamente que ficavam prostrados em seus leitos por dias ou até mesmo por semanas.

Nesse meio tempo, Vincent se convencia de que jamais alcançara a plenitude emocional até começar a viver ao lado de Isabelle Cassel. Uma mulher maravilhosamente bela e dedicada ao marido e ao filho. Tê-la ao seu lado dava-lhe a certeza constante de que valera mesmo a pena usar de artimanhas ilícitas para conquistá-la. Seria mesmo? Só o tempo poderia lhe revelar.

Um novo dia de sol fez Vincent Pérez aproveitar as horas para praticar o golfe. Foi entre uma tacada e outra que ele avistou uma mulher ao longe, trajando preto dos pés à cabeça, parada quase em frente aos aposentos dos empregados. Ao focar os olhos naquela direção, franzindo-os para enxergar melhor a distância, a figura havia desaparecido. Concluiu, então, tratar-se de uma das criadas que passara por ali em direção ao quarto que ocupava na casa.

Mais uma tacada e sua atenção foi novamente atraída para o mesmo lugar. A figura da mesma mulher estava lá, observou ele pelo canto dos olhos. Curioso para desvendar o mistério, Vincent encaminhou-se até o local e parou em frente a uma porta que lhe chamou a atenção. Ele nunca estivera ali antes e, por isso, adentrou o aposento para sanar a sua curiosidade.

Era um cômodo onde se guardava entulhos e cacarecos, um local extremamente limpo como qualquer outro da casa. Escorado contra uma das paredes do aposento, coberto por um lençol amarelado, havia o que parecia ser um quadro fora de uso. Cautelosamente, ele o descobriu, surpreendendo-se com a imagem descortinada a sua frente.

– Silvia! – exclamou, boquiaberto.

Era o quadro que Laurence Piemonte havia pintado da moça e que, depois da separação, a pedido de Jean-Pierre, fora retirado da grande sala em que estivera pendurado. Só não fora destruído, como Georges havia lhe sugerido, porque Jean-Pierre teve pena de estragar tão magnifica obra.

O retrato era tão fiel à imagem de Silvia que era como se ela estivesse ali, pessoalmente, em carne e osso. Sua beleza ainda o impressionava, e impressionaria qualquer um que admirasse a obra.

Foi então que ele notou algo brilhando junto ao olho direito da moça retratada ali. Isso o fez se inclinar para frente, para poder enxergar com maior clareza o que seria aquilo. Do olho da figura escorria o que parecia ser uma lágrima. E estava úmida, não pertencia à pintura original. A descoberta fez Vincent se arrepiar.

# CAPÍTULO 23

Um novo vulto, em movimento, chamou sua atenção pelo canto do olho esquerdo, fazendo o moço se voltar naquela direção com um giro rápido. Não havia ninguém ali. Da mesma forma que a mulher de preto desaparecera havia pouco, o vulto também sumiu. Foi então que ele sentiu a fragrância de um perfume parisiense, delicioso, espalhando-se pelo ar. Era o perfume que Silvia usava em vida. O que ela mais gostava. Era como se ela estivesse ali, perto dele, só que invisível a seus olhos. E novamente ele notou, pelo canto do olho esquerdo, que havia mais alguém ali. E era novamente a mulher de preto, parada a poucos metros de distância da sua pessoa.

Silvia Navarro, murmurou em silêncio. Ela havia sido enterrada trajando um vestido preto e a lembrança o fez estremecer por inteiro. Estaria ela, ali, em espirito, a observá-lo? Sim, por que não?! Ele já ouvira falar que os espíritos sobrevivem à morte física, por isso, Silvia poderia estar muito bem ali a sondá-lo, por bem ou por mal. E novamente ele sentiu sua alma gelar e o medo estremecer seu corpo da cabeça aos pés.

Quando a porta do aposento se fechou, batendo com toda força, Vincent por pouco não enfartou, tamanho susto. Ele precisava sair dali o quanto antes, e foi o que ele fez. Mas o choque com a realidade foi ainda maior quando ele escancarou a porta e deu de cara com Isabelle parada bem de frente para ele.

– O que foi? – perguntou ela, surpresa com o estado do marido. – Até parece que viu um fantasma.

Os lábios dele estavam brancos e trêmulos e quando ela avistou o quadro de Silvia Navarro descoberto, Isabelle comentou com certa ironia:

– E você viu mesmo um fantasma!

Sem mais, os dois partiram rumo à mansão, com Vincent tentando parecer o mais natural possível.

O espírito de Silvia, por sua vez, observava o casal, quando um espírito amigo apareceu para novamente tentar convencer Silvia a se desapegar da matéria e seguir os caminhos da luz.

– Suma daqui! Deixe-me em paz! – ralhou ela furiosa.

– Você nunca estará em paz enquanto insistir em continuar vagando por esse mundo.

– Ficarei até destruir Vincent Pérez e Isabelle Binoche.

– Você não tem poderes para isso, Silvia. Desista!

– Veremos quem tem poder ou não! Agora suma daqui, inferno! Suma!

E o espírito tomou seu rumo, enquanto a moça desencarnada se revoltava ainda mais com o seu processo de vida.

O inverno já era rigoroso sobre a Europa, quando Vincent decidiu novamente visitar o irmão no sanatório. Dessa vez, Vincent não usava mais o bigode que deixara crescer para diferenciá-lo do irmão. Apenas a roupa de um de outro eram diferentes. Ao se ver diante de Jean-Pierre, Vincent alegremente falou:

– Veja! Trouxe especialmente para você...

Eram fotos do pequeno Jean-Luc que deixaram Jean-Pierre emocionado.

– Ele está lindo... – murmurou, envaidecido.

– Está mesmo. Uma criança adorável. Amo-o imensamente. Saiba que ele está sendo muito bem cuidado por mim. Sempre será.

As palavras de Vincent fizeram Jean-Pierre olhar seriamente para ele e dizer:

– Cuidado, meu irmão. Muito cuidado. A vida dá voltas e nessas voltas você pode se dar muito mal. Veja bem o que aconteceu com Silvia Navarro. Ela tanto mal causou a terceiros que acabou morta prematuramente sem poder usufruir de nada do que conquistou ilicitamente dos outros.

– Eu não tenho medo.

– Não mesmo?

– Não!

Mas Vincent mentia. No íntimo, aquilo o preocupava, sim. Ao longo da história do mundo, muitos homens poderosos haviam experimentado o reverso da medalha até mesmo na alma. Loucos pelo poder, haviam conquistado reinos e países até que, um dia, tiveram de viver as consequências pelas maldades feitas para alcançar seus objetivos. Valia a máxima que dizia: tudo o que se faz, um dia volta para você. E, segundo a história, voltava mesmo.

– Bem, eu já vou indo – anunciou Vincent a sua partida.

– As fotos – disse Jean-Pierre esperançoso –, gostaria de ficar com elas.

Ele até as deixaria se elas não o comprometessem, afinal, porque o tio iria querer manter ao seu lado as fotos de um sobrinho? Por isso, sua resposta foi negativa:

– Infelizmente, não posso deixá-las aqui. São originais, mas trarei futuramente uma cópia – mentiu Vincent para não estender o assunto.

Sem mais, ele partiu, quando Joana Mullins chegava ao sanatório para cumprir seu turno. Chegou mais tarde, naquele dia, pois tivera uma consulta médica. Ao avistar Vincent seguindo cabisbaixo pelo corredor, subitamente ela pensou que ele era o paciente do quarto de número treze, tentando fugir do sanatório, mais uma vez.

– Senhor Pérez – chamou ela, seriamente.

Sua aparição repentina, assustou Vincent que, distraído respondeu:

– Pois não?

Só então ele percebeu o erro que havia cometido e tentou se retratar:

– Vincent Pérez é o meu irmão gêmeo, vim visitá-lo esta manhã. Já estou de partida.

Sua súbita tensão, deixou a moça ainda mais alarmada. Para ela, o sujeito à sua frente era o próprio paciente, querendo se passar pelo irmão que fora lhe visitar, para fugir do sanatório, mais uma vez.

– É melhor o senhor me acompanhar – ordenou Joana, seriamente.

– Eu, acompanhá-la?! – alarmou-se Vincent. – Para onde e para quê? – o nervoso dele chamou a atenção dos demais que transitavam pelo local. – Não posso me demorar. Tenho um compromisso.

Joana fez sinal para que dois enfermeiros o segurassem.

– O que é isso? Soltem-me!

– Senhor Pérez... – tornou a enfermeira com austeridade, mas Vincent a interrompeu, furiosamente:

– Não sou ele! E vocês podem comprovar isso, por meio da identidade que está no bolso do meu paletó.

Nisso, uma outra enfermeira apareceu, informando que, de fato, o Senhor Jean-Pierre Cassel havia chegado ao sanatório havia mais de trinta minutos para visitar o irmão internado ali.

Mesmo assim, Joana continuou desconfiada. Por isso, voltou-se para o sujeito à sua frente e perguntou, mirando fundo em seus olhos verdes e intensos:

– Senhor Pérez, o senhor, por acaso, apropriou-se das roupas do seu irmão que veio lhe visitar para conseguir fugir do sanatório?

– Não, em absoluto! – protestou Vincent vermelho de raiva. – De onde tirou essa ideia? Sou mesmo Jean-Pierre Cassel!

Mas Joana Mullins não se deixou intimidar por seus brados de revolta.

– Vamos para o quarto de número treze, tirar essa história a limpo. Se o que o senhor diz é mesmo verdade, o Senhor Vincent Pérez estará lá. Vamos ouvir o que ele tem a dizer.

Mesmo que Vincent não quisesse ir, sabia que seria arrastado até o aposento pelos dois enfermeiros brutamontes que o seguravam. Portanto, o melhor a se fazer, naquele caso, era deixar ser conduzido até o local para esclarecer o mal-entendido de uma vez por todas.

Diante dos brados de Vincent ecoando pelo corredor, Jean-Pierre logo percebeu o que havia acontecido. Era sua chance de sair dali, retomar sua vida normal, fazer justiça finalmente. Portanto, assim que todos adentraram o quarto, ele rapidamente falou:

– Ainda bem que vocês o agarraram. Ele me deu uma coronhada na nuca, perdi os sentidos e quando acordei, ele já havia vestido as minhas roupas.

– Mentira! – bradou Vincent a todo pulmão. – Ele está mentindo descaradamente!

Nem Joana nem os enfermeiros sabiam distinguir um gêmeo do outro.

– Deixem-me ir – gritou Vincent, perdendo novamente a compostura.

Foi então que Jean-Pierre teve uma ideia.

– Chamem aqui a minha esposa, ela poderá lhes dizer quem é quem.

Aquilo deixou Vincent ainda mais atemorizado. Se Isabelle o visse ao lado de Jean-Pierre, poderia muito bem distinguir um do outro por meio das sutis diferenças que havia entre os dois. Com isso, ele seria desmascarado. Assim, ele se opôs à ideia no mesmo instante:

– Isabelle não! Esse não é um ambiente para uma grávida.

– Por que não é? – questionou Jean-Pierre, desafiando o irmão pelo olhar. – Que eu saiba, a loucura não é contagiosa. Ou é?

Vincent engoliu em seco. O cerco estava se apertando e ele tinha de lutar, a todo custo, por uma saída.

– Ainda que a loucura não seja contagiosa, Isabelle anda muito sensível, a tristeza do lugar pode perturbá-la.

Joana, então, opinou:

– Já sei quem pode nos ajudar, diante dessa situação inesperada. A mãe do senhor Vincent Pérez. Ela, indubitavelmente, poderá nos dizer qual de vocês dois é realmente seu filho de criação.

O mundo novamente desmoronou diante de Jean-Pierre. Com Angelina ali, ela certamente apontaria Vincent como sendo o verdadeiro Jean-Pierre Cassel, para livrá-lo daquela confusão e mantê-lo ao lado de Isabelle, como ele tanto queria.

Quando Angelina ali chegou, trazida por uma das ambulâncias do local, que fora especialmente até sua casa, buscá-la para solucionar o mistério, ela apontou para o filho adotivo e disse, sem pesar algum:

– Esse é mesmo o verdadeiro Jean-Pierre Cassel. Reconheceria meu sobrinho até mesmo na penumbra – e voltando-se para o verdadeiro Jean-Pierre, ela mentiu, deslavadamente: – E esse é o Vincent, meu filho adorado que ficará internado aqui até que se sinta totalmente recuperado da confusão mental que teve e os médicos lhe deem alta.

Jean-Pierre mal podia acreditar no quanto a tia poderia ser sórdida. E ele poderia ter se ajudado, naquele instante, dizendo: então me dê um abraço, mamãe. E o pedido, feito num tom ameaçador, faria certamente Angelina Chermont recuar, temerosa de que ele pudesse fazer algo ruim contra ela. E se fizesse, todos saberiam que ele não era o seu filho adotivo. Porque nessa hora, também, Vincent ficaria apavorado com o que Jean-Pierre poderia fazer contra sua mãe adorada. Sua mente andava tão entorpecida de remédios que lhe faltou esse raciocínio rápido para se safar da situação que se encontrava naquele instante.

Assim que a confusão teve fim, Vincent e Angelina seguiram para o carro que o filho deixara numa vaga do estacionamento do sanatório. Chegando lá, Angelina perdeu de vez a paciência com o moço:

– Bem feito! Isso é para você aprender a nunca mais pôr os pés nesse lugar.

– A senhora tem toda razão, mamãe. Por pouco, não ponho tudo a perder.

– Eu sempre tenho razão, Vincent. Sempre, sempre, sempre!

E o carro partiu, sem que os dois percebessem que o jardineiro que podava um arbusto ali perto ouvira o pequeno diálogo entre os dois. A mulher chamara o moço de Vincent, mas o sujeito se apresentara na portaria com o nome de Jean-Pierre, e ele sabia disso, porque estava no local quando ele ali chegara. Teria ele ouvido demais, confundindo-se ou...

Assim que chegou a mansão, Vincent se agachou perante Isabelle e beijou sua barriga. Estava verdadeiramente feliz por estar ao seu lado. O que vivera horas antes, no sanatório, poderia tê-los afastado, o que seria uma tortura para ele.

– E o nosso bebê? – quis saber Vincent, encostando o ouvido no ventre da moça.

– Ele está bem. Crescendo que é uma beleza.

– Que bom! Mal vejo a hora de vê-lo aqui entre nós, correndo pela casa, fazendo estripulias. – Entre lagrimas admitiu: – Eu a amo, Isabelle. Jamais se esqueça do quanto eu a amo.

– Eu sei... – respondeu ela se sentindo novamente mal na presença do marido.

Vincent, por sua vez, nada notou de diferente na moça. A alegria de tê-la como esposa era tanta que qualquer fato adverso lhe fugia a percepção. Foi então que ele avistou o espírito de Silvia Navarro, encarando-o com um ódio mortal. Era preciso chamar um padre para benzer a casa e a si mesmo.  Exorcizando o espírito de Silvia dali o quanto antes.

Naquela noite, quando o marido tentou novamente seduzir a esposa com seus carinhos e agrados que tanto maravilharam Isabelle no passado, ela novamente se mostrou indisposta, até mesmo para receber seus beijos. Então, uma hipótese absurda mas totalmente plausível deixou a moça ainda mais preocupada com o que estava acontecendo. O amor que ela sentia pelo marido teria acabado? Estremeceu ao perceber que, de fato, seus sentimentos por ele não eram mais os mesmos, o que a fez estranhar a si mesma e procurar sua mãe para um desabafo:

– Não tenho sido mais a mesma esposa para o Jean-Pierre, mamãe.

– Por que diz isso, filha?

– Porque não o desejo mais como antes.

– Deve ser por causa da gravidez. Depois do nascimento do bebê tudo voltará ao normal. Já lhe disse que o humor das mulheres se altera muito durante uma gestação.

– Mas eu não posso ficar indiferente ao meu marido durante esse tempo todo, mamãe.

– Ele, por acaso, reclamou do seu comportamento?

– Não, mas...

Antonina refletiu por instantes, antes de dar um novo parecer:

– Filha, o problema talvez seja ele.

– Mas ele é sempre tão bom e devotado a mim. Sempre tão amoroso. Sou eu mesma que ando estranha. Como se eu não fosse mais a mesma mulher.

– Bobagem – retrucou Antonina Binoche, querendo alegrar a filha. – Não pense mais nisso. E lembre-se de que não há mal que perdure para sempre. Nessa vida tudo passa.

E Isabelle preferiu acreditar que sim.

Enquanto isso, Joana Mullins entrava no quarto em que Jean-Pierre estava internado no sanatório, trazendo-lhe o café da manhã na bandeja com uma linda flor ao lado para ele se sentir menos triste com a situação que vivia. Estava ansiosa, também, para que ele notasse seu novo corte de cabelo e seu vestido novo. Fizera tudo aquilo exclusivamente para ele notá-la.

– Bom dia! – disse ela, abrindo um sorriso encantador para o paciente. – Como passou a noite?

Jean-Pierre respondeu mais por educação do que propriamente por vontade.

– O dia está tão lindo! – continuou ela, tentando fazê-lo olhar para sua pessoa. – O senhor notou, não notou?

Ele voltou os olhos para a janela e não pôde deixar de admitir que sim, o dia estava mesmo agradável.

– Veja! – tornou a efervescente enfermeira – trouxe-lhe uma linda flor para alegrar o seu dia.

Só então, Jean-Pierre observou a bandeja e fez ar de perplexidade.

– Obrigado. Foi muito gentil da sua parte.

Ele ainda não havia olhado para ela. Não diretamente, o que a fez perguntar:

– Veja! Estou com um novo corte de cabelo. O que achou?

Só assim, ele olhou para ela e percebeu que a mudança não fora apenas no corte de cabelo e, sim, no corpo todo. Joana estava muito mais corada e maquiada do que o normal e se vestia com muito mais elegância.

– Pelo visto, hoje você está com ótimo bom humor. E também está mais bonita.

– O senhor achou? – a moça novamente corou, endereçando-lhe um olhar tímido, mas ciente de que merecia tal elogio.

Diante dos olhos dela, que brilhavam intensamente por receber sua atenção, Jean-Pierre finalmente percebeu que a moça estava interessada na sua pessoa. Por isso vinha se embelezando toda e sendo sempre tão atenciosa com ele, disposta a ouvir seus desabafos por tempo a se perder de vista. Ele estivera tão entregue ao seu desespero por se ver preso ali que não notara o encantamento da moça por ele, tampouco o quanto ela seria perfeita para ajudá-lo a fugir daquele maldito sanatório. Assim, Jean-Pierre procurou se mostrar mais alegre com o que ela dizia e conquistar plenamente a sua confiança.

Com um novo sorriso de garota boba de paixão, Joana Mullins perguntou, girando o corpo de um lado para o outro:

– O senhor acha que essa cor fica bem para mim?

E ela deu uma voltinha pelo aposento, como se fosse uma modelo sem nenhum talento para desfilar.

– Fica sim. Excelente!

– Eu também acho – Joana novamente sorriu e seus olhos piscaram, inebriados de paixão. – Pena que não posso me vestir assim sempre, acho que se as enfermeiras evitassem o branco, o sanatório se tornaria um lugar mais alegre. Não acha?

– Concordo plenamente. O que falta aqui é mesmo cor.

– Pois é.

Para ganhar sua confiança, ainda mais, Jean-Pierre procurou entabular uma conversa onde Joana pudesse falar bem mais de si mesma, do que qualquer outra coisa. E ela fez com muito gosto, pois nunca ninguém se interessara por ela como ele, naquele instante.

Ao término da narrativa, Jean-Pierre focou seus olhos nela e, com seriedade forjada, disse:

– Já lhe disse, não disse? Que sou extremamente grato a Deus por ter você cuidando de mim.

– Acho que disse, disse, sim.

Naquele instante, a moça se transformou num pimentão, tamanha vermelhidão que cobriu seu rosto. E Jean-Pierre foi além:

– Aposto que nenhum outro enfermeiro trata seus pacientes tão bem quanto você me trata.

Joana se encheu toda.

– Bem... Se o senhor acha...

– Senhor, não! Pode me chamar de você.

Ela novamente se avermelhou e Jean-Pierre aproveitou para elogiá--la ainda mais:

– Seu marido deve ser um homem muito feliz por tê-la como esposa.

– Não sou casada.

– Não?! Como não?! Uma beldade dessas não pode ainda estar solteira.

– Ainda não encontrei o sujeito certo.

– Que pena! Mas vai encontrá-lo. Tenho plena certeza disso.

O assunto a seguir, tomou outros rumos. Falaram sobre a beleza da natureza e dos céus. Quando ela partiu, Jean-Pierre voltou a pensar na possibilidade de convencer Joana Mullins a ajudá-lo a fugir dali. Teria chance? Não custava tentar.

Mais um dia e Vincent Pérez tentava seduzir a esposa que se esforçava para parecer interessada nele, da mesma forma que antes. Foi quando ela o olhou mais atentamente que ela finalmente percebeu que o problema estava nele, não nela.

Havia algo de errado em torno do marido. Era como se ele não fosse mais o homem por quem ela um dia se apaixonara perdidamente. Era essa diferença nele que a fazia repudiá-lo, evitar seus beijos e repelir seus abraços. Jean-Pierre havia mudado, sim! Depois da queda no penhasco, voltara confuso e, por muitas vezes, desmemoriado, confundindo fatos e sequer se lembrando dos mais importantes que vivera. Tudo por causa da tragédia que por pouco não o matou.

Os médicos que o examinaram após a queda explicaram que, depois de um acidente traumático como aquela que quase o matara, era natural que um indivíduo apresentasse lapsos de memória e comportamentos adversos.

Conclusão, a errada ali continuava sendo ela, percebeu Isabelle, sentindo vergonha de rejeitar o marido e não compreender suas mudanças diante da tragédia que quase o matou.

# CAPÍTULO 24

Vincent estava com o sobrinho no colo, brincando de serra-serra, quando o mordomo pediu licença para lhe falar:

– Senhor, desculpe-me por interrompê-lo, mas há uma senhora querendo lhe falar.

– Minha mãe?

O sujeito enviesou o cenho.

– Quero dizer – corrigiu-se Vincent há tempo. – Angelina Chermont? Dona Angelina Chermont?

– Não senhor.

– Ela não lhe disse o nome?

– Perguntei, e ela apenas me disse que é uma velha conhecida do senhor.

– Hum... – murmurou Vincent sentindo-se subitamente inquieto.

– O senhor a atenderá?

– Sim, sim...

Vincent se levantou, entregou o menino para a babá e seguiu à sombra do mordomo até a sala em que Madalena Ayala aguardava por sua pessoa.

– Olá – disse ele, medindo a mulher da cabeça aos pés.

Madalena o olhou com profundidade.

– Não está me reconhecendo?

Vincent enviesou os olhos para poder vê-la melhor.

– Sinceramente... – comentou sem saber ao certo se deveria.

– Madalena – adiantou-se ela – a falsa madrinha de Silvia Navarro.

O moço achou melhor reagir como o verdadeiro Jean-Pierre Cassel faria.

– Sim, sim... É verdade! Agora me lembro. É que já faz tanto tempo...

A mulher o olhou mais atentamente; estranhando sua reação.

– Em que posso ajudá-la?

– Sei que o senhor não tinha motivos para gostar da Silvia, mas como eu lhe disse, quando me procurou em Paris, ela foi muito maltratada pela vida, por isso, tornou-se o que conhecemos. Eu tentei alertá-la, mas ela não me ouviu e acabou como acabou. Ainda estou em choque com a sua morte.

Madalena fez uma pausa, enxugou os olhos e voltou a encará-lo.

– Perguntei-me, por diversas vezes, se eu realmente deveria vir procurá-lo. Não queria, juro que não! Mas não tive escolha. Temo morrer de uma hora para outra e...

– Aonde exatamente a senhora quer chegar? Seja clara, por favor!

Madalena demonstrou novamente incerteza se deveria ou não dizer o que pretendia.

– Diga! – insistiu Vincent, subitamente ansioso. – Se veio até aqui à minha procura, é porque tem algo muito importante a me dizer.

– De fato, tenho mesmo! – concordou Madalena, assumindo um tom dramático. – Mas eu havia prometido a Silvia que nunca diria a ninguém o que sei, mas ela morreu tão cedo... Se tivesse previsto a sua própria morte, certamente teria tomado alguma providência em relação a...

– Em relação a...

– À menina.

Vincent enviesou o cenho.

– Menina?! Que menina?

– O senhor nada sabe. Ninguém na verdade sabe a respeito. Mas Silvia teve uma filha. Foi depois que se separou do senhor.

Vincent estava perplexo com a revelação. Madalena prosseguiu, cautelosamente:

– Silvia teve a criança em segredo e a deixou num orfanato. Quando a barriga começou aparecer, mudou-se para a Riviera Francesa na minha companhia. Ficamos lá até ela gerar a menina e amamentá-la. Não queria amamentá-la por acreditar que a amamentação deformaria os seus seios, mas eu insisti. Nada substitui o leite materno. Então, Silvia deixou a pequenina num orfanato dirigido por freiras, junto a uma grande soma de dinheiro para que nada faltasse à pequena.

– Por que ela não criou a menina?

– Queria aproveitar o esplendor da juventude, não se privaria disso por criança alguma. Por outro lado, estava determinada a manter a garotinha no orfanato, com todo conforto e fartura que ela pudesse ter.

– Silvia nunca me contou nada... – Vincent estava pasmo. – Qual é o nome da pequenina?

– ÉTIENNE.

Ele repetiu o nome, em silêncio, e quis saber:

– E o pai dela, você sabe quem é?

– De um sujeito que Silvia conheceu no trem, quando partiu daqui, de volta a Paris.

– Espantoso! – algo se remoía no cérebro de Vincent Pérez. – Mas há algo que foge à minha compreensão. Se Silvia não pretendia criar a menina, por que a teve?

– Também lhe fiz a mesma pergunta. Ela desconversou. Mas certamente havia um motivo para tal. Silvia tinha lá seus mistérios. Muitos dos quais eu jamais pude compreender.

– Eu, tampouco.

– Por isso venho lhe procurar. Com a morte de Silvia, o dinheiro que ela mandava ao orfanato a cada seis meses para sustentar a menina, cessou. A carta que as freiras enviaram para ela, no seu antigo endereço em Amsterdã, foi recebida por Veruska, sua antiga funcionária de confiança.

– Ah, sim! Eu a conheci.

– Pois, então... – Madalena suspendeu o que ia dizer, ao perceber que havia uma contradição no que o fulano a sua frente dissera. – Desculpe-me perguntar, mas quando e onde o senhor conheceu Veruska Caron?

Vincent tentou não corar. E rapidamente optou por uma mentira rápida para se livrar do deslize. Comentou:

– Devo ter confundido essa moça com outra pessoa. São tantos nomes...

– Ah, sim, certamente... – Madalena ficou novamente intrigada. Por fim, prosseguiu: – Pois bem, Veruska enviou a tal carta para mim, pois não sabia o que fazer em relação aquilo. Resolvi, então, escrever para Silvia e informá-la do ocorrido, porém, sua demora para me responder fez com que eu entrasse em contato com a chefatura de polícia da cidade e saber o seu paradeiro. Quando soube da sua morte, foi um baque para mim. Silvia era tão moça e tão cheia de vida...

Madalena abaixou a cabeça e chorou. Levou alguns segundos para se recompor.

– Vim procurá-lo, pois talvez o senhor possa me dizer a quem devo pedir esse dinheiro agora. E quero saber também, para quem ficou toda fortuna que pertencia a Silvia. Sendo a menina filha dela, reconhecida em cartório, ela certamente é sua herdeira, não é? Por isso, trouxe comigo a certidão de nascimento da pequenina para provar que ela é mesmo a legítima herdeira de Silvia Navarro.

– Você fez bem em ter me procurado. Precisamos resolver isso da melhor forma.

– Sim. O quanto antes, melhor.

– Entendo... Falaremos com o advogado para que tudo seja acertado.

– Obrigada. O senhor está sendo muito gentil – breve pausa e Madalena comentou: – Quando a Silvia me procurou em Paris para me dizer que estava apaixonada, eu ergui as mãos para os céus e agradeci. Só mesmo um grande amor poderia transformá-la numa pessoa melhor. Ela estava radiante e feliz. Nunca a vi tão empolgada em toda vida. Quando ela me contou que o sujeito, o tal Vincent Pérez, era irmão de Jean-Pierre Cassel, eu mal pude acreditar. Era coincidência de mais, obra do destino.

Ela soltou um risinho curto e admitiu:

– E tem gente que não acredita em destino!

Fez uma nova pausa e voltou a falar, num tom mais sério:

– Assim que soube da morte de Silvia, das circunstâncias que envolveram sua morte, eu me disse: tem algo errado aí.

As palavras dela surpreenderam Vincent.

– Errado em que sentido? – perguntou ele, tentando transparecer normalidade.

– Silvia fora sempre muito centrada, não cairia de uma escada por ter pisado em falso.

– Acidentes acontecem! Além do mais, ficou provado, perante a justiça, de que foi mesmo um acidente. A mãe do próprio Vincent Pérez estava presente e testemunhou o ocorrido.

– Ela pode muito bem ter mentido para acobertar o filho. Só não posso dizer categoricamente que Vincent Péres a empurrou, porque não encontrei um motivo para isso. Se houvesse um, com certeza ele o teria feito.

– Entendo.

Ela então o olhou com mais atenção.

– Por que me olha assim? – incomodou-se Vincent diante do olhar arguto e desconfiado da visitante.

– Porque o senhor está tão diferente...

O nervoso repentino fez Vincent mudar de assunto:

– Se a senhora já me disse tudo o que era preciso, vou agora mesmo entrar em contato com o advogado da família para que faça justiça à herdeira de Silvia Navarro.

– Obrigada, mais uma vez.

– Creio que amanhã mesmo poderemos acertar tudo isso.

– Aguardarei na pousada do vilarejo.

– Está bem. Mandarei chamá-la, quando eu estiver com o advogado em seu escritório. Assim, a senhora poderá acompanhar todo o processo devidamente.

– Grata.

Assim que deixou a mansão, Madalena entrou no carro de aluguel que a levara até lá e aguardara por ela, como ela havia pedido ao motorista. Estava inquieta, contorcendo as mãos, com os pensamentos em rodopio.

– Aquele homem... – murmurou, sem perceber que falara alto. – Ele pode ser parecido com Jean-Pierre Cassel, mas não é ele.

O motorista, pensando que a mulher havia se dirigido a ele, respondeu:

– É obvio que é!

– Como? – estranhou Madalena o comentário do sujeito.

– A senhora disse que o Senhor Cassel não é o Senhor Cassel. Mas é óbvio que é ele. Que outra pessoa poderia ser?

Ela riu de suas próprias palavras.

– Pois é... Não posso dizer que conheci Jean-Pierre Cassel profundamente. Eu o vi pouquíssimas vezes, poucos diálogos tivemos, mas foi o suficiente para eu reconhecê-lo em qualquer parte do mundo. Sou boa fisionomista. Esqueço um nome, sua origem, mas a essência da pessoa, jamais!

O motorista opinou:

– Se o irmão gêmeo do Senhor Cassel, retrato vivo da sua pessoa, não se encontrasse internado num sanatório, a alguns quilômetros daqui, poderia se dizer que era ele quem a senhora viu há pouco, se passando pelo irmão. Mas como ele está internado...

– O irmão gêmeo... – murmurou Madalena, unindo dois e dois. – Diga-me, por que foi mesmo que esse moço foi parar num sanatório?...

– Porque tentou matar o próprio irmão, acredita? E, desde então, ficou abilolado. Acreditando ser o Senhor Cassel, quando, na verdade, é apenas o irmão dele. Dizem que até hoje ele acredita ser o irmão que tentou matar.

– Interessante...

E enquanto o motorista falava, algo se agitava no cérebro de Madalena Ayala.

Assim que Isabelle reencontrou o marido, percebeu, de imediato, que a visitante que ele recebera havia pouco causara-lhe grande impacto. Estava abatido e introspectivo.

– Quem era? – perguntou ela, olhando-o curiosamente.

– Madalena... – respondeu ele sem muito entusiasmo. – A mulher que se passou por madrinha de Silvia quando nos conhecemos em Paris.

– O que ela queria?

– Veio me pedir ajuda. Silvia teve uma filha e...

– Uma filha?!

– Sim! E a escondeu de todos. Não deixou que ninguém soubesse de sua existência.

– Santo Deus!

– Deixou a menina num orfanato.

– Justo ela que sempre condenou a vida de uma criança longe dos pais?

– Pois é. Silvia era um tanto contraditória às vezes.

– Ela era louca, isso sim!

A exclamação de Isabelle, tão visceral, deixou Vincent temporariamente surpreso e perdido em palavras. Por fim, disse:

– Como vê, a menina é a legitima herdeira de Silvia Navarro. Portanto, deve receber o que lhe cabe de direito quando for maior de idade.

– E você acha justo que essa menina receba o dinheiro que Silvia adquiriu, aplicando aquele golpe sujo em você? Eu não acho!

A pergunta surpreendeu e assustou Vincent ao mesmo tempo.

– Sim... Sim... – respondeu ele um tanto atrapalhado. – De qualquer modo, você mesma sabe que eu perdoei Silvia pelo que ela me fez. São águas passadas. Um pesadelo que teve fim.

– Espero mesmo que tenha tido. Às vezes, penso que não. É como se ela ainda estivesse aqui, rondando essa casa, perambulando por entre os cômodos, como se fosse uma alma sem rumo.

Vincent se arrepiou. Ainda mais quando avistou o espírito de Silvia Navarro pelo canto dos olhos, parada a poucos metros de distância de onde ele e Isabelle se encontravam.

– Vou ligar agora mesmo para o advogado da família, redigir a minuta necessária para tornar a filha de Silvia herdeira de todos os seus bens.

– Faça o que acha ser o certo.

– Farei! Depois comentarei com Vincent a respeito. Ele ficará tão espantado quanto eu estou agora.

– Você acha mesmo que deve ir de novo àquele lugar, visitar aquele sujeito?

O descaso na voz de Isabelle tomou Vincent de espanto e tristeza.

– Você o odeia, não é? Odeia ele profundamente.

A resposta dela foi autêntica e direta:

– Ele me fez de boba. Abusou da minha ingenuidade. Não merece perdão. Quando penso em tudo o que ele me fez passar...

As palavras da moça atingiram Vincent em cheio. Doía-lhe fundo, na alma, não ser amado por ela, como ela amava Jean-Pierre. Era o amor pleno e sincero que ela tinha por ele que Vincent tanto almejava para si, não seu ódio, nem o seu desprezo.

Enquanto isso, o espírito de Silvia continuava a observar Vincent Pérez. Ao seu lado estava um guia espiritual tentando mais uma vez fazer com que a moça se libertasse de todo ódio e ressentimento que fermentava sua alma.

Para ela, Isabelle estava sendo enganada como punição por ter feito Vincent, direto ou indiretamente, ter se apaixonado por ela.

Jean-Pierre, por sua vez, também sofria por ter sido trouxa nas mãos do irmão.

Quanto a Vincent, ele ainda não havia tido o que merecia. Pelo contrário, em breve teria um filho com a mulher amada e ainda vivia ao seu lado; isso não era certo, seu sofrimento por todo mal que lhe causara, inclusive, de tê-la feito morrer daquela forma teria de ser o pior de todos. Ela não sossegaria enquanto isso não acontecesse a ele.

A voz do espírito amigo soou a seguir, despertando Silvia de suas confabulações:

– Abandone esse lugar, Silvia. Lembre-se de que a vida oferece a todos duas opções. Seja para um espírito encarnado quanto para um desencarnado. Entre o bem e o mal opte sempre pela escolha do bem. Só no bem a alma evolui. Só no bem se pode alcançar a paz.

– De que me serve a evolução, de que me serve a paz? – desdenhou ela furiosa.

– Esse é o seu maior defeito. Seguir sempre pelo caminho do ódio, da revolta e da vingança. Já não basta saber que isso a levou à ruina em sua última encarnação? Levará a níveis piores da existência se continuar insistindo.

– Vincent Cassel não merece ser feliz. É um assassino. Por culpa dele pisei em falso e caí, destroncando o meu pescoço.

– Isso não faz dele um assassino.

– Faz sim! Assustei-me com o seu movimento abrupto e, por isso... De qualquer modo, ele teria me empurrado. Tenho a certeza de que o faria. Eu apenas facilitei as coisas para ele.

O espírito bondoso achou melhor não dizer mais nada. Por ora, seu silêncio surtiria mais efeito.

# CAPÍTULO 25

Tempos depois, Vincent recebia uma nova visita inesperada. Georges Dupont, o antigo mordomo da casa, voltava a mansão para rever Jean-Pierre, por quem tinha grande estima. Ninguém conhecia o verdadeiro Jean-Pierre Cassel tão bem quanto o antigo empregado; e foi isso que deixou Vincent alarmado e momentaneamente sem ação quando soube que ele estava na casa para vê-lo.

Ao ver Georges, Vincent se mostrou feliz. Caminhou em sua direção e deu-lhe um grande abraço.

– Georges, meu bom Georges, como vai?

– Meu senhor, quanta saudade.

O abraço se repetiu.

– Diga-me, meu bom Georges. Que bons ventos o trazem?

A resposta do antigo empregado foi imediata:

– O senhor.

– Eu?! – Vincent ficou em estado de alerta. – Ora, por quê?

– Saudades!

– Ah, sim, lógico! Eu também estava sentindo a sua falta, meu bom e fiel Georges.

Vincent novamente forçou um sorriso, que Georges aceitou com naturalidade. Então, o antigo mordomo relembrou um dos momentos em que os dois se divertiram muito, no passado, quando Jean-Pierre era apenas um garotinho.

– Velhos tempos, Georges. Velhos tempos!

Georges voltou a rememorar os fatos, deixando Vincent cada vez mais impaciente. Seus sorrisos eram tão mecânicos quanto suas exclamações, típicas de quem procura apenas fazer uma conversação social.

Foi uma das expressões que Vincent usou, em meio ao diálogo, que chamou a atenção do velho mordomo. Demorou alguns minutos para ele perceber que não fora bem a expressão e sim, o tom da voz que ele usava para se expressar. Algo nela não se coadunava com a do verdadeiro Jean-Pierre Cassel.

Isso fez com que Georges se sentasse mais ereto e ajeitasse seu pincenê sobre o nariz para poder enxergar melhor. Através das duas lentes de grau elevado, seus olhos azuis observaram o sujeito à sua frente com renovada atenção. Havia, sem dúvida alguma, algo de diferente em Jean-Pierre Cassel, ele só não conseguia identificar o que era.

No minuto seguinte, Georges deixou a conversa morrer, propositadamente, só para ver a reação que seu antigo patrão teria diante do inesperado silêncio. O nervosismo do anfitrião se tornou tão evidente, que não havia mais dúvidas para o velho mordomo de que o sujeito não estava se sentindo à vontade na sua presença. Seu corpo mantinha-se imóvel, mas estava tenso.

Vincent voltou a falar em meio a um sorriso forçado, enquanto Georges novamente se ouviu perguntando: o que havia de diferente em Jean-Pierre Cassel? Ele o observava, enquanto o fogo na lareira realçava o verde dos seus olhos. Foi então que teve um estalo. A verdade nua e crua veio à tona. Jean-Pierre Cassel estava diferente, porque aquele não era ele. Era Vincent Pérez, seu irmão gêmeo. Mas aquilo não podia ser verdade. Onde e quando Vincent assumira o lugar do irmão?

Georges passou a examinar a hipótese, com grande esforço de concentração e não tardou a confirmar suas suspeitas. Era mesmo verdade. De alguma forma, Vincent Pérez se passava por Jean-Pierre Cassel. Quando e como isso aconteceu, ainda lhe era um mistério. Mas não tardaria a descobrir, era apenas uma questão de apurar os fatos e somar dois e dois. Isso fez Georges elaborar uma armadilha para pegar Vincent, num momento de distração da sua parte.

– Vincent! – chamou-o, atento a sua reação.

Foi como se o moço já esperasse por aquilo.

– Vincent, meu irmão, está internado num sanatório perto daqui – respondeu, prontamente. – Depois de tentar me matar, enlouqueceu!

– Ele tentou matar o senhor?

– Sim.

– Por qual motivo?

– É uma longa história.

– Gostaria de ouvi-la, se não se importar.

Vincent olhou-o com expressão de desagrado, pois não queria falar a respeito, queria mesmo era dar fim àquele encontro desagradável o quanto antes. Contudo, o homem lhe parecia disposto a ouvir toda história e não partiria enquanto ele não lhe contasse.

– Bem... – Vincent procurou firmar a voz. – Já faz alguns meses que isso aconteceu...

E todo drama, obviamente, foi relatado à sua maneira. Ao término, Georges Dupont, opinou:

– Fui sempre da opinião que Vincent Pérez não era tão bom quanto parecia.

As palavras do antigo mordomo atiçaram a curiosidade do moço.

– É mesmo? – seus olhos se abriram expressivamente.

– Sim, senhor. Tanto que o preveni. Recorda-se?

A sombra da dúvida pairou sobre o rosto tenso e amargurado de Vincent Pérez, mas sua resposta foi rápida, porque assim tinha de ser:

– Sim, sim... Claramente.

Um sorriso fingido transpareceu no rosto do velho mordomo, que, cinicamente perguntou:

– Quer dizer, então, que Vincent Pérez se apaixonou por Dona Isabelle? E foi capaz de tudo para ficar com ela?

Um ar de satisfação fez Vincent soltar um risinho:

– Pois é.

Georges inclinou o corpo para frente, a fim de observar melhor a impressão que suas palavras causariam no sujeito tão orgulhoso de sua astúcia.

– O senhor Vincent foi mesmo um homem corajoso. E tudo por causa de um amor proibido... Nem eu teria tanta coragem. Na verdade, poucos chegariam a tanto, em nome do amor. Mas o Senhor Vincent foi soberbo.

– Ah, sim! – o orgulho do que fez transpareceu nitidamente na voz de Vincent Pérez.

E o resultado deixou Georges satisfeito. Lançou o anzol e fisgara um peixe, de uma vez por todas.

– Pensando melhor, o senhor também foi capaz de fazer tudo por amor. Tanto que se casou com Silvia Navarro, sem sequer conhecê-la direito. Porque estava perdidamente apaixonado por ela.

– Oh, sim... – e voltando os olhos para o passado, Vincent murmurou: – Silvia era mesmo um encanto. Foi pena ter morrido tão moça...

– Sem dúvida.

Um minuto de silêncio e Georges lançou mais uma de suas armadilhas para pegar o impostor.

– O senhor me disse palavras sábias naquele dia em que ela o humilhou na frente do seu pai. Disse-me: só mesmo o tempo pode revelar... a outra face... – Georges fingiu puxar pela memória. – Como foi mesmo que o senhor disse?

Vincent estava em pânico. E agora, o que dizer? Seu rosto ficou vermelho e ele bateu com força o braço da cadeira.

– Depois da queda... – falou com impaciência. – Minha cabeça nunca mais foi a mesma.

– Mas...

– Georges, meu querido, você não pode exigir que alguém se lembre com precisão das palavras que disse tempos atrás.

Georges prosseguiu com voz calma.

– O senhor tem toda razão. Seria exigir demais de uma pessoa.

O velho empregado recostou-se na cadeira e suspirou. Pelas lentes modestas de seu pincenê, observava Vincent com seus olhos azuis intensos, pensando no quanto ele era desprezível e mau-caráter. Sua vontade era desmascará-lo o quanto antes, mas para isso, primeiramente, ele precisaria de provas. Sem elas, seria apenas a sua palavra contra a de Vincent Pérez. E como a corda sempre arrebenta do lado dos mais fracos, o mau-caráter se sairia bem da acusação, continuando a levar sua farsa adiante.

Foi então que Georges se lembrou do verdadeiro Jean-Pierre que, certamente, estava internado no sanatório com a identidade de Vincent Pérez. Precisava vê-lo, urgentemente, para poder libertá-lo de lá. Direcionado um novo olhar inquiridor para o sujeito à sua frente, enquanto ajustava seu pincenê, o velho mordomo resolveu abordar o assunto por outro ângulo:

– Se eu tivesse um pingo de pena daquele sujeito, iria visitá-lo no sanatório, mas...

O rosto de Vincent se tornou branco feito cal. Se o velho Georges fosse mesmo até lá, descobriria rapidamente que aquele era o verdadeiro Jean-Pierre Cassel e isso não poderia acontecer de forma alguma. Assim, Vincent decidiu apagar de vez qualquer estímulo que o mordomo pudesse ter para querer ir ao sanatório.

– Estive lá algumas vezes – comentou ele em tom dramático. – Mas é um lugar tão triste e deprimente que decidi nunca mais pôr os pés ali. Temo que a loucura seja tal qual um vírus que qualquer um pode contrair, por meio do convívio.

– O senhor acredita mesmo nisso?

– Hum-hum! – Vincent se inclinou para a frente e com uma expressão de dor, falou, embargando a voz: – Não vá lá, Georges. O lugar o deixará deprimido.

Georges assentiu, procurando manter a calma para que Vincent não percebesse, em hipótese alguma, que ele o havia desmascarado.

– E Dona Isabelle, onde está? Gostaria de vê-la.

As sobrancelhas de Vincent se arquearam. Por sorte, Isabelle havia ido à casa da mãe, visitá-la.

– Que pena! – lastimou o velho mordomo. – Queria muito revê-la.

– É mesmo uma pena. Mas é que a irmã dela está aí. Quis passar a tarde ao seu lado.

– Entendo.

Mais um minuto de tensão e Georges finalmente anunciou sua partida. Vincent suspirou de alívio, sem se dar conta do que fizera. Era evidente que o suposto dono da casa não queria o visitante ali por mais tempo. Quanto mais cedo partisse, melhor para ele.

– Meu senhor – falou Georges, encarando Vincent firmemente nos olhos. – Foi muito bom poder revê-lo.

Vincent respondeu mecanicamente:

– O mesmo digo eu, meu caro.

O homem fez uma mesura e antes de partir em definitivo, pediu para rever alguns colegas de trabalho.

Vincent permaneceu parado no mesmo lugar, envolto por uma sensação de medo e perda dilacerante. Sentou-se no braço da poltrona, olhando pensativamente para as chamas da lareira, que naquele instante lhe fizeram lembrar do inferno, onde iam parar, segundo a igreja, todos os biltres. Um lugar onde as chamas eram muito maiores do que aquelas, pensou Vincent, arrepiando-se todo. Tão absorto ficou, que os ponteiros do relógio giraram sem que ele se desse conta. Só voltou a si quando percebeu que havia alguém parado à porta.

– Meu amor! – exclamou ele ao reconhecer Isabelle. O simples fato de revê-la o fazia melhor em todos os sentidos. Ele foi até ela, tomou-a nos braços e a beijou, carinhosamente.

– O que houve? Você me parece tenso.

– Nada não.

– Soube que o Georges esteve aqui.

– Esteve.

– Pensei que ficaria feliz com a sua vinda.

– E fiquei.

– Não parece. O que há?

Ele tinha de arrumar uma resposta rápida para explicar seu desânimo. Por fim, disse:

– É que a vinda do Georges me fez lembrar do passado. De quando eu era menino, da vida feliz que eu levava ao lado do meu pai e da minha mãe. Fiquei nostálgico de repente.

Ela o olhou mais atentamente, enquanto ele pegava sua mão e a beijava, quase em desespero.

– Isabelle, meu amor, nunca me abandone, por favor. É só o que eu lhe peço.

– Por que isso agora, Jean-Pierre?

– Porque a vida dá tantas voltas e...

Por pouco ele não se ajoelhou aos pés dela, mas implorou:

– Haja o que houver, nunca se afaste de mim. Promete?

– Jurei-lhe amor eterno perante Deus, esqueceu?

– Eu sei, mas...

A visita de Georges Dupont havia realmente mexido com o marido, percebeu Isabelle, silenciosamente. Incrível como ele ficara perturbado após sua vinda, o que não condizia com sua real personalidade, afinal, Jean-Pierre Cassel amava Georges Dupont como a um pai.

Enquanto isso, Georges seguia para o sanatório cujo endereço havia conseguido com a governanta da casa. Se Jean-Pierre estivesse internado lá, como ele pensava estar, carecia da sua ajuda, urgentemente.

# CAPÍTULO 26

Após seguirem por corredores que pareciam intermináveis, Georges e a enfermeira que o recebera à porta do sanatório, finalmente chegaram ao quarto de número 13, onde o paciente estava internado.

– Aguarde-me aqui. Vou apanhar a chave – disse a mulher de porte austero e reservado.

A enfermeira seguiu em direção à uma sala nas proximidades e voltou, dali há pouco, com uma chave na mão. Os olhos míopes e cansados do velho Georges acompanharam seus movimentos do começo ao fim.

– Uma preocupação louvável – elogiou o visitante, surpreso com o cuidado que tinham para não deixar que os pacientes fugissem do sanatório. – Muitos tentam escapar? – perguntou, endereçando um olhar especulativo para a mulher que assentiu com um vigoroso movimento de cabeça. – Compreendo.

Ela colocou a chave na fechadura, girou-a e abriu a porta. O quarto estava na penumbra e o paciente estava acamado, como um doente sem forças para continuar vivo.

– Gostaria de lhe falar a sós, se possível – afirmou Georges sem lhe dar a chance de ouvir um "não" como resposta.

– Cuidado – preveniu a mulher –, ele pode ser violento.

– Assumo esse risco.

A enfermeira ficou em dúvida se deveria ou não atender ao pedido do idoso, até que, por fim, acabou concordando. Assim que saiu, fechando a porta atrás de si, Georges se aproximou do leito, olhando com tristeza para a figura imóvel de Jean-Pierre Cassel. Os calmantes diários o deixavam zonzo, com os olhos embaçados e inchados como se tivessem sido esmurrados.

– Meu Deus! O que fizeram com o senhor? – o desapontamento era evidente no rosto do antigo mordomo.

Aquela voz, pensou Jean-Pierre, silenciosamente. Era bem conhecida.

– Meu senhor – tornou o antigo mordomo com voz embargada. – Sou eu, Georges Dupont.

Foi o suficiente para fazer com que Jean-Pierre reagisse.

– Georges?! Meu bom e velho Georges!

O homem tomou as mãos do moço e as beijou.

– O que fizeram com o senhor? – perguntou sem rodeios.

– Pois é, meu caro. Veja só onde vim parar.

– O senhor não pode continuar aqui – afirmou Georges com veemência. – Não é justo! Não é certo!

– Eu sei... – respondeu Jean-Pierre com gravidade. – Mas já tentei de tudo para escapar e não consegui.

– Mas eu o ajudarei – afirmou o velho mordomo como se assumisse um compromisso divino. – Nem que para isso eu tenha de pedir ajuda à polícia.

– Pois eles ficarão confusos tanto quanto os demais em relação à minha verdadeira identidade. Vincent foi muito esperto. Ou melhor, sua mãe é que foi. Mal posso acreditar que Angelina Chermont seja irmã da minha mãe, que só sabia fazer o bem.

Ele fez uma pausa e perguntou:

– Mas como foi que você me descobriu aqui?

Georges rapidamente explicou tudo e com muito orgulho. Jean-Pierre, emotivo, afirmou:

– Foi Deus quem mandou você àquela casa, Georges. Só mesmo você, para perceber que Vincent assumiu a minha identidade.

– A questão agora é, como vou tirar o senhor daqui para pô-lo frente a frente com o canalha do seu irmão, e provar a todos quem é quem de verdade? Não há ninguém dentro desse sanatório que possa nos ajudar, neste caso?

A resposta de Jean-Pierre foi imediata:

– Há somente uma enfermeira que eu acho que está apaixonada por mim. Seu nome é Joana Mullins. Mas eu já lhe implorei por ajuda e ela desconversou.

– Uma enfermeira apaixonada pelo senhor?

– Pois é.

Georges achou graça.

– Mas ela pode nos ser de grande auxílio, sim! – opinou, alegre.

– Que nada! De tanto trabalhar com malucos, acho que ficou amalucada também. Inclusive, penso que para ela é melhor eu continuar prisioneiro desse lugar monstruoso do que liberto, pois assim, ela me mantém ao seu lado.

– Compreendo. Mas, talvez...

– Não conte com ela.

Georges o encarou, pensativo e perguntou:

– E se oferecermos dinheiro a algum dos funcionários?

– Já tentei isso também.

– Pelo visto, isso aqui é quase uma penitenciaria de segurança máxima.

– Quase não, meu caro, é mesmo uma sem tirar nem pôr.

Ambos acharam graça de suas próprias palavras e Georges reforçou sua intenção:

– Ainda vou achar uma maneira de tirar o senhor daqui. Tem de haver um jeito. Então, o porei frente a frente com o picareta do Vincent, para que ele seja desmascarado de uma vez por todas.

– Pobre Vincent...

– O que é isso, meu senhor? Ele não merece o seu perdão. Tentou matá-lo e, quando não conseguiu, achou uma forma de tomar o seu lugar. É um usurpador.

– Eu sei. Mas...

O assunto teve de ser suspenso, pois a porta do quarto se abriu subitamente e Joana Mullins apareceu, olhando desconfiadamente para Georges.

– O seu tempo de visita acabou – informou ela, seriamente.

Jean-Pierre deu uma piscadinha discreta para o antigo mordomo e disse, suavizando a voz:

– Georges, meu caro, essa é a Joana de quem lhe falei.

– Ah, sim! Como vai, mademoiselle? – o idoso se curvou diante da moça, num gesto arrebicado e elegante. – Meu nome é Georges. Fui mordomo na casa da família Cassel.

– Hum-hum... – a desconfiança por parte da enfermeira se manteve intacta.

Jean-Pierre interveio:

– Eu estava contando ao Georges, o quanto você tem sido boa para mim, Joana.

Um sorrisinho de satisfação escapou pelo canto dos lábios da enfermeira, receosa de perder o seu amado platônico. E voltando a piscar discretamente para o antigo mordomo, Jean-Pierre acrescentou:

– Ela não é linda, Georges?

– Sim. Encantadora.

E Joana simplesmente virou uma beterraba humana de tão bordô que ficou.

Assim que deixaram o quarto, Georges fez o possível para se portar como um bom ator, se quisesse convencer a enfermeira a ajudá-lo tirar Jean-Pierre daquele inferno.

– Só mesmo com amor para suportar tão triste realidade – afirmou, lançando um olhar de coitadinho para a funcionária.

– Amor?! – espantou-se Joana, olhando-o com enorme interesse.

– Sim! – afirmou Georges, mentindo notoriamente pela primeira vez na vida. – O Senhor Pérez está verdadeiramente apaixonado pela mademoiselle. Se pudesse sair daqui, casar-se-ia com a mademoiselle sem pensar duas vezes. Faria isso simplesmente por amor.

Joana estava em choque.

– Ele lhe disse isso?

– Sim, mas me pediu segredo. Teme lhe revelar seus sentimentos, por medo de que a mademoiselle despreze o seu amor.

– Mas ele insiste em dizer que, na verdade, é Jean-Pierre Cassel. E se é mesmo, então ele já é casado e tem um filho, segundo soube.

– Mas a mademoiselle não acredita que ele esteja dizendo a verdade, acredita?

O rosto dela escureceu e Georges teve a certeza de que estava diante de mais uma mau-caráter da vida. Sim, é obvio que ela sabia que Jean-Pierre era mesmo Jean-Pierre Cassel e não o ajudava para não desfazer o seu sonho de amor. Por isso, Georges decidiu levar sua mentira adiante sem ter nenhuma pena da moça.

– A mademoiselle fez um bem tremendo ao Senhor Pérez. Já ouvi dizer que o amor transforma as pessoas e, até mesmo, cura. Mas pensei que isso fosse apenas uma lenda. Por meio da mademoiselle, agora sei, que o amor é capaz de tudo isso e de muito mais.

Os olhos dela se mostravam maravilhados perante o elogio.

– Bom – continuou Georges num tom ponderado. – Saiba que o Senhor Pérez é solteiro. Ou seja, está totalmente disponível para se casar com a mademoiselle, assim que tiver a chance. E estou disposto a ajudar vocês a se casarem.

– Nos ajudar?! C-como?

– Levando a mademoiselle e o monsieur Pérez até a prefeitura.

– Mas ele não tem permissão médica para sair do sanatório.

– É verdade. Que pena! Vocês seriam tão felizes, lado a lado. Formam um belo casal.

A moça engoliu em seco.

– Espere!

– Sim.

– O juiz não poderia vir realizar o casamento aqui? Entraria como um visitante e, então...

– Isso não é possível. Além do mais, acredito que a mademoiselle também gostaria de realizar o desejo de toda mulher, não é mesmo?

– Desejo?

– O de se casar com um belo vestido de noiva e receber as bênçãos de um padre.

O rosto dela novamente se iluminou.

– Bem, mas...

– Ouça-me! Posso arranjar tudo isso para vocês se mademoiselle conseguir tirar o Senhor Pérez daqui. Aguardarei por vocês, do lado de fora das dependências do sanatório, num carro para poder levá-los até a igreja e a prefeitura para a realização do enlace matrimonial.

– O senhor faria isso mesmo por nós?

– Pelo monsieur Pérez? É lógico que sim! Tenho ele como um filho. Além do mais, ele precisa de uma mulher como você. Pelo pouco que conheço da senhorita, sei que é uma alma integra e honesta. A esposa perfeita para um moço carente de afeto como monsieur Pérez.

Joana novamente gostou do que ouviu e perguntou, só para se certificar:

– Ele é rico, não é? Pelo menos foi o que eu ouvi dizer por aí.

– É sim, muito. Um verdadeiro milionário.

– Que bom! Assim, não precisarei mais trabalhar aqui, podendo, então, dedicar-me inteiramente ao meu marido.

– Ele vai amar.

Joana novamente sorriu, radiante, e Georges pensou no quanto ela era interesseira. Não bastava um homem bonito e saudável para se casar, ela o queria com dinheiro para lhe dar uma vida de dondoca e status.

– Vamos combinar uma data... – disse ele a seguir.

– Eu preciso pensar.

– Ainda mais? É a sua felicidade que está em jogo...

Ela mordeu os lábios, tensa.

– O senhor tem mesmo certeza de que Vincent Pérez está apaixonado por mim?

– É óbvio que está! Ele próprio acabou de me confidenciar o fato. Afirmou que a mademoiselle seria a esposa ideal para ele recomeçar a vida, sem dúvida alguma.

Joana novamente se sentiu nas alturas.

– Que dia o senhor sugere para que possamos... – ela olhou de um lado para o outro para ter certeza de que ninguém pudesse ouvi-la. – O senhor sabe...

Georges baixou a voz e falou, com discrição:

– A mademoiselle me diz o dia e a hora que fica mais fácil para tirar o monsieur Pérez daqui, sem que ele seja impedido pelos enfermeiros e os seguranças.

A moça refletiu.

– Já sei...

E lhe deu as coordenadas. O circo estava armado. Era uma questão de horas. Antes de partir, porém, Georges sugeriu que voltassem ao quarto do paciente para o informar o que haviam decidido. Quando restou somente Joana e Jean-Pierre no aposento, ela voltou-se para ele e perguntou, seriamente:

– O senhor realmente está apaixonado por mim?

O mais difícil para Jean-Pierre foi ter de mentir para a moça, fingindo algo que não sentia. Aquilo não era correto, mas era a única forma de ele escapar dali e recuperar sua verdadeira identidade.

– Posso dizer – continuou Joana, sem esperar que ele respondesse a sua pergunta – que me apaixonei pelo senhor desde a primeira vez em que o vi.

Jean-Pierre corou. Detestava ter de alimentar esperanças no coração solitário de uma moça sonhadora, mas era isso ou a prisão naquele inferno em que vivia. Por isso, ele mentiu descaradamente para poder escapar dali.

– Eu e o senhor seremos muito felizes – garantiu Joana, já se imaginando numa mansão cercada de criados, luxo e fartura, provocando inveja em seus familiares, amigos, conhecidos e semelhantes.

# CAPÍTULO 27

O dia e a hora da fuga de Jean-Pierre do sanatório havia chegado e, no momento certo, Joana Mullins o conduziu numa cadeira de rodas para os fundos do pátio onde havia um portãozinho discreto pelo qual Jean-Pierre poderia fugir. Por sorte, o lugar estava deserto àquela hora e, assim, Joana desatou as ataduras que prendiam os braços e pernas do paciente.

– Vá! Rápido! – disse ela, assim que destrancou o portão. – Encontro-me com o senhor no local combinado daqui uns cinco minutinhos.

Jean-Pierre assentiu, mesmo morrendo de pena da criatura que encontraria o local vazio quando lá chegasse.

– Corra! – ordenou a enfermeira. – Antes que alguém apareça!

Assim, ele passou pelo portãozinho e seguiu diretamente para o local onde Georges o apanharia. Ao vê-lo, um sorriso radiante despontou na face do antigo mordomo. Antes de entrar no carro, porém, Jean-Pierre voltou os olhos na direção do sanatório onde vivera aprisionado havia meses. Um capítulo de sua história se encerrava ali, e, de todos que já vivera, aquele havia sido o pior já atravessado por ele ao longo daquela existência.

O acelerador saltou sob o pé do velho Georges que aprendera a dirigir para acudir seus patrões num caso de emergência.

– Ainda não são cinco horas. Chegaremos a Saint-Émilion em menos de uma hora.

– Está ótimo – assentiu Jean-Pierre com lágrima nos olhos.

Quando Joana Mullins chegou ao local combinado e não encontrou o carro aguardando por ela, como Georges havia lhe prometido, estranhou. Estaria ela no lugar errado?, perguntou-se, aflita. Ou algo no plano de fuga não teria dado certo?

Enquanto isso, pela janela do carro guiado por Georges Dupont, Jean-Pierre admirava a paisagem com suas belas árvores, campos e o céu lindamente azul ao fundo. Confinado naquele lugar horrível por tanto tempo, esquecera-se do quão belo era tudo aquilo e o quanto a natureza lhe fazia bem.

Nesse ínterim, Isabelle descia para o jantar, quando avistou Angelina Chermont acertando o colarinho daquele que, na verdade, era seu filho adotivo. A intimidade entre os dois era tanta que Isabelle ficou impressionada, afinal, nunca existira antes tal intimidade entre Jean-Pierre e a tia, pelo menos, que ela tivesse notado.

Ao vê-la, Vincent corou e sorriu sem graça.

– Veja, titia! – exclamou indo ao encontro de Isabelle. – Como minha esposa está linda, não é mesmo?

– Simplesmente maravilhosa! Encantadora!

Isabelle agradeceu o elogiou porque assim mandava a boa educação. No íntimo, o que vira há pouco a incomodava. A intimidade do marido com a tia não era natural, era como se ele fosse o seu verdadeiro filho. Mas...

Enquanto isso, Joana Mullins se explicava perante a direção do sanatório. Inventou que havia levado o paciente para dar uma volta e ele havia implorado para que ela desatasse as ataduras para que ele pudesse caminhar um pouco ao sol. Por pena, ela atendeu ao seu pedido, sem imaginar suas verdadeiras intenções. Então, ela precisou correr ao banheiro, pois teve uma cólica fortíssima e, quando retornou, o paciente havia sumido. Por acreditar que ele houvesse fugido nesse meio tempo, ela correu para fora do sanatório e ficou a procurá-lo nas imediações. Por não o encontrar, decidiu procurar a enfermeira chefe para lhe expor os fatos.

Alguns acreditaram nela, outros não. Mas até que chegassem a um consenso, tomariam as devidas providências junto às autoridades para localizar o paciente fugitivo, o mais rápido possível, e devolvê-lo para o sanatório.

Quando Jean-Pierre adentrou sua morada. Foi preciso pigarrear asperamente para limpar o travo amargo que se alojara em sua garganta. Só assim ele teve voz suficiente para chamar o irmão:

– Vincent!

Quando Vincent se voltou para ele, ficou totalmente sem ação. Todos ali voltaram sua atenção para os gêmeos que se posicionavam frente a frente, encarando-se com severidade. Isabelle e Angelina gelaram diante da situação.

– Acabou, Vincent. Acabou! – declarou Jean-Pierre espumando de raiva. – Você me deixou apodrecendo naquele lugar maldito por meses. Roubou a minha vida, a minha esposa, o meu filho e a minha dignidade. Mas acabou! Estou livre e vou assumir o que é meu novamente.

Rindo forçado, Vincent argumentou:

– Vincent, meu irmão, você continua delirando... Aquele lugar realmente não lhe fez nada bem. E eu que pensei que era um dos melhores tratamentos para malucos como você.

Furioso, Jean-Pierre foi para cima do gêmeo que deu um salto para trás e pediu ajuda aos empregados. Visto que nenhum deles tomou ação, Jean-Pierre pôde facilmente agarrar Vincent pelo colarinho, a ponto de sufocá-lo.

– Você vai contar a verdade a todos – bramiu. – Vai sim, antes que eu o mate!

Vincent se debatia e se defendia como um peixe fora d'água. Ainda assim, tentou levar sua mentira adiante:

– Você está louco! Aquele lugar o deixou ainda mais louco!

Suas palavras feriram Jean-Pierre de forma descomunal. Isso o fez empurrar o irmão contra o chão e saltar sobre ele, segurando-o firme pelo pescoço e exigindo que ele dissesse a verdade a todos. Por se recusar, Jean-Pierre começou a socar a cabeça de Vincent contra o chão, enquanto chorava de raiva e Vincent de dor. Ele iria matá-lo se não parasse. Angelina então gritou, histérica.

– Pare! – Correu até lá e segurou Jean-Pierre pelo braço. – Pare! – berrou espumando de ódio. – Se você matar o meu Vincent, eu mato você! Juro que mato!

Abrindo um sorriso de gratidão para a mulher, Jean-Pierre falou com toda sinceridade:

– Obrigado, titia. Muito obrigado. Agora todos sabem quem é quem.

Só então Angelina caiu em si. Percebeu a besteira que havia cometido perante todos.

– Não é o que estão pensando – falou, voltando o olhar para os presentes. – Não é!

Muitos ali ainda não sabiam distinguir a realidade, mas para Isabelle não restava mais dúvida de que o gêmeo estirado ao chão era mesmo Vincent Pérez. E o que havia acabado de chegar àquela casa era Jean-Pierre Cassel.

Percebendo que já não conseguiria mais remediar a situação, Angelina saltou sobre o sobrinho, tomada por uma fúria demoníaca. Quando ia unhá-lo, ele a segurou firme pelos punhos e falou, ainda tomado de indignação por ter de admitir o fato:

– A senhora é mesmo muito má. Como pôde ter sido irmã de minha mãe que era uma mulher tão boa e generosa?

Angelina simplesmente cuspiu-lhe na face e num gesto abrupto, livrou seus braços e voltou até Vincent, estirado no chão.

– Vai ficar tudo bem, meu querido. Não se preocupe!

Só então, Georges deu a todos as devidas explicações. Nesse

momento, Isabelle se recordou de fatos que chamaram sua atenção nos últimos tempos. A falta de desejo pelo marido, a sensação de que ela estava diferente, quando, na verdade, era ele. O modo carinhoso de Angelina tratá-lo, os lapsos de memória que ele tinha e afirmava serem por causa da queda que tivera do penhasco. Tudo apontava numa só direção e ela, no entanto, ignorou os fatos.

Quando Isabelle voltou a encarar Jean-Pierre, o remorso parecia que iria consumi-la por inteira.

– Ele foi sórdido – murmurou ela, atônita. – De uma maldade sem fim.

Ao ouvir suas palavras, Angelina não deixou por menos, voltou-se para a moça e disse, com todas as letras:

– O Vincent, meu filho, foi mesmo um tolo por ter se apaixonado por você. Uma camponesa sem graça, sem sal nem açúcar. Eu o avisei, mas ele não me ouviu. Com tantas mulheres bonitas para ele se apaixonar, foi gostar justamente de uma sonsa e insignificante como você. Uma caipira dos infernos! Como se já não bastasse, ele ter caído de amores por aquela vagabunda da Silvia Navarro. O Vincent, infelizmente, tem o dedo podre para escolher as mulheres. Podríssimo!

Uma tontura fez Isabelle se apoiar em Jean-Pierre, que a abraçou e decidiu levá-la para um lugar onde ela pudesse se recuperar do baque.

Mas quando Vincent reabriu os olhos e avistou Isabelle nos braços de Jean-Pierre, sua reação foi imediata.

– Isabelle – disse ele, tentando se levantar.

– Afaste-se de mim! – gritou ela, furiosa. – Nunca mais se aproxime. Você é um monstro.

Ele rapidamente bradou em sua defesa:

– Fiz tudo por você, Isabelle. Porque a amo! É a mulher da minha vida.

E antes que a moça ficasse ainda mais nervosa, Jean-Pierre a retirou do local.

Angelina então voltou-se para o filho e disse, severamente:

– Ela não o quer, seu tolo! Ela não o suporta. Jamais irá retribuir o amor que dispensa a ela. Ainda mais agora, depois de saber do que fez.

– Foi ideia da senhora – respondeu o gêmeo lacrimoso.

– Porque era única forma de você tê-la ao seu lado. Mas amá-lo, não! Ela nunca o amaria como ama o seu irmão. Eu lhe disse isso. Jamais fiz segredo desse fato.

– Ela não pode fazer isso comigo. Está gravida de mim...

– Ela já fez! E eu o aconselho a irmos embora daqui o quanto antes. Eles chamarão as autoridades, se é que já não o fizeram.

Vincent sentia-se destruído na alma.

– Não parto daqui enquanto não me justificar com Isabelle.

Com grande esforço ele se levantou e quando fez menção de ir atrás dos donos da casa, Georges se colocou no seu caminho.

– Se o senhor insistir nisso, eu mesmo chamarei as autoridades e o denuncio. Saia daqui, enquanto tem a chance de escapar ileso do que fez. É o mínimo que pode fazer pelo seu irmão, perante todo mal que lhe causou.

– Por que me odeia tanto?

– Não é questão de ódio, mas de respeito ao próximo. Honro os que são dignos de honraria, não os calhordas.

Vincent abaixou o rosto, vertendo-se em lágrimas, parecendo ter perdido completamente o rumo.

– Vamos! – insistiu Angelina, puxando o filho pelo braço. E os dois partiram sob a sombra da humilhação e da derrota merecida.

Quando mais calma, Isabelle voltou-se para Jean-Pierre e falou o que ia fundo em seu coração:

– Você jamais irá me perdoar, não é mesmo? Nem deve. O que eu fiz a você é imperdoável. Eu deveria tê-lo ouvido. Dado crédito às suas palavras, mas não... Deixei-me levar pelos outros.

– Isabelle, meu amor, é logico que eu a perdoo, porque um dia você também me perdoou, quando cometi a maior estupidez da minha vida. Renegando o seu amor, deixando-me levar por Silvia Navarro.

– Vincent foi de uma perversidade... Como pôde ter sido tão insensível e eu, tão ingênua?

– Nenhum de nós é perfeito, Isabelle.

Ela refletiu por instantes e disse:

– Em alguns momentos eu estranhei o comportamento dele. Mas as pessoas mudam, ainda mais depois que enfrentaram a morte. Pelo menos é isso o que eu sempre ouvi dizer. Além do mais, ele me disse que havia batido com a cabeça, perdido temporariamente a memória e isso explicava seus esquecimentos repentinos. O próprio médico que o examinou me afirmou isso. Acreditei.

– Ele foi muito convincente. Os acontecimentos conspiraram para isso.

– Infelizmente.

– O importante é que agora estamos juntos novamente e podemos reparar as arestas do tempo.

Isabelle concordou beijando-lhe a mão que Jean-Pierre mantinha entrelaçada à sua. Então, ela se recordou do inevitável. Olhou para a barriga protuberante e nem foi preciso dizer o que pensou, pois Jean-Pierre leu seus pensamentos. Por isso, afirmou:

– Eu criarei a criança como se fosse o meu próprio filho. Não há motivos para rejeitá-la. Ela não tem culpa de nada. É inocente.

– Mesmo assim, deve ser muito difícil para você ter de lidar com isso.

– Não mesmo. Já aprendi a superar tanta coisa na vida. Você mesma sabe disso, portanto...

Isabelle lhe devolveu o sorriso e quando ele enxugou suas lágrimas quentes com a ponta dos dedos, ela percebeu que não haveria dor no mundo que pudesse angustiá-lo novamente. Jean-Pierre estava de volta para ela que sempre o amou desde vidas passadas.

Enquanto isso, na casa de Angelina Chermont, Vincent lamentava--se com a mãe:

– E agora, mamãe? O que será de mim?

– Você e eu nos mudaremos para algum lugar bem longe desse inferno. Eu sabia que esse lugar voltaria a me fazer mal. Por isso, recusei a voltar para cá... Mas você insistiu tanto. Foi de uma teimosia...

– Não posso me mudar daqui, mamãe. Isabelle espera um filho meu. Desejo conhecer a criança e...

– Ela não permitirá. Portanto, o melhor que você tem a fazer, por ora, pelo menos, é ir para bem longe desse lugar. Se tiver de voltar um dia, que seja quando a poeira já tiver baixado. Aí sim, você volta. Se tiver mesmo que voltar.

O moço suspirou, melancólico.

– Acho que eu nunca mais serei o mesmo...

Angelina perdeu de vez a paciência com o filho:

– Tome vergonha na sua cara, Vincent. Eu criei um homem ou um frouxo? – ela expeliu sua raiva num bafo quente. – Só agora percebo o quanto você e o estúpido do Jean-Pierre são parecidos. Sensíveis, tolos, bondosos e medíocres como a retardada da minha irmã.

O moço se encolheu todo e a mulher foi enfática:

– Vamos embora daqui o quanto antes, e não se fala mais nisso. Quanto mais cedo ficarmos longe dessa cidade, melhor. Esse lugar não presta. É amaldiçoado.

Quando mãe e filho aguardavam a chegada do trem na estação ferroviária, Vincent novamente questionou Angelina sobre os rumos que pretendiam dar à vida dos dois.

– Temos mesmo de ir? Gostaria de ver o bebê antes de partirmos.

– Não é com o bebê que você está preocupado, Vincent. É com Isabelle. Você só está usando a criança para manter o elo com a camponesa sem graça.

– Eu não vou mentir para a senhora. Eu ainda desejo Isabelle mais do que tudo.

– Porque é tolo e estúpido. Se tivesse algum pingo de respeito por sua pessoa, não mais ousaria pensar numa mulher que o despreza, que sempre o desprezou.

– Ela me amou, mamãe. Sei que me amou.

– Ela só ama Jean-Pierre Cassel.

– Se amasse mesmo não teria se deitado comigo. Ela saberia que eu não era ele. Mesmo assim ela se entregou para mim.

– Não se apegue a esse pormenor, seu estúpido. Não se iluda mais por isso. Hoje você é um moço endinheirado, aproveite o que o dinheiro pode lhe propiciar.

Vincent abaixou a cabeça, inconformado com o destino que sua vida havia tomado. Quando o trem se aproximou, ele finalmente decidiu fazer o que ia fundo em seu coração: largou as malas e correu para longe dali.

– Vincent! – chamou Angelina horrorizada com a sua atitude. – Não seja estúpido!

Mas ele não parou. Fez apenas um sinal com as mãos de que logo voltaria. Angelina quis morrer de ódio. Minutos depois, Vincent chegava à mansão dos Cassel levado por um carro de aluguel. Assim que o mordomo o recebeu à porta, ele entrou voando em busca dos moradores da casa. Ao vê-lo, Isabelle se levantou inquieta e suas palavras foram precisas:

– Mande-o embora daqui, Jean-Pierre! Depois de tudo que esse monstro nos fez, como ousa?!

Rapidamente ela deixou a sala e Vincent humildemente se aproximou do irmão, tirou o chapéu e fez uma mesura.

– Sei que não sou bem-vindo. Só venho lhe pedir, encarecidamente, que cuide da criança por mim. Por favor!

Jean-Pierre assentiu.

– Obrigado. E adeus!

Jean-Pierre não lhe disse "adeus", porque não acreditou que seria um. Vincent recolocou o chapéu sobre a cabeça e se afastou, estugando os passos e chorando calado. Mais uma vez, os gêmeos tomavam direções opostas na vida. Era como se o destino não lhes permitisse viver lado a lado por muito tempo. E isso no fundo feria a ambos, porque, apesar dos pesares, ambos se gostavam imensamente.

Uma hora depois, Vincent partia finalmente com a mãe num trem para Paris. Levava consigo a dor de ter visto seus sonhos virarem pó.

O espírito de Silvia Navarro estava junto à plataforma da estação, observando a locomotiva seguir seu rumo. Havia um ar de triunfo em seu semblante, e uma satisfação indescritível dentro de si ao ver Vincent Pérez sofrendo por Isabelle e Isabelle sofrendo por ter sido feito de boba.

Ao notar que havia um espírito amigo ali junto dela, Silvia comentou:

– Depois dizem que a vingança é um prato que se come frio. Mentira!

Come-se quente! Muito quente e com muita vontade! – ela riu. – O mais curioso nisso tudo é que os dois receberam o troco pelo que me fizeram, sem que eu praticamente movesse um dedo.

O espírito amigo deu seu parecer:

– O que prova estar certo o ditado que diz: o que se faz nessa vida, de bom ou de ruim, um dia volta para você.

O rosto dela se fechou. Não queria acreditar naquilo, mesmo sabendo que era a mais pura verdade. Tantas ela aprontou que teve um destino tão cruel quanto o que provocara em muitos.

O espírito tentou ajudá-la mais uma vez:

– Vamos embora, Silvia. O que você queria ver já viu. Não se prenda mais aos ressentimentos e rancores, escolha se dar uma nova chance para ser feliz a partir de agora.

A resposta dela soou clara e precisa:

– Não vou a lugar nenhum. Não antes de ver Vincent Pérez sofrer ainda mais pelo que me fez.

– Silvia, o que você ganha com o sofrimento alheio?

Temporariamente ela não soube responder. Só sabia que, no íntimo, ela não queria deixar de observar Vincent de perto. Porque ainda era completamente apaixonada por ele. Por isso, ela recusou os céus por mais algum um tempo. Se é que um dia o aceitaria de verdade e de coração.

E assim, o tempo seguiu seu curso, trazendo novas reviravoltas na vida de todos os integrantes dessa história.

LIVRO 3

# *PELAS ESQUINAS DA VIDA E DA MORTE*

# Capítulo 1

Luxemburgo

Ao voltarem para a cidade onde Vincent e Angelina viveram a maior parte de suas vidas, Vincent decidiu comprar uma casa ao invés de continuarem alugando uma, como sempre fizeram a vida toda.

– É uma casinha aconchegante, não é?

A mãe lançou um olhar de desdém para um lado, depois para o outro e, torcendo o nariz falou, explicitamente:

– Com o dinheiro que você tem, poderia comprar um palacete.

– E desde quando a senhora se importa em morar num?

– Nunca me importei, confesso, mas, agora, você é um moço rico e dinheiro foi feito para gastar, propiciar todo o conforto a quem o tem.

– Quanto maior a casa, maior o trabalho para mantê-la limpa.

– Isso lá é verdade.

– Se é, não reclame. A não ser que queira conviver com criados diariamente.

– Deus me livre! – Angelina arrepiou-se só de pensar na possibilidade. – Prefiro um muquifo, onde eu possa gozar de liberdade, a um palacete com criados vigiando meus passos e falando mal de mim pelas costas. E como falam mal, viu? Criado nenhum suporta a condição de criado. Fingem respeito perante os patrões, porque assim manda as boas maneiras, mas, no fundo, odeiam os ricos, porque invejam a vida que eles têm.

Angelina baseava-se nela própria para falar com tanta propriedade sobre o assunto. Nunca fora uma criada, mas sempre invejou os abastados. Não queria a vida que tinham, propriamente falando, mas também não queria que eles a tivessem.

Uma semana depois e a casa estava totalmente mobiliada e ajeitada, com cada coisa em seu devido lugar. Vincent se deu por satisfeito. Isso o ajudou a esquecer os últimos acontecimentos dramáticos de sua vida. Contudo, por não ter mais no que se apegar, voltou a ficar triste, procurando dar um sentido na vida que lhe parecia cada vez mais sem sentido. Diante dele, Angelina se enervou, mais uma vez:

– Vincent, meu filho, eu o criei forte, capaz de superar qualquer obstáculo na vida. Você não é, nem nunca foi um zero à esquerda. Reaja!

– Sei que preciso, mamãe, mas...

– Sem mas nem meio mas. Arrume-se e saia. Bonito e rico como é, logo despertará a atenção de uma jovem agradável para namorar. E, dessa vez, uma de berço, pura e fácil de ser dominada, completamente oposta àquela mulher pavorosa por quem você um dia caiu na besteira de se apaixonar.

É obvio que ela se referia a Silvia Navarro. A mãe jamais a engoliu. Seu desagrado com ela era tamanho porque provavelmente eram muito parecidas.

Na manhã seguinte, Vincent levantou cedo, surpreendendo e alegrando Angelina com a sua atitude. Arrumou-se diante do espelho, chamando a atenção da mãe.

– Gosto de vê-lo assim! – elogiou o filho.

– A senhora disse para eu reagir e é o que devo fazer.

– É assim que se fala.

Mas a alegria de Angelina durou pouco, algo em torno do moço a deixou subitamente inquieta.

– Vincent, meu filho, aonde está indo? Não ouse procurar seu irmão novamente, porque...

– Não, mamãe! Ainda é cedo demais para procurá-lo. Farei, um dia, mas não agora.

– Então posso saber aonde você está indo?

Ele abriu um sorriso amistoso para ela e respondeu, prontamente:

– Visitar uma menininha. Étienne é seu nome.

– Menininha?!

– Sim. Filha de Silvia Navarro.

A mulher se arrepiou só de ouvir o nome da cortesã falecida. Vincent lhe deu uma rápida explicação a respeito da garotinha e não levou mais do que alguns segundos para Angelina se irritar profundamente com o filho.

– Você vai mesmo perder o seu tempo, cuidando da filha daquela moça que desgraçou a sua vida?!

– A menina não tem culpa de nada, mamãe.

– Ainda assim, é filha daquela imoral.

– Mamãe! Não se deve falar assim dos mortos!

– Falo como eu quiser! Não tenho medo! Mesmo porque, a uma hora dessas, aquela ordinária só pode estar no quinto dos infernos, e de lá nada pode fazer contra nós.

As palavras da mãe fizeram Vincent se arrepiar totalmente. Ele sabia muito bem que o espírito de Silvia ficara preso à Terra, rondando e amaldiçoando sua pessoa nos últimos meses. Ou seja, Silvia não havia ido parar no inferno como Angelina supunha e seu medo era de que Silvia voltasse a perturbá-los novamente.

No trem, rumo a cidade onde Étienne Navarro residia, Vincent Pérez refletia, mais uma vez sobre os rumos que sua vida havia tomado. Estaria Isabelle bem de saúde? E o bebê, já teria nascido? Estaria passando bem? Seria forte e saudável? Seria menina ou menino? Ah, como ele gostaria de poder pegá-lo em seus braços e cobri-lo de beijos.

Cuidar de Étienne Navarro seria uma ótima oportunidade de ele mostrar a si mesmo que ainda era um bom sujeito e se redimir, de certo modo, dos erros cometidos perante Deus. Que o Criador tivesse piedade da sua alma, por ter feito o que fizera para ter Isabelle Cassel como esposa.

Só de revê-la, em pensamento, seu coração bateu mais forte. Ele ainda a amava, era simplesmente louco por ela e, por mais que lhe tivesse dado provas do que fora capaz de fazer pelo seu amor, ela o odiava como se ele fosse a pessoa mais nojenta e asquerosa do planeta. O próprio demônio encarnado em um ser humano.

Não se podia mesmo forçar alguém a amar quem quer que fosse, essa fora a lição que ele aprendeu com tudo aquilo. Se o amor não brotar de forma natural e reciproca entre duas pessoas, tornar-se-á apenas um martírio para aquele que ama sem reciprocidade.

Ao chegar ao orfanato, Vincent foi logo levado à presença da pequena Étienne que estava com quase três anos de idade na ocasião e olhou para ele, com imensa curiosidade e felicidade, por vê-lo tão atencioso com ela.

– Olá – disse ele amavelmente. – O meu nome é Vincent. Trouxe alguns presentes para você. Espero que goste.

A menina o fitou com um sorriso tímido, enquanto ele a ajudava a desembrulhar o que havia comprado numa loja, antes de seguir até o orfanato. O primeiro presente era uma boneca graciosa que a menina olhou com profunda admiração.

– Você gostou? – quis saber Vincent, admirando os olhinhos castanhos, tão semelhantes aos de Silvia.

Étienne fez "sim" com a cabeça.

– Que bom! Quer dar um nome à boneca?

A menininha novamente fez um movimento afirmativo com a cabeça.

– Qual nome?

Ela o fitou e alegremente respondeu:

– Silvia.

O sorriso de Vincent desmoronou naquele instante. Onde e quando ela ouvira aquele nome? Saberia ela que aquele fora o nome de sua mãe? Teria sido uma coincidência? Vincent despertou de suas conjecturas ao sentir o toque suave da mãozinha da menina sobre a sua. Novamente ele sorriu para ela, um sorriso receptivo e perguntou:

– O que é?

Antes não tivesse perguntando nada.

– A mamãe – disse Étienne. – Onde está a mamãe?

De nada lhe adiantaria dizer que sua mãe estava morta, ela não entenderia o significado real daquilo, nem os motivos que cercaram sua morte, portanto, dir-lhe-ia tudo que fosse preciso, quando estivesse maiorzinha, com inteligência suficiente para absorver a triste realidade que cercava sua existência.

Antes de partir, Vincent resolveu sanar sua curiosidade. Voltou-se para a freira que o havia acompanhado e perguntou, com discrição:

– A boneca que dei de presente a Étienne. Ela lhe deu o nome de Silvia. Há, por acaso, nesse lugar, alguma amiguinha com esse nome?

– Não, meu senhor. Exceto...

A mulher travou a língua e seu rosto endureceu.

– Exceto? – questionou Vincent atento aos olhos da Irmã.

A mulher coçou a nuca e um tanto sem graça explicou:

– O senhor deve saber que toda criança tem um amiguinho ou uma amiguinha invisível, não é mesmo? Pois bem, a amiguinha invisível de Étienne chama-se Silvia. Volta e meia, ela diz que a amiguinha está perto dela ou esteve, e que ela é muito divertida. Coisa de criança, o senhor sabe...

– Entendo. – Vincent estava perplexo. – Por acaso, Étienne sabe que o nome da mãe era Silvia?

A mulher enviesou o cenho, parecendo puxar pela memória:

– Que eu saiba não. A mãe também nunca veio visitá-la.

– Entendo.

Breve pausa e a mulher comentou:

– Não sabíamos que a Senhora Navarro havia morrido. Que triste, ter morrido tão moça.

Vincent concordou:

– Foi sim, uma pena.

E, naquele instante, ele sentiu sua alma gelar. Por fim, despediu-se, dizendo que logo estaria de volta. Muito em breve. Colocou o chapéu devidamente sobre a cabeça e partiu, pensativo. Alguns passos pela calçada e ele voltou os olhos sobre o ombro, na direção do local de onde acabara de sair. Tinha a nítida impressão de que era observado de longe por alguém, mas não havia ninguém ali a acompanhar seus passos. Nenhuma alma viva e foi isso o que mais o deixou arrepiado e certo de que Silvia Navarro continuava vagando pelo mundo dos vivos, acompanhando seus rumos, atenta a suas ações.

# Capítulo 2

Semanas depois, Isabelle se preparava para dar à luz o segundo filho que, no íntimo não desejava ter. Ela tentara, de todo jeito, não pensar naquilo, mas o que passara nas mãos de Vincent Pérez e todo mal que ele causara a Jean-Pierre, resultou numa aversão tamanha pela criança. Ela chegou a procurar o padre do vilarejo para se confessar. E foi sincera ao dizer:

– Chego a desejar que a criança nasça morta. Ou que nasça tão fraquinha que não sobreviva.

– Minha senhora, não alimente esses pensamentos impuros... Reze, quantas vezes for preciso, para que eles não tenham poder sobre a sua pessoa.

Mas ela já havia orado e, no entanto...

– A hora que a criança estiver nos seus braços, linda e viçosa, seu amor por ela vai ser tão grande, que nunca mais terá qualquer sentimento obscuro em relação a ela. Então, a senhora e a criança serão eternamente abençoadas por Deus.

Isabelle assentiu, querendo muito acreditar naquilo que intimamente não acreditava ser possível jamais.

O dia do parto finalmente chegou e uma parteira foi chamada para fazer com que a criança viesse ao mundo, sem complicações. Isabelle grunhia a cada contração. Era uma dor tamanha, que não sentira quando dera à luz o primogênito.

– Força! – dizia a parteira com entusiasmo. – Faça mais força!

Então, subitamente, o rosto da parteira se tornou tenso.

– O bebê deve estar virado – lamentou, enquanto Isabelle gritava de dor pelo esforço que fazia e pelas contrações que pareciam dilacerar seu corpo.

Ela tanto rejeitara a criança que ela não nasceria, pensou, em meio ao desespero. Seus pedidos haviam sido atendidos. O elo entre ela e Vincent Pérez terminaria ali, como ela tanto desejou.

A parteira continuava empenhada, fazendo de tudo que estava ao seu alcance para que o bebê tivesse chance de vir ao mundo. Mais alguns segundos e ela sorriu, triunfante.

– Está saindo! Saiu! É um menino!

O cordão umbilical foi devidamente cortado e a parteira suspendeu o garoto para que a mãe pudesse vê-lo.

– É um menino forte e sadio! – elogiou.

Não!, pensou Isabelle, suando em profusão. A criança não podia ser forte e sadia. Ela desejara o contrário. Totalmente o contrário. Quando o bebê chorou, Isabelle sentiu seus tímpanos estourarem. Até seu choro a incomodava.

Quando Jean-Pierre tomou o menino nos braços, emocionou-se da mesma forma quando segurou o filho legítimo pela primeira vez.

– É um garoto e tanto – comentou, enquanto Isabelle permanecia na cama, com os olhos perdidos no nada. Um olhar tristonho e vazio.

Voltando-se para o pequeno Jean-Luc, Jean-Pierre lhe falou com grande entusiasmo:

– Veja, meu amor. Seu irmãozinho.

O pequeno sorriu, feliz por admirar o bebê envolto nos braços do pai que disse, confiante:

– Quando ele crescer, vocês poderão brincar juntos. Vão se divertir um bocado um com o outro.

O menino deu verdadeiros sinais de que aquilo seria esplêndido, enquanto Isabelle continuava apática, desfigurada por um inóspito sentimento de tristeza e decepção, alheia a qualquer alegria.

Quando o bebê chorou de fome, Jean-Pierre voltou-se para a esposa e disse:

– Ele está com fome. Acho melhor...

Ele colocou o bebê nos braços da mãe, para mamar, e quando menino sugou o bico do seu seio, Isabelle gemeu de dor. Era como se o bico estivesse em carne viva. Nova tentativa e Isabelle afastou o menino de si, dizendo:

– Ele não sabe sulcar. Arde!!!

A parteira procurou colaborar:

– Madame, é só no começo.

– Não será! – a resposta de Isabelle soou ríspida e determinante. – Arranjem uma ama de leite para ele e o problema estará resolvido.

– Tem certeza de que a madame não quer tentar mais um pouquinho?

– Não! – exaltou-se Isabelle ligeiramente furiosa. – E agora faça o que eu lhe pedi, antes que essa criatura morra de fome.

Jean-Pierre achou melhor atender ao pedido da esposa, por isso fez sinal para a parteira tomar as devidas providências. Assim que a mulher partiu, ele se voltou para Isabelle e tentou consolá-la:

– Foi um parto difícil, logo você se recupera.

– Hum-hum – a resposta dela soou evasiva e displicente.

Para Jean-Pierre, Isabelle logo se recuperaria e ela mesma faria questão de amamentar o recém-nascido, com vontade e alegria.

– E quanto ao nome? – perguntou Jean-Pierre a seguir.

– Nome? – Isabelle realmente não sabia ao que ele se referia.

– O nome do bebê? Que nome daremos a ele?

Ela jamais pensara num nome para a criança que, no íntimo, acreditou que não nasceria jamais.

– Que tal Charles? CHARLES CASSEL.

Isabelle deu de ombros.

– Faça como preferir.

Sua atitude deixou Jean-Pierre aturdido.

– Isabelle – disse ele num tom mais sério. – Não transfira para o menino o ódio que sente do pai dele. Trata-se de um inocente.

A moça continuou séria, com um olhar compenetrado no vazio. Então, Jean-Pierre foi até o berço, pegou o bebê nos braços e disse, carinhosamente:

– Olá, Charles. Gosta do seu nome?

E ele teve a sensação de que aquele seria o nome perfeito para o recém-nascido. E com o nome de Charles Cassel, o menino foi batizado.

Mesmo com Antonina Binoche cobrindo a filha de conselhos, Isabelle não conseguiu aceitar o pequeno Charles. Jamais o queria por perto, deixando-o completamente aos cuidados das babás. Com o pequenino a vista, ela jamais poderia esquecer o que passou nas mãos de Vincent Pérez. Ele havia ido embora e para sempre, mas deixara um elo entre os dois, encarnado naquela criança e, por isso, ela não a suportava. Só tinha olhos para Jean-Luc e só se preocupava com ele.

Diante da rejeição que Isabelle tinha pelo filho mais novo, Jean-Pierre assumiu, conscientemente, o papel de mãe e pai do menino que passou amar tão intensamente quanto o filho legítimo.

# Capítulo 3

Jean-Pierre lia o periódico da manhã quando o mordomo apareceu na sala e disse:

– Há uma senhorita querendo lhe falar, meu senhor.

– O nome dela?

– Diz se chamar Joana Mullins.

As sobrancelhas de Jean-Pierre se arquearam.

– Irei falar com ela.

Isabelle quis saber:

– Quem é ela, Jean-Pierre?

– Uma das enfermeiras que cuidou de mim no sanatório. A que também me ajudou a fugir de lá. Diante dos últimos acontecimentos, acabei me esquecendo dela, totalmente. Ela merece uma explicação e um profundo agradecimento.

Isabelle assentiu e Jean-Pierre se dirigiu até a moça que aguardava ansiosamente por ele. Ao vê-la, ele sorriu com simpatia.

– Olá!

Joana ficou a admirá-lo, enquanto Jean-Pierre procurava pelas palavras certas para lhe dizer o que era preciso:

– Acho que lhe devo uma explicação.

Os olhos da visitante se abriram um pouco mais e Jean-Pierre falou, tudo o que achava ser necessário:

– Eu precisava imensamente da sua ajuda para fugir do sanatório para provar quem eu realmente era.

– Então, o senhor é mesmo Jean-Pierre Cassel.

– Exato. Tentei dizer isso a você, por tantas vezes, e você não me ouviu. Quando comentei com o Georges, meu antigo mordomo, que você, talvez, estivesse interessada em mim, ele teve aquela ideia para que você pudesse realmente nos ajudar.

– Então foi tudo mentira. O senhor jamais quis se casar comigo...

Joana não conseguiu terminar a frase, a decepção era tamanha.

– Tivemos de mentir, pois era a única forma de convencer você a me ajudar escapar daquele lugar maldito.

Os olhos dela marejaram.

– Eu realmente estava apaixonada pelo senhor.

– Eu sei. E sinto muito por ter me aproveitado dos seus sentimentos por mim, mas saiba que eu a quero muito bem. Você foi sempre tão boa para mim enquanto estive internado...

Joana o interrompeu, sem perceber:

– No dia da fuga, fiquei procurando pelo carro feito uma tonta. Achei que havia entendido errado o lugar onde eu deveria encontrar o senhor com aquele velho. Só depois é que suspeitei que algo poderia ter dado errado. Mas jamais pensei que tudo aquilo fosse uma armação. Que o senhor e aquele homem haviam me iludido, só para ajudá-lo a fugir do sanatório.

Jean-Pierre mordeu os lábios.

– Eu realmente sinto muito. Mas foi a única forma...

– O senhor já me disse.

Joana ficou séria por um minuto e Jean-Pierre se sentiu imensamente culpado por ter alimentado esperanças em seu coração. Por fim, ela visivelmente despertou do transe e quis saber:

– Quer dizer, então, que o irmão gêmeo do senhor foi mesmo capaz de ocupar o seu lugar, somente para poder ficar com sua esposa, por quem estava apaixonado?

Jean-Pierre assentiu.

– Que mau-caráter.

Jean-Pierre preferiu não opinar.

– Ele é mesmo uma cópia fiel do senhor – continuou Joana, puxando pela memória. – Lembro-me até de tê-lo confundido com o senhor, certa vez.

Jean-Pierre também se lembrava daquilo.

– Esse é o grande problema, quando duas pessoas se parecem tanto.

Ela concordou e quis saber:

– Quer dizer, então, que ele é solteiro. Não é?

– Sim. A moça com quem ele iria se casar faleceu...

– Entendo... – algo se agitava no cérebro de Joana Mullins.

Jean-Pierre então se aproximou dela, tocou-lhe os ombros e se fez sincero, novamente:

– Obrigado por tudo que fez por mim.

Os olhos dela brilharam ao vê-lo tão pertinho como naquele instante.

– Procurei fazer o meu melhor – respondeu ela, com voz abafada.

– Eu sei.

– Se não fiz mais, é porque não me foi permitido.

– Entendo.

Diante das lágrimas, Joana rapidamente abaixou a cabeça e procurou enxugar o rosto. Não queria que ele a visse chorar, seria ainda mais humilhante do que já estava sendo para ela diante da situação.

– Ouça-me! – falou Jean-Pierre, despertando sua atenção de volta para a sua pessoa. – Você é uma moça bonita, ainda jovem e cheia de amor para dar. Há de encontrar um homem livre para amá-la. Um que realmente mereça o seu amor.

Joana não queria outro, senão o próprio Jean-Pierre Cassel. Sonhara em se casar com um sujeito bonito e endinheirado e nunca conhecera um que juntasse as duas qualidades numa só pessoa.

– Eu já vou indo – disse ela, por fim. – Obrigada por ter me recebido.

– Um minuto, por favor.

Ela o olhou novamente com seus olhos apaixonados e obedeceu sua ordem, obstinadamente. Ele então se dirigiu a um console, tirou um talão de cheques do bolso e preencheu uma folha com uma generosa soma de números. Entregou a ela, dizendo:

– É um presente para você. Aceite.

Não era bem isso que ela queria dele. Em todo caso, apanhou a folha e o agradeceu. Foi nesse momento que a babá apareceu com o pequeno Charles no colo para levá-lo até sua ama de leite que o aguardava num dos cômodos do fundo da casa.

– Que bebê mais adorável – elogiou Joana, obrigando a babá a parar diante dela para que ela pudesse fazer um gracejo no menino. – É seu filho?

– Na verdade, ele é meu sobrinho. Filho do meu irmão com a minha esposa. Enquanto Vincent se passava por mim, ele a engravidou e, diante das circunstâncias, eu adotei o menino como sendo meu legítimo filho. Portanto, posso dizer, com grande alegria, que ele é meu filho também.

– Que gesto mais nobre da sua parte – elogiou Joana, olhando-o com renovada admiração.

– Como vê, nem sempre a vida segue como a gente quer. Por muitas vezes, ela nos prega peças e nos resta prosseguir da melhor forma. Permanecer chorando e magoado pelo que deu errado não muda nada. Na verdade, só serve para piorar a situação.

– Entendo – respondeu a moça, sem de fato entender.

Sem mais, Joana lhe disse adeus e partiu, deixando Jean-Pierre ali, parado, reavaliando o comportamento da enfermeira. Ela não fora correta para com ele e, mesmo assim, ele a perdoara. Por tantas e tantas vezes lhe pedira ajuda e ela se recusou a ajudá-lo. E segundo Georges, ela sabia que ele não era Vincent Pérez, mas seu desespero por se casar era tão grande, que seria capaz de ocultar a verdade de todos só para tê-lo como marido ou simplesmente sob o seu domínio.

Jean-Pierre despertou de suas conjecturas ao ouvir a voz doce e meiga de Isabelle.

– Está tudo bem com você? Ela se foi?

– Sim. Pedi-lhe desculpas por tê-la enganado para que me ajudasse a fugir do sanatório e lhe dei um cheque com uma boa soma de presente, para compensar o mal que lhe causei.

Ele agora estava abatido.

– O Georges achou que ela sabia que eu era mesmo Jean-Pierre Cassel, como eu alegava ser.

Ele engoliu em seco só de se recordar do drama que vivera no sanatório.

– Por tantas vezes eu lhe pedi ajuda e ela se recusou a me ajudar. Era o seu trabalho, concordo, mas... Sabe se lá se naquele lugar triste e desumano não há outros como eu. Sãos internados como loucos.

Isabelle se arrepiou só de ouvir falar na possibilidade.

– Eu também fui culpada por tudo que lhe aconteceu. Por ter pensado mal de você. Ter acredito em Angelina.

Jean-Pierre foi até a esposa e a enlaçou. Beijou-lhe a testa e lhe sorriu ternamente, enquanto admirava seus olhos tristes e avermelhados.

– Não pense mais nisso. Daqui para frente, foque somente nas coisas boas da vida e em tudo de bom que ainda podemos viver.

– Quem dera pudéssemos apagar todo mal que desvirtuou nossos caminhos ou nos fez prejudicar terceiros.

– Não se pode. Portanto, só resta tentar esquecer e nos perdoar.

Jean-Pierre novamente beijou a esposa e procurou confortá-la em seus braços.

Para Isabelle, apagar o passado era apagar o filho que ela tivera com aquele que despudoradamente a ludibriara. Ela nunca o aceitaria. Por mais linda que se tornasse a criança, ela veria nele eternamente a face do homem que a enganara para satisfazer seus desejos sem se importar com os seus sentimentos.

Vincent fora desprezível, de um egoísmo abominável. Só pensou na sua própria realização pessoal e afetiva. Se ela pudesse apagá-lo de sua memória e qualquer vínculo que o ligasse a ele, faria, sem pesar. O filho nascera de dentro dela, contudo, ela o rejeitara e o rejeitaria sempre, porque nele havia um pedaço de Vincent Pérez, quem ela tanto odiava.

Pelo caminho de volta ao vilarejo, Joana Mullins quis gritar e se descabelar de ódio por ver seus planos destruídos outra vez pelo destino. O maldito destino. Investira novamente num homem que não podia retribuir o seu amor e agora só lhe restava a solidão e a frustração como companhia.

O que fizera ela para merecer aquilo? Quando e onde cavara sua própria desgraça afetiva? Eram perguntas que, volta e meia, Joana se fazia e por mais que procurasse pela resposta, fugiam-lhe à compreensão.

Não era justo ter um destino como aquele. Ela merecia ser feliz, esplendidamente feliz e realizada no amor como muitos. E ela ainda haveria de ser, custasse o que custasse.

Ao rever Jean-Pierre em pensamento, ela se lembrou do verdadeiro Vincent Pérez, o qual tivera a oportunidade de conhecer pessoalmente quando estivera no sanatório visitando o irmão. Segundo Jean-Pierre, Vincent estava solteiro e isso alegrou Joana imensamente.

Vincent era uma réplica perfeita de Jean-Pierre, e por ser seu irmão, deveria ser tão rico quanto ele. Além do mais, estava solteiro, o que fazia dele a pessoa perfeita para ela se casar.

Um sorriso largo despontou na face da moça que logo ajeitou os cabelos, enxugou as lágrimas e recompôs-se inteiramente.

Lembrando que o sujeito morava no vilarejo, segundo lhe disseram, Joana decidiu encontrar sua casa para lhe fazer uma visita. Ao descobrir que ele havia ido embora da cidade sem deixar seu novo endereço, a moça mais uma vez se se sentiu frustrada e decepcionada. O destino, mais uma vez, parecia querer fazer pirraça da sua pessoa. Destruía por completo a oportunidade de ela conquistar um moço rico e bonito para se casar e ser feliz como sempre sonhara.

– Não tenho mesmo sorte – choramingou. – Que vida mais ordinária a minha.

Sem delongas ela partiu, de volta para sua cidade e para o seu trabalho no sanatório. Contudo, alimentava em seu coração o forte desejo de um dia encontrar Vincent Pérez e fazê-lo se apaixonar por ela. Ela bem sabia que poderia ser mais um sonho inútil, mas de que valeria viver sem alimentar sonhos?

# Capítulo 4

Nos meses que se seguiram, Vincent acordava e ia dormir pensando no filho que já deveria ter nascido, fruto do amor imenso que sentia por Isabelle Cassel. Será que ela ainda o odiava? Perguntava-se ele, volta e meia. Será que o permitiria ver o bebê? Deveria esperar mais tempo para ir visitá-lo? Sua vontade era tomar o trem mais próximo e partir para Saint-Émilion, o quanto antes, ainda que Isabelle e Jean-Pierre se revoltassem com a sua chegada. A criança também era seu filho e, apesar dos pesares, ele, sendo o pai, tinha o direito de vê-la.

Era uma tarde de começo de outono e Vincent havia ido caminhar no Green Park para se exercitar e espairecer. Fazia isso praticamente todos os dias, exceto nos chuvosos. Angelina tomava seu banho, quando ele voltou para casa; tirou o chapéu, o sobretudo, e os pendurou no lugar devido. Depois de matar a sede com dois copos d'água, sentou-se na poltrona da sala e o olhar se prendeu no nada.

Se não fosse a mãe, ao seu lado, sua vida não teria mais sentido. Seria capaz de morrer de solidão. Não era somente pela mãe que ele precisava se manter vivo, forte e sadio, havia o filho que um dia cresceria e poderia ser seu amigo. Isabelle poderia odiá-lo, mas não teria como romper o laço que o unia a criança. A visão de futuro o alegrou. Renovou as esperanças de ele reencontrar a felicidade.

Seus olhos então se detiveram num pedaço de papel caído ao chão. A mãe, tão asseada, certamente não o viu, caso contrário já o teria recolhido. Voara, certamente, de cima de algum lugar, por meio de uma pequena rajada de vento, enquanto a janela da sala estivera aberta.

Vincent se levantou e foi apanhar o papel; na verdade descobriu ser um recibo, após dar uma olhada relâmpago no que estava escrito ali. Ao guardá-lo na estante, junto aos pertences da mãe, uma fulgida lembrança o paralisou. Fez com que ele relesse o recibo que fora emitido por um lugar chamado Lar São Marcelino. Uma doação que a mãe certamente fizera para ajudar os carentes.

Lar São Marcelino. O nome do lugar não lhe era estranho. Já ouvira alguém mencioná-lo só não se lembrava quem o fizera. Certamente a própria mãe. Vincent voltou a se sentar na poltrona, com o recibo em sua mão, puxando pela memória. Mas afinal, por que se ater àquilo? Que bobagem. Um minuto de silêncio e Angelina apareceu de banho tomado, perfumada e bem-vestida.

– Olá, filho. Como foi o passeio?

Ela o beijou na testa e ele segurou sua mão, beijando-lhe o dorso, com o mesmo afeto.

– Bem... Sem grandes expectativas.

– Você precisa se interessar por uma moça, Vincent. E, dessa vez, por uma moça decente, filho.

– Isabelle era uma moça decente.

– Mas era casada e a outra, prostituta. Escolha uma que esteja inteiramente livre para você e que também seja de boa família.

– Mamãe, o coração às vezes não obedece.

– O homem que não domina os seus sentimentos é um títere nas mãos da paixão.

O moço quedou pensativo e Angelina, olhando com certa curiosidade para o papel na mão do filho, perguntou:

– O que é isso?

– Ah! Isso?! Um recibo que encontrei caído no chão. Deve ter voado, enquanto a janela estava aberta. É da senhora, provavelmente.

O moço entregou o papel à mulher que o recebeu com certa apreensão.

– Ah, sim! – exclamou Angelina, transparecendo contrariedade.

– Não sabia que ajudava os carentes.

– Ajudo, ajudo sim... – ela parecia nervosa. Inesperadamente, rasgou o comprovante e o jogou no lixo. – Não há por que guardá-lo.

Vincent teve novamente a impressão de que ela se incomodara com o fato de ele ter encontrado o recibo.

– Vou preparar o jantar – disse ela, dirigindo-se para a cozinha.

– E eu vou tomar o meu banho! – anunciou ele, saltando da poltrona.

Foi enquanto se lavava, que o nome São Marcelino voltou a ecoar em sua mente. O que havia em torno desse nome que o empertigava tanto?, perguntou-se ele, em intervalos cada vez mais curtos.

Durante o jantar, Vincent tocou no assunto com a mãe:

– Onde fica esse lugar que a senhora ajuda mensalmente?

– Lugar? – Angelina fingiu não saber do que ele falava.

– A instituição de caridade.

– Para lhe dizer a verdade, nem eu sei. Faço a contribuição por meio da igreja. Foi o padre quem me pediu, certo dia, e eu resolvi ajudar, afinal, hoje temos uma vida mais farta, não é mesmo?

– Ah, sim... Quer dizer, então, que faz pouco tempo que a senhora começou a ajudar esse local?

– Sim, sim...

Vincent novamente teve a impressão de que o assunto perturbava Angelina Chermont. Então, ela o encarou e perguntou, seriamente:

– Você não gostou, foi isso? Desculpe-me, eu deveria tê-lo consultado.

– Mamãe, do que a senhora está falando?

– Da contribuição que fiz. O dinheiro é seu. Eu deveria ter-lhe pedido permissão, não é mesmo?

– O que é isso, mamãe? O dinheiro também é da senhora. O que é meu é seu, foi sempre assim. Além do mais, na minha opinião, a contribuição foi até que pequena. Da próxima vez, doe uma quantia maior.

Um sorriso trêmulo bailou nos lábios enrugados da mulher que disse, falsamente:

– Vincent, meu filho, você é tão generoso... Enche-me de orgulho.

No dia seguinte, a fim de ocupar melhor o seu tempo ocioso, Vincent foi até a paróquia que a mãe passara a frequentar, desde que se mudaram para aquele bairro da cidade de Luxemburgo. Levou um susto ao saber que ninguém dali pedira qualquer tipo de doação para o Lar São Marcelino. Sequer sabiam da existência do local.

Isso fez com que Vincent voltasse para casa pensativo. A mãe se confundira ou mentira quando dissera que a doação fora um pedido da igreja? Ao se lembrar do quanto ela ficara aturdida, quando ele quis saber a respeito do lugar, Vincent ficou ainda mais ressabiado.

Lar São Marcelino, repetiu ele, mentalmente para si. E novamente se viu perguntando: onde e quando ele já ouvira falar naquele lugar.

Uma súbita rajada de vento revoou as folhas derrubadas pelo outono, despertando a atenção do moço e o assustando ao mesmo tempo. Sua memória então se clareou. Ele havia ido visitar o tumulo de Carmem Cassel, em Saint-Émilion, quando uma rajada de vento zuniu e seus ouvidos tiveram a impressão de que uma voz feminina lhe dizia: Lar São Marcelino.

Sim, fora nesse dia que ele ouviu o nome do lugar, pela primeira vez. Visto que o vento não podia falar, ele concluiu que tivera apenas a impressão de ter ouvido aquelas palavras. Mas, agora, depois de ter encontrado o recibo, ainda mais com ele vinculado a sua mãe, não havia dúvidas de que uma força sobrenatural havia atuado sobre ele, naquele instante, para lhe revelar algo. O que seria? Vincent se arrepiou, só de se fazer a pergunta.

Assim que chegou a casa, voltou-se para Angelina e disse:

– Mamãe, estive na paróquia e eles me disseram que jamais fizeram algum pedido de doação para o tal Lar São Marcelino.

A mulher se mostrou indignada.

– Vincent, meu filho! O que deu em você? Anda desconfiando da sua mãe?

– Não é isso! – defendeu-se o moço rapidamente. – É que procurei a igreja para fazer uma doação mais generosa.

Angelina bufou.

– Se não foi a igreja que me pediu, foi outro lugar. Por que tanto interesse nisso, Vincent?

– Já lhe disse! Quero ajudá-los com mais dinheiro. Além do mais, essa é uma boa causa.

– Não vai me dizer, agora, que pretende gastar toda a sua fortuna com essa gente?

– Se tenho tanto e posso ajudar...

– Vincent, por favor!

O moço fitou-a com um olhar reprovador.

No dia seguinte, Vincent resolveu fazer uma pesquisa para descobrir os nomes das instituições de caridade na região. Porém, nenhuma delas se chamava Lar São Marcelino, o que para ele era muito estranho.

Foi então que ele se lembrou de um fato curioso, desde que ele se lembrava por gente, a mãe se ausentava da casa para fazer uma rápida visita a um parente distante. Fazia isso a cada três meses, mais ou menos, e o deixava sob os cuidados de uma vizinha. Quando ele se tornou adolescente e perguntou à mãe sobre o parente em questão, Angelina respondeu que ia visitar a irmã que morava noutro país. Só agora ele sabia que ela mentia, afinal, Carmem Cassel nunca mais vira Angelina depois que ela partira de Saint-Émilion.

Quem então, a mãe visitava a cada três meses? E por que fazia tanto segredo disso?

Desde então, Vincent ficou de olho em Angelina e quando ela se ausentou da casa para ir à missa, ele aproveitou a deixa para examinar seus pertences. Por sorte, havia outro recibo do mesmo lugar, emitido quatro anos antes daquela data. Havia também o endereço do local, o que muito o alegrou. Assim, ele próprio poderia ir até lá, saber mais a respeito do que se passava ali. E ele não perdeu tempo, partiu logo pela manhã seguinte em direção à cidade onde ficava situado o Lar São Marcelino.

# Capítulo 5

Chegando no local, foi recebido à porta por uma jovem que forçou um sorriso de boas-vindas.

– Pois não? – disse ela com um forte sotaque latino. – O que deseja?

– Olá, meu nome é Vincent Pérez. Sou filho de Angelina Chermont, que contribui financeiramente com esse local a cada três meses, creio eu.

– O Senhor disse, Angelina Chermont?

– Exato.

A moça fez um muxoxo:

– São muitas as pessoas que fazem doações para o Lar, então...

– Aqui está um dos recibos que vocês lhe deram, após ela fazer uma doação.

A moça o leu atentamente.

– Esse recibo é bem antigo.

– Sim. Não há nenhum arquivo onde você possa verificar se o nome dela aparece como uma das doadoras do local?

– Se o senhor tem esse recibo em mãos, emitido em nome da sua mãe, é porque foi aqui, certamente, que ela fez a contribuição, concorda?

– Sim, sim...

Para cortar o repentino embaraço, Vincent olhou ao redor e perguntou:

– Posso conhecer o orfanato?

– Pode sim. Vou chamar uma de nossas funcionárias para acompanhá-lo.

– Obrigado.

– Pensando bem, eu mesmo acompanho o senhor. Hoje está tranquilo por aqui.

Vincent novamente agradeceu.

– As crianças vão gostar muito da sua visita – comentou a secretária, mirando bem seus olhos verdes. – Ainda que a realidade escondida por detrás destas paredes seja tão difícil de ser encarada, todos aqui necessitam imensamente de olhares afetuosos e calor humano.

Vincent fez ar de compreensão e seguiu à sombra da mulher que o conduziu até uma sala repleta de crianças de sete a dez, onze anos de idade. Era impossível não se deixar comover com aqueles olhinhos carentes de afeto e atenção, voltados com grande interesse na sua direção. Crianças cujo destino, por motivos diversos, ficaram sem pai e sem mãe, acreditava Vincent.

Ali estava uma realidade que poucos faziam questão de encarar. As alegrias eram sempre bem-vindas, o luxo e o glamour tanto quanto, mas aquele lado da vida, poucos desejavam ver. Se possível, que sua existência fosse esquecida por completo.

– Elas não são lindas? – indagou a atendente, perpassando os olhos pelos rostinhos mimosos atentos ao seu.

– São, sim – concordou Vincent com os olhos cheios d'água.

Um minuto de silêncio e ele perguntou, ainda estudando o rostinho de cada residente mirim do local.

– Por que as crianças estão aqui dentro, se hoje o dia está tão bonito? Aproveitariam muito mais o dia lá fora.

A mulher se voltou para Vincent e perguntou, surpresa:

– O senhor ainda não percebeu?

Vincent avermelhou-se. Fosse o que fosse, para ele não era evidente. A secretária delicadamente explicou:

– As crianças que estão aqui têm deficiências físicas. Muitas não andam, mas estão aprendendo, com a ajuda dos fisioterapeutas que trabalham aqui como voluntários.

Vincent engoliu em seco e admitiu:

– Confesso que não havia percebido.

A seguir, a moça o conduziu até um cômodo, onde havia um moço nos seus vinte e poucos anos, de cabelos e olhos castanhos, falando e brincando consigo mesmo. Ele olhava para sua mão, como se segurasse algo, mas não havia nada ali. Ao avistar Vincent, foi até ele, olhando mais para o que vestia, do que propriamente para sua pessoa.

– Olá! – falou Vincent com simpatia.

O indivíduo nada lhe respondeu, apenas continuou olhando curiosamente para o colarinho do casaco que Vincent usava e o tocou, como se fosse algo inacreditavelmente interessante. Vincent permaneceu quieto, sorrindo amavelmente, até que o moço se afastou.

– Quem é ele? – quis saber, observando seus passos.

– É o Joseph.

– O que tem ele?

– Autismo.

– Autismo?! O que é o autismo exatamente?

A atendente deu-lhe uma breve explicação.

– Entendo. Não pensei que adultos residissem aqui. Achei que fosse um lar só para crianças desamparadas.

– Recebemos aqui todos os tipos de pessoas e de todas as idades. Inclusive, há uma ala para idosos.

– Idosos?...

– Sim.

– Muitos são deixados aqui, porque os filhos já não têm mais paciência com eles. Da mesma forma que muitos pais fazem com essas crianças. A sociedade não aceita o que é diferente. Nem a sociedade nem a família de uma criança que nasce diferente. Alguns pais, sentem vergonha de ter um filho "anormal" entre aspas. Então eles os mandam para lugares como este, onde podem viver longe da vista daqueles que os rejeitam.

– A senhora está querendo me dizer que essas crianças não são necessariamente órfãs?

– Não são. A maioria tem pais que preferem esquecer que elas existem, por isso as deixam aqui.

Vincent se arrepiou por inteiro.

– Não posso acreditar que existam pais que reneguem o próprio filho por serem, como a senhora mesma diz, diferentes.

– Há sim! Da mesma forma que filhos deixam seus pais aqui, por não suportarem as limitações que a velhice impõe ao ser humano.

Vincent continuava perplexo. Meio minuto depois, ele voltava a olhar para o Joseph, que continuava em seu mundo paralelo, feliz a brincar descontraidamente com tudo que só ele via ali. Vincent ficou a estudá-lo e diante das mazelas do mundo, pensou, se não seria uma sorte para o rapaz, viver no seu próprio mundo, do que naquele, o qual, todos chamavam de "normal".

– O Senhor gostou do Joseph, não é mesmo? Ele é mesmo um amor.

– É sim... – breve pausa e Vincent quis saber: – Há quanto tempo ele esta aqui?

– Desde os seus dois, três anos de idade.

De repente, Vincent sentiu seu coração apertar. Como um pai e uma mãe poderiam ter tido a coragem de se separar de um filho como aquele, só porque ele nascera diferente? Por outro lado, talvez tivesse sido melhor mesmo para o rapaz, ter crescido ali, onde era bem tratado e amado, do que convivendo com os próprios pais, que não o aceitavam como era.

A atendente tornou a falar:

– Já peguei muitos daqui, por diversas vezes, conversando sozinhos. Quando pergunto com quem estão falando, a maioria me diz ser com o papai ou com a mamãe. Relatam suas brincadeiras diárias com os colegas do orfanato... Isso me faz perceber o quanto os pais fazem falta na vida desse filho.

Vincent assentiu pensativo e perguntou:

– Os mais lúcidos, se é que posso definir assim, sabem que os pais estão vivos?

– Não! Os próprios pais preferem que pensem que eles estão mortos. Assim, não têm a obrigação de vir visitá-los.

– É repugnante.

– Pois é.

Joseph novamente olhou para Vincent e foi até ele, cutucando seu peito, como se fosse um pica-pau. Vincent sorriu para ele, e o rapaz emitiu um som e algumas palavras que só faziam sentido para si.

A visita terminou, com Vincent doando uma quantia muito maior para o local do que pretendera a princípio. Também estava decidido a visitar o lugar pelo menos uma vez ao mês, para prestar ajuda voluntária.

No trem, de volta para casa, Vincent refletia sobre tudo que vira no Lar São Marcelino. Visitar o local fora uma tremenda lição para ele. Algo que o fez compreender que jamais poderia reclamar da vida, pois tivera tanto. ao longo dos anos de sua existência, enquanto muitos não tiveram a mesma sorte.

A seguir, ele se recordou de Silvia Navarro. Fora num lar assim que ela crescera, carente do amor de mãe e pai. Mesmo assim, ela teve a chance de mudar os rumos de sua vida, tornando-se uma mulher verdadeiramente feliz e não aproveitou a oportunidade. Teria seu espírito, finalmente, libertado-se da Terra e seguido o caminho dos céus? Ele desejou que sim, para o próprio bem da alma da moça.

Vincent se recordou a seguir, do autista que tanto interesse mostrou por seu casaco. Teria mesmo, sido deixado ali, porque os pais sentiam vergonha da sua pessoa? Ele esquecera de perguntar a respeito.

Joseph era o seu nome... O nome do homem que se casara com Maria. Aquele que havia criado Jesus, o filho de Deus na Terra. Joseph... São Joseph...

Então, algo se acendeu em seu cérebro. Algo que o deixou arrepiado. Sua mente fora longe demais, pensou, tentando repudiar a ideia. A hipótese era totalmente absurda. Um delírio seu, com certeza. No entanto...

# Capítulo 6

Quando Vincent chegou a sua casa, Angelina estava impaciente com a sua demora e o reprovou por ter se ausentado por tanto tempo.

– Estive fora da cidade – respondeu ele seriamente.

– Fora?! Não vá me dizer que foi até Saint-Émilion? Pelo amor de Deus, Vincent, aquela gente pode complicar a sua vida perante as autoridades. Tire Isabelle dos pensamentos, ela jamais ficará com você.

– Não estive lá!

– Melhor assim! – a mulher soltou um suspiro de alívio. – Onde é que esteve, então?

Ele não conseguiu responder à pergunta de imediato, porém, seus olhos permaneceram fixos na mulher que tinha como mãe.

– O gato comeu sua língua? – irritou-se Angelina, diante do seu silêncio.

Levou mais alguns segundos para que ele, finalmente, respondesse o que ela tanto queria saber.

– Fui visitar o Lar São Marcelino.

As sobrancelhas de Angelina se arquearam.

– Lá vem você de novo com essa história!

– Estava curioso para saber o que se passa lá.

– Viu? Ficou satisfeito? Muito bem, agora volte a se preocupar com a sua vida. Você precisa se apaixonar novamente...

– Mãe.

Ela o fitou seriamente.

– A senhora já esteve lá, não esteve? Já visitou as dependências do local, não visitou?

– Não! Pois é deprimente demais. Só faço a minha contribuição e...

– Por que a senhora escolheu o Lar São Marcelino para ajudar? Há tantos outros na região, por que exatamente este?

– O que importa?

– Quero saber.

– Que diferença isso faz? Foi alguém que, no passado, falou-me do local e resolvi contribuir, simples assim.

Para ele não havia mais dúvidas de que ela estava mentindo.

– Mãe...

Ela pareceu não ouvi-lo.

– Mamãe! – tornou ele impostando a voz.

– O que é Vincent?

– Há um moço lá com seus vinte e poucos anos... Seu nome é Joseph.

– E daí?

– E daí que só há pouco me lembrei que seu filho se chamava Joseph.

– Sim, é verdade.

– Então, ocorreu-me algo monstruoso, mas possível...

Ele fez uma pausa e ela se esquivou do seu olhar.

– É o que eu estou pensando, não é? – arriscou ele, atento a reação da mulher que respondeu, friamente:

– Eu lá sou leitora de mentes, Vincent?!

O moço não se deixou abater:

– Mamãe, aquele moço chamado Joseph, ele é seu filho, não é? A tal criança que foi dada como morta e a senhora culpou meus pais biológicos pela sua morte. É isso, não é?

Angelina se mostrou indignada e furiosa diante da acusação.

– Perdeu o juízo, Vincent?! O que é isso?

Ele foi enfático:

– Diga-me a verdade, mamãe?

– A verdade é que você não anda bem da cabeça. Já lhe disse que a queda do penhasco afetou seus miolos.

– Não minta para mim, mamãe.

– Eu jamais mentiria.

O rosto dele desmoronou de decepção.

– Por que isso agora, Vincent?

– Porque isso compromete totalmente a minha existência.

– Filho... Pare de pôr caraminholas na cabeça. O meu Joseph morreu naquela tarde fatídica.

– Mas o corpo nunca foi encontrado.

– Porque no mar...

A voz dele se elevou, furiosa:

– A senhora mente! O corpo do menino nunca foi encontrado, porque ele nunca caiu do penhasco. Mas todos acreditaram nisso, porque o ursinho de pelúcia dele foi encontrado à beira do precipício. Foi a senhora, não foi? Quem pôs o ursinho lá para todos que pensassem que ele havia caído, não é mesmo?

– Eu não! Juro que não! O menino havia mesmo desaparecido. Sumido, evaporado! Se ele não caiu do penhasco foi raptado. Uma coisa ou outra!

– Ele foi raptado, sim! – exclamou Vincent estupefato. – Pela própria mãe: Angelina Chermont.

Era isso, o que a misteriosa voz queria lhe dizer, no dia em que ele rezava em frente ao tumulo de Carmem Cassel. Deveria ser ela mesma, em espírito, tentando lhe dizer o que realmente havia acontecido, naquela tarde fatídica. De alguma forma, depois da morte, Carmem soubera da verdade e predispunha-se a avisá-lo, para que a justiça fosse feita.

– Diga-me a verdade, mamãe – insistiu Vincent, novamente, com lágrimas nos olhos.

– Você está louco! – retrucou Angelina, furiosa.

Mas Vincent se manteve determinado, apegado ao seu raciocínio com unhas e dentes:

– A senhora sabia que o menino tinha algum problema e o rejeitou por isso. Deve ter voltado para casa, antes do horário combinado com sua irmã, e ao ver que ela havia saído com o noivo, teve a ideia de sumir com a criança e, ainda, jogar a culpa no casal. Era a chance de se livrar do menino e a senhora não a perderia por nada. É ou não é?

Angelina se manteve quieta, olhando para um canto da sala, demonstrando súbita apatia.

– A senhora foi sórdida – acrescentou Vincent, enojado. – Sórdida com seu filho, com sua própria irmã e seu futuro cunhado, na época, e, até mesmo, comigo. Por causa da suposta morte do pequeno Joseph é que minha mãe me deu para a senhora criar. Para reparar o mal que acreditava ter cometido. A senhora...

– Chega! – berrou Angelina furiosa. – Cala essa boca, criatura! – ela estava transformada. – É a verdade que você quer, não é? Pois a verdade, você terá. Nua e crua. Chegou a hora!

# Capítulo 7

Angelina jogou a cabeça para trás e respirou fundo. Quando voltou a encarar Vincent, seus olhos brilhavam intensamente.

– A vida me foi má, Vincent. Muito má! – declarou ela com revolta e pesar. – Foi perversa e desumana comigo. Nunca teve um pingo de piedade da minha pessoa. Tirou-me o meu marido, logo após o nosso casamento e, desde então, tive de vender o almoço para pagar o jantar. E ainda me deu um filho com uma síndrome qualquer. Só muito tempo depois, é que se descobriu o que ele realmente tinha. Acha justo?

Diante do silêncio do moço, ela berrou:

– Acha?! – Angelina espumava de raiva naquele instante. – Enquanto minha irmã conquistava tudo o que havia de melhor na vida, eu ficava com o bagaço da laranja. Carmem teria um marido extremamente rico e um futuro brilhante ao seu lado, com a possibilidade de terem filhos sadios e inteligentes, enquanto eu teria uma vida miserável, ao lado de uma criança problemática. Um fardo que eu teria de carregar pelo resto da minha vida. Saiba que se eu pudesse devolvê-la à escuridão do meu ventre, eu teria feito, sem hesitar. Mas não havia como. Eu estava presa à criatura, totalmente presa a ela, pelo resto da minha vida.

Não havia pesar na voz de Angelina Chermont, apenas ódio e, foi isso o que mais impressionou Vincent, naquele instante.

– Naquele dia – prosseguiu Angelina, decidida –, voltei para casa, antes do tempo previsto, pois havia apanhado a bolsinha errada, não a que guardava as minhas economias. Com isso, eu não teria como pagar pelas poucas coisas que eu precisava comprar na loja de secos e molhados. Ao encontrar o menino adormecido, longe dos olhos da Carmem, logo deduzi que Valentino teria aparecido e a levado para dar uma volta rápida pelos arredores, enquanto o menino ainda dormia. Vi, nesse momento, a oportunidade perfeita de me ver livre do garoto para sempre. Peguei-o nos braços e corri até a casa de uma senhorinha, muito humilde, que morava perto dali. Pedi a ela que cuidasse do menino para mim, enquanto eu fosse fazer compras e ela aceitou de prontidão. Então, voltei velozmente para casa, e deixei o ursinho de pelúcia do Joseph à beira do penhasco, para que Carmem e Valentino pensassem que a criança havia caído dali, enquanto eles estavam fora. Com isso, eu me livraria do menino e deixaria o casal "maravilha" com um peso na consciência para sempre. Meu plano deu certo. Eles acreditaram piamente no que houve e em seguida, partiram para acionar a polícia. É lógico que Carmem não quis me deixar sozinha, mas eu a fiz mudar de ideia, levando-a a pensar que sua presença, ao menos por ora, serviria somente para piorar as coisas. Então, voltei a casa da mulher e pedi a ela, que se possível, ficasse um pouquinho mais com o garoto. Inventei que havia acontecido um imprevisto e, por isso, precisava voltar ao vilarejo, mais uma vez. Ela não se importou e, para mim foi ótimo, assim, pude continuar sozinha na casa onde eu vivia, quando a polícia baixasse por lá. Dei meu depoimento certeiro e quando eles partiram, em busca de pescadores que pudessem vistoriar aquela parte do mar, em busca do menino, eu voltei até a casa da senhorinha para pegar o Joseph, antes que alguém sondasse a região. A senhorinha era muito simples e até mesmo atrapalhada das ideias. Quando soubesse que o menino tinha desaparecido, não se ateria ao horário da tragédia. Pensaria que fora depois de eu ter deixado o menino ali, com ela.

Angelina tomou ar.

– Já era tarde da noite, quando eu me vesti de forma que pudesse ocultar quem eu realmente era e tomei o trem na estação de Saint-Émilion em direção a cidade onde ficava o Lar São Marcelino. Já obtivera informações do lugar, com o propósito de deixar o menino residindo ali, assim que possível. Voltei na madrugada e, por isso, ninguém descobriu que eu havia me ausentado da cidade. O que fiz, foi arriscado? Foi! Mas não me ative a isso na hora.

Vincent se recusava acreditar que aquilo fosse mesmo verdade. Pois a verdade, destruiria para sempre a imagem perfeita que ele sempre tivera da mãe que o adotara. Contudo, já era tarde demais para encobrir os fatos.

– Como a senhora pode ter feito isso com a sua própria irmã? Sangue do seu sangue!

A resposta dela foi imediata:

– Carmem não só roubou de mim a beleza, como a sorte e a boa aventurança na vida. Por causa dela, restou-me apenas as migalhas. O resto. O pouco. E do pouco, eu nunca gostei. Minha irmã nunca se importou com nada disso e, no entanto, teve tudo o que eu mais sonhei. Você acha justo?

– A senhora fala de justiça? – retrucou Vincent, indignado. – Justo a senhora que deixou sua irmã pensando, a vida toda, que havia matado uma criança? Que a deixou carregando uma culpa que não tinha, pelo resto da vida?

– Carmem não merecia ser mais feliz do que eu. Se eu não poderia ser, ela também não seria. Se a vida me tirou o direito à felicidade, que também tirasse dela, nem que pelas minhas próprias mãos.

– A senhora é invejosa.

– Não, sou apenas justa. Por que dar tanto para uma mulher e nada para a outra?

– Meu Deus... – Vincent levou as mãos aos cabelos, parecendo querer arrancar cada fio. – Todos os meus desatinos, todos os meus pecados, todas as minhas maldades, foi tudo por influência da senhora. Só agora percebo, que todo mal que fiz, foi porque a senhora me ensinou a ser mau.

– Ainda bem! Se não teria sido tão tolo e ingênuo quanto o seu irmão. Que de tão inocente caiu nas lábias daquela vagabunda que o seduziu. Tal como ela fez com você, mais tarde. Tal como fez com muitos. Eu sempre a odiei. Sempre, sempre, sempre! Por pouco, ela não destrói a minha vida e a sua. O quinto dos infernos ainda é pouco para aquela ordinária. Muito pouco!

– Não fale mal dos mortos. Não se deve.

– Falo como eu quiser.

Ambos se enfrentaram pelo olhar, até que Vincent admitiu, vertendo--se em lágrimas:

– A senhora destruiu a minha vida. Tirou-me dos meus pais. Da companhia do meu irmão. Da vida que era minha por direito. Como pôde?

Ela riu, desgostosa.

– Você está enganado. Eu não o tirei de ninguém. Foi Carmem quem me deu você, de livre e espontânea vontade. Quando me ofereceu, é obvio que aceitei. Você era uma criança normal. A qual eu teria gosto de dizer para as pessoas que era meu filho. Por isso, o criei com todo amor e dedicação.

– Eu era apenas um bebê. A senhora não tinha como saber se eu cresceria forte e saudável, como uma criança "normal", como a senhora mesma diz.

– Arrisquei.

– Quer dizer, que se eu fosse anormal, a senhora também me rejeitaria? Deixar-me-ia num orfanato?

Angelina deu de ombros, como quem diz: "sabe-se lá!". Uma nova pausa e foi ela, dessa vez, quem rompeu o silêncio:

– Além de um casamento maravilhoso, Carmem gerou dois filhos fortes e sadios. Bonitos e sãos. Mais do que justo que compartilhasse um deles comigo.

Vincent novamente repetiu o que dissera havia pouco. Dessa vez, chorando copiosamente:

– Quer dizer que, para encobrir a falta de sorte que teve, a senhora despudoramente acabou com a minha própria sorte? Isso revela o quanto é má e egoísta. De um egoísmo absurdo. Sinto vergonha de tê-la chamado de mãe durante todos esses anos.

Empinando o rosto, Angelina não se deu por vencida:

– Sente vergonha agora, não é? Porque antes me adorava.

– Sim. Eu a adorava. Adorava o meu próprio inimigo.

Ela continuou inabalada, peitando-o com um olhar de soberania, enquanto o moço se sentia, cada vez mais destruído por dentro.

– Como pôde? – insistiu ele tomado de revolta. – Como a senhora pôde ter deixado o seu próprio filho num orfanato, longe do seu amor e do seu carinho?

A frialdade dela o assustou ainda mais:

– Deixando, ora! Simplesmente assim. No entanto, eu o sustentei naquele lugar, durante todos esses anos. E fiz com grande sacrifício para que nada lhe faltasse. Portanto, não sou de todo má.

– Tal como o leite materno é importante para uma criança, o amor da mãe também é, e isso ele não teve.

– Bobagem! Ele é um bobo! Estar ao meu lado e não estar, para ele nunca fez a mínima diferença. Ele não sabe o que é o amor, nunca vai saber. Não saberá o que é o desejo, a vontade, a ambição e, talvez, seja melhor assim. Sofre-se menos, nesse mundo cão.

O diálogo morreu e foi Vincent quem o retomou, segundos depois.

– No dia em que fui ao cemitério, visitar o túmulo de Carmem Cassel, pouco antes da senhora chegar, eu ouvi uma voz feminina sussurrar aos meus ouvidos: "Lar São Marcelino". Pensei estar ouvindo coisas, mas o nome do lugar ficou registrado na minha lembrança. Foi por isso que o recibo me chamou atenção. Acho que nunca teria lhe dado importância se não tivesse ouvido essa voz, naquele dia. Como isso pode ser possível? Uma voz soar em meio ao zunido do vento.

Angelina opinou, sem receio:

– Está sugerindo, por acaso, que o fantasma de minha irmã lhe disse isso? Não foi! Ela nunca soube a respeito do lugar.

Vincent achou melhor não aprofundar o assunto. Angelina, por sua vez, voltou a falar, fria e racional como nunca:

– Aquelas crianças, jovens e adultos que você viu naquele orfanato, sabe por que elas estão lá? Porque são uma vergonha para os pais e a sociedade. Já que não se pode devolvê-las para a escuridão do útero, de onde foram tiradas, são deixadas ali, por ser o único meio de resolver o caso, licitamente. Foi exatamente por isso que deixei o moleque naquele lugar.

Ela jamais chamaria Joseph de "filho", pois para ela, o único filho que tivera realmente fora Vincent Pérez.

– Você nunca o amou? – perguntou Vincent a seguir.

E a resposta dela soou sem rodeios e embromação:

– Com sinceridade? Não! Tampouco tive pena. Amar mesmo, só amei você. Você, sim, era o filho que eu sempre sonhei ter. O filho adorado, o filho de quem eu sinto orgulho.

Um sorriso se insinuou na face dela que se aproximou dele e tocou-lhe a face.

– Um filho lindo e robusto – ela completou, ainda com um sorriso de satisfação pairando nos lábios. – Um filho lindo e inteligente.

Ele rapidamente reagiu:

– Inteligente?! Não! Se eu fosse mesmo inteligente, há muito tempo eu já teria percebido quem a senhora realmente é. Já teria reconhecido sua alma torpe, sua loucura, sua insensatez.

Ele segurou o punho dela e afastou sua mão, dizendo:

– Não me toque nunca mais. A senhora não é digna do meu amor. Pessoas como a senhora é que deveriam ser escondidas da sociedade em lugares como um orfanato ou prisão, e não contaminar o próximo com suas maldades, desamor e mau-caratismo.

Quando ele se afastou, Angelina não se fez de rogada, estava furiosa.

– Você deve tudo a mim, Vincent! Sou o esteio da sua vida. Seu farol na escuridão. Sempre fui! Volte-se contra mim e perderá seu porto seguro.

Ele nada respondeu. Apenas colocou o chapéu sobre a cabeça, vestiu o sobretudo e partiu, sem olhar para trás, deixando Angelina Chermont praguejando contra a sua pessoa, com um ódio tremendo:

– Ingrato... Mal-agradecido. Você ainda vai voltar de joelhos, implorando o meu perdão. Ah, se vai!

E numa súbita histeria, ela arremessou contra o chão e a parede, tudo o que encontrou pela frente: bibelôs, vasos e louça. Quando se cansou, deixou o corpo cair numa poltrona e ali permaneceu, quieta e resfolegante. Lembrou-se, então, de quando estivera no Lar São Marcelino, anos antes, e a atendente insistiu para que ela visse o filho. Ficara tão impressionada com o interior do orfanato e seus moradores que permaneceu em choque por alguns segundos. Chegou a se desligar da realidade, despertando somente quando Joseph tocou seu ombro, fazendo uso de seus sons vocálicos que, para ela e, muitos outros, não fazia sentido algum.

"Sai!", ordenou Angelina, como um general de exército, afastando-se rapidamente do jovem, e espanando com a mão, o lugar que ele havia tocado. Ficou tão imersa em seus sentimentos conturbados que demorou para ouvir o que a enfermeira lhe dizia.

"A senhora está bem?", perguntava a moça, querendo-lhe ser gentil.

A pergunta ecoou em torno de Angelina, como se tivesse sido dita numa língua estrangeira. Por fim, com voz ríspida e arrogante, ela respondeu:

"Não! Há muito que não estou bem."

A moça fez ar de pena e num tom ainda mais doce, falou:

"Ele quer lhe falar."

"Ele?". Angelina realmente não fazia ideia a quem ela se referia.

"Seu filho."

Só então, ela compreendeu e riu.

"Ele quer me falar?", desdenhou, rompendo-se numa gargalhada nervosa. "Ele não quer nada. Não sabe de nada. Se quisesse realmente dizer alguma coisa, aprenderia a fazer o uso devido das palavras. Não é capaz. É um inútil."

"Ainda assim é um ser humano."

"Um inútil!", reforçou Angelina, elevando a voz.

"Mas ele faz parte da sua realidade."

O riso nervoso de Angelina despencou da sua face, no mesmo instante que as palavras da enfermeira atingiram seus ouvidos.

"Realidade?!", zombou ela.

"Sim!", reafirmou a moça categoricamente. "Uma realidade da qual não se pode fugir. Pode-se apenas tentar mascará-la, fugir dela, jamais!"

Angelina estava furiosa:

"Quem é você para falar de realidade, sua criatura pobre e medíocre?"

A moça, em choque, por causa da grosseria da mulher, respondeu à altura:

"Pobre? Sim! Medíocre, não! Porque não fujo da minha realidade. Encaro-a! Desde menina, sou assim. E isso me fez e me faz forte. Eu poderia ter me revoltado com a vida porque não nasci rica, nem linda ou maravilhosa, mas não, optei pelo bom senso de encarar a minha realidade, fosse qual fosse, para fazer dela o melhor que eu pudesse fazer. E assim tem sido."

Outra cuidadora ali perto, percebendo o clima, resolveu pôr panos quentes na situação:

"Minha senhora, venha tomar um chá."

Angelina voltou-se para a moça e respondeu, sem pesar as consequências:

"Prefiro beber algo mais forte! Um conhaque, uma dose de rum. Só mesmo embriagada para suportar um lugar pavoroso como esse. Ainda mais com funcionárias feiosas e insuportáveis como vocês."

Sem mais, ela partiu, pisando duro e cuspindo pelas ventas. Só de se lembrar do filho, falando ao seu redor, com aquela linguagem que, para ela não fazia sentido algum, Angelina arrepiou-se. Para ela, filho, mesmo, ela só tivera um, e seu nome era Vincent Pérez. Só a ele, ela entregaria seu amor de mãe, até o fim da sua vida.

Ao despertar de suas lembranças, Angelina pegou um porta-retratos com a foto de Vincent e falou, com lágrimas a rolar pela face avermelhada de ódio:

– Dei a minha vida por você, Vincent. Minha vida toda! Você ainda vai reconhecer os meus esforços. Então voltará de joelhos, implorando pelo meu perdão. Vai sim! Ah, se vai! E eu irei perdoá-lo, porque é meu filho, meu único filho, amado e adorado.

E ela então chorou, sentida, como se derramasse um oceano de dentro d'alma.

# Capítulo 8

Meia hora depois, Vincent dirigia seu carro por uma estrada verdejante e deserta. As lágrimas escorriam ao vento, mal podia acreditar que tudo aquilo era verdade. Que vivera a vida toda ao lado de uma mulher invejosa e demoníaca, capaz de fazer com que a própria irmã e o cunhado se sentissem culpados até o fim da vida pelo que havia acontecido ao pequeno Joseph. Para ele, não havia dúvidas de que fora mesmo o espírito da mãe, que havia lhe soprado no ouvido, o nome do Lar São Marcelino, naquela tarde bucólica no cemitério de Saint-Émilion. Ela estava tentando lhe dizer a verdade, a verdade que os libertaria de uma farsa sórdida e desumana.

Sua vida fora destruída por um capricho de uma mulher revoltada e invejosa. Que só pensara em si, pouco se importando com a sua felicidade, tampouco com a da irmã e do cunhado. Por sua ganância, ele não tivera a oportunidade de crescer ao lado do irmão e dos pais biológicos. Tivera os rumos de sua vida alterados impiedosamente para sempre, culminando numa desgraça que tanto mal fez a si e a terceiros.

Jean-Pierre e Isabelle precisavam tomar conhecimento de tudo aquilo, o quanto antes. Só assim, quem sabe, poderiam compreender que ele não fora culpado, totalmente, pelos rumos que distorceram suas vidas nos últimos tempos.

Ao lembrar-se do Joseph, Vincent refletiu mais uma vez a respeito de tudo que se passara envolvendo o tal rapaz. Foi por ele ter nascido autista que os rumos da sua vida haviam mudado tão radicalmente. Deveria culpá-lo por aquilo? De que adiantaria, sendo ele um autista? O único que continuaria sofrendo diante daquilo tudo seria ele mesmo, pois era o único capaz de compreender tão amarga realidade. Portanto, Joseph fora tão vítima quanto ele nas mãos de Angelina Chermont.

Dali mesmo, Vincent tomou a direção da estação de trem da cidade, onde deixou seu carro estacionado e pegou a próxima locomotiva que partia para a cidade onde ficava situado o Lar São Marcelino. Ele estava tão nervoso e perturbado com as últimas descobertas, que temeu sofrer um acidente se fosse até lá, dirigindo o próprio veículo.

Chegando ao seu destino, Vincent se hospedou num hotel apropriado até que conseguisse atingir seus objetivos. Levou quase três dias até que tudo fosse concluído.

Nesse período, Angelina quase enlouqueceu de preocupação. A hipótese do filho nunca mais aparecer, renegando o seu amor, era-lhe assustadora e deprimente, ao mesmo tempo. Ela já sofrera horrores ao pensar que Vincent estivesse morto, após ter caído do penhasco. E só não tirou a própria vida, porque o desejo de vingança falou mais alto dentro dela. E sua vingança foi pôr Jean-Pierre num sanatório, como forma de punição por ter deixado Vincent cair no mar.

Contudo, Vincent não morreu. Um milagre o salvara da morte. Um milagre merecido por ela ter se dedicado a ele, durante a vida toda.

Angelina estava sentada na poltrona, amuada, tentando encontrar coragem dentro de si, para cumprir seus afazeres domésticos quando a porta da frente da casa se abriu e Vincent entrou.

– Vincent! – exclamou a mãe, tomada de súbita alegria. – Onde esteve? Quer me enlouquecer de preocupação?

Angelina foi até ele e o abraçou, derramando lágrimas que logo secaram ao ver a figura que o acompanhava. Com ar de contrariedade, Angelina desfez o abraço, deu um passo para trás e perguntou, enraivecida:

– O que essa criatura está fazendo aqui?

Vincent limitou-se a lhe endereçar um olhar gelado e reprovador, o que deixou Angelina ainda mais furiosa:

– Eu lhe fiz uma pergunta, Vincent. O que essa criatura...

– Criatura, não! – corrigiu ele, severamente. – Moço. Seu filho, por sinal.

– Meu filho é você!

– Não sou seu filho!

– É sim, porque eu o criei.

– Ainda assim, não sou seu filho.

– Leve-o daqui! – gritou Angelina, histérica.

– Não! – respondeu Vincent, determinantemente. – Trouxe o Joseph para morar conosco.

– Morar?! – o rosto dela se contorcia de indignação. – Como assim, morar?

– Morando, ora! A partir de hoje, ele residirá nesta casa.

– Nunca!

– Assim será!

– Nem sob o meu cadáver!

– A casa é minha...

– A casa também é minha.

– Será mesmo?

Angelina estava desfigurada, tremendo por inteira. Um segundo a mais e ela tornou a repetir, com voz entrevada de ódio e indignação.

– Leve essa criatura de volta para aquele hospício.

– Aquilo não é um hospício.

Ela grunhiu e foi o que chamou a atenção do Joseph, que foi até ela, olhando-a com sua curiosidade peculiar. Ao tocar seu ombro, Angelina recuou como um raio.

– Afaste-se de mim, criatura dos infernos!

O moço começou a circulá-la, proferindo palavras que somente faziam sentido para ele.

– Tire essa coisa daqui! – tornou Angelina, histérica.

Vincent a ignorou totalmente.

– Vamos arrumar o terceiro quarto para ele – ordenou.

– Não! – retrucou ela, à beira de uma sincope. – Você vai levá-lo de volta para aquele orfanato maldito ou eu mesma o levo, nem que seja arrastado pelos cabelos.

Vincent continuou irredutível na sua decisão, fitando-a com severidade. Foi então que Joseph se voltou para a mulher que o repelia e disse, olhando a seu modo para ela:

– Ma-ma-mãe...

Lagrimas vieram aos olhos de Vincent, e o mesmo aconteceu com Angelina que desabou num choro agonizante, obrigando Vincent a ampará-la em seus braços. Joseph continuava indiferente a tudo, divertindo-se à sua maneira, enquanto inspecionava os objetos da sala.

– Eu não mereço isso – lamentava Angelina, com profundo ressentimento.

– Mas essa é a sua realidade – tornou Vincent, resoluto. Ele não mais se deixaria iludir pelos achaques e o complexo de vítima da mãe, para fazer com que ele e o mundo tivessem pena da sua pessoa. Doravante, ele seria com ela tão severo como um pai precisa ser com um filho teimoso, para lhe ensinar a ter bons modos, caráter e dignidade.

– Vincent, meu filho, é loucura trazer esse moço para cá. Eu não darei conta dele, nem você.

– Dará, sim! Se a senhora foi sempre tão capaz de me criar sem a ajuda de ninguém, certamente saberá cuidar do Joseph com a mesma capacidade.

– Vincent...

– Dona Angelina, por favor.

– Você nunca me chamou assim.

– Mas esse é seu nome.

No íntimo, Angelina queria morrer de ódio e revolta pelo que Vincent estava fazendo com ela, mas percebeu que, por ora, o melhor a se fazer era aceitar suas condições, até fazê-lo compreender que o convívio com o Joseph, seria lamentável para ambas as partes.

Dias depois, Angelina acordava mais tarde do que costumeiramente. A porta do quarto de Vincent ainda estava fechada, sinal de que ele ainda dormia e, por isso, ela foi preparar o café da manhã. Ao passar em frente ao quarto do filho, descobriu que Joseph já se encontrava acordado, divertindo-se com sua realidade que, para ele, era o suficiente para agradá-lo. Angelina novamente o encarou com descaso e repulsa, desejando que Vincent devolvesse o rapaz para o orfanato o quanto antes. Não suportaria conviver com ele, por muito mais tempo.

Vincent, Vincent, Vincent..., resmungava ela, minutos depois, diante de uma xicara de café fumegante. Ele nunca fora de dormir até tarde. Estaria febril? Ao se dirigir ao seu quarto, Joseph a assustou, ingenuamente, e Angelina, sem pesar algum, o estapeou.

– Sai pra lá, demônio!

Surpreendeu-se ao encontrar o quarto de Vincent vazio e se perguntou: aonde ele teria ido tão cedo? Lançando um olhar cismado para o aposento, ela avistou um bilhete largado sobre a mesa de cabeceira, o qual apanhou e leu, atentamente.

*Parto para outra cidade, outro estado, e, talvez, até mesmo para um outro país, onde eu possa recomeçar minha vida por mim mesmo e a senhora tenha a chance de conhecer seu filho mais a fundo. Comigo ao lado de vocês, essa aproximação jamais seria possível. Quero que a senhora ocupe seu tempo, inteiramente com Joseph.*

*Dedique-se a ele, com o mesmo amor que se dedicou a mim. Depositei uma quantia considerável na conta da senhora, para que pague suas despesas e viva com dignidade por muito tempo. Sempre que puder, irei visitá-los para saber dos avanços que o Joseph fez pela senhora e a senhora fez por ele.*

*"Suas verdades o tempo não apaga" li isso certa vez num livro e penso que a verdade da senhora é o Joseph e, por isso, ele está novamente sob os seus cuidados. Sei bem que se revoltará comigo pelo que estou fazendo. Mas é importante que a senhora finalmente conheça o seu filho e, ele, a mãe que o gerou.*

*Não acredito que Deus tenha errado em lhe dar o Joseph como filho, porque Deus não erra. Mas o ser humano, sim, quando renega os presentes de Deus e as responsabilidades que Ele deposita em suas mãos.*

*Até breve, com carinho,*
*Vincent Pérez.*

No mesmo instante em que Angelina gritou de ódio, ela amassou o bilhete e o rasgou em pedaços. Seus gritos assustaram Joseph que tampava os ouvidos e grunhia desesperado.

– Cala a boca! – gritava ela, furiosa. – Cala essa boca!!!

Num rompante, ela tirou as roupas da cama de Vincent com uma força demoníaca e começou a rasgá-las, com a ajuda de uma tesoura.

– Ele me paga! – prometia Angelina a si mesma, enquanto o suor escorria para dentro de seus olhos vermelhos, fazendo-os arder feito brasa. – Eu lhe dei a minha vida. Fiz tudo por ele e é isso que recebo em troca? Mas isso não vai ficar assim, não mesmo!

E Angelina provou a todos que ainda duvidavam, de que o amor e o ódio realmente caminham juntos, separados apenas por uma tênue camada do sentimento humano.

Às catorze horas e trinta minutos daquele mesmo dia, Angelina Chermont tomou um trem para Saint-Émilion e ao chegar à delegacia da cidade, foi levada imediatamente à presença do delegado, que se levantou para cumprimentá-la. Ela sentou-se onde ele indicou, pôs as luvas e o chapéu sobre a mesa e pareceu momentaneamente em dúvida, quanto ao que dizer. Talvez tivesse mudado de ideia, pensou o delegado. E quando ele pensou que ela desistiria e iria embora, Angelina ergueu a cabeça num gesto brusco e disse, categoricamente:

– Estou aqui para denunciar Vincent Pérez pelo assassinato de Silvia Navarro.

E o delegado uniu as sobrancelhas, surpreso com a revelação.

# Capítulo 9

Sem rodeios, Angelina explicou tudo objetivamente:

– É isso mesmo o que senhor ouviu. Silvia Navarro não caiu da escada porque pisou em falso, simplesmente. Ela foi empurrada por Vincent Pérez, pelo simples propósito de matá-la, realmente. Vi tudo acontecer, porque havia acabado de chegar a casa. Fiquei petrificada diante da situação. Só não revelei nada à polícia, porque o autor do crime era o meu filho: Vincent Pérez. Na ocasião, acreditei que ele tivera uma atitude tresloucada e, por precipitação, não achei que merecesse pagar pelo assassinato da moça.

– Por que agora, madame? Por que somente agora a senhora decidiu contar a verdade à polícia?

Adquirindo um ar ainda mais dramático, Angelina falou, mirando fundo os olhos do homem à sua frente:

– Porque estou no fim da vida, delegado. Não quero morrer carregando comigo essa culpa. Se Vincent Pérez não for delatado agora, ele pode vir a prejudicar outras pessoas no futuro, até mesmo, matar novamente. Sendo mãe, recusei-me a ver a verdade. Acho que toda mãe age assim, por mimo e apego excessivo aos seus filhos. Achei, na minha ignorância, que ocultando os fatos a respeito do Vincent, eu estaria agindo corretamente, mas não, só agora percebo o quanto isso foi perigoso. Além do mais, ele me abandonou. Deixou-me entregue à mingua, bem quando me encontro velha e necessitada de companhia e auxílio. Com isso, ele mostrou que não é mesmo de confiança. É duro para uma mãe ter de admitir isso, mas...

Angelina abaixou o rosto e fingiu chorar. Que lágrimas caíssem de seus olhos, o que era raro, pois sabia que, com isso, convenceria mais facilmente a polícia a respeito da culpabilidade de Vincent. Por sorte, seus olhos umedeceram e uma lágrima rolou. Pelo menos, uma. Então, ela novamente fitou o delegado e voltou a dar com a língua nos dentes:

– Por que Vincent matou Silvia Navarro? É isso que o senhor deseja saber, não é mesmo? Eu lhe digo. Vincent estava apaixonado por Isabelle Cassel, esposa de Jean-Pierre Cassel, seu irmão gêmeo, e Silvia

Navarro descobriu. Decidida a contar tudo para o casal, o que poria fim à proximidade de todos, Vincent agiu rapidamente. Num momento oportuno, empurrou-a da escada com toda força, e a pobrezinha destroncou o pescoço.

O delegado, soltando um assovio, recostou-se na cadeira e comentou:

– Suspeitamos, na ocasião do crime, que o Senhor Pérez pudesse mesmo ter assassinado a amante. Tivemos o testemunho de um policial que, por estar perto da casa, ouviu uma discussão entre os dois, segundos antes da queda fatídica acontecer. Ele chegou até mesmo a ouvir o grito final da vítima.

– Eu me lembro desse sujeito – afirmou Angelina, categoricamente. – Ele chegou segundos depois de Silvia rolar escada abaixo. Foi horrível.

A mulher fingiu um arrepio e prosseguiu:

– Mas Vincent não é culpado somente pela morte de Silvia Navarro, ele também tentou assassinar o irmão. E Jean-Pierre Cassel nada disse à polícia para evitar um escândalo. Mas qualquer um da família Cassel sabe do que Vincent foi capaz de fazer contra Jean-Pierre. Até mesmo os empregados da mansão estão a par do ocorrido.

O delegado e o escrivão se entreolharam.

– Minha senhora, conte-me exatamente o que seu filho fez. Para que possamos averiguar os fatos.

Angelina assentiu, e voltou a falar em tom dramático:

– Como lhe disse, Vincent se apaixonou por Isabelle Cassel, esposa de Jean-Pierre Cassel, seu irmão gêmeo. Percebendo que a moça nunca se apaixonaria por ele, Vincent pensou que se o irmão morresse, ele poderia consolar Isabelle e fazê-la se apaixonar por ele. Assim, ele convidou Jean-Pierre para um passeio de iate, onde pretendia matá-lo. Jean-Pierre não suspeitava de nada, jamais imaginou que o irmão pretendesse assassiná-lo, o que tornou tudo mais fácil para Vincent executar seu plano. Num momento oportuno, Vincent fechou Jean-Pierre na cabine do iate e dirigiu a embarcação contra os recifes da encosta do penhasco. Com o impacto, o barco seria perfurado e afundaria, levando Jean-Pierre para a morte, por afogamento.

A mulher fingiu se arrepiar:

– O fato é que Vincent se arrependeu do que fez, provavelmente porque percebeu que seria descoberto pelas autoridades e voltou a nado até a embarcação naufragante, ainda com chance de salvar o irmão.

Ela fez uma pausa para intensificar o drama.

– Os dois nadaram até a praia mais próxima, de onde o iate havia naufragado, e dali voltaram a pé para a mansão dos Cassel. Durante o trajeto, desentenderam-se e Vincent escorregou e caiu do penhasco.

Jean-Pierre tentou segurá-lo, mas o suor de suas mãos não lhe permitiu. Desde então, Jean-Pierre nunca mais teve paz mental, culpava-se, o tempo todo, por não ter conseguido impedir que Vincent caísse do penhasco. Tão transtornado ficou da cabeça que a esposa achou que ele estivesse enlouquecendo. Ao consultarem um médico, esse aconselhou Isabelle a internar Jean-Pierre num sanatório, para que pudesse recuperar seu equilíbrio físico e mental. Foi difícil para a moça aceitar essa alternativa, mas era para o próprio bem do marido.

Angelina fez uma breve pausa, pois a partir desse ponto da história, a sequência dos fatos teria de ser alterada por ela, para não se complicar perante as autoridades. Era Vincent quem tinha de receber toda culpa pelos seus atos, se quisesse incriminá-lo totalmente. Sendo assim, ela mentiu tão bem, que até mesmo o júri mais perspicaz do mundo acreditaria nela.

– Bem... – continuou Angelina, após tirar um pigarro da garganta. – Vincent não havia morrido durante a queda do penhasco. Sobrevivera e fora salvo por um pescador numa humilde embarcação. Ao voltar para Saint-Émilion, ele soube que Jean-Pierre havia sido internado num sanatório e decidiu-se passar por ele. Pensou-se, então, a partir daí, que o gêmeo internado no sanatório era Vincent Pérez, tentando se passar por Jean-Pierre, quando, na verdade, era o contrário. Vincent foi tão mau com o irmão, que chegou a visitá-lo no sanatório, relatando a alegria que estava sentindo por estar vivendo com Isabelle, a moça que tanto amava.

O delegado teve a chance de opinar. Soltou um assovio e afirmou:

– Que história mais impressionante.

– E verdadeira. Eu lhe passo o endereço do sanatório, os empregados de lá, confirmarão o que eu digo. A criadagem dos Cassel também validará minhas palavras. Como vocês podem perceber, Vincent, meu filho, foi de uma crueldade sem igual. Onde já se viu, fazer isso com o próprio irmão? Um horror.

Ela levou a mão ao peito, respirou fundo e num tom choroso concluiu:

– Eu o temia, sabe? No fundo eu sempre o temi. Se ele havia matado Silvia Navarro e tentara matar o irmão, poderia muito bem tentar me matar. Por mais que eu o tivesse criado com tanto amor, eu havia me tornado uma pedra no seu sapato. Alguém que poderia dar com a língua nos dentes. Afinal, eu o vira empurrar Silvia escada abaixo e ele mesmo me confirmou o que fizera, quando teve medo de ser apanhado pelas autoridades. Nesse momento, deixou bem claro para mim que se eu tentasse abrir a minha boca...

Ela chorou, forjada.

– Isso me torna cúmplice dele, não é mesmo?

– Não, necessariamente. A senhora apenas testemunhou um assassinato e calou-se, por medo de morrer. Qualquer júri entenderá que se calou para se proteger.

– Mas eu deveria ter dito a verdade. Se eu tivesse falado antes, Jean-Pierre não teria corrido risco de vida e nem eu teria vivido submissa a ele, esse tempo todo – ela novamente derramou algumas lágrimas espremidas e acrescentou, em tom melodramático. – Eu não o queria preso, ele é meu filho, mas... Minha vida está em risco e a de outras pessoas também.

O delegado assentiu, penalizado com o estado da mulher sentada a sua frente. Encheu um copo d'água e o entregou a ela:

– É melhor a senhora beber. Vai se sentir melhor.

Ela agradeceu.

– Essa vida é mesmo muito ingrata. Uma mãe dedica uma vida inteira a um filho, cria ele com todo o amor do mundo e, mesmo assim, ele cresce com uma alma assassina. Isso não é certo. Não é!

– Entendo bem o que a senhora diz. É como se a vida não se importasse com o bem que cada um faz pelo próximo.

– Sim.

E Angelina chorou, novamente, fingindo um desespero que não sentia no coração. Por dentro, divertia-se a valer com sua arte cênica e cínica que expressava sem pudor algum. Ao se levantar para ir embora, teve uma tontura de mentira e logo foi amparada pelas mãos fortes do delegado.

– Eu ajudo a senhora.

– Obrigada.

– A senhora está a pé? Pedirei a um dos policiais que a leve até sua casa.

– Não moro mais no vilarejo. Mudei-me já faz algum tempo. Vim para cá de trem.

– Então, levaremos a senhora até estação. E deixe seu endereço para que possamos localizá-la. E chegando a sua casa, tome um chá calmante. Sentir-se-á melhor.

– O senhor é muito gentil.

O escrivão pediu licença para falar:

– Só mais um detalhe. A senhora comentou que seu filho não mora mais com a senhora. Sabe do seu atual endereço?

– Infelizmente, não.

O delegado interveio:

– Nós o localizaremos, não se preocupe.

– Obrigada. E, por favor, façam isso o mais rápido possível. Nos últimos meses, Vincent vem apresentando um comportamento cada vez mais agressivo. E como todos sabem, quem já matou uma vez, é bem capaz de matar uma segunda, terceira...

– A senhora tem toda razão. Não se preocupe. Faremos tudo o que estiver ao nosso alcance para localizá-lo.

Sem mais, Angelina partiu e, assim que tomou o trem, voltou a ser a mulher vigorosa e impiedosa que sempre fora. Num acesso de riso, sentiu-se tremendamente orgulhosa do que fizera. Quando chegou a sua casa em Luxemburgo, a moça que ela havia chamado para pajear Joseph apareceu, dizendo que ele havia dormido, ao que Angelina simplesmente respondeu:

– Que pena! Melhor seria se ele tivesse morrido.

A jovem enviesou o cenho, perguntando-se teria ouvido realmente o que ouviu.

Pensando no filho legítimo, Angelina reforçou seu desejo de se ver livre dele, o mais rápido possível. Antes, porém, continuaria fazendo o papel de boa mãe até que Vincent fosse parar na cadeia.

Não demorou muito para que a polícia localizasse Vincent Pérez em sua mais nova morada. Ao chegarem ao número 17 da Rua Jean De La Fontaine, os investigadores subiram diretamente para o apartamento do moço que os recebeu a porta, polidamente:

– Pois não?

– Senhor Pérez?

– Eu mesmo.

– O senhor está preso pelo assassinato de Silvia Navarro. Tudo o que disser, poderá ser usado contra o senhor nos tribunais.

Vincent mal podia acreditar no que ouviu. Quis defender-se, mas achou melhor falar somente diante do delegado. Quando lá, perante o homem, falou claramente em sua defesa:

– Silvia Navarro morreu há praticamente dois anos. Caiu da escada. Pisou em falso. Por que isso, agora?

O delegado não fez rodeios:

– Sua mãe o entregou.

– Minha mãe?!

Não era de se espantar, depois do que ele fizera a ela, foi a forma que Angelina encontrou para puni-lo pelo que fez.

– Como posso me defender diante dos fatos? – perguntou Vincent a seguir.

– O senhor irá a julgamento se não assumir a culpa pelo que fez.

– Eu não matei Silvia Navarro! Juro por tudo que há de mais sagrado!

– Senhor Pérez, sua mãe nos contou muito mais a seu respeito. Contou-nos que o senhor tentou matar o seu irmão gêmeo, para ficar com esposa dele. E chegou até mesmo a se passar por ele, enquanto ele estava internado num sanatório.

Os lábios de Vincent tremeram. Quando deu por si, já balançava a cabeça, afirmativamente.

– Foi uma insensatez da minha parte, mas...

O delegado se levantou e ordenou a dois policiais que conduzissem o suspeito até a cela onde ficaria detido até o julgamento. Ao ver-se atrás das grades, Vincent se lembrou de Jean-Pierre quando fora injustamente aprisionado no sanatório. A história se repetia, só que, dessa vez, com ele. Era o próprio reverso da medalha.

# Capítulo 10

Quando os investigadores apareceram na mansão dos Cassel, procurando pelo dono da casa para apurar os fatos que incriminavam Vincent Pérez, Jean-Pierre ficou estarrecido ao saber que o irmão, segundo Angelina Chermont, realmente matara Silvia Navarro, empurrando-a propositadamente escada abaixo.

– Eu sempre pensei que tivesse sido um acidente – lamentou Jean-Pierre, horrorizado com a possibilidade.

– Segundo Angelina Chermont, o Senhor Pérez também tentou matá-lo, não é mesmo? – afirmou o investigador, persuadindo Jean-Pierre com a pergunta.

Jean-Pierre não queria complicar ainda mais a vida do irmão. Diante da sua dificuldade de falar a respeito do episódio, o investigador comentou:

– A Senhora Chermont nos contou que o Senhor Pérez atraiu o senhor para uma cilada em alto mar, depois, arrependeu-se do que fez, salvou-o da morte e quando voltavam para casa, escorregou à beira do penhasco e caiu nas águas.

– Tentei segurá-lo! – afirmou Jean-Pierre, arrepiando-se só de se lembrar do ocorrido. – Mas o suor de nossas mãos... Foi horrível!

– Imagino. Desculpe-me por ter de tocar nesse assunto tão delicado com o senhor, mas é de extrema importância para apurarmos os fatos.

Jean-Pierre reagiu no mesmo instante:

– Mas eu o perdoei. Tanto que jamais dei parte na polícia pelo o que ele me fez. Vincent é meu irmão, entende?

– Mas ele chegou a se passar pelo senhor, não é mesmo? Enquanto o senhor estava no sanatório, ele assumiu o seu lugar nessa casa e...

– São águas passadas. Como lhe disse, eu o perdoei.

Ouviu-se então a voz de Isabelle soar no recinto.

– Mas eu não! – sua voz soou alta e clara.

Jean-Pierre levantou-se da poltrona no mesmo instante.

– Isabelle!

Tentou evitar que ela falasse o que não devia, mas Isabelle se mostrou irredutível:

– As autoridades precisam saber que espécie de homem é Vincent Pérez.

– Isabelle, por favor!

– Não esqueço do que ele me fez. Não há como esquecer, e você sabe muito bem disso, Jean-Pierre.

Ele baixou a cabeça e Isabelle se pôs a falar:

– Não me espanta saber que Vincent Pérez matou Silvia Navarro. Se ele tentou matar o próprio irmão e depois se passou por ele, despudoradamente, ele é capaz de tudo. No fundo, eu sempre soube que Silvia fora assassinada por ele. O que o torna, não só um mau-caráter da pior espécie, mas um assassino desalmado.

Minutos depois, Jean-Pierre acompanhava o investigador e seu auxiliar até a porta da frente da casa.

– Peço-lhes, por obséquio, que a polícia não envolva o meu nome nesse caso.

– Senhor Cassel, esteja certo de que seu irmão será exclusivamente julgado pelo assassinato de Silvia Navarro.

– Entendo.

– Que seja feita a justiça devida. Esse é o nosso papel na sociedade.

Jean-Pierre assentiu e os homens partiram. Apesar de tudo o que Vincent havia lhe feito, Jean-Pierre não lhe desejava mal. Na verdade, não desejava mal a ninguém. Nem mesmo ao seu pior inimigo, caso tivesse um. Aprendera a se portar assim por meio da fatalidade que vivera na encarnação passada.

Ao reencontrar a esposa, Isabelle estava diante da grande janela em arco da sala, olhando para o horizonte lá fora.

– Eles já foram – explicou Jean-Pierre sem ter necessidade.

Ela se manteve calada, com o olhar compenetrado na paisagem verdejante, enquanto abraçava o próprio corpo, como se sentisse muito frio.

– Meu amor – disse ele, aproximando-se dela. – Ninguém tem o direito de pedir nada a ninguém, mas se me permite, gostaria de...

Ela o interrompeu, fitando-o com seus olhos tomados por uma vermelhidão assustadora.

– Não me peça para perdoar aquele demônio. Demônio algum é digno de perdão.

– Não estou lhe pedindo para aceitar o que ele fez e, sim, para que não mais se deixe perturbar por isso. Você não precisa aceitar Vincent em seu coração, basta apenas deixá-lo ir de sua lembrança para que você volte a viver em paz.

A resposta dela foi imediata:

– Ele deixou marcas tão profundas em mim que é impossível me esquecer da sua maldade. Ele deixou bem mais do que isso, Jean-Pierre, e você sabe muito bem do que estou falando.

O choro de uma criança ecoou perto dali.

– Deve ser o Charles... – agitou-se Jean-Pierre, preocupado.

– Esse choro – grunhiu Isabelle, tapando os próprios ouvidos, num gesto desesperador. – Não suporto esse choro! Essa criança só sabe chorar... Só faz isso para me perturbar.

Nisso, a babá entrou na sala.

– Madame...

Isabelle berrou:

– Tire esse menino ranheta daqui!

Jean-Pierre rapidamente tomou o garoto nos braços e o examinou.

– O que há, rapaz? Por que chora? – Há dias que o pequeno se derramava em prantos, subitamente. – É melhor chamarmos um médico. Esse garotão deve estar com alguma infecção.

– Vou ligar agora mesmo para o Doutor Fragonard – prontificou-se a babá, sempre muito solícita.

– Faça isso, enquanto eu fico com o pequeno.

Nos braços de Jean-Pierre, o menino parecia encontrar algum conforto.

– Tadinho, deve estar com cólicas ou qualquer outro problema de saúde – comentou e, diante da indiferença de Isabelle, acrescentou: – Isabelle, meu amor, olhe para ele. É seu filho...

Ela engoliu em seco. Raramente uma mãe se voltaria contra o próprio filho, mas para Isabelle, Charles Cassel era a encarnação do homem que ela tanto desprezava. Era como se ele permanecesse ali, ao se lado, por meio daquele menino chorão.

Quando a outra babá apareceu na sala, de mãos dadas com Jean-Luc, Isabelle se enfureceu ainda mais.

– Leve o Jean-Luc daqui! – ordenou, autoritária. – Se esse moleque está com alguma doença contagiosa pode passar para ele.

A moça sinceramente não entendeu a patroa, o que fez com que Isabelle se enervasse ainda mais:

– Está surda, por acaso? Leve o Jean-Luc para longe daqui. Vamos! O que está esperando?

Assim que a babá se retirou, puxando o pequeno Jean-Luc pelo punho, Jean-Pierre voltou-se para a esposa e se fez claro e objetivo com ela mais uma vez:

– Isabelle, meu amor, por mais que o Vincent seja preso por ter assassinado Silvia Navarro, ele permanecerá ao seu lado. Seu ódio por ele é tanto, que não permite que ele se afaste de você, por mais que a vida queira. Não é também desprezando o filho que você teve com ele, que você se esquecerá do que ele lhe fez, pelo contrário, é acolhendo o menino com amor que o ódio pelo pai dele se dissolverá por completo em seu coração. Se você não tomar uma atitude positiva em relação a isso, logo irá morrer de desgosto. É isso que você realmente quer para você, para mim e para o Jean-Luc?

As palavras do marido haviam sido sábias e precisas, bem sabia Isabelle Cassel, mas a couraça que o ódio por Vincent Pérez se fez em seu coração, privava-a de qualquer possibilidade de bom senso.

# Capítulo 11

O inquérito sobre a morte de Silvia Navarro, começou dias mais tarde. As provas médicas foram consideradas primeiro. Segundo o médico-legista, não havia dúvidas de que Silvia havia destroncado o pescoço ao cair da escada e que sua queda, poderia ter sido mesmo provocada pelo empurrão de alguém mal-intencionado.

O testemunho do policial que era vizinho à casa da vítima, também evidenciou a hora da morte da moça e elucidou outros fatos em torno do possível assassinato. No cômputo geral, seu testemunho foi claro e objetivo. Por ser vizinho à casa da vítima, ouviu sua voz elevada, discutindo com alguém, e, em seguida, um grito agudo, seguido de sucessivas pancadas no chão. Isso o fez ir até lá para descobrir o que estava acontecendo e, quando encontrou a porta entreaberta, tomou a liberdade de abri-la por completo, e, assim, pôde ver a vítima caída aos pés da escada, com Vincent Pérez ao seu lado e sua mãe junto dele. Ambos ficaram imediatamente constrangidos com a sua chegada.

A seguir, Angelina Chermont foi chamada para depor. Com soberba arrogância, ela sentou-se no lugar indicado e fez o devido juramento, prometendo dizer só a verdade sob as penas da lei.

Confirmou tudo o que já havia relatado anteriormente para o delegado e respondeu a novas perguntas, sem titubear. O que mais chocou os presentes, especialmente Vincent, foram suas palavras seguintes:

– Na noite daquele dia fatídico, Vincent, meu filho, estava de ótimo bom humor. A morte de Silvia Navarro o deixara animado em vez de deprimido. Lembro-me de vê-lo erguendo um cálice de vinho do porto contra a luz, como um brinde ao fato de ter se livrado da amante. Foi o que mais me espantou, pois, até então, pensei que ele houvesse se arrependido do que tinha feito, ou percebido que se precipitara em suas ações, mas, não, ele a matou mesmo porque desejava.

Um burburinho se elevou no recinto e o juiz foi obrigado a bater com o martelo sobre o tampo, exigindo silêncio. Vincent se remexia na cadeira, tomado de indignação perante a frieza e as mentiras da mulher que ele sempre chamara de mãe.

O promotor, após encher o peito de ar, voltou-se para o juiz e concluiu:

– Não nos resta mais nenhuma dúvida quanto aos fatos, meritíssimo. O réu realmente empurrou Silvia Navarro escada abaixo, pelo simples propósito de silenciá-la para sempre. Seu grito deu-se pelo susto que levou ao ser empurrada. Jamais pensou que o amante fosse capaz de cometer um ato tão cruel e abominável como este.

O júri mirava o promotor fixamente.

Chegou a vez, então, da Defesa chamar Vincent Pérez para defender a si mesmo das acusações. Seu testemunho foi dado com muita ênfase e causou uma considerável impressão. Alegou inocência diante da morte de Silvia, mas assumiu, perante todos, que realmente tentara matar o irmão e, mais tarde, passara-se por ele para poder ficar ao lado da cunhada que tanto amava.

No minuto seguinte, a sessão foi suspensa para que o júri se recolhesse e analisasse os fatos. Não levou mais de meia hora para que chegassem ao veredicto.

– Senhoras e senhores – anunciou o encarregado. – O júri considerou Vincent Pérez culpado pela morte de Silvia Navarro.

Vincent escutou o pronunciamento com a sensação crescente de que sua vida terminava ali. A mesma sensação que tivera ao cair do penhasco de encontro as águas frias do oceano. E a mesma que Jean-Pierre teve ao alegar sanidade para deixar o sanatório e ninguém o ouviu.

Quando seus olhos avistaram Angelina, ela se mantinha imperturbável, como se nada tivesse acontecido a ele. Seus olhos brilhavam, triunfantemente.

Nesse ínterim, foram ouvidas as palavras finais das autoridades que conduziram o julgamento, e Vincent foi levado para fora do tribunal, escoltada por dois policiais.

As pessoas foram saindo, até não restar mais ninguém no local. Angelina foi a última a partir, e em seus olhos ainda se via o brilho da vitória, o mesmo que transparecia nos olhos do espírito de Silvia Navarro, que também estivera ali, deliciando-se com o desespero do condenado.

A chegada de Vincent à penitenciaria causou nele uma dor no peito, a mesma que Jean-Pierre sentira ao descobrir que havia ido parar no sanatório, para nunca mais sair de lá.

No minuto seguinte, Vincent foi levado para o banheiro onde foi obrigado a se despir na frente de todos, para ser lavado por um jato d'água frio e violento. Ele tremia por inteiro, quando lhe deram uma toalha para se secar. A seguir, vestiu o uniforme dos prisioneiros e foi conduzido até a cela que ocuparia na prisão.

Caminhou à sombra de um carcereiro mal-encarado, até o que lhe pareceu ser as profundezas do edifício. Então, seguiram por corredor repleto de celas, cujos prisioneiros agitavam-se à passagem do recém-chegado. Para Vincent, era como se ele tivesse chegado ao próprio inferno.

Nesse momento, ele se perguntou se não teria sido melhor para ele, a pena de morte, só assim, teria evitado tão asqueroso ambiente e humilhação. Diante de sua mobilidade, o carcereiro o empurrou com toda força para dentro da cela escura e mofada, com um forte cheiro de urina.

– Seja bem-vindo a sua mais nova morada! – ironizou o sujeito, enquanto passava a chave no trinco da cela. Vincent, levantou-se com dificuldade, foi até ele e falou, em tom de súplica:

– Preciso de água, estou com sede. Preciso também de comida, estou com fome.

O carcereiro riu, arreganhando os dentes cariados e malcheirosos.

– Por favor! – implorou Vincent, desesperadamente.

– Quer um conselho? – inquiriu o homem, cinicamente. – Não?! Não importa, vou dá-lo mesmo assim. O lugar está cheio de ratos, mate um e coma. Isso saciará sua fome. Quanto à sede, mate-a com o seu próprio mijo.

– O senhor não pode fazer isso comigo! – bradou Vincent, desesperado. – Isso é desumano. Preciso comer e beber.

O protesto irritou profundamente o carcereiro que tornou a abrir a cela, apanhou o cassetete que carregava sempre consigo e foi para cima do prisioneiro, sem dó nem piedade. Vincent tentava se defender, principalmente seu rosto, até que perdeu as forças e desmaiou. Somente depois de cuspir e escarrar no flagelado, é que o sujeito finalmente deixou o local.

Quando Vincent recuperou os sentidos, sentia dores latejantes pelo corpo. A boca continuava seca e o estômago roncava de fome. Aquilo era mesmo o próprio inferno, pensou, em meio a outro surto de pânico. O mesmo inferno em que Jean-Pierre ficara preso, condenado por ele, Vincent, que mentira perante todos, só para poder viver ao lado de Isabelle, a quem tanto amava.

Seria preciso ter muita força de vontade para sobreviver naquela atmosfera fria e melancólica. Um lugar desprovido de sol abundante e da alegria de viver. Um lugar para um vampiro morar e não um homem que sempre amara os prazeres da luz. No entanto, ele precisava se manter vivo, se quisesse, um dia, conhecer o filho pessoalmente. Faria desse objetivo sua razão de viver, a causa mais nobre que ele já perseguira em toda sua existência.

Vincent se arrastou até o leito estreito que havia ali, deitou-se, enquanto a dor e a fome fizeram-no se encolher até a posição fetal.

Em meio a seus tempestuosos pensamentos, veio a lembrança do irmão, amarrado a cama do sanatório em que ficou aprisionado por quase um ano. Era ele, agora, o prisioneiro, e tal qual o irmão, fora encarcerado por uma mentira alimentada por Angelina Chermont.

O que ela estaria sentindo naquele momento, ao saber que ele agora se encontrava atrás das grades de uma prisão lúgubre e obscura, a prova de fugas? E mais, pagando por um crime que não cometera? Um crime que ela testemunhou, sem jamais ter acontecido.

Saberia Jean-Pierre de tudo o que lhe aconteceu? Como estaria reagindo? Acreditaria mesmo que ele era culpado pela morte de Silvia? E Isabelle, o que estaria ela pensando dele depois dos últimos acontecimentos? Acharia sua condenação, mais do que merecida, ou estaria consternada com o seu triste destino?

Horas depois, a comida foi finalmente servida e Vincent só comeu porque necessitava. O tempero era horrível; o gosto, pavoroso. Até mesmo a água tinha gosto ruim.

Quando os carcereiros apareceram para levar os prisioneiros para o pátio, onde ficavam diariamente ao ar livre, por uma hora ou duas, é que todos puderam ver Vincent Pérez mais de perto.

– Carne nova no pedaço – zombou um condenado ao passar por ele.

– E aí, bonequinha? – zombou outro.

Eram provocações e mais provocações que Vincent preferiu ignorar, totalmente. Quanto mais quieto permanecesse diante daquilo, melhor para ele. Contudo, o que muitos desejavam ali era diversão para apagar a monotonia do lugar. Especialmente os mais violentos. Por isso é que Eliott, um dos prisioneiros mais briguentos do lugar, foi até Vincent, parou diante dele, peitando-o com seu olhar furioso e esbugalhado e disse:

– Diz aí, princesinha, está gostando do palácio?

Vincent não teve tempo de responder. Num gesto repentino e brutal, Eliott o agarrou pelo colarinho e falou, cuspindo-lhe as palavras:

– Responda rápido, quando eu perguntar.

O mau hálito do sujeito era pavoroso.

– Ouviu? – tornou o brutamontes enraivecido.

Vincent fez que "sim" com a cabeça e o prisioneiro pareceu se dar por satisfeito. Soltou-o e quando Vincent lhe deu as costas, empurrou-o com toda força contra o chão pedregoso que teria ferido profundamente seu rosto se Vincent não tivesse erguido o queixo a tempo.

Não satisfeito com aquilo, Eliott cravou sua mão direita na nuca do moço estirado ao chão e, num movimento rápido, para que Vincent não tivesse tempo de proteger sua face, dessa vez, ele o pressionou contra os pedregulhos até fazer seu rosto sangrar.

– É assim que tratamos vermes como você, nesse lugar, seu marica! – afirmou Eliott, entredentes.

Vincent pensou em se defender, mas percebeu de que nada adiantaria, perante aqueles homens sem alma e sem coração.

– Reaja, seu lerdo! Reaja! – bramiu Eliott. E voltando-se para os colegas ao redor, no seu tom mais irônico, o brutamontes completou: – O almofadinha é mesmo uma gazela, pessoal!

Todos gargalharam e Eliott ergueu Vincent com a força de cinco homens e falou, desafiadoramente:

– Olhe bem para o que vê a sua frente, seu assassino imundo. Este é o seu túmulo. Um túmulo com conexão direta para o inferno. Seja muito bem-vindo.

Vincent, cujo rosto esvaía-se em sangue, tentou se defender, diante daquela nova onda de terror.

– Sou inocente... Eu realmente sou inocente.

Eliott gargalhou:

– Se a gazela realmente é inocente, vai sobreviver a esse inferno por muitos anos. Se for culpado, morrerá em menos tempo do que a maioria que vem parar aqui.

Vincent engoliu em seco, agonizando de dor e medo de que acabasse morto, a qualquer momento, por um daqueles condenados. Pelo visto, não eram somente os carcereiros os cruéis do lugar, havia os prisioneiros que ansiavam loucamente por desavenças, surras e muito sangue.

Naquela noite, antes de dormir, Vincent recordou-se de Deus e fez uma oração silenciosa para que Ele lhe desse forças para sobreviver àquele lugar horrível, para que, um dia, tivesse chances de conhecer o filho que pusera no mundo.

Foi então que, sob um facho tênue de luz, ele viu o espírito de Silvia Navarro olhando atentamente para ele. Estaria ela com pena, por vê-lo em condições tão humilhantes ou alegre, por vê-lo sendo destruído daquele jeito? Perguntou-se Vincent silenciosamente. Mas ao vê-la sorrir, triunfantemente, ele soube que ela estava feliz e realizada por vê-lo derrotado e humilhado daquela forma. O melhor a fazer por ela, desde então, seria orar por sua alma para que seu espírito finalmente encontrasse a luz da libertação divina. E foi o que ele fez.

# Capítulo 12

Na tarde seguinte, o inesperado novamente surpreendeu Vincent na cela. O carcereiro apareceu, acompanhando um sujeito imenso, balofo e careca, cujo olhar metia medo em qualquer um. Assim que a cela foi aberta, Vincent se levantou e recuou, encostando contra a parede fria e bolorenta.

– Olá, boneca – falou o sujeito, medindo-o de cima a baixo.

Vincent engoliu em seco.

– O gato comeu sua língua, foi?

Vincent tornou a sentir uma saliva amarga a descer pela garganta.

– Você não achou que ficaria sozinho aqui nesse palacete, achou? – o sujeito riu. – Ninguém falou a respeito de mim? Ora, ora! O que é isso, rapazes?

Ouviu-se um burburinho de risos abafados.

– A boneca aqui achou que ia ficar sozinha nesse paraíso...

Os risos aumentaram.

– Ninguém fica só numa cela por muito tempo. Eu só não estava aqui quando você chegou, porque estava na enfermaria. Peguei um troço qualquer do antigo colega de cela. Um filho da mãe... Que Deus o tenha!

O sujeito riu, debochado.

– Assim que soube que o pederasta havia me transmitido a doença, dei-lhe uma lição, para nunca mais se esquecer, até mesmo no inferno.

A sensação de medo atingiu a boca do estômago de Vincent e logo comprimia-lhe o peito, de forma que ele começou a sentir dificuldades para respirar.

Os risos ecoaram novamente pelo corredor e o sujeito deu um passo à frente, e outro, até ficar face a face com Vincent que entrava em pânico total naquele instante.

– O meu nome é HECTOR FINN. Mas aqui me chamam de Satã.

O sujeito então passou a mão pela face de Vincent e falou, libidinosamente:

– Vou ser carinhoso com você, boneca. Não se preocupe!

Vincent não sabia exatamente do que ele estava falando, era ainda inocente demais para prever o que se passava dentro de uma penitenciária, tanto para homens, quanto para mulheres.

Só veio a descobrir aonde o sujeito queria chegar, quando o brutamontes o virou de costas para ele, prensando-o contra a parede imunda e o violentou. Se gritasse, seria pior; todos saberiam o que estaria acontecendo ali e seria ainda mais humilhante para Vincent. Mas o fato é que todos sabiam, não havia como esconder nada do que se passava dentro daquelas celas fétidas e desprovidas de luz.

Quando tudo terminou, Vincent sentiu o gelo da lâmina de uma navalha rente ao seu pescoço e ouviu as seguintes palavras:

– Se reclamar de mim com alguma das autoridades, você morre, ouviu?! Se pedir pra mudar de cela, morre também.

Vincent mordia os lábios, enquanto suava e tremia de dor e desespero.

– Diz que me ouviu, seu pulha! Diz!

Ao sentir a navalha sendo pressionada ainda mais forte contra o seu pescoço, Vincent respondeu, com voz quase sumida:

– Ouvi, sim.

O brutamontes deu-se por satisfeito.

– É assim que se fala, boneca! É assim que eu gosto!

Na hora dos prisioneiros irem para o pátio tomar sol, Vincent não quis ir. Estava sem condição física e moral para enfrentar a realidade lá fora. Sua dignidade havia sido roubada e ele temia que todos descobrissem o que havia lhe acontecido. Quando ele novamente se recusou a sair, Hector o levantou pelo pescoço e o puxou para fora da cela.

– Não quero ir – suplicou Vincent, sufocando.

– Vai sim! Do meu ladinho.

– Eu não me sinto bem.

– Problema seu.

E Vincent foi arrastado para fora da alcova, contra a sua vontade e, no pátio, diante dos olhares maliciosos dos outros encarcerados, ele logo percebeu que todos sabiam o que havia lhe acontecido. Era humilhante e indigno demais; contudo, não havia como lutar contra aquilo.

Chegara a pensar que não havia nada pior do que perder a liberdade, e ser obrigado a ver o sol nascer quadrado todos os dias sem ter mais perspectivas de um futuro feliz, mas o que passou nas mãos de Hector, era muito pior, e ele estaria preso àquele monstro até que um dos dois morresse na prisão.

Tal como os horrores a que Jean-Pierre havia passado no sanatório, por causa de Vincent, ele agora passava o mesmo naquela penitenciaria lúgubre e fétida, só que em níveis muitos piores. Era o reverso da medalha, a prova definitiva de que todo mal que se faz a alguém, um dia retorna para quem o praticou.

O espírito de Silvia Navarro continuava assistindo a tudo, regozijando-se do prazer de ver o homem que tanto amou sofrer por ter se apaixonado por outra mulher.

Foi por meio do jornal que Jean-Pierre soube da condenação do irmão. Ao ver sua testa enrugada de preocupação, Isabelle preocupou-se:

– O que foi?

– É o Vincent – respondeu Jean-Pierre com tristeza. – Foi mesmo condenado pelo assassinato de Silvia.

– Ele teve o que mereceu – opinou ela, friamente.

Jean-Pierre achou melhor não criticar sua reação. Apenas comentou:

– Só me pergunto se isso tudo não foi invenção da Angelina.

– Invenção?! – indignou-se Isabelle, automaticamente. – Como, se ela sempre amou aquele demônio? E se o ama, por que inventaria algo abominável para pô-lo atrás das grades?

– Não sei. Mas ainda acredito que o Vincent seja inocente.

– Mesmo depois de ele ter tentando matar você?

– Mesmo assim.

– Jean-Pierre, meu amor, você é bom demais. Seu coração não tem tamanho. Só lhe peço uma coisa, meu querido. Não visite aquele calhorda na prisão. Podem confundi-lo com o Vincent e começar toda aquela confusão novamente. Além do mais, esses lugares podem estar cheios de doença e...

– Eu não irei. Encontrar Vincent num lugar desses seria o mesmo que me ver atrás das grades de uma prisão.

E, desde então, Isabelle se sentiu mais tranquila em relação àquilo.

Haviam se passado três meses desde que Vincent começara a cumprir pena pelo assassinato de Silvia Navarro, quando ele recebeu uma visita surpresa. Era o dia em que os familiares e até mesmo amigos podiam visitar os criminosos.

Vincent deixou a cela, esperançoso de que fosse Jean-Pierre trazendo-lhe notícias do filho. Espantou-se ao ver Angelina Chermont, aguardando por ele, na sala de visitas da prisão.

– A senhora, aqui?!

Ela o olhou com soberba e disse, ironicamente:

– Como vai, Vincent? Gostando do seu novo lar?

Ele se sentou diante dela e a questionou, amargurado:

– Por que veio? Para me humilhar mais do que já estou sendo humilhado?

Angelina soltou um risinho cínico e debochado.

– A senhora é mesmo um mistério.... Dizia me amar e, no entanto, colocou-me aqui.

– De que me adiantou todo o amor que lhe dei, se você foi incapaz de reconhecer todos os sacrifícios que fiz por sua pessoa?

– Sempre lhe fui grato, sempre a amei, contudo, a senhora não agiu corretamente comigo, nem com sua irmã, nem com seu cunhado, nem com o seu verdadeiro filho.

Ela deu de ombros.

– Por falar no Joseph, como ele está passando?

A resposta dela soou rápida e precisa.

– Devolvi-o ao seu lugar de direito.

– Não podia esperar algo diferente da senhora. Por outro lado, foi melhor para ele. Lá, pelo menos, ele é bem cuidado e querido. Com a senhora ao lado dele, o Joseph jamais conseguiria o mínimo de afeto.

Ela se enervou.

– Se sabia disso, por que o levou até mim? Por que o deixou sob os meus cuidados e sumiu?

– Porque ele é seu filho, a responsabilidade da qual a senhora quis fugir, despudoradamente, mesmo prejudicando a terceiros.

Os dois se enfrentavam pelo olhar.

– O que está feito, está feito – admitiu Angelina, sem pesar algum.

– Sim. Infelizmente.

Uma breve pausa e Vincent afirmou, com lágrimas nos olhos:

– Certa vez, ouvi dizer, que tudo o que se faz na vida, um dia volta para a pessoa. É o que dizem os indianos, os budistas e os espíritas. Pois bem, estou pagando por todo mal que causei ao meu irmão, à Isabelle e, até mesmo, à Silvia.

– Pois que pague tudo bem direitinho – opinou Angelina, levantando-se e partindo a seguir, sem sequer dizer adeus ao prisioneiro.

Vincent mal podia acreditar na frieza daquela mulher que, despudoradamente, roubara-lhe a vida que era sua por direito, quando forjara a morte de Joseph Pérez no passado. Se não fosse a farsa, ele teria crescido ao lado dos pais verdadeiros e do irmão, evitando, assim, a desgraça que envolvera suas vidas nos últimos tempos.

Que Deus tivesse piedade dela e dele também, conservando-o vivo para que um dia, com fé, ele pudesse conhecer o filho e passar, pelo menos, algum tempo ao seu lado. E foi de mãos dadas com a fé que Vincent regressou para a cela que ocupava naquele lugar que mais lhe parecia ser o próprio inferno.

# Capítulo 13

Nas semanas que se seguiram, Vincent só não enlouqueceu perante os abusos sexuais que sofria nas mãos de Hector, porque decidiu finalmente folhear a bíblia, que havia em cada cela, para acalentar os corações dos condenados. Logo, estava a lê-la com um interesse que jamais dispensara a qualquer outro tipo de literatura. Foi assim que, certo dia, ele pediu perdão a Deus por suas fraquezas e seus lapsos cometidos no passado. Especialmente, em torno do irmão e da cunhada, que só serviu para fermentar o ódio dela por ele.

Surgiu, então, uma nova visita para Vincent. Ele se alegrou imensamente por pensar que se tratava do irmão que fora, finalmente, vê-lo para lhe dar notícias do filho.

– Você?! – espantou-se ele, ao ver uma moça sentada aguardando por sua pessoa, na sala de visitas da prisão. Por um minuto, Vincent estudou atentamente o seu semblante, puxando velozmente pela memória. – Já a vi, só não me recordo de onde.

– No sanatório onde seu irmão foi internado – respondeu a figura, olhando com admiração e encanto para ele. – Trabalho lá como enfermeira. Meu nome é Joana Mullins.

– Tenho uma vaga lembrança... – murmurou Vincent, curioso para saber o que a trouxera ali.

– Não vim aqui por sua causa, exatamente, e, sim, porque você é idêntico a Jean-Pierre Cassel, quem eu tanto amei.

– Entendo.

Vincent pareceu momentaneamente sem graça e totalmente desprovido de palavras. Com ela não foi diferente, levou quase um minuto até que dissesse:

– Vou lhe confessar algo. Peço-lhe que fique somente entre nós. Mas eu sabia que seu irmão dizia a verdade. Que ele era realmente quem dizia ser. Só não o ajudei, porque não suportaria vê-lo longe de mim. Com todos pensando que ele era o senhor, eu o teria para sempre ao meu lado e, quem sabe, teria a chance até de fazê-lo se apaixonar por mim.

Vincent moveu os lábios e Joana rapidamente o impediu de falar:

– Não fale! Não diga uma palavra. Eu só quero me lembrar dele. Dos sonhos que construí em torno dele.

Vincent atendeu ao seu pedido, placidamente, e, minutos depois, Joana comentava como se falasse com um amigo de longa data:

– Estive lá, sabe? Na mansão dos Cassel. Um lugar lindo, maravilhoso! Pensei que ele fosse me odiar ao ver-me ali, mas não. Recebeu-me carinhosamente. Deu-me explicações que nem sei se eram necessárias. Ele ama a esposa e os filhos. É louco pela família.

– Você viu o bebê? – agitou-se Vincent curioso. – Quando parti de Saint-Émilion, Isabelle Cassel estava grávida de mim. A essas alturas, ela já deve ter tido a criança, você a viu?

– Sim. Um menino forte e sadio.

– Então é um menino...

Vincent jogou a cabeça para trás e suspirou, alegremente.

– Sim – continuou Joana, alegre por vê-lo feliz. – Acho que se chama Charles.

– Charles...

Os olhos de Vincent voltaram a marejar.

– Meu maior desejo – confidenciou ele, com voz embargada –, é poder ver esse menino. Pelo menos uma vez na vida.

– Se eu pudesse ajudá-lo...

– Não há o que fazer.

– Eu sinto muito.

Vincent era mesmo uma réplica perfeita de Jean-Pierre Cassel, o homem por quem Joana alimentara esperanças de um dia se casar, realizando, enfim, o seu mais profundo desejo. Mas Jean-Pierre era casado e tinha filhos, o que jamais permitiria que ele se tornasse seu marido. Vincent, no entanto, era solteiro e descomprometido, disponível para o amor, ainda que aprisionado naquela penitenciária peçonhenta.

– Se eu pudesse – tornou Joana em tom confidencial – eu o tiraria daqui. O senhor é tão bonito, tão charmoso, tão jovem para passar o resto da vida num lugar tão medonho como esse. Se eu pudesse, eu até o ajudaria a fugir daqui. Se o senhor fosse louco, com certeza, o transfeririam para um sanatório, onde eu poderia trabalhar para cuidar do senhor.

Vincent achou graça.

– Obrigado por se preocupar comigo.

Ela também sorriu, encantada por vê-lo transbordar de simpatia por sua pessoa.

– Se o senhor fingisse estar louco, talvez, eles o transferissem para um sanatório e, então...

Vincent repudiou a ideia, no mesmo instante:

– Mentir?! Nunca mais! Se não fosse a mentira, eu não teria vindo parar aqui. Minha vida não teria tomado o rumo que tomou. E eu jamais teria saído de perto dos meus pais verdadeiros.

Lágrimas inundaram sua face ao admitir perante a moça:

– Há mesmo um fato irrefutável sobre a mentira. Um dia, a máscara cai e a verdade sempre vem à tona.

As próprias palavras de Vincent o alegraram, renovando a esperança de um dia ser provado que ele era mesmo inocente e, com isso, recuperar a liberdade que era sua por direito.

– Posso escrever cartas para o senhor? – perguntou Joana a seguir.

A pergunta o surpreendeu e também o deixou mais alegre.

– Pode sim, por que não?

Os olhos dela brilharam de empolgação.

– Vou lhe escrever sempre que possível. Apreciarei se puder me retribuir as cartas.

Vincent assentiu, acreditando que Joana Mullins era uma espécie de anjo que apareceu na sua vida. Depois de mais algumas palavras, ela partiu com a sensação crescente de querer ficar mais tempo na companhia do moço bonito, de olhos verdes brilhantes e atraentes. Despontava ali um novo sentido para a sua vida. A paixão que ela dedicara a Jean-Pierre Cassel, pertencia agora a Vincent Pérez, e ela estava disposta a aguardar que justiça lhe fosse feita, para que ele pudesse recuperar sua liberdade perdida. Desde então, Joana só tinha um pensamento: alegrar Vincent Pérez, enquanto ele estivesse encarcerado.

# Capítulo 14

Não demorou para que Joana Mullins voltasse a visitar Vincent na prisão. E, dessa vez, ela lhe trouxe um presente surpresa.

– É pra você – disse ela, estendendo-lhe um envelope.

– Para mim?! – espantou-se Vincent sem jamais imaginar o que poderia ser. Ao ver a foto de um bebê, seus olhos saltaram as órbitas, maravilhados e emocionados.

– Foi difícil de conseguir, mas... – disse ela com certa timidez.

Vincent se mantinha consternado com o que via em suas mãos.

– Quer dizer, então, que esse é o meu filho?

– Sim. Não é uma graça?

– É lindo!

Lagrimas rolavam pela face do moço, deixando a visitante comovida com sua reação.

– Não sabe o quanto lhe sou agradecido. Jamais pensei que alguém pudesse fazer tanto por mim, quanto você está me fazendo agora. Muito obrigado.

– Achei que essa seria a única forma de você ver seu filho.

– Sim. Você foi muito inteligente.

– Obrigada.

Ela corou e ele, agradecido, tocou-lhe a mão num gesto terno.

– Obrigado mesmo – repetiu, feliz.

A seguir, o assunto entre os dois se enveredou por temas diversos.

Ao voltar para a cela, Vincent se encolheu num canto dali e se pôs a chorar. Hector, seu companheiro de cárcere, lançou um olhar de soslaio para ele e disse, com malícia:

– A boneca tá tristinha, tá?

Ao passar uma das mãos na cabeça de Vincent, ele recuou num gesto abrupto, deixando o colega de cela ainda mais irônico.

– Tá arisca, é? Vou te mostrar como é que eu trato mariquinhas ariscas como você.

Vincent achou melhor se explicar:

– O meu filho nasceu! – havia amor e entusiasmo em sua voz. – Chama-se Charles. Fiquei tão emocionado que... Soube que ele é um garoto forte e sadio.

Hector permaneceu totalmente insensível e indiferente às suas palavras.

– Então precisamos comemorar!

Vincent estava tão emocionado que não notou o sarcasmo do colega. Apenas disse:

– Sim, precisamos, se tivéssemos um champanhe brindaríamos com prazer.

– Mas não temos, então, teremos de brindar com outro líquido.

E o brutamontes agarrou Vincent de forma que ele não pudesse se defender. E para Vincent, aquilo foi mais uma travessia pelo inferno, do qual ele não poderia escapar senão pela morte do sujeito. Que Deus tivesse piedade da sua alma e o mantivesse forte o bastante para sobreviver àquela humilhação e desonra moral. Só mesmo vivo ele poderia conhecer o filho e, pelo menos, dizer-lhe: “Eu sou o seu pai. Eu o amo!”.

Assim, Vincent voltou a se encolher no canto da cela, admirando, com lágrima nos olhos, a foto que Joana Mullins havia lhe dado.

Quando a moça lhe escreveu pela primeira vez, relatando a alegria que sentira por tê-lo conhecido melhor, Vincent respondeu sua carta com entusiasmo, revelando fatos de sua vida que só compartilharia mesmo com um grande amigo. Logo, Joana Mullins lhe enviou a resposta e, desde então, cartas e mais cartas, um escreveu para o outro.

Para os parentes, amigos e colegas de trabalho, que riram de Joana por ela acreditar que acabaria se casando com Jean-Pierre Cassel, a moça mostraria a todos que com Vincent Pérez, irmão gêmeo de Jean-Pierre, seu casamento aconteceria de alguma forma. Isso fez com que Joana voltasse a viver nas nuvens, certa de que sua vida afetiva teria uma virada radical num futuro próximo.

Enquanto isso, noutro extremo do país, o pequeno Charles era acolhido totalmente por Jean-Pierre Cassel, com o mesmo carinho que ele dedicava a Jean-Luc, seu filho legítimo. A passagem do tempo fortalecia a união dos dois e, logo, Charles chamava Jean-Pierre de papai e Jean-Pierre o chamava de filho. Era tanto o amor que os unia, que Jean-Pierre acabou se esquecendo que o menino era, na verdade, seu sobrinho, filho do irmão que, por pouco, não o deixara morrer num sanatório.

Isabelle, por sua vez, tratava o menino com indiferença. Irritava-se com quase tudo que ele fazia, porque tudo em torno dele a fazia lembra-

-se de Vincent Pérez e suas artimanhas para conquistá-la. Ela nunca o perdoaria, e, por isso, rejeitava, sem pesar algum, o fruto daquela farsa ordinária.

Jean-Pierre, sempre que necessário, chamava a atenção da esposa, discretamente, dizendo:

– Isabelle, o menino não tem culpa do que aconteceu entre você e o pai dele. Além do mais, Charles é um garoto de ouro.

Mas Isabelle discordava totalmente do marido:

– É um garoto de ouro, enquanto usa fraldas, meu querido. Espere ele crescer e você verá. Já diz o ditado: filho de peixe, peixinho é, portanto...

– Isabelle, meu amor, não o queira mal. Isso não faz bem ao garoto nem a você.

Mas Isabelle se mantinha irredutível quanto a gostar do menino. Jean-Pierre, por sua vez, não desistiria de tentar aproximar a mãe de seu segundo filho, para que ela não viesse a se arrepender num futuro próximo. Porque o mundo dá voltas, ele bem sabia, e nessas voltas...

Quando Vincent descobriu a biblioteca do presidio, maravilhou-se com a possibilidade de entreter seu tempo com outros livros que havia ali. Foi assim que descobriu "O Livro dos Espíritos" de Kardec, impressionando-se com o que era revelado a cada página.

A morte não era o fim, dizia o autor. E muitos dos espíritos que não aceitavam o desencarne passavam a vagar entre os vivos, podendo até perturbar suas mentes, manipulando seus pensamentos e, consequentemente, suas atitudes.

Silvia era certamente um desses espíritos, concluiu Vincent, ao se lembrar de ter visto o espírito da moça, por diversas vezes, a assombrá-lo. Ela deveria estar presa a um mar de lamentações, rancores e ódio, por ter morrido tão prematuramente. Era preciso rezar por sua alma, para que ela, finalmente, encontrasse a paz que todos merecem ter junto ao Pai Celestial.

Além dos livros que lia para entreter seu tempo, Vincent apreciava a leitura das cartas que Joana Mullins lhe escrevia, falando de suas tristezas, sonhos e superações. Ele retribuía cada uma delas, porque, no fundo, fazia-lhe bem desabafar com alguém. Ela não era uma má pessoa, concluiu Vincent com o tempo. Se foi, um dia, tinha sido por desespero e solidão. Todos merecem uma nova chance e ele estava disposto a lhe dar essa chance. A mesma que aguardava receber, em breve, quando sua inocência fosse finalmente provada.

Por muitas vezes, Vincent queria escrever para Jean-Pierre e saber a respeito do pequeno Charles. Mas o medo de não obter uma resposta por parte do irmão, detinha qualquer ação da sua parte.

A cada quatro, cinco meses, Joana Mullins visitava Vincent na prisão, o que era sempre uma grande alegria para o prisioneiro. Com ela, levava uma nova foto de Charles, cada vez mais grandinho, para que Vincent pudesse acompanhar o seu crescimento. Poder ver o filho, ainda que simplesmente por meio de fotos, deixava o pai deveras feliz.

Foi Hector quem, um dia, chamou a atenção do colega de cela para o fato de que a moça das cartas e das fotos deveria estar apaixonada por ele, caso contrário, não se esforçaria tanto para agradá-lo por meio de cartas, visitas e fotografias do pequeno Charles.

Isso fez Vincent falar a respeito com Joana, no próximo encontro dos dois. Momento que a moça aguardou com euforia, contando as horas e os minutos para chegar. Nesse dia, Joana estava muito mais bem maquiada do que o normal e trajava um vestido novo, comprado exclusivamente para a ocasião. Não teve quem não a notasse.

Quando Vincent a viu, elogiou-a no mesmo instante.

– Você realmente gostou? – perguntou ela, com cara de boba apaixonada.

– Sim. Você está realmente muito bonita.

– Obrigada.

E antes que ele dissesse mais alguma coisa, ela colocou em suas mãos uma nova foto do Charles.

– Como ele cresceu – exclamou Vincent, maravilhado. – Já deve estar com três anos de idade.

– O tempo passa...

– Nem diga.

Vincent se conteve para não chorar, mas foi em vão. Logo, lágrimas riscavam sua face pálida e amargurada pelo tempo. Então, recuperando a postura, ele tocou a mão da moça e disse, olhando fixamente para os seus olhos:

– O que você tem feito por mim é mesmo admirável. Sou-lhe eternamente grato. Mas quero lhe pedir, encarecidamente, que não alimente esperanças por mim. Não sairei daqui jamais. Fui condenado à prisão perpétua.

– Não diga isso...

– Mas é a verdade. Por isso lhe peço, com toda sinceridade do mundo, que abra seu coração para outro homem. Você é uma moça e tanto, por isso há de encontrar um sujeito que possa realmente amá-la e desposá-la.

– Não quero outro homem! – retrucou Joana com os olhos vertendo-se em lágrimas. – Quero você! É de você que eu gosto! É com você que sonho em me casar um dia.

– Nas condições em que me encontro, eu jamais poderei realizar o seu desejo.

– Por que não gosta de mim?

– Não é isso! Eu já lhe disse! Minha condenação é perpetua. Só sairei daqui morto.

Ela se entristeceu ainda mais e ele procurou confortá-la, tocando-lhe a mão, carinhosamente.

– Não chore, por favor. Não quero vê-la sofrer.

Ela enxugou os olhos, respirou fundo e procurou se controlar. Então, inquiriu:

– Diga-me com sinceridade. Se um dia você for absolvido e eu ainda estiver solteira, casar-se-ia comigo?

Era uma pergunta difícil de ser respondida, percebeu Vincent, rapidamente. Pois ele não a amava, apenas gostava da sua pessoa e lhe era muito agradecido por ela se corresponder com ele e levar as fotos do Charles, para ele acompanhar o seu crescimento. Para Vincent, não seria certo mentir para a moça a respeito dos seus sentimentos apenas para manter sua amizade, seu único elo com o mundo exterior. Outra mentira poderia ser, mais tarde, tão catastrófica quanto as demais que usou anteriormente. Por isso, Vincent optou por lhe dizer a verdade:

– Não posso afirmar que sim, Joana. Para um casamento acontecer, é preciso haver amor entre um homem e uma mulher. Eu gosto de você, sou-lhe grato, mas...

– É porque sou feia?

– Você não é feia.

– Sou sim, por isso é que ninguém me quer.

– Não, você não é. Apenas não teve a chance, ainda, de encontrar um homem que realmente a queira.

– Que nada! Eu não tenho é mesmo sorte no amor.

– Não diga isso.

– Digo, porque é verdade.

Ela baixou a cabeça, chorosa e ele novamente tocou sua mão num gesto carinhoso. Ia lhe dizer algo, quando percebeu, uma nuvem negra em torno da moça. Algo que o fez se arrepiar. O que seria?

Joana moveu-se na cadeira e num tom de pura desilusão, admitiu:

– É melhor eu nunca mais voltar a este lugar.

– Não posso exigir que faça diferente. Não tenho esse direito.

– É melhor também que eu nunca mais lhe escreva.

– Também não posso exigir que o faça.

Os olhos dela o fitaram, entristecidos.

– É melhor dizer adeus.

– Se for realmente o melhor para você, que assim seja. Adeus!

Ela assentiu e partiu, cabisbaixa, parecendo desmoronar por dentro.

Quando Vincent voltou para a cela, Hector o olhou de soslaio e perguntou, ironicamente:

– Falou com a namoradinha? E daí?

Vincent lhe foi sincero ao responder:

– Acho que ela nunca mais voltará a me ver. Foi melhor assim. Pelo menos para ela.

Vincent lhe explicou seus motivos e Hector pareceu compreendê-lo.

Três meses depois, Joana Mullins visitava Vincent novamente na prisão.

– Que surpresa mais agradável! – exclamou ele, assim que se sentou diante dela. – Você disse que nunca mais voltaria a me ver...

Ela corou.

– Disse sim, mas o meu amor por você é tão grande que... – ela fez esforço para não chorar. Então, entregou-lhe um envelope com uma nova foto de Charles.

– Ele está cada vez mais bonito – admitiu Vincent olhando encantado para a fotografia em preto e branco em suas mãos.

– Lembra você, não lembra? – perguntou Joana, feliz por vê-lo feliz.

– Você acha?

– Sim.

– Ainda é cedo para dizer.

Vincent olhava para a foto com profunda admiração.

– Obrigado. Muitíssimo obrigado.

O choro foi inevitável, as lágrimas rolavam, enquanto ele admirava o novo retrato do filho.

– Você é uma mulher formidável, sabia? Sou-lhe eternamente grato.

Os olhos dela brilharam de afeição e ele novamente agradeceu sua gentileza. Se não fosse Joana, ele teria passado os últimos quatro anos de sua vida sem conhecer o filho, tampouco admirar seu crescimento.

Ao retornar para a cela, Hector parecia aguardar ansioso por ele.

– Quem era? – quis saber como se a informação lhe fosse muito importante.

Vincent achou melhor responder, para evitar confusão.

– Joana Mullins.

– Então, ela voltou?! Está mesmo caidinha por você.

– Ela é uma moça e tanto. Devo-lhe muito.

– Deixe-me ver a foto que a fulana trouxe para você, dessa vez.

Vincent gentilmente atendeu ao seu pedido e Hector argumentou, rindo, baforento:

– Mas ela só faz isso porque tem interesse em você. Se não tivesse, não lhe traria sequer um copo d'água. O ser humano é interesseiro por natureza. Quando algo não lhe convém, o outro pode morrer à mingua que ele não está nem aí.

Vincent teve de concordar com o sujeito, pois de fato, ele se apropriara de palavras muito sábias dessa vez.

Era uma madrugada gelada, quando Isabelle despertou assustada por causa de um pesadelo horrível que tivera com o filho. Nele, ela viu Jean-Luc caminhando por um campo de batalha, em meio a uma guerra insana e sanguinária. Ele andava de costas para ela, que se mantinha a uma certa distância e, quando ela gritou para avisá-lo do perigo, uma bomba explodiu perto do garoto e foi seu fim. Isabelle acordou gritando e suando em profusão.

– Isabelle, minha querida, o que foi? – acudiu Jean-Pierre, desperto pelo seu grito e seu movimento abrupto.

Ela se sentou na cama e procurou se acalmar.

– Um pesadelo horrível. Devo ter comido demais ao cear.

– Pode ser...

Ele encheu um copo com a água da moringa que mantinha sobre a mesa da cabeceira e deu para ela beber. Entre um gole e outro, Isabelle comentou, resfolegante:

– Vi o Jean-Luc em meio a uma guerra... Foi horrível!

– Não se preocupe, meu anjo. A Grande Guerra já acabou faz tempo.

– Mas pode haver outra, não pode?

– Deus queira que não. Oremos por isso.

– Sim. Oremos.

Para Isabelle, era como se o sonho fosse uma premonição. Mas não havia porque se desesperar, Jean-Pierre estava certo, a Grande Guerra havia acabado fazia tempo, em 1918. E a Europa parecia em paz, com os europeus finalmente vivendo em harmonia.

# Capítulo 15

Vincent se encontrava concentrado na leitura de uma obra de Allan Kardec quando Hector mais uma vez zombou da sua pessoa.

– A boneca realmente gosta de ler, hein? Se pudesse, não faria outra coisa da vida senão se entregar à leitura, não é mesmo?

Vincent procurou ignorar os comentários e diante da sua indiferença, o colega de sela foi até ele, curvou-se sobre a sua pessoa e falou baixinho, com seu habitual pedantismo:

– Essa noite nós vamos brincar, ouviu? Eu serei o gato e você o rato.

Vincent novamente se apavorou. O que passava nas mãos do sujeito era dez vezes pior do que a pena injusta que cumpria. Ele queria escapar de suas garras e não havia como. Mas era preciso encontrar uma forma, se quisesse escapar daquele martírio para sempre.

Ao cair da noite, quando muitos já dormiam, Hector fez sinal para que Vincent se achegasse a ele.

– Por favor – pediu Vincent em tom de súplica.

– Acho melhor você vir.

– Eu lhe imploro, por favor.

O grandalhão fez um gesto de impotência com as mãos e admitiu:

– Se não quer vir, tudo bem.

Vincent mal podia acreditar no que ouviu. Um suspiro de alívio, escapou-lhe do peito.

– Obrigado por me compreender – desabafou, com lagrimas repentinas.

O sujeito, então, tirou algo debaixo do colchão da cama onde dormia e ficou a examinar o que era. A pouca luz não permitia que Vincent enxergasse o que Hector parecia olhar com tanto interesse.

– O que é isso? – agitou-se Vincent, ao perceber que era uma foto. E seu desespero aumentou, quando percebeu que era uma das fotos de Charles que Joana havia levado para ele de presente. – Me dê isso, por favor!

– Vem pegar, boneca.

– Hector, por favor!

Ao fazer menção de rasgar a foto, Vincent foi até ele, implorando.

– É a foto do meu filho, não faça isso!

O sujeito riu, impregnando o ar com seu mal hálito horrível.

– Vamos brincar ou não?

– Pelo amor de Deus! – suplicou Vincent, agoniado.

Hector começou a rasgar a foto e foi então que Vincent se lembrou de procurar as outras, que guardara no meio do livro que lia. Elas também haviam sumido. Hector havia se apropriado de todas, num momento seu de distração, provavelmente enquanto dormia ou se ausentara da cela, por algum motivo. O homem agora ria, espalhafatosamente.

– Hector, as fotos são o único elo que mantenho com o meu filho. Não as rasgue, por favor – implorou Vincent tentando evitar o pior.

– É você quem decide.

Vincent engoliu em seco, chorando, baixinho, tal como Jean-Pierre, tantas vezes chorou, desesperado, quando se viu aprisionado no sanatório.

Desse dia em diante, Hector manipulava o colega por meio da chantagem e quando se cansou de chantageá-lo, abusou dele mais uma vez e, num repente, começou a rasgar todas as fotos que Joana Mullins havia dado a Vincent.

– Não faça isso!

Quanto mais ele pedia, mais o sujeito rasgava com prazer. Ao tentar impedi-lo, Vincent levou um soco na boca do estômago que o fez cuspir sangue. Com os olhos embaçados de tanto chorar de dor e revolta, ele acabou assistindo o colega de cela terminar o que fazia, com um prazer mórbido e inenarrável.

– Pronto! – exclamou Hector, parecendo feliz com o feito. – Agora, é só você juntar os pedacinhos, como se fosse um quebra-cabeças. Vai ser divertido, aproveite!

Mas Vincent não faria aquilo, não tinha forças para tal, sentia-se novamente destruído na alma pelo que passava nas mãos daquele homem desalmado. Sua decepção foi tanta com o que lhe aconteceu, que adoeceu a ponto de ser transferido para a enfermaria do presidio, onde foi devidamente tratado. Ao voltar para a cela, surpreendeu-se ao encontrar as fotos do filho novamente unidas e coladas com fita colante.

– Sempre gostei de montar quebra-cabeças – explicou Hector, lançando um olhar maroto para o recém-chegado. – Foi sempre o meu passatempo favorito.

Mas Vincent nada respondeu, sequer olhou para as fotos, seria melhor, para não mais sofrer por aquilo. Antes as tivesse admirado e feito um elogio, isso o teria poupado de consequências graves naquela noite, no momento em que Hector o prensou contra as fotos, obrigando-o a encará-las, enquanto abusava do seu corpo, impiedosamente.

Na próxima carta que Vincent escreveu para Joana, contou à moça, com grande pesar, o que o colega de cela havia feito com as fotos que ela havia lhe trazido do pequeno Charles. Pediu-lhe, encarecidamente, que se possível levasse novas fotos para ele, o que Joana fez com grande prazer na sua próxima ida a penitenciária. Dessa vez, entregou-lhe oito fotos do menino.

– Se não fosse você – admitiu Vincent com voz embargada. – O que você tem feito por mim, poucos fariam. Saiba que minha gratidão por você é eterna.

– Faço o que posso e de coração – respondeu Joana, feliz por Vincent reconhecer seus esforços para agradá-lo.

Ao voltar para a cela, Hector endereçou-lhe um olhar de soslaio e determinação.

– Deixe-me ver a foto que a sua queridinha lhe trouxe dessa vez.

Vincent estremeceu.

– Ela não trouxe foto alguma.

– Pra cima de mim, boneca? Qual é?!

Vincent ficou petrificado, com medo de que o sujeito novamente rasgasse as fotografias. Por fim, mostrou-lhe de longe, mas o brutamontes quis vê-las em suas próprias mãos. Vincent acabou consentindo, por medo do que o sujeito pudesse lhe fazer, caso não o obedecesse.

– O que foi? – estranhou Vincent ao ver o brutamontes examinando foto por foto com redobrada atenção.

O grandalhão respondeu, sem demora:

– É que o seu filho está com uma mancha no braço que antes não tinha.

– O quê?!

Vincent sentou-se ao lado do sujeito para poder ver melhor a fotografia.

– Aqui, veja! – o sujeito apontou com o dedo. – Antes, o menino não tinha essa mancha no braço.

Era uma pergunta interessante. Não havia mesmo mancha alguma.

– Pode ser um hematoma – sugeriu Vincent, pensativo. – Ele pode ter caído...

– Ou alguém lhe deu uma surra.

– Não, isso não!

– Como pode saber?

– Pedi ao meu irmão que cuidasse dele, ele jamais permitiria que...

– Um irmão que você foi capaz de abandonar num sanatório, para poder ficar com a esposa dele? Não sei não.

– Mesmo assim... – Vincent novamente examinou a foto. Estava apavorado com a possibilidade de Charles estar sofrendo nas mãos de Jean-Pierre ou de qualquer outra pessoa ao seu redor.

O pior aconteceu quando Hector o chamou para observar outra foto do menino, uma das que ele havia colado os pedaços, feito um quebra-cabeças. Nela via-se uma mancha na perna do garoto fotografado.

– Essa mancha pode ser de nascença – sugeriu Vincent, franzindo os olhos para ver mais nitidamente.

– Pode ser – confirmou o colega. – Mas também podem ser marcas de uma surra que o garoto levou.

Vincent estremeceu.

– Não, isso não.

– Por que, não? Se muitos pais exigem dos filhos, a mão à palmatória quando não se comportam direito. E outros usam chicotes para educá-los.

Vincent ficou ainda mais apavorado com a possibilidade de Charles estar sofrendo nas mãos de Jean-Pierre ou de qualquer outro ao seu lado. Isso o fez perder noites e mais noites de sono, tamanha a preocupação com o filho.

Na próxima ida de Joana Mullins à penitenciária, Vincent comentou com ela a respeito das manchas nas pernas e nos braços do menino. Joana, por sua vez, garantiu que o menino era bem-cuidado, pois a pessoa com quem ela conseguia as fotos declarava aquilo. As manchas eram, sem dúvida alguma, hematomas provindos das peraltices do menino. Sua resposta fazia sentindo e, por isso, Vincent voltou a respirar aliviado.

SEIS ANOS haviam se passado, desde que Joana Mullins visitava Vincent na prisão. Por isso, Vincent havia reunido uma porção de fotos do filho que tanto amava e sonhava um dia conhecer, pessoalmente. Havia momentos em que Vincent ficava a admirar foto por foto, repetidas vezes.

Foi então que Hector, um dia, não mais se aguentou e disse, endereçando um olhar enojado para o colega de cela.

– Você é mesmo um estúpido.

– Eu?! Por quê? – estranhou Vincent sua reação.

– Você não passa de um ingênuo, abestalhado.

Vincent não conseguia compreendê-lo. E quanto mais ele se mostrava sem entender, mais Hector ria e balançava a cabeça, como quem diz: é mesmo um otário. Foi assim até sua paciência se esgotar:

– A boneca não pode ser tão besta. É muita burrice para um maricas só.

– Do que você está falando? – empertigou-se Vincent, ligeiramente irritado. – Não estou entendendo nada.

– Boneca – respondeu Hector firmemente –, essas fotos não são do seu filho.

O comentário atingiu Vincent em cheio.

– É obvio que são!

– Nunca foram! São inclusive de garotos diferentes, seu trouxa! Qualquer um pode notar. Eu percebi logo que a fulana lhe entregou a terceira foto do menino. Então, esperei você comentar algo e quando não o fez, percebi que ela havia mesmo conseguido iludi-lo.

– Isso não é verdade! – Vincent tremia todo. – Não pode ser!

– As manchas de que lhe falei, não eram hematomas, eram manchas de nascença, seu estúpido. E apareciam em diferentes locais do corpo do menino, porque eram fotos de meninos diferentes, seu idiota. Por isso que numa foto a criança tinha uma mancha de nascença na perna e na outra, não. Noutra foto, via-se uma mancha na altura do pescoço e na outra, não.

Vincent estava em choque.

– Quando e onde, essa tal Joana conseguiu obter essas fotos? Você nunca perguntou?

– Ela apenas me disse que foi difícil de consegui-las e...

– Você acreditou!

– Se não são do Charles, de quem são, então?

– De qualquer outra criança. O importante, para essa moça, é fazê-lo feliz, uma vez que você nunca viu seu filho, pessoalmente, pouco importaria de quem fossem as fotos.

– Não! Joana Mullins não faria isso. Ela me adora!

– Exatamente por isso que ela fez. Queria conquistá-lo, a qualquer custo, e está se esforçando para isso.

– Não pode ser verdade...

– Mas é.

– E você sabia o tempo todo disso e, mesmo assim, calou-se?

O sujeito riu, orgulhoso de sua astúcia. Vincent queria simplesmente matá-lo. Por fim, fez um acordo consigo mesmo:

– Quando ela voltar, vou confirmar essa história.

– Ela não vai admitir. Se quiser, eu a forço a falar.

– Não, não!

Vincent agora olhava para as fotos, tomado de horror. Ele não podia ter sido iludido àquele ponto. Joana Mullins o amava, por isso, não brincaria com os seus sentimentos. Ele pensou em esclarecer aquilo por carta, mas percebeu que o melhor mesmo a fazer seria confrontar a moça pessoalmente. Olhando atentamente para os seus olhos.

E foi o que ele fez na próxima visita da moça à penitenciaria.

– Joana, diga-me com sinceridade. Essas fotos que você me traz do Charles, há anos, não são dele, não é mesmo? Você mentiu para mim, não foi?

Joana se mostrou totalmente indignada perante a acusação:

– São deles, sim! É obvio que são!

Vincent continuou atento aos olhos da moça sentada a sua frente e comentou, com pesar:

– Eu queria tanto ver o meu filho, que nem me ative ao fato de que as fotos não seriam dele. Como você poderia tê-las conseguido? Não teria como!

O cérebro de Joana Mullins agia rápido em busca de uma explicação plausível.

– Consegui por meio de uma das criadas. Eu tive de pagar pelas fotos, obviamente, mas valeu a pena. Você ficou feliz e isso é o que me importa.

– Mentira! Os empregados de Jean-Pierre são leais a ele. Jamais se venderiam.

– Mas...

– Diga-me a verdade, Joana. Por favor, eu lhe peço, nada além da verdade.

– Estou lhe dizendo a verdade, Vincent. Eu o amo. Por isso, jamais faria algo para magoá-lo.

Ele balançou a cabeça, inconformado.

– Como fui bobo. Cheguei a chorar por causa dessas fotos. Até adoeci, por causa delas, quando meu colega de cela rasgou uma por uma.

– Eu sinto muito.

– Não sente não!

– Não brigue comigo, por favor.

Vincent segurou firmemente o punho da moça e insistiu na pergunta:

– De quem são essas fotos? Onde as conseguiu?

Ele estava furioso, percebeu Joana, rapidamente. Se lhe dissesse a verdade, a verdade o afastaria dela para sempre, por isso, era melhor continuar mentindo:

– Não faça isso comigo, meu amor.

– Não sou o seu amor.

– É sim, eu o amo!

Vincent riu, tomado de indignação:

– Antes você amava o meu irmão. Tanto que foi capaz de fazer tudo por ele. Até mesmo ignorar seus apelos, só para mantê-lo ao seu lado, naquele maldito sanatório. Depois que ele fugiu de lá, você veio atrás de mim e passou a me amar também. Mas a meu ver, Joana, você não ama ninguém, além do seu ideal de se casar e ser feliz.

– Eu o amo, sim, Vincent! Desde que o conheci, tenho feito de tudo para alegrá-lo.

– Então me diga a verdade. É só o que lhe peço.

Os olhos dela se congelaram numa expressão de dúvida e terror.

– A verdade, Joana! – insistiu Vincent, seriamente. – Só a verdade!

Nem era preciso confirmar, a reação da moça diante dos fatos já confirmava tudo.

– Promete que não vai ficar com ódio de mim? – disse ela, enfim. – Eu só quis alegrá-lo.

– Eu sei...

Ele estava terrivelmente decepcionado, mas sabia que, naquele ponto, Joana Mullins falava sério. Fizera realmente aquilo para deixá-lo mais feliz e funcionou.

– Prometo que eu farei de tudo para conseguir uma foto verdadeira do seu filho. Nem que eu tenha de gastar todas as minhas economias para isso.

Aquilo, no fundo, era o que Vincent mais queria. Contudo, já não conseguiria acreditar em Joana novamente. Poderia fazê-lo de bobo, outra vez. E para evitar qualquer transtorno futuro, Vincent achou melhor romper definitivamente relações com a moça.

– Adeus! – disse, simplesmente.

– Adeus?! – surpreendeu-se ela em choque. – Adeus, não, Vincent! Por favor!

Ela começou a chorar e falar alto, e foi preciso dois guardas para acalmá-la e retirá-la do local.

Ao voltar para a cela, Hector divertiu-se um bocado às custas da decepção do colega. Especialmente quando ele lhe contou a procedência das fotos que Joana havia lhe entregado.

– Eram fotos roubadas do cemitério da cidade em que ela morava. E dos álbuns que os pacientes do sanatório levavam para o local.

O homem se contorceu de tanto rir, a ponto de quase urinar nas calças.

– Essa foi a melhor! – exclamou em meio às gargalhadas. – E você, beijando e acariciando a foto de um defunto. Ou melhor, de vários deles.

Vincent se sentia destruído, completamente destruído com o que havia descoberto. E o episódio logo virou a fofoca número um do presídio. Por onde ele passava, todos caçoavam dele abertamente. Até mesmo os carcereiros faziam piada do que havia lhe acontecido.

# Capítulo 16

Dias depois, Hector virou-se para o colega de cela e disse, animado:

– Essa moçoila pode me ser útil, sabia?

Por alguns segundos, Vincent não fazia ideia a quem o brutamontes se referia.

– Moçoila! Que moçoila?

– A tal que lhe deu essas fotos. Ela pode muito bem me ajudar a fugir daqui.

– Não vejo como.

– Não vê, porque é um asno. Se essa fulana estiver mesmo desesperada para se casar, basta eu jogar um charme nela que eu a terei no papo.

– Mas vocês nem se conhecem.

– Mas iremos nos conhecer por intermédio de cartas. Você tem o endereço dela, tudo o que tenho a fazer é escrever para ela, falando de mim, que só de ouvir você falando dela, fiquei apaixonado e... – Hector riu, orgulhoso de sua astúcia. – Dê-me o endereço da fulana.

De nada lhe adiantaria negar o seu pedido, percebeu Vincent, pois Hector pegaria à força uma das cartas que Joana lhe mandara, e, portanto, conseguiria atingir seu objetivo. O melhor a fazer era atender ao seu pedido, sem fazer qualquer impedimento.

Foi na hora do pátio que Hector pôs seu plano em ação. Escolheu o prisioneiro mais bem-apessoado do lugar e lhe pediu uma foto sua. Sabia que Joana não se interessaria por ele, fisicamente, pois Hector era um homem relaxado com sua aparência e; por isso, decidiu usar a foto de um sujeito jovem e bonitão que pudesse atrair completamente a atenção da moça.

Na primeira carta que escreveu para Joana, Hector contou uma linda e comovente história, de tirar lágrimas de qualquer um. Afirmou que pagava por um crime que não cometera e sofria muito por isso. Contou que se apaixonara por ela, só de ouvir Vincent falar a seu respeito, e que, um dia, numa das visitas que ela fizera ao colega, ele a viu enquanto os dois conversavam. Foi amor à primeira vista. Ela era linda, a mulher perfeita para ele. Outra mulher nunca despertara tanto sua atenção.

Hector contou-lhe também que era de família nobre e extremamente rica e que era uma injustiça não poder usufruir de todo o dinheiro que seu pai conseguira na vida com tanto suor.

Ao receber a carta, Joana ficou imediatamente alvoroçada. O moço da foto era lindo, não só lindo como extremamente rico. Tão bonito e rico quanto Vincent Pérez que a rejeitara. Sem perder tempo, ela respondeu a carta e, desde então, ela e Hector trocavam pelo menos uma a cada duas semanas.

Quando Joana decidiu ir vê-lo, pessoalmente, Hector inventou que um carcereiro havia implicado com ele, injustamente, e decretou, como punição, que ele ficasse sem receber visitas por pelo menos três meses. Joana ficou extremamente decepcionada, mas aguardando ansiosamente pela nova data, em que ambos poderiam se conhecer finalmente.

Nesse período, ela lia e relia as cartas que Hector lhe mandava, sentindo seu coração palpitar, só de se imaginar perante o correspondente, que lhe parecia tão sincero e apaixonado por ela.

Um dia, Vincent questionou Hector:

– Por que disse a ela que é rico? Acha mesmo que ela se importa com isso?

O homenzarrão gargalhou:

– É obvio que se importa! Caso contrário, já teria se arranjado com um desgraçado qualquer. Ela só se interessou por você e seu irmão porque são ricos. Não é somente com um sujeito bonito e elegante que ela sonha em se casar, mas com um rico e de família nobre.

Vincent custava acreditar que Joana Mullins chegasse àquele ponto, mas o fato era verdadeiro. Homens já haviam se interessado por ela e ela os desprezara, um a um, por não serem ricos ou bonitos como ela tanto queria.

Quando os três meses de fingida reclusão cessaram, Hector disse a Joana, por carta, que finalmente poderiam se ver pessoalmente. Quando ela chegou ao presidio, ele inventou que adoecera terrivelmente naquela noite, com uma forte dor de estômago e, por isso, não poderia vê-la naquele dia. Mandou o recado pelo carcereiro, pedindo-lhe desculpas. Isso lhe daria mais tempo para deixá-la ainda mais interessada nele, por meio das cartas que continham palavras tão afetuosas. Se Joana o visse, já de início, o encanto passaria e ele não teria a chance de usá-la para o seu grande propósito.

Nova data foi marcada e, quando Joana chegou à sala de visitas da prisão, o sujeito da foto que Hector usara para conquistá-la, também estava ali, diante da esposa, acariciando ternamente suas mãos. Quando ela o viu, teve um ataque de ciúmes doentio. Como ele poderia ter outra mulher, se dizia estar totalmente apaixonado por ela, por meio das muitas cartas que lhe escrevera durante meses a fio?

Sem pensar duas vezes, Joana se posicionou junto à mulher do prisioneiro e disse, furiosa:

– Que bonito, hein? Pois saiba que ele também se corresponde comigo. Diz que me ama e...

– Isso é mesmo verdade? – surpreendeu-se a esposa do condenado que se defendeu no mesmo instante:

– Meu bem, eu nunca vi essa moça antes em toda minha vida.

O sangue de Joana ferveu:

– Nunca, mesmo! Só por carta, seu mulherengo, filho da mãe.

Furiosamente, ela empurrou a mulher do sujeito para o lado e tentou unhá-lo, por meio da abertura na grade que os separava. A mulher do prisioneiro cravou as mãos nos cabelos de Joana e a puxou com toda força. Foi uma gritaria e uma sucessiva sessão de tapas que mobilizou os policiais de plantão para apartar a briga das duas.

Joana foi levada para fora do lugar, acompanhada pela outra mulher que ainda pretendia lhe dar uma surra quando estivessem fora da penitenciaria. E foi o que aconteceu, obrigando novamente os policiais a apartarem a briga.

– O Hector é meu! – berrou Joana revoltada e descabelada.

– Hector? Que Hector?

– O sujeito que você estava conversando há pouco.

– Esse não é o nome dele.

– É lógico que é! A não ser que ele use outro nome quando me escreve.

– Se ele fez isso, por que marcaria encontro com nós duas, no mesmo dia?

– Isso lá é verdade.

Pensativa, Joana voltou até a recepção do local para obter informações do prisioneiro cujo nome era Hector Finn. Perguntou se havia uma foto dele e quando o viu, recusou-se a acreditar que aquele era o homem que por tantas vezes havia lhe escrito, dizendo-se apaixonado por ela. Mas não havia dúvidas, afinal, Hector Finn era mesmo o sujeito com quem Vincent Pérez dividia a cela, desde que fora encarcerado naquela penitenciaria de máxima segurança.

Não levou mais do que um minuto para Joana ligar os fatos. Ela era esperta, sempre fora, só fingia não ser quando lhe convinha. Então, ela decidiu fazer o joguinho de Hector e lhe dar uma lição bem dada por tê-la feita de boba durante todo aquele tempo. Pediu permissão para vê-lo, como já havia combinado com ele e antes mesmo que ele se explicasse, ela falou, com forjada emoção na voz:

– No fundo, eu sempre soube que você não era o rapaz da foto. Mesmo assim, apaixonei-me por você. E para mim, não importa o físico da pessoa, o importante mesmo é a sinceridade e acho que você foi comigo, o tempo todo, muito sincero.

– Que bom que você notou – fingiu Hector.

– Sim.

Os olhos dela piscaram, pelo simples propósito de derramar algumas lágrimas. E conseguiu. A seguir, Joana quis saber da família dele e logo notou que ele também havia mentido em relação ao fato de eles serem ricos e nobres. Ela queria simplesmente matar o sujeito, mas se segurou. A grade que os separava não lhe permitiria fazer aquilo. Por isso, ela o levou em banho-maria por mais algum tempo, e terminou o encontro prometendo voltar para vê-lo o quanto antes. Seria o tempo suficiente para elaborar uma forma de se vingar do demônio.

Pelo caminho de volta a sua cidade, Joana se perguntava o porquê de o sujeito ter feito aquilo com ela. Por nenhum momento ela percebeu que Hector fizera com ela o mesmo que ela fez com Vincent Pérez e Jean-Pierre Cassel. Ainda levaria tempo para Joana compreender que na vida, todo mal que se faz para o outro, cedo ou tarde, volta para si.

Na próxima carta que Joana escreveu para Hector, ela finalmente relatou o quão emocionante havia sido o encontro entre os dois e se ofereceu para ajudá-lo a fugir da penitenciária. Hector aceitou sua ajuda e ela se deu por satisfeita. O canalha mordera a isca, exatamente como ela esperou que o fizesse. Pois esse era o seu plano de vingança. Combinaram hora, data e local para que a fuga acontecesse com êxito.

Hector fingiu estar tendo um mal súbito para ser transferido para a enfermaria, onde passaria a noite, como de fato aconteceu. Em meio à madrugada, ele aproveitou para chegar à ala da cozinha, onde aguardaria pelo furgão de uma padaria das imediações, entregar os pães como de hábito.

Vestindo uma roupa previamente roubada de um dos cozinheiros que pesava tanto quanto ele, Hector se esgueirou para fora do local e conseguiu entrar no veículo, onde se escondeu atrás dos muitos cestos de pães que haviam ali. Aconteceu tudo bem mais fácil do que ele havia previsto.

Logo, o furgão estava em movimento e Hector estava a sorrir, feliz por ter escapado do que considerava ser o inferno em vida. Joana estaria esperando por ele, junto à padaria e, com a sua ajuda, ele recomeçaria a vida em liberdade, fazendo uso do seu dinheiro, sua bondade e sua estupidez, até que lhe fosse conveniente.

O furgão finalmente chegou ao seu destino e o motorista logo começou a tirar os cestos vazios do veículo. Entre um cesto e outro, Hector aproveitou para saltar fora e seguir ao encontro de Joana Mullins. Estava tão excitado e ansioso com tudo que estava acontecendo, que demorou para perceber que o furgão havia parado num local cercado por muros altos e vigiados. Joana acenou para ele, sorrindo, amavelmente e quando ele se aproximou dela, a polícia cercou os dois, no mesmo instante. O plano havia falhado, pensou ele, tristemente, mas não, Joana lhe dera falsas esperanças de recobrar sua liberdade como punição pelo que ele havia feito com ela.

– Você achou mesmo que eu iria ajudar um bandido imundo como você a fugir daqui, demônio?

Hector queria esganar Joana, mas foi detido a tempo pelos guardas do local. A raiva que sentia da moça foi tanta que ele conseguiu lhe escarrar na face e praguejou:

– Você ainda vai me pagar por ter me feito de idiota.

– Você também me fez de idiota. Estamos quites.

– Não estamos não. Eu ainda vou lhe dar o troco, nem que seja no inferno.

Sem mais, os policiais arrastaram Hector de volta para a cela, onde, por pouco, ele não transferiu para Vincent o ódio que estava sentindo por ter sido feito de tolo por Joana Mullins.

O episódio foi motivo de riso para todos os encarcerados e funcionários do lugar. Hector queria simplesmente morrer de vergonha e ódio por ter se tornado chacota nas mãos de Joana.

E quando ele pensou que nada de pior poderia lhe acontecer, um derrame cerebral o privou dos movimentos das pernas e do braço esquerdo. Desde então, ele só poderia ir de um lugar para o outro usando uma cadeira de rodas, o que para ele foi extremamente humilhante e vergonhoso. Foi assim que Vincent se viu livre dos horrores que passava nas mãos do sujeito. Hector tornara-se apenas uma sombra do que um dia fora para muitos que cruzaram o seu caminho.

Ao perceber que ele não mais demonstrava interesse em sair para o pátio onde poderia tomar sol, Vincent o incentivou a mudar de ideia. Era preciso, pois ficar fechado ali, o dia todo, sete dias na semana não lhe faria nada bem. Foi chorando que Hector admitiu para ele que sentiria vergonha se todos o vissem naquele estado deplorável.

Inspirado pela leitura da bíblia que leu e releu, tantas vezes durante o seu confinamento, Vincent conseguiu convencer o colega de cela a sair para o pátio, de rosto erguido, enfrentando sua realidade e os olhares daqueles que poderiam vê-lo com olhos de pena ou sarcasmo.

Hector sentou-se na cadeira de rodas que o próprio Vincent empurrou até o local. Ao sentir os raios de sol sob a face, o prisioneiro chorou e, voltando-se para Vincent, com seus olhos embaçados, agradeceu a ele por ter insistido em levá-lo para lá. Ele realmente precisava daquilo.

Desse dia em diante, Vincent Pérez se tornou a pessoa mais importante na vida de Hector Finn, o melhor amigo, a pessoa por quem ele mais tinha respeito. Vincent também o incentivou a ler a bíblia, hábito que o transformou definitivamente numa pessoa consciente a respeito dos mandamentos de Deus.

Um ano depois, Hector morria de enfarto, mas ciente plenamente de que não havia pessoa melhor no mundo do que Vincent Pérez.

Nesse período, Joana Mullins se interessou por um novo paciente que chegou ao sanatório onde trabalhava. Um sujeito de família rica que tinha súbitos ataques de esquizofrenia. Logo, ele realmente se apaixonou por ela como ela tanto desejava e sonhava tê-la como esposa, assim que fosse possível. A família do rapaz acabou aprovando a união do casal, já que Joana parecia ser a mulher ideal para desposar e cuidar de tão frágil criatura. Contudo, ele a matou antes mesmo que o casamento pudesse acontecer. Em meio a um beijo, agarrou-lhe o pescoço com toda força que dispunha e a estrangulou, por acreditar que ela planejava matá-lo assim que tivesse a chance.

Esse foi o fim de Joana Mullins, mas ela ainda voltaria à Terra, décadas depois, para encarar, mais uma vez, as consequências pelo que fizera de mal aos outros em existências passadas.

# Capítulo 17

Nos anos que se seguiram, Vincent ganhou alguns fios de cabelos brancos e algumas rugas em torno dos olhos. O brilho que se mantinha em seus olhos provinha da esperança de um dia poder ver o filho, de perto, fruto do amor imenso que ele tivera por Isabelle Cassel e que ainda guardava em seu coração, trancado a sete chaves.

Nenhuma carta da mãe viera com o tempo, Angelina parecia mesmo tê-lo esquecido por completo. Jamais pensou que pudesse ser tão rancorosa, ainda mais com ele que dizia amar tanto. Contudo, o amor de Vincent por ela ainda permanecia o mesmo. Apesar dos pesares, Angelina o criara com o amor e dedicação e foi tudo para ele, durante a maior parte dos anos de sua vida.

Enquanto isso, Jean-Pierre educava Jean-Luc e Charles com tremenda dedicação e carinho. Isabelle, no entanto, desprezava o caçula como se ele fosse filho de um estranho que ela repugnava e fora obrigada a mantê-lo sob o teto da sua casa. Não fazia uso de palavras gentis nem amorosas para com o menino, tampouco fazia questão de tê-lo ao seu lado. Seus olhos, seus abraços e seus carinhos eram totalmente voltados para Jean-Luc que, apesar de ser criança, notava claramente a indiferença com que a mãe tratava seu irmão adorado.

Um dia, quando Isabelle abraçou o filho mais velho, transbordando de afeição e amor por sua pessoa, Jean-Luc voltou-se para a mãe e disse:

– Mamãe, olha o Charles! – e voltando-se para o irmão, completou: – Charles, olha a minha mãe!

As palavras do garoto pegaram Isabelle desprevenida, porém, seu coração continuou duro como pedra, diante do filho caçula. O máximo que conseguiu fazer, diante da situação, foi dispensar um sorrisinho amarelo para Charles que pareceu imensamente feliz por ela tê-lo notado, depois de tanto tempo.

Jean-Pierre, por sua vez, mantinha-se sempre por perto dos três, para evitar qualquer tipo de indisposição e agressividade por parte de Isabelle em relação a Charles. Toda vez que ela o ignorava, ele a substituía, fazendo o papel de pai e mãe ao mesmo tempo.

Um dia, Isabelle chamou sua atenção:

– Jean-Pierre, você deveria dar mais atenção ao Jean-Luc.

– O quê?! – surpreendeu-se Jean-Pierre, mal acreditando no que ouviu. – Sou um pai tão presente na vida dele...

– Não é não! Desculpe falar assim, mas alguém tem de fazê-lo perceber que você dá muito mais atenção ao Charles do que ao Jean-Luc.

– Isso não é verdade – argumentou Jean-Pierre com polidez. – Se for, faço para suprir a falta que Charles sente de você.

Isabelle não se deixou abalar:

– Já lhe disse que para mim é muito difícil encará-lo. Basta olhar para ele que me lembro de toda maldade que aquele demônio nos fez.

Jean-Pierre usou de perspicácia, mais uma vez:

– Isabelle, minha querida, eu sou uma réplica perfeita do Vincent e, mesmo assim, você continua me amando.

Ela se manteve firme:

– Porque eu o amava muito antes de saber da existência daquele monstro. Ele não conseguiu destruir sua imagem, mas o menino...

– Santo Deus, Isabelle! Charles é seu filho! Experimente olhar para ele com olhos repletos de amor e não de rancor. Ouse fazer isso, por pelo menos uma vez. Ele é um garoto maravilhoso. Não tem culpa de ter nascido por meio de uma farsa. Trata-se de uma criança inocente. Como todas.

As palavras do marido haviam finalmente arranhado a couraça do ódio, com a qual Isabelle protegia seus sentimentos. Mas fora apenas um arranhão, pouco ainda para libertá-la de vez daquele aprisionamento.

Aos dez anos de idade, Charles quis saber de Jean-Pierre, porque ele era chamado de filho do coração. Porque ele e Jean-Luc eram irmãos apenas por parte de mãe, como Isabelle sempre fez questão de lembrá-lo. Afinal, o que acontecera ao seu pai biológico?

Jean-Pierre achou melhor deixar a explicação necessária para mais tarde. Quando o menino tivesse idade suficiente para compreender os fatos. Isabelle, no entanto, discordou plenamente da sua decisão e, por isso, chamou Charles e lhe contou toda a história sem poupá-lo de nenhum detalhe.

– O nome do seu verdadeiro pai é Vincent Pérez. E Jean-Pierre é seu irmão gêmeo, idêntico. Já faz anos que Vincent está na prisão por ter matado a noiva a sangue frio. Ele também tentou matar Jean-Pierre, levando-o para uma emboscada em alto mar. Fez isso para me deixar viúva e, assim, fazer com que eu me apaixonasse por ele, da mesma forma que ele se apaixonou por mim.

– Ele se apaixonou pela senhora?

– Sim. Quando Jean-Pierre foi internado num sanatório, uma espécie de hospital para pessoas com traumas ou problemas psíquicos, Vincent Pérez se passou por ele, para poder ficar comigo e eu acreditei nele, assim como a maioria das pessoas à nossa volta. Foi assim que ele me engravidou de você. Por meio de uma farsa sórdida e ordinária.

O ódio com que Isabelle imprimia cada palavra, foi o que mais assustou o menino. Jean-Luc também ouviu tudo com temor. Jean-Pierre, por sua vez, mantinha-se contrariado, pois não era para o menino saber da verdade daquela forma tão fria e direta.

– Entendeu, agora, quem é o seu verdadeiro pai? – indagou Isabelle quase num berro. – Onde ele está e por que Jean-Pierre o criou?

O menino assentiu, enquanto lágrimas escorriam pela sua face. Então, subitamente, ele se afastou e saiu correndo pela porta em arco que dava para o jardim.

– Eu vou atrás dele, papai! – prontificou-se Jean-Luc, sempre muito solícito com todos.

Assim que o menino partiu, Jean-Pierre se voltou para a esposa que enfrentou seu olhar e disse, sem nenhum pesar:

– Estava mais do que na hora do menino saber a verdade sobre o pai.

– Não agora, Isabelle. Ele ainda é uma criança.

– Que nada! Você o protege demais da conta.

– Eu o protejo! O protejo, sim! Porque o amo como a um filho.

– Pois nunca se esqueça, de que o Jean-Luc é o seu único e legítimo filho, Jean-Pierre.

– Eu não me esqueço. Contudo, amo Charles como se eu fosse o seu legítimo pai. E será assim para sempre.

Sem mais, Jean-Pierre saiu em busca dos dois meninos e os encontrou dentro do labirinto de cercas vivas.

– Então é por isso... É por isso que ela não gosta de mim – desabafou Charles ofegante.

– Sua mãe passou por maus bocados – explicou Jean-Pierre na melhor das intenções. – Sabendo de toda verdade, talvez você agora possa compreendê-la melhor e perdoá-la por sua rispidez.

O garoto assentiu e procurou se recompor.

– Quando o senhor diz que me ama, o senhor fala a verdade, não é mesmo?

Jean-Pierre abriu-lhe um largo sorriso.

– Mesmo depois de todos esses anos convivendo comigo, você ainda tem dúvidas?

Charles achou graça e Jean-Pierre o envolveu num abraço caloroso.

– Eu o amo, Jean-Luc o ama e sua mãe também o ama. Ela apenas não sabe lidar com o que aconteceu no passado, o que é uma pena, pois isso a faz sofrer. Mas um dia, ela mudará. Você vai ver!

Charles assentiu e fez um pedido muito sério e importante para si:

– Prometa-me, papai. Que ninguém mais saberá que não sou seu filho. Não quero ter um pai assassino. Promete?

– Prometo, Charles. Assim será!

O garoto tornou a abraçá-lo com fervor, agradecido por ele compreendê-lo. Jean-Pierre sabia que a verdade já era conhecida de todos na região. O que Vincent fizera propagara-se de boca em boca muito além de Saint-Émilion. Fora um escândalo. Com o tempo, porém, a verdade perderia a força e, com isso, não afetaria Charles no futuro. Não queria vê-lo sofrer, não mais do que já sofria por ser rejeitado pela própria mãe.

Enquanto isso, Étienne Navarro crescia cada vez mais parecida com a mãe e se lembrava, com carinho, do moço bonito que fora lhe visitar certa vez. Ele não era seu pai, mas ela desejou que fosse. Ela se referia a Vincent Pérez e mal sabia ela dos horrores os quais ele estava passando na prisão, pagando por um crime que não cometera.

# Capítulo 18

Foi numa tarde ensolarada de primavera, quando os dois meninos brincavam de detetive, explorando cada canto desconhecido da mansão, que eles encontraram o quadro que o pintor Laurence Piemonte havia feito de Silvia Navarro. A obra continuava esquecida naquele ponto discreto da mansão, coberta por um lençol antigo para que não pegasse pó. Tanto Jean-Luc quanto Charles ficaram surpresos com a beleza da moça retratada no quadro à óleo.

– Uau! – exclamou Jean-Luc, olhos arregalados. – Ela é bonita, não é?

Charles soltou um assovio.

– Muito bonita!

Tanto um, quanto o outro, tocaram o rosto de Silvia, como se ela fosse de carne e osso.

– Quem será? – quis saber Jean-Luc com transparente empolgação. – Será que ela realmente existiu? Eu gostaria de saber.

Charles também se fez as mesmas perguntas.

Os dois meninos olhavam quase que hipnotizados para a figura deslumbrante de Silvia Navarro, no auge da juventude, quando um dos empregados entrou ali, surpreendendo os dois.

– Meninos! O que estão fazendo aqui?

Jean-Luc e Charles olharam para o criado e depois para o quadro, e o sujeito exclamou:

– Ah! Então vocês o encontraram! Um belo retrato, hein?

– Quem é ela? – perguntou Charles sem rodeios.

O empregado sabia, mas achou melhor não dizer.

– Vamos cobri-la novamente para não pegar pó. Seria uma pena ver uma beldade dessas ficar encardida, não é mesmo?

Os irmãos concordaram e assim que se foram, o funcionário voltou a descobrir o quadro, para admirar novamente a modelo que tanto o encantava. Há tempos que ele havia descoberto a obra e ficara deslumbrado por sua beleza e magnitude. Ao saber que a moça retratada fora aquela que Vincent Pérez assassinara, despudoradamente, o serviçal desejou intimamente que o assassino apodrecesse na prisão. Onde já se viu matar uma mulher tão linda como aquela? Uma beldade, uma deusa encarnada.

Assim que Jean-Luc encontrou o pai, quis logo sanar sua curiosidade:

– Papai, eu e o Charles encontramos um quadro à óleo num dos quartos das dependências dos empregados.

– Um quadro à óleo? – interessou-se Jean-Pierre.

– Sim! De uma moça muito bonita.

Jean-Pierre puxou pela memória. Não se recordava a que quadro os meninos se referiam.

– Levem-me até lá.

Só mesmo diante da majestosa pintura é que Jean-Pierre se lembrou e ficou temporariamente absorto pela imagem deslumbrante de Silvia Navarro retratada ali. Era como se a estivesse vendo, novamente, em carne e osso, com todo seu fascínio que deslumbrou tantos homens.

– Quem é ela, papai? – insistiu Charles, ansioso. – O senhor a conhece? Ela realmente existiu?

– Sim, meus filhos, ela existiu. Chamava-se Silvia Navarro.

– Quem é ela?

– É uma longa história.

A mente de Jean-Pierre estava ocupada por flashes do passado.

– Ela já morreu?

– Sim. Alguns anos atrás.

Charles assoviou.

– Uau!

Jean-Luc quis saber:

– Por que esse quadro está guardado aqui, papai? É tão bonito. O senhor tem tantos espalhados pela casa, por que não o pendura lá dentro, junto com os demais?

– Como disse a vocês, é uma longa história. E vocês ainda são muito crianças para compreender o que se passou. Quando forem maiores, prometo lhes contar tudo, devidamente.

Os meninos se entreolharam, desapontados.

Horas depois, quando a sós com Isabelle, Jean-Luc comentou com a mãe a respeito da grande descoberta que ele e o irmão haviam feito naquela tarde.

– O nome dela é Silvia... Silvia alguma coisa – explicou o menino, de acordo com o que pai havia lhe dito. – A senhora a conheceu? Por que o quadro não pode ser pendurado aqui na casa, junto com os outros? É tão bonito.

Isabelle havia se esquecido do quadro, completamente. Chegara a vê-lo ,por uma, duas vezes, quando estivera na mansão, época em que Jean-Pierre ainda era casado com Silvia.

– O papai disse que a moça retratada ali, morreu já faz alguns anos.

Isabelle assentiu, enquanto sua mente vagava longe.

– Mamãe! A senhora não me respondeu. Por que o quadro não pode ser pendurado aqui na casa, junto com os outros, se é tão bonito?

Ela bufou, tomada de certa aflição. Não sabia o que responder, tampouco se deveria. Por fim, optou por uma desculpa:

– Não gostamos de pendurar na casa quadros com retratos de pessoas mortas. Não é de bom agouro.

O menino franziu o cenho. Entendera e, ao mesmo tempo, não.

– Mamãe?

– O que é, Jean-Luc? Quantas perguntas, hein?

O menino corou.

– Diga – incentivou Isabelle, abrindo-lhe um sorriso afetuoso.

– Quando eu for grande, quero me casar com uma garota tão bonita quanto aquela...

– Aquela?! Aquela quem, Jean-Luc?

– A moça do quadro.

Isabelle se arrepiou inteira.

– Não diga isso, Jean-Luc. Nem por brincadeira.

O menino se assustou, diante da mudança inesperada da mãe que explicou, com voz entrevada:

– Essa moça do retrato, filho... Essa moça foi o demônio em pessoa. Capaz de destruir vidas e mais vidas. Meu querido, tenha sempre muito cuidado. Por trás de uma mulher linda e fulgurante como aquela, pode haver um demônio escondido. Nunca se deixe iludir pela beleza de uma mulher assim, compreendeu, Jean-Luc?

O menino assentiu, porque era sempre de bom tom aceitar os conselhos da mãe. Mas, no fundo, ele não compreendia a profundidade do que ela tentava lhe dizer.

A seguir, Isabelle abraçou o filho, como se pudesse protegê-lo de todo mal que houvesse na Terra. Acalmou-se somente quando lembrou a si mesma de que Silvia Navarro estava morta e enterrada. Jamais voltaria à vida; jamais poderia destruir seu lar novamente. O quadro era apenas um quadro, jamais teria o poder de prejudicar um ser vivo. Ao encontrar a esposa, Jean-Pierre estranhou seu comportamento:

– Isabelle, meu amor. O que foi? Você me parece preocupada. Aconteceu alguma coisa?

– Aconteceu! – respondeu ela secamente. – O quadro de Silvia Navarro, por que você não o mandou destruir?

A pergunta o impressionou.

– Porque achei que seria um desperdício. Uma obra de arte tão bonita. Tive pena. Não vai me dizer que está com ciúmes do quadro? Ora, minha querida...

Ele envolveu a esposa num abraço e a beijou na testa.

– Ficou com ciúmes, foi? – brincou ele, achando graça do seu mau humor.

Mas Isabelle se manteve séria; verdadeiramente preocupada e aflita:

– Eu ainda a sinto perto de nós, Jean-Pierre. Assombrando esta casa... Corrompendo nossas almas...

– Isabelle, meu amor! Silvia está morta. Temamos os vivos, não os mortos, pois esses, sim, podem fazer algo de ruim contra nós.

– É o que dizem... No entanto, é como se ela ainda estivesse nos observando. Infeliz por nos ver felizes e saudáveis. É como se fosse ela quem ainda vai rir por último.

Um súbito calafrio fez Isabelle retribuir o abraço do marido com maior intensidade. Com ele, ao seu lado, ela se sentia protegida. Contudo, sua intuição não estava errada. O destino ainda traria, de alguma forma, Silvia Navarro de volta àquela mansão. E quando esse momento chegasse, nada mais seria o mesmo.

Nesse ínterim, Étienne Navarro se olhava no espelho, admirando seu reflexo, quando uma das freiras do lugar apareceu para lhe informar:

– Étienne, minha querida, sua madrinha está aqui, veio lhe ver.

A menina ficou radiante. Ao ver Madalena, abriu-se num sorriso de felicidade total e abraçou a mulher, com o mesmo carinho que ela a acolhia em seus braços.

– Étienne, minha querida, como você cresceu! Já está uma mocinha...

Madalena calou a voz e os olhos marejaram.

– O que foi, madrinha?

– Nada não. É que você me fez lembrar da sua mãe. Está cada vez mais parecida com ela.

– A senhora acha?

– Acho, não, tenho certeza. Ao que parece, ficará muito semelhante a ela quando crescer.

A menina pareceu gostar imensamente da comparação.

– Que pena ela ter morrido tão moça...

– Sim, minha querida. Uma lástima. Tão moça e tão cheia de vida...

Madalena enxugou os olhos e procurou abafar a saudade. Voltou a se concentrar na menina, transmitindo-lhe amor e afeto. Madalena sabia o quanto Étienne adorava a mãe, mesmo sem tê-la conhecido. E perguntava-se, intimamente, se ela continuaria amando-a incondicionalmente se soubesse quem fora Silvia Navarro no íntimo, e dos erros que cometera em vida. Seria capaz de perdoá-la?, essa era outra pergunta que Madalena gostaria de obter a resposta.

– E o meu pai, madrinha. A senhora nunca me fala dele. Ele ainda está vivo? Um dia irei conhecê-lo?

Madalena lhe foi sincera mais uma vez:

– Eu jamais conheci seu pai, pessoalmente. Sei apenas o seu nome e onde vive, porque sua mãe me revelou. Quando você for maior de idade, eu lhe direi o que sei a respeito dele.

– Está bem.

A menina desejava imensamente conhecer o pai, afinal, era o único elo com a sua origem. Acreditava piamente de que um dia eles haveriam de se encontrar e, quem sabe, tornarem-se bons amigos.

O tempo continuou seu percurso implacável, com Jean-Luc e Charles se tornando adolescentes, cada vez mais interessados pela vida. Apesar da diferença de idade, por muitas vezes, Charles parecia ser o mais velho dos dois. Volta e meia, ambos visitavam o quadro, esquecido no porão, e tentavam imaginar, com suas mentes fantasiosas quem fora Silvia Navarro.

O dia da verdade finalmente chegou. Não havia mais porque adiá-la, concluiu Jean-Pierre, se Jean-Luc e Charles já se mostravam maduros o suficiente para enfrentar os fatos mais obscuros da vida. Assim, ele reuniu os dois garotos na sala de leitura e contou-lhes tudo que achou necessário.

– Quer dizer, então... – comentou Jean-Luc, surpreso. – Que a moça do quadro foi esposa do senhor?

– Sim. E depois de nos separarmos, ela conheceu meu irmão Vincent, por quem se apaixonou.

Charles estremeceu.

– E seu irmão... – gaguejou – está na prisão, porque cometeu um assassinato, é isso?

– Sim.

Não foi preciso dizer mais nada, Charles tirou sua própria conclusão sobre os fatos.

– Foi ela, então, que ele matou?

– Exato!

O desapontamento do garoto era visível.

– O seu irmão... Como ele pôde ter matado uma mulher tão linda? Ele é mesmo o próprio demônio, como disse a mamãe. Por isso, deve morrer na cadeia...

– Charles, meu irmão Vincent é também seu pai.

– Não! O meu pai é o senhor. E que ninguém jamais saiba que não sou seu filho, por favor. Será vergonhoso para mim se souberem que sou filho de um assassino.

– Entendo – concordou Jean-Pierre, para dar suporte ao menino que se mostrava desesperado. Em seguida o abraçou, externando todo o amor que sentia por ele.

Em Luxemburgo, Suíça, o delegado Maurice e seu escriturário chegavam à casa de Angelina Chermont. Ambos se assustaram ao encontrar a mulher na cama, cadavérica, em meio a uma casa bagunçada, suja e malcheirosa.

– A senhora me chamou? – perguntou o delegado, lançando um olhar especulativo para a moribunda.

– Sim – respondeu ela com a voz por um fio.

– Pois bem, aqui estou. Em que posso ajudá-la?

– Estou muito doente. Não devo viver por muito mais tempo. Tenho uma confissão a fazer. Uma confissão necessária. Sobre um sujeito que paga por um crime que não cometeu.

Os dois homens se entreolharam, chocados perante a extraordinária revelação.

# Capítulo 19

Após uma forte tosse, Angelina voltou-se para o delegado e disse:

– Que seu escrivão redija o que tenho a dizer e assinarei, perante testemunhas, para validar o conteúdo do documento.

– Está bem.

Assim que o escriturário posicionou a máquina de datilografia em cima de uma mesinha encontrada na sala, Angelina falou, sem rodeios:

– Tudo o que eu disse a respeito de Vincent Pérez, perante as autoridades, é mentira. Vincent Pérez é inocente. Sempre foi. Silvia Navarro caiu mesmo da escada, porque pisou em falso. Ele sequer a tocou.

– Se ele é mesmo inocente – questionou o delegado –, por que a senhora fez isso com o seu próprio filho?

– Porque ele me forçou a ficar com uma criatura sob o mesmo teto. Exigiu que eu cuidasse dela e....

– Criatura? Do que ou de quem exatamente a senhora está falando?

– Não é de quem, delegado, é a "quê" mesmo me refiro. Porque aquilo não é humano. Não tem alma. É qualquer coisa de...

O homem e o escrivão se entreolharam.

– O pior é que aquela criatura nasceu de mim. Isso é o que mais me revolta. Logo soube que havia algo de errado com ela...

– Essa criatura que a senhora se refere, é na verdade seu filho?

– Filho, não! Não poderia ser, porque não é humano, não tem alma! – ela tomou ar. – Foi há muito tempo...

E Angelina contou toda história que inocentava Vincent da condenação.

Quando os dois homens deixaram a casa, o escrivão voltou-se para o colega de profissão e declarou:

– Que mulher mais horrível. E que história mais macabra.

– Chegou a me arrepiar – confessou o homem.

– O que faremos agora, delegado?

– Voltemos à delegacia. Há um inocente que precisamos libertar. Cuidarei de todo processo, afinal, fui eu quem dei corda para essa mulher asquerosa.

– Um verdadeiro demônio de saias.

– Sim! Quem dera só existisse ela na face da Terra.

– Quem dera!

As medidas necessárias foram tomadas e quando Vincent soube que seria solto, chorou de emoção. Deixou o presídio e recebeu um pedido de desculpas por parte da justiça francesa.

Assim que se viu livre do lugar, Vincent olhou para o céu e caiu de joelhos, unindo as mãos em louvor.

– Liberdade! – exclamou, chorando. O pesadelo havia acabado. Finalmente ele poderia conhecer o filho e se retratar perante ele.

Antes, porém, ele tinha de ir ver Angelina. Ao chegar à sua casa, encontrou a porta da frente aberta e, por isso, entrou sem bater. O fedor ali dentro era terrível, o lugar tornara-se praticamente um chiqueiro.

Angelina estava largada na cama, com os olhos presos no teto; era como se já estivesse morta. Um cadáver esquecido de ser enterrado. Sua magreza o impressionou, os ossos estavam à mostra.

– Mãe – disse ele, após o choque com o que viu.

Ela pensou estar ouvindo coisas. Quis mover a cabeça, mas não teve forças.

– Mamãe – tornou ele, aproximando-se do leito. – Sou eu, Vincent.

Ela então o viu e um sorriso trêmulo tomou sua face. Ficou a admirá-lo, sem dizer nada. Ele a encarava com lágrimas a rolar pelo rosto. Encontrá-la naquele estado embrulhou seu estômago.

– Vou limpar essa casa – disse ele, angustiado. – A senhora vai se sentir muito melhor numa casa limpa. Vou chamar uma enfermeira para lhe dar um banho e...

O chamado dela o fez encará-la novamente.

– Diga, mamãe... O que é?

Ele se sentou na beirada da cama, olhando-a ternamente e, Angelina falou com voz partida:

– Vincent... Quero que saiba... Sim, você precisa saber.

Ele assentiu, acreditando que ela finalmente lhe pediria desculpas pelo que lhe fez, arrependendo-se totalmente dos erros cometidos, o que seria maravilhoso para a purificação da sua própria alma.

– Fale mamãe. O que é? – ele a incentivou com um olhar generoso.

Com grande esforço, Angelina conseguiu dizer o que tanto importunava o seu coração:

– Tudo o que fiz, Vincent... Tudo! Não me arrependo de nada. Se eu nascesse de novo, faria tudo igual. Acho até que pior. Ainda bem que a vida é uma só. Ninguém merece viver nesse mundo podre, mais do que uma vez. Esse mundo injusto e ordinário. Que dá mais para uns do que para os outros. Que não tem piedade, tampouco compaixão de ninguém.

– E a senhora teve piedade ou compaixão por alguém, mamãe?

O rosto dela se contorceu. O ódio havia se tornado ainda mais forte em seu coração, a dilacerar o pouco de vida que ainda lhe restava.

– Só por você, Vincent... – disse Angelina, enfim. – Só por você, eu tive piedade e compaixão.

E a resposta dele foi necessária:

– Não, mamãe! Nem por mim a senhora teve. A vida toda, a senhora só pensou em si, nada além de si. Mas eu a perdoo por tudo o que me fez. Perdoo, totalmente.

Ela deu um suspiro. Mais um e as pálpebras daquele corpo cansado e envelhecido pelo tempo se fecharam definitivamente.

O sepultamento de Angelina Chermont foi no lúgubre e desolado cemitério da cidade. Além do coveiro, só Vincent estava presente, trajando um terno preto que acentuava ainda mais a sua palidez. Quando o coveiro começou a cobrir de terra o caixão, Vincent se recordou de todo o mal que Angelina havia lhe feito. Toda sua desgraça se dera por causa dela que o criara e estava prestes a ficar para sempre a sete palmos abaixo da terra. Ele, ou qualquer outro que tivesse passado o que ele passou, nas mãos de Angelina Chermont, poderia odiá-la, profundamente. Mas odiá-la só serviria para escravizá-lo ainda mais ao destino cruel que ela o aprisionara. Era isso que diziam os livros que ele leu e releu, durante os anos de encarceramento. Perdoe todo aquele que lhe fez mal, pois só assim, ficará totalmente livre das suas maldades.

Vincent voltou os olhos para o céu e conversou silenciosamente com o Criador.

– Tenha piedade dela, meu bom Deus. É tudo o que lhe peço.

E era mesmo um pedido feito de coração.

Depois de se desfazer de todos os pertences da mãe, doando para os carentes que se interessaram por aquilo, Vincent pôs a casa à venda. Viver ali, seria para ele, tal como viver preso a um passado que só o feriu e o humilhou.

Restava agora, realizar o seu maior sonho: ver o filho, por pelo menos uma vez na vida. Saberia ele de todo o seu passado? Dos motivos que o fizeram abandoná-lo com o tio e a mãe? Saberia também, que ele passou longos anos atrás das grades de uma prisão, pagando por um crime que não cometeu? Seria capaz de compreendê-lo? Eram tantas questões, só mesmo indo até ele, para descobrir as respostas.

E o momento estava chegando. Finalmente chegando. Sem demora, Vincent tomou o trem para Saint-Émilion, ansioso pelo encontro que tanto significava para ele.

Isabelle estava no jardim aos fundos da mansão dos Cassel, ao lado do marido, sentada numa das cadeiras de ferro sob um enorme guarda--sol, quando uma repentina rajada de vento a fez estremecer. Jean-Pierre lia um artigo do periódico local, quando a esposa se inquietou na cadeira.

– O que foi? – perguntou ele, estranhando sua reação.

– Um mal-estar repentino aqui no peito.

Ao avistar a silhueta de um homem vindo naquela direção, pelo gramado verdejante, Isabelle lançou um olhar inquisitivo para o marido e perguntou:

– Quem será?

Jean-Pierre franziu os olhos para enxergar melhor.

Quando Isabelle reconheceu Vincent, seus olhos se dilataram e seu rosto se contorceu numa máscara de ódio e pavor. Aquele homem não podia ser real, eram seus olhos que estavam lhe pregando uma peça.

– O que esse monstro está fazendo aqui? – indagou ela, furiosa.

Vincent aproximou-se do casal, lançando um olhar piedoso e envergonhado, ao mesmo tempo.

– Olá!

Isabelle rapidamente desviou os olhos. Seria eternamente doloroso para ela, encarar quem tanto lhe fizera mal.

– Desculpem-me por vir aqui, assim, sem avisar. É quase uma invasão, eu sei, mas temi que se anunciassem o meu nome, vocês não me receberiam.

Jean-Pierre continuou a encarar o irmão, enquanto Isabelle se levantou e seguiu, calada, na direção da casa. Sua atitude atingiu Vincent em cheio.

– Ela ainda me odeia, não é? Nunca irá me perdoar.

Não havia o que dizer, pensou Jean-Pierre, senão dirigir o assunto para outro tema:

– Olá, Vincent. Eu já esperava por sua vinda. Assim que li nos jornais sobre a sua absolvição, eu sabia que você viria nos procurar.

– Então já sabe que sou inocente. Que paguei por um crime que não cometi.

– Sim. No fundo, eu nunca acreditei que pudesse mesmo ter assassinado a Silvia. Mesmo que quisesse, teria voltado atrás, como fez, quando tentou me matar, jogando a iate contra os recifes.

Os olhos do gêmeo se encheram d'água.

– Jean-Pierre, saiba que paguei caro por tudo que fiz a você. Quando Angelina me entregou à polícia, sob falso testemunho, sofri tanto pelo que ela me fez, quanto pela prisão em si. Foi uma apunhalada nas costas. Foi como se eu tivesse estado, o tempo todo, sob os cuidados do demônio. Às vezes, acho que Angelina foi mesmo possuída pelo demônio. Só então, compreendi, por meio dos livros que li, que tudo que me aconteceu deu-se por eu ter feito o mesmo com você. Eu também o apunhalara pelas costas, menti, para deixá-lo preso no sanatório. Fui tão sórdido com você quanto Angelina foi comigo. Eu comi o pão que o diabo amassou, porque também o fiz comer. Só pensei em mim...

– São águas passadas, meu irmão.

– Será mesmo, Jean-Pierre? – breve pausa e Vincent voltou a falar com todo gás: – Meu irmão, há algo que você precisa saber. É muito importante que saiba.

Sua ansiedade fez Jean-Pierre olhar para ele com redobrada atenção.

– Angelina mentiu! – explicou Vincent sem rodeios. – Mentiu para o nosso pai e para a nossa mãe. O filho que ela teve e que todos acreditaram que havia caído do penhasco, por culpa dos nossos pais, jamais caiu de lá. Está vivo, vivíssimo, num orfanato.

– Como é que é?

– É isso mesmo o que você ouviu. Angelina inventou toda a história para se ver livre do menino. Um médico havia lhe dito que a criança tinha alguma anormalidade e isso a incomodou, profundamente. Ela queria um filho saudável e normal, entre aspas. E Joseph Pérez não seria assim. Então, ela tirou proveito do momento em que nossos pais saíram para dar uma volta de carro e forjar seu desaparecimento.

– Angelina não pôde ter sido tão vil – comentou Jean-Pierre em choque.

– Mas foi! – afirmou Vincent categoricamente. – E fez bem mais do que isso. Jogou a culpa em nossos pais, porque tinha inveja dos dois. Odiava nossa mãe, por ela ter conquistado um homem de família rica e odiava o nosso pai, por ter simplesmente nascido numa família desse porte. Foi ela mesma quem me contou tudo, quando a pressionei a respeito.

– Quer dizer que a mamãe e o papai sofreram durante anos por causa de uma mentira?

– Sim. Uma farsa que acabou mudando os rumos da minha vida. Foi por causa da mentira que Angelina contou a todos, que a nossa mãe me deu para ela. Para suprir o filho que acreditava ter matado, por irresponsabilidade da parte dela.

– Isso é sórdido.

– Sim. Angelina me tirou dos nossos pais, separou-me de você, simplesmente para realizar seus caprichos. Nunca se importou comigo, realmente. Apenas me usou, como um cachorrinho sob o seu comando.

– Onde já se viu, fazer isso com a própria irmã que tanto a amava? – questionou Jean-Pierre, indignado. – Pobre mamãe, pobre papai. Carregar uma falsa culpa pelo resto de suas vidas. Pobre também do filho que Angelina deixou num orfanato, por sentir vergonha dele.

– Sim. Foi por causa disso, inclusive, que fui parar na cadeia. Ao descobrir a verdade, levei o Joseph, filho de Angelina, para viver com ela sob o mesmo teto. Era mais do que justo, afinal, ele era seu filho legítimo. Um rebento carente do amor e do afeto de sua mãe. De raiva pelo que fiz, Angelina procurou as autoridades e afirmou, perante todos, que eu havia assassinado Silvia Navarro. Ela novamente mentiu descaradamente e todos acreditaram nela. Tinha uma lábia...

– Você diz "tinha"?

– Ela morreu há poucos dias, em circunstâncias deploráveis.

– Eu sinto muito.

Vincent suspirou:

– Mesmo assim, Jean-Pierre, eu a perdoei. E queria muito que você soubesse de toda história, para que pudesse me compreender melhor, perceber que muito do que fiz, foi por influência negativa de Angelina Chermont.

Jean-Pierre deteve os olhos naquele que parecia ser o seu reflexo no espelho. Após breve pausa, Vincent voltou a falar em tom de desabafo:

– Por muito pouco, Jean-Pierre, por muito pouco eu não enlouqueci dentro daquela prisão. Só não aconteceu, porque eu me apeguei a uma esperança. Uma única esperança na vida.

Jean-Pierre completou a frase por ele:

– Seu filho.

– Exato!

– Eu já imaginava.

– Preciso vê-lo, Jean-Pierre. Posso? É muito importante para mim.

– Eu sei. Afinal, você é o pai dele.

– Então onde ele está?

A atenção dos dois voltou-se para Jean-Luc que se aproximava, olhando com curiosidade para a figura fragilizada de Vincent Pérez. O adolescente nunca vira os gêmeos, lado a lado, aquela era a primeira vez, porém, ambos já não eram mais idênticos, como ele tanto ouviu dizer que eram no passado. Vincent parecia bem mais velho do que Jean-Pierre. Pelo menos, uns dez anos a mais do que ele. Tinha as costas arcadas, enquanto que Jean-Pierre conservara-se ereto e cheio de vigor.

– Jean-Luc, esse é o seu tio Vincent – explicou o pai, aproximando--se do filho.

O adolescente olhava para o tio com grande interesse.

– Muito prazer.

Vincent o cumprimentou com alegria e foi, então, que se ouviu a voz de Charles, chamando pelo pai.

– Papai! – falou ele, quase sem fôlego.

– O que foi Charles, algum problema?

– A mamãe não está bem, papai. É melhor o senhor ir vê-la.

Por alguns segundos, Jean-Pierre ficou em dúvida se deveria ou não deixar o menino a sós com o seu verdadeiro pai. Não saberia dizer como ele reagiria. Se fosse hostil, destruiria com o coração de Vincent totalmente. Por outro lado, Isabelle precisava dele e, pelo visto, com urgência. Assim, ele pediu licença ao irmão e seguiu apressado na direção da mansão. Só então, Charles prestou melhor atenção no sujeito parado ao lado de Jean-Luc Cassel. Enviesou o cenho, enquanto analisava Vincent que o olhava com ternura e encanto. Vincent tremia de emoção por, finalmente estar diante do filho que tanto almejara conhecer um dia. Um momento que jamais abandonaria sua memória e o seu coração., desde então.

# Capítulo 20

– Olá, Charles – falou Vincent segurando-se para não chorar. – Meu nome é Vincent Pérez... Sou...

O adolescente o cortou bruscamente:

– Sei bem quem é você.

– Sabe? – as sobrancelhas de Vincent se arquearam movidas por súbita alegria.

– Sei sim. Você é um assassino ordinário que matou uma moça chamada Silvia Navarro anos atrás.

– Eu não a matei! Eu juro! Fui preso por um crime que não cometi. É uma longa e sórdida história.

– Pouco me interessa saber.

– Já foi provada a minha inocência. Tanto que estou aqui, livre novamente.

– Ainda assim você é um mau caráter. Tentou matar meu pai no passado, enganou a minha mãe e é por isso que ela me odeia. Nunca, em momento algum, gostou de mim.

Vincent não se surpreendeu com o fato, era como se já soubesse de antemão que Isabelle detestaria o menino, ainda que tivesse nascido do seu próprio ventre.

– Eu sinto muito, Charles. Sinto imensamente – declarou Vincent com sinceridade.

– Sente, é? – o desprezo na voz do garoto era total.

– Só quero me retratar com você – tentou explicar Vincent, mas Charles o interrompeu, novamente:

– Faça-me o favor. Jamais diga a alguém que sou seu filho. Meu verdadeiro pai é Jean-Pierre Cassel. Sempre foi e sempre será.

O desapontamento de Vincent era total. Ele já não sabia mais o que dizer. Sem mais, Charles se afastou, seguido pelo irmão que ficara muito sem graça diante da situação. Vincent permaneceu ali, sozinho e solitário, cercado pelo verde e os ecos do passado que pareciam mil adagas a lhe perfurarem a alma.

Quando Jean-Pierre reencontrou o irmão, Vincent procurou ser gentil:

– Como Isabelle está passando?

– Ela vai ficar bem – respondeu Jean-Pierre, percebendo que o irmão parecia bem mais pálido e amargurado do que quando chegara ali. – E com o Charles. Como foi?

A resposta de Vincent não poderia ter sido outra:

– Foi péssimo. Ele diz que sente vergonha de mim. Para ele, você é o pai, e, talvez, seja melhor assim.

– Dê-lhe um tempo para aceitá-lo.

– Mais do que já dei, Jean-Pierre? Durante esses anos todos?

Breve pausa e Vincent comentou:

– Ele disse que a mãe o odeia. É verdade?

Jean-Pierre foi sincero ao responder:

– Vincent, eu fiz de tudo para aproximá-los durante todos esses anos, mas, infelizmente, Isabelle não conseguiu esquecer o que houve entre vocês. Com isso, acabou transferindo para o menino todo ódio e ressentimento que sente por você.

– Entendo. Foi um baque para ela saber da verdade. Não a culpo por reagir assim. Isso faz me sentir ainda mais calhorda. Contudo, Jean-Pierre, foi o amor, entrelaçado a uma louca paixão, que me fez capaz de fazer qualquer coisa para conquistá-la, até mesmo, feri-la, somente para saciar os meus desejos. Você também ficou enlouquecido por Silvia Navarro, no passado, e, por isso, pode compreender a que ponto cheguei para...

– Eu sei. – Com lágrimas nos olhos, Vincent concluiu: – É melhor eu ir me embora.

Jean-Pierre achou melhor concordar com ele. Sua permanecia na casa, por mais tempo, poderia deixar Isabelle ainda mais debilitada. Antes de partir, Vincent fez um adendo:

– Agradeço por tudo que fez pelo menino, durante todos esses anos. Ao seu lado, sei que Charles estará sempre em boas mãos. Obrigado. Obrigado mesmo, de coração.

Jean-Pierre aceitou o agradecimento e, sem mais nada a dizer, Vincent partiu, como se carregasse todo o peso do mundo sobre as costas. Mal soube como chegou a estação. Era como se sua mente estivesse desconectada do seu corpo. As pernas não obedeciam ao seu comando e pareciam pesar feito chumbo.

Ele estava destruído. Depositara todo o seu objetivo de vida no filho que o desprezava e com razão. Ele fora absolvido de um crime que não cometeu, porém, continuava se sentindo preso a uma cela invisível e medonha. Mas ele próprio criara o seu destino. Ainda que tivesse sido manipulado por Angelina, a responsabilidade por suas ações ainda eram suas e, as consequências, também.

Só mesmo Deus para acompanhá-lo doravante, pois ele aprendera nos livros que leu, durante os anos no cárcere, que Deus jamais abandona um filho, mesmo diante dos seus piores erros. Assim, Vincent lhe pediu novamente perdão pelos erros cometidos, ao invés de culpar a mãe ou outro qualquer pelos seus erros. Ainda que ferisse o seu ego, ele assumia responsabilidade total pelos seus atos, pois, de nada valeria querer encobrir o que fez, diante de Deus que tudo vê e tudo sabe.

Assim que tomou o trem, de volta para casa, Vincent recostou-se na poltrona do vagão, deixando seus olhos febris de tristeza se perderem na paisagem emoldurada pela janela ao seu lado. O que fazer da vida, depois daquele outro choque com a realidade?, foi a pergunta que se fez, naquele instante doloroso. E a resposta ecoou na sua mente quase que instantaneamente.

Ele prometera visitar Étienne Navarro, quando ela era ainda uma menininha. Algo que não pôde cumprir, por causa dos anos confinados na prisão. Agora, no entanto, ele estava livre para revê-la. Charles não o queria como pai, tampouco desejava a sua companhia; com a menina seria diferente, ela realmente se mostrara feliz com sua visita e com a possibilidade de tê-lo como um pai adotivo.

Ao reencontrar a esposa, Jean-Pierre sentou-se na beirada da cama e segurou sua mão, massageando-a, ternamente, para reanimá-la.

– Ele já se foi – comentou por comentar.

– Que não volte! – retorquiu ela com determinação. – Se não fosse o menino, ele nunca mais teria aparecido aqui. E eu nunca mais teria olhado para aquela cara imunda e pérfida.

– Isabelle, meu amor, não se martirize mais por isso. Esqueça o passado, de uma vez por todas.

Ela, no fundo, almejava aquilo, mas não tinha forças para concretizar de vez, o seu próprio desejo.

Meia hora depois, quando somente Isabelle se encontrava em seu leito, Charles apareceu para ver como ela estava passando.

– Mamãe, a senhora está melhor?

A imagem do garoto estava embaçada, por causa das lágrimas que ela retinha nos olhos amargurados e, também, por causa da pouca luz que iluminava o aposento naquele instante. Por isso, Isabelle pensou que fosse Jean-Luc quem estava ali, para o qual respondeu, ternamente:

– Sim, meu amor. Estou bem melhor.

A resposta dela surpreendeu o adolescente que jamais fora tratado com tanto carinho por parte da mãe.

– Venha até aqui, venha! – chamou Isabelle, ainda pensando que Charles fosse o filho mais velho. A voz dos dois meninos se assemelhava muito uma com a outra, por isso seria natural confundi-los. No entanto, quando ela o reconheceu, rapidamente virou o rosto para o lado e perguntou, ríspida como sempre: – O que você faz aqui?

– Vim saber se a senhora melhorou.

– Estou melhor, sim! Pode ir.

– Está bem.

Cabisbaixo, Charles deixou o aposento sob os olhos embaciados da mãe que, naquele momento, pensou no quanto ele sempre lhe fora gentil. Era ela quem não sabia retribuir suas gentilezas, porque não o perdoava por ter sido fruto de uma farsa. Todos, ao seu redor, tentaram abrir seus olhos para que percebesse que o menino não tinha culpa por ter nascido de um pai mau-caráter. Um pai que pagou por tudo o que causou a ela e ao próprio irmão, enjaulado injustamente numa prisão durante anos. Mesmo assim, ela repudiava o menino, e, pelo visto, seria assim até o fim de suas vidas.

Ao rever Étienne, Vincent ficou impressionado com o quanto ela se parecia com a mãe. Poderia dizer que em breve ela se tornaria um retrato fiel de Silvia Navarro.

– Talvez você não se lembre de mim – falou ele, olhando com encanto para a adolescente.

– Lembro, sim. O senhor veio me ver quando eu era menina. Foi amigo de minha mãe, não é isso?

– Você tem boa memória.

A garota sorriu.

– Você está muito bonita. Parecidíssima com sua mãe.

– É mesmo?

– Sim.

– Que bom! Obrigada.

Os olhos dele marejaram e ela, com grande interesse, perguntou:

– Por que o senhor demorou tanto para voltar aqui? Prometeu-me que viria sempre. Fiquei aguardando.

– Desculpe-me. Fatos alheios à minha vontade impediram-me de vir.

– Que pena!

Ela falava com sentimento, percebeu Vincent, comovido.

– Prometo não mais deixar de vir – afirmou ele a seguir. – Se bem que você já é quase uma mocinha, muito em breve será dona do próprio nariz. Quando atingir a maioridade, poderá certamente dar o rumo que quiser a sua vida.

– Dona Madalena já me disse isso.

– Ela esteve aqui?

– Sim. Vem me ver, pelo menos a cada três meses.

– Que bom! Ela é uma ótima mulher, não é?

– É sim. Gostava muito da minha mãe e prometeu a ela que cuidaria de mim, de alguma forma.

– Você também poderá contar comigo, sempre que precisar.

– Obrigada.

Os olhos dela brilharam e os dele verteram-se em lágrimas.

– O que foi?

– Nada não. Apenas emoção pelo reencontro.

Ela sorriu, amavelmente, e Vincent se sentiu menos oprimido diante do seu acolhimento. Quisera ele que o filho o tivesse recebido daquela forma. Que se mostrasse feliz com sua aparição e reconhecesse o seu amor por ele. Mas Charles não o amava, jamais o amaria. Para ele, nunca fizera diferença conhecer o pai verdadeiro. Jean-Pierre se tornara o seu pai legítimo e isso bastava para ele. Vincent não poderia dizer que o destino lhe fora cruel, mais uma vez. A seu ver, fora justo perante a sua falta de caráter para com Isabelle e Jean-Pierre. Por justa causa, ele experimentava o reverso da medalha, a prova definitiva de que todo mal que se faz a alguém, um dia volta para si.

O próximo passo de Vincent foi encontrar um lugar para morar. Dessa vez, nos arredores de Paris. Um apartamento pequeno, quase um alojamento provisório, mas o suficiente para ele que, depois de tantos percalços na vida, buscava a paz e a tranquilidade de espírito; não o luxo e o conforto.

Passaria ali os últimos anos de sua vida. Só e infeliz. Era esse o destino que ele próprio cavou para si, com suas atitudes inadequadas para consigo e o próximo. Foi então que ele se lembrou de Joseph, precisava ir vê-lo, compensá-lo, de alguma forma, do amor que não tivera ao lado de Angelina.

Foi na visita ao Lar São Marcelino que Vincent percebeu que ele seria muito mais útil na vida ajudando os órfãos do lugar, como voluntário, do que enfurnado num apartamento como punição pelos seus atos escusos. Assim, ele se mudou para a cidade onde se localizava o orfanato e, desde então, dedicou-se inteiramente aos moradores do lugar. Isso o fez se sentir útil e amado, novamente, porque para todos que residiam ali, sua presença era extremamente importante.

Com a chegada do ano de 1939, uma triste realidade atingiu a Europa em cheio. A Alemanha nazista deu início a uma nova guerra sanguinária que matou milhões de pessoas, destruiu lares, sonhos e alegrias de muitos, sem pesar algum. Eram tempos difíceis, de perda, superação e dor.

Em dez de maio de 1940, os nazistas invadiram e dominaram a França, obrigando os franceses a viver diariamente com tão triste realidade, esperançosos de que um dia tudo voltaria ao normal. Mas ainda levaria tempo para esse dia chegar.

# Capítulo 21

França 1942

DOIS ANOS haviam se passado, desde que Vincent estivera frente a frente com o filho. Charles agora se encontrava com quinze anos e Jean-Luc com dezessete. Era uma tarde bonita e Charles havia convidado o irmão para uma caçada. Seria um desafio entre os dois. Quem matasse mais presas, sairia vitorioso. La foram os dois, lado a lado, trocando ideias e falando sobre garotas. Jean-Luc estava empolgado com a oportunidade que teria de conhecer muitas delas quando fosse estudar fora. Não que esse fosse seu objetivo principal, os estudos eram sua meta primordial, mas, é obvio, que ele estava louco para interagir com o sexo oposto. Na idade da descoberta sexual, os dois jovens não podiam deixar de pensar em tais assuntos.

Havia se passado uma hora, desde que os adolescentes haviam ido caçar e Jean-Pierre cantarolava baixinho, caminhando pelo átrio aberto, quando Charles apareceu, suando em profusão e com uma expresão terrível a deformar-lhe a face. Algo de muito grave havia acontecido para ele estar naquele estado perturbador.

– Charles, o que houve?

O jovem estava sem ar. Arquejava, violentamente, e parecia ter perdido a voz. Pegou Jean-Pierre pelo braço e o fez seguir atrás dele, exigindo o máximo de suas pernas. Uns quatrocentos metros dali, por entre a vegetação verdejante e pacífica, estava Jean-Luc caído ao chão, desacordado. A cena era assustadora e deprimente, ao mesmo tempo. Quando Jean-Pierre avistou a perna do filho, esvaindo-se em sangue, tirou a camisa e a amarrou em torno da ferida. A seguir, tomou o jovem nos braços e o carregou para casa.

Charles o seguiu, tremendo por inteiro. O chofer da família, por estar nas proximidades, assim que avistou o patrão, carregando o filho, tomou as devidas providências. Abriu a porta do carro, onde Jean-Pierre colocou o rapaz e, sem delongas, partiram para o hospital mais próximo.

De longe, o mordomo compreendeu o que se passava, por isso, correu na direção de Charles que se mantinha petrificado, olhando assustadoramente para o veículo que se afastava.

– Senhor, o que houve? – perguntou ele a Charles que só conseguiu responder quando a zoeira da cabeça diminuiu e ele encheu o peito de ar.

– Um acidente com o Jean-Luc... Sua perna... – sacudido por um calafrio, ele completou: – Foi um acidente!

O garoto estava realmente desesperado. O sentimento de culpa pelo que havia acontecido ao irmão saltava-lhe aos olhos. E quanto mais revia os fatos, mais se torturava com eles. Ele e Jean-Luc, caçando, ele e o irmão se divertindo; atirando, atirando e atirando e, de repente, o tiro fatídico. Eles não deveriam ter se afastado um do outro. Deveriam ter permanecido lado a lado. Sem que as folhagens encobrissem seus corpos, escondessem sua presença entre elas.

O tiro fatal voltou a ecoar na mente de Charles, causando-lhe pânico. Só agora ele percebia que matar animais inocentes era divertido até poder sentir na própria pele, o que uma bala causava a um semelhante seu.

Jean-Luc morreria, e ele carregaria para sempre a culpa pelo que lhe acontecera. Por isso, Jean-Luc não poderia morrer. Só mesmo se salvando daquilo é que ele, Charles, seria totalmente absolvido da culpa. Que Jean-Luc sobrevivesse. Que Jean-Luc voltasse para casa. Que Jean-Luc o perdoasse pelo deslize que cometera. Que Jean-Luc voltasse a ser como antes. O mesmo Jean-Luc de antes... Jean-Luc, seu irmão por parte de mãe... Jean-Luc... Jean-Luc... Jean-Luc...

A voz de Isabelle soou atrás dele, repentina e assustadoramente, invadindo seus pensamentos como um raio:

– Charles, o que houve? – pelo tom de sua voz, Isabelle já havia pressentido a tragédia.

O garoto quis olhar para a mãe e não conseguiu.

– Responda à minha pergunta, Charles! – o tom de Isabelle se tornou ainda mais ríspido e impaciente. – Onde está o seu irmão? Onde está, Jean-Pierre?

Diante de Charles, ela nunca se referia a Jean-Pierre como sendo seu pai. Mesmo que ele o considerasse seu filho e o chamasse de filho, perante qualquer um, Isabelle não aceitava aquilo de forma alguma. Jean-Luc era o único filho legítimo de Jean-Pierre; o único que nascera de uma verdadeira história de amor e, portanto, deveria ser tratado como filho.

– Charles! – tornou ela com austeridade. – Responda às minhas perguntas, criatura!

Quando o adolescente finalmente conseguiu encarar a mãe, seus olhos disseram mais do que mil palavras. O rosto de Isabelle imediatamente se contorceu, numa máscara de terror e desespero. Era a face de uma mãe que perde um filho, sua maior preciosidade.

Ela engoliu em seco, estática, enquanto lágrimas rolavam por sua face amargurada. O queixo tremia, as mãos abriam e se fechavam, repuxando o tecido da saia que vestia.

De repente, ela foi para cima do garoto e começou a estapear seu peito e depois sua face, descontroladamente.

– O que você fez com o meu filho? O que você fez a ele? – as perguntas saiam aos gritos.

O adolescente nada conseguiu responder, tamanho o choque diante do descontrole da mãe.

– Senhora – chamou o mordomo, tentando apaziguar a situação.

Gentilmente, ele tocou-lhe os ombros e procurou consolá-la. A seguir, encaminhou Isabelle para dentro da casa, onde lhe foi servido um chá para acalmar seus nervos.

Os criados ao redor da patroa compartilhavam da sua dor. Muitos dali, haviam visto Jean-Luc crescer, pois trabalhavam na casa, mesmo antes de ele nascer, ou logo após o seu nascimento. Queriam-no tão bem quanto a um parente. Algumas criadas o tinham como filho. Com Charles acontecia o mesmo. Talvez lhe dessem maior atenção, por perceber o desprezo com que a mãe sempre o tratara.

Quando Charles finalmente voltou para dentro da casa, não correspondia mais ao garoto cheio de vida de horas atrás. Estava destruído, por dentro e por fora, e dava pena vê-lo naquele estado tão perturbador.

O que realmente havia acontecido com Jean-Luc ainda era um mistério para todos.

Enquanto isso, Isabelle permanecia reclusa, sem olhar para ninguém. Presa num vale de lágrimas e fúria intermitente. Quando Charles pensou em se dirigir à mãe, o mordomo lhe fez um gesto para se conter. Não era o momento. Que ele aguardasse seu ânimo melhorar, para poder lhe falar o que tanto ansiava.

As horas se arrastaram, vagarosas e pesarosamente, enquanto Isabelle aguardava ansiosa por notícias do filho mais velho; razão da sua vida. Permaneceu sentada, no mesmo lugar, até a noite cair envolta de mistério e tristeza.

Quando Jean-Pierre voltou para casa, sua serenidade acalmou a todos de imediato. Ao vê-lo, Isabelle correu na sua direção e o abraçou, forte e desesperadamente.

– O Jean-Luc está fora de perigo – explicou Jean-Pierre, feliz por dar aquela notícia à todos.

– O que houve com ele, exatamente? – quis saber Isabelle, ansiosa para entender o que havia se passado com o filho adorado.

– Um acidente – respondeu Jean-Pierre até onde sabia. – Jean-Luc, descuidou-se com a espingarda e acabou atirando na própria perna. Um pouco acima do tornozelo. Mas ele escapará dessa. Já conseguiram extrair a bala.

– Um tiro?! – estremeceu Isabelle. – Que coisa mais sem cabimento.

A voz de Charles ecoou a seguir, forte e sincera:

– Fui eu! Eu que atirei nele, sem querer.

Todos olharam na sua direção, horrorizados, e Jean-Pierre tentou evitar os danos que a verdade certamente causaria a todos:

– Charles... – pelos olhos, ele procurou dizer ao jovem que ficasse quieto, mas o adolescente continuou optando por dizer a verdade:

– Foi sem querer. Havíamos nos distanciado um do outro e em meio às folhagens, perdemo-nos de vista. Eu estava tão atento à caçada que mal percebi ser o Jean-Luc por trás da folhagem em movimento. Disparei, sem titubear, e quando lá cheguei e vi o que havia acontecido, enlouqueci.

Apertando a palma esquerda contra a parte de trás da cabeça, a fim de estancar a dor que repentinamente surgiu ali, o adolescente admitiu, quase chorando:

– Eu sinto muito. Sinto mesmo!

– Não se culpe, filho. Não...

A voz de Isabelle se elevou, histericamente:

– Você atirou em Jean-Luc de propósito! Confessa!

A acusação deixou Charles indignado.

– A senhora acha mesmo que eu faria uma coisa dessas?

– Acho! Sendo filho de quem é, seria bem capaz. Tal pai, tal filho!

– O meu pai é Jean-Pierre Cassel.

– Não é! – berrou Isabelle, furiosa. – Jean-Pierre apenas o criou. Seu verdadeiro pai é aquele ser maldito.

Charles tentou se defender, mais uma vez:

– O problema é que a senhora nunca gostou de mim. Não me suporta. Apenas me tolera, porque não teve outra escolha.

Isabelle quis admitir que "sim", pois era a mais pura verdade, mas conteve-se, diante do olhar severo e reprovador do marido. O clima se tornou ainda mais tenso e quando Jean-Pierre tentou abrandar a situação, Charles afirmou, categórico:

– Eu vou-me embora dessa casa. Eu já deveria ter ido há muito, muito tempo. Somente assim, a senhora ficará em paz.

Endereçando-lhe um olhar furioso, Isabelle reforçou sua intenção.

– Faça como preferir.

– Farei!

Jean-Pierre rapidamente tentou conter a exaltação do adolescente:

– Charles, meu filho, acalme-se, por favor! Estamos todos com os ânimos alterados pelo que aconteceu ao Jean-Luc, por isso, pondere, por favor!

O garoto voltou-se para Jean-Pierre e se fez sincero, novamente:

– O senhor bem sabe que ela não me quer nessa casa, nunca quis;

na verdade, quanto mais longe eu estiver daqui, melhor para ela. Ela não gosta nem que eu o chame de pai. Ao fazer, ela simplesmente diz que o senhor não é o meu pai, como se eu já não soubesse disso.

Jean-Pierre pegou firme nos ombros do adolescente e falou, emocionado:

– É lógico que sou seu pai, Charles. O meu amor por você é o mesmo de um pai para um filho. Acredite!

Isabelle interveio, com uma acidez implacável:

– Que sorte essa criatura teve, de ter tido um pai adotivo como você, Jean-Pierre. Se tivesse sido criado pelo outro... Aquele... – ela não conseguiu completar a frase, chorou.

Charles não deixou por menos, voltou-se para ela e falou, decidido:

– A senhora nunca mais vai me ver. Fique com o Jean-Luc, abrace-o, cubra-o de beijos, ame-o, como sempre fez. Ele finalmente será o rei desta casa, como a senhora sempre desejou.

Sem mais, o garoto deixou a sala e seguiu para o seu quarto, onde se sentou na cama, por um momento, e chorou, porque necessitava chorar.

É obvio que ele se ressentia da indiferença com que a mãe sempre o tratara desde pequeno. Não havia quem não notasse o modo severo e desdenhoso com que Isabelle Cassel se dirigia a ele. Antonina, certa vez, chamou a atenção da filha e ela jurou que procuraria mudar. Não fez. E quando a mãe lhe cobrou a promessa, Isabelle lhe foi sincera: "Eu tento e não consigo, mamãe. Acho que nunca conseguirei. E, por favor, não falemos mais nisso."

Rompendo o silêncio momentâneo e devastador, Jean-Pierre falou:

– Isabelle, meu amor...

A moça não mais se aguentou, rompeu-se num pranto agonizante que obrigou Jean-Pierre a protegê-la em seus braços.

– Acalme-se, minha querida. Logo, tudo isso passa.

Ela se apertou ao marido, como se dependesse dele sua sobrevivência.

– Já superamos tantos momentos desagradáveis – acrescentou Jean-Pierre, acariciando seus cabelos. – Sobreviveremos a mais esse. Pode estar certa disso.

Novamente, Isabelle se apertou nele, enquanto seu choro parecia não ter mais fim. Quando mais calma, Jean-Pierre a fez sentar-se numa poltrona e lhe deu algo para beber.

– Prove. Vai lhe fazer bem.

Ela aceitou sua sugestão e, então, pareceu respirar mais aliviada. Jean-Pierre sentou-se de frente para ela, tomou-lhe as mãos e procurou tranquilizá-la com um sorriso.

– Assim que eu gosto de vê-la. Calma e serena.

Ela retribuiu seu sorriso e pareceu novamente mais equilibrada. Então, ele acrescentou, com convicção:

– Isabelle, meu amor, você foi muito severa com o Charles. Ele não fez por querer.

O rosto dela novamente se sombreou, e a voz saiu tomada de rancor e revolta:

– Será mesmo, Jean-Pierre? Ele sempre teve inveja do irmão.

– Se teve, foi porque você preferiu o Jean-Luc a ele. Qualquer um pôde notar. Está na hora de você ver o Charles com outros olhos, minha querida. Pense nisso.

– Depois do que aconteceu hoje?

– Sim. Será muito importante para você e para ele.

Ela pareceu desdenhar suas palavras:

– Se o Jean-Luc não voltar a andar...

– Isabelle...

Ela tornou a fechar o cenho, levantou-se e foi até a janela. Com os olhos atentos ao breu lá fora, comentou:

– Para mim, Charles e Vincent são iguaizinhos. Se são, Charles é bem capaz de qualquer coisa... Tal qual o pai.

– Não o julgue, ele é seu filho. Você diz isso, porque está nervosa com o que aconteceu...

Finalmente ela pareceu concordar com ele:

– Você tem razão. É melhor eu me calar. Preciso ir ver o Jean-Luc, permanecer ao lado dele. Ele precisa de mim, agora, mais do que nunca. Você me leva até o hospital?

Jean-Pierre fez que "sim" e os dois partiram em seguida para lá.

Ao voltarem para casa, Jean-Pierre encontrou o mordomo tomado de preocupação.

– O que foi, homem?

– O jovem Charles, meu senhor... Foi embora, enquanto o senhor e a madame estavam fora.

– Para onde ele foi, você sabe? Ele disse alguma coisa?

– Não. Mas, com certeza, ele foi para a estação ferroviária.

– Meu Deus! Preciso ir atrás dele, urgentemente.

E dirigindo o próprio carro, Jean-Pierre pisou fundo no acelerador, rezando, intimamente, para que chegasse a tempo de impedir o filho de partir.

# Capítulo 22

Chegando ao local, Jean-Pierre logo avistou Charles sob a plataforma da estação, com uma mala ao seu lado. Chamou-o, mas o garoto não lhe deu atenção. Então, ele foi até ele e disse, seriamente:

– Filho!

A palavra "filho" desmoronou o adolescente de apenas quinze anos de idade. Fê-lo abaixar o rosto, contendo-se para não chorar.

– Não vá! – pediu Jean-Pierre, decidido. – Logo, tudo volta à normalidade. Você verá!

Charles fitou o pai com desespero, expressando toda dor que abalava o seu coração naquele instante. A voz também soava triste e amargurada quando disse:

– Minha mãe não gosta de mim, nunca gostou, nunca gostará. Sou filho de uma farsa. Filho de um farsante mau-caráter chamado Vincent Pérez.

– Filho dele, sim! Biologicamente falando, mas meu filho de coração. Eu o amo, você sabe?

– Sim, eu sei. O senhor realmente me ama.

– Exato! Então volte para casa. Abandone essa ideia maluca de ir embora. O Jean-Luc vai sofrer muito se você se for.

– Talvez ele também não goste mais de mim, depois de eu ter atirado nele, quase o levado a morte. Mesmo que tenha sido sem querer, talvez ele me odeie por isso, pelo resto da vida. Tal como ela me odeia. Ficando longe de todos vocês, estarei prestando um favor a ela. O senhor pode ter a certeza disso.

– Não pense assim, Charles...

– O senhor sabe que é verdade. Mas eu a entendo, sabe? Não deve ser fácil para ela conviver com o fruto de uma farsa. Olhar para mim e se lembrar do que o canalha do seu irmão fez a ela.

– Já foi há tanto tempo...

– Mesmo assim...

– Todos erram na vida, Charles. Meu irmão errou e eu também, ao me apaixonar por Silvia Navarro. Penso, porém, que a vida escreve certo por linhas tortas. Muito aprendi, com o que passei, e muito também me foi revelado.

Era ainda muito cedo para o garoto compreender o real significado das palavras do pai. Só mesmo o tempo, poderia amadurecer seu poder de compreensão.

– Eu preciso ir.

– Não vá, por favor. Isso me corta o coração.

– Eu tenho de ir.

– Com que dinheiro você vai se sustentar?

– Arranjo um trabalho.

– Charles...

– Não me diga mais nada, por favor.

– Se é isso mesmo o que você quer. Não posso impedi-lo.

Ouviu-se, então, o apito do trem, anunciando sua chegada a estação. Isso fez Charles abraçar o homem que tanto admirava e dizer, com emoção:

– Eu amo o senhor. Não se esqueça disso.

– Então não se afaste de mim.

– É preciso. Pelo menos por ora. Até que esse mal-estar entre eu e a mamãe acabe.

– Está bem.

O abraço se desfez e o jovem pegou sua bagagem, pois a locomotiva acabava de parar na plataforma da estação.

Jean-Pierre desejou-lhe sorte, mais uma vez, e acenou:

– Vá, meu filho, ganhe seu tempo, mas volte, não saberei viver longe de você por muito tempo.

Ele verdadeiramente amava o garoto como um filho. Tanto que jamais permitiu que a trama de Vincent poluísse seu coração e o fizesse rejeitar o menino. Seria muita estupidez da sua parte voltar-se contra Charles, só porque viera ao mundo por meio de uma farsa. Ele não tinha culpa daquilo.

Charles subiu no vagão fazendo-se de forte. Pela janela, acenou para Jean-Pierre até perdê-lo de vista com o movimento do trem. Então, mergulhou na sua insegurança e no medo dilacerante de não saber se virar longe da proteção do pai. Mas o próprio Jean-Pierre o ensinara a ser forte e ele haveria de ser.

Isabelle ocupou sua mente a seguir. Como ela reagiria, ao saber que ele havia ido embora de casa? Sentir-se-ia mais tranquila, com ele morando longe dela? Tendo somente Jean-Luc ao seu lado? Sim, com certeza. Foi isso que, no íntimo, ela sempre quis.

Ao reencontrar a esposa, Jean-Pierre resumiu os últimos acontecimentos.

– Foi melhor assim – admitiu ela, friamente.

– Não diga isso, Isabelle. Sei que no fundo você ama o garoto.
– Amar?... Depois do que ele fez ao Jean-Luc, nosso filho?
– Foi um acidente.
– Ainda tenho minhas dúvidas.

O rosto de Jean-Pierre assumiu um olhar trágico. Ele sentou-se no braço do sofá, juntando as mãos num gesto nervoso e declarou:

– O Charles nunca saiu de casa antes. Pode se meter em encrencas. Preocupo-me com ele. Ainda mais só, num país ocupado pelos nazistas.

– Ele quis assim, não quis?
– Eu sei, mas...

Ambos se silenciaram. Apesar de tudo, Isabelle no íntimo amava Charles. Só não sabia até então, o quanto. Por ora, só desejava ver Jean-Luc recuperado do acidente e de volta para casa, que era o seu devido lugar.

Quando o trem chegou ao seu destino, nas primeiras horas da manhã, Charles seguiu pela estação de Nice, cheia de ansiosos viajantes recém-chegados como ele e de outros que, também ansiosos, deixavam a cidade, por medo da ocupação nazista.

No momento em que o jovem se deparou com a imensidão da cidade grande, um medo repentino travou seus passos, fazendo dele refém de uma insegurança jamais sentida. Era preciso prosseguir. Recuar seria uma tremenda vergonha para ele, especialmente diante de Isabelle, se voltasse para casa. Por isso, ele tinha de ser forte, pelo menos, fingir que era. Assim, ele partiu em busca de um lugar barato para morar e de um trabalho para se sustentar. Eram tempos difíceis na França, os nazistas estavam por toda parte, controlando tudo e matando qualquer um que se opusesse à ocupação. Mas Charles se prometeu sobreviver em meio àquele caos, e era mais do que uma promessa, era um pacto com o próprio destino.

Para alegria de todos, Jean-Luc finalmente voltou para casa, numa cadeira de rodas, a qual usaria até que recuperasse os movimentos da perna baleada. Ao saber que Charles havia partido, após o acidente, revoltou-se com a situação. Pediu ao pai que fosse atrás dele e o trouxesse de volta para casa o quanto antes. Com a Europa em meio a uma guerra, algo de ruim poderia lhe acontecer, e ele amava o irmão. Jamais o culparia pelo que havia lhe acontecido, naquela tarde fatídica.

Para Jean-Luc não havia dúvidas de que Charles havia atirado nele por tê-lo confundido com um cervo, por trás das folhagens. Foi diante dessa afirmação que Isabelle soltou o verbo:

– Jean-Luc, meu filho, será mesmo que o Charles o confundiu?

O jovem olhou para a mãe com olhos abobados.

– Mamãe, o que a senhora está querendo insinuar?

– Preciso mesmo lhe dizer, Jean-Luc?

O adolescente estava realmente chocado com a atitude da mãe. E defendeu o irmão, no mesmo instante:

– É óbvio que foi um acidente, mamãe. Muito me espanta, a senhora pensar que o Charles tenha feito isso de propósito.

– Sendo filho de quem é.

– Não é porque ele filho daquele homem que a senhora tanto odeia que ele nasceu igual a ele. Os filhos, pelo que sei, puxam tanto ao pai quanto à mãe. E o Charles pode muito bem ter puxado a senhora que é uma pessoa idônea. Afinal, ele também é seu filho.

As palavras do jovem silenciaram Isabelle, pois aniquilaram totalmente com qualquer argumento seu.

E Jean-Luc insistiu, mais uma vez, para que Jean-Pierre localizasse Charles, o quanto antes. Mas o garoto poderia estar em qualquer lugar, seria muito difícil encontrá-lo, mas não impossível; contudo, Jean-Pierre acreditava que o garoto logo voltaria para casa, pois não suportaria viver em meio ao caos que a ocupação nazista impunha ao país ou qualquer outro adjacente.

Quando Antonina soube do acidente com o neto, argumentou com Isabelle:

– Preciso lhe dizer algo, filha. Alguém tem de dizer, por mais que lhe doa. Se Charles atirou em Jean-Luc, de propósito, foi por que você o deixou enciumado. Se o tivesse tratado com o mesmo carinho que sempre dispensou ao Jean-Luc, isso não teria acontecido.

Isabelle não quis admitir que a mãe estava certa, mas, no íntimo, ela sabia que estava. E foi isso o que mais lhe doeu.

Desde então, Isabelle começou a perceber que, no fundo, se importava com o garoto. Todos os dias, acordava esperando rever o filho pela casa, sorrindo para ela, tentando lhe ser gentil, de alguma forma, mas ele não estava mais lá. E também não chegavam notícias suas, o que preocupava Jean-Pierre, imensamente. Isso foi deixando Isabelle abatida, com uma expressão de tristeza que nunca mais abandonou seu rosto.

Demorou para ela admitir para si mesma que se precipitara ao acusar Charles de ter atirado no irmão, por inveja. Se ele realmente fizera aquilo de propósito, foi porque ela o incitou a ter ciúmes de Jean-Luc, como a própria Antonina havia observado.

Quando Jean-Luc perguntava ao pai sobre o irmão, ela se sentia ainda mais angustiada. Que Charles voltasse para casa, o quanto antes para dar fim, de vez, à preocupação de todos. Mas isso não aconteceu, pelo menos, nos dois anos seguintes à partida do jovem.

# Capítulo 23

França, meados de 1943

Quando Étienne completou seus dezoito anos de idade, Madalena foi ao seu encontro no orfanato, para lhe falar a respeito da herança. Ao ver a mulher, Étienne caminhou até ela, com sua habitual simplicidade de ser, mostrando-se feliz por vê-la novamente. Antes de falar ao que vinha, Madalena tomou um minuto para contemplar a beleza graciosa e angelical da jovem.

– Como você está linda, minha querida. Muito parecida com sua mãe quando ela tinha a sua idade.

A menina assentiu e se sentou ao lado da visitante. Só então, Madalena explicou ao que vinha:

– Minha querida, sua mãe lhe deixou de herança uma vasta fortuna que será totalmente sua, assim que você atingir a maioridade, ou seja, completar os seus vinte e um anos de idade. Aí, então, você será uma moça rica. Extremamente rica.

O rosto da mocinha mudou levemente.

– Eu não sabia que a mamãe era rica – admitiu Étienne, pensativa.

– Não era. Não a princípio. A grande soma que conquistou veio por meio do seu casamento.

– Com meu pai?

– Não, ele não era seu pai. O homem que a gerou não chegou a se casar com sua mãe.

– Quem era ele, então?

– Seu nome era Jean-Pierre Cassel... Filho de um milionário que cursava uma universidade em Paris.

– Como eles se conheceram?

– É uma longa história.

– Eu gostaria de saber. Na verdade, eu gostaria de saber tudo sobre a minha mãe. Quem foi, como viveu. Se foi feliz, se não foi...

Madalena já esperava por aquele pedido. E a seu ver, o ideal seria inventar uma história sobre uma linda mulher que só fez o bem, sem ver a quem, para encobrir a verdadeira face de Silvia Navarro. Mas não seria justo para com a jovem que desejava conhecer a mãe no seu íntimo.

Por isso, Madalena optou por lhe dizer somente a verdade, nua e crua:

– A história de sua mãe não é um conto de fadas, minha querida. É amarga e triste, ao mesmo tempo. Se quer realmente saber de tudo, contarei, sem omitir nenhum fato. Mas prepare-se, pode ser chocante demais para você.

– Quero saber de tudo. Por favor, conte-me.

Madalena tomou ar e falou, muitas vezes com lágrimas nos olhos, noutras, sorrindo, feliz por poder se recordar dos bons momentos que passou ao lado da moça que amou como uma filha.

– O nome de sua mãe era Silvia Navarro. E isso acho que você já sabe, não é? Pois bem... Ela também cresceu num orfanato, desejando loucamente ter conhecido seus pais. As freiras que tomavam conta do lugar diziam para ela que seus avós haviam morrido num acidente, e, por isso, ela se tornara órfã. Uma senhora chamada Marguerite Chevalier, que sempre visitava o orfanato, prometeu a sua mãe que um dia a adotaria e, desde então, Silvia passou a sonhar com esse momento. Só que, tempos depois, a mulher desapareceu, sem deixar notícias. Foi uma tremenda decepção para Silvia que sonhava dia e noite com a adoção. Mesmo com as freiras lhe dizendo que a tal mulher já poderia estar morta, porque nunca mais apareceu para revê-la, Silvia acalentava em seu coração a esperança de um dia encontrá-la e ser, finalmente, adotada por ela. Isso fez com que Silvia, aos quinze para os dezesseis anos de idade, fugisse do orfanato, em busca de Marguerite Chevalier.

Madalena se entristeceu, só de lembrar dos horrores que a jovem Silvia passou nesse período. Com pesar na voz, ela retomou a narrativa:

– Sua mãe era muito inocente nessa época e, por isso, foi feita de gato e sapato nas mãos de homens que só tinham interesse em usá-la para o sexo casual e depravado. Disseram-lhe que a ajudariam financeiramente, só para poderem desfrutar do seu corpo. Isso deixou Silvia traumatizada e revoltada com os homens. Ela sofreu um bocado, mas também aprendeu muito nessa ocasião, especialmente a se safar de maus elementos que pudessem cruzar seu caminho novamente.

Nova pausa e o tom de Madalena se alterou:

– Depois de procurar obstinadamente por Marguerite Chevalier; Silvia, sua mãe, finalmente a localizou. Mas ao descobrir que a mulher era uma cafetina impiedosa, que por onde passava, tirava as meninas mais graciosas dos orfanatos, por meio da adoção somente para fazer delas prostitutas em seu bordel, Silvia não quis acreditar. Era desumano demais para ser realidade. Mesmo assim, ela continuou amando Marguerite que pouco se importava com o seu carinho, e fez dela, sem piedade alguma, a nova cortesã do prostíbulo que administrava. Isso abalou Silvia tremendamente. Ela só fazia o que a cafetina mandava para agradá-la, e foi assim até perceber que ela jamais significaria coisa alguma para a tal mulher.

Madalena enxugou os olhos, antes de prosseguir:

– Então, Silvia foi embora do lugar na esperança de esquecer o passado, mas acabou se prostituindo novamente para sobreviver. Foi quando soube da existência de um rapaz chamado Jean-Pierre Cassel, um sujeito tímido, polido e estudioso, que ao contrário de seus colegas de universidade, não vivia de farras com as mulheres. Foram seus próprios amigos, os mais próximos, que fizeram uma aposta com Silvia: se ela conseguisse seduzir o rapaz, ganharia uma quantia razoável em dinheiro. Se perdesse, usufruiriam do seu corpo, cada qual, por dez vezes, sem lhe pagar nada. Silvia aceitou o desafio e fez bem mais do que seduzir o jovem Cassel, deixou-o perdidamente apaixonado por ela, a ponto de pedi-la em casamento, o que ela aceitou, sem hesitar, pois o enlace faria dela uma mulher riquíssima.

Étienne comentou a seguir:

– Então foi assim que a minha mãe enriqueceu.

– Foi. O casamento aconteceu e o rapaz quase enlouqueceu ao saber da farsa e da aposta. Silvia, ao invés de amá-lo, como ele a amava, humilhou-o de todas as formas. A vida estava lhe dando a oportunidade de ser feliz ao lado de um homem que realmente valia a pena e ela jogou tudo pelos ares. Desgostoso com a vida, Jean-Pierre Cassel envenenou seu próprio drinque. Estava prestes a beber, quando Silvia apareceu e, em meio a um diálogo perturbador entre os dois, ela acabou tomando o líquido, sem que ele percebesse. Quando Jean-Pierre descobriu o que ela havia feito, rapidamente levou Silvia até o hospital mais próximo e ela foi salva, a tempo, pelos médicos.

Nova pausa e Madalena prosseguiu:

– Como pode perceber, minha querida, sua mãe quase morreu envenenada pelo próprio mal que causou ao próximo. Ainda assim, ela acusou o marido de tentar matá-la e para livrá-lo de suas acusações, fez um acordo milionário com ele para assinar o divórcio. Foi assim que ela herdou toda a fortuna...

– A fortuna que hoje me pertence? – inquiriu Étienne pensativa.

– Sim – confirmou Madalena, categórica. – Nada disso precisava ter acontecido. Sua mãe poderia ter sido feliz ao lado de Jean-Pierre Cassel, entende? Feliz! Mas ela...

Madalena segurou-se novamente para não chorar.

– Depois de ter ficado rica, pensei que Silvia mudaria de vida. Ela tinha tudo para recomeçar, bem longe das amarguras do passado. Mas ela não fez nada disso. Foi atrás de Marguerite Chevalier para mostrar que estava milionária; que fora mais esperta do que ela em toda vida. No fundo, Silvia ainda ansiava pelo amor da mulher e acreditava, inocentemente, que a faria amá-la, como uma mãe ama um filho, depois de saber que ela ficara milionária. Mas a cafetina não se deixou deslumbrar pelo fato. Acho que para não dar o braço a torcer para Silvia.

Seu descaso foi outra grande decepção para sua mãe que não poupou esforços para destruir a mulher. Comprou a casa onde ela tinha o prostíbulo, expulsou-a de lá; e com dívidas no banco que não mais podia saldar por não ter mais como ganhar dinheiro, Marguerite acabou indo parar na rua da miséria; onde Silvia a encontrou, certa vez, acreditando que a cafetina finalmente a veria com olhos amorosos e lhe pediria perdão, por tudo que fizera a ela. Outro engano. Foi Marguerite quem riu por último, mais uma vez, dizendo com tremenda satisfação:

"Estou no inferno, mas você também está. Depois da morte, irei para um inferno ainda pior do que esse, mas você também irá, com certeza. Contudo, nem lá eu aceitarei você como filha."

Silvia fora até lá para humilhá-la e novamente acabou sendo humilhada pela marafona. Eu havia lhe prevenido: "Esqueça essa mulher!", mas Silvia não me ouviu. Ela nunca me ouvia!

O domínio que Marguerite exerceu sobre Silvia foi tão monstruoso que jamais vi algo semelhante. Por isso, hoje sou da opinião que jamais alguém deve prometer a uma criança órfã, que um dia irá adotá-la, pois o não cumprimento dessa promessa, pode devastar para sempre o coração dessa criatura.

Étienne concordou plenamente com Madalena que continuou a narrar a triste e surpreendente história de Silvia Navarro.

– O pior veio depois. Silvia resolveu ir visitar o orfanato onde cresceu, para mostrar a si que seu esforço em fugir dali valera a pena. Era uma forma de compensar suas derrotas. Mas antes ela não tivesse voltado; o que estava para descobrir destruiria de vez com a inocência e pureza que ainda restava em seu coração. Nesse dia, foi lhe revelado que sua mãe e seu pai não estavam mortos. Sua mãe era uma das freiras do lugar que, num momento de fraqueza, rendera-se aos encantos de um padre que visitara o orfanato. Ao se descobrir grávida, desesperou-se, pois cometera um pecado tremendo, e abortar a criança seria um pecado ainda maior perante a Igreja, portanto, a criança nasceria e como punição pelo seu deslize, ela não a teria como filho; o bebê cresceria no orfanato como um dos órfãos do lugar.

Ao saber que a mãe estivera o tempo todo ao seu lado, e, mesmo sabendo o quanto ela desejava conhecer a mãe calou-se diante do fato, Silvia quase enlouqueceu. Seu ódio pela vida se tornou ainda maior. Ao localizar o pai, Mathias Soriat, Silvia subiu no altar, em meio à missa que ele realizava, e expôs toda verdade diante dos fiéis. Foi um choque para a comunidade que julgava o religioso, uma das pessoas mais corretas e sensatas do mundo. Sua vergonha foi tão grande que não mais conseguiu sair à rua para encarar a sociedade. Isso o fez querer dar fim à própria vida e foi quando Silvia apareceu e assistiu, sem querer, ao seu enforcamento.

De qualquer modo, ela não se abalou diante do fato. Ela culpava os pais por sua desgraça e, em parte, ela tinha razão. Por causa da moral e dos bons costumes, eles não haviam assumido a filha que puseram no mundo e creio que, diante de Deus, isso foi um pecado ainda maior do que haviam cometido.

– Que história mais triste... – opinou Étienne com lágrimas nos olhos.

– Sim – concordou Madalena também lacrimosa. – Eu lhe disse que era uma história chocante. Optei por lhe dizer a verdade, apesar de saber o que toda verdade poderia lhe causar.

– A senhora fez bem em me contar. Trata-se da vida da mulher que me pôs no mundo.

– Sim.

Breve pausa e Madalena retomou os fatos:

– Depois de mais esse choque com a realidade, aconselhei Silvia a mudar totalmente os rumos da sua vida, mas, novamente, ela não me ouviu. Seu desprezo pelo mundo havia piorado, especialmente em relação aos homens, depois que descobriu quem fora seu pai. Assim, ela comprou uma belíssima mansão, onde passaria a atender somente os homens que achasse atraentes. Antes, porém, ela daria à luz você. Já estava grávida havia um bom tempo e nem se dera conta. Eu e ela fomos, então, para a Côte d'Azur, porque ela não queria que ninguém a visse de barriga. Você nasceu lá, uma garotinha linda e cabeludinha e eu acreditei piamente que Silvia se tornaria outra mulher, ao lado de um bebê lindo e fofinho como você. Infelizmente isso também não aconteceu. Quando Silvia me disse que a deixaria num orfanato, revoltei-me. Expliquei a ela que, agindo dessa forma, estaria fazendo o mesmo que os pais dela fizeram com ela. O que de fato era verdade. Mesmo assim, ela continuou determinada a deixar você num orfanato e o fez sem pesar. Era como se a filha dela não pudesse ter uma infância melhor que a dela.

O tom de Madalena mudou a seguir. Havia um toque de raiva reprimida ao dizer:

– Nessa ocasião, afastei-me de Silvia, pois não suportaria mais viver ao seu lado, sabendo que Deus lhe dera todas as oportunidades para recomeçar a vida e ser feliz, e, ela não apanhara nenhuma. A meu ver, ela se tornara tão estúpida quanto bela. Às vezes, penso que ela seguiu o rumo contrário a tudo que a vida estava lhe propiciando, como punição a si mesma. Como se não tivesse o direito de ser feliz, tampouco fazer os outros felizes. Eu a alertei. Quis sempre o seu melhor. Mas ela continuou teimosa e surda aos meus apelos.

O pesar havia se tornado profundo na voz de Madalena Ayala:

– Quando digo que Deus deu a Silvia todas as chances do mundo para ser feliz, digo, porque é verdade. Veja você... Silvia não teve ao lado dela a mãe que tanto sonhou, mas eu a tratei sempre como uma filha; a filha que não pude ter e, mesmo assim, ela nunca me aceitou como mãe. Se tivesse, teria se realizado, pelo menos, em parte. Silvia também teve Jean-Pierre Cassel ao seu lado, um rapaz maravilhoso, que a amava incondicionalmente, tanto que estava disposto a esquecer seu passado e, mesmo assim, ela o ignorou e o humilhou de todas as formas. Silvia também teve dinheiro, ainda que adquirido de forma ilícita, o suficiente para ter uma vida confortável e feliz, bem longe das amarguras do passado, e, mesmo assim, ela voltou para a prostituição, onde machucou muitos homens, pelo simples prazer de os machucar. Silvia teve também você, uma linda garotinha que ela poderia ter dado todo o amor que ela sonhou receber de uma mãe e, no entanto, ela a deixou num orfanato. Tudo o que ela recriminou nos pais, ela fez o mesmo. Afastou-se de você, menosprezando mais essa oportunidade de felicidade que a vida lhe dera. Infelizmente, ela não soube aproveitar as oportunidades. Agiu como muitos agem pelo mundo sem perceber. As oportunidades são feitas para serem apanhadas, ainda mais aquelas que possam nos transformar para melhor e, com isso, todos que nos cercam.

Madalena calou-se e Étienne lhe foi sincera ao dizer:

– A senhora realmente gostava dela. É sincera quando diz.

– Sim. Como lhe disse: amei Silvia como uma filha, mas ela estava ocupada demais com seus rancores e ressentimentos para prestar atenção em mim.

– O que houve depois?

– O inevitável para quem só procura fazer o mal. O destino uniu Silvia ao irmão gêmeo de Jean-Pierre Cassel. Irmão que Jean-Pierre, até então, não sabia da existência. Seu nome era Vincent Pérez e Silvia não acreditou nele. Para ela, Vincent era o próprio Jean-Pierre que fora atrás dela, para se vingar do que ela fizera a ele. Encantado por Silvia, Vincent fez de tudo para conquistá-la e conseguiu, mesmo com Silvia lutando contra ele de todas as formas. Ambos então começaram a viver uma tórrida história de amor e para provar a si mesma que Vincent Pérez era mesmo Jean-Pierre Cassel, tentando fazê-la de boba, Silvia levou o moço até a cidade onde Jean-Pierre residia e foi assim que a verdade veio à tona. Uma história bem triste. Vincent e Jean-Pierre eram mesmo gêmeos idênticos, separados horas depois do nascimento.

– Vincent Pérez – murmurou Étienne, juntando os fatos. – Então essa é a ligação dele com a minha mãe.

Madalena confirmou o fato e voltou a falar:

– Tudo ia bem até que Vincent se apaixonou por Isabelle, a segunda esposa de Jean-Pierre Cassel. Quando Silvia descobriu o que se passava no coração do moço, ela simplesmente ficou louca de ciúmes. Decidiu, então, contar tudo para o casal, o que certamente afastaria Vincent do irmão e da cunhada. Os dois discutiram e foi, nesse momento, que Silvia pisou em falso e rolou escada abaixo. Morreu na hora.

Madalena enxugou os olhos e prosseguiu:

– Durante muito tempo, acreditou-se que Vincent a havia empurrado, mas não, foi mesmo um acidente. A mãe adotiva de Vincent havia procurado a polícia para dizer que o filho havia assassinado Silvia Navarro para que ele fosse julgado e aprisionado. Ela queria se vingar do moço por algo que ele fizera a ela. Vincent passou longos anos na prisão e só foi absolvido quando a própria mãe, prestes a morrer, fizera uma confissão por escrito, alegando que inventara tudo aquilo só para punir o filho adotivo.

– Que mulher desalmada.

– Sim. Angelina Chermont foi outro exemplo de ser humano que teve uma nova chance na vida e não aproveitou.

– É tudo muito triste.

– Sem dúvida.

– A senhora me disse, certa vez, que sabe quem é meu pai e que me diria quem é ele quando eu fosse a maior. Eu gostaria de saber, também, quando e onde ele e minha mãe se conheceram?

Madalena não se surpreendeu com a pergunta. Havia mesmo prometido a à jovem, quando menina, revelar-lhe toda verdade sobre a sua origem. O momento era aquele:

– Seu pai é um homem muito respeitado e influente no país onde vive. Conheceu sua mãe numa viagem de trem. Ambos ocupavam o vagão de primeira classe e foi ali mesmo que você foi concebida. Sua mãe era assim, não havia lugar ou hora para realizar seus desejos. Acho que o que mais a encantou em seu pai, foi o fato de ele ser duque.

– Duque?!

– Sim. Hoje ele é um duque no país onde vive.

– Nossa! – a jovem estava deveras surpresa.

– Ele sabe da minha existência?

– Creio que não. Se Silvia pretendia lhe contar a seu respeito, não teve tempo para isso.

– Entendo. – Étienne refletiu por instantes e admitiu: – Eu gostaria muito de conhecê-lo.

– Não sei como ele a receberá, tampouco, se conseguirá ficar frente a frente com ele, sendo ele uma pessoa tão importante.

– Mesmo assim, eu quero tentar.

– Não custa. Mas Étienne, minha querida, talvez ele não acredite que você seja filha dele. Eu nunca o vi pessoalmente, só por fotos em jornal, e, pelo pouco que vi, você não se assemelha a ele em quase nada, pois você é mesmo um retrato vivo da sua mãe.

A jovem fez novamente ar de compreensão e Madalena acrescentou, seriamente:

– Se ele não a reconhecer como filha, não se entristeça. As circunstâncias é que não lhe permitem. Não se revolte com a vida por isso. Revoltas não fazem bem a ninguém. Veja o exemplo de sua mãe.

– Eu sei.

– Sabe, minha querida. Oportunidades são feitas para serem aproveitadas. Quem sabe apanhar uma oportunidade é sábio. Quando conheci o homem maravilhoso que depois se tornou meu marido, apanhei a oportunidade sem titubear. Ela me aceitou por inteira com meu passado que, para muitos, é vergonhoso e me deu uma nova chance para a felicidade. Oportunidades de mudança são para serem aproveitadas, não desprezadas. Silvia deveria ter feito o mesmo e seu desprezo pela sorte foi o que arruinou, de vez, com a sua vida.

– Infelizmente.

Madalena fitou Étienne com mais atenção:

– Sua mãe errou muito, mesmo assim, não a queira mal. Não haja como ela agiu com os próprios pais.

– Jamais!

– Étienne, você em breve será uma moça extremamente rica. Aproveite essa oportunidade para fazer da sua vida, a melhor possível.

A jovem assentiu e Madalena acrescentou:

– A vida continua por meio dos filhos, não é o que dizem?

– Sim.

– Então, faça você a diferença na vida da sua mãe.

E novamente Étienne concordou com Madalena.

O encontro das duas terminou com um forte abraço e votos de sucesso para ambas. Se Étienne conseguisse encontrar o pai, que lhe contasse tudo; depois, num novo encontro, pediu Madalena à jovem que prometeu cumprir a promessa, assim que possível. Diante do nome do pai, escrito por Madalena num pedaço de papel, Étienne se viu empolgada com a possibilidade de conhecer em vida, pelo menos o pai. Fosse o que tivesse de ser, ela iria até ele, o quanto antes.

Assim, pediu permissão às freiras do internato para fazer uma breve viagem. E por ter sido sempre muito correta e obediente, recebeu permissão para o que tanto queria fazer, dentro em breve.

# Capítulo 24

Pelo trajeto de trem até a Bélgica, Étienne Navarro foi relembrando tudo o que Madalena havia lhe contado com tanta ênfase e tantos detalhes sobre Silvia, que era como se ela tivesse presenciado cada momento vivido pela mãe. Não sentia raiva dela, apenas pena; a seu ver, Silvia fora mais uma vítima das circunstancias e não soubera lidar sabiamente com os fatos. Ficara presa no ódio e na revolta que tanto mal faz à alma de todos, como aprendera com a leitura da bíblia. A mãe certamente tivera o mesmo aprendizado durante o tempo que viveu no orfanato com as freiras, a diferença entre as duas é que ela, Étienne seguiria os conselhos bíblicos e a mãe, desprezou um a um.

O entardecer começou a tingir o céu quando a jovem chegou ao castelo dos Vandenberg, um lugar simplesmente maravilhoso. Foi recebida à porta por um mordomo elegante que gentilmente se mostrou prestativo a ouvir o que ela tinha a dizer:

– Mademoiselle – disse ele, em tom altamente profissional. – Em que posso ajuda-la?

– Estou na residência de veraneio do duque Philippe Vandenberg, não estou? – perguntou Étienne objetivamente.

O empregado afirmou que sim, com um conveniente movimento de cabeça.

– Preciso lhe falar. Sou filha de uma antiga conhecida dele e lhe trago um recado muito importante da parte dela.

O mordomo estudou o rosto da jovem, momentaneamente em dúvida se deveria aborrecer o duque com aquela intromissão. Por fim, disse:

– A quem devo anunciar?

– Étienne Navarro.

– Está bem. Aguarde-me aqui.

Alguns segundos de espera e o mordomo reapareceu, com seu profissionalismo impecável.

– Queira me acompanhar, por favor.

Étienne foi conduzida até uma sala decorada lindamente com um gigantesco candelabro Baccarat. Não demorou muito e ela logo ouviu passos descendo a suntuosa escadaria que havia na extremidade diagonal do aposento. Um homem lindo foi ao seu encontro. Era alto e atraente, com modos impecáveis e corteses, reflexo de uma ótima criação e educação. Um puro sangue azul, até mesmo na alma.

Étienne ficou temporariamente imóvel, como que esculpida em pedra, diante de tão magnânima figura. Ele também ficou a admirá-la, em silêncio, até comentar, com um misto de perplexidade e orgulho na voz:

– Como você se parece com ela.

A jovem moveu-se afinal.

– E isso é bom? – perguntou, emocionada.

– É maravilhoso!

A surpresa da jovem aumentou, ao ver um sorriso radiante espalhar-se no rosto do duque que disse, emocionado:

– Eu jamais a esqueci.

– E eu que pensei que o senhor não fosse se lembrar dela.

– Ninguém se esquece de Silvia Navarro. Ela era um encanto. Um sonho do qual ninguém quer acordar.

Houve uma súbita tristeza em seu olhar que preocupou Étienne.

– Desculpe vir até aqui, e insistir para que o senhor me recebesse, mas...

Ele novamente sorriu:

– Não há o que se desculpar. Há dezoito anos que eu aguardo por esse momento.

– Aguarda? Como assim?

– Desde que Silvia me contou a seu respeito, eu sempre desejei conhecê-la. Já teria feito, se soubesse onde você estava.

– Quer dizer que o senhor sabia...

– Sim. Descobri, por acaso – e voltando os olhos para o passado, o duque se pôs a falar. – Lembro-me como se fosse hoje, o momento em que nos conhecemos naquele trem. Ela parecia cansada e ausente, demorou para me notar. Quando o fez, ascendeu-se como um sol de primavera. Deixou-me enfeitiçado com seu jogo de sedução e sua beleza. Quando a viagem estava prestes a terminar, pedi-lhe seu endereço para podermos nos encontrar novamente e ela me disse que estava de mudança. Que provavelmente ficaria em Paris, por algumas semanas, no hotel Ritz ou noutro do mesmo nível. Achei que estivesse brincando. As diárias desses hotéis são caríssimas, duvidei que ela tivesse condições de pagar. Contudo, era a única pista que ela me deixou do seu paradeiro. Ao voltar para o meu país, fatos alheios à minha vontade prenderam-me aqui por mais tempo do que eu supunha. Por isso, demorei a voltar a Paris em busca dela. E ela estava mesmo hospedada no Ritz Hotel. E quando me viu, diante da porta do quarto que estava hospedada, mal acreditou que fosse verdade.

"Você, aqui?", disse-me ela, deveras surpresa.

"Queria ter vindo antes. Bem antes, mas... Imprevistos retardaram a minha vinda. Que sorte poder ainda encontrá-la aqui".

"Sorte?!"

"Sim. Queria imensamente revê-la!"

Silvia riu, com certo deboche.

"Estava é com saudade do meu corpo, não é isso?"

"De você num todo!", afirmei porque era verdade.

Silvia fez novo ar de desdém e eu perguntei:

"Não vai me convida para entrar?"

"Ah, sim! Lógico!"

Ela escancarou a porta para me dar passagem e eu invadi seu quarto, com a melhor das intenções.

"Você está muito mais bonita do que da última vez que a vi"

Era por causa da gravidez, mas ela nada me contou a princípio.

"Você acha mesmo?"

"Sim."

Ela caminhou até o espelho, onde ficou temporariamente a se admirar. Eu me aproximei e nos beijamos. Eu estava encantado por ela. Simplesmente maluco.

Havia lágrimas se formando nos olhos do nobre que fez uma breve pausa, antes de prosseguir:

– Nos amamos, naquele quarto de hotel, por muitas vezes. Minha mãe, então, começou a desconfiar das minhas idas e vindas a Paris e mandou me seguir. Logo, soube da minha amante e me repreendeu pelo fato. Tive de admitir que estava apaixonado por Silvia Navarro, ainda que o nosso amor fosse impossível. Minha família jamais a aceitaria.

– Por que ela era uma cortesã?

– Até então, eu não sabia disso. Era mais pelo fato de eu já ter sido prometido a outra. Mas de tão apaixonado por Silvia, pensei em jogar tudo para o alto, só para ficar com ela. Quando ela me disse que estava grávida de mim, percebi que não havia mais porque me afastar dela. Levei-a, no mesmo instante, para apresentá-la aos meus pais. Foi quando a verdade veio à tona. Eles já haviam investigado a vida dela e descoberto seu passado promíscuo. Eu não queria acreditar que aquilo fosse verdade. Mas foi ela própria quem admitiu, perante todos, com profundo cinismo:

"As informações a meu respeito estão corretas. Só devo acrescentar que minha vida de rameira começou bem antes de eu chegar a Paris. Foi num prostíbulo na cidade de Nice que tudo teve início. Onde cheguei a ter oito, nove, dez clientes por noite."

Aquilo não podia ser verdade. Uma moça tão linda e gentil não podia falar com tanto orgulho sobre sua vida mundana. Mas Silvia fazia isso para chocar a todos, especialmente os conservadores. Quando ela me disse que estava grávida de mim, achei que o fato poderia mudar a imagem dela perante os meus pais. Infelizmente, a notícia só agravou a situação.

"Como você pode acreditar que esse filho seja seu?", indagou minha mãe, furiosa. "Uma mulher que se deita com tantos homens!"

Era a mais pura verdade. Mesmo assim, eu ainda acreditava que a criança era minha. E Silvia confirmou minhas suspeitas:

"É sua, sim!"

Minha mãe interveio:

"Ela diz isso só para tirar proveito da realeza."

Silvia riu, triunfante, porque, no fundo, aquilo era a mais pura verdade. Então, minha mãe falou, severamente:

"Philippe, mesmo que essa criança seja sua, ela não pode nascer. Onde já se viu, um membro da realeza, ter uma filha com uma prostituta vulgar e mau-caráter!"

Só me recordo do estalo do tapa que Silvia deu no rosto de minha mãe. O clima pesou e, por isso, achei melhor levar Silvia embora dali. Antes, porém, ela falou, desafiadoramente:

"Eu posso até não me casar com o filhinho de vocês. Mas a criança vai nascer. E com o mesmo sangue azul que corre em suas veias. Esse é um fato que vocês terão de encarar!"

Eu puxei Silvia pelo braço e ganhamos a rua. Eu ainda estava em choque.

"Por que você não me contou sobre o seu passado?"

"Porque não lhe devo satisfações da minha vida!"

Respondeu-me ela, furiosa. Nunca me fora tão ríspida.

"Silvia, essa criança..."

Ela não me deixou terminar.

"É óbvio que é sua! Se era para eu pôr uma criança, nesse mundo nojento, que ela fosse da realeza. Se fosse de outro, já a teria abortado sem pestanejar."

Eu não sabia se aquilo era um elogio ou uma crítica. Tampouco se ela estava usando o bebê só para afrontar a mim e a minha família. De qualquer modo, eu estava disposto a assumir a criança, ainda que minha atitude fosse uma afronta aos meus pais e ao meu país. Cheguei a ser ameaçado por eles, caso voltasse a procurar Silvia, o que me deixou bastante preocupado. A segurança dela e do bebê estavam em jogo, e para protegê-los, optei por me casar com a moça para quem eu havia sido prometido. Quando voltei a procurar Silvia em Paris, ela havia sumido. Achei melhor assim, para sua própria segurança. Temi o que meus pais poderiam fazer contra ela, para evitar um escândalo. Ainda mais sendo Silvia tão bocuda.

Ele fez uma pausa e Étienne falou:

– Então, o senhor a amou. Mesmo ela sendo como era, o senhor a amou.

– Sim. Mas eu nunca soube, exatamente, se ela teve realmente algum sentimento por mim ou se apenas me seduziu por um prazer momentâneo, como deveria fazer com muitos. Mas o fato é que eu teria me casado com ela, mesmo sabendo que Silvia, jamais seria bem recebida na minha família, pois eles nunca perdoariam seu passado promíscuo.

– Entendo.

– Um dia, muito tempo depois, encontrei-a em seu casarão na Holanda. Então, ela me disse que você havia nascido, mas que jamais me diria onde você estava. Nunca soube se agiu assim para proteger você dos meus pais ou para me torturar. Por outro lado, respeitei sua decisão para sua própria proteção, Étienne. Quanto a Silvia, tive pena dela, sabe? Tão rica e vivendo como uma mulher sem coração. Que só fazia da sedução uma armadilha para destruir os homens que se apaixonassem por ela. Era como se tivessem tirado dela, o direito de amar e viver em paz. Mas era ela quem não se permitia, entende? Somente ela quem se privava de ter uma vida feliz.

Nova pausa e ele acrescentou, com sinceridade:

– Desculpe-me por ter lhe falado tão francamente, mas você precisava saber de tudo.

Étienne afirmou:

– Eu sempre quis saber de toda a verdade a respeito da minha mãe. É a única forma de eu conhecê-la, entende? De saber como ela realmente era.

– Sim. E ela era tão linda quanto você, porém, completamente desajuizada.

E Philippe voltou a admirar a linda jovem à sua frente, com a nítida sensação de estar novamente diante de Silvia Navarro.

– Não posso ter a certeza de que você é mesmo minha filha – continuou ele –, mas algo em torno de você me diz que é.

– Eu também sinto que o senhor é meu legítimo pai.

Um novo ar de satisfação despontou na face do nobre que, sorrindo, exclamou:

– Venha! Vou levá-la para conhecer os jardins do palácio.

Os dois passearam pelo gramado e Étienne deteve-se um instante para admirar a paisagem.

– Uma beleza de vista, não? Os pinheiros, o lago.

– Sim.

Mais uns passos e ele declarou:

– É uma pena que a paz esteja tão comprometida. Essa guerra insana.

– É péssimo.

– Quero hospedá-la no palácio. Para que amanhã mesmo, eu a reconheça como minha filha.

Quando a matriarca soube quem era Étienne Navarro, rebelou-se no mesmo instante:

– Philippe, meu filho, você perdeu o juízo? Ninguém pode saber do seu envolvimento com uma cortesã. Ainda mais que teve uma filha com ela.

– Tenho duas escolhas, mamãe. Uma é acatar suas ordens, outra, é seguir o meu coração, ou seja, fazer o que é certo.

– Você nem sabe se ela é mesmo sua filha.

– Algo me diz que é.

– Algo? Que algo?

Assim que pôde, a mulher foi falar a sós com Étienne.

– Venho aqui lhe expor alguns fatos.

Étienne defendeu-se no mesmo instante:

– Eu não quero o sobrenome do seu filho, nem o seu dinheiro ou status. Eu só queria mesmo saber quem é o meu pai. Para mim, isso já basta. É ele quem quer me reconhecer judicialmente como filha. O que eu menos quero é complicar a vida de vocês.

A mulher teve de admitir para si mesma que a sinceridade da jovem era a mesma dos Vandenberg que passou de geração para geração. Não restava mais dúvidas para ela de que a garota era mesmo sua neta. Contudo, sua existência continuava sendo um risco para a coroa, um passado que deveria permanecer escondido para todo sempre.

Quando a esposa de Philippe soube da existência de Étienne e de toda história que envolvera o seu nascimento, enfureceu-se com o marido:

– Você poderia ter me transmitido uma doença por ter tido uma prostituta como amante. Onde já se viu pôr em risco a minha saúde e até mesmo a saúde dos seus filhos.

– Eu gostava dela. Foi bem mais do que uma aventura. Foi uma paixão avassaladora.

– Se foi? Por que não se casou com ela? Já imaginou que bonito, o futuro rei da Bélgica casado com uma prostituta?

– Eu quis me casar, apesar de já estar prometido a você. Minha família se opôs e a própria Silvia não quis.

A mulher continuava em choque, olhando para o marido.

– Você fala dessa vagabunda ainda com tanto afeto...

– É porque Silvia Navarro foi mesmo uma mulher muito importante na minha vida.

E o nome de Silvia ficou ecoando pela cabeça da esposa, para nunca mais ser esquecido. O que destruiu por completo o pouco de afeto que ainda existia entre o casal.

O próximo passo de Étienne seria procurar Jean-Pierre Cassel para resolver um assunto de extrema importância para ela. E foi assim que Silvia Navarro, de certo modo, retornou à mansão e à vida da família Cassel.

# Capítulo 25

Isabelle caminhava pelo jardim colhendo flores para alegrar a casa, quando o mordomo apareceu para lhe informar que uma jovem desejava falar com o patrão.

– Uma jovem? – estranhou Isabelle.

– Sim. Deseja falar com o patrão e como ele não está, achei melhor falar com a senhora. Expliquei que o patrão não deve tardar a chegar e ela perguntou, se poderia esperar por ele, visto que fêz uma longa viagem até aqui para vê-lo.

– Ela lhe disse o seu nome?

– Disse, sim. Étienne Vandenberg.

– Quem será?

Por alguns segundos, Isabelle ficou sem ação. Uma estranha sensação de medo e desconforto tomou conta da sua pessoa naquele instante. Era como se más notícias fossem chegar aos seus ouvidos, dentro em breve. E de fato, chegaram.

Étienne continuava parada no hall que dava acesso à grande sala da mansão, aguardando pelo dono da casa, como o mordomo havia lhe pedido, quando Jean-Luc descobriu sua presença ali.

– Olá – disse o rapaz e quando ela se virou para ele, um suspiro escapou-lhe do peito.

– Olá – respondeu Étienne, timidamente, diante do rapaz amparado por duas muletas.

Aquele rosto lindo e angelical, ele já o vira antes, pensou Jean-Luc, imediatamente. Por isso, perguntou:

– Já nos conhecemos, não?

– Creio que não. Nunca estive aqui antes.

Mesmo assim, o rosto dela lhe era familiar. "Tem os olhos notáveis", pensou, enquanto ela falava. Um olhar que lhe despertava uma deliciosa curiosidade de desvendar seus mistérios. "Que lindo par, eles fariam, se ela também se interessasse por ele."

O jovem ficara tão distraído com seus pensamentos, que Étienne precisou repetir a pergunta que lhe fizera havia pouco.

– O que houve com a sua perna?

– Minha perna? Ah, sim! Um acidente.

– Eu sinto muito.

Ela pensou em lhe perguntar, se ele voltaria a andar como antes, mas achou melhor não; caso não pudesse, seria tortuoso ter de confrontar o fato novamente.

– Você deve estar cansada da viagem. Quer uma água, um refresco?

– Vou aceitar um copo d'água.

– Venha!

Ela o acompanhava, quando Isabelle apareceu. Seu rosto desmoronou no instante em que pousou os olhos na visitante. Ela só podia estar febril e delirante para ver tal figura ao lado do filho adorado.

– Mamãe – falou Jean-Luc, amistosamente. – Essa é a Étienne. Veio conversar com o papai...

Isabelle se mantinha com os lábios entreabertos, olhando atemorizada para a jovem que tanto se assemelhava à mãe biológica.

– O que deseja falar com o meu marido? – perguntou a seguir, sem sua polidez habitual.

Estranhando a reação da mãe, Jean-Luc interveio:

– Mamãe, a senhora está bem?

Ela pareceu não ouvi-lo, deixando Étienne ainda mais desconcertada, diante do seu olhar hostil e reprovador. Voltando-se para o mordomo, que acompanhara Isabelle até a sala, Jean-Luc lhe pediu para providenciar água e refresco para a visitante.

– Preciso me sentar – falou Jean-Luc, já cansado de se apoiar nas muletas.

O desagrado de Isabelle com a presença da moça era notável. Para ela, era como se Silvia Navarro tivesse regressado do reino dos mortos para aterrorizar a todos, novamente, com suas maldades. Por insistência de Jean-Luc, Étienne o acompanhou até a sala onde ele, com a ajuda dela, sentou-se numa poltrona.

Quando Jean-Pierre voltou para casa, assustou-se de imediato com a aparência da esposa.

– O que houve? Até parece que viu um fantasma.

– E vi – respondeu Isabelle friamente. – Uma verdadeira assombração!

Jean-Pierre enviesou o cenho e ela explicou:

– Ela está lá na sala de estar, com o nosso filho.

Seria Charles quem teria voltado para casa?, perguntou-se Jean-Pierre silenciosamente. Ou Vincent, quem novamente estava ali?

Isabelle tornou a falar com profundo desagrado:

– Você não vai acreditar quando a vir.

Ela não se referia a um homem e sim, a uma mulher. Mas não havia mulher no mundo que pudesse perturbar Isabelle, a não ser, Silvia Navarro, e Silvia estava morta, havia mais de quinze anos, portanto... Jean-Pierre ficou deveras curioso.

– Papai! – exclamou Jean-Luc, assim que o viu parado sob o batente da porta da sala. – Essa é a Étienne. Ela veio de longe para lhe falar.

A jovem levantou-se de onde se encontrava sentada e fez uma pequena mesura.

– Como vai? – perguntou, delicadamente.

Jean-Pierre estava em choque. A semelhança da visitante com Silvia Navarro era tremenda. Era como se, de repente, ela tivesse ressuscitado. Por isso, Isabelle ficara naquele estado perturbador, tivera certamente a mesma impressão que ele.

– Papai – chamou Jean-Luc, estranhando a reação de Jean-Pierre que prontamente reagiu:

– A senhorita... O que deseja de mim?

A pergunta soou estranha aos próprios ouvidos de Jean-Pierre. O clima pesou e foi quando Jean-Luc descobriu, porque o rosto de Étienne lhe era familiar. A moça do quadro, murmurou silenciosamente. É ela! Mas não houve tempo para se expressar, Étienne assumiu os rumos da conversa:

– Sou filha de Silvia Navarro. Cresci num orfanato e depois num internato até completar os meus dezoito anos de idade. Soube, então, toda a verdade sobre o meu passado. E que também receberei uma vasta herança quando eu atingir a maioridade, como manda a lei.

Jean-Pierre ainda se mantinha ansioso:

– Certo. Mas o que tenho eu a ver com a sua história? Por que veio me procurar? Necessita de algo da minha parte?

A jovem se fez clara mais uma vez:

– Meu senhor, a fortuna que minha mãe me deixou de herança não foi adquirida pelo mérito do trabalho e do esforço pessoal. Segundo soube, por meio de uma senhora chamada Madalena Ayala, minha mãe adquiriu tal fortuna, chantageando o senhor. Foi ou não foi?

Jean-Pierre estava pasmo. Mal podia acreditar no que ouvia. Ficara tão sem graça, que não sabia o que responder. Isabelle, que se mantivera do lado de fora da sala, junto à porta, para descobrir o que trouxera Étienne até sua casa, adentrou o recinto e acabou respondendo pelo marido:

– É isso mesmo! – afirmou, para espanto de Jean-Luc e Jean-Pierre. – Sua mãe agiu de má-fé!

– Eu sei. Dona Madalena me contou tudo.

– Se sabe, por que veio? O que deseja do meu marido, afinal?

– A resposta é bem simples, minha senhora. Vim para devolver a ele o que lhe foi tirado indevidamente.

Os olhos de Isabelle se voltaram para Jean-Pierre que também se mostrou perplexo, diante das palavras da mocinha. O silêncio temporário foi rompido pela própria Étienne:

– Não é certo eu herdar uma fortuna que foi adquirida de forma ilícita.

Isabelle riu, escancaradamente:

– Você quer mesmo que acreditemos que você veio aqui para devolver o que sua mãe roubou?

– Falo sério. Estou aqui realmente para devolver o que pertence ao Senhor Jean-Pierre Cassel.

Isabelle perdeu a voz. A realidade novamente se mostrava incapaz de ser aceita por ela. Silvia Navarro não podia ter gerado uma filha capaz de agir daquela forma. Silvia fora má, destruíra muitos homens e famílias, pelo simples prazer de destruir. Se os filhos puxam aos pais, como Étienne poderia ser diferente? Aquilo não fazia sentido. Deveria haver algum plano sórdido, por trás da vinda da jovem àquela casa.

Jean-Pierre simplesmente não sabia o que dizer:

– Não sei se devo... Afinal, o dinheiro era da sua mãe.

– Não era. O senhor sabe muito bem que ela o tomou indevidamente do senhor.

– Sim, mas...

Jean-Pierre voltou-se para Isabelle que olhou para ele, também incerta, quanto ao que responder para a jovem.

– Senhor Cassel, aceite – continuou Étienne, placidamente. – É muito importante para mim, como filha de Silvia Navarro, reparar, pelo menos, esse mal que ela causou a outrem.

Jean-Luc resolveu agir. Percebendo o desespero do pai, disse:

– Papai, o senhor não precisa responder agora. Reflita por alguns dias. Enquanto isso, Étienne pode ficar hospedada conosco, recuperando-se da viagem exaustiva...

A jovem rapidamente se opôs à ideia:

– Eu gostaria de resolver isso o quanto antes.

O rapaz se voltou para ela e falou, seriamente:

– Sou eu, agora, quem lhe pede para aceitar a minha proposta.

Étienne ficou visivelmente sem graça.

– Não sei se devo...

Jean-Pierre abraçou a causa do filho:

– Deve sim! – falou, alegre, para total revelia de Isabelle. – Fique conosco, será um prazer.

Isabelle o olhou, furiosa, e quando se retirou da sala, pisando duro, Jean-Pierre foi atrás dela.

– É melhor eu ir embora – falou Étienne, mirando a porta por onde os donos da belíssima mansão haviam passado. – Sua mãe não me quer aqui.

Jean-Luc respondeu, prontamente:

– Ela pode não querer, mas eu e o papai queremos que você fique. Por favor, aceite.

Étienne se sentiu novamente lisonjeada com o carinho e a gentileza do jovem que, minutos depois, tentava explicar à ela o porquê de Isabelle ter agido daquela forma:

– Não foi fácil para a mamãe enfrentar a sua mãe no passado. É uma magoa tamanha, mas isso foi entre minha mãe e a sua. Nada tem a ver com você e eu.

– Você tem razão, mesmo assim...

– Quero que fique, por favor! Gostei imensamente de você. Eu a conheço por tão pouco tempo, mas é como se eu já a conhecesse a vida toda.

As palavras dele a emocionaram.

– Ajude-me a levantar. Preciso lhe mostrar algo.

– Não vá se cansar por minha causa.

Ela o ajudou e, lado a lado, os dois seguiram para fora da casa, em direção à dependência dos empregados.

– É um lindo jardim – elogiou Étienne, maravilhada com o verde e as flores do lugar.

– É sim. E você precisa ver o labirinto de cercas vivas. Vai adorar!

Quinze minutos depois, os dois estavam diante do quadro que Laurence Piemonte pintara de Silvia Navarro, muitos anos atrás. Com devido cuidado, Jean-Luc o descobriu e quando a jovem se viu diante de tão linda pintura, por meros segundos pensou estar diante do seu próprio reflexo no espelho.

– É tão parecida comigo... – comentou, emocionada

– É sua mãe.

Lagrimas invadiram os olhos da jovem que, com a ponta do dedo indicador da mão direita, tocou a face da moça retratada ali, como se ela estivesse viva.

– Ela é tão bela quanto você – elogiou Jean-Luc com sinceridade.

– Pois acho que ela era ainda mais bonita do que eu. Tem traços bem mais delicados do que os meus.

Aquilo de fato era verdade, quando examinado pelos olhos de um exímio observador.

– Gostaria de tê-la conhecido, pessoalmente.

– Eu também. O Charles, meu irmão, idem. Fomos eu e ele que descobrimos esse quadro aqui, tempos atrás.

– Por que o guardam aqui?

– Foi a mesma pergunta que fizemos quando o encontramos.

E Jean-Luc lhe deu a devida explicação.

– Entendo. Realmente não ficaria bem dependurado numa parede, depois de tudo o que ela fez ao seu pai.

– Mas o papai não é rancoroso de forma alguma. A mamãe já é. Ficou assim, depois que o tio Vincent a enganou.

Étienne ouviu toda história com grande interesse.

– Nossa! Jamais pensei que um irmão fosse capaz de fazer isso com o outro irmão. Eu mesma não tive irmãos, mas penso que se tivesse, jamais lhes faria mal.

– Eu também nada faria contra o Charles. Mesmo ele sendo meu irmão, somente por parte de mãe. E tenho a certeza de que ele também me ama da mesma forma. O tiro que ele me deu, sem querer, quase o matou de desgosto e arrependimento. Ficou desesperado e quando a mamãe o culpou pelo ato, ele simplesmente enlouqueceu.

– Sua mãe achou mesmo que ele atirou em você de propósito?

– Sim. Mas sei que isso não é verdade. Charles me ama, jamais me faria mal.

– Entendo.

E olhando para os olhos bonitos e profundos de Jean-Luc Cassel, Étienne Navarro se perguntou, intimamente, se Isabelle Cassel não estaria certa em relação a Charles. Ela não o conhecia, mas algo em torno dele a deixava inquieta.

Nesse ínterim, Jean-Pierre conversava a sós com Isabelle, no quarto do casal.

– Fiquei sem palavras! – admitia ele, eufórico. – Essa jovem vir até aqui para me devolver tudo o que Silvia me tirou...

Isabelle se mantinha aturdida e séria quando opinou:

– Jean-Pierre, essa jovem veio aqui por outro motivo.

– Outro motivo?! Qual?

– Ainda não sei. Mas coisa boa não é.

– Isabelle...

Ela não o deixou falar. Sua voz se sobrepôs à dele, com grande força:

– Silvia Navarro não pôde ter gerado uma filha capaz de agir tão honestamente quanto essa jovem. Silvia foi má e os filhos puxam aos pais. Por isso, eu lhe digo, com todas as letras, que deve haver um plano sórdido, por trás da vinda dessa garota a essa casa.

Jean-Pierre mal podia acreditar no que ouviu:

– Isabelle, sei que é difícil encontrar gente de caráter nesse mundo, mas existe. E tem mais, Étienne pode ter puxado ao pai. Não se esqueça de que ela tem um pai.

– Sabe se Deus que pai é esse? Silvia seduzia homens de toda espécie.

Aquilo era bem verdade, mas...

– Acho melhor você mandá-la embora daqui, o quanto antes. Decida, de uma vez por todas, se quer ou não o dinheiro de volta e livre-se dela. Farejo algo de desagradável no ar.

– Pois eu vejo essa garota com outros olhos. Acredito na sua bondade.

– Acredita?! – Isabelle riu. – Da mesma forma que acreditou em Silvia no passado e depois, ela o fez de gato e sapato. Por isso, reforço o meu pedido. Livre-se dessa garota, o quanto antes.

E Jean-Pierre já não sabia mais no que acreditar. Se na sua intuição ou na observação pertinente de Isabelle Binoche Cassel.

O dia terminou com Étienne sendo alojada num dos quartos da mansão, mesmo sob os protestos escancarados de Isabelle Cassel. Naquela noite, após o jantar, por insistência de Isabelle, a jovem contou sobre a vida que levou no orfanato e depois no internato, até conhecer o pai na Bélgica que, gentilmente a assumiu como filha legítima perante a lei. Era mesmo uma história impressionante, pensou Isabelle com seus botões. A filha de uma rameira mau-caráter ter um pai da realeza. Mesmo assim, Isabelle continuava desconfiada de que por trás daquele rostinho bonito, uma nova Silvia Navarro estava prestes a dar o bote, assim que tivesse a melhor oportunidade.

Para o espírito de Silvia Navarro, Étienne também fora atrás de Jean-Pierre para transtornar sua vida. Não era certo que todos desfrutassem de uma vida feliz, enquanto ela, Silvia, permanecia imersa no ódio e na revolta. Para ela, Étienne faria justiça em seu nome, desgraçando aqueles que ela responsabilizava por sua infelicidade. Mas será mesmo que a jovem estava ali para vingar a mãe?

# Capítulo 26

Na manhã seguinte, o ar estava quase estático, enquanto Jean-Luc e Étienne caminhavam ao longo do jardim. Ela empurrava a cadeira de rodas, enquanto conversavam alegremente. Num lugar tão aprazível como aquele, ninguém poderia imaginar que uma guerra pavorosa estivesse acontecendo por diversos cantos da Europa e que a França estivesse sob o domínio da Alemanha nazista.

Diante do labirinto de cercas vivas, Étienne parou e questionou o lugar. Jean-Luc, muito entusiasmado, explicou:

– É o tal labirinto de cercas vivas que lhe falei.

– E as pessoas se perdem dentro dele?

– Só no começo. Depois, torna-se fácil localizar a saída. Quer entrar?

Étienne pareceu adorar a ideia. E para lá foram os dois, com ela empurrando a cadeira de rodas, enquanto ele relatava as aventuras que vivera ali com o irmão.

– Você fala do Charles com tanto amor – comentou ela, em meio à conversa.

– Porque o amo.

– Deve sentir falta dele.

– Imensa. O papai também. Ele, por sinal, está fazendo de tudo para localizá-lo. Não é bom o Charles ficar longe de nós em meio à França dominada pelos nazistas. Não que aqui estejamos completamente seguros, mas quando unidos, parece que nos tornamos mais fortes para enfrentar esse período caótico pelo qual estamos passando.

– Mal vejo a hora disso tudo acabar.

– Sim. E termos o nosso país novamente sob o nosso controle.

Étienne assentiu e, pensando em si, comentou:

– Não posso dizer que senti falta de ter tido um irmão ou uma irmã, afinal, cresci no meio de tantas crianças órfãs da minha idade, que tínhamos uns aos outros como irmãos.

– Isso é muito bom.

Ao deixarem o labirinto, uma brisa gostosa soprou do mar, fazendo com que os cabelos de Étienne Navarro dançassem ao redor de sua graciosa cabeça. Ao tentar arrumá-los, Jean-Luc se opôs:

– Deixe-os assim, ficou bonito. Na verdade, você fica bonita de qualquer jeito.

Ela fez ar de lisonja e voltou a empurrar a cadeira de rodas com o rapaz que também lhe era atraente. Pela janela do seu quarto, Isabelle observava os dois com desagrado. Minutos depois, exigia de Jean-Pierre, uma resposta quanto ao pedido da moça.

– Eu ainda não sei o que fazer – admitia ele com sinceridade.

– Faça o que é certo! Aceite o que ela lhe propõe, porque o dinheiro realmente lhe pertence.

Jean-Pierre sabia daquilo, mesmo assim...

– Dê-me mais alguns dias – pediu ele a esposa que, raivosa, respondeu:

– Não, Jean-Pierre! Nem mais uma hora. Quanto mais cedo essa jovem partir daqui, melhor!

E o temor de Isabelle acabou deixando o marido tão ressabiado quanto ela. Isso o fez tomar a devida decisão naquele mesmo dia. Após o almoço, voltou-se para Étienne e deu seu parecer:

– Apesar de Silvia ter ganhado todo esse dinheiro que hoje lhe pertence, por meio de uma chantagem, a decisão de me casar com ela foi inteiramente minha, portanto, caso nos divorciássemos ela teria mesmo direito a metade da minha fortuna. Portanto, a herança de sua mãe lhe pertence. Agradeço imensamente por você ter me procurado, na intensão de fazer o que achava ser o certo, mas... Isso mostra que você é mesmo uma jovem excepcional.

Tudo o que Étienne respondeu, foi:

– Entendo o senhor. Mesmo assim, acho que deveria pensar mais a respeito. Por mim, eu lhe passaria toda quantia, sem sequer ter a aprovação do senhor.

– Não, por favor, não faça isso.

Jean-Luc interveio:

– Façamos o seguinte. Você continua hospedada conosco até o papai refletir melhor a respeito da sua proposta. E não aceito "não" da sua parte como resposta.

A jovem corou. E acabou concordando com o rapaz para total revelia de Isabelle que desejava afastar a garota dali o mais rápido possível.

Ao se ver a sós com o marido, Isabelle comentou em tom de indignação:

– Mal posso acreditar que você tenha tomado essa decisão.

Jean-Pierre se fez sincero:

– Isabelle, meu amor, já expliquei a todos o porquê de ter tomado essa decisão.

Ela pareceu não o ouvir, sua cisma agora era outra:

– Não me agrada nenhum pouco ver Jean-Luc e essa garota juntos o tempo todo, lado a lado.

– Pois a mim, agrada-me muito. Jean-Luc precisa de uma companhia. Desde que o Charles partiu, ele andava cabisbaixo. Agora, vejo alegria em seus olhos.

Isabelle havia notado o mesmo e, apesar de querer ver o filho adorado de bem com a vida, a aproximação entre ele e Étienne Navarro deveria ser evitada a todo custo.

Sob um sol ameno, Jean-Luc e Étienne caminhavam, trocando ideias e risos. Era como se fossem amigos há anos. Então, ele pediu a ela que parasse num ponto específico de onde se podia ver o mar azul e o céu se juntarem ao longe no golfo da Gasconha. Com a ajuda da muleta, ele ficou de pé e comentou:

– Tem dias que não dá para notar a linha divisória entre o mar e o céu. É como se fosse tudo a mesma coisa.

– É tão lindo – elogiou ela com sinceridade.

– É sim – afirmou ele que olhando intensamente para ela, admitiu: – Eu acho você uma jovem sensacional, sabe?

Com o ritmo da respiração acelerado, como se tivesse feito grande esforço físico ela agradeceu o elogio. Ele então se aproximou dela um pouco mais e a beijou suavemente nos lábios. Ela não recuou, porque também o desejava. Mirando fundo os seus olhos tão lindos, Jean-Luc novamente falou com a voz que provinha diretamente do seu coração:

– Étienne, apaixonei-me por você desde a primeira vez em que a vi.

Ela hesitou antes de responder e quando o fez, foi com profunda angustia na voz:

– Eu também, Jean-Luc.

O rosto dele se iluminou, com um sorriso lindo, de profundo contentamento. Então, ele a apertou novamente contra seu peito e a beijou com uma convicção fulminante de que aquela era a mulher da sua vida. A alegria dentro dele era imensa e dentro dela parecia acontecer o mesmo.

– Não quero vê-la longe de mim nunca mais – declarou o jovem com profunda convicção. – Eu, meu pai, minha mãe e meu irmão seremos a sua família daqui por diante.

– Mas sua mãe... Ela parece não gostar de mim.

– Ela logo se acostumará com a ideia.

– Jean-Luc...

– Fale.

– Você acredita em destino?

– Nunca pensei a respeito.

– Pois eu acredito. Foi o destino quem nos uniu.

Ela ia chorar e ele a beijou, como que para evitar a torrente de lágrimas.

– Você não se importa, não é? – quis saber ele. – Que eu nunca mais possa andar como antes.

A resposta dela foi imediata:

– É obvio que não! Conheci você assim, apaixonei-me por você assim. Aceito-o plenamente como é.

– É tão bom ouvir isso.

Ele reforçou o abraço e declarou, com tamanha emoção:

– Eu a quero, Étienne. Quero-a demais! Pela vida toda.

E ela se agarrou a ele, como se fosse uma ancora para protegê-la de uma tempestade em alto mar. Minutos depois, ela o ajudava a se sentar na cadeira de rodas que a conduziu de volta para a casa, enquanto trocavam ideias e planos para o futuro.

A transformação que o amor fez em Jean-Luc Cassel foi notável. Nunca ninguém o vira tão contente e entusiasmo pela vida como nos últimos dias. Chegou a vez, então, de ele conversar com a mãe, a respeito dos seus sentimentos por Étienne Navarro Vandenberg.

– Mamãe, preciso lhe falar. Eu e Étienne... Eu a amo... Eu...

Isabelle voltou-se para ele, feito um raio.

– Ela conseguiu! – exclamou, furiosa.

O rapaz fez ar de interrogação.

– Conseguiu o quê, mamãe?!

– Trazer Silvia Navarro de volta a essa casa. Para me atormentar. Aniquilar de vez com a minha paz. A alma penada conseguiu novamente.

– Mamãe, Silvia Navarro está morta.

– Não, Jean-Luc! Ela agora vive, por meio dessa jovem, por quem você se diz apaixonado. Afaste-se dela, meu filho, para o bem de todos nós.

– Étienne é uma ótima pessoa, mamãe.

– Não, Jean-Luc! Étienne é a própria encarnação do mal. Um mal chamado Silvia Navarro. – Isabelle tornara-se de vez o desespero em pessoa. – Isso não pode estar acontecendo. Não pode!

O assunto não foi em frente, naquele exato momento, Jean-Pierre apareceu, aflito, dizendo:

– Os nazistas estão recrutando todos os jovens de dezoito anos, sabe-se Deus lá pra quê.

Isabelle ficou alarmada.

– O Jean-Luc não pode ir! Meu filho, não, Jean-Pierre! – desesperou-se Isabelle, vertendo-se em lágrimas.

– O que eu posso fazer, meu amor?

– Seus milhões devem servir para alguma coisa.

– Não, nesse caso, Isabelle. É nessa hora, inclusive, que percebemos que dinheiro não é tudo.

– Impossível!

– Mas é verdade.

– Não permitirei que levem meu filho daqui.

– Isabelle, meu amor... os nazistas são impiedosos. Qualquer oposição da nossa parte é capaz de fazê-los matar a todos nós.

A mulher, então, lembrou-se do pesadelo que se repetia havia muitos anos e a despertava chorando em meio a madrugada. O pesadelo em que via o filho, seguindo de costas para ela, em meio a um campo de batalha, pouco antes de uma bomba explodir.

Ao saber da notícia, Jean-Luc aceitou a convocação de bom grado:

– Eu irei sem protestar – e voltando-se para o pai, perguntou: – O senhor me leva até o local, papai?

– Sim, meu filho. É claro que sim!

Na hora de partiram, Isabelle se agarrou ao jovem, chorando desesperadamente. – Isso não pode estar acontecendo. Não pode! – lamentava em pânico.

– Mamãe, eu tenho de ir. Por favor...

E ele delicadamente afastou as mãos dela que o seguravam feito dois torniquetes. Soprou-lhe um beijo e outro para Étienne e partiu, na companhia de Jean-Pierre. Para Isabelle, foi como se o mundo tivesse desabado sobre a sua cabeça naquele instante.

Diante da mulher desesperada, Étienne a conduziu até seu quarto, onde ela se deitou na cama, como se estivesse entre a vida e a morte. Uma hora depois, Isabelle despertava, ansiosa por notícias do marido e do filho. Ao passar em frente ao quarto que Étienne ocupava na casa, por meio da porta entreaberta do aposento, avistou a jovem ajoelhada em frente a uma imagem da Virgem Maria, com um terço na mão, orando, com profunda determinação. A visão tocou Isabelle profundamente. Ficara tão desesperada pelo filho que se esquecera de pedir a Deus por ele.

– Posso me juntar a você? – perguntou Isabelle, aproximando-se da jovem que respondeu, carinhosamente:

– Por favor.

Isabelle se ajoelhou ao lado dela, uniu as mãos em louvor e foi quando Étienne explicou:

– No orfanato onde eu cresci, aprendi com as freiras que, diante de qualquer desespero, devemos orar com fé.

Isabelle assentiu e junto da jovem entregou-se totalmente à oração.

Quando Jean-Pierre voltou para casa, Isabelle correu até ele e o abraçou.

– E o Jean-Luc, meu amor? Foi mesmo convocado por aqueles malditos? – perguntou, aflita.

Mas não houve tempo para Jean-Pierre responder. Jean-Luc apareceu, com o mordomo empurrando sua cadeira de rodas, endereçando um sorriso amável para a mãe.

– Filho! – ela correu até ele, curvou-se e o beijou na testa.

Foi Jean-Pierre quem deu as devidas explicações:

– O Jean-Luc foi dispensado da convocação.

As sobrancelhas de Isabelle se arquearam, pasma.

– Jura?! – um sorriso de alívio resplandeceu na sua face. – Deus seja louvado!

Étienne também se mostrou feliz com a notícia. Jean-Luc então explicou:

– Eles me dispensaram por causa do tiro...

– Tiro, que tiro? – Isabelle estranhou o comentário.

– O tiro que Charles me deu na perna, sem querer. Por ter me tornado um invalido, de nada sirvo para eles.

Isabelle mal podia acreditar no que ouvia.

– Quer dizer...

Jean-Pierre terminou seu raciocínio:

– Sim, meu amor. O tiro foi um mal que acabou se tornando um bem.

– É o que parece...

E na sua tela mental, Isabelle reviu Charles diante dela, quando ela o humilhou, a ponto de fazê-lo ir embora daquela casa para nunca mais voltar. Onde ele estaria em meio àquele caos? Novamente ela se preocupava com ele e se remoía de remorso por tê-lo desprezado a vida toda.

# Capítulo 27

Noutro extremo do país, Charles Cassel caminhava por uma das ruas principais da cidade onde vivia, quando avistou um sujeito do outro lado da rua que muito se parecia com seu pai.

– Papai! – chamou ele, empolgado, indo ao seu encontro.

A saudade que ele sentia de Jean-Pierre era tanta que ele não se ateve a meros detalhes que poderiam lhe revelar que aquele homem não era Jean-Pierre e sim, Vincent Pérez, seu pai biológico. Foi um abraço apertado e sincero, regado de emoção e felicidade.

– Senti tanto a sua falta. Tanto!

Somente quando seus olhos se reencontraram, é que o jovem percebeu o erro que havia cometido.

– Olá – falou Vincent, realizado por finalmente ter recebido um abraço do filho tão estimado. – Há muito que gostaria de revê-lo. Você cresceu um bocado, desde a última vez em que o vi.

O jovem se manteve calado, endereçando-lhe um olhar hostil.

– O que faz aqui? – Só então, Vincent se deu conta do que se passava no interior do rapaz. – Você não está bem? Algum problema?

Charles continuava a fitá-lo com descaso.

– Filho... – tornou Vincent, docemente, mas o adolescente não lhe permitiu ir além.

– Não me chame de filho! – pediu, entredentes. – Você não é o meu pai. Nunca será! Tenho vergonha de você. De tudo que fez no passado. Para mim, você realmente matou aquela mulher.

Vincent se defendeu na mesma hora:

– Não, eu não a matei! Isso já foi provado. Minha mãe adotiva inventou tudo aquilo só para me prejudicar. Vingar-se de mim por eu ter...

O jovem novamente o cortou, bruscamente:

– Nem a ela você agradou.

– Não me julgue, sem saber dos fatos reais.

– Tire as mãos de mim.

Os olhos do adolescente estavam injetados de sangue. Foi o que mais impressionou e assustou Vincent Pérez.

–Amo você, filho. Dê-me, pelo menos, uma chance de provar a você que ainda tenho qualidades. Cometi erros no passado, não nego, mas...

O garoto repeliu sua sinceridade com frialdade:

– Por sua causa, minha mãe me odiou a vida toda.

– Pode ter sido. Mas foi por minha causa que você nasceu.

– Antes eu não tivesse nascido.

Aquelas palavras, ditas com tanta raiva, acertaram Vincent em cheio. Tanto, que ficou temporariamente absorto e condoído.

– Enquanto eu estava preso, injustamente, era em você que eu me apegava para sobreviver aos horrores do cárcere.

O garoto bufou e se pôs a andar. Vincent, rapidamente o segurou pelo braço e disse:

– Sabe, por que você não me entende? Porque você nunca se apaixonou antes. Se tivesse, saberia entender o porquê das minhas ações. Quando um homem se apaixona loucamente por uma mulher, ele é capaz de tudo pelo seu amor.

– Até mesmo mentir? Até mesmo iludi-la?

– Até mesmo isso. Mas saiba que eu jamais teria feito o que fiz, se não fosse minha mãe adotiva. A ideia partiu dela. Eu só fui em frente, porque estava perdidamente apaixonado por Isabelle. Contudo, não acreditei que ela poderia ser enganada. Foi um horror ter de viver o tempo todo receoso de que ela descobrisse a farsa e me odiasse pelo que fiz. Era como se eu estivesse, constantemente, pisando sobre ovos. E tem mais, o peso na minha consciência por manter Jean-Pierre preso naquele sanatório foi tortuoso. Nunca me foi fácil, acredite.

– Terminou? – perguntou Charles com profundo desdém.

Vincent guardou silêncio por alguns segundos e disse, com lágrimas a invadir seus olhos:

– Você é meu único herdeiro. Não se esqueça disso!

– Está querendo me comprar, por acaso? – indagou Charles, lançando um olhar de esguelha para o verdadeiro pai. –Acha mesmo, que eu me esqueceria de quem você realmente é, por causa do seu dinheiro? Não quero nada do que é seu. A única coisa que desejo é que se mantenha distante de mim. Entendeu? Bem distante!

Num gesto brusco, Charles livrou seu braço das mãos de Vincent e seguiu caminho, estugando os passos, de volta para o cortiço onde passou a morar, desde que se mudara para aquela cidade.

Vincent puxou a aba do chapéu para mais rente da testa e seguiu o jovem, a uma certa distância, para saber onde ele estava morando e, quem sabe, procurá-lo mais tarde. Só então, perguntou-se, o que o rapaz estaria fazendo, sozinho, naquela cidade, morando num cortiço? O que teria acontecido para ele ter se afastado de Jean-Pierre e do irmão que tanto amava? Teria Isabelle se desentendido com o caçula? Para obter a respostas, Vincent decidiu escrever para Jean-Pierre, contando sobre o encontro inusitado que tivera com Charles, naquele dia.

Assim que Jean-Pierre recebeu a carta, partiu para a cidade em busca do sobrinho que adotara como filho legítimo. Ao vê-lo diante da porta do humilde quarto que ocupava no cortiço que modestamente pagava todo mês com o suor do seu trabalho, Charles pensou estar novamente de frente para Vincent e, por isso, fechou a porta, rapidamente. Se Jean-Pierre não tivesse sido rápido, não teria conseguido impedir seu gesto.

– Sou eu, filho. Jean-Pierre.

O tom de sua voz despertou o rapaz do transe.

– Papai! – exclamou Charles, abrindo um sorriso e escancarando a porta. Grande emoção dominou os dois naquele instante. Abraçaram-se, demoradamente, e só então Jean-Pierre disse ao que vinha:

– Vim lhe buscar, filho. Não sabe o quanto estamos preocupados com você diante dessa guerra absurda. Não faz ideia, também, o quanto sentimos a sua falta.

– O Senhor e o Jean-Luc, talvez... Minha mãe, não!

– Ela também está preocupada com você. Tanto que me pediu para encontrá-lo. Acredite!

O jovem queria muito que aquilo fosse verdade. Ainda era muito importante para ele, ter o amor de sua mãe.

– Como o senhor me descobriu aqui?

– Foi o Vincent. Ele me escreveu, contando que o havia encontrado na rua e queria saber, o que havia acontecido, para você estar morando longe de nós e num lugar tão humilde como esse.

– Aquele...

– Charles, não o recrimine. Ele só quis ajudar. E me ajudou. Graças a ele, o localizei e agora posso levá-lo de volta para casa.

O garoto assentiu e Jean-Pierre reforçou sua intenção:

– Volte comigo, filho. Pelo menos, até essa guerra acabar. Ao nosso lado, podemos proteger uns aos outros, nesses tempos difíceis.

Charles ainda se mantinha em dúvida; havia assumido compromisso com um grupo de franceses resistentes ao domínio nazista. Dispostos a boicotar as ações nazistas pelo país. No entanto, por ora, achou melhor fazer o que o pai lhe pedia, afinal, estava mesmo com saudade da família. Assim, ele abraçou Jean-Pierre e chorou em seu ombro, de saudade e tristeza por ter ficado longe dele por tanto tempo. Praticamente dois anos completos.

Ao chegar à mansão, a primeira pessoa que Charles encontrou foi a mãe.

– Charles! – exclamou Isabelle, surpresa por revê-lo.

– Olá, mamãe.

Ela queria lhe ser gentil, dizer-lhe palavras bonitas e, no entanto, ainda lhe era difícil se dirigir a ele.

– Nunca mais se afaste de nós – foi tudo o que Isabelle conseguiu dizer, pelo menos por ora.

O reencontro com o irmão se deu a seguir.

– Charles, meu irmão! – exclamou Jean-Luc, abrindo um sorriso contagiante. – Que saudade!

Ver o irmão na cadeira de rodas não foi nada agradável para Charles que se sentiu ainda mais culpado por ter atirado, sem querer, na perna do irmão.

– Você... – balbuciou Charles, sentindo um nó na garganta. – Nessa cadeira de rodas... Por culpa minha.

– Foi um acidente.

– Mas eu fui o culpado.

– Aconteceu. O que se há de fazer? E agora deixemos as tristezas de lado. Hoje, o dia é só de alegria. Charles Cassel está de volta a sua casa e isso significa muito para mim! Ajude-me a levantar, pois quero lhe dar um abraço.

E Charles atendeu ao pedido do irmão, chorando em seus ombros quando o envolveu em seus braços.

– E agora – anunciou Jean-Luc com orgulho –, quero apresentar a você. Étienne Vandenberg.

Só então, Charles notou a presença da jovem, num canto recuado da sala, olhando timidamente na sua direção.

– A moça... – murmurou ele, estupefato. A moça do quadro, por quem ele um dia se apaixonou e guardou segredo dos seus sentimentos, por achar que o irmão riria dele, se descobrisse que ele havia se apaixonado pela figura de uma mulher morta. Mas a moça do quadro renascera na pele de Étienne Vandenberg. E ela falava e se movia, como ele sempre imaginou que ela faria.

E Charles ficou tão extasiado pelo encontro que se esqueceu temporariamente da realidade.

# Capítulo 28

Para tirar o cansaço da viagem, Charles foi tomar um banho no quarto que sempre ocupara na mansão. Com os pensamentos colados em Étienne Vandenberg, ele ajeitou a gravata, vestiu o casaco e penteou os cabelos, olhando com admiração para o seu reflexo no espelho. Intimamente ele queria ficar bonito, para surpreender a jovem, chamar sua atenção.

Ao passar pela janela retangular do aposento, parou de súbito ao avistar Étienne caminhando despretensiosamente pelo jardim. Seu corpo delicado sob o sol lembrava o de uma deusa grega. Ela era adorável, tão adorável quanto ele imaginou que seria perante o quadro pintado a óleo de Silvia Navarro.

Rapidamente ele deixou o aposento e foi ao seu encontro. Ao vê-lo se aproximando, Étienne agiu com diplomacia.

– Ainda custo acreditar que a moça do quadro tenha ganhado vida – disse ele, ainda impressionado com a situação.

– Mas ela na verdade não ganhou vida. Afinal, a moça do quadro não sou eu, é minha mãe.

– É verdade... Mas vocês são tão parecidas.

– Se olhar bem verá algumas diferenças.

– É, pode ser...

Mas Charles não estava interessado naquilo. Seu interesse maior era por Étienne Navarro Vandenberg, na sua história, na sua presença. Assim, ele quis saber da sua vida, do seu passado, da sua história e ela gentilmente se pôs a falar.

Minutos depois, ela mesma ria de algo que contou e Charles simplesmente sorriu por impulso; um sorriso distante, quieto. Quando ela voltou a falar, ele novamente pareceu atento as suas palavras, enquanto seus olhos inspecionavam atentamente cada detalhe seu.

Ele escutou tudo, muito quieto. Havia algo na maneira dela falar que o encantava. Étienne articulava as palavras com doçura e sensibilidade. Sua voz ressoava, linda e profunda, hipnótica tal como o canto das sereias na mitologia grega. E ele se deixou hipnotizar por tudo em torno dela. Tanto, que demorou para perceber que ela encerrara o assunto, ao notar sua ausência. Seus olhos o olhavam com uma expressão muito estranha, quando ele novamente caiu em si.

– Opa! – a cor sumiu da sua face. – O que foi que disse? – perguntou ele, tropeçando nas palavras, como um homem velho, muito velho: – Falei alguma besteira?

Ela achou graça dele.

– O que foi?! – Charles estava vermelho. Tenso e envergonhado. – Diga-me, por favor!

Étienne demorou para responder. Deu a impressão de que fizera de propósito só para deixá-lo ainda mais sem graça. Após breve suspense, falou:

– Você se desligou completamente da realidade.

– Foi?! Perdão. Não fiz por querer.

– Deve estar cansado da viagem...

– Viagem? Que viagem? Ah, sim! Certamente.

Minutos depois, os dois encontravam Jean-Luc de banho tomado, aguardando por eles na sala de estar. Étienne então o beijou e entrelaçou sua mão a dele.

– Gostou da novidade? – perguntou Jean-Luc olhando com empolgação para o irmão que de tão distraído não o compreendeu.

– Novidade, que novidade?

Jean-Luc riu.

– Eu e Étienne... Nós nos amamos.

Só então Charles se ateve à mão entrelaçada dos dois e um sorriso de surpresa despontou na sua face.

– Quer dizer que vocês...

– Sim. Foi amor à primeira vista. Pensei que o papai havia lhe contado.

– Não, ele nada me contou. Apenas disse que você teria uma grande novidade para me contar. E, de fato, é uma novidade e tanto.

Jean-Luc voltou a olhar para Étienne que retribuiu seu sorriso, enquanto ele beijava o dorso de sua mão entrelaçada a sua.

Jean-Luc tivera sorte, pensou Charles, intimamente. Imensa sorte por ter encontrado Étienne e tê-la feito se apaixonar por ele. Formavam um belo casal e seriam felizes, certamente.

E a intimidade entre os três cresceu, desde então. Mas havia um misto de alegria e tristeza em Charles que começou a perturbá-lo. Uma hora ele estava alegre, noutras, triste, muito triste; e ele procurava desesperadamente encontrar a razão.

O mistério perdurou até que um dia, em seu quarto, ele finalmente descobriu o que estava se passando com ele. Ele havia se apaixonado por Étienne e a paixão era mais forte do que qualquer outra triste realidade que ele tivesse tido de enfrentar ao longo da vida.

Após a terrível colisão com a verdade, o que ele mais queria era um lugar onde pudesse aterrissar suavemente sua cabeça, fechar os olhos e se esquecer do mundo.

No dia seguinte, durante o café da manhã, Charles já não era mais o mesmo. Seu rosto estava pálido e perturbado, e ele evitava olhar para os demais à mesa. Parecia ausente e nervoso, imerso num conflito pessoal.

– O senhor quer mais café? – perguntou-lhe o criado com o bule na mão.

Charles não o ouviu. Tanto, que o homem precisou repetir o que havia dito.

– Filho! – Jean-Pierre o chamou. – Está tudo bem? Dormiu bem?

O rapaz engoliu em seco e respondeu, num tom hesitante, muito estranho:

– Sim, papai... Dormi bem, sim. Por que não haveria de dormir?

Com os olhos subitamente alertas, Charles olhou para cada um dos presentes e procurou sorrir. Um risinho amarelado e artificial.

– Melhor assim – opinou Jean-Pierre, retribuindo o sorriso do filho e voltando a falar descontraidamente com os demais, sobre o piquenique que pretendiam fazer na semana.

Charles então se lembrou de Vincent Pérez e começava a compreender o que foi para ele, ter se apaixonado pela esposa do irmão.

Para alegrar o dia, Étienne pôs para tocar na radiola um disco de Bach e outro de Mozart, seus dois compositores favoritos. Na hora de ir tomar seu banho, Jean-Luc voltou-se para Charles e disse:

– Faça companhia a Étienne. Ela adora ter alguém para compartilhar seus conhecimentos sobre música clássica.

Charles quis empurrar a cadeira do irmão até seu quarto, mas ele se recusou terminantemente. Por fim, voltou a se sentar na poltrona e timidamente convergiu os olhos para a linda jovem que tanto o fascinava.

– Jamais pensei que gostasse de música clássica – admitiu porque era verdade.

– Eu gosto muito – respondeu Étienne alegremente. – Foi no próprio orfanato que aprendi a gostar. Havia uma freira que sabia tocar piano muito bem, e nos falava dos seus compositores prediletos. Então, nos momentos de lazer, punha os discos para ouvirmos. Era sempre uma grande alegria podermos nos descontrair com esse tipo de música.

Étienne falava, enquanto Charles se mantinha atento aos seus olhos lindos, abertos e profundos que despertavam nele o desejo de possuí-la. Mas ela pertencia a Jean-Luc. Ele a conhecera primeiro. Os dois se amavam e iam se casar em breve. Enquanto ele, Charles, era apenas um intruso, aquele que sentia o mesmo que seu verdadeiro pai sentira no passado pela esposa do próprio irmão. A constatação encheu seus olhos d'água. A voz de Étienne, subitamente dura, interrompeu seus pensamentos:

– O que houve?

A pergunta dela o assustou.

– Oi?

Ela rapidamente respondeu, preocupada:

– Você está chorando?

Ele não percebera. O fato de não poder tê-la, haviam se transformado em lágrimas.

– Estou?!...

Ela sorriu para ele com ares maternais.

– Foi a música, não foi? Ela o deixou assim, emocionado.

Ele tentou dar um tom bem casual à sua voz:

– Foi. Foi sim.

Charles tentou afastar os olhos, dilatados de choque, da garota que tanto o fascinava, mas não pôde. Eles pareciam completamente reféns do seu olhar. E isso lhe causou uma dor tremenda no coração. Seu controle estava por um fio. A língua chicoteava em sua boca, querendo se declarar para ela, revelando que a amava, muito antes até de conhecê-la pessoalmente. Mas acima de tudo estava Jean-Luc e se ele o ferisse, estaria sendo tão traiçoeiro quando Vincent fora com Jean-Pierre no passado. Isabelle então o odiaria por completo. Confirmaria o que ela sempre acreditou ser verdade: que o filho de Vincent Pérez era tão ladino quanto ele.

– Eu já vou indo – declarou Charles mal conseguindo olhar para Étienne Navarro Vandenberg. E antes de deixar a sala, lançou um último olhar de tristeza para a jovem que continuava achando seu comportamento muito estranho.

Daquele momento em diante, Charles Cassel perambulava pelos cantos da casa com a face de um menino que fora severamente repreendido. Não conseguia mais encarar seus interlocutores, por muito tempo, e sua fala soava rápida e nervosa, muito fora do normal.

Dias depois, ao voltar para o quarto, Étienne o surpreendeu no corredor.

– Que bom te ver!

Charles tentou dar um tom natural à voz, mas a expressão de seu rosto a angustiou.

– O que há? O que o angustia tanto?

Ele tentou inventar uma resposta, até compreender que não havia nenhuma. Por fim, disse simplesmente:

– Você não entenderia.

Ela carinhosamente argumentou:

– Só quero ajudá-lo.

– Você não pode – respondeu ele com profundo pesar. – Ninguém pode. É um conflito do qual sou prisioneiro.

– Queria tanto poder ajudá-lo.

– Agradeço imensamente sua preocupação. Infelizmente...

De repente, recordando-se de algo, Étienne o puxou pelo punho até seu quarto. Pegou um pequeno embrulho sobre a escrivaninha e o entregou.

– O que é? – empertigou-se Charles, ainda amargurado.

– Abra!

Ele atendeu ao seu pedido com um cuidado extremo.

– Lembrei-me de você. Achei que ia gostar.

Era um LP de música clássica e Charles sorriu, extremamente agradecido pela lembrança.

– Adorei!

Sim, ele havia adorado, mais pelo fato de ela ter se lembrado dele do que propriamente pelo presente em si. Saber que ela o queria bem alimentava seu sonho de amor em torno da sua pessoa, ainda que fosse um sonho impróprio e indecoroso. Uma traição imperdoável.

– Posso lhe dar um beijo de agradecimento? – indagou ele, olhando ternamente para ela.

– Lógico que sim! Para que tanta formalidade?

Ele riu, corando-se todo. E quando tocou sua pele com seus lábios ardentes de paixão, sua vontade foi de prendê-la em seus braços, mirando seus olhos e declarando o quanto ela era importante na sua vida.

Sorrindo forçado para ela, ele fez um aceno e seguiu para seu quarto.

– Charles – chamou ela, fazendo-o olhar novamente na sua direção. – Tenho horror a essa guerra. Tira os filhos dos pais, destrói famílias... É repugnante.

– Você tem toda razão, Étienne. Quem dera pudéssemos viver sem conflitos. Na paz. Só de paz.

– Quem dera.

Ele novamente lhe fez um aceno e partiu, levando consigo, a sensação maravilhosa de ter beijado a jovem que, de certo modo, sempre amou. Nesse instante, sua mente examinou, mais uma vez, a possibilidade de Étienne se apaixonar por ele, da mesma forma que ele se apaixonara por ela. Examinou, vezes sem conta, sem chegar a qualquer resultado, o que o deixou novamente inquieto e aflito.

A voz de Vincent voltou a atormentar sua mente.

"Sabe, por que você não me entende? Porque você nunca se apaixonou antes. Se tivesse, saberia entender o porquê das minhas ações. Quando um homem se apaixona loucamente por uma mulher, ele é capaz de tudo pelo seu amor."

"Até mesmo mentir? Até mesmo iludi-la?"

"Até mesmo isso."

Um gemido de angústia soou em seu peito no exato momento em que a voz de Isabelle soava pelo corredor da casa, despertando-o de suas lembranças.

– Charles?!

Ele gelou, foi como se tivesse sido apanhando furtando um objeto muito valioso.

– Charles – tornou Isabelle num tom mais sério.

Ele temeu olhar para a mãe e se entregar pelo olhar extasiado de paixão por Étienne Vandenberg. Ela não poderia descobrir o que se passava em seu coração, ela não o perdoaria por aquilo, jamais. Por fim, ele se voltou para ela, esperançoso de que a penumbra do lugar ocultasse seu olhar tomado de aflição. Isabelle o encarava com um olhar desconfiado e profundo.

– O que você estava fazendo no quarto de Étienne, Charles?

– Eu?! – rapidamente ele percebeu que a verdade seria a melhor resposta. – Ela me chamou para me dar esse LP. Veja! Achei muito gentil da parte dela.

Isabelle examinou atentamente o objeto e comentou, ensimesmada:

– Foi gentil, sim.... Muito gentil da parte dela.

Charles procurou sorrir e finalmente seguiu para o seu quarto. Isabelle permaneceu ali, olhando pensativamente para a porta do aposento que se fechou assim que o adolescente ali entrou. Mais uma vez ela tentou afastar do pensamento a possibilidade de o rapaz estar interessada na namorada do irmão. Mas o destino não lhes teria sido tão cruel, não faria com que o raio caísse duas vezes numa mesma família. Contudo, era melhor ficar atenta...

Charles já ouvira dizer que a paixão era algo que deixava uma pessoa imune à razão e à vontade; prisioneiro de um só sentimento, desejo e verdade. Era exatamente como ele se sentia em relação a Étienne Navarro Vandenberg. E só havia uma saída para ele, diante daquela encruzilhada. Ele precisava ir embora daquela casa, o quanto antes, como fizera certa vez. Antes que perdesse o controle sobre si e fizesse uma loucura qualquer em nome do amor como fizera Vincent Pérez no passado.

Antes, porém, ele precisava desabafar com alguém e, por isso, inventou uma desculpa qualquer para ir ao vilarejo, onde apanhou um trem para um lugar bem específico.

Chegando ao local, parou um momento no corredor mergulhado em profundo silêncio, em dúvida se deveria mesmo concluir seu propósito de ter ido até lá. Por fim, bateu à porta de um morador específico.

– Charles?! – espantou-se Vincent, ao vê-lo bem diante da sua porta.

– Posso entrar?

– Sim! Claro! – E Vincent lhe deu passagem. – Você aqui! Que surpresa mais agradável!

Charles mordeu os lábios, enquanto lhe faltava coragem para dizer ao que vinha.

– O que há? Você me parece preocupado.

– Estou – admitiu o jovem, porque precisava desabafar.

– O que houve? Se eu puder lhe ajudar...

Charles tirou o nó da garganta e disse:

– Estou apaixonado.

Vincent se alegrou com a notícia:

– E isso não é maravilhoso?

– Não, não é! Pois me apaixonei pela garota que meu irmão está namorando.

Vincent permaneceu calado.

– Na verdade – prosseguiu Charles, seriamente. – Eu já sonhava com ela desde muito tempo. Por causa do quadro. O quadro de Silvia Navarro. Então, quando vi Étienne, filha de Silvia, pessoalmente, eu... Foi como se a moça do quadro tivesse ganhado vida. Só que meu irmão a conheceu primeiro e ambos se apaixonaram um pelo outro, desde então.

– Tal como aconteceu comigo no passado – ousou Vincent dizer a verdade.

O jovem abaixou o rosto e admitiu:

– Sim. O que prova definitivamente que sou mesmo seu filho. Só mesmo o filho de Vincent Pérez para cobiçar a garota do próprio irmão. Desejá-la mais do que tudo na vida.

Houve um pequeno tremor na sua voz e Vincent falou, o que há muito desejava:

– Entende agora porque fui capaz de fazer o que fiz, para ficar com sua mãe?

O rapaz se manteve quieto, com lágrimas crescentes nos olhos transparentes de desgosto.

– A paixão, Charles, quando vem forte, é capaz até de nos fazer cometer as piores loucuras. Nos domina, escraviza, nos faz joguetes em suas mãos.

– Se ela não fosse tão linda... – lamentou Charles com profundo pesar na voz.

– Mas ela é. A questão agora é fazer você compreender que ela já tem dono. Que seu amor por Étienne Navarro não tem como ir além.

– Eu sei...

As lágrimas invadiram seu rosto e Vincent se fez sincero mais uma vez:

– Eu não queria vê-lo sofrer, não mais do que já sofreu na vida, mas... Que poderes tenho eu, diante do destino?

– Agora eu o entendo – admitiu Charles ousando encarar o pai sem julgamento.

– Então – murmurou Vincent, emocionado –, pode me perdoar pelo que fiz a sua mãe?

Essa era uma pergunta ainda muito difícil de ser respondida por Charles que disse apenas:

– Não posso mais viver naquela casa, sob o efeito daquela tentação. Preciso ficar longe de lá, o quanto antes.

– Você pode vir morar aqui, comigo.

– Agradeço o convite, mas... Tenho outros planos. Há muitos franceses se unindo para livrar o nosso país das mãos dos nazistas. Vou me juntar a eles, como já vinha fazendo antes de Jean-Pierre ter insistido para que eu voltasse para a casa.

Era um gesto nobre da parte do rapaz, percebeu Vincent, mas também um gesto extremamente perigoso, pois quando os rebeldes franceses eram descobertos pelos nazistas, acabavam sendo fuzilados sem dó nem piedade.

– Charles, não faça isso... É perigoso. Se os nazistas o pegarem...

A resposta do rapaz foi imediata:

– Eu preciso ocupar minha cabeça com algo que realmente me faça esquecer de Étienne. Sequer ter tempo de me lembrar dela. Se o Jean-Luc descobrir o que eu sinto por ela, jamais me perdoará. Já basta o ferimento que lhe causei na perna, pelo resto de sua vida. Por isso, eu tenho de sumir do mapa. E, nesse caso, juntar-me aos rebeldes é a minha única opção.

O jovem abaixou a cabeça e Vincent aproveitou o momento para lhe fazer outra confissão:

– De todo mal que eu causei a sua mãe e a Jean-Pierre, algo de bom restou... E esse algo foi você, Charles.

– Será que fui mesmo?

– É lógico que sim!

– Para você, talvez, eu tenha sido uma alegria. Para minha mãe, fui sempre uma tremenda decepção.

Vincent o calou, elevando a voz:

– Ouça-me, Charles. Não posso mudar o passado, o que está feito está feito. E paguei caro pelos meus erros.

– Eu sei.

– Mas eu posso mudar o presente, e é o que eu tenho feito desde que fui injustamente parar naquela prisão.

Pela primeira vez, Charles viu o pai biológico com outros olhos. Vincent não era de todo mal, foi isso o que Jean-Pierre sempre falou a seu respeito e, só naquele momento, é que Charles percebia que Jean-Pierre estivera sempre certo em seu raciocínio sobre o irmão gêmeo idêntico.

Assim que voltou à mansão, Charles comunicou a todos a decisão que havia tomado:

– Vou defender o meu país junto de outros que não aceitam a dominação nazista.

A notícia pegou todos desprevenidos.

– Isso não, Charles – alarmou-se Jean-Luc a ponto de se levantar da cadeira de rodas com a ajuda da bengala.

Jean-Pierre também estava em choque.

– Por quê, filho?

Étienne também olhava para ele com grande espanto.

– Por que a França é a minha pátria querida e como um bom patriota que sou...

A tensão tomou conta do lugar, desde então.

Antes de partir, Charles procurou Étienne a sós para lhe fazer um pedido muito sério:

– Se algo me acontecer, enquanto eu estiver longe daqui, cuide bem do Jean-Luc por mim.

A profunda angústia em sua voz era tão triste que Étienne se agarrou a sua fé absoluta naquele instante:

– Você voltará. Tenho fé de que nada de mau lhe acontecerá.

– É melhor que eu não volte...

– Não diga isso, Charles.

– É verdade.

– Por quê?

– Você quer mesmo saber?

– Sim...

Ele não sabia se deveria falar, por fim, optou pela verdade pois assim ditava o seu coração naquele instante:

– Faz tempo. Já faz muito tempo que eu me apaixonei por sua mãe... Então, quando vi você, foi como se a visse, finalmente, em carne e osso. E toda aquela paixão e fascínio que eu sentia por ela, transferiu-se para a sua pessoa.

Étienne não esperava por aquilo. Jamais poderia imaginar que o tormento do rapaz, fosse ela mesma. Foi uma sensação horrível.

– É por isso que eu preciso ir embora daqui para nunca mais voltar.

– Eu jamais pensei que minha vinda a essa casa fosse causar esse transtorno.

– Você não tem culpa de nada.

– Será mesmo?

– Não tem. Acredite.

Breve pausa e Étienne comentou:

– Sua mãe acreditou, desde o primeiro instante que cheguei a essa casa, que eu só traria desgraça a essa família, por eu ser filha de uma mulher que tanto mal fez a todos. No fundo ela estava certa, ainda que eu só tenha bondade em meu coração, eu acabei, sem querer, prejudicando você e, consequentemente a família toda.

– Não diga isso.

– Digo, porque é verdade. A mais pura verdade.

Os olhos tristes de cada um, detiveram-se um no outro até Charles tocar o rosto da jovem, com extrema ternura e admiração e dizer:

– Cuide do meu irmão por mim. É tudo o que eu lhe peço.

Ela assentiu com lágrimas a rolar pela face.

Uma hora depois, Charles se despedia de cada membro da sua família como se no íntimo fosse um adeus para todo sempre. Isabelle se mantinha firme diante dele, mas por dentro, era como se uma mão perfurasse e lhe rasgasse o peito. Entre Jean-Luc e Charles, a despedida foi ainda mais comovente:

– Não vá – insistiu Jean-Luc mais uma vez.

– Eu preciso. Em nome da liberdade que todos merecem ter novamente em suas mãos.

Cada um tocou o rosto do outro e respirando fundo, Charles endireitou o corpo e saiu resoluto da casa, acompanhando de Jean-Pierre que o levaria até estação de trem do vilarejo. A despedida dos dois foi também comovente, ambos se abraçaram fortemente enquanto o trem chegava à plataforma da estação,

– Meu filho – falou Jean-Pierre com voz embargada. – Que Deus o proteja!

O jovem sorriu, lindamente e o agradeceu:

– Obrigado, papai. Eu o amo. Nunca se esqueça disso.

– Jamais.

E Jean-Pierre permaneceu ali, acenando para o jovem que o amava como um filho legítimo. Foi assim até perder a locomotiva de vista.

Na madrugada daquele dia, Isabelle despertou novamente gritando por causa de um pesadelo.

– O que foi? – preocupou-se Jean-Pierre, desperto pelo grito da esposa.

– O pesadelo – respondeu ela, suando frio. – O maldito pesadelo.

– Acalme-se.

Isabelle grunhiu, enquanto se aninhava nos braços do marido.

– Não era ele – murmurou, após um minuto de silêncio.

– Ele, ele quem?

– Jean-Luc. Não é ele que vejo nesse pesadelo que me persegue há tanto tempo. Eu sempre vi um jovem seguindo em meio ao campo de batalha, de costas para mim e pensei ser o Jean-Luc. No sonho de hoje, eu gritei e ele virou-se na minha direção. Pela primeira vez eu vi que não era o Jean-Luc. Nunca foi ele. Eu é que pensei que fosse...

Jean-Pierre sentiu um arrepio na alma. Teve de medo de perguntar:

– Quem era, então, Isabelle?

E com tremor na voz ela respondeu:

– Charles. Era o Charles o tempo todo.

E ambos sentiram uma forte opressão no peito.

Charles Cassel morreu num confronto com os nazistas, dias depois de ter voltado à cidade onde vivera os últimos anos de sua vida.

# Capítulo 29

Quando a notícia da morte de Charles chegou pelo correio, Jean-Pierre sentiu seu mundo desabar. O filho que nascera fruto de uma traição sórdida por parte do seu irmão e que ele adotara com todo amor do mundo estava morto, mais uma vítima nas mãos dos nazistas impiedosos.

– O que foi, papai? – perguntou Jean-Luc preocupado com a reação de Jean-Pierre diante do papel em suas mãos.

Ele tentou responder à pergunta e não conseguiu. Seus olhos se verteram em lágrimas e a vermelhidão cobriu seu rosto.

– Papai... – tornou Jean-Luc amargurado e foi Isabelle quem falou a seguir:

– Então ele morreu... Exatamente como eu previ naqueles malditos pesadelos. Eu deveria ter percebido que era ele. Só não fiz, porque nunca, de fato, eu prestei atenção ao Charles. Se eu tivesse notado, eu poderia ter impedido essa desgraça. Agora é tarde demais. Acabou!

– Do que a senhora está falando, mamãe? – quis saber Jean-Luc amargurado. – Quem morreu?

Ela não conseguiu responder, apenas sentou-se na beirada da poltrona e seu olhar se perdeu no nada. Jean-Pierre foi até ela, sentou-se ao seu lado e entrelaçou sua mão a dela, enquanto chorava copiosamente. Jean-Luc então compreendeu o que havia acontecido:

– Não pode ser... – murmurou, transtornado. – O Charles não pode estar morto. Não é justo.

Nada restou senão o eco de suas próprias palavras no aposento. Quando os olhos vermelhos e lacrimejantes do rapaz colidiram com os de Étienne Navarro, a jovem também se consumia de desgosto e revolta pela morte do rapaz. Se não fosse ela, naquela casa, Charles não teria partido. Ainda estaria ali, amoroso e cheio de vida como sempre fora desde menino. Não teria destruído a vida de seus familiares com sua morte tão prematura. A culpa era dela e, ao mesmo tempo, de sua mãe. Silvia Navarro conseguira perturbar novamente a paz daquela família cujo único mal fora acolher sua pessoa com dignidade e compaixão. Que Deus tivesse piedade de todos.

Com o passar dos dias, Isabelle adoeceu gravemente. Na cama do seu quarto, ela passava o dia todo rodeada por uma enfermeira que a mando do médico lhe passava os remédios que pareciam não surtir efeito.

– Foi ele... – disse ela, certo dia, arfando violentamente. – Foi ele que desgraçou a nossa vida.

Jean-Pierre sabia que ela se referia a Vincent, seu irmão.

– Eu já o perdoei por tudo que nos fez, Isabelle. Você deveria fazer o mesmo. Além do mais, ele já pagou tão caro por tudo. Foi tão infeliz depois das maldades que cometeu. Perdoe-o. Ele também foi uma vítima em toda essa história.

Os olhos de Isabelle minavam água, enquanto o ódio parecia espumar por sua boca, chegando a entortá-la. Jean-Pierre queria libertá-la de todo mal, mas sabia que só ela poderia se livrar daquilo, por meio do perdão e da superação.

Dias depois, Isabelle Binoche Cassel morria de desgosto por ter maltratado Charles a vida toda e se culpar por isso, infinitamente, e também por não ter perdoado Vincent Pérez pelo que fizera a ela no passado. Foi um dia triste na vida de todos que a amavam.

Para Jean-Pierre, Isabelle fora a sua salvação e redenção, quem o ensinou a amar com leveza e dignidade. Ele devia a ela praticamente tudo que de melhor acontecera em sua vida. Com sua morte, encerrava-se outro ciclo da vida de Jean-Pierre Cassel.

Quando Vincent soube que Isabelle havia morrido, outra parte de si morreu junto dela, a mulher que ele tanto amou e, por amá-la demais, tanto mal lhe causara.

Ao visitar Jean-Pierre na mansão, Vincent desabafou:

– Toda a desgraça que se abateu sobre Isabelle foi culpa minha. O sofrimento do Charles também foi culpa minha. Isabelle só desprezou o filho porque ele era meu filho. Fruto de uma farsa que eu, descabidamente levei adiante. Eu só causei desgraça na vida das pessoas. Até mesmo a Silvia morreu por minha causa. Estava tão furiosa comigo, por eu ter me apaixonado por Isabelle que ficou desatenta e acabou caindo e encontrando a morte tão prematuramente. Também fiz você, Jean-Pierre, atravessar um inferno. Um inferno pelo qual eu também passei, ao ser acusado, injustamente, de ter assassinado Silvia. Minha vida foi um erro do começo ao fim.

Jean-Pierre opinou com serenidade:

– O que está feito está feito, meu irmão.

– Eu sei. Infelizmente.

Breve pausa e Vincent completou, transbordando em lágrimas:

– Se eu não tivesse sido tirado daqui. Se Angelina não tivesse feito o que fez... Nossas vidas teriam tomado um rumo completamente diferente.

Jean-Pierre teve de concordar com o irmão que em seguida disse:

– Adeus, Jean-Pierre. E, mais uma vez, perdão por todo mal que lhes causei.

Ele recolocou o chapéu sobre a cabeça e se encaminhou para a porta. A voz de Jean-Pierre o deteve:

– Vincent, meu irmão. Não vá! Fique. Essa casa é sua também. Sempre foi. Herança dos nossos pais. Você não pôde usufruir de nada aqui por ter sido levado para longe, mas teria sido nesta casa que você teria passado a sua infância e adolescência, isto é, ao meu lado e ao lado dos nossos pais legítimos, jamais separado.

Vincent mal conseguiu encarar Jean-Pierre que se fez enfático novamente:

– Fique, meu irmão. Por favor!

Quando seus olhos se encontraram, a emoção explodia no interior dos gêmeos. Vincent então deu um passo à frente e tentou dizer algo que não conseguiu. Então, subitamente, abraçou Jean-Pierre e chorou no seu ombro, por todas as suas derrotas.

Jean-Pierre também chorou. Era o fim de um ciclo. O começo daquilo que deveria ter sido e não aconteceu. Os dois irmãos estavam finalmente juntos, sob o mesmo teto, para viverem a vida que lhes fora roubada por um destino cruel chamado Angelina Chermont.

Os espíritos de Carmem e Valentino Cassel estavam ali, presenciando aquele momento tão marcante na vida dos gêmeos. Já não havia mais opressão em seus corações, pois justiça finalmente havia sido feita a todos.

Em 25 de agosto de 1944, a França foi libertada das mãos dos nazistas. No ano seguinte, a segunda guerra mundial teve fim. Uma nova etapa se iniciou na vida dos franceses e europeus, após o horror que foi conhecido, mais tarde, como o holocausto.

Nesse ínterim, Jean-Luc e Étienne se casaram e logo a jovem ficou grávida de gêmeas que nasceram na quadragésima segunda semana de gestação. Margot e Brigitte eram seus nomes e, ao que parecia, ambas seriam tão idênticas no futuro, quanto Jean-Pierre e Vincent Pérez foram no passado.

## No plano espiritual

Charles havia chegado ao plano espiritual e depois de ser devidamente tratado num posto de socorro, ele assumiu sua nova etapa de vida no local. Foi num dia de folga, enquanto passeava pelo lindo gramado junto a um riacho cristalino que ele a viu, sentada junto à sombra de uma árvore frondosa e verdejante.

Forte emoção tomou-lhe conta naquele instante. Quando os olhos dela encontraram os seus, Charles timidamente sorriu para ela, como um adolescente faria para uma menina que despertou sua atenção pela primeira vez. Passo a passo, ele se encaminhou até ela, despertando ainda mais sua atenção. Com uma mesura, apresentou-se:

– Olá. Meu nome é Charles e você, certamente, é Silvia Navarro.

Silvia o olhou com redobrada atenção.

– Sim. Eu mesma. Mas de onde é que me conhece?

O jovem respondeu com certa satisfação:

– Por meio de um quadro pintado à óleo.

– Um quadro...

– Sim. Um quadro que encontrei na casa de Jean-Pierre Cassel.

O interesse de Silvia pelo jovem aumentou:

– Quem é você?

– Sou Charles Cassel.

– Chales Cassel? – surpreendeu-se a moça enviesando os olhos para vê-lo melhor. – Filho de Jean-Pierre?

– Não. Filho de Vincent com Isabelle Cassel.

Silvia precisou se controlar para não deixar transparecer o choque que levou com a notícia. Estar diante do filho do homem que ela verdadeiramente amou e da mulher que desgraçou a união dos dois era bizarro demais. Pavoroso demais. Charles voltou a falar:

– Sua filha se parece demais com a senhora.

– Você se refere a...

– Étienne Navarro. Ela mesma.

– Você a conheceu?

– Sim.

E Charles resumiu os acontecimentos que culminaram no seu encontro com a jovem.

– Interessante... – murmurou Silvia, pensativa. – O destino caprichou mais uma vez.

Um risinho amargurado escapou pelo canto da boca de Silvia que perguntou a seguir:

– Por que veio parar aqui se é tão jovem?

– É uma longa história.

– Eu gostaria de saber, se quiser me contar.

Charles assentiu, maravilhado por poder estar ao lado da mulher que tanto o fascinava desde garoto. Silvia ouviu tudo, atentamente. Fazia muito pouco tempo que ela havia chegado à colônia. Tão revoltada ficara com sua morte prematura que por longos anos permaneceu vagando pela Terra, procurando destruir aqueles que ela responsabilizava por suas desgraças.

Depois de muito insistirem, ela finalmente se deixou ser ajudada pelos espíritos socorristas e assim pôde ser transferida para uma colônia espiritual. Ela havia mudado, acreditavam muitos que conheceram sua história. Ela mesma dava exemplos de mudança em sua personalidade, por meio de palavras e atitudes.

Contudo, por trás de seus olhos lindos e inebriantes, Silvia Navarro continuava ressentida com o que vivera na sua última passagem pela Terra. Mas ao saber que sua existência não terminava ali; que a vida lhe permitiria reencarnar, ela se alegrou, especialmente com a possibilidade de triunfar, finalmente, sobre aqueles que acreditava terem arruinado sua existência...

## Uma reflexão do autor

Esse trecho da história nos fala, o tempo todo, sobre o poder que temos nas mãos de escolher entre o bem e o mal.

Vincent Pérez tinha duas opções: perdoar Angelina pelo que ela lhe fizera, direta ou indiretamente, ou permanecer preso ao ódio e ao rancor que só serviria para prejudicar ainda mais a sua vida.

Jean-Pierre também teve duas opções: perdoar Silvia Navarro e o irmão pelas maldades que lhe fizeram ou permanecer preso ao rancor pelo resto da vida. Por tê-los perdoado, foi mais feliz na sua existência atual.

Isabelle já não conseguiu fazer o mesmo e, por isso, sofreu a vida toda.

Silvia também teve as mesmas escolhas e optou sempre pelas piores, o que só lhe fez mal. Ela teve a oportunidade de mudar de vida, realizar-se como pessoa, como mãe e esposa, mas desprezou tudo, porque optou sempre pelo mal. Com isso, não pôde usufruir nem da fortuna que adquiriu, desonestamente, nem do amor que descobriu ao lado de Vincent Pérez. E foi alertada a respeito, por muitas vezes. Não só por Madalena que tanto a queria bem, quanto pela própria vida. Agarrar uma oportunidade é também questão de escolha, tal como perdoar e se desligar do passado.

Por isso que a nossa vida se repete neste planeta: para que possamos aprender a fazer escolhas mais sábias e saudáveis para o corpo, a mente e o espirito.

LIVRO 4

# A DOIS PASSOS DO

# DO PARAÍSO

# CAPÍTULO 1

Haviam se passado dezessete anos desde os últimos acontecimentos. No entanto, a Europa ainda sentia os reflexos dos horrores da Segunda Guerra Mundial. Muitos nazistas haviam sido presos, outros, fugiram para países distantes.

Aos dezessete anos completos, as gêmeas idênticas Brigitte e Margot eram orgulho para seus pais. Elas cursavam uma universidade em Nice e já tinham seus namorados. Brigitte namorava Michel Le Pen, filho de um ricaço francês e Margot namorava Patrick Bruni, oriundo de família emergente na França.

As gêmeas haviam puxado fisicamente a mãe, que fora tão linda quanto Silvia Navarro na juventude. O quadro de Silvia, pintado pelo talentoso Laurence Piemonte havia retomado seu lugar na grande sala da mansão dos Cassel, o que fez Brigitte e Margot admirarem a avó materna desde meninas. Para as gêmeas idênticas, Silvia Navarro fora uma mulher esplêndida cujo destino, de forma cruel, lhe roubara a vida na flor da idade.

"Como pode uma mulher tão bela ter morrido tão jovem?", perguntava-se Brigitte, volta e meia. E a resposta que ela obtinha da mãe era de que a vida nem sempre é justa.

Margot também não se conformava com o destino da avó, e seu maior sonho era ter conhecido Silvia. Amava Étienne, sua mãe, com fervor, mas havia um interesse tamanho pela avó cujo passado ainda lhe era totalmente oculto.

Quando ambas descobriram que o avô materno era um duque em Bruxelas, Brigitte e Margot se sentiram ainda mais importantes. Elas queriam conhecer pelo menos o avô, e para isso partiram em segredo ao seu encontro.

Étienne havia dito que Silvia não pudera se casar com o príncipe, na época, por ela não ser da realeza. Era uma mentira temporária, logo, ela lhes diria a verdade sobre o passado sombrio de Silvia Navarro. Algo de que ela não se orgulhava, mas também não o recriminava.

Dias depois, sem contar nada a ninguém, as gêmeas foram à Bélgica tentar conhecer o avô paterno. Diante das duas, a duquesa parou de súbito e levou a mão ao peito. Ambas eram tão lindas quanto a mulher que, por pouco, não lhe roubara o futuro marido no passado.

– Somos as netas de... – tentou explicar Margot, mas a duquesa a interrompeu rispidamente.

– Sei muito bem quem são! – o clima se tornou tenso e a duquesa completou, querendo dar fim à conversa o mais rápido possível: – O duque não está. E não voltará tão cedo.

Brigitte, que sempre fora a irmã mais ousada, deu um passo à frente e falou em tom desafiador:

– Pelo visto, a senhora ainda se ressente da paixão que existiu entre a nossa avó e seu marido. É compreensível, afinal, ela era bem mais bonita do que a senhora. Ou melhor, ela, sim, era bonita.

A duquesa não se deixou abalar:

– Já disse o que queria, agora retirem-se.

– Não, ainda não terminei. Saiba, senhora duquesa, que seu marido só não se casou com a nossa avó porque ela não era da realeza, caso contrário...

A mulher soltou um risinho abafado e Brigitte deu mais um passo à frente:

–Silvia Navarro era quem deveria estar no seu lugar, minha querida. Silvia Navarro, nossa avó, com muito orgulho.

A mulher ergueu o rosto ainda mais desafiadoramente e falou:

– Vocês não sabem, não é mesmo? Não sabem nada a respeito da avó de vocês. – a duquesa novamente riu, saboreando um prazer que há muito não sentia. – Pois eu vou lhes dizer quem foi Silvia Navarro e logo vocês duas tomarão conhecimento do real motivo pelo qual o duque não se casou com ela.

Por um segundo, Margot teve receio do que a mulher poderia lhes dizer. Como se a revelação fosse transtornar sua vida e a da irmã para sempre.

– Diga! – desafiou Brigitte sem temores.

– Digo. Digo sim! E com o maior prazer.

A tensão piorou entre as três.

– Sua avó era uma cortesã. E caso você desconheça o significado da palavra, eu uso um sinônimo. Ela era uma cocote, uma rameira, uma marafona de luxo.

Margot sentiu seu corpo estremecer, mesmo não acreditando naquilo.

– A senhora diz isso porque sempre teve inveja da minha avó...

– Eu lá teria inveja de uma vadia que destruiu lares e mais lares? Entenda bem, Silvia Navarro não era somente uma meretriz, ela era sórdida, má, perversa e ordinária. O quinto dos infernos para ela foi pouco.

Brigitte não se segurou, postou-se em frente a mulher e lhe deu um tapa na face.

– Veja lá como fala da minha avó.

Massageando o rosto, a duquesa redarguiu com nítido prazer:

– Ainda bem que Silvia Navarro viveu por tão pouco tempo, senão teria sido capaz de destruir muitos mais com a sua...

Brigitte quis simplesmente esganar a mulher e, percebendo sua intenção, Margot a segurou pelo braço.

– Não vale a pena! Vamos embora daqui!

A duquesa tornou a rir com prazer inenarrável:

– A mãe de vocês nunca lhes contou a verdade porque certamente é vergonhoso para ela saber que a mãe era uma marafona de luxo. Mas vocês irão questioná-la a respeito, assim que voltarem para casa e, então, a verdade sobre Silvia Navarro virá à tona. Há mais podres a respeito dela do que vocês duas possam imaginar. Preparem-se, pois viverão grandes emoções com a história dessa vagabunda...

Na volta para casa, Margot se mantinha indignada com o que ouvira da boca da duquesa.

– Aquela mulher não sabe o que diz.

Brigitte, que se mantivera quieta até então, opinou, pensativa:

– Pois para mim, aquela víbora está bem certa do que disse.

– O quê?!

– É isso mesmo, Margot! A mamãe cresceu num orfanato, esqueceu? Sabemos disso, porque ela nunca fez segredo do fato. Contou-nos que a mãe dela não pôde criá-la, por isso a deixou no local e eu lhe pergunto: por quê? A resposta é simples: porque ela era mesmo uma prostituta.

– Não pode ser. Uma jovem exuberante daquelas ser uma...

– Só porque Silvia Navarro era mulher extremamente bonita que ela não poderia ser uma prostituta?

– Mas se ela se casou com o nosso avô Jean-Pierre, ela seria rica, não haveria necessidade de se prostituir para sobreviver.

– Há fatos que não fazem sentido. Mas deve haver uma explicação para tudo isso. A mamãe logo nos contará a verdade.

– Brigitte, você pretende mesmo abordar o assunto com a mamãe? Se ela nunca nos contou nada é porque certamente não gosta do fato. Com certeza não lhe fará bem mexer no passado.

– Ainda que ela não goste, eu preciso saber a verdade. A duquesa disse que a nossa avó, além de prostituta foi muito má, destruiu vidas.

Por isso quero apurar os fatos.

Brigitte estava determinada àquilo enquanto Margot ainda custava acreditar que a avó, tão bela e formosa, tivesse um passado tão sombrio quanto aquele.

Chegando à mansão, assim que entraram na grande sala, as gêmeas pararam diante do quadro magnifico de Silvia Navarro. Ela fora estupendamente linda e por trás de toda aquela beleza, havia um poço de pecado e maldade. Seria mesmo verdade?

Quando Étienne reencontrou as filhas, Brigitte lhe revelou os últimos acontecimentos.

– A duquesa disse que a nossa avó era uma prostituta. E eu sentei a mão na cara dela ao dizer isso. Onde já se viu?

A verdade viera à tona, percebeu Étienne, silenciosamente, e não havia mais por que ocultá-la. Assim, ela suspirou fundo e se pôs a explicar o que era necessário:

– O que essa mulher lhes disse é mesmo verdade. Minha mãe, a avó de vocês duas, foi mesmo uma prostituta. Eu nada lhes revelei a respeito porque achei que vocês não tinham idade suficiente para encarar os fatos, mas agora que estão crescidas...

Margot deixou o corpo cair numa poltrona e disse, horrorizada:

– Então ela foi mesmo uma... – a denominação tinha um significado ainda mais degradante para ela.

– Sim – confirmou Étienne honestamente. – Mas eu jamais senti vergonha de ter uma mãe como Silvia Navarro. Por ter tido um começo de vida tão triste, ela se perdeu pelas esquinas da vida.

– Fale-me dela, mamãe. Conte-nos a sua história – pediu Margot com certa ansiedade.

– Está bem. Sentem-se e me ouçam até o fim. Só depois, quando eu terminar de lhes contar tudo, é que poderão julgá-la ou não. Muito bem... Silvia Navarro cresceu num orfanato onde...

Ao término da narrativa, as gêmeas estavam boquiabertas.

– Que história mais trágica – comentou Margot penalizada.

– Foi sim – admitiu Étienne com lágrimas. – Por isso compreendi e perdoei todos os deslises cometidos por minha mãe, afinal, ela também foi vítima em boa parte dessa história. Contudo, lembrem-se de que a vida é feita de escolhas. Haverá sempre dois caminhos a seguir: o do bem e do mal. Tudo vai depender do que cada uma de vocês escolher para si – observou Étienne sensatamente.

Brigitte e Margot se entreolharam, pensativas. Mais tarde, ambas conversaram secretamente a respeito. Margot admitiu:

– Ainda estou tentando digerir tudo o que descobri a respeito da nossa avó. É vergonhoso, sabe? Ser neta de uma mulher como Silvia Navarro. É melhor que ninguém saiba a respeito dela.

Brigitte era de opinião oposta:

– Pois, agora, eu acho a nossa avó muito mais interessante do que quando a via nesse quadro como a mulher mais linda e perfeita que já existiu no planeta. Silvia Navarro foi mesmo uma mulher corajosa... Correu em busca dos seus sonhos e para conquistá-los foi capaz de qualquer coisa. Além do mais, teve todos os homens aos seus pés e fez muitos de gato e sapato. Ela foi ótima!

– Que a mamãe não a ouça falando assim...

– Não me importo – breve pausa e Brigitte argumentou, com a mente longe: – Deve ser fascinante, sabe?

– O que deve ser fascinante? – empertigou-se Margot.

– A vida de uma prostituta, num bordel retumbante, usando aquelas roupas exuberantes...

– Brigitte, minha irmã, não a estou reconhecendo.

– Nem eu.

Brigitte gargalhou tal qual fazia Silvia Navarro em vida. Margot tornou a opinar em tom de reprimenda:

– Se Michel Le Pen a ouvir dizendo isso, ele termina o namoro com você num estalar de dedos.

– Bobagem...

– Você o ama, não o ama?

– Amo! Mas antes dele, é a mim que eu amo mais.

– Você fala de um jeito...

– Margot, minha querida, amar é bom, mas viver intensamente é muito melhor!

– Você é louca pelo Michel, sempre foi.

– Sou, não nego, mas... – Brigitte passou a língua pelos lábios e mudou completamente de assunto: – Como é que a mamãe pode ter nascido de uma mulher como Silvia Navarro? Ela é tão comportada... Não faz sentido.

– Ela é comportada porque puxou ao pai dela, o duque – lembrou Margot sabiamente.

– Você tem razão. E o que eu mais gostei nessa história foi saber que o nosso avô paterno foi louco pela vovó. Capaz de jogar tudo para o alto se a vovó de fato o quisesse. Isso sim é paixão! É nessa hora que se conhece realmente um homem e seu sentimento por uma mulher.

A cada palavra dita, Brigitte imaginava as cenas que envolveram Silvia Navarro e o duque de Bruxelas.

– Que história mais fascinante viveu Silvia Navarro. Estou deslumbrada.

– Brigitte, como é que você pode estar fascinada por uma mulher que foi prostituta?

– Porque ela foge da normalidade da mesmice e da hipocrisia humana. Ela soube fazer da vida dela algo muito mais interessante do que a maioria e...

– E com isso acabou com a própria vida.

– Sua morte foi uma fatalidade.

– Talvez...

Margot ficou pensativa, enquanto algo desafiador se agitava no cérebro de Brigitte Cassel. Uma ideia de que ela estava disposta a pôr em prática, assim que voltasse para a universidade.

# CAPÍTULO 2

Quando as gêmeas voltaram para Nice, Brigitte decidiu fazer o que há muito planejava. Pôs um sonífero no chá de Margot para que ela dormisse até o raiar do dia e não percebesse que ela se ausentaria madrugada afora. Assim, Brigitte se arrumou exuberantemente e seguiu para o seu destino: o prostibulo mais bem frequentado da cidade. Ela nunca estivera num, mas a curiosidade de saber o que se passava ali dentro se tornara tremenda desde que descobrira tudo a respeito do passado de Silvia Navarro.

– Mademoiselle – atalhou o porteiro do lugar assim que a viu chegando ao bordel. – Esse é um lugar para homens, não para mulheres.

– Eu sei – respondeu Brigitte com carisma. – É que sou nova na casa, cheguei atrasada por causa de um imprevisto.

– Ah, sim! – convenceu-se o homem sem suspeitar por momento algum da mentira bem contada. – Queira entrar, por favor!

Brigitte lhe deu uma piscadela maliciosa e adentrou o local, eufórica para ver o que se passava ali dentro. Era fascinante, simplesmente fascinante, constatou após dar uma espiada em cada ambiente.

– E aí doçura? – veio lhe falar um dos fregueses da casa.

– Linda, você! – comentou outro freguês, mediando a jovem de cima a baixo. – Nova na casa? Com certeza!

Brigitte adorou a abordagem e passou a jogar seu charme, deixando todos os homens dali envoltos em mistério e desejo. Logo, a cafetina foi informada a respeito da presença da moça e foi atrás dela para tirar satisfações.

– Quem é você? – perguntou-lhe secamente. – O que quer aqui?

A resposta de Brigitte foi automática:

– Saber o que se passa num lugar como esse.

A mulher não gostou do que ouviu:

– Aqui, somente as garotas da casa devem perambular por entre os fregueses. Retire-se imediatamente!

Brigitte não se deixou intimidar. De dentro de sua bolsa retirou uma soma generosa de dinheiro e a depositou nas mãos da cafetina.

– É disso que a madame gosta, não é, mon amour? Então, aí está! Agora deixe-me em paz!

A audácia e determinação da garota tomou a mulher de encanto.

– A casa é sua, ma chérie... – falou com doçura e simpatia. – Totalmente sua! Sinta-se à vontade!

– E pode ser mesmo – arrematou Brigitte, soberbamente. – Com o dinheiro que possuo...

Um sorriso radiante brilhou no rosto bonito da jovem que parecia não ter medo de nada na vida. E voltando os olhos para o interior do bordel mais famoso de Nice, ela percebeu que nunca havia se sentido tão bem num lugar como antes. Ser desejada por tantos homens, tornar-se o alvo de suas más intenções lhe era excitante e desafiador. Isso a fez voltar ao local nas noites seguintes, logo após fazer a irmã tomar um chá com sonífero. Margot sequer imaginava o que sua irmã gêmea vinha fazendo na calada da noite.

Ao encontrar Brigitte novamente no grande salão, a cafetina foi lhe falar, dessa vez, num tom provocante:

– Pelo visto, a menina adorou a casa, não é mesmo?

Brigitte se limitou a endereçar um olhar de soslaio para a mulher que a olhava cheia de malícia e inveja pela sua beleza e juventude. Antes que ela lhe dissesse mais alguma coisa, Brigitte molhou as mãos da cafetina com uma nova bolada de dinheiro.

– Ou você é rica ou você é ladra para ter tanto dinheiro assim – supôs a marafona.

– Rica! – respondeu Brigitte com a arrogância que só os abastados podem usufruir.

– Ah! Muito bem! Mas saiba que você nunca saberá de verdade o que se passa aqui até que se torne uma de nós.

O comentário surpreendeu Brigitte, deixando a cafetina imensamente feliz, pois nada lhe apetecia mais do que desvirtuar o caminho de qualquer moça direita e inocente. Desde então, Brigitte se via tentada a fazer o que a cortesã havia lhe sugerido.

Tudo ia bem até que Michel Le Pen, namorado de Brigitte, foi ao seu encontro no apartamento em que ela e Margot viviam.

– Michel, você aqui?! – alarmou-se Brigitte, assim que o recebeu à porta. – Aconteceu alguma coisa? Você me parece atormentado com algo.

O rapaz invadiu o recinto sem esperar pelo convite. Estava trêmulo e suando em profusão.

– Michel, meu querido, o que houve?

Ele se voltou como um raio para ela. Estava furioso quando pergun-

tou, mirando bem em seus olhos lindos:
– Brigitte, você pode me responder o que estava fazendo no bordel da Madame Rochas?
O rosto de Brigitte se manteve impassível.
– Responda! – gritou ele descontrolando-se totalmente.
– Michel, meu amor...
– Não me venha com mimimis, Brigitte. Um amigo meu a viu no bordel e veio me contar. Não acreditei. Não poderia. Onde já se viu, a herdeira de uma das mais vastas fortunas da França xeretando um bordel?! Mas não foi só ele que a viu, outros mais a viram para confirmar o fato.
– Michel, ouça-me! – tentou argumentar Brigitte, mas o rapaz não lhe permitiu:
– Que vergonha! Eu não sabia onde enfiar a cara. Estou decepcionado com você. Eu nunca mais quero vê-la, entendeu?
– Michel, quem está decepcionada com você, sou eu! Você chega aqui me acusando de algo desse tipo...
– Não queira se defender, Brigitte! Dominique Berger a viu naquele prostíbulo e ficou em dúvida se deveria ou não me contar a respeito.
– Você acha mesmo que eu iria a um prostibulo?
– Ele a viu!
– Pode ter visto, não nego, mas será que era eu de fato?
– Como assim?
– Michel, meu amor, use a sua inteligência, por favor! Se seu amigo viu uma moça igual a mim nesse pardieiro, só pode ter sido a Margot, minha irmã. Somos gêmeas idênticas, esqueceu?
– Mas o que a Margot estaria fazendo num lugar como aquele?
– Você deveria fazer a mesma pergunta antes de me acusar.
– Não faz sentido...
– Sente-se aqui que eu vou lhe explicar o que aconteceu.
E Brigitte resumiu o que havia descoberto sobre a avó. Mentiu descaradamente ao dizer que, desde então, Margot desejava saber o que se passava dentro de um prostibulo.
– Mas a Margot é tão quietinha...
– Meu amor, essas são as mais terríveis.
O rapaz estava visivelmente perturbado e sem graça.
– Quer dizer que sua avó materna foi mesmo uma prostituta...
– É chocante, não é?
– Sim! O que prova que nunca fazemos ideia do que realmente se passa por trás da aparência de uma pessoa. Ainda mais, de uma mulher tão linda quanto foi sua avó.
– Tão linda quanto eu.
– Sim! E mil perdões por eu ter pensado que você...

– Perdoado está, meu querido.

O rapaz abraçou Brigitte, transbordando de amores por ela. Antes de partir, porém, Brigitte lhe fez um pedido muito sério: que ele nada falasse a respeito com os amigos. Mas isso ele não poderia garantir, afinal, teria de explicar a todos que fora Margot Cassel quem visitara o bordel e não sua namorada. Brigitte o compreendeu e pediu a ele que, pelo menos, nada comentasse com Margot.

Ao deixar o edifício, Michel cruzou com Margot chegando ao local. Media-a de cima a baixo e sequer lhe disse “olá!”. Ao encontrar Brigitte, a gêmea lhe falou com desagrado:

– Acabei de cruzar com o Michel na portaria e ele sequer me cumprimentou. Olhou-me de um jeito tão esquisito...

Brigitte, com seu talento nato para atriz, respondeu, harmoniosamente:

– Irmãzinha adorada, os homens também têm lá seus incômodos.

Margot achou graça do comentário e Brigitte riu com ela, enquanto sua mente alimentava outros sonhos para aquela noite, ao visitar mais uma vez o bordel de Madame Rochas.

Brigitte andava toda proza pelo salão do prostibulo, saracoteando-se toda, quando um sujeito a tomou pelo braço, pegando-a totalmente desprevenida.

– Vem cá, belezinha. Quero você! – disse, exalando um forte bafo de bebida.

– Eu não! – retrucou a jovem querendo desesperadamente libertar seu braço daquelas mãos nojentas.

– Você sim, belezura. Vai se fazer de difícil comigo?

– Não faço parte dessa casa...

– É mesmo? Sei... – o freguês riu e arrastou Brigitte para a escada que levava ao andar superior onde ficavam os quartos para fornicações.

Brigitte tentava livrar seu braço, mas o barulho e a agitação do lugar não permitiram que fosse ouvida por qualquer um dos presentes que pudessem estar dispostos a ajudá-la. Muitas das garotas da casa perceberam o que se passava, inclusive Madame Rochas, mas nada fariam para impedir o que estava por vir, por acreditarem que a jovem merecia provar, na integra, o que se passava no dia a dia de uma prostituta.

Quando o sujeito a trancou no quarto, Brigitte engoliu em seco e tentou novamente se explicar. Ele a calou, beijando-lhe intensamente e despudoradamente. Era um beijo molhado e caloroso, algo que Brigitte nunca havia provado antes em toda vida. De repente, ela já não queria mais se safar dos abusos daquele homem que a despiu ferozmente e a possuiu descabidamente.

O suor dele respingando sobre a sua pele era tão excitante quanto a submissão que a fazia virar os olhos de tanto prazer. Quando tudo teve fim, o sujeito procurou por sobre o lençol qualquer indício que confirmasse a virgindade da moça. Não havia nenhum.

– Para que tantos pudores se você já não é mais virgem? Toma aqui o seu dinheiro. Devassa.

– Não me chame assim.

Ele segurou seu maxilar e tornou a repetir, enfaticamente:

– Se não quer ser chamada de devassa, chamarei você de vadia. Que é o que você é.

– Não, eu não sou!

Ele nada mais disse, ajeitou a roupa e deixou o quarto. Brigitte permaneceu ali, ainda desligada do mundo perante os ecos do prazer. Quando deu por si, Madame Rochas havia invadido o quarto e a olhava com olhos matreiros.

– Parte desse dinheiro é meu – anunciou ela, curvando-se para pegar a quantia que lhe cabia. – Pelo seu rosto, você adorou, não é mesmo? Arturo é mesmo um macho de verdade.

– Eu...

– Agora você pode dizer que sabe realmente o que é ser dominada por um homem.

Brigitte se manteve calada, olhando com prazer para a criatura maquiada com exagero e falta de bom gosto. Aquela pintura exagerada, aquele cabelo e vestido decotado... Ela se vestiria assim na próxima vez que estivesse ali. E foi o que fez, na noite seguinte, onde se refestelou com outro sujeito. E nunca mais parou.

# CAPÍTULO 3

Cada noite era uma aventura para Brigitte Cassel que se jogava nos braços dos homens que a desejavam como um brilhante raro e valioso. E enquanto ela vivia suas emoções, Margot dormia um sono profundo, induzida pelo chá com sonífero que Brigitte sempre a aconselhava beber antes de ir para a cama.

Tudo corria bem até Michel Le Pen aparecer no prostíbulo, pegando Brigitte totalmente desprevenida.

– Margot?! – chamou ele, acreditando piamente ser Margot Cassel quem estava ali.

Brigitte o olhou assustada, mas logo procurou se recompor, enquanto Michel dizia, tomado de indignação:

– Eu precisava ver com os meus próprios olhos para acreditar de vez que você foi capaz de... – ele não conseguiu terminar a frase, simplesmente deu-lhe as costas e partiu para alívio total de Brigitte Cassel.

Margot estava sozinha em seu apartamento, concentrada nos estudos quando Patrick Bruni, seu namorado, apareceu.

– Sua vadia! – berrou, espumando de ódio.

– O que é isso, Patrick?! O que deu em você?

O francês a acertou com um tapa e depois outro e outro, o que fez Margot perder o equilíbrio e ir ao chão. Por pouco, ele não a chutou na altura do ventre. Parecia dominado por uma fúria interminável. Como se o demônio o tivesse possuído por inteiro.

– Para! – suplicava Margot, encurvando-se toda para se proteger dos golpes.

– Vagabunda! – gritou Patrick fora de controle. – Deixa o seu pai descobrir o que você anda aprontando... ele lhe dará outra surra merecida. Aliás, ele já deveria ter lhe dado uma há muito tempo e não fez. Você é uma vergonha para a família Cassel. Uma imundice...

Sem mais, Patrick Bruni deu meia-volta e partiu, batendo a porta do apartamento com toda força. Quando Brigitte voltou para casa e encontrou a irmã toda machucada, caída ao chão, desesperou-se. Rapidamente chamou um médico que fosse até lá para evitar um escândalo.

– Ele me chamou de vadia! – explicou Margot após descrever a agressão que sofrera aquela tarde. – O que será que deu nele?

Brigitte se mantinha calada e pensativa. Se contasse a verdade, poderia fazer a irmã odiá-la e isso não poderia acontecer, ambas não saberiam viver uma longe da outra. O maior medo de Brigitte, no entanto, era que Patrick contasse o que descobriu a seus pais. Aquilo seria, sem dúvida, uma tremenda decepção para Étienne e Jean-Luc Cassel.

Assim que seu rosto ficou livre dos hematomas, Margot foi atrás de Patrick para saber o motivo da sua agressão. No campus da universidade encontrou um amigo em comum do casal que acabou contando para ela o que se passava.

– Eu, num prostíbulo?! – espantou-se Margot, tomada de surpresa e indignação. – Eu jamais estive num lugar desses. Uma moça de lá deve certamente se parecer comigo, daí surgiu a confusão.

– Foi o próprio Michel Le Pen, namorado de sua irmã, que confirmou o fato. Ele próprio a encontrou no bordel de Madame Rochas.

– Michel?! Ele só pode estar maluco! Eu jamais...

Só então Margot levantou uma hipótese do que realmente poderia ter acontecido. Sem mais, voltou para o apartamento e se pôs a refletir. A seguir, procurou nos armários da cozinha por algum sonífero e logo o encontrou. Naquela noite, quando Brigitte lhe serviu o chá, Margot fingiu tomá-lo, jogando o líquido num vaso de flor, assim que a irmã a deixou só. Uma hora depois, Margot chegava ao prostíbulo, pegando Brigitte de surpresa.

– Não posso acreditar que você... – Margot não conseguiu terminar a frase e Brigitte, para evitar um escândalo, puxou a gêmea para um ponto discreto do lugar onde pudessem dialogar sem interrupções.

– Por quê? Por que você fez isso? – indagou Margot derramando-se em lágrimas. – Você jogou o meu ex-namorado contra mim!

– Eu jamais pensei que aquele retardado fosse fazer o que fez com você – defendeu-se Brigitte também emotiva.

– Ele tinha mil motivos para acreditar que eu.... O pior é que todos, a uma hora dessas, pensam que estou me prostituindo. Você não teve pena de mim. Por nenhum momento se importou com a minha vida. Sabia o quanto o Patrick significava para mim e mesmo assim... Mas você irá comigo até ele para desmentir tudo. É o mínimo que você pode fazer por mim, depois dessa confusão em que me meteu.

E Brigitte não teve como dizer "não" para a gêmea. Assim que deixaram o bordel, Madame Rochas comentou, consigo mesma:

– São gêmeas... E uma usou o nome da outra para encobrir suas imundices. Não é à toa que eu sempre a achei muito esperta.

Ela se referia a Brigitte... Brigitte Cassel.

Na tarde do dia seguinte, Margot arrastou Brigitte até o campus para dar as devidas explicações para Patrick Bruni.

– Eu nada fiz – começou ela, assim que ele a recebeu a porta. – Foi Brigitte quem esteve lá o tempo todo. Por isso eu a trouxe para confessar.

Brigitte nada disse, ficou apenas a encarar o moço que se mostrava incomodado com a presença das duas. Ouviu-se, então, a voz de uma garota vindo do quarto e logo ela apareceu em trajes sumários.

– O que essa fulana está fazendo aí? – quis saber Margot, vermelha de ciúmes.

– Essa garota aqui tem nome – revidou a jovem, desafiando Margot pelo olhar. – Sou a namorada do Patrick.

– Você já está com outra?! – indignou-se Margot e foi Brigitte quem se adiantou na resposta:

– Margot, não seja burra! O seu amorzinho já está com essa daí há tempos.

– Não pode ser...

Dessa vez foi a jovem quem respondeu:

– Sua irmã está certa. Eu e Patrick estamos juntos há mais de...

– Isso não vem ao caso agora – atalhou Patrick, ligeiramente sem graça.

– Você me deu uma surra – gritou Margot, tomada de indignação.

– E lhe daria outra depois do que fez.

– Já lhe disse que não fui eu. De qualquer modo, se tivesse sido eu mesma quem esteve no bordel, que razão você teria para exigir de mim fidelidade quando você...

– Sou homem e tenho lá minhas necessidades.

– E só por isso...

A outra moça se enervou diante do que ouviu sair da boca do amante:

– Desde quando você me usa para satisfazer suas necessidades, Patrick?

Margot voltou a falar:

– Incoerente você que aceita se deitar com essa jovem que há muito se dá ao desfrute, enquanto eu tenho que me manter virgem.

– Para ser minha esposa, uma garota deve se manter virgem, sim! Para ser minha amante, não é necessário.

– Patrick! – exaltou-se a jovem em trajes sumários.

– Sejamos francos, belezinha – revidou Patrick, objetivamente. – Eu nunca lhe prometi nada senão momentos de prazer.

Sem mais, Brigitte puxou a irmã pelo braço e partiram.

– Homens! – exclamou Margot, um minuto depois. – Eu amava o Patrick e ele não valia nada. Acho mesmo que ele só estava interessado é na fortuna da nossa família. Ao mesmo tempo que é bom sermos milionárias, é péssimo, pois nunca saberemos se somos amadas pelos que somos ou pelo que temos.

Margot estava visivelmente deprimida. Por pena da irmã, Brigitte quis alegrá-la e sugeriu:

– Você precisa beber e se divertir.

– Não sinto vontade...

– Que nada! O que não pode é você ficar amuada por causa de um sujeito que não vale nada. Vamos imediatamente para a casa de Madame Rochas nos divertir.

– Você ficou maluca?

– Eu nasci maluca, esqueceu?

Sem mais, Brigitte levou a irmã para a supremacia da esbórnia dos pecados da carne na cidade de Nice. Dessa vez, Margot pôde observar melhor o interior do bordel com suas cortinas de veludo em tom bordô, as luminárias com luzes discretas para dar um toque sensual aos ambientes. Havia muitos homens ali, de quase todas as idades, mas um em particular chamou-lhe a atenção, não só pela maturidade, mas pelo olhar de um azul profundo e reluzente. Ele se aproximou dela e se fez direto:

– Notei pelos seus olhos que está chateada com alguma coisa.

– Estou sim, não nego.

– O que houve?

E Margot acabou-lhe revelando os últimos acontecimentos. Por fim, o sujeito lhe falou em tom de advertência:

– Não permita que sua irmã a leve para o mau caminho.

– Brigitte só quer se divertir.

– A diversão dela não é sadia, nem para você nem para ela.

O tom do sujeito fez Margot olhar em seus olhos com maior atenção.

– O seu nome... Você não me disse o seu nome.

– Benjamim Godard.

– O meu é Margot... Margot – ela preferiu omitir seu sobrenome para que não mais despertasse o interesse das pessoas somente por pertencer a uma família nobre e abastada.

– Sou um dos seguranças do bordel.

– Pensei que fosse um dos fregueses...

– Não, em absoluto! Eu e mais outro apartamos as brigas entre os fregueses que exageram na bebida e podem agredir as meninas da casa.

– Entendo.

Benjamim deveria ser pelo menos uns vinte e cinco anos mais velho do que Margot, mas algo nele a deixou fascinada. Olhando para a mão dele, em busca de uma aliança de casamento, Margot comentou:

– Você não é casado?

– Não deu certo.

– Você gostava dela?

– Já superei há muito tempo. E você também irá superar sua desilusão amorosa assim que encontrar um homem que a ame de verdade. Porque você merece ser amada e bem tratada.

As palavras dele fizeram Margot corar e por sugestão de homem, ambos se encontraram na tarde do dia seguinte no parque Colina do Castelo, um dos mais bonitos da cidade de Nice, na França. Ali, Margot e Benjamim trocaram ideias e se divertiram um bocado na companhia um do outro. Logo, estavam a namorar.

"Eu amo esse homem. Jamais vou deixar de amá-lo!", repetia ela silenciosamente para o seu coração. Benjamim Godard se tornara a sua maior alegria nos últimos tempos. O homem que deu outro significado a sua existência. Ele era lindo, estupidamente, lindo e ela era louca por ele, totalmente apaixonada.

Quando Jean-Luc soube do envolvimento dos dois, rebelou-se no mesmo instante.

– Margot! Onde já se viu, você estar namorando um homem que tem idade para ser seu pai?

– O Benjamim é bem mais velho do que eu, eu sei, mas o amor não tem idade, papai.

– Brigitte me disse que esse homem tem sotaque alemão, cara de alemão e idade suficiente para ter sido um nazista.

– Papai, se o Benjamim fosse mesmo um alemão ele teria me dito. Não mentiria para mim.

– Vou investigar seu passado.

– Eu mesma me incumbo disso.

Assim que teve oportunidade, Margot perguntou a respeito para Benjamim que afirmou imediatamente jamais ter tido qualquer envolvimento com o exército nazista, tampouco aprovava seus atos. Ao revelar o fato para o pai, Jean-Luc lhe apresentou provas de que o sujeito mentira para ela.

– Seu nome verdadeiro é Hans Mallmann. Ele é mesmo um alemão que há muito reside na França. Adotou o nome de Benjamim Godard para encobrir seu passado como membro do exército nazista. Depois da Segunda Guerra Mundial, todos os autores de crimes nazistas estão sendo levados à justiça e é por isso que esse sujeito adotou uma identidade falsa.

– Não pode ser... – Margot custava acreditar que o namorado tivesse mentido para ela. No entanto, ao confrontá-lo a respeito, o sujeito acabou se rebelando:

– Menti para você por receio de perdê-la. Quando me disse que seus pais se ressentiam profundamente dos nazistas, percebi que a verdade nos separaria e eu não queria isso.

– Entendo...

– Eu não tive escolha se não me juntar ao nazismo – explicou Hans parecendo sincero. – Estávamos todos sob os domínios de Hitler e, portanto...

– Você matou muita gente?

– Não gosto de falar sobre isso.

– Matou?

– Foi inevitável. Ou eu matava ou era morto por desobedecer às ordens dos meus superiores.

– Entendo.

E tocando-lhe o rosto, Hans acrescentou, seriamente:

– Margot, não permita que nada nos separe. Eu a amo. Muito!

– Eu também o amo, Hans.

Enquanto isso, Brigitte observava a irmã gêmea idêntica, surpresa com sua alegria e determinação. Quem diria que Margot iria encontrar seu grande amor no bordel mais famoso de Nice!

Dias depois, Margot reencontrava o alemão para lhe contar uma grande novidade.

– Hans, vou ter um filho seu.

O rosto do homem adquiriu uma expressão tão alegre que Margot s sentiu a jovem mais feliz do mundo. Ele a segurou pelos braços, afirmando:

– Isso é maravilhoso! Simplesmente maravilhoso!

– Cheguei a pensar que não gostaria de saber que fiquei gravida de você.

– Que nada! Ter um filho com você é o que eu mais queria. Acredite! Seu pai já sabe da grande novidade?

A cor se esvaiu do rosto de Margot.

– Ainda não tive coragem de lhe contar. Nem sei se terei.

– É logico que terá!

E ambos seguiram até a mansão dos Cassel para contar a Jean-Luc e Étienne a grande novidade. Étienne se mostrou feliz, procurando contagiar o marido com sua alegria e empolgação. Jean-Luc, por sua vez, não confiava no alemão e não o queria de hipótese alguma no seio da família. Até mesmo Jean-Pierre tentou fazer o filho encarar a novidade com outros olhos, mas Jean-Luc continuou rejeitando totalmente a ideia.

Assim que os documentos necessários para o casamento de ambos foram aprovados pelo cartório, Margot e Hans Mallmann se casaram à revelia de Jean-Luc. Por outro lado, Étienne procurava confortá-lo para evitar inimizades na família. O enlace se deu em meio a uma cerimônia discreta, somente para a família, com Margot linda e radiante dentro de um vestido de noiva que a deixou ainda mais elegante e bonita.

Um mês depois, Margot recebia um recado de Hans, levado por um garoto, pedindo que ela fosse urgentemente até um certo endereço na periferia de Nice. Por achar que havia lhe acontecido algo de ruim, Margot partiu para lá sem retardo. Chegando ao local, ouviu vozes no interior da humilde morada, o que a fez abrir a porta sem bater. Havia uma menina de dez anos ali que olhou para a recém-chegada com grande interesse.

– Olá – disse Margot em ritmo de saudação. – Você é parente do Hans? Onde ele está?

– O papai saiu.

– Papai?!

– Sim, o Hans é o meu pai.

Nisso, uma mulher chegou à sala e ao ver o que se passava, avermelhou-se.

– Olá!

A menina voltou-se para a fulana e disse:

– Mamãe, essa moça quer falar com o papai.

– Deve estar havendo alguma confusão – protestou Margot indignada. – O Hans não é casado.

A mulher ficou tão sem graça que não sabia qual atitude tomar perante o inesperado. Pediu à filha que se retirasse do recinto, enquanto Margot observava os porta-retratos com foto de Hans Mallmann e sua esposa e com os três filhos que tivera com ela. A menina era a caçula.

Margot ficara repentinamente paralisada, com o coração prestes a explodir a qualquer momento. Por fim, partiu, sem dizer adeus. Ao saber de tudo, Brigitte também ficou em choque.

– Mas que danado – murmurou, pasma, enquanto procurava consolar Margot que se desesperava diante de tão assustadora realidade.

Uma hora depois, Hans chegava ao apartamento de Brigitte para dialogar com a esposa. Lágrimas incontroláveis afloravam dos olhos da jovem quando o encarou.

– Você é bígamo... – murmurou ela, ainda incapaz de absorver a revelação.

A resposta dele soou seca e profunda:

– Não posso ser acusado de bigamia, uma vez que a certidão de casamento se perdeu no incêndio provocado por uma das bombas que caíram sobre Berlim.

– O que mais você escondeu de mim, Hans?

– Quer mesmo saber?

– Sim. Ainda que a verdade doa em mim.

– Pois bem, eu lhe direi. Eu sempre soube que você era rica. Sua irmã já frequentava o bordel havia semanas e, com isso, a verdade veio à tona. Então, eu desejei conquistá-la, mas ela nunca me deu chance, mas você, sim. E agora que somos casados, parte da herança dos Cassel me pertence e, com isso, pelo menos um nazista saiu vitorioso da guerra. Nosso propósito era conquistar a França e agora tenho parte dela em minhas mãos.

– Você só se casou comigo por isso?

– E não é motivo suficiente?

– Eu pensei que me amasse.

– Não. Você não passa de uma riquinha mimada e chata como a sua irmãzinha sem graça.

Margot perdeu a cor.

– E tem mais, viu? – continuou ele desaforado. – Assim que vi o retrato do seu tio Charles na mansão da sua família, eu me lembrei dele.

– Você o conheceu?

– Sim! E fui eu mesmo quem o matou, porque era meu dever defender o exército do qual eu tomava parte e, também, porque ele tinha tudo o que eu nunca teria.

– E você decidiu suprir sua frustração matando um jovem inocente?

– Podemos dizer que sim.

O ódio que se irradiava daquele homem era assustador.

– O que será de mim, agora? – desesperou-se Margot, afundando as mãos nos cabelos. – E do nosso filho?

– Será o que tiver de ser – respondeu Hans secamente.

Sem mais, o sujeito se levantou e quando ia saindo do edifício onde Brigitte residia, foi surpreendido pela polícia francesa aguardando por ele do lado de fora. Brigitte o havia delatado às autoridades e com as provas que Jean-Luc havia conseguido por meio de uma investigação, Hans Mallmann foi preso, julgado e condenado por crimes de guerra, falsa identidade e bigamia.

Dias depois, Margot desabafava com a irmã:

– Brigitte, eu amava aquele homem... Eu era louca por ele.

E Brigitte Cassel lhe respondeu sem pesar:

–Amava-o como amou o Patrick e se esqueceu dele assim que Hans entrou na sua vida. Margot, você ama e desama com a mesma rapidez com que troca um vestido. Daqui a pouco você encontra outro para usar e brilhar a seu lado pelos palcos da vida. Não se preocupe.

Mas foi na gestação do filho que Margot encontrou forças para superar o que havia passado. Assim, abandonou temporariamente os estudos e foi aguardar o nascimento do bebê ao lado de seus pais, na mansão da família Cassel, sob a baía da Gasconha.

Enquanto isso, Brigitte se deliciava com suas noitadas no bordel de Madame Rochas. Foi assim até ela conhecer Edgard Belmondo, num restaurante da cidade de Nice e se apaixonar por ele.

Um canadense bem-apessoado e educado que visitava a França para fechar alguns negócios. No Canadá ele administrava a empresa da família que era tão abastada quanto os Cassel. Se ela se casasse com ele, pensou Brigitte cautelosamente, ela se mudaria para outro continente dando um ponto final à vida promiscua que levara até então no prostíbulo de Madame Rochas. E não correria o risco de ele ter se interessado por ela pela fortuna que herdaria um dia de seus pais. Em suma, Edgard Belmondo seria o homem perfeito para ela se casar e ter filhos.

# CAPÍTULO 4

A barriga de Margot estava cada vez maior e ela conversava com o bebê, como se ele pudesse compreender exatamente o significado de suas palavras. Ela se apegara àquele bebê por ser o único elo que restou entre ela e Hans Mallmann. Com o filho que em breve nasceria, ela teria o alemão, de alguma forma, sempre ao seu lado. Ela ainda o amava e levaria o bebê até a prisão onde Hans fora encarcerado para que pudesse conhecer a criança e amá-la intensamente.

O momento do parto se aproximava e Margot se sentia cada vez mais pesada e sem energia para se mover como antes. A primeira pontada de dor trouxe um sorriso aos lábios da jovem que ansiava loucamente pelo nascimento do filho. Ela começou a contar o tempo entre as contrações, suportando a dor, porque dela nasceria o filho tão almejado.

A parteira chegou à mansão no exato momento em que as dores se aprofundaram. Margot não conseguia expulsar da mente a visão do filho que naquele momento estava crescendo em seu útero amniótico, confortável e aquecido, protegido de todas as maldades do mundo.

A parteira a examinou e alegou, sorridente:

– Vai ser um parto bem fácil. Tudo o que tem a fazer é relaxar e deixar que a natureza siga seu curso.

– Força! – dizia ela para Margot, que suava em profusão e gemia de dor. Um minuto depois, ela sentiu um fluxo entre as pernas e a parteira gritava, triunfante: – É um menino! Um menino!

E finalmente a criança foi tirada do ventre e teve o cordão umbilical devidamente cortado. Contudo, o bebê não chorou quando recebeu uma tapinha no bumbum. Tampouco se moveu. A parteira ficara tão emocionada com o nascimento do menino que não se ateve ao fato de ele ter nascido morto.

– Quero segurar o meu filho. Dê-me ele – pediu Margot chorando de emoção.

– Minha querida... – a parteira tentou falar, mas não teve coragem.

Margot ordenou num gemido esganiçado:

– Dê-me o meu filho para segurar.

Quando Jean-Luc e Étienne perceberam o que havia acontecido, perderam o chão.

– Filha – tentou falar Étienne entre lágrimas.

– Me dê a criança, mamãe! – berrou a jovem, descontrolando-se totalmente. A cena não era bonita de se ver.

– Margot, filha, ouça-me!

– Não quero ouvir! – agitava-se a jovem tapando os ouvidos em total frenesi. – Dê-me a criança. Dê-me... – E seu choro inevitável cobriu-lhe as palavras, destroçando sua alma de vez.

– Margot – tentou dizer Étienne mais uma vez. – O bebê nasceu morto.

– Não! – gritou Margot recusando-se a aceitar a realidade. – Quero meu filho. Dê-me meu filho – repetia ela, insistentemente. E para confortar seu coração, a parteira decidiu atender o seu pedido. Colocou a criança morta nos braços da mãe que não se importou em envolvê-la com todo o seu carinho.

– Eu o amo – desabafou Margot chorando copiosamente. – Vou amá-lo eternamente. Você crescerá e se tornará um menino sadio, forte, alto e bonito como seu pai. Ele sentirá orgulho de você.

– Deixe-a com o menino – pediu Jean-Luc à esposa. Em seguida, saíram do quarto.

E quando as horas se passaram e Margot não reagiu como esperado, Jean-Luc se viu obrigado a voltar até o aposento para conversar com a filha. Étienne o acompanhou.

– Margot, minha querida, precisamos fazer o sepultamento do bebê.

– Bebê? – murmurou Margot totalmente alheia à realidade em que vivia. – De que bebê o senhor está falando?

Jean-Luc e Étienne se entreolharam e foi a mãe quem explicou a seguir:

– Seu pai fala do seu filho, Margot.

– Meu filho?! Ele terá o nome do pai.

– Filha, o menino está morto. Nasceu morto. Entenda isso.

Ela abraçou a criança ainda mais forte e elevou a voz em protesto:

– A senhora está louca! Meu filho está vivo, não vê? Vivo!

Jean-Luc e Étienne se encararam sem saber mais o que dizer ou qual atitude tomar diante da situação. Foi preciso chamar Brigitte para conversar com a irmã e, quando ela chegou à mansão, Jean-Luc lhe fez outro pedido muito sério:

– Seja gentil com sua irmã. Por favor!

– Serei, papai. É lógico que serei.

Margot jazia na cama, confortando o filho morto em seus braços quando Brigitte adentrou o aposento. Ao se verem, os olhos das gêmeas brilharam.

– Brigitte! Que bom que você veio! – voltando-se para o menino, como se ele pudesse entendê-la perfeitamente, a mãe completou: – Hans, sua tia veio lhe ver. Queria muito conhecê-lo.

Brigitte mentiu descaradamente:

– Queria mesmo! Estava ansiosa para vê-lo – ela se aproximou da cama. – Posso pegá-lo?

O pedido pegou Margot desprevenida, não queria se soltar do menino por nada, mas pela irmã seria capaz, pelos menos por um ou dois minutos. E foi o que ela fez. Brigitte tomou a criança nos braços, evitando olhar para ela, pois aquilo lhe era triste e repugnante ao mesmo tempo.

– Essa criança precisa de um banhinho – mentiu ela novamente e foi até a porta onde entregou o bebê para a parteira.

– Brigitte! Não quero meu filho longe de mim! – protestou Margot levantando-se da cama, esbaforida. Mas antes que pudesse deixar o aposento, Brigitte a segurou pelo punho e falou, autoritária:

– Deixe-o ir!

Seu tom fez Margot reagir no mesmo instante:

– Quero o meu menino.

– Ele está morto – respondeu Brigitte friamente.

– Não! Ele está vivo! Muito vivo!

Brigitte torceu o braço da irmã na intenção de fazê-la prestar mais atenção em si. Rispidamente, repetiu:

– Ele está morto! Nasceu morto! E vai apodrecer se você continuar apegada a ele.

– Você não está falando coisa com coisa...

Ao tentar se libertar das mãos firmes da irmã, Brigitte se fez enfática:

– Acorda pra vida, Margot! Larga de frescura! Seu filho nasceu morto, acabou! Aceita que dói menos. Logo você poderá gerar outra criança. E, dessa vez, escolha um sujeito que realmente valha a pena para ser pai do bebê.

– O Hans é o meu homem...

– O Hans é um vigarista que só deu em cima de você com a intenção de usufruir da herança que um dia será sua.

– Não!

E num surto de histerismo, Brigitte estapeou Margot para que ela voltasse à realidade. Os tapas foram tão fortes que Margot ficou tonta e precisou se apoiar na cama onde se sentou.

– Você nunca me bateu antes... – desabafou enquanto massageava sua face avermelhada.

– Foi preciso – admitiu Brigitte sem esmorecer. – E lhe darei outros tabefes se você continuar se recusando a encarar a realidade.

– Você não tem coração.

– E você não tem juízo. Agora chega de frescura...

– Fora do meu quarto. Quero o meu filho...

E Brigitte novamente estapeou a irmã até fazê-la encará-la para ouvir o que era necessário:

– Hans está na cadeia, o filho de vocês está morto, tudo o que você sonhou viver com esse assassino teve fim. É triste? É! O que se há de fazer? A vida é mesmo assim. Agora, passe para outra, enquanto é jovem e bonita. E não me faça mais perder a paciência com a sua pessoa.

Margot engoliu em seco e se abraçou como que para se proteger de um frio imaginário. Horas depois, realizava-se o sepultamento do menino no jazigo do cemitério do vilarejo de Saint-Émilion. Foi um dia que ninguém dali quis guardar na memória.

Era madrugada quando Étienne despertou na calada da noite sentindo-se inquieta. Discretamente foi ao quarto de Margot para ver se ela dormia bem. Chocou-se ao encontrar a cama vazia e perceber, minutos depois, que a filha havia desaparecido da casa. Onde ela estaria? Não demorou a intuir seu paradeiro, o que a fez acordar Jean-Luc e partir com ele de carro até o vilarejo de Saint-Émilion.

Como Étienne havia intuído, Margot estava sentada em frente à lápide do filho, tendo o mesmo em seus braços. Conseguira desenterrar o caixão por meio de uma força sobrenatural. Étienne preferiu se dirigir a ela, sozinha.

– Filha...

Quando ela olhou para a mãe, Étienne completou, carinhosamente:

– Na vida nunca podemos ter tudo. Veja a minha história...

Margot abraçou o filho ainda mais, como se dependesse dele para continuar viva.

– Vamos para casa, filha. Por favor – insistiu Étienne cautelosamente. E ao primeiro sinal de trégua da jovem, Étienne pegou o bebê dos braços da filha e o ajeitou novamente em seu devido lugar no tumulo. Então, ela conduziu Margot até o carro onde Jean-Luc aguardava pelas duas. Ao vê-la, ele a confortou em seus braços, também dominado por forte emoção. Não foi uma noite fácil para nenhum dos três. Foi, na verdade, o que se poderia chamar de pesadelo sentido na pele.

Foi a própria Margot quem quis voltar a morar em Nice na companhia de Brigitte, como sempre fizera antes de ter se casado com Hans Mallmann. A cidade lhe oferecia muito mais entretenimento do que Saint-Émilion, o que seria ótimo para ajudá-la a se recuperar da perda do filho.

Por isso, Jean-Luc e Étienne concordaram com a decisão da filha.

– É isso aí, maninha – falou Brigitte ao receber a irmã de volta a sua morada. – A vida continua! Você logo se recupera.

E Margot pareceu apreciar as palavras de apoio da irmã.

Dias depois, a convite de Edgard Belmondo, Brigitte foi passar uns dias em Paris. Havia tempos que não visitava a Cidade Luz, ainda mais na companhia de um homem tão atraente quanto Edgard. Foram dias maravilhosos.

Ao voltar para Nice, no entanto, Brigitte descobriu que Margot havia desaparecido. Teria a gêmea voltado para Saint-Émilion atrás do cadáver do filho? Ela deu um telefonema para a casa dos pais e descobriu que não. Então, surgiu uma possibilidade ainda mais assustadora. Teria Margot atentado contra a própria vida? A possibilidade a fez se arrepiar inteira.

# CAPÍTULO 5

Foi a própria Madame Rochas quem procurou Brigitte em seu apartamento para lhe dizer que Margot havia se mudado para o bordel.

– O quê?! – exaltou-se Brigitte em choque.

Ao confrontar a irmã, Margot simplesmente respondeu:

– Eu sempre fui certinha, uma moça correta e responsável. E com isso só levei patadas da vida. Cansei! De agora em diante, serei o oposto do que sempre fui e tenho me sentido bem melhor desde então.

– Margot, você não sabe o que diz. Está agindo assim por impulso. Por ainda estar ressentida com tudo o que lhe aconteceu.

– Eu sei. Por isso mesmo que insisto em ser o avesso do que já fui.

– O papai e a mamãe não irão aceitar uma coisa dessas.

– Eles já aceitaram tantas coisas na vida, uma a mais, outra a menos...

Brigitte mal podia acreditar que Margot, tão comportada e submissa aos pais, havia se tornado aquela jovem forte e audaciosa.

A notícia foi um baque para Jean-Luc e Étienne. Onde já se viu a filha morando num bordel, tornando-se prostituta? Na esperança de contornar a situação, Étienne foi até Nice falar com Margot, que se mostrou irredutível na sua decisão.

– Sua mãe também se tornou uma prostituta por ter se desiludido com a vida.

– Mas você não precisa disso – argumentou Étienne esperançosa de que a filha voltasse atrás na sua decisão. Mas a filha persuadiu a mãe com uma resposta perspicaz e coerente:

– Ela também não precisava e, mesmo assim...

Jean-Luc também quis ir atrás da jovem para repreendê-la por sua atitude, mas encontrá-la num bordel seria para ele a morte. Jean-Pierre, seu pai, tentou acalmá-lo, pedindo-lhe que desse tempo a Margot para mudar de ideia. Ao que Jean-Luc respondeu, amargurado:

– Quando esse tempo terminar, papai, pode ser tarde demais para Margot recuperar a dignidade.

E de fato Jean-Luc Cassel estava certo quanto aquilo, percebeu Jean-Pierre cautelosamente.

Dias depois, aparecia no bordel um jovem bem-apessoado que se mostrou interessado em tirar Margot daquela vida para desposá-la. Seu nome era Gérard Holland, um moreno de um metro e noventa de altura que sabia tratar uma mulher como poucos. Sua beleza e seu carisma conquistaram Margot de imediato e, quando ele pediu à jovem que fosse só dele, Margot viu uma luz se reacender no fim do túnel obscuro pelo qual vinha atravessando nos últimos tempos.

O francês fora contratado por Jean-Luc Cassel para conquistar Margot pelo simples propósito de afastá-la da vida mundana que passara a levar no bordel mais famoso da cidade de Nice. Mas ela não podia saber disso jamais, não até que ele a tirasse plenamente dali.

Contudo, Gérard Holland tinha mesmo um bom caráter, por isso não achava certo enganar uma jovem tão cativante quanto Margot, o que o fez lhe contar a verdade. Tal revelação deixou a moça devastada de vez com a vida.

– O senhor nunca mais me faça de boba – bramiu ela perante Jean-Luc tão logo adentrara a mansão.

– Eu só tentei ajudar – defendeu-se ele arrasado.

– Pois só serviu para piorar as coisas – lamentou Margot resoluta.

Ela já ia partindo quando Jean-Luc lhe falou seriamente:

– Margot! Se você não abandonar essa vida promiscua que está levando... Se não voltar a ser a garota que eu e sua mãe criamos com muito orgulho, eu a deserdo.

A jovem travou os passos, voltou-se para o pai e respondeu, afiada:

– Deserde. Eu não preciso do seu dinheiro. Eu não preciso de nada além do prazer de existir. E é no bordel que eu me sinto mais viva. Viva e radiante.

Sem mais, ela deu as costas para o pai e partiu, deixando Jean-Luc Cassel explodindo de raiva. Ao voltar-se para o quadro de Silvia Navarro dependurado na sala da mansão, ele exclamou, furioso:

– A culpa é dessa mulher! Única e exclusivamente dela.

Étienne foi até o marido e tentou consolá-lo.

– Esse quadro – completou Jean-Luc enraivecido –, deveria ter sido queimado assim que Silvia Navarro se separou do meu pai. Pois ele só serviu de mau exemplo para nossas filhas.

E mirando fundo os olhos de Silvia Navarro retratados ali, Jean-Luc Cassel completou:

– Minha mãe estava certa quando dizia que Silvia Navarro amaldiçoou nossa família.

E diante dos fatos, Étienne se perguntou, mais uma vez, intimamente, se aquilo não era mesmo verdade.

Nesse ínterim, Brigitte se casou com Edgard Belmondo e foram morar no Canadá. Logo, a jovem estava grávida e dava à luz um menino que recebeu o nome de VALENTINO CASSEL BELMONDO. A chegada do neto foi uma grande alegria para Jean-Luc que ainda se mantinha devastado pelo rumo que Margot havia tomado na vida.

Toda vez que o marido ia à França a negócios, Brigitte aproveitava para ir com ele e visitar os pais. Então, sempre que possível, ia até Nice para rever a irmã que a encontrava no antigo apartamento em que as duas moraram. O local ainda estava lá, aguardando Margot mudar de vida.

E ela se dirigia ao sobrinho com uma doçura que somente as mães podem dedicar a um filho. O menino se movia, sorria e olhava diretamente para os seus olhos, muito diferente do filho que gerou morto e acalentou nos braços até não poder mais.

– É uma criança adorável – admitiu Margot olhando com ternura para a criança em seu colo.

– É sim – admitiu Brigitte encarando a irmã com certa pena. – Se você deseja ter um filho como o meu, por que não tenta gerar um? Ainda é jovem para isso.

O rosto de Margot desmoronou diante da sugestão e passou a expressar uma dor dilacerante.

– O que houve? – assustou-se Brigitte apreensiva.

– E-eu... – gaguejou Margot, lacrimejante –, eu jamais teria coragem de engravidar novamente. A criança poderia nascer morta e....

– Margot, minha irmã, que preocupação mais besta a sua. Dois raios não caem no mesmo lugar.

– Eu não suportaria novamente ter de passar pelo que passei.

– Não acontecerá novamente o pior com você. Acredite! Não há com o que se preocupar.

– Eu nunca mais amarei outro homem enquanto existir.

– Você não precisa amá-lo para gerar um filho. Basta usá-lo para esse propósito e, depois, dar lhe um fora. Ele sequer precisa ficar sabendo que você teve uma criança dele.

– E pôr no mundo uma criança sem um pai?!

– Qual o problema?

– Acho tão desumano...

– Desumano são as guerras que tiram os filhos dos pais e os pais de seus filhos.

Breve pausa e Margot admitiu entre lágrimas:

– Eu engravidei do Hans porque o amava, você sabe... O filho seria o nosso elo, a prova definitiva do nosso amor.

– São águas passadas. Chega!

Nova pausa e Margot desabafou, sentida:

– Mesmo que eu quisesse engravidar novamente, não poderia. Fiz alguns abortos desde que me mudei para o bordel... Fiz pelo medo pavoroso de ter novamente uma criança morta e... – Margot chorou. – Um desses abortos me feriu por dentro, deixando-me totalmente estéril, desde então.

– Você tem mesmo certeza de que não pode mais gerar uma criança?

– Tenho. Consultei os melhores médicos de Paris e...

– Então você ainda pretendia ter um filho.

– Acho que, no íntimo, sim!

– Eu sinto muito.

– O que aconteceu comigo foi um castigo merecido, entende? Por eu ter me apaixonado por um assassino e, depois, por ter assassinado tantos bebês que poderiam ter tido uma sorte diferente do primeiro que gerei.

– Não pense assim.

– Que outra conclusão posso tirar dos fatos?

Outra pausa e Margot quis saber:

– Você é feliz com o Edgard?

– Ele é um cara e tanto... – admitiu Brigitte parecendo sincera com a irmã.

– Você teve muita sorte de encontrar um sujeito como ele.

– Tive sim – e olhando atentamente para os olhos da gêmea, Brigitte perguntou: – Margot, responda-me com sinceridade: Você tem inveja da vida que eu levo?

A moça se mostrou tensa diante da questão.

– Tem inveja, não? – insistiu Brigitte encarando a gêmea.

– É que... – gaguejou Margot encabulada – ...sua vida é tão perfeita. Tão como deveria ter sido a minha ao lado do homem que tanto amei.

– Amou porque não ficou com ele, convivendo sob o mesmo teto diariamente. Se tivesse, veria que o seu grande amor, entre aspas, não era tão grande assim. O dia a dia destrói muitos dos encantos e da magia do início de uma relação. Digo isso porque hoje sei muito bem o que é uma vida a dois.

Empostando a voz, Brigitte aconselhou Margot:

– Arranque o passado de seu coração. Quando fizer isso, um novo amor vai surpreendê-la. Acredite!

E no íntimo, Margot se apegou àquela possibilidade desde então.

# CAPÍTULO 6

Numa nova ida à França para visitar seus pais, Brigitte aproveitou para rever a irmã no bordel. Havia meses que ambas não se encontravam pessoalmente. Dessa vez, Margot recebeu a irmã parecendo mais centrada do que da última vez que haviam se encontrado. Entre uma palavra e outra, Brigitte, lançando olhares amistosos para o aposento, admitiu:

– Quando me lembro dos momentos que vivi aqui... – ela suspirou. – Foi tão bom! Sinto saudade, sabe?

– Brigitte – falou Margot em tom de reprimenda –, como pode ter saudades de um lugar como esse, tendo a vida que você leva com seu marido?

– Uma vida chata, enfadonha e entediante? – retrucou Brigitte com pesar.

– Mas você ama o seu marido, não ama?

– Pensei que o amasse suficientemente para suportar o dia a dia monótono e repetitivo, mas...

– E seu filho?

–Achei que ser mãe me faria feliz, mas isso também não aconteceu. O nascimento do menino não mudou nada em minha rotina. Por isso lhe digo, sem sombra de dúvida, que você, sim, soube fazer a escolha certa para sua vida.

– Será mesmo, Brigitte? Eu só vim parar nesse bordel por estar com ódio da vida. Quando o ódio passou, já era tarde demais para eu voltar a ser quem eu era.

– Você ainda é jovem, pode recomeçar a vida.

– Todos sabem o que me tornei.

– Uns não se importarão. Nosso avô Jean-Pierre não se importou com o passado de Silvia Navarro, tampouco nosso tio Vincent.

– Sim, mas...

– Se eles aceitaram nossa avó com todos os seus defeitos, você também poderá ser aceita por um homem com quem realmente valha a pena se casar.

– Mas já não posso ter filhos...

– Ele talvez não se importe com isso.

– Mas eu me importo. Um filho, pelo menos um... era o que eu mais queria ter na vida.

– Nunca se pode ter tudo, Margot. É isso que a vida tem me mostrado.

– Acho que não.

Breve pausa e Brigitte perguntou, encarando a irmã, profundamente:

– O Edgard... Você o acha bonito? Você o acha atraente?

– Que pergunta, Brigitte?!

– Responda-me! Você o acha interessante ou não?

– Acho, acho sim, mas... Por quê? Você não o acha atraente?

– Achava! Hoje já não sei mais...

O assunto morreu enquanto Brigitte vagava pelo quarto, admirando cada objeto e cada mobília. Cada detalhe. Então, subitamente, ela se se voltou para a irmã e disse, radiante:

– Margot, eu tenho uma proposta a lhe fazer. Será ótima tanto para você quanto para mim. Você assume minha vida e eu assumo a sua. Se não gostar da vida que eu levo, trocamos novamente.

– Brigitte, t'es pas folle? – os olhos da gêmea pareciam saltar as órbitas.

– Nunca estive tão lúcida em toda minha vida.

– E seu filho?

– Ele ficará bem melhor ao seu lado. Você é capaz de amá-lo até muito mais do que eu.

– Brigitte...

– Margot, ouça-me. Preciso respirar. Usufruir da vida enquanto sou jovem e bonita.

– Isso não daria certo.

– Só saberemos se tentarmos. Se tio Vincent ousou fazer isso no passado e por um bom tempo conseguiu enganar nossa avó...

– Você definitivamente perdeu o juízo.

– Não posso perder o que eu nunca tive.

E diante de Brigitte, Margot ficou prostrada e tentada a fazer o que ela lhe sugeria. Havia muito tempo que ela desejava ter a vida da irmã e jamais pensou que Brigitte quisesse ter a sua vida. O que fazer?

Quando seu marido viajou para a América do Sul a negócios, Brigitte levou a irmã gêmea para o Canadá, assim poderia lhe ensinar tudo a respeito dos costumes da casa, do marido e do filho. No momento certo, ambas trocaram de lugar e logo se deliciaram com suas novas vidas.

Edgard Belmondo logo notou as diferenças na esposa.

– Você anda tão amorosa, ultimamente... – comentou, apreciando a afetuosidade crescente com que passara a ser tratado nas últimas semanas.

De fato, Margot o tratava muito melhor do que Brigitte fazia. Agia assim, também, porque havia se apaixonado por Edgard e pelo sobrinho que tratava como a um filho. O próprio Valentino amava muito mais a mãe atual, por passar bem mais tempo na sua presença do que com as babás. Nos fins de semana, o casal viajava e se divertia um bocado ao lado do menino que crescia forte e belo.

– E seus pais? E sua irmã? – indagou Edgard, certo dia. – Você não sente a falta deles?

– E-eu?... É lógico que sim.

– A Margot... – disse ele pegando a verdadeira Margot desprevenida.

– Oi?! – entregou-se Margot sem querer.

– Eu ia dizer que... – respondeu Edgard, percebendo finalmente o real motivo da esposa ter mudado tanto nas últimas semanas. Ao encarar Margot novamente, a jovem tentou contornar a situação, mas foi em vão.

– C-como vocês puderam? – exaltou-se Edgard furioso.

Sem mais, ele tomou um voo para Nice e, chegando lá, dirigiu-se imediatamente ao bordel de Madame Rochas. Diante da verdadeira Brigitte, Edgard falou, surpreendendo a gêmea com sua aparição:

– Eu precisava ver com os meus próprios olhos para acreditar que você foi mesmo capaz de uma loucura dessas.

– Loucura? – desafiou ela olhando com prazer mórbido para ele.

– Loucura, sim! Para quê, eu lhe pergunto, se nossa vida conjugal era satisfatória?

– Satisfatória só se fosse para você. Para mim não passava de um poço de mesmice e chatice constantes.

– Pensei que lhe fazia feliz. Que havia se casado comigo porque me amava.

– Eu também pensei isso a princípio, mas...

– Eu lhe proporcionei uma vida de riquezas, mimos e...

– Talvez esse tenha sido o seu maior erro. O importante é que a Margot o faz feliz, não é mesmo?

– Sim, mas ela foi uma prostituta. Sabe-se Deus para quantos vendeu seu corpo.

– Pois eu vou lhe contar um segredo. Antes de ela se tornar o que se tornou, eu já me refestelava toda nesse lugar com os homens. Porque eu queria saber como foi a vida da minha avó. O que ela sentiu...

– Você é louca!

– Louca, mas feliz, mon amour!

– Nós tivemos um filho. Como pôde abandoná-lo para viver uma vida imunda dessas?

– Com a mesma frieza que um dia ele irá nos abandonar para viver seus sonhos e sua vida íntima. Como eu fiz com os meus pais e como fazem todos os jovens do planeta.

– Não é bem assim...

– É. E você sabe muito bem disso. – Breve pausa e Brigitte foi perspicaz: – Você é feliz com a Margot e Margot é feliz com você. São a tampa e a panela. Portanto, continuem como estão.

– Isso não é certo.

– Certo é o que nos feliz, mon cher. Isso sim é o certo! E agora tenho de trabalhar. Fui!

Ao retornar para o Canadá, Edgard já não via mais Margot com os mesmos olhos, só de pensar que, por alguns anos, ela havia vivido num bordel. Desde então, ele passou a evitá-la de todas as formas e se perguntava, diariamente, que rumo daria a sua vida. Diante de sua desfeita, Margot decidiu partir para a casa dos pais, levando consigo o pequeno Valentino.

– Você não pode levá-lo – advertiu o homem. – O garoto não é seu filho!

– É como se fosse – respondeu Margot, determinada.

– Ainda assim, os direitos sobre ele são meus.

Ao avistar o menino olhando amargurado para a cena, Margot tomou coragem e partiu, resoluta, de volta para a casa dos pais, na França. Ao revê-la, Étienne acolheu a filha com um abraço fraterno e quando ela se prostou em frente ao pai, Jean-Luc percebeu de imediato que estava frente a frente com a filha que tanto o decepcionara.

– Papai...

– O que quer de nós? – perguntou ele, tentando evitar seus olhos.

– Quero uma casa, papai. Um lar, se ainda for possível...

Os olhos dele se encheram d'água e quando Jean-Luc pensou em expulsá-la da mansão e de sua vida para sempre, o amor pela filha falou mais alto em seu coração. Ele a abraçou e ambos choraram de alegria e tristeza pelo reencontro e pela reconciliação. Mas a harmonia entre os dois durou pouco, assim que ele soube do que Margot e Brigitte haviam feito, Jean-Luc, por pouco, não foi atras da outra filha para lhe dar uma surra em pleno bordel.

Enquanto isso, Edgard Belmondo vivia seu drama particular. Para onde quer que olhasse, revia a imagem da gêmea que o encantou. De repente, para ele, a jovem havia se tornado um punhado de folhas secas sopradas para longe por um vento cortante de inverno. Era como se ele tivesse se tornado uma barcaça à deriva, sem âncora. Num mar de ilusões e desamor. Com o seu coração prestes a dar a última batida. Uma pancada surda e depois... O nada.

Mas, afinal, de qual gêmea ele realmente sentia falta? De Brigitte Cassel que o enganara e o trocara por uma vida de promiscuidade e devassidão ou de Margot Cassel que lhe fora amorosa e seria capaz de lhe dar tudo o que ele almejava numa mulher?

Dias depois, Edgard Belmondo chegava à mansão acompanhado do filho. Diante de Margot, o canadense admitiu:

– O menino está doente de saudades de você e eu também. Você, sim, foi uma verdadeira mãe para ele e uma verdadeira esposa para mim. É com você que eu quero ficar, Margot. Por isso lhe peço perdão por ter sido tão rude ao saber que você e sua irmã haviam me enganado, mas eu tive meus motivos, você sabe.

– Sim, eu sei.

Ele se aproximou dela, mirando seus olhos e completou:

– Volta pra mim. Vamos recomeçar nossas vidas ao lado do Valentino. Ele também ficará feliz com esse recomeço.

– Está bem... – murmurou ela que não teve tempo de dizer mais nada, pois Edgard a beijou, fervorosamente.

Edgard Belmondo agora se sentia verdadeiramente feliz. Brigitte, a quem ele tanto amou, o desprezara; Margot, por sua vez, o amava tanto quanto ele aprendera a amá-la e isso, sim, era recompensador. Jean-Luc e Étienne também ficaram felizes com a novidade e intimamente se perguntavam: como Brigitte iria reagir ao descobrir que Margot e Edgard Belmondo estavam apaixonados e dispostos a viverem, lado a lado, para sempre. Seria capaz de abandonar a vida que levava no bordel para reassumir a sua? Só o tempo poderia dizer.

Foi durante uma visita aos fiordes da Noruega que Margot e Edgard morreram num acidente automobilístico. Um baque para os pais da moça e para Brigitte, que se trancou em seu quarto no bordel e chorou como nunca havia feito em toda vida. Quando sua mãe a procurou para lhe pedir que voltasse para casa, que seu filho precisava dela, Brigitte reassumiu seu perfil de durona e insensível de antes. Com isso, Jean-Luc e Étienne assumiram a guarda do neto. Valentino, por sua vez, sofreu muito com a morte dos pais, apesar de ser carinhosamente cuidado pelos avós. Brigitte nunca o procurou, tampouco quis saber dele, não tinha tempo nem apego a sentimentos profundos. Assim, os anos se passaram e o menino se tornou um adolescente bonito e cheio de vida. Sequer imaginava que sua verdadeira mãe estava viva e residindo num bordel em Nice.

# CAPÍTULO 7

Por Jean-Luc, o neto nunca saberia que a mãe biológica estava viva e residia num prostíbulo na cidade de Nice. Mas por Étienne, a verdade deveria ser revelada antes tarde do que nunca. Assim, ela chamou o neto para uma conversa decisiva:

– Preciso lhe dizer algo muito importante, diz respeito a sua mãe – falou Étienne muito emocionada.

– Diga, vovó, o que tem ela?

Étienne respirou fundo e explicou com determinação:

– Sua mãe não está morta!

– O quê?!

– Eu vou lhe contar tudo. Você tem o direito de saber.

E assim fez Étienne para espanto total do jovem Valentino Cassel.

– Quer dizer que ela nunca quis saber de mim... – lamentou o adolescente amargurado.

– Você não poderia fazer parte da vida que ela escolheu pra si – explicou Étienne francamente.

– Entendo. Ou melhor, não entendo, não!

Sem mais, ele correu para o quarto, apanhou seus pertences e saiu voando.

– Aonde você vai? – gritou Étienne aflita.

Mas Valentino Cassel Belmondo não respondeu.

Ao chegar em Nice, Valentino seguiu direto para o bordel que fora comprado por Brigitte Cassel nos últimos anos. Assim que se viu diante da mulher, perguntou, relutando encarar a mãe:

– Sabe quem eu sou?

Brigitte o mediu de cima abaixo e respondeu com desdém:

– É lógico que sei quem você é. O que quer de mim?

A frieza dela o assustou.

– Quero saber como a senhora teve a coragem de trocar a vida que tinha ao lado do meu pai e ao meu lado por isso aqui – o ar de nojo na face do adolescente era tremendo.

– Trocando, ora! – riu Brigitte ironicamente. – A vida que você tanto pensa ter sido a melhor para mim ou para qualquer outro, era um porre! Ouviu? Um porre! Uma chatice, o mesmo nhem nhem nhem de sempre. Aqui não! Aqui eu tenho a vida dos meus sonhos.

Brigitte parecia muito segura de suas palavras.

– A senhora não pode estar falando sério! – duvidou Valentino.

– Quer que eu repita um pouco mais devagar?

– Não! Não é preciso. Eu entendi muito bem.

– Que bom! Agora, se quiser ser meu amigo...

– Amigo seu?! Sou seu filho!

– E uma mãe não pode ser amiga do próprio filho e vice-versa? Não seja quadrado.

O adolescente fez grande esforço para não chorar. Por fim, Brigitte o questionou:

– Você foi feliz com a Margot, não foi?

– Fui. Muito! Ela realmente me fez feliz depois que você...

– Então a troca não foi de todo mal. Como você pode ver, no final, tudo acabou bem.

Valentino a olhou mais profundamente e perguntou, seriamente:

– Acabou mesmo, mamãe? Tem certeza disso?

Os olhos dela se abaixaram e, de repente, tudo o que ela mais queria era sumir dali o quanto antes. De algum modo, a presença do garoto a deprimia.

Quando Valentino partiu do bordel, Brigitte Cassel tentou se recuperar do mal-estar que ele lhe causara, bebendo acima da conta na esperança de esquecer o encontro entre os dois. Rever o garoto era o mesmo que rever a irmã que tanto amou e morrera tão jovem. A dor da saudade lhe era insuportável e, por isso, ela fazia o possível para ignorar os fatos.

Ao retornar à mansão, Valentino relatou o episódio para a avó que procurou consolá-lo com palavras que ela mesma não sabia se eram verdadeiras.

– Deixe-a lá – aconselhou-lhe Étienne. – Ela não quer outra vida. Não perca seu tempo.

– A senhora tem razão. Toda razão.

Desde então, o garoto procurou esquecer que sua verdadeira mãe era uma prostituta de luxo. Já que ela não fazia questão de saber dele, ele a ignoraria desde então.

Com o passar dos anos, Brigitte teve de encarar uma realidade da qual jamais imaginou que tomaria parte. Ao se insinuar para um freguês do prostíbulo, o sujeito lhe afastou com as mãos, dizendo:

– Perdão, mas eu prefiro as novinhas.

Brigitte riu, um tanto sem graça e disse:

– Estou na flor da idade, mon chér... Olha só o corpinho.

O cliente a mediu de cima a baixo e se fez sincero mais uma vez:

– Para mim, você está velha!

– Velha, eu?! – enervou-se Brigitte furiosa. – Eu vou lhe mostrar quem é que está velha! – E sem mais, ela mandou seus seguranças colocarem o sujeito para fora do bordel.

Só que o mesmo episódio voltou a se repetir nos dias subsequentes, deixando Brigitte cada vez mais furiosa. Se todos os fregueses que a consideravam velha para eles fossem postos para fora do bordel, o local logo ganharia má fama. Assim, Brigitte decidiu fazer uma plástica.

Depois de recuperada da cirurgia, ela se maquiou primorosamente e se admirou no espelho do seu quarto. Sorriu para si mesma, feliz por ter remoçado, prestes a iniciar uma nova etapa de vida.

Na sua primeira noite no prostíbulo, totalmente plastificada, um antigo cliente aproximou-se dela e lhe foi sincero:

– Nem a cirurgia mais cara do mundo pode devolver a uma mulher sua juventude perdida.

As palavras dele a surpreenderam.

– O quê?!

– Para um bom entendedor meia palavra basta – riu o sujeito despertando a ira da mulher. – Eu apenas digo a verdade. Aceita que dói menos. O seu tempo aqui acabou. Como cafetina tudo bem, mas, como cocote, não dá mais.

Brigitte simplesmente estapeou o sujeito, que foi posto na rua diante dos seus berros histéricos.

Nos anos que se seguiram, Étienne decidiu relatar num caderno a história de Silvia Navarro e da família Cassel. Queria deixar para as futuras gerações um resumo dos fatos que cercaram sua origem.

Nesse ínterim, Jean-Luc faleceu e Valentino se apaixonou por uma jovem chamada Carmem, com a qual se casou numa tarde bonita de primavera na mansão da família Cassel.

Estavam todos reunidos na linda sala da mansão quando Brigitte adentrou o recinto. Ela já não era mais a mesma, via-se nitidamente o abatimento que sua vida devassa lhe deixara através dos anos.

– O que quer aqui? – enfezou-se Valentino indignado com sua chegada surpresa.

– Você se casa e não convida sua mãe?

– Quem lhe avisou sobre o meu casamento?

– Não importa. O importante é que estou aqui.

Ele riu, debochado.

– Veio porque na mínima se senta velha e solitária, não é mesmo? Sem a juventude, tornou-se apenas uma mulher que tenta esconder a velhice por meio de correções faciais.

– Talvez, você tenha razão...

– Pois lhe digo que é muito tarde para querer voltar atrás.

– Jamais quis voltar atrás, vim apenas... – e voltando-se para Étienne, a gêmea procurou sorrir, ternamente: – Mamãe...

– Olá, Brigitte. Como vai?

A filha fez esforço para não chorar e quando não conseguiu, Étienne a abraçou.

– Que bom poder rever você, Brigitte. Pensei que nem se lembrasse mais de mim...

– Eu jamais me esqueci da senhora. Nem da senhora nem de Margot.

– Que bom!

– Mamãe. Ela foi feliz, não foi? Pelo menos pelo tempo que viveu com Edgard e o menino, ela foi feliz, não acha?

– Foi sim, Brigitte. Foi sim.

Voltando os olhos para as paredes da mansão, a gêmea comentou em tom de desabafo:

– Às vezes penso que todos que nascem aqui estão fadados a um destino cruel. Se a senhora voltar no tempo, verá que nenhum dos moradores dessa casa foi feliz realmente. É como se o lugar tivesse sido amaldiçoado. Eu me pergunto, por quê? O que os Cassel fizeram para ter esse carma, por assim dizer.

Étienne obtivera a resposta para a pergunta da filha ao pesquisar sobre o passado dos Cassel, quando decidira pôr no papel parte da história da família. Havia, sim, um porquê. Algo de que a família tentara fugir para escapar e não conseguiu.

Que os erros do passado não mais caíssem sobre as novas gerações, desejava Étienne, mesmo sabendo que da vida ninguém fica impune. O acerto de contas haveria de persistir até que as dívidas com o destino fossem saldadas.

Depois desse encontro, Brigitte voltou para o bordel em Nice e nunca mais reviu a mãe nem Valentino, que jamais a perdoou por tê-lo rejeitado e levado a vida que levou.

Com Carmem, Valentino teve três filhos: Jean-Pierre, Vincent e Charles Cassel. Os bisnetos se tornaram a alegria de Étienne até o seu desencarne em 2003. Nessa encarnação, Carmem e Valentino puderam finalmente viver ao lado dos filhos que cresceram amando e respeitando seus pais. Jean-Pierre também pôde crescer ao lado de Vincent, e Vincent, por sua vez, ao lado de Charles como tanto desejara na vida anterior. Os três eram inseparáveis e se amavam mutuamente. Mas o futuro lhes reservava surpresas inimagináveis, reencontros e acertos com o passado, pois tudo o que se faz nessa vida, de bom ou de ruim, um dia voltará para todos.

Nesse ínterim, Dulce Navarro e Marguerite Chevalier reencarnaram no Brasil, numa cidadezinha do estado de São Paulo. Eram amigas até Marguerite roubar o namorado de Dulce com o qual teve uma filha e se mudou para a França, anos depois.

Dulce também teve uma menina que recebeu o nome de Silvia Navarro. Ambas estavam novamente lado a lado para se redimirem dos erros do passado.

Angelina Pérez também havia reencarnado na Europa onde teria de lidar com as consequências das maldades que fizera na encarnação anterior.

O futuro reuniria todos, novamente, para que, dessa vez, o amor triunfasse no final. E assim, o tempo seguiu seu curso...

# CAPÍTULO 8

**BRASIL, 2016.**
**INTERIOR DO ESTADO DE SÃO PAULO.**

**SILVIA NAVARRO** completara dezoito anos de idade e era tão linda quanto na sua encarnação passada. Uma combinação de detalhes perfeitos. Os cabelos castanhos anelados brotavam orgulhosamente do alto da testa, os olhos de um verde cristal, muito vivos, como os de uma gata atenta, contrastavam lindamente com o nariz delicado e o queixo quadrado e discreto. Qualquer alma feminina ao seu lado apagar-se-ia diante da sua figura graciosa e angelical, o que certamente fazia dela alvo de muita inveja.

– Que cara é essa, filha? – preocupou-se DULCE NAVARRO olhando com tristeza para a adolescente. – O que foi dessa vez, Silvia?

– O mesmo de sempre, mamãe! Essa pobreza interminável em que a gente vive. Essa cidade insuportável em que a gente mora. Olha, Deus não me quer bem, não! Se quisesse, teria me feito nascer na Europa, de preferência em Paris; cercada de luxo e dinheiro, muito glamour e muita fama.

– Filha, dinheiro não é tudo.

– Não é para quem tem. Qualquer imbecil sabe que dinheiro só não é importante para quem tá morto ou mora em Vênus ou em Marte, mas pra quem tá vivo.

– Filha...

– Mamãe, se liga! Se dinheiro não fosse importante, a igreja não faria bingos e quermesses para levantar fundos. Não exigiria o dízimo...

– Silvia...

– Hipocrisia para cima de *moi,* nem pensar, Dona Dulce. Xô!

A mãe tentou novamente opinar, mas a filha a interrompeu bruscamente:

– Eu quero ser rica! Quero ter uma casa grande, uma mansão sofisticada e luxuosa, outra na praia, outra numa fazenda de mil e poucos hectares e uma em Paris.

– Silvia, minha filha, você nunca está contente com nada.

– E era para eu estar?! Vivendo numa casa dessas?

– Uma casa modesta, sim, Silvia, mas que nos abriga do frio e da chuva.

– Grande coisa.

– Filha...

A jovem apanhou uma das revistas que a mãe guardava na estante e falou, mostrando-lhe a capa:

– É isso que eu quero para mim, mamãe! Fama, dinheiro e fartura! Quero ser capa de revista e ver todo o mundo interessado na minha vida! Quero ter gente se esforçando pra chegar perto de mim para tirar fotos e ganhar meus autógrafos. Exatamente como acontece com a famosa ISABELLE CHEVALIER.

– Silvia, essa garota teve sorte na vida.

– Ela teve oportunidade, é diferente. Nasceu bonita, inteligente e soube agarrar uma bela oportunidade como ninguém. Eu quero o mesmo para mim, mamãe. Porque beleza eu tenho! Sei desfilar muito bem... Só me falta dinheiro para fazer um book e levar na melhor agência de modelos de São Paulo.

– Filha, se eu tivesse condições financeiras eu ajudaria você... Juro por Deus que a ajudaria.

– Não tem condições porque trabalha voluntariamente para a igreja.

– Silvia, eles precisam...

– Precisam de nada não. O Vaticano é rico. Quem precisa somos nós.

Dulce fez um muxoxo e a jovem acrescentou:

– Estou pensando seriamente em ser garota de programa para juntar a quantia de que preciso para chegar a São Paulo e fazer um book.

– Silvia, não fale isso nem por brincadeira.

– Falo, falo sim! Porque eu não vou acabar nesse fim de mundo, infeliz, por não ter sido quem eu acho que mereço ser, só porque essa merda de vida não me deu oportunidade.

Ela apanhou outra revista da estante e a folheou:

– Veja só, mamãe! A vida de Isabelle Chevalier é tudo o que eu sonho para mim. Além de famosa está cada vez mais rica, porque já é uma das modelos mais bem pagas do mundo. Além disso, namora um ricaço francês. Essa jovem só atrai o que há de melhor na vida. Incrível! É como se ela estivesse realizando todos os meus sonhos...

De fato. O sucesso de Isabelle Chevalier como top model era tremendo. Ao se tornar um dos Anjos da Victoria's Secret, o desfile mais criativo e glamouroso dos últimos tempos, a consagração de Isabelle foi absoluta, o que lhe rendeu convites para ser o rosto das campanhas publicitarias das marcas da indústria da moda mais consagradas da atualidade, tais como: Dolce & Gabana, Ralph Lauren, Gianfranco Ferré, Versace, Laurence Piemonte, Chloé, Valentino, Missoni, Alexander McQueen, dentre outras.

Tornou-se capa das revistas mais importantes do mundo, tal como a GQ, Marie Claire, Vogue, Time, Vanity Fair, Forbes, Newsweek e Veja com matérias sobre o seu sucesso, carreira e sua vida pessoal. Até a revista de música Rolling Stone a destacou, dizendo que ela era uma das poucas modelos de passarela que homens heterossexuais sabiam o nome.

Hollywood também andava atrás dela para que estrelasse uma de suas produções. Mas Isabelle declinara o convite por não se achar capaz de atuar devidamente em frente às câmeras.

Em uma entrevista à revista Vogue, a jovem contou que era filha de um francês com uma brasileira e que vivera no Brasil, onde nasceu, por dois anos até seus pais se mudarem para Paris em definitivo. Mesmo tendo vivido por tão pouco tempo no seu país de origem, ela sentia orgulho de ser brasileira e que no futuro pretendia conhecer melhor o Brasil que tantos admiravam por sua beleza e arte. Não sabia falar corretamente o português, pois se mudara para a França quando ainda era menina, mas aprimorava seu vocabulário por meio das canções da MPB pelas quais era apaixonada.

Além do francês, Isabelle dominava o inglês porque era preciso para ampliar seus horizontes profissionais.

Isabelle era mesmo um fenômeno e quanto mais Silvia desejava ter uma vida igual a da top model internacional, mais e mais Dulce se sentia culpada por não poder dar à filha, a vida que ela tanto sonhava ter. Para abrandar a situação, Dulce optou por mudar de assunto:

– Filha, você poderia agora me ajudar a debulhar o milho?

A jovem desdenhou o pedido com uma risada sarcástica e peçonhenta.

– Por isso que a senhora nunca vai ter nada na vida – opinou com ódio dilacerante. – Nasceu pobre e vai morrer pobre! Deveria debulhar o milho para fazer doces ou salgados para ganhar um dinheirinho a mais, não para dar para a igreja vender... A senhora é boba.

– Se não quer me ajudar, não precisa. Eu mesma debulho o milho.

E Dulce pôs mãos à obra enquanto Silvia ficou a admirar com água na boca as fotos que Isabelle Chevalier havia tirado para a revista Caras. Numa se via a top model internacional dentro de uma banheira de espuma com pétalas de rosas vermelhas, degustando o melhor Chandon numa linda taça de cristal. Em uma delas, Isabelle vestia um biquini maravilhoso e sensualizava a beira de uma piscina magnifica de água cristalina e refrescante. Silvia respirou fundo e comentou:

– Outro dia encontrei a Tide, aquela espírita fervorosa, na Avenida Coronel Valencio Carneiro. Pois faltou pouco para eu dar um tapa na cara dela e fazer com que aqueles óculos de sol paraguaio que ela usa voassem longe.

– Silvia, o que ela lhe disse que a irritou tanto?

– Veio com aquele papo espírita de que cada um nasceu no lugar certo e com a família certa para evoluir. E que o que cada um tem hoje é por merecimento. Isso é a maior mentira que alguém pode contar ao outro. Eu sou o maior exemplo de que nasci no lugar errado e com a família errada.

E lançando um olhar de descaso para os quatro cantos do cômodo, acrescentou:

– A senhora acha que eu, noutra vida, fiz por merecer reencarnar numa casa cafona, pobre e pavorosa como essa? Numa cidadezinha mequetrefe como a nossa? Ainda mais nessa porcaria de país. Nunca! Só se eu tivesse sido uma víbora...

Dulce achou melhor não dizer mais nada, simplesmente foi para a cozinha, pôs o avental e começou a debulhar o milho. Por pena da mãe, Silvia acabou deixando a revista de lado e foi ajudá-la.

– Mamãe, a senhora também não merece ter essa vida.

– Você alguma vez me ouviu reclamando?

– Não! Porque se acostumou à pobreza, à mesmice. É por isso também que eu quero me tornar rica e famosa. Para tirar nós duas desse buraco.

– Um buraco que nos abriga da chuva e do sol, Silvia.

– Ainda assim, um buraco.

Dulce calou-se e se concentrou ainda mais no que fazia. Doía-lhe fundo na alma ver a filha tão revoltada por não encontrar formas de realizar seus sonhos.

– E o meu pai, mãe? Ele morreu mesmo ou a senhora inventou essa história só para encobrir o passado?

Dulce respondeu o mesmo que sempre respondia:

– Ele se casou com outra e foi embora da cidade. Nunca mais o vi, tampouco soube a seu respeito.

– Tá certo. Mudando de pato pra ganso, quanto rendeu a festa do milho do ano passado?

– Graças a Deus rendeu bastante. A população colaborou imensamente comprando curau, pamonha, bolos e bolinhos de milho... Não é pra menos, estava tudo uma delícia. Esse ano também vai estar.

– Sabe o que eu acho mais absurdo em toda essa história? É a fábrica de bebidas da cidade vender os refrigerantes e as cervejas para serem revendidos durante a festa, enquanto os agricultores doam o milho e os supermercados doam os demais alimentos de graça.

– Cada um faz o que pode, Silvia.

– E quem não pode, mama no bode, não é isso o que dizem, Dona Dulce?

— Silvia, minha filha, hoje você está impossível!

— Só hoje, mamãe? – Silvia riu. Havia recuperado o bom humor de antes.

Não demorou muito e o avô chegou trazendo mais alguns sacos de milho. O Senhor Navarro estava prestes a completar seus oitenta e três anos de idade, era um homem altivo e ativo que se recusava a aceitar as limitações físicas impostas pelo avanço da idade. Dizia que só ia sossegar quando se mudasse para o cemitério e assim foi. Naquele mesmo dia, teve um enfarto fulminante bem no meio da sala, caindo aos pés da neta que estava sentada no sofá, assistindo à novela das dezoito horas. Seu grito histérico assustou Dulce que correu para sala, desesperada para ver o que havia acontecido.

– Papai! – exclamou a mulher ao ver o homem roxeado estirado no meio do tapete.

Silvia se mantinha encolhida, olhando enojada para o cadáver.

— Com tanto lugar para o vovô morrer, ele tinha de bater as botas bem aqui do meu lado?

— Silvia – retrucou Dulce em tom de reprimenda – respeite a morte do seu avô.

Mas a jovem não respeitou, continuou demonstrando sua indignação diante do fato com palavras grosseiras e ofensivas:

— Por mim, todo velho tinha de fazer o mesmo que todo elefante faz quando percebe que está à beira da morte. Jogar-se num precipício para poupar os demais a sua volta de ter de encarar seu defunto.

Dulce perdeu a compostura de vez:

— Cala a boca, criatura! É meu pai quem morreu! Respeite-me!

Mas Silvia continuou soltando a língua, desenfreadamente:

— Eu amei o vovô. Amei, sim! Enquanto ele estava vivo. Vivinho da Silva! Seu corpo gelado, branco feito cera e duro feito um pau, eu não gosto não! Quero distância! E tem mais! Pra que velório? Me diz! Qual o sentido de ficar todo mundo olhando para um morto dentro de um caixão se ele não tá vendo nada? Morreu?! Enterra! Ponto final. Não sou egípcia, nem faço a egípcia!

— Silvia, você não tem coração!

— Eu tenho é juízo, isso sim! É um mimimi em torno do defunto que não faz sentido. Por mim, abre-se uma cova, joga o presunto lá dentro e ponto final. Chega!

Dulce não a ouviu, estava concentrada em pedir ajuda diante do inesperado.

Para desgosto ainda maior de Silvia, o velório do Senhor Navarro teve de ser realizado na sua própria residência, uma vez que o salão onde geralmente se realizava os velórios da cidade estava em reforma.

Aquilo deixou Silvia ainda mais transtornada. Aquele clima, aquele cheiro pavoroso de rosas e aquele entra e sai de pessoas dando as condolências à sua mãe era simplesmente horrível, de embrulhar o estômago.

PAULO SALOMONE, o namorado de Silvia na ocasião, permaneceu o tempo todo ao lado da jovem, nos fundos da casa, pois Silvia se recusava ficar no mesmo ambiente em que se encontrava o cadáver do avô.

– Silvia, minha querida, você não acha que deveria fazer um pouquinho de companhia para a sua mãe. Afinal, ela está sofrendo muito...

– Faça você companhia a ela.

– Não quero deixá-la sozinha.

– Não quer? Então não me aborreça com esse papo chato.

A jovem parecia estar explodindo de ódio por dentro da sua pele linda e jovial. Quando Paulo tentou trazer algum assunto à tona para quebrar o silêncio constrangedor entre os dois, Silvia lhe foi sincera:

– Paulo, meu querido, o nosso namoro acaba aqui.

– O quê?! Seu avô acabou de morrer, não é momento para...

– Todo momento é momento, chérie.

— Mas eu não quero terminar com você, Silvia. Eu a amo! Você sabe disso.

— Não dá para continuarmos. Somos muito diferentes um do outro.

— Diferentes em quê, Silvia?

— Em relação aos objetivos de vida. Eu quero ser grande, não me basta ser linda, quero ser rica.

— Mas meu pai é um rico fazendeiro.

— Disse bem: seu pai!

— Mas sou seu herdeiro. Teremos uma vida farta....

— E você vai chegar todo dia sujo de terra, com as botinas cheias de barro ou de poeira, e nós vamos passar uns dias na sede da fazenda ao lado de uns porquinhos, patinhos e cavalinho... Comigo não, chérie! Não mesmo!

— Sabe quantas garotas querem se casar com um cara como eu, Silvia?

— Aí é que está. Elas o querem pelo que você é ou pelo que você tem? Cuidado! Eu, pelo menos estou sendo sincera com você.

— Até demais, eu diria.

— Chérie! Melhor a sinceridade do que a falsidade. Pense nisso!

Nesse ponto, Silvia estava certa, concluiu Paulo intimamente. A seguir, a jovem foi tão sincera quanto antes:

– Eu quero ser uma modelo famosa, dessas que brilham nas capas de revistas e comerciais de TV. Quero brilhar em Paris como se eu fosse purpurina ou um brilhante dos mais caros. E sou capaz de tudo para atingir meus objetivos.

– Até mesmo matar? – arriscou Paulo seriamente.

Mas Silvia não respondeu à pergunta, apenas continuou o desabafo:

– Ficar contando centavos para pagar pelo que me interessa não faz meu tipo! Desejar um vestido lindo de uma grife famosa e não ter condições de comprá-lo não é para mim. Querer ter uma casa própria e sequer ter condições de pagar um aluguel é humilhação demais. Eu quero o luxo e a riqueza. Quero fartura e abundância. Quero entrar numa loja e quando a vendedora perguntar: você quer parcelar a compra, eu respondo: não, minha querida! Vou pagar à vista! E falar isso com a boca cheia. Orgulhosa por poder comprar as melhores roupas, perfumes, eletrodomésticos, móveis e carros com o melhor cartão de crédito do mundo ou em cash. Tá aqui, ó! Em cash! E digo no plural, porque essa história de comprar um só item para mim não serve. Quem realmente pode tem pelo menos uns três carros na garagem, uns vinte vestidos de grife para escolher, uns trinta ou quarenta perfumes para usar; só os importados, logicamente... É alguém, enfim, que cheira a Vitoria's Secret o dia todo.

– Silvia, minha flor, você sonha alto mesmo.

– Sonho, sim! E não sossegarei enquanto não atingir os meus objetivos. Porque se a vida me deu beleza, foi para usá-la a meu favor.

O rapaz mal ouvia o que a jovem dizia. Estava tão desnorteado que insistiu:

— Eu gosto de você, Silvia... Não faça isso comigo.

— Eu também gosto de você, chérie. Por isso estou sendo sincera. A propósito, se você gostasse mesmo de mim, ajudar-me-ia a realizar meus planos.

— Meu pai...

— Seu pai é um pão-duro miserável... Todos na cidade, sabem! Ele é capaz de respirar menos para economizar o ar.

— Silvia!...

Ela não o deixou concluir, simplesmente calou-lhe, dizendo:

– Chega! Não gaste mais palavras. Nada que o diga me fará voltar atrás.

Sem mais, ela entrou na casa e foi direto para o banheiro tomar um banho para renovar as energias. Ligou o rádio no último volume, pouco se importando com todos que estavam na casa velando o corpo do avô. Era uma rádio que tocava funk e sertanejo universitário. Os presentes no velório ficaram horrorizados com o episódio, especialmente quando Silvia reapareceu de banho tomado, trajando um vestido rosa choque de decote provocante e exalando perfume da Natura, como se tivesse derramado o vidro todo sobre si.

Assim que o cortejo para o cemitério deixou a casa, Silvia pegou um esguicho e começou a lavar tudo por ali, jogando água sanitária e detergente aos montes para tirar qualquer cheiro de vela ou rosas que pudesse ter ficado impregnado no ambiente. Jogava água até nas paredes, esfregando ferozmente cada local. A seguir, foi até o quarto do avô, reuniu seus pertences de forma nada sutil, amontoando tudo em sacos de plástico e arrastando para o puxadinho que havia nos fundos da casa.

Se havia algo pior do que a pobreza para Silvia Navarro eram os cadáveres. Ela simplesmente os abominava tanto quanto a maioria das mulheres abominam as baratas.

Quando Dulce voltou para casa, acompanhada de Clara, sua melhor amiga desde os tempos da mocidade, Silvia correu para impedi-las de entrarem na casa com os sapatos cuja sola havia tocado o solo do cemitério. Dulce estava tão baqueada com os últimos acontecimentos que achou melhor atender ao pedido da filha sem protestar.

Em compensação, Silvia surpreendeu a mãe e a amiga com um jantarzinho que ela mesma havia preparado para a noite: arroz, feijão e ovo frito. Ela pensara em fritar alguns dos bolinhos que a mãe estava preparando para a festa do milho, mas achou melhor não, Dulce poderia não gostar.

Naquela mesma noite, logo depois do jantar, Silvia checou seus e-mails pelo celular cuja tela havia quebrado e mal se podia ler com clareza o que estava escrito ali. Para sua surpresa, havia um e-mail de Edmundo Dujardin, velho amigo de Silvia, dizendo:

"Silvia, minha querida, aluguei um apartamento num bairro superlegal para poder levar minha vida com mais liberdade. Morar com papai e mamãe, ninguém merece. Portanto, agora você pode vir para Sampa quando bem quiser. Meu apartamento está de portas abertas para você. Meu endereço está abaixo."

Aquilo era o que Silvia mais queria ouvir nos últimos tempos. Tendo um lugar para se hospedar em São Paulo, sem a necessidade de pagar pela estadia era o que ela mais precisava para ter a chance de fazer um book com um fotógrafo de qualidade e apresentá-lo a uma agência de modelos como tanto desejava. Agora, só faltava o dinheiro para fazer o book e pagar a passagem de ônibus até a capital.

A festa do milho aconteceu no fim de semana seguinte como previsto. Por sorte, não choveu como no ano anterior. Silvia ajudava a mãe na barraca de venda de bolinhos de milho com queijo, enquanto era cobiçada por homens solteiros e casados. Poderia se dizer até que muitos se dirigiam à barraca em especial pelo simples propósito de ver tal formosura mais de perto.

A festa foi novamente um sucesso, arrecadara muito mais do que no ano anterior e com o lucro, as reformas necessárias na diocese e na piscina da casa dos padres seria feita. O frei Humberto (Hubert Lagerfeld na vida anterior) estava extremamente contente com o resultado.

Diante da soma arrecadada, Silvia ficou imaginando o que faria se tivesse aquela quantia nas mãos. Se ela descolasse a senha da conta da igreja, seria bem capaz de transferir parte da quantia ou toda ela para a sua conta pessoal e assim...

Silvia se excitou com a ideia. A senha certamente estava anotada em algum lugar da secretaria da igreja ou na memória do frei Humberto, amicíssimo de sua mãe e que com grande esforço tentava evitar olhar para o seu decote, toda vez que a encontrava. Se ela o persuadisse a dizer os números desejados, se ela descobrisse onde ele os anotava...

A ideia se tornou tentadora e valeria a pena qualquer sacrifício para pô-la em prática. Era sua única chance de obter a quantia necessária para fazer o tão sonhado book.

Assim, Silvia procurou o frei na secretária da igreja com a desculpa de que Dulce havia lhe mandado um pedaço do bolo de chocolate de que ele tanto gostava.

– Chegou em boa hora! – admitiu o frei que estava louco para comer qualquer coisa que não fosse feito de milho.

Silvia sequer precisou insistir para que ele provasse de um pedaço naquele mesmo instante, o homem rapidamente abocanhou uma boa fatia, chegando a suspirar de alegria por estar saboreando um bolo tão bom.

Enquanto isso, Silvia ganhava tempo inventando uma conversa qualquer até que o purgante que ela pusera no bolo fizesse efeito no estômago do dedicado frei e o levasse desesperadamente ao banheiro. A ação foi rápida, assim que o pobre homem sentiu a primeira contração, pediu licença para ir ao banheiro e deixou a sala do escritório, arriando as calças em desespero.

Silvia aproveitou o momento para abrir a gaveta da escrivaninha do frei e se apossar de sua agenda. A senha deveria estar ali, marcada em alguma página. Não demorou muito e ela ouviu os passos do homem voltando para lá. Voltara antes do previsto, alarmou-se ela sem saber o que fazer. Por sorte, o frei rodou nos calcanhares retornado aceleradamente para o banheiro visto que seu intestino parecia descontrolado. Silvia então se apressou e finalmente conseguiu o que queria, anotou os números da senha num pedacinho de papel e quando ia deixando o local, percebeu que o melhor a fazer era transferir o dinheiro para sua conta, dali mesmo, para que quando investigassem o desaparecimento da quantia, o IP de destino seria o do computador da própria igreja e não do seu, o que a incriminaria. Nisso, ouviu-se os passos do frei saindo do banheiro.

– Ufa! – exclamou ele enxugando o suor com lenço.

Nem bem deu outro passo, o intestino gritou novamente por help! e lá foi ele de volta para o trono onde parecia que seria seu assento eterno.

Assim, Silvia rapidamente acessou a conta da igreja, digitou a senha do local e transferiu a quantia que desejava para sua conta pessoal. Pronto! Estava feito! E antes que o frei voltasse para lá em definitivo e ela tivesse de prolongar aquele papo chato com sua pessoa, ela partiu dali, estugando os passos.

Assim que chegou a sua casa, Silvia inventou uma mentira para tirar Dulce dali para que ela pudesse arrumar sua mala tranquilamente. Inventou que havia encontrado frei Humberto pela rua e que ele havia pedido para Dulce ir até a secretaria da igreja para lhe falar em particular. Assim que a mulher partiu, sem questionar qualquer coisa a respeito, Silvia fez a mala e sem demora, chamou um táxi que a levou à rodoviária da cidade onde comprou duas passagens para o próximo ônibus que seguia para a capital naquele mesmo dia. Duas passagens, lado a lado, porque ela não queria ninguém encostado nela durante as horas de viagem. Ainda mais se estivesse usando um desodorante vagabundo ou um perfume paraguaio.

Assim que se acomodou no acento do veículo, Silvia pensou na mãe. Ligaria para ela assim que chegasse ao apartamento de Edmundo em São Paulo. E ela haveria de compreender que ela fizera tudo aquilo com o único intuito de realizar seu sonho. O maior deles. Sem mais, ela fechou os olhos e se lembrou de uma frase que Isabelle Chevalier havia dito numa entrevista para uma grande revista estrangeira: “Acredite nos seus sonhos e você obterá sucesso!”. E Silvia acreditava e, por consequência, também haveria de realizar seus sonhos. Seria famosa, rica e cobiçada. Uma das modelos mais famosas do mundo. Se possível, a mais famosa.

E logo, o ônibus tomou a estrada em direção a São Paulo.

# CAPÍTULO 9

A chegada de Silvia à rodoviária da cidade de São Paulo deixou-a maravilhada. Em meio ao caos de pessoas andando de um lado par ao outro, com pressa para não perder o metrô ou o ônibus, ela se sentia mais viva do que nunca. Nunca estivera tão confiante de que finalmente havia dado o rumo certo para sua vida.

– Agora sim! – exclamou em silêncio. – Agora sim, minha vida vai finalmente ser como eu sempre sonhei.

O próximo passo de Silvia foi tomar um táxi para o seu destino na metrópole. Poderia ter apanhado um uber, mas ainda acreditava que chique mesmo para qualquer um era andar de táxi.

Pela janela do veículo ela foi admirando os edifícios suntuosos, velhos e modernos da capital paulista. E a população ziguezagueando pelas ruas, parecendo estar todos atrasados para algum compromisso. Era tudo excitante e deveras apaixonante por demais.

Quando o táxi seguiu pela Avenida Paulista, Silvia sentiu seu coração bater mais forte. O motorista havia preferido tomar outro itinerário para evitar que a corrida ficasse tão dispendiosa, mas Silvia exigiu que ele atravessasse a grande avenida para que pudesse admirá-la ao vivo e não pela TV como fizera a vida toda.

Depois de passar pelo viaduto Bernardino de Campos, onde situava-se o metrô Paraiso, o táxi seguiu pela Rua Vergueiro até se chamar Avenida Domingos de Moraes, onde chegaria ao elegante bairro da Vila Clementino em que Edmundo Dujardin morava. Silvia estava ansiosa para revê-lo.

Quando a porta do apartamento foi aberta pelo próprio Edmundo, o jovem de quase dois metros de altura abriu os braços e sorriu animadamente.

— Silvia Navarro! – exclamou abraçando-a fervorosamente.

— Nos encontramos novamente, meu amigo! – respondeu ela, efusiva, enquanto ele a apetava, soltando urros de alegria. Então, afastou-se para vê-la melhor, mediu-a dos pés à cabeça e a elogiou merecidamente:

— Você está genial! Cada vez mais linda!

— Obrigada, chérie. E você está um gato.

– Se eu não fosse gay, você seria a mulher perfeita para eu me casar.

– Você também seria o cara perfeito para mim, Edmundo. Perfect!

EDMUNDO DUJARDIN era realmente um moço bonito. Um metro e noventa de altura, porte atlético e panca de galã de Hollywood dos anos quarenta. Depois de levá-la para o quarto onde ficaria hospedada e guardar as roupas no guarda-roupa, Silvia pode dar mais atenção ao amigo que fizera durante as visitas que ele fizera a avó materna que morava na mesma cidade do interior que ela.

— O que há? – perguntou Silvia, olhando subitamente com malícia para o rapaz. – Você me parece tão diferente... Há um brilho nos seus olhos que antes não havia.

— É porque estou apaixonado, mon amour!

— Uau!

– E ele é a coisa mais linda do mundo, chérie. Um sonho! Conhecemo-nos na academia e foi amor à primeira vista.

– Estou feliz por você.

A campainha tocou e Edmundo foi rapidamente ver quem era. JACQUES SALOMONE, namorado do rapaz chegara e Edmundo efusivamente o apresentou a Silvia que ficou encantada com o corpo sarado do sujeito. Trocaram algumas palavras e antes de partir, o moço entregou um embrulho para o namorado que pagou por aquilo em dinheiro vivo. Assim que se foi, Edmundo voltou-se para Silvia e perguntou, radiante:

– Ele não é mesmo um sonho?

– É lindo, sem dúvida... Que homem!

– Já tem dono, viu?

Ambos riram e voltando a atenção para o pacotinho que Jacques havia trazido para o apê, Silvia quis saber:

– Desculpe-me por perguntar, mas... O que é isso?

Edmundo fez cara de moleque sapeca:

– Umas droguitas pra gente se divertir mais tarde!

– Desde quando você entrou nessa?

– Desde sempre, Silvia. E espero que você não se importe. Todos os meus amigos daqui usam e o Jacques vende também para a academia inteira.

– Então ele é um traficante?

– É um trabalhinho extra que ele faz para poder ajudar no orçamento mensal. Professor de musculação em academia ganha muito pouco, você sabe, portanto...

Silvia opinou mais uma vez:

– Você entrou nessa depois que o conheceu, não foi?

Edmundo tentou desconversar e Silvia foi enfática:

– Edmundo, esse cara te ama mesmo ou só está com você por interesse financeiro?

– É obvio que ele me ama, um gato desses quem não amaria?

Ela assentiu e seriamente comentou:

– É que você merece ser amado de verdade, meu amigo.

– E sou. Pode estar certa disso!

– Está bem.

– E agora falemos de você! Da sua meta! Meu amigo GUSTAVO FLAUBERT é um dos melhores fotógrafos de Sampa atualmente. Já conversamos e ele topou fazer um book seu, deslumbrante e arrasador!

— É careiro?

— Que nada! Por ser meu amigo lhe dará um bom desconto.

— Que bom! Pois não disponho de muito dinheiro e ainda preciso chegar a Paris.

— Quanto de dinheiro você tem exatamente?

— Não é muito, mas...

– Tome um banho para se refrescar e se arrume. Vou ligar para o Gustavo agora mesmo.

Duas horas depois, Edmundo e Silvia chegavam ao pequeno estúdio de fotografia de Gustavo Flaubert junto ao largo de Santa Cecília.

Assim que viu Silvia, o fotografo exclamou, perplexo:

— Isso sim é o que eu chamo de mulherão!

— Uma deusa, não é? – atalhou Edmundo saltitando.

— Uma deusa grega.

Silvia fez ar de lisonja e determinou:

— Eu preciso que o meu book seja um sucesso. De parar o trânsito!

— Será, minha querida. Será!

E sem delongas, planejaram a sessão de fotos que teria início no dia seguinte, às dez horas da manhã, pois os horários posteriores já estavam tomados.

Naquela mesma noite, Silvia tomou um tempo para ligar para a mãe. Não queria deixá-la preocupada por nada.

— Silvia, filha! Onde você está?

— Estou bem, mamãe. Muito bem, não se preocupe. Estou apenas correndo atrás dos meus sonhos.

— Os sonhadores não têm vez nesse mundo, filha. Aceite a sua realidade.

— Não, não e não! A realidade pode ser mudada, sim! Com trabalho, empenho e ousadia. E isso eu tenho de sobra.

– Você ainda não me disse onde está.

– Em São Paulo.

– O quê?! Com que dinheiro você chegou até aí?

– Com a quantia que emprestei dos cofres da matriz.

– Silvia!

– Foi um empréstimo, mamãe. Além do mais, eles dizem que o dinheiro arrecadado é para ajudar os necessitados, não é? Pois bem, eu era uma das necessitadas.

– Silvia, pelo amor de Deus! Devolva esse dinheiro. Não me faça morrer de vergonha.

– Eles não precisam desse dinheiro. Eu preciso e tem de ser agora. Quando eu for rica, vou devolver centavo por centavo com juros e correção monetária.

Dulce não podia acreditar nos seus ouvidos.

– Silvia, isso faz de você uma ladra.

– Faz nada. Um dia eu devolvo. E quando esse dia chegar, eu serei uma milionária e a senhora terá finalmente uma vida digna de se ter.

Sem mais, ela desligou o celular e Edmundo voltou-se para a amiga e perguntou, achando graça:

– Amiga, o que foi que você aprontou na sua cidade?

– Quer mesmo saber? Eu lhe digo. Roubei o dinheiro que a igreja arrecadou com a festa do milho.

– Você, o quê?!

O rapaz caiu na gargalhada.

– Foi a única forma de ter uma quantia suficiente para eu fazer um book e apresentar numa agência de modelo.

Edmundo começou a aplaudi-la.

– É isso aí, absoluta. Você arrasou!

A empolgação com tudo aquilo deixou Silvia ainda mais bela, como se uma luz transcendental tivesse sido acesa em seu coração. Tão empolgada estava com a sessão de fotos que ela se soltou totalmente diante da câmera e dos flashes do fotógrafo como se já trabalhasse como modelo havia muitos anos. Foi um momento extraordinário e inesquecível para ela.

Ao tomar um táxi de volta para o apartamento em que estava hospedada, Silvia decidiu conhecer a famosa Rua Oscar Freire, onde se encontravam as lojas das grifes mais famosas do país tais como Brooksfield, Iódice, Fillity, dentre outras. Poder visitar aquelas lojas lindíssimas, vendendo as melhores grifes do Brasil era mais um sonho que se realizava para Silvia que chegava a transpirar de entusiasmo e excitação com tudo aquilo.

Ela olhava para as vitrines com água na boca. Como se estivesse morrendo de vontade de comer uma Nhá-Benta e não tivesse dinheiro para comprar. E de fato não tinha. Não para fazer extravagancias.

Ao vê-la com cara de boba, prostrada em frente a vitrine da loja em que trabalhava, uma das funcionárias foi até ela e perguntou:

— Você está procurando emprego de atendente?

— Eu?! – surpreendeu-se Silvia com a pergunta.

— Você sim, querida. Você!

Capaz mesmo que ela acabaria atrás de um balcão atendendo as ricas e petulantes mulheres da sociedade paulistana. Ela nascera para ser servida, não servir.

— Aquele vestidinho ali, quanto custa? – quis saber Silvia com a maior boa vontade.

A atendente a mediu de cima abaixo e respondeu com certa ironia:

— Um valor que você nunca terá condições de bancar, fofucha. Deixa-me falar uma coisa, doçura, essa loja aqui não é para mulheres que usam perfume do Boticário, nem da Natura ou Avon, muito menos Jequiti. Aqui é somente para mulheres que se perfumam com o melhor dos melhores perfumes franceses.

E Silvia usava Boticário e Natura acreditando que só mesmo os mais ricos poderiam pagar pelas marcas em questão.

Ao vê-la fazendo sinal para um táxi, a atendente enxerida voltou a opinar:

— Doçura, vá de ônibus, é bem mais barato. Assim, você vai gastar suas economias em um estalar de dedos.

Silvia deixou escapar um suspiro de derrota. Subiu no táxi às cegas e partiu sentindo-se novamente humilhada por ser pobre. Ao chegar no apê, Silvia encontrou Edmundo completamente chapado, o que a deixou extremamente preocupada.

— Está tudo bem? – perguntou ela e antes mesmo que ele respondesse, ela disse: — Não, não está, não é mesmo?

Ao guardar sua carteira no casaco que havia levado para qualquer dia de frio, Silvia notou que o dinheiro que havia sacado para qualquer eventualidade havia desaparecido. Edmundo rapidamente explicou:

— Eu precisei do dinheiro, Silvia. Precisava pagar o bagulho e... Mas eu vou te devolver centavo por centavo. Eu juro!

— Está bem. Só acho que você deveria parar com essas coisas. Você não precisa disso, meu querido. Você é um cara bonito, de boa família, você...

— Mas é tão prazeroso...

— Pode ser, mas sempre ouvi dizer que depois se paga muito caro por esse "prazer".

— Mas o Jacques gosta tanto...

— E só porque ele gosta... – Silvia suspirou contrariada. – E por falar no Jacques, cadê ele?

– Veio só deixar o bagulho e partiu. Tem de acordar cedo amanhã. As seis já tem de estar na academia.

– Entendo... – mas no íntimo, Silvia não entendia. Sentia o faro de algo errado em torno daquele rapaz que servia de aviãozinho no bairro.

Havia se passado quase uma semana e o book de Silvia finalmente estava pronto. Custara uma fortuna, pelo menos para ela que não dispunha de grande soma, mas valera a pena, seria o seu passaporte para o estrelato nas passarelas.

– Deixe-me ver – pediu Edmundo tão empolgado quanto Silvia estava naquele momento. E depois de folhear as páginas, admitiu com sinceridade: – Ficou sensacional!

– Com esse book eu consigo chegar a Paris!

– Paris, já de cara?! As modelos brasileiras começam primeiramente desfilando nas passarelas brasileiras. Só depois é que vão para o exterior e ganham fama internacional.

– Não quero esperar. Eu e Isabelle Chevalier temos a mesma idade e ela já está há quase três anos na minha frente. Preciso correr, compensar o tempo que perdi. Por isso, tenho de chegar a Paris, o quanto antes.

— Você vai precisar de dinheiro para isso.

— O pouco que tenho deve dar...

— Você pode arranjar um ricaço pra te sustentar... Aí a coisa fica mais fácil.

— Não, isso não!

— Bobagem! Quantas e quantas mulheres não ganharam fama por terem se relacionado com jogadores de futebol famosos, astros de cinema, corredores automobilísticos...

— Pois eu vou chegar lá sem precisar recorrer a nada disso.

— Você é leonina, não é? Leonina com ascendente em Aries! Só pode!

— Não entendo nada de astrologia, nem quero entender. A única coisa que me interessa é saber que posso alcançar minhas metas se me esforçar para isso.

— Poderosa! Você é o do time das poderosas e absolutas! É isso aí, amei!

Naquela tarde, Silvia foi à agência de turismo que ficava próximo do metrô Santa Cruz para reservar uma passagem de avião para Paris. Ao saber do preço da passagem teve um choque, o dinheiro que ainda lhe restava no banco só daria para pagar a viagem aérea restando quase nada para ela se virar em Paris. Mesmo assim ela aceitou correr o risco.

Por sorte, ela já havia tirado seu passaporte brasileiro para estar precavida quando surgisse uma oportunidade de viajar para o exterior.

Ela voltava a pé para o apartamento, pensando no quanto amava Dulce, sua mãe, quando avistou uma senhorinha tropeçar na calçada e ir ao chão.

– A senhora está bem? – questionou Silvia enquanto ajudava a pobre mulher se levantar.

– Estou, estou sim – mentiu a mulher, assustada com o que havia lhe acontecido.

Ela estava trêmula, sinal de que ficara assustada com a queda repentina.

– É melhor eu ajudar a senhora a chegar na sua casa.

– Moro pertinho daqui...

– Eu a levo.

– Obrigada. Você está sendo muito gentil. A propósito, meu nome é Elza.

– O meu é Silvia.

– Que bom você estar perto de mim quando tropecei, Silvia. Você até me parece um anjo caído do céu.

Alguns passos além e Dona Elza comentou:

– Fui fazer uma fezinha. Faço toda semana.

Silvia novamente sentiu pena da mulher por vê-la, naquela idade, crente de que ainda poderia ganhar na Mega-sena. Assim que chegaram a casa de Dona Elza, situada a Avenida Doutor Altino Arantes, Silvia fez a idosa se sentar no sofá da sala enquanto foi apanhar um copo d'água para ela beber.

– Obrigada – agradeceu-lhe a gentil senhora que a seguir mostrou-lhe o bilhete da Mega-sena: – Esses são meus números de sorte. Há trinta anos jogo o mesmo número.

Silvia observou o bilhete em suas mãos, olhando com pena para cada número anotado ali.

— Os números 10 e 7 são porque nasci em dez de julho. O 29 é porque foi aos vinte e nove anos que conheci meu marido. Que Deus o tenha! O 33 refere-se à idade que eu tinha quando nos casamos. O número 38 refere-se à idade que eu tinha quando minha filha nasceu.

— A senhora engravidou tão tarde assim porque teve dificuldades para engravidar?

— Não necessariamente. Engravidei quando tinha de ser. Mas minha filha também já se juntou ao meu marido no céu. Porém deixou uma neta linda para eu cuidar.

E Silvia novamente observou a sequência de números registrados no bilhete da Mega-Sena, com pena da doce senhora que ainda acreditava poder ganhar o prêmio.

07 – 10 – 29 – 33 – 38 – 58

Minutos depois, Silvia se despedia da mulher e voltava para o apartamento de Edmundo, pensando na fé que muitos tinham em relação a ganhar prêmios por meio de um sorteio. Algo que ela nunca acreditou ser possível. Contudo, acreditar que se poderia ganhar na Mega-Sena e se esforçar para isso, jogando toda semana, era o mesmo que acreditar que ela chegaria a Paris e se tornaria uma das modelos mais famosas do mundo. Sua meta, para a maioria das pessoas, também seria considerada um sonho impossível. O mesmo que ganhar numa mega-sena. Mas ela chegaria lá, afirmou Silvia em pensamento e sua fé naquilo era tão forte quanto a fé que DONA ELZA tinha em ganhar sozinha o prêmio da Mega-sena que, por sinal, estava acumulado havia semanas.

Ao entrar no apartamento, Silvia chocou-se ao ver Edmundo largado no sofá, chorando e se drogando freneticamente.

— O que houve? – perguntou, indo se juntar ao moço para lhe dar algum apoio moral.

— Peguei o Jacques com outro – desabafou o rapaz entre lagrimas insopitáveis.

Aquilo não era nenhuma novidade para Silvia que já previra aquele desfecho, assim que pousou os olhos em Jacques Salomone.

– E você vai se acabar por causa de um cara que não o ama? – perguntou ela com certa fúria. – Um cara que não está nem aí para você? Se dê ao respeito, Edmundo!

E as palavras dela fizeram com que o rapaz chorasse ainda mais, obrigando Silvia a lhe dar um ombro amigo e um aconchego em seus braços.

– Vai doer, eu sei... – assumiu ela, mesmo sem nunca ter passado por aquilo. Pelo menos, não na existência em questão. – Mas passa! Tudo nessa vida passa – foram suas palavras de apoio.

Mas Edmundo não acreditava naquilo. A traição fora tão cruel que ele se sentia a mercê de uma morte súbita e inesperada, porque no fundo, ele queria mesmo era morrer para não ter de se deparar com tão amarga realidade. Só mesmo a morte poderia poupá-lo da dor dilacerante de amar quem não podia corresponder ao seu amor. Quem, na verdade, o usava somente pelo objetivo de fazer dinheiro às suas custas, instigando-o a consumir drogas ininterruptamente.

– Vá tomar um banho frio – aconselhou Silvia, conduzindo o rapaz até o banheiro. – Enquanto isso, preparo alguma coisa para a gente comer.

A sugestão pareceu agradar o moço que prontamente se despiu e deixou suas lágrimas se misturarem às gotas d'água que caíam sobre o seu corpo.

Silvia passava pela sala, quando ouviu o âncora do telejornal anunciar os números sorteados da Mega Sena acumulada.

– E os números sorteados são: 07, 10, 29, 33, 38 e 58.

Naquele instante, Silvia se perguntou, empolgada:

– Será que alguém finalmente ganhou esse prêmio? – Ela suspirou só de imaginar a bolada de dinheiro que o vencedor receberia. – É grana suficiente para dar a volta ao mundo se hospedando nos melhores hotéis de cada país.

Sem delongas, ela foi para a cozinha preparar o que comer para o jantar, enquanto os números sorteados da Mega-sena ecoavam repetidamente na sua cabeça: 07, 10, 29, 33. 38 e 58. Foi assim até ela ter um estalo. Aqueles eram os números que Dona Elza havia jogado. Os mesmos que ela apostava havia mais de trinta anos. A mulher, de uma hora para outra, finalmente ganhará na Mega-sena. Seu maior sonho havia se realizado. Tornara-se ultra milionária da noite para o dia.

– Mas que velhota sortuda! – exclamou Silvia, achando graça da própria expressão.

Mas de que adiantaria todo aquele dinheiro para uma senhora à beira da morte? Mais alguns anos, nem isso, e ela estaria enterrada a sete palmos abaixo da terra, deixando a fortuna livre, leve e solta para um herdeiro que nunca fizera uma aposta. Que tristeza! Ter e não poder usar. Contudo, nas suas mãos, aquele dinheiro viria na hora certa, ajudaria ela a concretizar seu sonho de chegar a Paris e se tornar uma modelo internacionalmente famosa.

– O bilhete... – murmurou Silvia, visualizando o pequeno pedaço de papel que a senhorinha o havia mostrado e beijado perante seus olhos. – Será que ela já sabe que ganhou? Se sim, deve estar radiante.

De repente, uma ideia tentadora dominou Silvia por completo. Se ela pudesse tomar posse daquele bilhete para fazer dela a única vencedora do prêmio, seus problemas financeiros estariam resolvidos. Sua meta seria atingida e...

A ideia era tentadora demais para ser descartada, por isso, Silvia deixou um bilhete para Edmundo, dizendo que fora a padaria buscar pão fresquinho, passou a mão na bolsa e seguiu apressada para a casa de Dona Elza. Foi a própria senhorinha quem atendeu ao interfone e abriu a porta para ela.

– Vim ver como a senhora está passando – mentiu Silvia por achar que seria o pretexto mais louvável para estar ali àquela hora.

– Não precisava se preocupar, minha querida, estou ótima. A dor nos joelhos sumiu depois que tomei um analgésico.

– Que maravilha!

– Até adormeci no sofá.

Silvia amou ouvir aquilo, sinal de que Dona Elza não tivera tempo para assistir ao telejornal.

– Você quer beber alguma coisa? Um suco? – ofereceu a mulher esbanjando simpatia.

Era a chance que Silvia precisava para ficar a sós naquela sala e pegar o bilhete premiado.

– Quero... Quero sim. Se não for incomodo, é logico.

– Incômodo algum, vou buscar.

Assim que a mulher se retirou, Silvia abriu a gaveta do móvel onde a viu guardar o bilhete. Mas não havia nada ali. Onde ela o teria guardado, então? Era preciso procurar antes que a dona da casa voltasse da cozinha. Infelizmente não houve muito tempo para isso, a senhorinha logo reapareceu trazendo um copo com suco de uva numa bandejinha com toalhinha de crochê. Silvia engoliu em seco, procurando não corar diante da situação. Tomou o líquido com tanta vontade que secou o copo numa golada só. Enquanto isso, Dona Elza relatava reminiscências de seu passado, como todos os velhos adoram fazer. Foi então que Silvia avistou o bilhete em cima da mesinha de canto, sob os óculos de grau que a senhorinha usava. Ela certamente o pegara para conferir com o telejornal, o que não aconteceu, pois acabou cochilando. Silvia tinha de ser rápida para se apossar do bilhete sem que a mulher notasse e foi num momento oportuno que ela apanhou o pedaço de papel e discretamente colocou no bolso da saia que usava.

– Já que a senhora está bem – afirmou Silvia querendo ir embora dali o quanto antes. – Eu já vou indo. Ainda preciso fazer a janta.

– Apareça sempre que quiser, minha querida – arrematou a mulher, acompanhando a visitante até o portão da frente da casa que por sorte não tinha câmeras para registrar a ida de Silvia até lá. Caso contrário, ela logo seria localizada quando dessem pela falta do bilhete premiado.

Silvia partiu, estugando os passos enquanto dizia para si mesma: "A senhora não vai precisar desse dinheiro todo para onde vai. Se caixão tivesse gavetas, tudo bem, mas não tem... No meu caso, essa grana vai abrir os meus horizontes. Veio no momento certo. Caiu do céu!".

Ao chegar ao apartamento de Edmundo, para sua total decepção e surpresa, Edmundo estava com alguns amigos, bebendo e fumando maconha sem se importar com o cheiro que atravessava as frestas das portas e se impregnava pelas áreas comuns do edifício.

– Silvia, minha querida! – exclamou Edmundo, assim que ela adentrou o apê. – Junte-se a nós! Amigos, essa é a Silvia, uma das minhas melhores amigas de infância.

Ouviu-se um coro dizendo: olá, Silvia!

Silvia emitiu um risinho forçado e pediu licença para ir ao quarto que passara ocupar desde que chegara ao apartamento. Chocou-se ao encontrar um casal ali, amassando-se despudoradamente sobre a cama que ela vinha dormindo recentemente. O casal sequer notou a chegada de Silvia, se fez, procurou ignorá-la despudoradamente, pois permaneceram entregues aos amassos com a mesma intensidade de antes.

Por um minuto, Silvia não sabia o que fazer. Precisava guardar o bilhete antes que o perdesse e, por isso, ela decidiu escondê-lo num dos bolsos dos blazers que Edmundo guardava em seu guarda-roupa. Ali, pelo menos, o bilhete estaria totalmente seguro até ela pudesse apresentá-lo na Caixa Econômica Federal no dia seguinte. De qualquer modo, Silvia ficou de olho para evitar que qualquer um dali metesse o bedelho onde não fora chamado. Contudo, o cheiro da maconha era insuportável. O que a fazia se perguntar mais uma vez: como é que alguém podia se viciar naquela coisa tão malcheirosa?

Enquanto isso, longe dali, Dulce conversava com Clara, sua melhor amiga.

– Me sinto culpada, sabe? Por ter privado Silvia da vida que ela tanto sonha ter.

– Você faz o que pode por ela, minha querida. Se todo pai e toda mãe pudessem bancar os sonhos dos filhos, seria uma maravilha, mas nem todos conseguem. Na verdade, quase nenhum consegue.

– Silvia tinha mesmo de ter nascido rica. Porque ela não suporta a pobreza, o interior, a vida simples que levamos aqui... Ela inclusive não suporta o Brasil com essa falta de oportunidade para os que sonham alto como ela.

– Mas foi assim que a vida quis. Segundo o espiritismo ninguém nasce no lugar errado. Todos nascem na família certa para evoluir. E sempre de acordo com o que plantou na vida passada.

– Só você, Clara.

– O que tem eu?

– Ajuda o padre na igreja e estuda o espiritismo.

– Qual o problema?

– Isso não é certo.

– Bobagem! Saiba que eu e você, certamente, nos conhecemos numa vida passada.

– Você acredita nisso realmente?

– Acredito.

– Se vivemos, por que não nos lembramos de quem fomos e onde vivemos?

– Porque não lembramos nem do que fomos ou fizemos nessa vida em questão.

– Como assim?

– Simples. Diga-me que vestido você estava usando segunda-feira passada? O que comeu no jantar da terça? Quais eram os seus colegas de classe do segundo ano letivo?

– Mas ninguém se lembra dessas coisas...

– Exatamente! E se não lembramos de fatos marcantes dessa mesma vida, como poderíamos lembrar das vidas passadas? É somente um detalhe ou outro que vem à nossa mente porque está registrado na nossa alma.

– Você fala muito difícil para o meu gosto.

– Deixa pra lá!

– Há algo mais que me preocupa nisso tudo.

– Você se refere ao dinheiro que Silvia tomou emprestado da igreja?

– Isso também. O frei Humberto assumiu a culpa e isso não é certo. Além do mais, a cidade inteira colaborou com a festa para ajudar a igreja, não para bancar os sonhos malucos de Silvia.

– Mas verdade seja dita, minha amiga. Silvia sabe dominar uma passarela. Eu já a vi desfilando e fiquei maravilhada com sua leveza e destaque. Se ela roubou essa quantia com o propósito de se tornar uma modelo profissional, que Deus a abençoe. Pois jamais vi alguém tão determinada quanto ela.

Clara estava certa, pensou Dulce Navarro silenciosamente. Silvia fora sempre muito determinada em tudo que quis para si, desde menina. Poucos depositavam tanta fé em seus planos.

Já era alta madrugada quando Silvia despertou no meio da noite, ouvindo gemidos ecoando do quarto ao lado do seu. Só poderia ser mesmo o Edmundo fazendo sexo com algum de seus peguetes. A reuniãozinha dele com os amigos havia acabado uma hora antes e ela finalmente pôde dormir tranquila após trocar o jogo de lençol da cama que ocupava. Não aguentava mais aquele agito todo e aquele cheiro horrível de canabis impregnado no ar.

Um grunhido esquisito ecoou novamente pelo apartamento e Silvia achou graça, levantou-se e foi até a cozinha beber um copo d'água. Ao passar em frente ao quarto de Edmundo, a porta estava escancarada e ela pôde ver o que se passava ali. Edmundo estava caído ao chão em meio a uma convulsão que chacoalhava seu corpo todo. A boca espumava e os olhos estavam abertos, vidrados...

– Deus meu! – exclamou Silvia correndo até o moço. – Você está péssimo. Vou chamar uma ambulância...

Mas não ouve tempo, naquele mesmo instante, Edmundo Dujardin morria de overdose. Quando o vermelho se desvaneceu da sua pele, Silvia entrou em pânico.

— Não faça isso! – grunhiu, fechando os olhos até espremer. – Reaja! Você não pode morrer. Eu detesto gente morta! Tenho nojo. Pavor!

Silvia não tocaria um cadáver jamais, preferia enfrentar uma barata a ter de pôr as mãos num defunto. Ainda que fosse de um amigo tão querido quanto Edmundo.

Assim, ela deixou o apartamento, trôpega, tremendo por inteira e tomou o elevador até o térreo, em busca do zelador. O próximo passo foi avisar a família de Edmundo. E assim, a madrugada se tornou um pesadelo real.

# CAPÍTULO 10

O velório de Edmundo Dujardin aconteceu no próprio cemitério do Araçá onde ele seria sepultado. Era um daqueles dias nublados em São Paulo. Em que o céu parecia esfumaçado por uma névoa de poluição.

O pai de Edmundo olhava com profundo descaso para os amigos gays do filho que estavam presentes para lhe dar o último adeus.

Silvia não sabia mais para onde olhar para evitar que seus olhos colidissem com a triste realidade a sua volta. Ela prezava a vida e não a morte, por isso, nunca fazia questão alguma de frequentar a morada dos mortos. Que os mortos ficassem com os mortos e os vivos com os vivos, ponto final. Ou seja, estar num velório como aquele lhe era insuportável.

Contudo, ela estava verdadeiramente sentida com a morte do amigo. Onde já se viu se acabar por causa de um sujeito que não o amava? Era preciso ter respeito a si próprio. Aquele era um sinal nítido de total falta de amor-próprio.

Nisso, a mãe de Edmundo aproximou-se dela e disse:

— O caixão já vai ser fechado. Você não vai se despedir do meu filho?

Silvia teve de ser franca, o que para ela nunca fora dificuldade:

— A senhora me desculpe, mas não me sinto bem diante de um caixão... Desde pequena eu sempre procurei evitar chegar perto de um para não ter pesadelos a noite. Não quer dizer que eu não ame o Edmundo, o amarei eternamente, pois sou extremamente grata ao que ele fez por mim, mas quero guardar na memória a imagem dele vivo, não morto.

— Está certo. Cada um, cada um.

Logo, o caixão foi fechado e conduzido até o túmulo da família onde os coveiros o puseram numa das gavetas de concreto que havia ali. A família e os amigos assistiram todo o processo com lágrimas nos olhos, Silvia, por sua vez, olhava para as árvores do cemitério, rezando silenciosamente para não desmaiar.

Ao voltar para o apartamento, Silvia procurou afastar a tristeza para que pudesse retomar os caminhos que a levariam a sua maior meta de vida. Logo pela manhã, ela apresentaria o bilhete premiado na Caixa Econômica Federal e perguntaria ao gerente como deveria proceder para que utilizasse a quantia enquanto estivesse morando na Europa. Faria tudo legalmente para não haver confusão. Agora, ela precisava tomar um banho, ver um pouco de TV e relaxar. Só então se deu conta de que estava só naquele apartamento melancólico onde horas antes, Edmundo havia morrido, deixando aquele cheiro insuportável de morte impregnado no ar. Seria outra noite pavorosa, mas nada que um cálice de vinho não a ajudasse a adormecer mais rápido, garantindo um sono tranquilo madrugada afora. Por isso ela tomou dois cálices da bebida.

Na manhã seguinte, Silvia tomou um banho demorado, arrumou-se lindamente e sorriu para a vida.

— Sucesso, aí vou eu! – exclamou, feliz.

Mas a felicidade durou pouco, quando foi pegar o bilhete da Mega--sena no bolso do blazer em que o havia guardado, o bilhete não mais se encontrava ali. Choque total! Rapidamente ela o procurou nos bolsos dos outros blazers dependurados ali e todos estavam vazios.

— Que palhaçada é essa?! – perguntou-se esbaforida. – Eu o guardei aqui. Tenho certeza.

E quanto mais ela procurava, maior era o desespero. Seu rosto estava sombrio, os olhos aturdidos, a língua a umedecer os lábios cada vez mais secos. Ficara tão atordoada que chegou a perder o controle, tirando violentamente os cabides do guarda-roupa e arremessando tudo ao chão.

Começou então a verificar as demais roupas que Edmundo guardara naquele guarda-roupa em questão, verificando todos os bolsos, um a um, repetidas vezes. Mas o bilhete havia mesmo desaparecido como se nunca estivesse estado ali.

Silvia foi atrás do zelador e perguntou, procurando manter a calma:

— Enquanto estive fora, no funeral do Edmundo, alguém, por acaso, esteve no apartamento?

— Não senhora – alegou o sujeito sempre muito eficiente e solícito.

Mas alguém dera sumiço no bilhete premiado, seu passaporte para a realização plena dos seus sonhos, pensou Silvia, enquanto tomava o elevador de volta ao apê.

– Calma, Silvia. Vamos raciocinar direito – pediu a si mesma, puxando pela memória.

Os paramédicos haviam estado no apartamento, a mãe de Edmundo também estivera acompanhada da criada. Durante umas duas horas, pelo menos, fora um entra e sai de gente interminável. Qualquer um poderia ter aberto o guarda-roupa e furtado o bilhete de dentro do bolso do blazer. Jacques poderia ter sido também o autor do furto, pois ainda tinha a chave do apartamento e poderia ter se aproveitado da morte do amante, para roubar algum dinheiro de lá, enquanto todos estivessem no cemitério.

Que decepção! Ela fora tão esperta ao roubar o bilhete de uma senhorinha que acreditou a vida toda que poderia ganhar na Mega-Sena e, agora, alguém havia sido mais esperto do que ela, roubando o bilhete da mesma forma descarada que ela fizera com a pobre mulher.

Silvia chorou de raiva, descabelou-se, por pouco não quebrou tudo que havia ali, tamanha revolta. Só então, ocorreu-lhe de que a mãe de Edmundo poderia ter pegado o blazer e levado consigo para guardar de recordação. Isso a fez ligar para a mulher.

— Como a senhora está? – perguntou Silvia assim que a mulher atendeu a ligação. E depois de trocarem meia dúzia de palavras, Silvia foi direto ao ponto.

— Não, minha querida, não peguei blazer nenhum – respondeu a Senhora Dujardin de prontidão.

— É porque eu havia guardado um documento no bolso deste blazer e...

— Espero que não seja um documento importante...

— Era sim, infelizmente.

— Eu sinto muito.

Sem mais, Silvia terminou a ligação para chorar e espernear de ódio. Por pouco não arremessou o celular contra o pequeno espelho que havia na sala. Ela fora muito burra, criticou-se. Onde já se viu pôr o bilhete premiado num bolso qualquer de um blazer ou paletó de outra pessoa?

Meia hora depois, o celular de Silvia tocava e ela o atendia, apesar de não fazer questão alguma de responder a chamada. Era a mãe de Edmundo que disse:

— Olá, minha querida, já sei onde foi parar o tal blazer que você me perguntou a respeito.

Ufa!, suspirou Silvia sorrindo de ponta a ponta. Que notícia esplendida!

— Pois bem – continuou a mulher com voz embargada –, o Edmundo foi enterrado com ele.

Silvia pensou não ter ouvido direito.

— Eu disse que Edmundo foi enterrado com um blazer. Fui eu mesma quem o escolhi para vesti-lo. Portanto, só pode ser o que você está procurando.

Silvia queria morrer. Simplesmente morrer de ódio e revolta. O seu passaporte para um futuro brilhante e milionário encontrava-se enfurnado numa gaveta de concreto de um dos túmulos do cemitério do Araçá.

Ela tinha de fazer alguma coisa, não podia perder aquela oportunidade por nada. A questão agora era como ela poderia recuperar o bilhete premiado. Só de pensar em ter de voltar àquele maldito cemitério. Mas era a única solução se quisesse realmente recuperar a oportunidade de se tornar rica e poderosa.

JOANNA MULLINS chegou à casa da avó no bairro da Vila Clementino em São Paulo, ansiosa para lhe falar sobre a grande novidade. Ela nunca se interessara pela avó, na verdade, só a procurava para emprestar dinheiro, quando tinha gastos além da conta nos cartões de crédito e não conseguia saldar suas dívidas.

– Vovó!

– Que alegria é essa, minha neta? – espantou-se a mulher.

– Que alegria é essa, a senhora me pergunta?! Vovó, a senhora ganhou na Mega-Sena sozinha.

– Eu não, minha querida.

– Ganhou sim! Os números que a senhora sempre jogou a vida toda foram sorteados. Não vai me dizer que mudou a seleção de números nos últimos tempos?

– Não. Continuo jogando os mesmos números: 07, 10, 29, 33. 38 e 58.

– Então a senhora é a mais nova milionária do Brasil.

– Você tem certeza disso?

– A senhora não acompanhou o resultado pelo jornal?

– Não vi. Acabei cochilando e....

– Então a senhora ainda está com o bilhete?

– Sim. Se eu soubesse que havia acertado os seis números já teria ido ao banco receber a soma.

– Vovó, é uma bolada! A mega estava acumulada há semanas!

– Eu sei.

– Então pegue o bilhete e vamos ao banco receber o prêmio.

– Sim, sim! Antes preciso me arrumar.

– A senhora está ótima assim. Pegue o bilhete e vamos!

Ao consultar o lugar onde sempre guardava suas apostas, a senhorinha começou a mexer na gaveta até tirá-la para fora e virar todo o seu conteúdo sobre o tapete da sala.

– Eu o pus aqui – afirmou, aflita.

– Então tem de estar aí.

– Mas não está.

– Em algum lugar tem de estar.

E as duas começaram a procurar por todos os cantos da casa. Até dentro dos bolsos das calças, saias e vestidos chegaram a verificar.

– O bilhete não pode ter tomado chá de sumiço. A senhora tem certeza de que jogou essa semana?

– Sim! Absoluta! Tanto que pisei em falso quando voltava para casa e fui ao chão.

– Então esse bilhete tem de estar aqui em algum canto.

E as buscas recomeçaram chegando ao mesmo fim.

– Ou esse bilhete evaporou ou alguém entrou aqui e o roubou.

– Joanna, ninguém esteve aqui nos últimos dias.

– A senhora tem certeza?

– Absoluta!

– E a faxineira?

– Não veio essa semana, foi visitar a mãe que está doente.

– Então o bilhete se desintegrou.

– Ou caiu do meu bolso quando eu tropecei na rua. Mas eu posso jurar que o vi depois da queda, tanto que mostrei para a jovem que me ajudou.

– Jovem?! Que jovem, vovó?!

– Uma moça chamada Silvia. Ela ia passando pela rua e ao me ver cair foi me ajudar. Um encanto de garota.

– A senhora disse que ela esteve aqui.

– Sim. Acompanhou-me até aqui, escorando-me em seus braços. O meu joelho sangrava. Quis até pegar um táxi para me levar ao pronto-socorro. Foi então que lhe mostrei o bilhete e lhe contei que faço minha fezinha há muitos anos.

– Foi ela! – afirmou Joanna Mullins espumando de ódio. – Foi essa garota que afanou o bilhete da senhora.

– Joanna, não! Silvia é um amor de moça, poucos jovens como ela ou você preocupa-se com idosos como eu.

– Mas ela roubou o bilhete da senhora.

– Por que haveria, se o sorteio só ocorreu horas depois de ela me ajudar?

– Premonição, talvez, de que a senhora ganharia o prêmio.

– Não creio.

– Onde ela mora? Falarei com ela.

– Eu não sei. Mas deve ser aqui perto.

– Ela lhe disse o sobrenome?

– Não. Apenas me disse que se chamava Silvia. Tinha um leve sotaque do interior. Poderia só estar de passagem por São Paulo...

– E a senhora nunca mais a viu?

– Não! A não ser quando ela veio me visitar naquele mesmo dia, à noite, para saber como eu estava passando.

– A-há! Então foi dessa vez que ela apanhou o bilhete. Por isso ela voltou aqui para saber como a senhora estava passando. Deve ter guardado os números na memória e soube que foram sorteados. Com o bilhete nas mãos, o prêmio seria dela. Ou melhor, será dela, se a gente não encontrar essa vigarista ordinária.

– Joanna.

– Eu não me conformo, vovó. Depois de tantos anos jogando na mega, bem quando a senhora acerta os números uma jovem mau-caráter rouba o bilhete da senhora. Não é justo.

– O que há de fazer?

– Chamar a polícia.

– E o que a polícia poderá fazer a respeito? O bilhete da Mega-Sena não tem o nome do comprador. Qualquer um pode reclamar o prêmio o tendo nas mãos.

– Infelizmente. Mas eu ainda vou encontrar essa filha da mãe. Nem que eu tenha que revirar essa cidade ou até mesmo o Estado.

De repente, Joanna sorriu e exclamou, eufórica:

– Se teve somente um ganhador, saberemos em que banco ele apresentou o bilhete. A mídia também pode revelar o nome do ganhador como já fez com muitos, portanto, apanharemos essa pilantra.

Dona Elza se recusava acreditar que Silvia, aquela jovem tão linda e gentil houvesse feito aquilo com ela. Porém, se tivesse, que fizesse bom proveito do prêmio já que fora parar em suas mãos, ainda que por meios ilícitos.

Eram quinze horas quando Silvia chegou ao cemitério do Araçá. Logo foi procurar um dos coveiros que trabalhava ali, na esperança de convencê-lo a ajudá-la diante do inesperado que estava prestes a destruir para sempre sua chance de enriquecer e realizar suas metas. Ao vê-la toda linda, com um decote evidenciando seus seios fartos, um dos coveiros do local abriu um sorriso de ponta a ponta.

– Olá – disse Silvia lançando um olhar sedutor para o homem de quase sessenta anos de idade que não tinha um pingo de cuidado com sua aparência. – Desculpe vir incomodá-lo, mas preciso muito da sua ajuda. Meu noivo foi sepultado aqui ontem e esqueci de cumprir uma promessa.

— Promessa?! – perguntou o sujeito encarando avidamente os lábios que Silvia havia rosado com um batom carmim provocante.

– Sim! Uma promessa... – ela fingiu chorar e o homem procurou acalmá-la querendo na verdade puxá-la para algum lugar discreto e aproveitar do seu corpo jovem e sensual.

– O senhor me desculpe – continuou Silvia fingindo uma dor que não sentia. – Mas eu preciso muito rever o meu noivo. Não pude lhe dar um último beijo e sem ele, sua alma não terá paz.

– Mas ele já foi enterrado, não foi?

– Sim. Num túmulo com gavetas.

– Sim e daí?

– E daí que eu preciso que o senhor abra o túmulo para que eu possa rever o meu noivo.

O homem tentou, mas não conseguiu conter o riso.

– Olha, moça, eu trabalho aqui há quase trinta anos e nunca ouvi um pedido desses.

– Mas eu lhe suplico.

– É contra a lei. Acho até que dá cadeia se eu fizer isso para a moça.

– Mas eu insisto! – e Silvia correu uma das mãos pelo decote com o propósito de convencer o sujeito, por meio da sedução, a fazer o que ela tanto queria. – Também lhe darei um bom dinheiro se me ajudar – acrescentou ela endereçando-lhe um olhar maroto.

– Posso perder o meu emprego – admitiu o homem quase sem ar tamanha provocação da jovem. – Falta pouco para eu me aposentar.

– Mas...

– Você é uma moça bem bonita, hein?

– Obrigada – Silvia fez beicinho, enquanto olhava novamente sedutoramente para o coveiro. – Gosto de homens mais velhos, sabe?

– Ah é? – o sujeito se empolgou. – Se eu ajudar a moça eu quero algo mais do que dinheiro.

Silvia se fingiu de besta:

– O quê, por exemplo?

– Você, doçura. É pegar ou largar.

– Sou uma moça direita.

– Eu também sou um homem direito – riu o sujeito descabido.

– Está bem – afirmou Silvia garantindo-lhe algo que não faria. – Mas só depois de fazer o que lhe pedi eu permitirei que...

– Está bem, doçura. Volte à noite, lá pelas dez. O portão geralmente fica fechado com cadeado, mas eu o libero para você entrar. Tem que ser discreta. Se alguém a vir e perguntar quem é, diga que é minha namorada.

– Está bem. Estarei aqui como combinado.

E Silvia partiu sob os olhos cheios de desejo e malícia do coveiro, disposto a fazer qualquer negócio para possuir a moça.

# CAPÍTULO 11

Às vinte e uma horas e trinta minutos, Silvia tomou um táxi com destino ao cemitério do Araçá. Caso o coveiro a entregasse as autoridades pelo pedido que ela lhe havia feito, ela inventaria uma mentira para se safar da situação, dizendo que o sujeito a forçara a ir até o local para tomar parte daquele absurdo. Mas ele não faria aquilo, pois a desejava mais do que tudo.

Nuvens escuras prometiam desabar forte chuva sobre a cidade, a qualquer momento. Mas Silvia não podia se dar ao luxo de esperar por mais tempo. Teria de recuperar o bilhete naquela mesma noite nem que fosse sob um forte temporal.

O cemitério localizado no coração de uma cidade tão agitada quanto São Paulo, àquela hora da noite tinha um aspecto horripilante, constatou Silvia assim que adentrou o local. Pior seria ter de encarar o cadáver de Edmundo a pouca luz e em decomposição. Se já era horrível para ela ver um defunto sob a luz de quatro velas cercado de parentes chorosos, lhe seria a morte ter de encarar um, sozinha, no meio daquele lugar lúgubre e apavorante.

Os pensamentos atribulados de Silvia cessaram quando o coveiro surgiu e a chamou:

– Venha! É por aqui!

E ela o seguiu, trêmula e calada até o túmulo cujas flores deixadas sobre o tampo haviam sido espalhadas devido as repentinas rajadas de vento das últimas vinte e quatro horas. Para a surpresa de Silvia, o sujeito já havia retirado o caixão da gaveta em que fora guardado. Suara um bocado para fazer aquilo, sozinho, mas valeria a pena quando tivesse a jovem em seus braços, nua, como ele a desejava desde o trato que fizeram.

Diante do que viu, Silvia ficou petrificada.

– Moça – chamou o homem olhando preocupado para ela. – Você está bem?

– É que... – suspirou ela, trêmula da cabeça aos pés.

– Acho melhor a senhor desistir desse seu propósito maluco. Vai que a senhora tem um treco...

– Não, não... – protestou Silvia fingindo ter uma coragem que não tinha. – Preciso concluir o que vim fazer aqui.

– O tal beijo? – o coveiro riu. – A senhora terá mesmo coragem de beijar o defunto? Beija eu que a moça terá mais proveito.

– Abra! – ordenou Silvia querendo dar fim àquilo o quanto antes. – Abra, por favor.

E o sujeito atendeu ao seu pedido. Quando o cheiro do corpo em decomposição se tornou mais forte, Silvia por pouco não vomitou. E quando os relâmpagos brilharam iluminando aquela triste visão, Silvia afastou-se para respirar fundo e procurar se recompor.

– Moça! – o coveiro a alertou seriamente. – É melhor você desistir dessa ideia antes que...

– Eu não posso! – retrucou Silvia ferozmente e determinada, ajoelhou-se junto ao caixão, curvando-se em seguida sobre o morto para que o coveiro não notasse quando ela procurasse pelo bilhete que estava guardado num dos bolsos do blazer que Edmondo usava. Mas ele notou, tanto que perguntou:

— O que você está procurando?

— Apenas o coração dele para eu ter certeza de que não bate.

O homem gargalhou.

— Esse aí não bate nem com pilha!

E o sujeito voltou a se concentrar nas curvas de Silvia enquanto começavam a cair os primeiros pingos de chuva.

– Vá rápido, moça. Se não quiser tomar um banho...

Finalmente ela localizou o bilhete e com discrição tirou-o do bolso do blazer e o escondeu no seu decote. Então, recuou e afirmou:

– Pode fechar.

Nem bem completou a frase, vomitou violentamente, curvando-se para não sujar o vestido que usava. Estava tão enojada com o que fez que pensou que desmaiaria.

– Não está sendo fácil, não é mesmo? – indagou o coveiro com pena da jovem.

Silvia sequer respondeu, apoiou-se num túmulo, enquanto golfava violentamente. Os pingos de chuva se tornaram mais fortes quando o coveiro, com certa dificuldade, empurrou o caixão de volta para dentro do túmulo. Foi nesse momento que Silvia aproveitou para fugir dali o quanto antes. Nem bem se afastou e o homem gritou:

– Venha cá, safada! – e saiu esbaforido do túmulo, pondo-se a correr atrás da jovem, desenfreadamente. – Eu te pego, sua...

Silvia não pensou que encontraria dificuldades para sair do cemitério, contudo, perdeu-se no meio de tantos túmulos sem mais saber qual direção tomar para fugir dali. Mais alguns passos e o coveiro surgiu no seu caminho, agarrando-a com força, disposto a arrastá-la para um lugar onde pudesse abusar do seu corpo. Silvia o estapeou no mesmo instante e cuspiu-lhe nos olhos.

– Eu mato você, ordinária – ralhou o sujeito, furioso.

Silvia não viu outra saída senão morder o braço do sujeito para que ele a soltasse. Ele gritou de dor e, por pouco, não a agrediu fisicamente, então ela chutou suas bolas e assim conseguiu se soltar e correr novamente para longe dele, desesperada em busca da saída. A essa altura, a chuva já caia forte, embaçando ainda mais a visão da jovem que novamente se viu perdida como num labirinto.

– Vem cá sua bandida! De mim você não escapa! – gritou o coveiro seguindo novamente ao seu encalço.

E Silvia correu ainda mais desesperada até colidir novamente com o brutamontes.

– Esse sujeito não era seu noivo, não é mesmo? – arriscou ele um palpite. – O que você queria com tudo isso era pegar alguma coisa que foi deixada no bolso dele por engano e vale muito para você. Eu quero saber o que é, safada!

Silvia agora gemia de raiva por se ver novamente nas garras daquele homem por quem tinha asco. Por fim, achou melhor se fingir de boazinha para ter a chance de ludibriá-lo novamente. Assim, fez uso de palavras doces para abrandar sua fúria e quando conseguiu, escapou mais uma vez de sua pessoa correndo feito uma lebre afoita.

Ao avistar a grade que cercava a área nobre do cemitério, Silvia reconheceu a saída do local e assim chegou à calçada, gritando por socorro. Dois policiais que faziam ronda por ali, logo correram em seu auxílio.

— O que houve? – perguntou um deles, impressionado com a beleza da jovem que mesmo apavorada se mantinha linda.

Silvia, fingindo um choro que não tinha, falou, com ar de coitadinha:

— Eu ia passando pela calçada quando um sujeito me pediu ajuda. Disse que estava enfartando e eu entrei para ajudá-lo. Então, ele veio para cima de mim e só então percebi a cilada em que eu havia caído. Corri dele e acabei me perdendo no interior do cemitério. Foi um sufoco! Por sorte, reencontrei a saída e aqui estou.

— Acalme-se! – pediu-lhe o guarda atento ao decote da moça. – Onde você o viu pela última vez?

— Lá dentro, no cemitério.

— Vamos dar uma olhada.

E lá foram os dois guardas que só encontraram mesmo o homem que, por ser coveiro, havia motivos para estar ali.

Nesse ínterim, Silvia atravessou a Avenida Dr. Arnaldo quase correndo e manteve o passo apertado até um ponto onde pudesse apanhar um táxi para casa. Não havia nenhum à vista e isso a deixou ainda mais ansiosa. Dois mal-encarados vieram na sua direção e, naquele momento, ela se lembrou da mãe, contando sempre com Deus para livrá-la de todo mal. Por sorte, um táxi parou não muito longe dali, deixando um casal de jovens, o que permitiu Silvia apanhar o veículo e seguir em segurança de volta para o apê em que se mantinha hospedada.

Em silêncio, por todo trajeto, Silvia se mantinha pensando em Dulce, apegando-se à sua fé inabalável. Naquele instante, ela se sentia grata a Deus por ter reavido o bilhete premiado, o qual mudaria sua vida totalmente.

O casal que estava no cemitério, assaltando os túmulos, continuava pasmo com os movimentos daquela jovem que havia pouco se curvado sobre um cadáver e escalado um túmulo para alcançar o topo do muro que cercava o cemitério.

— Que coisa mais bizarra – comentou o cumplice com a sócia nos furtos. —Abrir o caixão no meio da noite e se debruçar sobre o cadáver... Eca!

– Ninguém vai acreditar quando você mostrar o vídeo. Você filmou tudo, não filmou?

– Sim. Apesar da pouca luz, dá para enxergar o que se passa.

— Um post desse vai bombar na internet.

— Sem dúvida. Vamos ficar famosos por causa desse vídeo.

– E aquela maluca? Será que dá para enxergar perfeitamente o rosto dela?

– Tomara! Assim ela também ficará famosa.

E os dois gargalharam baixinho para não chamar a atenção de qualquer um que ainda estivesse por ali. Logo depois, o casal voltou a roubar os vasos e objetos valiosos que havia sobre os túmulos.

Ao entrar no apartamento, Silvia correu para o banheiro onde se despiu e tomou uma chuveirada demorada. Esfregava-se tão forte com a bucha que parecia querer rasgar a pele para tirar o nojo que percorria o seu interior em relação ao contato físico que tivera de fazer com o cadáver de Edmundo Dujardin. Só de se lembrar, as náuseas se repetiam. Agora era dormir, tranquila, para que estivesse inteira na manhã do dia seguinte para trocar o bilhete premiado numa agência da Caixa Econômica Federal.

Mas a noite foi péssima; por diversas vezes, Silvia acordou com um grito congelado na garganta, por ter revisto em sonho, o cadáver de Edmundo Dujardin naquelas condições tão deploráveis. A jovem só conseguiu mesmo dormir, tranquila, deixando a luz do quarto acesa a noite toda.

Devido a péssima noite que teve, Silvia escondeu as olheiras por trás de muita maquiagem e foi ao banco, toda-toda, onde finalmente recebeu o prêmio adquirido. A seguir, voltou a agência de turismo onde trocou a passagem que havia comprado na classe econômica do voo para Paris, por uma de primeira classe. Então, Silvia tomou um táxi até a Rua Oscar Freire, nos Jardins, para comprar alguns vestidos à altura da fortuna que agora estava em suas mãos.

– Olá, chérie – disse ela, assim que adentrou a loja onde a funcionária a havia humilhado dias antes.

– Você voltou, minha querida? – respondeu a mesma atendente com sua ironia peculiar.

– Voltei sim, meu anjo – falou Silvia com o mesmo ar de deboche da moça. – Vim fazer umas comprinhas.

– As lojas Hering ficam duas quadras acima. A Renner, C&A e Riachuelo você encontra num shopping qualquer.

– Não meu bem, eu vim tomar um banho de loja aqui mesmo. E não quero ser atendida por você.

A moça deu de ombros.

– Como queira!

E para fazer de besta uma funcionária humilde que havia sido contratada recentemente para trabalhar na loja, a atendente a chamou para atender Silvia Navarro.

– Vocês trabalham por comissão aqui, não é mesmo? – perguntou Silvia, assim que a jovem lhe foi solícita,

– Sim.

– Que ótimo!

E Silvia literalmente tomou um banho de loja. Gastou ali o que nenhum freguês havia gastado em todos os anos de existência da grife. E ninguém dali achava que ela teria condições de pagar pela compra, porém, quando ela passou todo o valor no seu cartão de débito, todos ali ficaram impressionados, especialmente a funcionária que debochara dela, impiedosamente.

– Tchau tchau, fofura! – despediu-se Silvia carregando inúmeras sacolas.

Mas a atendente não deixou por menos. Foi atrás dela e, na calçada, antes de Silvia tomar um táxi, disse:

– O dinheiro pode tirar uma pessoa da pobreza, mas jamais tira a pobreza de dentro da pessoa.

– Eu sei bem disso – respondeu Silvia sem titubear. – E você, sabe?

Sem mais, ela entrou no táxi que havia acabado de parar ali para apanhá-la e partiu com ares de Julia Roberts em Uma linda mulher. E aquele era só o começo para Silvia Navarro, que sempre desejou ser rica e famosa, desde que se conscientizara sobre o poder da fama e da fortuna na vida de uma pessoa.

Enquanto isso, Joanna Mullins andava de carro pelos bairros da Vila Clementino, Vila Mariana e Mirandópolis, com a avó sentada ao seu lado, atenta às pessoas que transitavam pelas ruas. A esperança da moça era de que a avó avistasse Silvia e ela pudesse tirar satisfações da sua pessoa. Infelizmente não tiveram êxito na busca, o que deixou Joanna Mullins ainda mais revoltada.

– Onde já se viu a senhora ter aceitado a ajuda de uma estranha? Ter permitido que entrasse na sua casa? Pois bem feito! Por causa dessa estupidez, a senhora perdeu oitenta milhões de reais. Mas eu ainda vou encontrar essa ladra nem que leve anos eu ainda a localizo, e quando esse dia chegar, ela vai me devolver tudo o que roubou, por bem ou por mal.

Em vida passada, Joanna tivera apenas contato com Silvia Navarro por meio da influência negativa de seu espírito sobre a sua pessoa. Sendo Joanna Mullins, nessa época, uma moça revoltada com a vida, com muito ódio de tudo e de todos por não ter nascido rica, tornou-se fácil para o espírito de Silvia, na ocasião, manipular os pensamentos da moça. Foi assim que Silvia conseguiu fazer com que Joanna impedisse Jean-Pierre Cassel de fugir do manicômio onde havia sido internado injustamente.

No aeroporto de Guarulhos, Silvia chegou esplendidamente linda, chamando a atenção de todos por onde passava: mulheres e homens de todas as idades. Era como se ela estivesse desfilando por uma das passarelas da semana de moda mais famosa do mundo. O voo da Air France em breve partiria, assim ela fez o check-in e entrou na aeronave onde ocupou um dos assentos da primeira classe.

– A senhora gostaria de beber alguma coisa? – ofereceu o comissário de bordo com toda gentileza.

– Sim – respondeu Silvia triunfante. – Um champanhe. Do melhor que você tiver.

E Silvia sorriu para si mesma, triunfante.

# CAPÍTULO 12

O voo até Paris foi tranquilo. Com um sentimento agradável de expectativa se avolumando dentro de Silvia Navarro. O avião pousou tranquilamente no aeroporto Charles de Gaulle onde Silvia tomou um táxi para o hotel que havia reservado pelo Google para se hospedar.

Pelo trajeto até o local, a sensação de já ter estado naquela cidade tornava-se cada vez mais nítida para a jovem que nunca havia tirado os pés do Brasil. Era como se ela estivesse de volta ao lar que sempre foi seu. Sua morada, sua zona de conforto.

Logo no saguão do hotel cinco estrelas que Silvia escolheu para se hospedar, a jovem causou forte impressão em todos que estavam ali. Para a maioria, a moça era uma celebridade, pois sua beleza e seu jeito de andar eram os mesmos de uma celebridade.

Depois de ajeitar suas coisas e tomar um banho para tirar o cansaço da viagem. Silvia se arrumou lindamente para ir à agência de modelos mais famosa de Paris. Tomara conhecimento do local por ser a agência da qual Isabelle Chevalier fazia parte.

Quando o táxi passou pelo Arco do Triunfo, Silvia novamente teve a sensação de já ter estado ali, o que era impossível, afinal, ela nunca estivera na França anteriormente. Naquele instante, ela se lembrou do que se dizia sobre vidas passadas. Se aquilo fosse mesmo verdade, teria ela vivido em Paris numa antiga encarnação?

Naquela manhã, VERUSKA CARON, a secretária muito eficiente da agência Chevalier Modelos verificava mais uma vez a lista de preparativos para a festa que aconteceria dias depois, em comemoração a mais um ano de existência da agência em questão. Nada podia dar errado. Sua chefe exigia a perfeição e se não cumprisse suas exigências, ela não a perdoaria de modo algum.

Ao ver Silvia entrando na sala da suntuosa agência, Veruska teve um sobressalto. Não pelo fato da moça ser extremamente bonita, mas pela impressão de já tê-la visto antes sem saber precisar de onde. Silvia se apresentou e disse ao que vinha. Veruska não garantiu que a dona da agência a recebesse sem ter hora marcada antecipadamente, contudo, arriscou anunciar sua presença.

— Pardon, mas madame Chevalier não vai mesmo poder recebê-la.

— Mas eu insisto. Vim do Brasil especialmente para apresentar o meu book para essa agência.

A secretária continuou em dúvida quanto ao que fazer.

— Está bem. Se quiser continuar esperando... Mas se a madame não puder falar com você, hoje, não diga que eu não a avisei.

Silvia assentiu, assumindo todos os riscos. Minutos depois, enquanto folheava um exemplar da Vogue, a revista de moda mais famosa do mundo, ela voltou-se para Veruska e disse:

— Não pude deixar de ouvi-la ao telefone. Quer dizer, então, que nesta quinta haverá uma grande festa para comemorar o aniversário da agência?

A moça, antes de responder, olhou atentamente para a porta que dava acesso ao escritório da chefe, para se certificar de que estava mesmo fechada e disse, baixando a voz:

— Haverá sim!

— Que maravilha! – empolgou-se Silvia, corando de excitamento. – Adoraria ir.

— Esqueça! Só as celebridades do mundo da moda, cinema e TV é que foram convidados.

— Se tivesse um ingresso sobrando, eu pagaria uma boa quantia por ele. Falo sério.

A moça abaixou ainda mais a voz, era quase um sussurro ao responder:

— Se eu pudesse, venderia um dos que sobrou, com certeza – ela riu, baixinho. — Dinheiro nunca é demais. Viria em boa hora!

— Pois consiga um para mim e eu lhe pagarei mil euros por ele.

— Mil euros?!

— Sim! Que tal mil e quinhentos euros? Bem melhor, não é mesmo?

Veruska voltou a corar de empolgação. Naquele instante, Silvia percebeu que a velha história de que no Brasil tudo se dá um jeitinho, não se restringia somente ao país tropical, o ditado também era válido na França e, com certeza, em qualquer outra parte do mundo, pois a necessidade de dinheiro era a mesma em qualquer parte do mundo.

— Mas não lhe faria falta essa quantia? – perguntou a moça, medindo Silvia novamente da cabeça aos pés.

— Não, porque sou rica. Extremamente rica.

— Ah!!!

Nisso, a porta do escritório de MARGUERITE CHEVALIER se abriu e a própria apareceu. Ao se deparar com Silvia Navarro aguardando por ela, a mulher estacou abruptamente lançando um olhar furioso na sua direção.

– O que essa moça está fazendo aqui? – perguntou em francês para a secretária que se encolheu toda diante do tom severo e do olhar de ódio da chefe direcionado para ela.

– Achei... – balbuciou a moça que foi rispidamente interrompida por Marguerite.

– Achou?! E desde quando você é paga para achar alguma coisa?

Os dedos de Veruska mexiam nervosamente na blusa que logo soltaram os fios.

Marguerite novamente voltou a atenção para Silvia que se mostrava inabalada diante da mulher, quando, na verdade, estava apavorada. Marguerite Chevalier sempre tivera um excelente faro para jovens que poderiam se destacar absurdamente no mundo da moda. E a jovem ali seria certamente uma delas se tivesse a chance merecida. Assim, ela fez sinal para que Silvia a acompanhasse até sua sala e Silvia a obedeceu feito um cordeirinho.

O momento pelo qual ela tanto esperava finalmente chegou: ela seria contratada pela agência de modelos de maior destaque da Europa na atualidade e sua carreira decolaria velozmente.

– É uma honra poder falar com a senhora pessoalmente – começou Silvia assim que se sentou na cadeira em frente à mesa de Marguerite Chevalier. – Sou muito fã do trabalho de Isabelle, sua filha, e da senhora como descobridora de novos talentos para o mundo da moda.

Silvia tomou ar e voltou a caprichar no francês:

– Trouxe meu book...

Marguerite inclinou o corpo para frente e falou, despudoradamente:

– Alguém já lhe disse que seu francês é péssimo? Porque alguém tem de lhe dizer. Que pronúncia mais pavorosa você tem.

– Pretendo aperfeiçoar o meu francês agora que vou morar em Paris.

– Ah é? – o cinismo de Marguerite era explícito. – Sei...

– A senhora é também de origem brasileira assim como a Isabelle e se vocês hoje dominam perfeitamente a língua francesa, eu também chego lá.

Marguerite esticou o braço para frente, fazendo sinal para que a moça lhe entregasse o book, o qual folheou com um total descaso.

– Quem tirou essas fotos?

– Um fotógrafo de São Paulo. Muito conceituado no mundo da moda. As fotos ficaram lindas, não ficaram?

– Péssimas! Os ângulos são terríveis, a luz é pavorosa e a maquiagem é de muito mau gosto. Os trajes que usou não poderiam ser mais cafonas. Quer um conselho? Jogue isso aqui na lata de lixo mais próxima que encontrar. Ou melhor, queime. Para que ninguém possa escanear e postar na internet.

— A senhora acha mesmo que...

— Se não achasse não estaria falando.

— Está bem, eu farei outro book. A senhora pode me indicar algum fotógrafo...

— Não! Porque você não terá dinheiro para bancar o preço que ele cobra para fazer um book à altura de ser apresentável para uma grande agência de modelos como essa.

— Mas dinheiro para mim não é problema... Eu posso pagar...

— Sei... – Marguerite recostou-se na cadeira, uniu as pontas dos dedos e riu, descabidamente da jovem esperançosa a sua frente. — Sabe quantas garotas que se acham bonitinhas como você aparecem aqui todos os dias por acreditarem que serão top models famosas? Trocentas!

— Mas eu tenho um diferencial, não é mesmo?

— Tem, não nego. Mas beleza não é tudo para brilhar numa passarela.

Cada palavra dita por Marguerite era um tremendo golpe nos sonhos de Silvia. Não precisaria ser uma leitora de mentes para compreender que a mulher a sua frente não fora com a sua cara. Nem Silvia tampouco se simpatizara com ela.

— Quer um conselho? Não?! Vou lhe dar mesmo assim! – continuou Marguerite acidamente. – Aprenda a dançar no pole dancing, pois muitas brasileiras engraçadinhas como você estão fazendo tremendo sucesso nas casas de prostituição de Paris. E vamos ser sinceras, ma chérrie, melhor ser puta em Paris do que numa cidadezinha mequetrefe do interior de São Paulo.

O rosto da mulher sentada a sua frente era estudado atentamente por Silvia. Era como se estivesse sentada diante de um monstro, percebeu ela, injuriada.

— A senhora realmente não vai me dar uma chance? – perguntou Silvia pondo-se de pé.

— Não!

— Pois a senhora ainda vai ouvir falar de mim.

— Com certeza, meu anjo! Com certeza! Só espero que não seja por furto, tráfico ou qualquer outro tipo de trambicagem como acontece com a maioria dos brasileiros que vão para o exterior.

— A senhora também nasceu no Brasil.

— Infelizmente.

Silvia podia perceber o esforço que a mulher fazia para controlar a raiva. Com isso, achou melhor terminar o confronto:

— Passar bem, ma chérrie.

— Passar bem.

Ambas se fuzilavam pelo olhar quando Silvia deixou a sala. Marguerite não queria tornar a ver aquela moça nunca mais. Havia nela algo de assustador... Quase diabólico.

Ao passar pela sala da recepção do escritório, Silvia estava tão perturbada que sequer despediu-se da secretária que tanto lhe poderia ser útil. Tomou o elevador e desceu como se ali não tivesse ar suficiente para oxigenar seu cérebro. Ela ainda tremia de ódio quando chegou à calçada e apanhou um táxi.

Marguerite Chevalier a tirara do sério como ninguém jamais fizera em toda vida e aquilo não podia terminar daquela forma. Marguerite Chevalier ainda se arrependeria de tê-la desprezado.

Pelo resto do dia, Silvia trancafiou-se no quarto de hotel, andando de um lado para o outro como se fosse uma leoa enjaulada. Desesperar jamais, lembrou-se ela do velho ditado que se tornara popular numa das melhores canções de Ivan Lins e Vitor Martins. Ela tinha dinheiro, muito dinheiro, não podia se esquecer disso, e no mundo materialista até os sinos dobram por uma bela quantia, portanto, ela ainda conseguiria realizar seu maior objetivo.

Foi então que ela se lembrou de Veruska, a secretária de Marguerite Chevalier. Ficara tão transtornada com o encontro que tivera com Marguerite que se esquecera completamente da moça. Assim, Silvia ligou para agência e pediu desculpas a Veruska por ter ido embora de lá sem se despedir dela. Baixando o tom, a secretária perguntou:

— Você ainda está interessada no convite para ir à festa de aniversário da agência? É que estou realmente necessitada de um dinheirinho extra e...

— Eu pago! Não se preocupe!

— Combinado. Vou deixá-lo no hotel em que você está hospedada, assim que eu sair do trabalho.

— Aguardo.

E Silvia se sentiu renascer das cinzas, tanto que decidiu ir dar uma volta pelo bairro. Ao deixar o quarto, quase colidiu com um sujeito elegantemente vestido e bem barbeado que passava pelo corredor naquele instante. Ele usava um blazer por sobre uma camisa esporte lindíssima e sem gravata que lembrava um yuppie. Silvia rapidamente se desculpou e o sujeito nada respondeu, apenas ajeitou seus óculos escuros e prosseguiu.

— Mal-educado – resmungou Silvia admirando a bundinha bem-feita do indivíduo esnobe. – Mas é fruta. Fruta, fruta, fruta! – murmurou com um quê de desapontamento.

Ela estava prestes a tomar o elevador quando percebeu que o rosto do francês que vira há pouco lhe era familiar. Ela então deu um passo para trás e seguiu pelo corredor do hotel até o quarto onde viu o sujeito entrar. Era o quarto de número 507 e descaradamente Silvia fingiu estar ajeitando as sandálias para poder ouvir o que se passava ali dentro. Estalos de beijos e gemidos confirmaram suas suspeitas. Tratava-se de um encontro secreto entre o esnobe francês e a pessoa que estava hospedada naquele quarto em questão. Certamente um homem, afinal, o sujeito era efeminado.

As câmeras estavam atentas a ela e, por isso, um vigia do hotel apareceu.

— A senhorita está com algum problema? – perguntou o funcionário com extrema polidez.

Silvia lhe respondeu indo ao seu encontro:

— Estou apenas querendo espairecer um pouco...

— A senhora pode caminhar no jardim do hotel, há uma pista para isso...

— Prefiro aqui – respondeu Silvia sem titubear. – Sempre faço isso nos hotéis em que me hospedo. – E ela rapidamente tirou uma nota generosa de euro da carteira para calar a boca do sujeito que partiu sorrindo, extremamente agradecido pela gorjeta recebida. Ah se todos lhe dessem gorjetas tão generosas quanto aquela... E dali de perto, Silvia não arredou o pé. Ficou esperando, ansiosamente, pelo término do encontro do francês esnobe com o seu amante ou garoto de programa.

Finalmente a porta do quarto se abriu e o francês almofadinha apareceu. Antes de partir, deu um beijo demorado no amante, um latino bonito, alto, de ombros largos que certamente sabia fazer uso dos seus atributos físicos para satisfazer seus parceiros. Silvia só observava, divertindo-se com o que estava por vir.

— Oiê!!! – disse ela, pegando o francês desprevenido e dando lhe um grande susto.

Assim que a viu, o fulano a ignorou por completo.

— É seu namorado? – perguntou Silvia se posicionando ao lado do moço. – Bonitão, hein?

Ela lhe deu uma cotovelada que fez o sujeito querer esganá-la.

— Eu sabia que o conhecia de algum lugar – continuou Silvia, impiedosamente. – Fiquei pensando, pensando, de onde seria?

O francês estava tão ansioso e irritado que apertava freneticamente o botão que chamava o elevador.

— Você é ROMEU DUARTINO um dos maiores estilistas de Paris, não é?

O sujeito continuou a ignorá-la. A campainha do elevador finalmente tocou bem no momento que Silvia, zombeteiramente dizia:

— O seu celular é também um Iphone? Eu os prefiro porque tiram as melhores fotos, sabia?

O francês compreendeu rapidamente o significado por trás daquele comentário. O que o fez olhar para ela, medindo-a de cima a baixo.

— Quem é você, criatura? – perguntou com profundo descaso: — Uma porto-riquenha ou mexicana camareira em hora de folga, é isso? Pois vai ser demitida assim que eu a denunciar por invasão de privacidade.

— Sou brasileira – respondeu Silvia com certo orgulho.

— Só podia ser! – riu ele com ironia. E antes que dissesse mais alguma coisa, Silvia mudou o tom:

— Escuta aqui, biba. Enquanto você estava naquele quarto com o seu amante, eu fiz uma pesquisinha a seu respeito e descobri que você é casado. Que sua ascensão profissional se deve, em parte, a grande ajuda financeira que recebeu do seu marido. E você vem para cima de mim, chamando os brasileiros de mau-caráter? Basta um clique aqui no celular e seu marido vai saber, por meio da mídia, que você o trai, inclusive, com um latino, que você tanto despreza.

O estilista riu:

— Você é tão bobinha... Eu e meu marido temos uma relação aberta.

— Então ele não se importará que eu poste as fotos.

Ela fez menção de tocar a tela o celular quando Romeu Duartino se manifestou noutro tom:

— Espere!

Silvia sorriu, maliciosamente. Ambos agora se fuzilavam pelo olhar.

— O que você quer de mim, criatura? Dinheiro?

— Dinheiro, não, fofucho! Isso eu já tenho!

— Diga logo, então o que deseja!

— Baixe o tom! Fale comigo como se se dirigisse a rainha da Inglaterra.

— Me poupe! Desembucha, criatura!

— Quero um vestido seu, exclusivo para mim.

— Nunca!

Silvia fez uma careta e quando novamente ameaçou postar as fotos do famoso estilista com o amante, o fulano pareceu refletir melhor a respeito:

— Você quer um vestido assinado por mim, de graça, é isso?

— Não, meu querido. Eu vou pagar por ele.

— Pagar?! – Ele novamente a mediu de cima a baixo com descaso. – Sei...

— Falo sério.

— Hum-hum... Está bem. Vá ao meu ateliê para tirar as medidas.

Ele tirou um cartão de dentro da carteira e entregou a ela.

— Ótimo!
— E quanto as fotos?
— Vou deletar uma a uma, assim que você me entregar o maravilhoso vestido que vai desenhar exclusivamente para mim. Um a minha altura, não se esqueça!
Ele riu.
— Está bem. Ousada você, hein?
Silvia fez beicinho e antes do estilista tomar o elevador que novamente parou no andar ao seu chamado, Silvia perguntou, endereçando-lhe um olhar maroto:
— Aquele latino com quem você se encontrou a pouco é michê, não é?
Romeu Duartino nada respondeu, apenas entrou no elevador, apertou o térreo e lançou um último olhar de soslaio para a jovem que mantinha um sorriso de triunfo em seus lábios delicados.
Silvia voltou para o quarto, dando pulos de alegria. A felicidade havia voltado a brilhar em seus olhos lindos, e a empolgação com o que estava por vir, extravasava em sua aura.

# CAPÍTULO 13

No seu segundo dia em Paris, logo pela manhã, Silvia apareceu no ateliê de Romeu Duartino para tirar as medidas. Foi bem recebida pela atendente que já estava a par da sua ida até lá. As medidas foram tiradas e logo outra funcionária apareceu trazendo nas mãos o modelo que Romeu Duartino havia desenhado para ela. Ao vê-lo, Silvia imediatamente mudou de expressão.

– O que é isso? – perguntou olhando com desagrado para o modelito.

– O modelo que o Senhor Duartino desenhou para a senhora como combinado.

Silvia riu. Um riso curto e debochado.

– Ele só pode estar de brincadeira comigo...

As duas funcionárias se entreolharam e Silvia exigiu:

– Quero falar com o Senhor Duartino, agora!

– Ele não poderá atendê-la, está sobrecarregado de trabalho e...

Silvia sequer ouviu a última palavra, passou pelas duas moças indo em busca da sala do famoso estilista.

– Você não pode entrar aí – interpelou a funcionaria, chocada com a audácia da jovem.

Silvia sequer lhe respondeu e assim que avistou o nome do estilista escrito numa plaquinha presa a uma das portas do ateliê, abriu-a sem hesitar. O profissional levou um susto ao vê-la invadindo o ambiente sem sua permissão.

– Isso é um disparate! – exclamou, furioso.

– Disparate – respondeu Silvia espumando de raiva – é esse modelo ridículo que você desenhou para mim.

Silvia simplesmente amassou a folha de papel e a jogou sobre ele.

– Você achou mesmo que eu teria coragem de usar um troço ridículo desses?

De fato, Romeu Duartino queria fazê-la passar vergonha na frente de todos que a vissem rajando aquele modelo, o qual jamais acreditariam ter sido desenhado por ele para uma brasileira chinfrim. Mas aquela jovem não era boba, ele já deveria ter percebido que não cairia naquele truque seu.

– Você é muito idiota – continuou Silvia a toda voz. – Em mim, um modelo seu pode pôr em destaque a sua grife.

Ele riu, sarcástico ao extremo:

– *Ma chérie,* a minha grife já tem grande destaque no mundo da moda.

– Pode ter mais. Bem mais do que um Versace, Dior ou Chanel.

O sujeito bufou com ares de derrota. Silvia continuou falando com superioridade:

— Você achou mesmo que ia me fazer de palhaça, bicha? Escuta aqui. Ou você desenha para mim um vestido realmente à minha altura ou eu ainda hoje posto as fotos de você com seu amante se beijando em frente a porta do abatedouro dele no hotel.

— Você é audaciosa...

— Posso ser perversa também. Assim como você.

— Está bem, ma chérie. Farei outro modelito para você.

– Fará sim. Agora, bem diante dos meus olhos. Se eu não gostar de alguma coisa você corrige imediatamente.

E o estilista se segurou mais uma vez para não esganar a jovem brasileira que o estava tirando do sério. Uma hora depois de correções e sugestões, o modelo estava aprovado por Silvia Navarro.

– Agora sim. Está perfeito.

Romeu Duartino virou o rosto para o lado, abriu uma gaveta e de lá tirou uma cartela de Rivotril. Tomou quatro e Silvia, rindo, fez um alerta:

– Cuidado, viu? Pois esse remedinho aí afeta a memória quando usado continuamente.

– Terminou? Agora queira se retirar e só volte aqui para buscar o vestido.

– Está bem.

Ela já ia se retirando quando ele amavelmente falou:

– Pensando bem, você tem toda razão. Você é mesmo uma jovem lindíssima. Fará sucesso num evento trajando um vestido meu. Fui um estupido em não ter percebido isso antes, mas é porque você me deixou irritado.

– Desculpe.

– Está desculpada. O vestido estará pronto na quinta a tarde.

– Não acha melhor eu vir prová-lo antes?

– Não será necessário. Se as costureiras tiraram suas medidas, elas farão o vestido com perfeição.

Silvia sorriu lindamente para ele e partiu, deixando o estilista com um olhar monstruoso assim que se viu a sós na sala.

Nas horas que se seguiram, Silvia pensou em procurar outra agência de modelos para representá-la no mercado da moda, mas achou que teria muito mais êxito depois que fosse à festa de quinta-feira, onde ela certamente chamaria atenção dos presentes para sua beleza, charme e o vestido retumbante que estaria usando, modelo exclusivo assinado por Romeu Duartino. Assim, ela decidiu ocupar seu tempo indo conhecer as melhores butiques da cidade onde comprou pelo menos um modelito de cada grande marca. Esteve na Rua Du Faubourg Saint Honoré, a rua mais chique de Paris, onde se localizava as maisons mais famosas de grifes da moda francesa e internacional e ateliês de estilistas famosos e emergentes. Foi uma tarde excepcional. Estava tão feliz e exausta quando retornou ao hotel que decidiu jantar ali mesmo, provando o que havia de melhor do cardápio francês.

No dia seguinte, foi conhecer a Place Vendôme, local onde se situa as joalherias mais badaladas de Paris e, mais tarde, deu uma passadinha nas Galerias Lafayette, La Samaritaine e Printemps onde se encontram produtos de beleza, perfumes, utilidades domésticas, roupas e acessórios para todos os gostos. Depois, foi conhecer Notre Dame, a catedral em estilo gótico e a belíssima Basílica do Sacré Coeur de onde teve uma visão panorâmica indescritível da Cidade Luz. Silvia já ouvira dizer que Paris era uma cidade deslumbrante, com cenários encantadores, rica em cultura e diversão, mas jamais imaginou que chegasse àquele ponto.

Por diversas vezes ela alimentou o sonho de estar ali, tomando parte daquilo tudo e seu sonho se realizara como muitos outros que também haveriam de se realizar.

No Brasil, enquanto isso, Joanna Mullins continuava acusando sua avó de irresponsável por ter permitido que uma estranha entrasse na sua casa e roubasse o bilhete da Mega-sena premiado. A jovem chegara ir à polícia denunciar o "crime", mas como o delegado disse: "Não há como provar que o bilhete foi realmente comprado pela sua avó."

Como prometido, o vestido feito pelo ateliê de Romeu Duartino foi entregue na quinta-feira para Silvia, no hotel em que ela estava hospedada. Ao tirá-lo da caixa prateada com um lindo laçarote rosado por sobre ela, Silvia se emocionou. O vestido ficaria lindo nela, realçando suas curvas e seus seios, deixando-a ainda mais linda. Quando o maquiador e o cabelereiro, indicados pelo pessoal da portaria do suntuoso hotel, chegaram ao quarto de Silvia, a jovem mal podia se conter de ansiedade para a grande noite. Chegou a vez, então, de ela vestir o modelito exclusivo e quando fez, percebeu de imediato que as medidas estavam erradas. A manga ficara muito mais extensa do que deveria e o decote fora feito para uma garota com o dobro de busto.

– Aquele filho da mãe – xingou Silvia percebendo que o estilista fizera aquilo de propósito para impedi-la de ir bem-vestida ao evento que, certamente se renderia aos seus encantos.

Silvia quase chorou de raiva, só não fez, para não borrar a maquiagem.

– Eu vou acabar com a vida desse sujeito – prometeu-se intimamente.

E agora, o que fazer?

O evento começou pontualmente na hora marcada como os europeus costumam fazer. Havia homens lindos, altos, louros, ruivos e morenos com olhos brilhantes e lábios carnudos. As mulheres eram deslumbrantes e trajavam modelos das mais lindas grifes de Paris. Os bartenders preparavam os drinques com uma agilidade impressionante; parecia que os copos iam escapar de suas mãos a qualquer instante e, no entanto, pousavam sobre a mesa, intactos.

A elite estava presente junto às celebridades da TV, cinema, música e política. Via-se ali o significado real da expressão francesa: la crème de la crème.

Em torno de Marguerite Chevalier estavam os repórteres das maiores emissoras do continente e mídia em geral. Todos queriam saber a respeito do casamento triunfante de Isabelle Chevalier com o multimilionário Jean-Pierre Cassel. O enlace matrimonial fora considerado o casamento do ano e Marguerite Chevalier falava a respeito com orgulho e grande satisfação.

– Isabelle está feliz, obviamente. Ela e o marido ainda estão em lua de mel na Austrália, aproveitando muito. Diariamente me mandam notícias.

– Como é para senhora – perguntou um repórter – ser mãe da modelo mais famosa da atualidade?

– Um orgulho tremendo. Isabelle é sem dúvida uma criatura esplêndida. A filha mais adorável que uma mãe poderia ter. Sou abençoada por tê-la ao meu lado.

– Isabelle pretende ter filhos? – perguntou outro repórter.

– Certamente que sim! É seu maior sonho. Mas também quer aproveitar a vida e ainda um pouco mais das passarelas até engravidar.

E mais fotos foram tiradas da mulher que esbanjava sorriso e simpatia para parecer perfeita nas fotografias. O foco, a seguir, foi o estilista Romeu Duartino que falou soberbamente da sua profissão e da nova coleção que estava preparando para a semana de moda em Paris.

Nisso, um buchicho se espalhou pelo salão tomado de convidados, despertando a atenção dos repórteres, fotógrafos e da própria Marguerite Chevalier e do estilista soberbo Romeu Duartino.

Era Silvia Navarro quem chegava à recepção, trajando um lindíssimo vestido vermelho assinado por Laurence Piemonte. O cabelo e a maquiagem estavam perfeitos, realçando ainda mais sua beleza incomparável.

Sua entrada no requintado salão foi tão triunfante que as conversas cessaram e todos os olhares se convergiram na sua direção. Certamente que também havia mulheres lindíssimas espalhadas pelo recinto, mas Silvia conseguiu se sobressair a todas elas. Havia algo em torno dela que a fazia parecer superior às demais.

O sorriso esplendoroso, de pura satisfação por estar ali, iluminava o rosto da jovem que, de repente, todos queriam saber quem era.

Estar na Europa, sendo admirada por todos, como ela sempre desejou... Aquilo sim era vida, comentou Silvia com seus botões enquanto endereçava olhares insinuantes para todos que a admiravam naquele instante. Quando o estilista Laurence Piemonte se dirigiu a ela para lhe dar as boas-vindas, Romeu e Marguerite queriam se rasgar por inteiros.

LAURENCE PIEMONTE tomou sua mão delicada e a conduziu até um grupo de amigos para apresentá-la. Os dois haviam se conhecido quando Silvia visitou uma de suas lojas na Rue François, 48.

Assim que a viu, o estilista percebeu o potencial que Silvia teria como modelo e a chamou para tomar parte da campanha de divulgação da sua mais recente coleção. No minuto a seguir, Silvia e Laurence Piemonte estavam cercados pelos repórteres e fotógrafos que estavam ansiosos para saber quem era tão magnifica figura. Logo, a figura deslumbrante de Silvia Navarro ganhava destaque na mídia e nas redes sociais.

Assim que encontrou uma brecha, Marguerite Chevalier aproximou-se de Silvia com um sorriso estupidamente falso e um olhar de descaso tamanho e perguntou baixinho aos seus ouvidos:

– Você pode me responder uma coisa?

– Lógico – respondeu a jovem no mesmo nível de falsidade que a mulher se dirigia a ela.

– Onde foi que você conseguiu o convite para entrar nessa festa?

– Conseguindo, ora!

– Pois fui eu quem fez a lista dos convidados e não me lembro de constar o nome de nenhuma brasileira que acha que pode tudo só porque tem um dinheirinho guardado no banco.

– Dinheirinho, não! Dinheirão!

– Que seja!

– Voilá!

– Saiba que vou descobrir com quem você conseguiu esse convite e vou demitir essa pessoa por justa causa. Irei até mesmo processá-la.

— Que meda!

Marguerite procurou se controlar e disse:

– Você acha mesmo que pode tudo com essa marrequinha que você trouxe para gastar em Paris? Pois vai levar um tombo. Um que vai quebrar todos esses dentes bonitinhos da sua linda boquinha.

— Nossa!!! – o sarcasmo de Silvia era total. Mas quem a visse de longe não perceberia que ela e Marguerite Chevalier trocavam farpas naquele instante. – Acho melhor sermos amigas – sugeriu Silvia sendo bem sincera dessa vez.

– Pois eu não! – respondeu Marguerite secamente. – Tem algo em torno de você que não me cheira bem. E minha intuição nunca falha. Mas já que está aqui, aproveite bem os seus quinze minutos de fama.

– Quinze minutos de fama, você disse? – Silvia riu, forçosamente. – Trè bien!

Ao se verem cercadas pelos fotógrafos, Marguerite foi obrigada a fingir que estava radiante na presença da jovem que roubou toda atenção da festa. "Eu acabo com essa garota!", prometeu Marguerite a si mesma, em silêncio. Foi bem mais do que uma promessa, foi um pacto consigo mesma e com as forças do mal.

Romeu Duartino não ousou se aproximar de Silvia durante a festa. Não queria lhe dar publicidade, tampouco chance de fazê-la cometer um escândalo na frente da imprensa e das celebridades ali presentes. Seria a ruína para sua carreira em ascensão.

Ouviu-se então um novo burburinho ecoando pelo local assim que Vincent Cassel chegou à recepção.

Vincent era um moço extremamente bonito e atraente: com olhos verdes azulados, cabelos castanho-claros e o corpo forte e viril. Tinha um metro e oitenta e cinco de altura e possuía um sorriso magnifico. Todos gostavam da sua inteligência e bom humor, seu carisma e seu profissionalismo impecável. Tornara-se fotógrafo simplesmente por amor à arte da fotografia e se entregava à profissão com alma e devoção. Era criterioso quanto ao ângulo, a luz e a maquiagem que as modelos deveriam usar para brilhar numa foto tirada por ele em seu estúdio.

Não era somente por ele ser herdeiro de uma das fortunas mais consideráveis da França e ser influente no mundo da alta-costura que as mulheres se derretiam por ele; a forte atração acontecia por ele ser mesmo um garanhão nato. De tão cobiçado que era pelas mulheres, algumas já o haviam disputado a tapa. Num vernissage de um famoso pintor austríaco, uma tentara afogar a outra na piscina do local do evento, enquanto uma outra, noutra ocasião, tentara arrancar os cabelos da rival sem dó nem piedade. Vincent estava a par do seu poder de sedução e não se gabava disso. Era um romântico nato e como todo romântico, o amor para ele era apenas uma aventura.

– Quem é? – perguntou Silvia a Tom que respondeu prontamente:

– VINCENT CASSEL. O fotógrafo mais badalado do mundo da moda. Ele é mesmo um gênio com uma lente nas mãos.

Silvia nada respondeu, ficou apenas admirando a figura magnifica de Vincent que naquele instante caminhava pelo salão, demonstrando felicidade por rever amigos e clientes queridos. Foi assim até ele notar a presença da jovem que se tornara o alvo absoluto dos flashes e olhares do evento. Nesse momento, algo se ascendeu em seu coração e um sorriso tímido escapou-lhe pelo canto dos lábios ao notar que Silvia também o olhava com o mesmo interesse. Quando ele pensou em se aproximar dela, Marguerite Chevalier entrou no seu caminho.

— Vincent, meu querido! Ainda preciso arranjar um cajado para abrir caminho por entre o mar de mulheres que o cercam.

Ele riu e a cumprimentou, enquanto Silvia aproveitou o momento para ir a toalete. Ao voltar para o salão, Vincent aguardava por ela, o que a fez sentir um súbito mal-estar quando ele surgiu bem diante dos seus olhos com um sorriso acolhedor e disse, admirando sua beleza e o impacto que ela lhe causava:

– Olá!

– Vincent Cassel?

– O próprio.

Ela o estudou atentamente. De longe, ele era lindo; de perto era certamente um dos homens mais atraentes que já vira em toda vida. Contudo, algo em torno dele a amedrontava.

– Está tudo bem? – quis saber Vincent diante da inesperada introspecção da moça.

– Está sim – mentiu Silvia abrindo um sorriso amarelo.

– Afinal, quem é você? – quis saber ele com verdadeiro interesse na origem da jovem que lhe respondeu prontamente à pergunta.

– Fascinante – admitiu ele, feliz por conhecê-la melhor. – Adoro mulheres que sabem o que querem e batalham para conquistar suas metas. Atitude é tudo nessa vida.

E depois de um novo sorriso, Vincent a elogiou:

– Seu francês é muito bom...

– Obrigada.

– Quer dizer então que você quer fazer seu book com um bom fotografo? Bom, acho que sou um bom fotógrafo.

– Não seja bobo, já me disseram que é um dos melhores da atualidade, senão o melhor.

– Devo admitir que sim. Sem modéstia.

Ambos riram e Silvia se fez sincera novamente:

– Eu realmente preciso fazer um book e com urgência. Daqui a pouco estarei velha demais para me tornar uma modelo famosa.

– Está bem. Minha agenda está lotada, mas vou encaixá-la. Suspenderei minhas aulas de tênis no clube para tirar suas fotos.

– Poxa... Não quero atrapalhar.

– Por você, vale a pena! Sei reconhecer um talento quando vejo um.

E Silvia pensou novamente no quanto ele era lindo, estupidamente lindo e atraente. As mãos, os dedos, o corpo sarado, tudo nele a atraía fisicamente. Contudo, o fotógrafo mais importante da moda e das agências de propaganda ainda lhe metia medo. A questão era: por quê? Por que ele causava medo se nunca havia lhe feito nada de mal?

A sessão de fotos no estúdio de Vincent Cassel começou exatamente no dia seguinte como ele havia prometido a Silvia e as fotos ficaram magnificas. Depois da sessão, Vincent levou Silvia para comer num bistrô perto do Sacré-Coeur onde Silvia logo se tornou o interesse maior dos homens que ali estavam.

– Você vai mesmo se tornar uma das top models mais famosas do mundo – garantiu Vincent diante do impacto da jovem nas pessoas.

– Você acha mesmo?

– Sim. Logo, logo você estará tão famosa quanto minha cunhada. E sendo tão bem paga quanto ela.

– Sua cunhada?

– Sim. Isabelle Chevalier. Jean-Pierre, marido dela é meu irmão. Ambos se casaram há um mês.

Estava aí um fato que Silvia não havia se dado conta até aquele momento.

– Imagine só, eu chegar aonde Isabelle chegou... Ela é única.

– Você também é.

– E por falar em Isabelle, você nunca se interessou por ela?

Vincent se fez o mais sincero possível:

– Quem já não se apaixonou por Isabelle Chevalier? Uma linda e bem-sucedida modelo. Mas foi pelo Jean-Pierre que ela se apaixonou. Na verdade, ele a conheceu por minha causa. Fiquei verdadeiramente feliz quando ambos começaram a namorar. No fundo, eu sempre achei que ainda estava por conhecer a garota da minha vida e hoje sei que essa garota é você.

E novamente ambos se olharam com ternura e uma atração mútua. Foi então que o celular de Silvia tocou e era Laurence Piemonte anunciando que a havia encaixado para o próximo desfile que faria da sua grife. Silvia estava radiante.

– Sabe de uma coisa – Vincent arriscou a dizer. – Você não vai precisar de um book para conseguir emprego como modelo. Do jeito que as coisas estão indo...

– Você ainda não me disse o preço das fotos.
– Nem direi por que é um presente meu para você.
– Poxa... – ela se avermelhou. – Obrigada.

Ao voltar para o hotel, Silvia encontrou Veruska Caron, a secretária de Marguerite Chevalier aguardando por ela na sala de recepção. Silvia notou logo que algo de muito grave havia acontecido a moça.

– Dona Marguerite concluiu que o seu convite para o evento, só poderia ter mesmo sido adquirido por meu intermédio. Não consegui me defender e ela me demitiu.

A moça chorou e Silvia procurou confortá-la:

— Não se preocupe. Estou mesmo precisando de uma secretária. Você vem trabalhar para mim. Só preciso que você me faça um favor antes de deixar aquela espelunca onde trabalhava. Traga-me a agenda de Marguerite Chevalier com todos os números de celular, telefone fixo e e-mails que ela possui.

Para Veruska, aquilo jamais deveria ser feito, contudo, ao lembrar-se das humilhações e grosserias que passara nas mãos da patroa, acabou cedendo:

— Está bem, farei o que me pede.

— Obrigada. E agora me dê um abraço. E me diga quanto aquela megera pagava para você. – E assim que soube, Silvia respondeu, animada: – Pois eu lhe pagarei o dobro.

E ela ficou feliz por ver a moça que lhe vendera o convite, também esbanjando felicidade com o novo emprego.

“Marguerite Chevalier”, murmurou Silvia para si mesma. Você ainda não viu nada. Sua hora vai chegar!

E um sorriso triunfante brilhou na sua face.

No dia seguinte, Laurence Piemonte apresentou a Silvia uma instrutora que ajudaria ela pegar o traquejo de desfilar numa passarela. Mas nem foi necessário, Silvia já havia treinado um bocado no Brasil, tomando parte nos desfiles que aconteciam na sua cidade e nas cidades próximas.

Dali, Silvia pegou carona com Vincent que fora especialmente até o ateliê para apanhá-la e levá-la para um passeio pelo Jardim de Luxemburgo, onde a jovem ficou maravilhada com a beleza do lugar.

– Paris é tão linda – comentou Silvia com sinceridade. – É como eu sempre imaginei que seria. Tenho a impressão de que...

– O que é?

– Bobagem minha!

– Diga.

– Você já teve a sensação de ter estado num lugar que nunca pôs os pés antes.

– Eu já! Aconteceu comigo por diversas vezes. Quando fui à Suíça, Amsterdã e à África do Sul.

– Dizem que isso acontece porque já vivemos anteriormente nesses locais. Em outras vidas, eu digo.

– Entendo.

– Aqui na França vocês acreditam em reencarnação, não é mesmo?

– Não.

– Não?! Como não? Allan Kardec é francês pelo que sei.

– Allan Kardec, quem é?

– Como assim, quem é? Até eu que nunca li nada dele sei a respeito. Trata-se de um francês que decodificou o espiritismo.

– Ah, sim... A mamãe já me falou dele.

– Lá no Brasil ele é bem conhecido.

– Pois na França, não é. Na verdade, os franceses não o consideram grande coisa.

– Você fala sério?

– Seriíssimo.

– Que loucura, pois os brasileiros o respeitam muito.

Breve pausa e Silvia acrescentou:

– Desde que cheguei a Paris, tenho a impressão de já ter estado aqui anteriormente... E, no caso, só pode ter sido mesmo noutra vida.

– Pode ser...

E Vincent novamente presenteou a jovem com um de seus sorrisos magníficos. Silvia então mudou completamente de assunto:

– As garotas ficam loucas por você, não ficam? Com esse charme todo e sua influência no mundo da moda, você certamente deve ter qualquer uma ao seu dispor.

O rosto dele se iluminou e os olhos brilharam. Os lábios carnudos se moveram lindamente, prontos para dizer:

– As mulheres são realmente loucas por mim.

Vincent gargalhou e Silvia adorou seu jeito descontraído de ser. A seguir, admitiu:

– Pois saiba que não sou fácil, viu? Comigo, só depois de casada.

Vincent a fitou em silêncio por um momento e depois desatou a rir.

— Você fala tão sério que parece verdade.

— Mas é verdade, mon cher! – protestou a jovem indignada.

— Impossível! Estamos no século vinte e um, nenhuma garota do planeta se casa virgem hoje em dia.

— Pois sou a exceção.

Ele novamente achou graça, mas, no íntimo adorou ouvir aquilo. Nunca uma determinação como aquela o excitara tanto.

– Você é uma garota fascinante, sabia? Cada minuto ao seu lado, gosto mais e mais de você. Só gostaria de saber se tenho chances...

Ela fez ar de "quem sabe..." e voltou a atenção para os franceses que passeavam pelo parque em meio aos turistas maravilhados com o lugar.

– Você já conhece o Louvre? – perguntou Vincent minutos depois.

Ela riu.

– Sequer conheço a Torre Eiffel. Não parei desde que aqui cheguei e...

– Se quiser minha companhia, terei o imenso prazer de acompanhá-la num tour pela cidade. Amanhã é domingo e...

É obvio que Silvia aceitou o convite. Só mesmo uma tola recusaria a companhia de um moço tão lindo quanto Vincent Cassel.

No dia seguinte, como combinado, Vincent apanhou Silvia no hotel para levá-la a mais alguns pontos fascinantes da cidade luz. A primeira parada de ambos foi na belíssima Torre Eiffel que, como sempre, estava abarrotada de visitantes ansiosos para chegar ao topo da tão suntuosa construção. Eram tantas línguas faladas no local, ao mesmo tempo, que Silvia pensou estar nos arredores da Torre de Babel. Do topo da torre, Silvia deixou escapar um suspiro de admiração diante da visão de tão magnifica cidade. Não era à toa que Paris era considerada uma das cidades mais lindas do mundo.

Dali, os dois partiram para o Museu do Louvre, onde Silvia teve a oportunidade de ver de perto, pela primeira vez, a Mona Lisa, famosa pintura de Michelangelo.

– Pensei que fosse um quadro imenso – comentou ela, perplexa. – É tão pequenininho.

Vincent fez ar de quem diz: pois é! E dali ambos foram a pé até o Jardim Tulherias, considerado mais antigo de Paris onde havia esculturas deslumbrantes, dignas de admiração.

O dia terminou com os dois jantando num dos restaurantes do bairro do Marais, uma das regiões mais badaladas de Paris. A cada refeição, Silvia ficava maravilhada com a saborosíssima gastronomia parisiense e os vinhos e champanhes produzidos por vinícolas reconhecidas mundialmente.

A segunda-feira começou agitada. Às nove horas em ponto, Veruska Caron chegava ao quarto em que Silvia estava hospedada, munida de um laptop, pronta para exercer seu melhor trabalho junto a sua mais nova patroa. Para as melhores agências de publicidade da Europa enviou as fotos que Vincent havia tirado e revelado para aquele fim. Logo, o rosto de Silvia Navarro ficou sendo conhecido por todos os profissionais da área.

# CAPÍTULO 14

No dia previsto aconteceu o desfile de Laurence Piemonte e mil pessoas ocupavam os assentos do local, dentre elas, astros internacionais e celebridades do mundo da moda, política e literatura.

Antes e depois do desfile, foram servidos coquetéis e uma ceia em torno da enorme piscina, em que dezenas de velas acesas flutuavam sobre nenúfares. Foi uma noite espetacular.

Os shows da noite ficaram por conta dos astros da música pop norte-americana como: Maroon 5, Jason Mraz e Rita Ora.

As modelos eram lindíssimas, corpos esculturais, pernas deslumbrantes, quadris perfeitos. Os cabelos eram magníficos e os trajes do desfile eram pura criatividade.

Mas quando Silvia Navarro subiu na passarela, foi como se o mundo tivesse parado para prestar atenção a sua pessoa.

Assim que a viu, Marguerite voltou-se para Romeu Duartino e comentou em meio a um risinho amarelo para que ninguém ao redor percebesse como ela estava sendo venenosa naquele instante:

– Como é que aquela lambisgoia conseguiu desfilar num evento magnífico como esse?

O estilista respondeu sem titubear:

– Na mínima foi Laurence Piemonte quem a contratou. Ele está enfeitiçado por ela. Não só ele como Vincent Cassel.

– Vincent Cassel?! – assustou-se Marguerite a olhos vistos.

– O próprio. Estão sendo vistos por Paris, o tempo todo, lado a lado.

– Isso não pode ser!

– Mas é! Já vazaram fotos dos dois na mídia.

Marguerite estava boquiaberta. E o que disse a seguir foi com total determinação:

– Nós precisamos nos unir para colocar essa garota no seu devido lugar. Tirar aquela empáfia do seu olhar, aquele porte de princesa. – E Marguerite desejva intimamente que a jovem tropeçasse na passarela para passar a maior vergonha perante todos e arruinar qualquer possibilidade de ter uma carreira de destaque como modelo.

– Chérie, você tem toda razão – afirmou Romeu tão venenoso quanto a amiga. – Essa brasileirinha de nariz empinado não merece brilhar nas passarelas de Paris.

– Nem nas passarelas de Paris nem de qualquer outro lugar do mundo.

– *Chérie,* você está afiadíssima hoje, hein?

– E não estou sempre, *pédé?*

E Silvia nem fazia ideia de que o ódio em relação a sua pessoa crescia ao seu redor. Sustentado principalmente pela inveja que despertava em seu semelhante por transparecer tanta perfeição física e talento.

Foi no toalete que Silvia teve a oportunidade de pegar Marguerite de surpresa e trocar algumas palavrinhas afiadas com a mulher.

– Nos encontramos novamente. Que maravilha!

– Maravilha?! – desdenhou Marguerite explicitamente. – Só se for para você!

– Eu sei por que a senhora se preocupa tanto com a minha ascensão como modelo. Teme que eu ofusque a sua filha e, com isso, comprometa o seu sustento. Porque é com o dinheiro dela que a senhora sobrevive, não é?

– *Ma chérie,* nós já tínhamos uma vida financeira estável antes de Isabelle se tornar a top model mais famosa e bem paga do mundo.

– *Il n'y a donc rien à craindre! Il n'y a aucun souci à se faire.* (Então não há com o que se preocupar!)

Silvia sorriu, lindamente, e Marguerite acrescentou, venenosamente:

– Sabe quantas garotas como você já se puseram no meu caminho e eu as pus para correr? Muitas! Pois eu farei o mesmo com você, e não vai demorar muito. Aguarde-me!

– D'accord – zombou Silvia, crente de que nada poderia impedi-la de conquistar suas metas.

E como quem decreta uma guerra, Marguerite Chevalier afirmou:

– Eu não gosto de você.

E Silvia também lhe foi sincera:

– Eu também não gosto de você. Deve ser coisa de outra vida.

– Que seja! Mas nessa, tal como na outra, certamente, eu vou por você no seu devido lugar. Aguarde! É uma questão de dias.

Naquele instante, Silvia desejou ter um trunfo na manga contra aquela mulher que se mostrava odiosa com ela, para que pudesse destruir sua arrogância e qualquer possibilidade de ela prejudicar sua carreira em ascensão.

Ao reencontrar Vincent, os fotógrafos novamente cercaram o casal para fotografá-los e expor na mídia mais e mais fotos do multimilionário e talentoso fotógrafo ao lado da aspirante a modelo internacional. Horas depois, não se falava noutra coisa no mundo virtual, senão no provável envolvimento de Vincent com Silvia Navarro.

Já que a tarde estava agradável, Vincent convidou Silvia para subirem o Rio Sena numa das barcaças que havia ali para os turistas. Enquanto ela admirava os belos prédios que ladeavam o rio, Vincent admirava seu perfil, desejando que a jovem fosse sua mais do que qualquer coisa no mundo.

– Silvia – falou ele a certa altura. – Já que você é tão tradicional quanto nos velhos tempos, serei também tradicional com você. – E pegando-lhe gentilmente a mão e beijando-lhe o dorso, ele completou como uma cavalheiros das antigas: – Aceita namorar comigo?

– Namorar?!

– Sim. Como diria Hamlet de Shakespeare: duvide de tudo, duvide do sol, mas não duvide de mim!

E após breve suspense ela respondeu:

– Aceito!

E ele então a beijou, louco de desejo e paixão por sua grandeza.

Vincent Cassel era indubitavelmente o homem encantado que toda mulher sonha ter, capaz de bancar seus sonhos muito além dos já sonhados, por isso, seria muita estupidez da parte de Silvia se ela respondesse "não" à sua pergunta.

Quando o casal se viu novamente cercado pelos paparazzi, Vincent fez questão de contar a novidade a todos. Ele e Silvia estavam oficialmente namorando e que o mundo compartilhasse da alegria do casal. A notícia logo alcançou os quatro cantos do planeta e quando Marguerite soube, ela imediatamente seguiu para o estúdio fotográfico de Vincent para falar com ele, urgentemente, a respeito do seu envolvimento com a brasileira.

– Vincent, meu querido. Acabei de saber que você e aquela brasileira chamada Silvia Navarro estão namorando. É mentira, não é? Diga-me, pelo amor de Deus que é mentira!

– É a mais pura verdade. Eu e Silvia estamos realmente namorando.

– Ela não serve para você, Vincent! Afaste-se dessa moça o quanto antes.

– Por quê?

– Eu não sei explicar. É uma sensação.

– É implicância da senhora.

– Não é! E eu quero o seu bem. Você é irmão do meu genro, cunhado da minha filha e, além do mais, um grande profissional e excelente companheiro de trabalho a quem devo muito, você sabe?

– Estou mesmo apaixonado pela Silvia.

– Pois ela não serve para você nem como amante. Depois não diga que eu não o avisei.

E Marguerite partiu, contrariada. Vincent, por sua vez, ignorou por completo o seu conselho.

Dali, Marguerite foi até o ateliê de amigo Romeu para lhe contar o que fizera havia pouco.

– Biba, você acredita que Vincent Cassel afirmou perante euzinha estar realmente apaixonado por aquela coisinha chinfrim. Alguém tem de abrir os olhos daquele moço.

– Não se preocupe, amiga, esse namorico só perdura até ele levá-la para cama, se é que já não a levou. A fama de mulherengo de Vincent Cassel é tamanha, todos sabem... Então, todos verão aquele rostinho bonito, amargurado por ter sido usada e trocada por outra.

– Sim!.... Mas vamos supor que isso não aconteça. Não é justo que um rapaz tão talentoso e bonito como Vincent caia nas garras daquela pilantra. Ela é brasileira, biba! E brasileiro todos sabem...

– Pelo que sei, ma chérie, você também é brasileira.

– Isso é um pequeno detalhe. Um lapso do destino. Hoje tenho nacionalidade francesa e é isso o que importa.

O estilista riu e Marguerite acrescentou, pensativa:

– Todo aquele dinheiro que ela diz ter...

– E tem – afirmou Romeu, categoricamente. – Soube por fontes fidedignas que ela está hospedada num dos melhores hotéis de Paris até que compre uma casa ou um apartamento na cidade. O que significa que ela tem um bocado de dinheiro.

– A questão é: de onde veio essa fábula toda? Sinto cheiro de malandragem.

Nisso, a expressão de Romeu Duartino mudou. Seus olhos haviam se arregalado, consideravelmente, enquanto ele dizia, quase num murmúrio:

– Falando no diabo, olha ela aí...

Marguerite mal podia acreditar quando se virou para trás e avistou Silvia Navarro dentro do ateliê, caminhando na direção dos dois.

– Bom jour, mes amis – cumprimentou Silvia, cinicamente. – Que dia esplêndido, não? Só vim dizer que o vestido exclusivo que você me fez está bem guardado e prometo mostrá-lo a mídia, assim que possível, como prova da falta de qualidade e eficiência do seu ateliê.

O rosto do estilista emergente desmoronou.

– A culpa não é minha, foi a costureira que errou nas medidas e...

– Como sabe que as medidas estavam erradas se eu nada disse a respeito? Mas não importa. Quero outro modelito e quero o mais rápido possível.

– Está bem.

– E acho bom você caprichar no modelo dessa vez, mon chér. E ai se tiver algum defeito dessa vez. Au revoir!

Assim que a moça partiu, Marguerite voltou-se para o colega e comentou, acidamente:

– Deixe-me ver se eu entendi bem. Aquela lambisgoia veio reclamar de um vestido que você fez para ela? Como é que ela conseguiu convencê-lo a assinar um modelo exclusivo para sua tão insignificante pessoa? Não foi por dinheiro, foi? Só pode ter sido mesmo porque ela descobriu algum podre seu, não é biba? Só pode!

Romeu Duartino sequer respondeu. Por dentro tremia de raiva e de medo em relação a ameaça que Silvia Navarro havia lhe feito. Marguerite encerou o assunto, dizendo:

–Agora, mais do que nunca, precisamos nos unir para colocar essa garota no seu devido lugar.

–Amiga, você tem toda razão. Essa vagabunda tem de ser deportada da França para que nunca mais ponha os pés em solo francês.

–Amei a ideia! Só que isso tem de ser feito antes que ela fique poderosa e ainda mais rica. Porque se ela se casar com Vincent Cassel, aí, vamos ser obrigados a comer nas palmas da sua mão.

E os dois se arrepiaram só de imaginar Silvia Navarro ainda mais rica e poderosa.

Ao cair da tarde, Vincent foi ao hotel para dar uma ótima notícia à namorada:

– Você conseguiu. Parabéns!

– Consegui?!

– Você foi escolhida como a garota propaganda do perfume mais famoso do mundo.

Silvia explodiu de alegria. E a felicidade foi tanta que ela mesma tomou a iniciativa de beijar Vincent Cassel nos lábios. E o beijo forte e apaixonado reafirmou para o rapaz que a jovem era mesmo a mulher da sua vida.

A fotos para a campanha publicitaria aconteceram na semana seguinte e a campanha obteve um sucesso imediato. Em questão de horas, Silvia se tornou o rosto mais cobiçado de todo o planeta, ganhando fãs por toda parte que queriam saber particulares da sua vida e obter um autógrafo. Podia se dizer que, da noite para o dia, Silvia Navarro se tornara uma celebridade e os convites para desfilar pelas passarelas mais importantes do mundo vinham aos montes. Além de impactar as pessoas com a sua beleza e graça jovial, ela também cativava a todos com a sua simpatia vista nas inúmeras entrevistas que faziam com ela.

– Você está feliz? – perguntou Vincent durante uma nova sessão de fotos com a namorada.

– Muito! Quando olho para trás e me deparo com os sacrifícios que tive de fazer para chegar até aqui, penso que valeu muito a pena.

– Tudo vale a pena desde que alma não seja pequena.

E Vincent beijou a jovem, externando todo o seu afeto e admiração por ela.

Nesse ínterim, Silvia havia voltado ao ateliê de Romeu Duartino para apanhar o vestido que exigiu que ele lhe fizesse. Dessa vez, Romeu teve de ser só sorrisos para com a moça, diante da fama que ela vinha conquistando de forma relâmpago. Silvia examinou o modelito que, dessa vez, havia sido realmente feito para ficar perfeito no seu corpo e disse:

– Ficou bom, sim... Bonitinho. Mas agora, quem precisa de mim é você, não eu. Au revoir!

– Espere! – exaltou-se o estilista, indignado com a reação da moça. – Você não vai levar o vestido? É seu, de presente.

– Eu, não! Se quiser que eu use algum vestido seu, a partir de agora você terá de pagar pelo meu cachê que, inclusive, sobe a cada hora. Daqui a pouco, você não terá mais condições de bancá-lo. Se é que atualmente tem. Au revoir!

Diante do mal-estar do estilista, sua secretária lhe fez uma sugestão pertinente:

– É melhor o senhor tomar um Rivotril.

Ao que que ele respondeu:

– É melhor eu tomar a caixa toda.

Romeu Duartino estava furioso. Teria matado Silvia Navarro a sangue frio se pudesse escapar impune. Mas ela haveria de tropeçar na sua ascensão como modelo, desejou ele, intimamente. Não era justo chegar chegando dessa forma para humilhar quem bem quisesse. Ela haveria de cair nem que ele tivesse de colaborar para a sua queda.

O namoro de Vincent Cassel e Silvia Navarro seguia de vento em popa. Havia uma intimidade tranquila e maravilhosa entre o casal. Vincent nunca se sentira tão interessado numa garota do que na brasileira que vinha conquistando todo o mundo com sua beleza e carisma. E ela seria dele, somente dele, nem que para isso tivesse de levá-la ao altar da igreja mais imponente da França.

A conversa entre os dois era sempre muito agradável. Os assuntos nunca terminavam ou se repetiam. Silvia parecia genuinamente interessada nele tal como ele se mostrava interessado nela. A união dos dois ainda daria muito o que falar na mídia.

Chegara então, o momento de ele apresentar a jovem a sua família.

– Silvia... Quero muito apresentá-la aos meus pais nesse fim de semana. Haverá um almoço lá em casa e...

– Por mim tudo bem. Só espero causar boa impressão em todos.

– Eles também se apaixonarão por você, meu amor. Acredite!

Silvia mal podia imaginar que no sábado seguinte, também teria a oportunidade de conhecer pessoalmente Isabelle Chevalier que voltara da lua de mel com seu marido e estariam também na mansão dos Cassel para o almoço de sábado. Seria uma surpresa e tanto para Silvia, que tinha Isabelle como um ídolo.

Foi difícil decidir que roupa usar, especialmente numa ocasião tão especial quanto aquela: o momento em que seria apresentada à família do seu futuro marido. Queria causar boa impressão em todos e uma roupa adequada ajudaria e muito a realizar sua meta.

Assim, ela acabou optando por uma saia florida e informal e uma blusa branca de manga sanfonada. Uma rápida conferida no espelho e ela se achou perfeita para ir ao almoço. Sorriu para si mesma e para a vida, com entusiasmo redobrado.

O sol de outubro brilhava quando Vincent chegou ao hotel para apanhar a namorada que aguardava por ele na recepção para evitar atrasos. Pelo trajeto até o local, ambos jogaram conversa fora e Vincent contou um pouco sobre a origem de sua família.

Uma hora depois o carro chegava ao vilarejo chamado Saint-Émilion, localizado junto ao golfo da Gasconha, um trecho do oceano Atlântico situado entre a costa norte da Espanha e a costa sudoeste da França. Um lugarzinho de ar inocente e pacífico que parecia singularmente ter parado no tempo para conservar a essência dos tempos remotos. Possuía uma única rua principal com algumas lojas comerciais e pequenas casas ao estilo georgiano de degraus imaculados e aldravas polidas. Havia também pitorescos chalés de jardins floridos e uma hospedaria muito convidativa. E, dominando tudo, uma belíssima igreja, herança do ápice da arquitetura católica.

Logo, o carro tomou a pequena estrada que desembocava na magnifica propriedade da família Cassel, situada a cerca de um quilometro de distância do vilarejo, trecho que muitos dali, tanto no passado quanto no presente, percorriam a pé, especialmente os empregados da casa.

Quando Silvia avistou a mansão ao longe, estremeceu. O local lembrava um castelo de um conto de fadas e de algum modo sua magnitude a assustava. Depois de estacionar o carro num lugar apropriado, Vincent deu a volta para ajudar Silvia a sair do veículo. Foi quando ela voltou a admirar a belíssima construção que Vincent, verdadeiramente apaixonado pela casa onde nascera, voltou-se para ela e perguntou:

– Não é linda?

– É sim. Muito linda... – afirmou Silvia sentindo um arrepio gelar a alma

– O que foi? – estranhou Vincent o comportamento da jovem.

– Essa casa... – murmurou ela engolindo em seco. – É como se eu já a conhecesse.

– Talvez já tenha...

– Como?! Se eu nunca estive na França anteriormente.

– Eu quis dizer noutra vida. Foi você mesma quem abordou essa possibilidade quando passeávamos no parque, semanas atras, lembra?

Ela riu:

– É verdade.

E novamente seus olhos se detiveram na suntuosa mansão que no fundo lhe provocava arrepios.

A primeira pessoa que Vincent encontrou pelo caminho foi o irmão que voltara mais robusto de sua lua de mel.

– Jean-Pierre, meu irmão! Que saudade! – exclamou Vincent indo ao seu encontro e o abraçando fortemente.

Jean-Pierre Cassel era um moço tão bonito quanto Vincent, seu irmão. De rosto aristocrático, cabelos castanho-claros, olhos verdes e corpo atlético como dos jovens da atualidade. Na superfície, era simpático e cortês, mas por dentro, havia uma personalidade de ferro.

Dando um passo para trás, para observar o irmão da cabeça aos pés, Vincent comentou: — Mas que barba é essa, meu irmão?

Jean-Pierre bem-humorado como sempre, respondeu:

— Resolvi entrar na moda já que a maioria dos homens hoje em dia usa barba.

– É verdade – concordou Vincent que maliciosamente acrescentou – Você ficou um gato!

Ambos riram e Vincent voltou-se para Silvia, para apresentá-la:

— Jean-Pierre, meu querido, essa é Silvia Navarro.

Os olhos verdes do francês brilharam de interesse diante da jovem que olhava com certa timidez na sua direção.

— Muito prazer – respondeu Jean-Pierre, estendendo a mão para a moça. – Meu irmão tem excelente bom gosto.

Ela corou e Vincent embalou:

— Como se você também não tivesse. Isabelle Chevalier é também uma jovem lindíssima.

— É sim, não nego. – E voltando-se para Silvia, Jean-Pierre comentou: – Soube, pelas manchetes da mídia, que você é brasileira.

— Sou sim.

– Pois eu ainda quero conhecer esse país. Falam tanto... — e depois de um sorriso carismático, Jean-Pierre Cassel acrescentou: – Fique à vontade. A casa é sua!

— Obrigada.

O primeiro pensamento de Jean-Pierre ao ver Silvia, foi: "Mas como ela é bonita!", bem mais do que pelas fotos que tivera a oportunidade de ver na internet. Transbordava vitalidade e um carisma capaz de fazer até mesmo as mulheres se curvarem diante dela.

Ao encontrar o pai, cochilando na poltrona da sala com TV, Vincent o acordou com um leve peteleco na cabeça.

– Vincent! – exclamou o homem, erguendo-se da poltrona para abraçar o filho adorado.

Valentino Cassel era um homem de boa estatura e com acentuada semelhança com o rapaz. A boca era irresoluta, o queixo ligeiramente recuado e os olhos eram fundos, porém, alertas. No momento certo, Vincent apresentou a namorada para ele:

– Papai, quero lhe apresentar Silvia Navarro.

Os olhos do homem se abriram um pouco mais para admirar tamanha beleza.

– Muito prazer – disse ele, após lhe fazer uma pequena mesura. – Você é mesmo...

A frase não foi concluída, pois Valentino, no instante em que tomou a mão de Silvia para beijá-la, sentiu um forte aperto no peito que o desconcentrou. Houve um momento de silêncio, prolongado e contrafeito e para quebrar o gelo, Vincent perguntou:

– Pensei que a mamãe e a Isabelle estivessem aqui com o senhor...

O homem rapidamente limpou a garganta e respondeu, com voz de quem parecia ter despertado de um sonho ruim:

– Ambas foram dar uma volta. Sua mãe quis mostrar a Isabelle os avanços que tivemos na estufa de orquídeas.

– Ah, sim!

E visto que o pai se mantinha atarantado, Vincent levou Silvia para conhecer o interior da mansão. A casa era uma imensidão de cômodos deslumbrantes, espaçosos e luxuosamente bem decorados. Da sacada de um dos quartos do andar superior, podia se avistar os jardins e a piscina que fora construída nos anos oitenta.

— Vou ao toalete – anunciou Vincent depois de deixar Silvia na grande sala da casa ao lado de Jean-Pierre. Ao passar pelo irmão, bateu-

-lhe o ombro e disse: — Continue fazendo as honras da casa, você foi sempre muito bom nisso.

Jean-Pierre assentiu e Vincent partiu. Silvia então voltou sua atenção para os quadros que decoravam as paredes do belíssimo cômodo. Olhava um a um com profunda admiração.

— São lindos! – elogiou porque era verdade. – Verdadeiras obras-primas.

Jean-Pierre concordou:

— São sim. E a maioria deles está aqui desde o início do século passado.

— Entendo.

Ela observava com interesse as assinaturas de cada obra, comentando:

— A vida é mesmo incrível, não é? Os pintores já estão todos mortos, mas suas obras continuam vivas, entre aspas, encantando salas lindas como essa.

— Sans doute – concordou Jean-Pierre, olhando para as pinturas com a mesma admiração. – E as modelos que posaram para esses artistas também já se foram. Mas ninguém se lembra do fato ao admirá-las retratadas aí, pois parecem tão vivas quanto no período que posaram para os pintores.

— Ah, sim! – Silvia deteve-se diante do maior quadro que havia na parede. Seus olhos se arregalaram e sua expressão mudou radicalmente.

Diante da sua reação, Jean-Pierre comentou:

— Eu sabia que você iria ficar impressionada com esse retrato. Ele é, sem dúvida alguma, a obra de arte mais impressionante que já se viu, não é mesmo?

Silvia não pôde opinar porque naquele instante uma tontura repentina a fez perder os sentidos e se Jean-Pierre não a tivesse amparado em seus braços, rapidamente, ela certamente teria ido ao chão. Ele ainda olhava assustado para o rosto lindo e tentador de Silvia Navarro quando a voz de Isabelle Chevalier soou no recinto:

— Jean-Pierre?!

E a voz de Vincent ecoou no mesmo instante:

— O que está havendo aqui?

E Jean-Pierre ficou temporariamente aturdido, enquanto Silvia permanecia desmaiada em seus braços.

# CAPÍTULO 15

Vincent correu até o irmão para ajudá-lo diante do inesperado acontecimento.

— Ela desmaiou – tentou explicar Jean-Pierre arrastando Silvia até um sofá nas proximidades.

Quando Silvia recobrou os sentidos, Vincent segurava uma de suas mãos com delicadeza.

– O que houve? – indagou ela um tanto confusa.

– Você desmaiou – respondeu ele prontamente.

– Que vergonha...

— Que nada! Quer um suco?

– Sim, obrigada. – E depois de molhar a boca, Silvia admitiu: – Já estou melhor.

– Tem certeza?

– Sim, sim...

Ele a ajudou se levantar e quando ela novamente avistou o quadro que o pintor Laurence Piemonte havia feito de Silvia Navarro na vida anterior àquela, a jovem voltou a estremecer. A visão da bela mulher retratado ali a fez sentir um arrepio na alma. Algo nela a assustava tanto quanto a fascinava.

– Ela é linda, não é? – questionou Vincent olhando com admiração para o quadro.

— É sim – mas Silvia não sabia ao certo se era mesmo.

— O que foi? – estranhou ele a reação da jovem.

— Fico pensando se essa mulher realmente existiu ou foi fruto da imaginação do pintor.

— Ela realmente existiu – afirmou Vincent, categoricamente. Inclusive, ela foi a mãe da minha bisavó Ettiénne. A qual, por sinal, escreveu sua história num pequeno diário. Se tiver interesse em lê-lo...

— Eu teria. Muito!

– Ela é realmente de tirar o fôlego. Tem algo em torno dela, um mistério, não sei explicar.

– Eu também sinto isso.

Mirando atentamente os olhos da mulher do quadro, Silvia perguntou:

– Você acha que ela foi feliz?

– Só pode ter sido. Uma mulher desse porte, exuberante e maravilhosa tinha tudo para ser feliz.

– Sim, só que muitas vezes as aparências enganam.

– Olhe bem para os olhos dela. Há plena satisfação em seu olhar.

– Isso é verdade. Sinal de que a autoestima dela era boa.

— Agora venha tomar um pouco de ar.

— Boa ideia!

Os dois seguiram por um dos jardins onde cresciam flores de todas as cores, exalando seus perfumes pelo ar. Foi quando Silvia admitiu:

– Eu jamais poderia imaginar que você fosse um rapaz tão rico.

– Ora, por quê? – Vincent riu, um tanto sem graça.

– Porque você trabalha o tempo todo.

– E só porque meu pai tem alguns milhões, eu não devo trabalhar?

– No seu lugar, muitos não trabalhariam.

– Eu amo o meu trabalho. Faço por amor.

– E faz muito bem, digamos de passagem.

– Há outras coisas que eu também faço muito bem.

– É mesmo? O que, por exemplo?

Vincent fez ar de maroto e num movimento rápido e certeiro, enlaçou Silvia e a beijou nos lábios, deixando-a derretida por seus encantos.

– Você é muito ousado.

-- Que homem não seria diante de uma mulher tão linda quanto você?

– Aposto que você diz o mesmo para todas.

– Hum...

Houve algumas risadas e Silvia, muito seriamente quis saber:

– Como é nascer rico?

– Que pergunta! – espantou-se ele. – Nunca ninguém me fez uma igual.

– Eu gostaria de saber, pois não faço ideia de como seja.

– Deve ser a mesma pergunta que uma pessoa que não corresponde aos padrões de beleza atual, faria a você, não acha? Porque você é uma mulher bonita e muitas mulheres desejam ser belas como você.

Silvia fez uma careta e Vincent a questionou:

– Entre a beleza e a riqueza, qual delas você optaria por ter na vida, caso lhe fosse permitido escolher antes de nascer nesse planeta?

– É uma boa pergunta – riu Silvia. – Mas eu acho que eu preferiria nascer rica e bonita ao mesmo tempo.

– Mas você já é rica e bonita ao mesmo tempo.

– Ah, sim, verdade, mas...

Ele estranhou o "mas" e Silvia se explicou:

– Eu nasci numa família muito pobre. A única riqueza que tive até meus dezesseis, dezessete anos foi a beleza.

– E a saúde.

– Sim. Admito que sim. Então ganhei na loteria e foi isso que me deixou milionária.

– Então foi assim que conseguiu tanto dinheiro... Quer dizer que além de bonita e saudável, você também é sortuda.

– É...

– Ainda mais agora que me tem como seu namorado.

– Convencido.

Risos e Silvia, lançando olhares contemplativos para a belíssima paisagem ao redor, questionou:

– E sua família? De onde foi que veio toda a fortuna de vocês?

– Temos muitas propriedades alugadas, espalhadas pela Europa. E investimentos.

– Entendo. Mas de onde foi que tudo realmente começou?

– É uma boa pergunta. Tudo que sei é que meu tataravô construiu essa casa para passar os longos e tenebrosos períodos de inverno com a família, visto que aqui o inverno é mais ameno do que outras regiões da França. Depois de um tempo, mudaram-se definitivamente para cá. No diário escrito por Ettiénne, ela comenta que a mudança se deu na verdade por causa de uma tragédia que aconteceu na casa em que moravam. Ou seja, eles se mudaram para cá para esquecer o que houve.

– E o que houve, exatamente?

– Eu não sei. A página em que ela continuava escrevendo a respeito se descolou do diário e se perdeu...

– Que pena.

– Sim.

Ao voltarem para a mansão, Silvia travou os passos e perguntou, como se visualizasse algo em pensamento.

– Nesta casa há uma sala que tem um piano de calda preto, não há? Pelo menos deve ter havido algum dia.

Vincent fitou a jovem com uma expressão de surpresa.

– Há sim! Eu a levo até lá.

Diante do belíssimo instrumento, Silvia o examinou com olhos a marejar.

– O que foi? – Vincent procurou confortá-la num abraço. – De repente, você ficou emotiva.

– É a sensação de já ter estado nesta casa que não para de me importunar. A cada minuto que passa, a impressão de já ter vivido aqui se torna cada vez mais nítida.

E ele a abraçou como quem faz para proteger a pessoa amada de todo mal que possa lhe atingir.

Minutos depois, Silvia era finalmente apresentada a Isabelle e Carmem Cassel que trataram a moça com respectiva simpatia e alegria por conhecê-la. Mais uma vez, Silvia se desculpou por ter desmaiado perante o quadro e, a seguir, o almoço foi servido no terraço da ala norte da casa, de onde se descortinava o melhor ângulo da paisagem verdejante que cercava a mansão.

Em meio a refeição, Jean-Pierre e Isabelle falaram com entusiasmo sobre a lua de mel e Vincent prometeu a si mesmo que visitaria os mesmos lugares quando também estivesse em lua-de-mel. Todos se mostravam simpáticos uns com os outros, mas a verdade é que Carmem e Valentino Cassel não estavam se sentindo à vontade com a presença de Silvia Navarro naquela mesa. Havia algo em torno da jovem que não os convencia, era como se por trás de toda aquela beleza, houvesse uma naja pronta a dar o bote, quando menos esperassem.

Foi quando os irmãos se retiraram para jogar golfe que Silvia teve a oportunidade de ficar a sós com Isabelle Chevalier que gentilmente comentou:

— Curioso, não é? Sermos brasileiras e estarmos seguindo a profissão de modelo internacional.

— E devo isso a você, chérie – respondeu Silvia com sinceridade.

— A mim?!

— Sim. Você me deu um rumo a seguir. Uma meta na vida. Eu disse para mim mesma: se Isabelle Chevalier chegou lá, eu também posso. E, por isso, eu me esforcei um bocado para chegar aqui. Sua mãe pensa que eu quero puxar o seu tapete. Mas isso não é verdade. Você tem o seu espaço e eu estou conquistando o meu.

— A mamãe sempre foi muito ciumenta.

— Eu já percebi.

Ambas riram.

— Parece até que ela tem uma implicância natural comigo.

— Acho que o santo da mamãe não bateu com o seu. Não é assim que dizem no Brasil?

— É.

Breve pausa e Isabelle comentou:

— Há uma outra coincidência entre nós duas. Eu me casei com Jean-Pierre e você está namorando o irmão dele. Ao que tudo indica, em breve faremos parte da mesma família. Os Cassel são gente muito boa. Uma típica família tradicional francesa.

Silvia fez ar de lisonja e indagou:

— Há um outro irmão, não é?

— Sim! – respondeu Isabelle com grande entusiasmo. – Charles Cassel, o caçula da família. Largou tudo para ser missionário na África.

— Como é que é?

— É isso mesmo o que você ouviu. Largou tudo e foi ajudar os mais necessitados no continente africano.

— Ele só pode ser maluco. Onde já se viu largar uma vida luxuosa para viver em condições precárias, sabe-se lá onde.

— Mas ele não se importa.

— Então, ele só pode ser mesmo maluco.

Isabelle achou graça do comentário da outra e explicou:

– Foi por meio do Charles que eu conheci Jean-Pierre.

– Sério?!

– Sim. É uma longa história...

Nova pausa e Silvia comentou com grande satisfação:

—Até minha mãe é sua fã. Está sempre acompanhando seus passos pelas revistas e matérias na internet. Acho que a maioria dos brasileiros tem admiração por você. Por ser uma jovem que triunfou no exterior por seu talento, beleza e determinação.

– Obrigada. Vivi tão pouco no Brasil que nem me considero uma brasileira.

— Entendo...

– Que tal irmos ver os rapazes jogando golfe?

– Para lhe dizer bem a verdade. Eu nunca vi ninguém praticando esse esporte. A não ser em filme ou seriado americano.

– Você não é a única.

E com um sorriso convidativo, Isabelle puxou Silvia até o local. Quem as visse, lado a lado, conversando animadamente como no presente, não acreditaria que numa vida anterior haviam sido rivais. E que numa encarnação ainda mais longínqua uma tragédia marcara suas vidas e gerou um ódio tamanho entre as duas. Por isso que todo ser humano havia de passar pelo processo das reencarnações, para que deslises cometidos no passado pudessem ser redimidos numa vida futura como estava prestes acontecer com ambas.

Nesse ínterim, Carmem achegou-se ao marido e comentou, com visível preocupação:

– Essa tal Silvia Navarro... Ela não me passa confiança.

As pupilas de Valentino Cassel saltaram das órbitas.

– Você também sentiu isso?! – exclamou, pasmo. – Eu também tive a mesma impressão.

— O que faremos, Valentino?

— Vincent foi sempre um aventureiro. Não será essa jovem que irá prendê-lo a um casamento pelo resto da vida.

– Não sei não... Essa fulana está realmente mexendo com ele. Nunca o vi apaixonado dessa forma. Tanto que ele nunca trouxe uma das suas namoradinhas para cá, nem fez questão de nos apesentar a elas.

Valentino se limitou a soltar um suspiro de contrariedade e Carmem acrescentou:

– Não é justo criarmos um filho com tanto amor para vê-lo cair nas garras de uma jovem mau-caráter.

O marido abraçou a esposa na esperança de lhe transmitir algum conforto e a tarde seguiu conforme o previsto. O dia terminou com todos se despedindo polidamente e programando um novo final de semana juntos.

Uma hora depois, Vincent deixava Silvia no hotel.

– Espero que tenha gostado da minha pequena família – comentou o moço cuja intenção era mesmo agradar Silvia em todos os sentidos.

– Eu adorei. Mas não tenho certeza se eles gostaram de mim reciprocamente.

– Se não gostaram de cara, logo se renderão aos seus encantos.

– Tomara!

E ela saiu do veículo com a ajuda do porteiro do hotel, soprou um beijo para Vincent que só partiu depois de vê-la entrar no lobby do edifício. Ao se fechar no quarto em que estava hospedada, Silvia se jogou na cama e suspirou. Isabelle Chevalier, ela finalmente a havia conhecido pessoalmente como tanto sonhou fazer um dia. E sua mãe precisava saber disso, o quanto antes. Assim, ela ligou para Dulce no Brasil para lhe contar as novidades.

– Você realmente a conheceu? – maravilhou-se Dulce que sempre fora fã da jovem modelo.

– Sim, mamãe. Não é formidável? E acho que vamos ser grandes amigas.

– Como ela é? Tiraram fotos lado a lado? Mande-me pelo celular.

E a conversa se estendeu por quase uma hora.

Aquele fora realmente um sábado esplêndido, contudo, a noite não foi nada agradável para Silvia que teve um pesadelo horrível com a moça retratada no magnífico quadro que vira na mansão da família Cassel. Era como se a jovem que posou para o artista tivesse ficado aprisionada naquele obra-prima e Silvia, por pena dela, quisesse libertá-la de lá, a todo custo. Para isso, ela voltou até a suntuosa mansão onde se apropriou do quadro num momento oportuno e ateou fogo nele na esperança de libertar a jovem dali. Mas quando a pintura começou a ser consumida pelas chamas, a jovem do quadro se mostrou viva, gritando diante das chamas que destruíam seu corpo.

O pesadelo fez com que Silvia despertasse, gritando e suando em profusão. Foi preciso beber água e tomar um floral para recuperar o sono. Contudo, ela ainda pensava na modelo do retrato pintado a óleo que tanto a impressionou. Gostaria de saber mais a seu respeito, se foi feliz ou não.

# CAPÍTULO 16

Na manhã de segunda-feira, Veruska chegou toda-toda para desempenhar mais um dia de trabalho de assessora da grande modelo em ascensão.

– Bom dia, mademoiselle – saudou a moça mostrando super disposição e bom humor.

Silvia retribuiu o sorriso e Veruska ousou comentar:

– Mademoiselle dormiu bem? Parece-me abatida.

– Não dormi muito bem, não. Tive alguns pesadelos terríveis e... – Silvia se sentou à mesa para tomar o café da manhã que já havia sido entregue pela cozinha do hotel.

– Coma, que logo mademoiselle se sentirá melhor. Nada como um café reforçado para começar bem o dia. É o que minha mãe sempre diz.

A sugestão agradou Silvia que decidiu comentar com Veruska a respeito da sua ida a mansão dos Cassel no sábado e sobre a sensação de já ter estado lá anteriormente. Após breve pausa, a moça opinou:

– Sabe... Nem sei se deveria falar a respeito com mademoiselle, mas... Quando isso acontece é sinal de que a pessoa já viveu ou visitou esse local anteriormente, numa vida passada. Mas isso é para quem acredita em reencarnação.

– Estou começando a acreditar. Pois desde que cheguei a Paris, a sensação de já ter vivido aqui é cada vez mais forte. – Silvia saboreou o café preto e comentou: – então você acredita em reencarnação?

– A princípio, não. Mas depois de conhecer Dona Madalena.

– Quem é ela?

– Seu nome é Madalena Ayala. Ela é uma médium. Mademoiselle sabe o que é uma médium, não sabe?

– Sei... Acho que sei.

– É a pessoa que desenvolveu a habilidade de se comunicar com os espíritos que habitam o plano espiritual. Esse contato pode acontecer por meio da escrita mediúnica, visão e até mesmo pela incorporação do espírito. Dona Madalena é quem, na verdade, sabe explicar tudo com maior clareza.

– Quero conhecê-la, se possível.

– Ah, sim! Ela é uma senhora adorável. E muito trabalhadora também. Já faz algum tempo que ela é o braço direito de Laurence Piemonte em seu ateliê.

Silvia deixou cair ao chão o garfo com que comia os pedacinhos de mamão.

– Eu a conheço! – exclamou, perplexa. – Foi ela quem fez questão de me apresentar ao Laurence na primeira vez que visitei o ateliê. Assim que ela me viu, foi muito solícita e quis por quis que o Tom me conhecesse e foi graças à sua insistência que ele gostou de mim e fez aquele modelito lindo com o qual brilhei no evento que me destacou para o mundo da moda. Que coincidência!

– Não é coincidência, mademoiselle. É sincronicidade.

E Silvia apreciou o comentário, sorrindo amavelmente para a secretária.

Uma hora depois, Silvia Navarro se encontrava com Madalena em sua sala particular no ateliê em que trabalhava.

– Eu tinha de vir vê-la – comentou Silvia assim que se sentou na poltrona junto a dela. – A senhora me ajudou tanto e...

– Fiz de coração.

– Obrigada mais uma vez.

Ambas sorriram e Silvia foi além:

– Então, a senhora é médium. Por isso, talvez, possa me explicar por que tenho a nítida impressão de já ter estado em Paris anteriormente. Senti o mesmo quando Vincent Cassel me levou a casa de sua família para me apresentar a seus pais, era como se eu já conhecesse o lugar, intimamente. Tanto que sabia da existência de alguns cômodos antes mesmo de Vincent me falar a respeito deles.

– Tudo isso é sinal de que sua mediunidade está à flor da pele. Você está recuperando a memória do que já viveu anteriormente. E ao que tudo indica, você já teve mesmo uma existência em Paris. Eu, por exemplo, quando a vi pela primeira vez, também tive a sensação muito forte de já conhecê-la e de que precisava fazer algo para ajudá-la. E fiz.

– Confesso que também senti o mesmo em relação a senhora. Não quis comentar para não me achar maluca ou invasiva demais.

– Entendo. Confesso a você que odiei o espiritismo, assim que soube exatamente do que se tratava.

— Sério?

– É que segundo o espiritismo, colhemos o que plantamos em vidas passadas. Como não sei se o que plantei foi salutar... Vai que não foi, portanto...

Madalena riu e Silvia riu com ela. A seguir, disse:

– O que mais me impressionou na mansão dos Cassel foi um quadro pintado a óleo de uma moça lindíssima chamada "Silvia Navarro". Por que será que o retrato mexeu tanto comigo?

– Porque essa moça pode ter sido você numa vida passada.

A resposta de Madalena Ayala soou tão objetiva que Silvia teve um sobressalto.

– Há outro detalhe que vem me incomodando sobremaneira desde que cheguei à França. Tem a ver com o Vincent, meu namorado. Ele é um cara maravilhoso e apaixonante. Fisgou meu coração de imediato, mas há algo em torno dele que me amedronta. O que é muito estranho, pois ele nunca me fez nenhum mal. O que a senhora tem a dizer sobre isso?

– Bem... Essas sensações acontecem porque ele certamente deve ter lhe feito algo que a desagradou imensamente numa vida anterior. Mas não é porque ele lhe fez mal numa vida passada que lhe fará novamente. Se vocês se reencontraram é para solucionar pendências do que viveram ou não viveram numa vida anterior a essa.

Silvia balançou a cabeça em sinal de compreensão e foi então que se lembrou do diário escrito pela bisavó de Vincent. Nele, ela deveria relatar muitos detalhes sobre a moça do quadro que, na verdade, fora sua mãe. Precisava lê-lo, página por página, e com grande atenção.

Madalena comentou a seguir:

– Fico feliz por vê-la se realizando como modelo profissional. Você quis muito chegar aonde chegou, não é mesmo?

– Sim, imensamente.

– Que bom que pude contribuir para o seu crescimento.

– E por isso lhe serei eternamente grata. Agora fale-me de você. Como veio parar aqui? Soube que é o braço direito de Laurence Piemonte...

E Madalena se pôs a contar os rumos felizes que teve ao longo da vida. Casara-se muito bem, tivera dois filhos lindos e se apaixonara pelo mundo da alta-costura quando ainda era moça, o que a fez aprender a costurar, tornando-se excelente no ofício. Seu profissionalismo a levou preencher uma vaga de emprego que Laurence Piemonte oferecia no seu ateliê e, desde que se viram, surgiu uma empatia imediata entre os dois. Na ocasião, ele ainda estava em início de carreira como estilista e com Madalena a seu lado, tudo se tornou ainda mais profissional. Por isso, ele a tinha como braço direito na sua profissão.

Ao encontrar Vincent naquele dia, Silvia lhe contou com grande entusiasmo a respeito do encontro que tivera com Madalena Ayala. Vincent ouviu tudo com grande interesse e ao término da narrativa, comentou com sinceridade:

— Eu não sei se já estivemos juntos numa vida passada, mas se estivemos, devemos ter amado muito um ao outro para estarmos novamente lado a lado.

— Talvez...

— Você duvida que eu a amo?

— Não! Em absoluto! Mas vamos ver até quando dura o seu amor por mim.

— Silvia!

— Falo sério! Fica meio difícil para mim acreditar que posso ser a única mulher na vida de um homem lindo, rico e influente como você.

— Desde que você entrou na minha vida, eu nunca mais tive interesse em ficar com outra garota.

E ele parecia ser tão sincero naquele momento que fez Silvia querê-lo mais do que tudo na vida. Nada mais pode ser dito, pois foram abordados por paparazzi ensandecidos por fotos do casal para vender para a mídia em geral.

Ao visitar a mãe, Isabelle contou sobre o encontro que tivera com Silvia Navarro no dia anterior.

– Não suporto essa garota! – enfureceu-se Marguerite a olhos vistos. – E afaste-se dela, o quanto antes! Ela não presta!

– Mamãe, não exagere, Silvia Navarro é uma jovem muito agradável.

– Ela é falsa e perigosa. Ouça o meu conselho: afaste-se dela o quanto antes! Já alertei Vincent Cassel a respeito e ele não me deu ouvidos. Pois vai se arrepender amargamente de ter ignorado meu aviso.

– Mamãe, a senhora está exagerando.

– Isabelle, minha filha, eu nunca me engano com as pessoas. Por isso digo que Silvia Navarro não presta. E ela ainda vai ferir muita gente, guarde bem o que eu lhe digo.

Isabelle achou melhor não dizer mais nada e Marguerite alegrou-se ao ouvir sobre os planos da filha de engravidar, o quanto antes, pois seu maior sonho era o de ser mãe.

–Ainda que a gravidez me deixe gorda e prejudique a minha carreira de modelo, terei meus filhos... Porque essa vida de top model vai passar, mas os filhos, de certa forma, permanecerão sempre ao meu lado.

Marguerite foi obrigada a concordar com a jovem, porque de fato, um filho, ainda que somente um, fazia mesmo diferença na vida de uma mulher. Como Isabelle fizera na vida dela.

Duas horas depois, Marguerite chegava à mansão dos Cassel dirigindo o próprio conversível. Valentino e Carmem a receberam com polidez apesar de intimamente não gostarem dela.

— Desculpe-me por vir assim, sem avisar previamente, mas... Eu precisava falar urgentemente com vocês. Diz respeito ao meu querido Vincent. Amo esse rapaz como se fosse o meu próprio filho. Por isso o procurei semanas atrás para alertá-lo sobre Silvia Navarro. Essa jovem não presta. Não serve sequer para ser sua amante. E, no entanto, ele insiste em continuar namorando-a.

Valentino e Carmem se entreolharam e algumas palavras mais foram ditas por Marguerite que parecia transtornada diante da situação:

– Então eu disse para mim mesma, se há alguém na face da Terra que possa impedir Vincent Cassel de cometer essa loucura, esse alguém são seus pais. Por isso vim aqui alertá-los. Vocês precisam fazer alguma coisa para salvar Vincent das garras daquela...

A frase ficou no ar e Carmem Cassel, polidamente respondeu:

– Eu e meu marido agradecemos imensamente você por se preocupar com o nosso filho. Faremos o que estiver ao nosso alcance.

– *S'il vous plaît.*

Sem mais, Marguerite partiu e Carmem voltou-se para o marido que se mantinha pensativo e absorto num canto da sala.

— Pelo visto, não foi somente nós que não gostamos da moça.

– Pois é – afirmou Valentino seriamente. – E o mais curioso nisso tudo é que não gostamos de Marguerite Chevalier, desde que fomos apresentados a ela. Tanto eu quanto você a achamos, desde o início, que ela não passava de uma oportunista e mau-caráter.

– Sim! Mas não foi com ela que Jean-Pierre se casou. Foi com Isabelle que é um encanto de moça. No caso do Vincent é diferente, pois ele irá se casar com uma garota que não confiamos, tampouco temos algum apreço por ela. A questão é: o que fazer diante dessa situação?

– Se Charles estivesse aqui, ele certamente daria algum conselho ao irmão. Ele é sempre tão sensato.

– Sim, mas...

– Podemos ligar para ele, pedindo para falar com Vincent.

– É uma possibilidade.

E percebendo o mal-estar da esposa diante dos rumos que a vida de Vincent vinha tomando, Valentino Cassel a envolveu em seus braços, procurando lhe transmitir algum conforto. Minutos depois, Carmem perguntava ao marido:

– Por que será que não nos simpatizamos com certas pessoas, só de pôr os olhos nelas? Quando a primeira impressão é ruim, raramente vemos alguém com bons olhos mais tarde.

– São mistérios da vida.

– Sim.

Breve pausa e Carmem perguntou o que há muito gostaria:

– E quanto a Brigite Cassel? Você não acha que deveria ir vê-la? Saber como ela está passando?

– Ela nunca fez questão de nos procurar, portanto...

– Mas, talvez... Será que ela ainda mora no bordel? Mesmo com a idade que tem agora?

– Não sei responder.

E o assunto terminou ali. E quanto a Brigite, sim, ela ainda morava e tomava conta do bordel luxuoso que comprara em Nice.

Na semana seguinte, acontecia o primeiro desfile em que Isabelle Chevalier dividiria uma passarela com Silvia Navarro, a modelo emergente sensação do momento. A presença das duas foi o ponto máximo do desfile.

Ao fim do evento, Isabelle foi dar um beijo na mãe que assistira tudo como convidada especial do evento.

– E então, Dona Marguerite, gostou do desfile?

– Odiei!

– Sério?! O que não a agradou?

– Aquela chameau!

Isabelle logo compreendeu a quem a mãe se referia.

– Não fale assim dela, mamãe...

– Falo, falo sim! Ela ofuscou você.

– Há espaço para todo mundo brilhar, mamãe. O que é isso?

– Não há espaço para todas, coisa nenhuma, sua tola! Não mesmo, e você sabe disso. Mas isso não vai ficar assim. Não mesmo! Preciso investigar a vida dessa moça para saber de onde ela tira tanto dinheiro pra sobreviver. Ninguém fica rico assim da noite para o dia. Ainda mais no Brasil. Cada centavo do que temos é fruto de muito trabalho. Foi com muito suor que eu cheguei aonde cheguei e você também, Isabelle; por isso lhe afirmo que essa fulaninha não vai puxar o seu tapete. Não mesmo!

Isabelle achou melhor não prolongar o assunto, mesmo porque, fotógrafos e mais fotógrafos cercaram mãe e filha naquele instante para fotografá-las lado a lado no evento tão paparicado.

No dia seguinte, não se falava noutra coisa no mundo da alta-costura a não ser no desfile que juntou a deslumbrante Isabelle Chevalier com Silvia Navarro, a modelo sensação do momento. Ambas tomaram as manchetes de jornais e revistas e muitos acreditavam que haveria uma disputa entre as duas para se manter no pódio da modelo mais famosa do mundo. Haveria de fato?

Uma semana depois acontecia o aniversário de Laurence Piemonte no restaurante Le Petit Olympia da Rua de Caumartin, nº 6. Modelos, artistas, gente influente em geral estava presente para comemorar com o estilista mais uma de suas primaveras.

Silvia havia ido ao toalete quando encontrou Marguerite Chevalier retocando a maquiagem em frente ao espelho.

– Ora, ora, se não é a madame Chevalier. Que desprazer a reencontrar.

– O mesmo digo eu, *chérie.*

Silvia aproximou-se dela, olhando atentamente para o seu rosto e comentou:

– Retoca bem essa maquiagem porque você está cheia de pés de galinha.

Ignorando o comentário, sem voltar-se para a jovem, Marguerite respondeu:

– Sabe o que me intriga, chameau? É de onde veio todo o seu dinheiro.

– Ah! – debochou Silvia fazendo beicinho. E voltando-se para o espelho para retocar o batom, ela completou: – Eu ganhei na loteria, minha querida. E ganhei porque sou uma jovem de sorte. Tanto na beleza, quanto na profissão e na vida afetiva.

– Sorte, é? – desdenhou Marguerite, olhando a moça de cima a baixo. – Pois para mim tem caroço nesse angu.

Dessa vez foi Silvia que ignorou a mulher que habilmente colocou a palma da mão sob a torneira com sensor e assim que a água disparou, prensou o bocal direcionando o jato d'água na direção da rival. Em segundos, Silvia estava ensopada, aflita e querendo matar Marguerite pelo que fez.

– Sua cadela!

– Molhou, foi?! Pobrezinha... – ironizou Marguerite, adorando o que fez.

– Sua demônia! Como vou sair daqui agora?

– Provavelmente de calcinha e sutiã – riu Marguerite, afastando-se para evitar uma revelia.

– Você vai me pagar pelo que fez.

– Foi a água, não fui eu! – e antes de se retirar do toalete, Marguerite Chevalier acrescentou, ferina: – Se você é mesmo uma jovem de sorte, vai saber remediar a situação para não ter de sair por aquela porta, molhada como está ou seminua.

– Eu acabo com você.

– *Je m'en fous! Ui!*

E sem mais, Marguerite deixou o toalete com um sorriso radiante e vitorioso na face. Silvia, por sua vez, não sabia que atitude tomar perante aquilo. Foi Madalena Ayala quem apareceu, minutos depois, procurando pela jovem e pôde ajudá-la.

– O que houve?! – assustou-se ao ver a jovem ensopada.

– Foi a Marguerite, aquela vaca!

– Ao vê-la saindo daqui, com um sorriso diabólico, deduzi que ela havia aprontado alguma, mas não imaginei que fosse algo tão perverso.

– E agora, o que faço? Se eu sair assim e for fotografada por um repórter, posso prejudicar o restaurante e isso eu não quero.

– Você tem toda razão. Daremos um jeito, não se preocupe.

E Madalena logo surgiu com uma ideia brilhante para tirar a amiga de longas vidas da situação maluca em que se encontrava. Foi até o gerente do local, explicou o que tinha acontecido e pediu um dos uniformes dos funcionários para que Silvia vestisse uma roupa seca. Assim ela reapareceu no salão, chamando a atenção de todos.

– A comida desse restaurante é tão magnifica que não resisti. Fiz questão de conhecer o cozinheiro e sua equipe para elogiá-los e acabei ganhando um uniforme do local que, diga-se de passagem, ficou um charme em mim.

E todos bateram palmas e uivaram e mil fotografias foram tiradas do momento em questão. Logo, Silvia Navarro era novamente destaque em toda mídia pelos quatro cantos do planeta. Marguerite queria morrer de ódio por ter indiretamente promovido a jovem que a enfrentara pelo olhar, prometendo-lhe a desforra.

# CAPÍTULO 17

Assim que teve a oportunidade, Isabelle confrontou a mãe a respeito do escândalo no restaurante:

– Mamãe, a senhora precisa parar com essa perseguição. Não é certo. Silvia Navarro nunca fez mal à senhora.

– Ela não! Mas a mãe dela fez!

– A senhora conhece a mãe de Silvia Navarro?

– Sim! E por pouco ela não me roubou o homem que se tornaria o meu marido. Mas eu percebi há tempo suas verdadeiras intenções e acabei com seus planos.

– Mas a filha dela não tem nada a ver com o que se passou entre vocês duas no passado.

– Ainda assim, ela é filha daquela maldita.

– Mamãe... Todos merecem ter um lugar ao sol.

– Pois se depender de mim, essa criatura viverá eternamente na escuridão.

– É um absurdo a senhora querer punir a mãe dessa jovem por meio da filha dela.

– Não é só por isso, *chérie*. É também por causa da arrogância dessa jovem e do seu arzinho de superioridade que tanto me irritam. Só porque ela nasceu bonita de corpo e de rosto pensa que pode tudo na vida? Não, mesmo! Não permitirei!

– Mamãe, eu também sou bonita.

– Mas tem um coração benevolente. Humilde. Um coração de ouro.

– Porque a senhora me criou com muito amor e dedicação.

– Tentei fazer o meu melhor por você, filha...

Isabelle beijou a mãe, externando o seu agradecimento:

– Eu a amo.

– Eu também a amo.

Isabelle ia saindo do edifício onde ficava a agência da mãe, quando uma mulher a abordou, subitamente, assustando-a consideravelmente.

– Minha filha! – exclamou a senhora cuja aparência lembrava a de um mendigo.

– Não sou sua filha – retrucou Isabelle tentando livrar seu braço das mãos da estranha.

– Você não é mesmo minha filha?! – inquiriu a personagem explodindo em lágrimas.

– Não – repetiu Isabelle penalizada com o estado da pobre criatura.

– Eles a levaram de mim... Roubaram minha menina... Todos pensam que estou louca, mas eu só quero encontrar a minha filha. Apenas isso.

Isabelle massageou o ombro da senhora e lhe desejou boa sorte. Assim que entrou no veículo com Jean-Pierre na direção, ela se voltou para ele e comentou com lágrimas a escorrer pela face:

– Que mulher mais triste. Fiquei com pena. Ela diz que tiraram a filha dela... Será que foi um rapto?

Jean-Pierre nada respondeu, pois não sabia o que dizer. Quando o veículo se pôs em movimento, Isabelle voltou a observar a mulher que seguia pela calçada como se fosse um verme rastejante. Seu nome era ANGELINA PÉREZ. Deixara a filha de três anos de idade dormindo em seu quarto para se deitar com um amante e quando voltou, a menina havia desaparecido. Desde então tentava encontrar a menina que, se ainda estivesse viva, teria lá seus dezessete anos de idade. Além da saudade, Angelina tinha de carregar a culpa por ter sido negligente e irresponsável.

Naquele mesmo dia, os caminhos de Vincent Cassel e Angelina Pérez também se cruzaram. Ele já a conhecia, pois fora abordado por ela, certa vez, enquanto ela caminhava a esmo por Paris em busca da filha desaparecida.

– Dona Angelina?! – chamou ele fazendo a mulher travar os passos e se voltar na sua direção. Ver o rapaz era sempre um grande conforto para a pobre mulher. Na tentativa de ajudá-la, Vincent já havia ido com ela à polícia para pedir ajuda na busca da pequena Cécile Pérez. O desespero da mulher também comoveu as autoridades, mas apesar dos esforços, a polícia não havia conseguido até então, nenhuma pista que revelasse o paradeiro de Cécile Pérez. Acreditava-se, inclusive, que Cécile já estivesse morta havia muitos anos. Estaria mesmo?

Foi preciso muita lábia por parte de Vincent para convencer Angelina a voltar para a clínica em que estava internada. Assim que chegaram ao local, a mulher se agitou:

– Não me deixe aqui, meu rapaz... Por favor, eu lhe imploro!

– A senhora aqui estará bem amparada. Enquanto isso, a polícia tenta encontrar a sua filha. Se ela ainda estiver viva, eles a localizarão. Tenha fé.

Fé, sim, repetiu Angelina para si mesma. Era só o que lhe restava nesses quase quinze anos de procura pela filha adorada que desaparecera num momento de negligência da sua parte.

Antes de partir, Vincent teve uma palavrinha com a enfermeira que parecia cuidar de Angelina Perez com muito carinho.

– Cuide dela por mim, por favor.

E Josephine afirmou:

– Faço com prazer. Porque não sabe o quanto dói em mim, ver Dona Angelina abrir a porta todos os dias, esperando encontrar a filha sentada na cadeira de balanço, sorrindo para ela. Então, procuro alegrá-la, contando-lhe histórias, apesar de saber que sua mente vaga longe, ansiando por encontrar a filha desaparecida.

– Entendo. Que bom poder contar com você.

A moça fez ar de lisonja e Vincent partiu com lágrimas nos olhos. Desde que Angelina chegara à clínica para pessoas com distúrbios psicológicos, JOSEPHINE DUBOC foi escalada para cuidar da paciente pela qual teve um sentimento de piedade tamanho. Só mesmo sua alma sabia que na vida anterior, ela fora o filho autista que Angelina desprezara e largara num orfanato por não suportar sua patologia. Mesmo depois de tudo que a mulher havia lhe feito, o espírito do rapaz não guardou ressentimento por ela, tanto que renasceu como Josephine Duboc, cujo coração compartilhava apenas amor com seus semelhantes.

Angelina também se apegou à enfermeira que sempre tinha palavras afetuosas para com ela. Era a vida, mais uma vez, permitindo a todos por meio da reencarnação reparar os erros do passado para atingirem a evolução espiritual.

Ao reencontrar Silvia, a jovem logo percebeu que algo havia perturbado o namorado. Vincent desabafou e terminou sua narrativa, dizendo:

– Na próxima vez que eu for à clínica, se você quiser ir comigo...

– Irei – afirmou Silvia com súbito interesse por Angelina Pérez. E o momento chegou. Diante de Vincent, Angelina abriu um sorriso bonito e exclamou, emotiva:

– Você veio! – sua alegria era tremenda.

– Como vai? – ele a beijou carinhosamente na testa e a mulher derramou-se em lagrimas.

– Alguma notícia da minha Cécile?

– Infelizmente nenhuma até agora.

A decepção de Angelina foi marcante e só então, ela avistou Silvia Navarro parada junto à porta, olhando com grande interesse na sua direção.

– Filha! – exclamou, endireitando o corpo e indo até ela.

Silvia procurou sorrir, sem saber ao certo que atitude tomar perante a mulher que tocou seu rosto com ternura e murmurou:

– Cécile... Minha adorada Cécile... – Então, subitamente recuou o corpo, arrepiando-se toda. – Você não é minha filha! – exclamou, fechando o cenho.

– Não, não sou... – respondeu Silvia porque era verdade e a mulher teve um rompante bem diante dos seus olhos:

– Fique longe de mim! Bem longe! – E voltando-se para Vincent, Angelina acrescentou a toda voz: – Afaste-se dessa moça, ela vai destruir a sua vida se você não se afastar dela.

Vincent tentou abrandar a situação, mas Angelina o segurou firmemente pelos punhos e afirmou, categoricamente:

– Ela é má. Ouça o que eu lhe digo! Ela é muito má. Por trás desse rostinho bonito existe uma víbora.

E antes que a mulher prolongasse o assunto, a enfermeira Josephine apareceu para ajudá-los. Depois de sedar Angelina, voltou-se para o casal e explicou:

– Toda vez que uma moça diferente vem visitar a clínica, a pobrezinha pensa ser a filha. Quando descobre que não é, tem esses rompantes.

– Pobre senhora... – murmurou Silvia parecendo ainda muito chocada com o que presenciara há pouco.

Assim que partiram da clínica, Silvia voltou-se para Vincent e comentou:

— Aquela mulher!

— É de dar pena, não é?

— É de dar medo, isso, sim!

— Ela é inofensiva.

— Eu não poria minhas mãos no fogo por ela. E ela me olhou de um jeito. Como se me conhecesse e sentisse muito ódio de mim.

– A Dona Angelina realmente não está nada bem... – opinou Vincent com o coração partido. Mas Silvia não o ouviu, estava intimamente se perguntando se ela e Angelina já não haviam se conhecido numa vida anterior, onde, de algum modo, havia brotado algum tipo de discórdia entre as duas. Talvez Madalena Ayala pudesse ajudá-la a entender melhor a reação daquela mulher para com ela. Por isso, foi procurá-la, assim que ambas tiveram um tempo livre para conversarem a respeito.

– Se você se sentiu desconfortável em relação a essa senhora chamada Angelina Pérez e ela também reagiu de forma agressiva em relação a sua pessoa é porque certamente houve algum conflito entre vocês duas no passado. Quando duas pessoas não se simpatizam uma com a outra, sem nunca terem tido uma desavença sequer na vida atual é porque certamente o passado lhes condena. Agora, tudo o que essa senhora está passando por causa do sumiço da filha também deve ter correlação com algo que ela fez na vida anterior. Penso ser a vida muito transparente. Todos os fatos se revelam quando vistos pelo ângulo do processo de causa e efeito.

Madalena fez uma pausa e Silvia comentou:

– Uma coisa é certa! Eu certamente não fui flor que se cheire na vida anterior a essa. Porque Marguerite Chevalier, essa Dona Angelina Pérez e Carmem e Valentino Cassel não foram com a minha cara.

– Em compensação – atalhou Madalena sabiamente –, o mundo inteiro a admira. Se você não foi, como você mesma diz, flor que se cheire, hoje, pelo menos, você é uma pessoa muito melhor. E penso que boa parte dessa melhora se deu pelo que você aprendeu no plano espiritual. Não podemos esquecer que ali também aprendemos muito para a nossa evolução espiritual.

E de fato, Silvia havia recebido muita influência positiva do convívio que tivera com Charles Cassel durante o tempo que passaram lado a lado na colônia espiritual que habitaram entre uma encarnação e outra.

Ao tomar o carro de volta para o hotel em que estava hospedada, Silvia reviu em pensamento o quadro de "Silvia Navarro" pintado nos anos vinte do século passado. Teria sido ela, realmente, aquela moça exuberante noutra vida? Só mesmo o diário de Ettiénne Cassel poderia lhe dar a resposta. Precisava lê-lo, urgentemente, mas Silvia não teve tempo para isso; sua carreira de modelo exigia tanto dela que ela já não tinha mais tempo para nada além da profissão.

Na semana de moda da primavera de 2017, Silvia abriu as apresentações de Marc Jacobs, Michael Kors, Dolce & Gabbana, Christian Dior e Valentino em Nova York, Milão e Paris. Rendido por seus encantos, o estilista Jean-Paul Gaultier convidou-a para estrelar a nova campanha publicitaria da sua marca, o que gerou um aumento substancial nas vendas desde então. Prova definitiva do poder que a beleza e o carisma de Silvia Navarro exerciam sobre o público.

Ao ser convidada para vestir o sutiã da Victoria's Secret, a lingerie mais cara de todos os tempos, Silvia alcançou o apogeu, sendo apontada pela revista Time como uma das cem pessoas mais influentes do mundo.

Havia anos que modelos brasileiras vinham conquistando sucesso internacional, mas poucas se destacaram tanto quanto a jovem que cada dia mais ganhava milhões e milhões de seguidores nas redes sociais e cobrava um cachê cada vez mais alto, tornando-a cada vez mais rica pelo seu próprio mérito e suor.

Nesse ínterim, Silvia havia comprado uma casa no bairro Saint-Germain-des-Prés, um dos mais nobres de Paris, a qual passou por uma boa reforma e foi lindamente decorada por um dos melhores decoradores da Europa.

Pelo menos uma vez na semana, Silvia ligava para a mãe no Brasil para lhe contar as novidades. Numa dessas ligações, ela pediu a Dulce que apanhasse os dados da conta da igreja com frei Humberto para poder devolver o dinheiro que havia furtado dali.

# CAPÍTULO 18

Veruska havia chegado ao hotel em que Silvia ficara hospedada por um bom tempo, para apanhar a correspondência que muitos ainda mandavam para lá, quando avistou Marguerite Chevalier pegando um dos elevadores que havia no hall. Aonde o diabo vestindo Prada estaria indo? Perguntou-se intimamente e se pôs a observar em que andar a mulher havia ido parar. Movida por uma curiosidade tamanha, Veruska também apanhou um dos elevadores e foi parar no mesmo andar que Marguerite. Por sorte, teve tempo de ver em qual suíte a mulher se dirigia, pois o hóspede, por estar no banho, demorou para atender a porta.

– Mas que demora – ralhou Marguerite impaciente. – Já estava indo embora!

– Relaxe, bebê.

E o sujeito puxou a mulher para dentro, dando-lhe um beijo ardente e molhado.

– Então ela tem um amante – murmurou Veruska achando graça da situação. – Que danada!

Ao contar o que viu para Silvia, a jovem adorou a descoberta:

– Então ela também se encontra com o latino.

– Mademoiselle o conhece?

– Sim! Ele ficava hospedado no mesmo andar que eu no hotel até flagrá-lo com Romeu Duartino que certamente pediu-lhe para mudar de quarto e evitar que os pegasse juntos novamente. Mas o que sempre me chamou atenção a respeito desse gigolô, é o valor que ele cobra dos seus clientes, afinal, a diária daquele hotel custa uma fortuna.

– Marguerite e Romeu Duartino têm muito dinheiro...

– A questão é: será que um sabe que o outro tem o mesmo amante? Eu acho que não.

E Silvia instruiu Veruska a voltar ao hotel para descobrir mais alguns detalhes sobre o michê de luxo. Que pagasse para algum funcionário do hotel lhe passar as informações que desejava. Com isso, ela armou um plano para fazer com que Marguerite Chevalier pegasse o amante fazendo programa com Romeu Duartino. Ligou para o escritório de Marguerite, mudando o tom de voz e disse para ela ir imediatamente ao encontro de

Hector Finn, pois ele havia pegado uma faringite e ficara completamente sem voz. Gostaria muito que ela o visitasse para lhe fazer companhia.

Marguerite estava tão apaixonada pelo latino que partiu imediatamente para o hotel, feliz por ele ter se lembrado dela quando mais precisava. Era sinal de que ele a tinha em consideração.

Diante da porta do quarto em que Hector Finn estava hospedado, Marguerite estava prestes a apertar a campainha quando ouviu sussurros no interior da suíte. Que estranho, se ele estava doente, como poderia estar atendendo uma cliente? Farejando algo de errado no ar, ela decidiu aguardar ali mesmo até que a porta da suíte fosse aberta pelo próprio Hector e ela pudesse tirar satisfações. Ao ver que se tratava do estilista Romeu Duartino, que sempre considerou um grande amigo, Marguerite perdeu as estribeiras:

– Você atende essa bicha? – ralhou, alto e enojada.

A pergunta repentina feita naquela voz histérica assustou o estilista, a ponto de fazê-lo dar um pulo e um gritinho agudo de susto.

– Eu lhe fiz uma pergunta! – insistiu Marguerite, querendo unhar o michê e o cliente.

Hector calmamente respondeu:

– Atendo quem paga o meu devido valor!

– Mas é uma bicha? – explodiu Marguerite indignada. – Um viado! Baitola!

– Olha só como fala comigo, megera – enervou-se Romeu saindo do salto. E antes não tivesse dito nada.

– Eu vou te mostrar quem é megera, seu viadinho de...!

E descontroladamente ela saltou sobre o moço, unhando sua face, enquanto ele puxava seus cabelos até os dois irem ao chão, rolando e agredindo um ao outro. Os grunhidos eram histéricos e o ódio, total. Foi assim até a voz de Silvia Navarro soar no corredor do andar:

– Mas que cena linda – disse ela ironicamente. – Dramalhão mexicano de primeira.

Quando Marguerite e Romeu Duartino olharam para a jovem, Silvia sorria, triunfante e bombasticamente, enquanto filmava tudo em 4D, com o melhor celular da Apple.

— Quem te vê, quem te viu, hein, chérie?

Marguerite fez menção de falar, mas sua fúria crescente cortou-lhe as palavras.

— Você quer um copo d'água Perrie? – ofereceu Silvia, enquanto Veruska aparecia no corredor, trazendo nas mãos uma garrafinha e um copo.

Ver a ex-funcionária que ela tanto humilhou foi a gota d'água para Marguerite que respondeu, furiosamente:

— Não vou dizer o que você deve fazer com essa garrafa porque sou fina.

— Nossa! – debochou Silvia zombeteira. – Muito fina. É de uma finesse que nem a Rainha da Inglaterra conhece,

— Ria enquanto é tempo, chérie. Desfrute da sua fama enquanto é tempo, porque cedo ou tarde você vai cair. E quando isso acontecer, eu vou acompanhar sua decadência de camarote. Brindando com espumante da melhor qualidade. Hoje você está por cima, mas amanhã você estará por baixo. Porque a vida é como uma roda gigante.

E Marguerite finalmente se levantou, ajeitou o vestido, o decote e os cabelos e pediu, em tom de coitadinha:

– Apague isso, por favor. Entramos num acordo. Quanto você quer? Eu pago!

Romeu Duartino também se manifestou:

– Por mim pode jogar o vídeo na rede. Não estou nem aí para o que os outros vão pensar de mim.

– Ah, é? – inquiriu Silvia sorrindo diabolicamente.

Marguerite já não sabia qual dos dois ela queria matar primeiro. Se era o estilista ou a top model. Por fim, Silvia encerrou a gravação e preparou-se para enviar o vídeo.

– Não! – berrou Marguerite com uma raiva intensa aflorando dentro dela. – Eu lhe imploro!

– Só se for de joelhos – respondeu Silvia adorando a ideia.

Hector Finn fez menção de falar, mas a fúria nos olhos de Marguerite o deteve.

— Limite-se a ficar de boca fechada, seu traidor imundo.

– Eu não traí ninguém. Sou um michê, transo com quem me paga a quantia que eu valho. Não sou propriedade de ninguém.

Sem mais, o sujeito deu as costas, entrou no apartamento e trancou a porta.

– Pronto! – anunciou Silvia contendo-se para não explodir numa gargalhada tamanha. – Já mandei o vídeo.

– Sua... – o ódio de Marguerite Chevalier estava a ponto de entortar sua boca. – Pois eu vou acabar com a sua carreira, sua...

– Pois eu acabo com a sua muito antes. Será um escândalo quando o mundo souber que a mãe da grandiosa modelo internacional, Isabelle Chevalier pagava um michê para poder se realizar na cama.

Romeu Duartino riu da situação e Silvia completou, seriamente:

– O vídeo foi enviado para Isabelle, sua filha, dar boas gargalhadas com o marido. Mas ele continua aqui para que eu também possa rir, vez ou outra, com os amigos. Agora... Você vai ter de conversar com a direção do hotel, pois afinal eles têm câmeras em tudo quanto é lugar e elas com certeza filmaram essa baixaria de vocês dois.

De fato, havia câmeras ali por onde a segurança do hotel assistiu a confusão e riu um bocado da situação. A expressão nos olhos de Marguerite Chevalier agora era de horror e pânico, assim ela passou por Silvia, chamou o elevador e desceu para falar com a direção do local. Romeu Duartino tomou o outro elevador, enquanto Silvia e Veruska chegavam a se contorcer de tanto rir do que havia acontecido.

Assim que chegou ao seu apartamento, Marguerite jogou-se no sofá de cetim e chorou até não poder mais. Ela amava Hector, seria capaz de tudo por ele que, no entanto, usava-a só para tirar o seu sustento. Deitava-se com ela por dinheiro, não por amor. E o que ela mais queria era ser amada por ele, não usada.

Só então, Marguerite avistou um embrulho em cima da mesinha do centro da sala. Era um pacote bonito da Godiva, marca de um dos chocolates mais saborosos e caros do mundo, que alguém certamente havia lhe mandado naquela tarde, pois seu nome estava escrito no cartãozinho que acompanhara o pacote.

No cartão, lia-se:

"Esses bombons são para adoçar a sua vida num momento tão triste como esse!". Assinado: Silvia Navarro.

— Salopard! – exclamou Marguerite furiosa. – Eu ainda mato essa desgraçada!

E os olhos da mulher saltaram as órbitas, tamanho ódio.

Visto que Marguerite não atendia as chamadas de celular da filha, Isabelle foi até o apartamento da mãe saber o que estava acontecendo.

— O que foi, mamãe? – quis saber de imediato. – A senhora está doente, por acaso?

– Estou! Estou, sim! – respondeu Marguerite chorosa. – E tudo por causa daquela filha do satã!

Isabelle soube de imediato a quem a mãe se referia.

— Mamãe, Silvia Navarro não é esse monstro que a senhora pensa.

— Ela é o próprio satã! Eu vou acabar com essa garota.

— Mamãe, não queira mal ao outro. Imagine eu no lugar dela, você gostaria que alguém desejasse todo esse mal para mim?

— Mas você é uma jovem maravilhosa. Meiga e compreensiva.

— Silvia também é.

— Não, filha, ela não é! Aquilo é lobo em pele de cordeiro. Eu nunca me engano com as pessoas, pode acreditar. Ela ainda vai aprontar alguma e todos verão que ela não presta.

Os olhos estavam impregnados de repulsa.

– Mas, afinal, o que foi que Silvia Navarro aprontou para deixar a senhora nesse estado?

– Você ainda me pergunta: o que foi que a mau-caráter me aprontou?! – inquiriu Marguerite indignada. – O vídeo! O vídeo que ela lhe mandou pelo aplicativo já não lhe diz tudo? E o pior é que ela continua com o vídeo em seu poder, pronta para postá-lo nas redes quando bem quiser. Mas a culpa foi toda daquele gigolô barato. Onde já se viu fazer programa com a bicha do Romeu? Pois os dois hão de me pagar bem caro pelo que me fizeram.

Marguerite estremeceu enquanto Isabelle se mantinha olhando atentamente para ela.

– Você deve estar morrendo de vergonha de mim, não é mesmo? – perguntou a seguir, debulhando-se em lágrimas. – Mas o que posso fazer se me apaixonei por aquele latino filho da mãe?

Isabelle se sentou perto dela, pousou a mão sobre seu braço e disse, pacificamente:

– Mamãe, Silvia Navarro não me mandou vídeo algum.

Marguerite enrijeceu o corpo no mesmo instante.

– Impossível! Eu a vi fazer bem diante dos meus olhos!

– Ela apenas fingiu ter enviado e a senhora acreditou.

– Não pode ser!

– Mas foi.

– Mas que vigarista. Isso prova, mais uma vez, que ela é mesmo filha do tinhoso. Tinhosa!

Ao se reencontrar com Vincent, Silvia mostrou a ele o vídeo em que Marguerite e Romeu Duartino se estapeavam pelo corredor do hotel. O moço mal podia acreditar que aquilo realmente tivesse acontecido. Todavia, comentou:

– Só espero que isso não ponha Isabelle contra você, afinal, diz respeito a mãe dela.

– Eu sei.

– Não gostaria que existisse qualquer tipo de inimizade entre vocês, afinal, logo você fará parte da nossa família e desejo ter uma família unida e não uma em que os familiares ficam olhando de cara feia um para o outro.

– Perdão, mas é que essa mulher me tira do sério. E o estilista também fez de tudo para me prejudicar. Eu poderia ter postado o vídeo na rede, o que seria um escândalo; só não fiz por perceber o quanto essa baixaria poderia ferir Isabelle e elevar o nome de Romeu Duartino na mídia. Ele não merece publicidade de qualquer procedência.

Breve pausa e Silvia admitiu:

– Batalhei muito para chegar aonde cheguei. E se dependesse desses dois eu jamais estaria brilhando nas passarelas como hoje.

– Eu sei. Mas evitar discórdia entre as pessoas é se poupar diariamente de possíveis dores de cabeça.

Silvia assentiu e os dois finalmente trocaram um beijo longo e apaixonado.

Diante de tantos pedidos, Silvia acabou abrindo as portas de sua casa para revistas de decoração fotografarem e fazerem matérias a respeito. A AD (Architectural Digest) filmou Silvia apresentando cada cômodo para exibir em seu canal no Youtube. A Vogue também fez uma matéria especial com Silvia, intitulada "Inside Her Closet" em que a top model mostrou seus guarda-roupas e respondeu vinte perguntas pessoais.

Silvia não podia estar mais feliz quanto aos rumos que sua vida vinha tomando desde que se mudara para Paris. Bendita hora em que o bilhete premiado havia caído em suas mãos, do qual, por sinal, ela havia se esquecido completamente. O bilhete premiado fora sem dúvida alguma o trampolim para o seu sucesso.

Nesse ínterim, no Brasil. Joanna Mullins admirava a foto de Silvia Navarro na campanha do perfume do estilista Jean-Paul Gaultier.

– Que mulher mais linda – suspirou ela devorando a foto com os olhos.

– Quem? – quis saber a avó.

– Essa tal de Silvia... Acho que hoje ela é a brasileira de maior sucesso no exterior.

A mulher olhou para a foto com redobrada atenção.

– É linda, não é? – questionou Joanna sonhando intimamente em ter um romance com a top model internacional.

Foi então que Dona Elza se agitou toda:

– É ela! – exclamou tomando a revista da neta. – É ela, sim!

– Oi? – indagou Joanna estranhando o comportamento repentino da avó.

– A tal moça de que lhe falei – explicou a senhorinha. – A que me ajudou quando cai na rua. A que me trouxe para casa. Você disse que o nome dela é Silvia, não é? Pois foi exatamente esse nome que ela me deu.

– Vovó, a senhora deve estar se confundindo...

– Joanna, minha neta, estou velha, mas não estou gagá!

A mulher se mostrava verdadeiramente transtornada.

– Foi essa mesma moça que esteve aqui no dia em que o bilhete da Mega-Sena desapareceu.

– Vovó, a moça que esteve aqui e roubou o bilhete premiado só pode ter sido uma pobretona mau-caráter. Essa modelo não precisaria roubar um bilhete, pois já ganha milhões...

– Na época ela não era rica, era pobre... E aposto que foi com o dinheiro do prêmio que ela chegou a Paris.

Joanna voltou a olhar para Silvia na foto, ainda achando que a avó a estava confundindo com outra moça.

– Vou tentar descobrir um pouco mais sobre essa modelo, vovó. Se foi ela mesma quem roubou o bilhete da senhora, eu porei a boca no mundo.

E avó se manteve calada, mordendo os lábios e relembrando o momento em que ela e Silvia Navarro se encontraram na rua. Uma hora depois, Joanna Mullins havia feito uma pesquisa apurada na internet a respeito da top model internacional. De fato, Silvia fora extremamente pobre antes de se mudar para Paris. Viera para São Paulo com uma mão na frente e outra atrás, hospedando-se na casa de um amigo até que deslanchasse como modelo. Porém, o amigo morreu de overdose e ela logo se mudou para a Europa com o dinheiro que ganhara num sorteio de loteria. As datas batiam corretamente com a data em que o bilhete sorteado fora roubado da casa de Dona Elza Mullins. Joanna estava boquiaberta.

– Tem toda razão, vovó. Foi essa moça mesmo quem roubou a senhora.

– Eu lhe disse, minha neta.

– Pois ela irá lhe devolver cada centavo. Vou atrás dela e exigirei que o faça.

– Você não tem provas, nem condições financeiras de pagar por uma passagem para a Europa.

– Terei. Venderei as poucas joias que temos. Com esse dinheiro terei condições de apanhar aquela ladra filha da mãe.

– Pode ser perigoso.

– Sei muito bem me defender.

E Joanna fez o que se prometeu.

Dias depois, o coveiro do cemitério do Araçá que havia indiretamente ajudado Silvia a recuperar o bilhete da Mega-Sena, teve um sobressalto ao ver a jovem num cartaz de ponto de ônibus, estrelando a campanha do mais novo perfume do estilista Jean-Paul Gaultier.

Imediatamente recordou-se da noite em que ele havia tirado o caixão de dentro do túmulo para que Silvia pudesse rever o suposto noivo.

— É ela mesma! – exclamou perplexo. – A filha da mãe que me deu um rolê! Mas que danada, hoje ela está rica e famosa. Ah, se eu tivesse como provar o que ela fez comigo naquela noite. Se bem que de nada adiantaria, eu perderia o emprego e... É melhor deixar para lá.

E novamente ele admirou a foto da jovem que por muito pouco não havia possuído.

O casal que naquela mesma noite se arriscara a roubar vasos e outros objetos de valor dos túmulos do cemitério do Araçá, também admirava a propaganda do perfume estrelado por Silvia Navarro. Para os dois, o rosto daquela modelo não era estranho. Onde e quando haviam tido a oportunidade de ver uma jovem tão semelhante? E foi então que a memória da ladra voltou à tona.

– É ela! A maluca que se debruçou sobre o cadáver... Lembra?

– Você tem razão!

E rapidamente o cúmplice apanhou o pendrive onde havia guardado a filmagem que fizera daquele momento.

– Apesar da pouca luz, vê se claramente que é mesmo essa modelo quem esteve lá aquela noite.

– O nome dela é Silvia Navarro. Hoje ela é uma das modelos mais cobiçadas e bem pagas do mundo.

– Gente! Essa garota está nas nossas mãos.

– Como assim?

– Se ela souber que temos esse vídeo nas mãos, pagará um bom dinheiro para que não o postemos na internet. Ainda bem que não fizemos antes por medo de que a polícia nos apanhasse. Mas agora que já se passou tanto tempo, ninguém vai associar o vídeo com os roubos no cemitério. O único que pode fazer é aquele otário do coveiro que ajudou essa tal Silvia a rever o morto. E ele não o fará, pois o que ele fez é considerado crime.

– Você tem toda razão. Mas como chegaremos até essa modelo? Acho impossível.

– Daremos um jeito. E ela certamente nos pagará uma grande quantia para que não postemos o vídeo na internet. Ficaremos ricos! Que maravilha!

Nesse interim, numa pequena cidade do interior de São Paulo, Dulce e Clara admiravam as revistas em que Silvia brilhava como modelo nas passarelas e campanhas publicitarias de todo mundo.

– Ela conseguiu, hein? – elogiou Clara, sentindo-se verdadeiramente orgulhosa de Silvia.

– Sim.

– E hoje ela é tão famosa quanto Isabelle Chevalier.

– Pois é.

– Admiro sua persistência – Clara ainda falava de Silvia.

– Eu também – admitiu Dulce, que feliz comentou: – E Silvia já depositou a quantia que roubou da festa do milho.

Clara redobrou o elogio:

– Que maravilha! Mas como a própria Silvia já disse: aquilo não foi um roubo e sim um empréstimo. O importante é que ela se redimiu do que fez e a meu ver, isso é maravilhoso.

– É sim.

– Amiga, estou certa de que logo, logo ela a levará para Paris. Se eu pudesse iria com você.

– Não sei se quero ir. Na verdade, prefiro não ir.

– É por medo de avião?

– Não. Mas pelo medo do que o destino me reserva.

E o assunto tomou outro rumo a seguir.

# CAPÍTULO 19

Um mês depois, Silvia recebia Vincent em sua casa, com um jantar magnifico que ela mesma havia preparado, seguindo os aprendizados culinários da mãe. Vincent se fartou às pampas e esperou até que estivessem na sobremesa para abordar a surpresa que preparara para aquela noite.

– Tenho uma proposta para você – disse ele com grande entusiasmo.

– De trabalho? – brincou Silvia esbanjando bom humor.

Ele riu.

– De amor.

– Eita!

E tirando uma caixinha do bolso, com uma linda aliança de ouro que ele próprio havia comprado na Cartier da Rue de La Paix, Vincent completou:

– Aceita se casar comigo?

Os olhos de Silvia brilharam e Vincent Cassel disse mais:

– Eu a amo, você é a mulher da minha vida. Quero fazê-la feliz até o resto dos nossos dias. O que me diz?

– É uma proposta irrecusável.

– Isso quer dizer sim?

– Oui!

E ele delicadamente pôs o anel de noivado em seu dedo anular e a beijou a seguir.

Dias depois, a nova secretária de Marguerite comentava com a chefe vestindo Prada:

— A madame já está sabendo da novidade?

Marguerite se agitou, pressentindo algo tenebroso no ar.

— A brasileirinha pernóstica que madame conhece tão bem ficou noiva de Vincent Cassel.

— Isso não pode ser verdade. Os homens não podem ser tão burros.

— Pois ela o fisgou de vez!

A notícia deixara Marguerite arrasada. Fizera de tudo para afastar

Silvia de Vincent e, no entanto, ele se mantinha encantado pela pernóstica. Ela chegara a ponto de procurar seus pais para alertá-los do perigo que o filho estava passando nas mãos daquela jovem capaz de tudo pelo sucesso e, mesmo assim, eles nada tinham feito para separar o casal. Pois Vincent Cassel ainda ia se dar muito mal. Gostava dele como um filho; por seu talento com a fotografia, muitas modelos de sua agência tiveram êxito. Sempre lhe fora um profissional fiel e agora, no entanto... Alguém tinha de abrir seus olhos, fazê-lo perceber o quão cafajeste era Silvia, antes que ela comprometesse negativamente a sua vida.

Dias depois, Joanna Mullins chegava a Paris no voo mais barato que conseguiu pagar em dez vezes pelo cartão de crédito de uma amiga. Não sabia falar o francês nem o inglês, o que implicaria em grande dificuldade para ela se comunicar e se locomover pela cidade. Sua sorte foi ter uma ex-namorada morando ali que se prontificou a ajudá-la no que fosse necessário.

Seus esforços para se aproximar de Silvia Navarro foram em vão. Desde que ficara mundialmente conhecida, Silvia comparecia aos desfiles que participava sempre cercada de seguranças para evitar transtornos com os fãs ou qualquer maluco disposto a fazer mal a sua pessoa.

E Joanna precisava falar com ela pessoalmente, encurralá-la num local apropriado para exigir que devolvesse o que roubara da avó.

Foi a ex-namorada quem descobriu o endereço da residência de Silvia Navarro no bairro Saint-Germain-des-Prés para que Joanna pudesse finalmente ficar frente a frente com a top model internacional e fazer o acerto de contas.

Assim que teve a chance, Joanna invadiu a casa, pegando Silvia totalmente desprevenida.

– O que é isso? – assustou-se a modelo levando a mão ao peito.

E Joanna respondeu a todo vigor:

– Você pode falar comigo em português, pois também sou brasileira.

– O que você quer? Um autógrafo?

– Não, sua ladra! Quero apenas o dinheiro que você roubou da minha avó. Toda quantia!

As sobrancelhas de Silvia se arquearam.

– É isso mesmo! – reforçou Joanna furiosa. – Refiro-me ao bilhete da Mega-Sena que você afanou da casa de Dona Elza Mullins quando esteve lá para saber se ela estava melhor do tombo que havia levado naquela tarde.

Silvia ficou temporariamente sem palavras. Por fim, afirmou, categórica:

– Fique tranquila. Devolverei cada centavo... É mais do que justo.

– Então foi você mesma quem roubou o bilhete! E você admite isso, assim, com a cara mais deslavada do mundo.

– Admito! Eu precisava do dinheiro. Sua avó é uma velha, o que ela poderia fazer com tanto dinheiro sendo tão idosa?

– Ainda assim, o dinheiro é dela.

– Eu sei. Mas eu precisava dele. Naquele momento eu precisava dele imensamente.

– Se eu não tivesse vindo atrás de você, você jamais devolveria para ela um centavo sequer do que roubou.

– Ando tão ocupada com meu trabalho...

– O mundo precisa saber que você é uma ladra!

– Mas você não fará isso porque podemos ser grandes amigas, não é mesmo?

E Joanna Mullins cedeu aos encantos de Silvia Navarro, porque no íntimo estava apaixonada por ela como tantos outros espalhados pelo mundo. E Silvia logo percebeu o que se passava em seu coração e fez uso dessa magia para tirar proveito em benefício próprio.

– Você tem os dados da conta da sua avó para que eu possa fazer a transferência do valor?

– Tenho.

– Pode me passar, por favor.

A moça tirou a anotação da carteira e entregou a Silvia.

– Por ser um valor muito alto, terei de ir eu mesma ao banco para formalizar a transferência.

– Pois eu irei com você.

– Está bem. Dê-me um minuto e partiremos.

E Silvia cumpriu o prometido, falou pessoalmente com o gerente que administrava sua conta para que o valor total do prêmio que Dona Elza Mullins havia ganhado fosse devidamente transferido para sua conta no Banco do Brasil. A transação foi totalmente feita em francês, o que impossibilitou Joanna de acompanhar o trâmite.

– Aqui está o comprovante – falou Silvia entregando-lhe o papel.

– Você não fez mais do que sua obrigação.

– Eu sei. E saiba que sou muito grata a sua avó, pois foi com esse dinheiro que consegui chegar aqui e me tornar quem sou hoje.

– Mas eu ainda tenho um trunfo contra você. A qualquer minuto eu posso contar ao mundo o que você foi capaz de fazer para chegar aonde chegou.

– Mas você não faria isso, faria? O que ganharia agindo dessa forma? Sejamos amigas.

– Pois eu gostaria de ser bem mais do que sua amiga.

Silvia rapidamente entendeu a mensagem.

– Que tal ir jantar em casa essa noite para conversarmos melhor?

– Está bem.

– As vinte horas está bem para você? Combinado?! Ótimo!

E antes de Silvia entrar no carro, Joanna lhe fez um alerta:

– Não brinque comigo. Eu gravei sua confissão e filmei discretamente sua conversa com o gerente no banco. Basta um clique e os vídeos estarão viralizando nas redes sociais.

Silvia perdeu a cor, ela realmente não esperava por aquilo. De fato, aquilo tudo seria um escândalo que poderia e muito prejudicar os contratos milionários que havia feito para ser modelo das propagandas de marcas mais famosas do mundo. Por isso, ela não poderia permitir que a verdade viesse à tona de jeito nenhum.

Já anoitecera por completo quando Joanna Mullins voltou a casa de Silvia Navarro. Uma neve fina começava a cair, embranquecendo as árvores, prenúncio do inverno rigoroso que estava por vir.

Foi a própria Silvia, usando um vestido azul, longo e esvoaçante, quem recebeu a jovem e a conduziu até a sala de estar onde a lareira estava acesa para aquecer o ambiente. Joanna Mullins parecia radiantemente feliz e contrariada ao mesmo tempo.

– O que foi? – quis saber Silvia diante dos olhos sombrios da recém-chegada.

– Não se faça de cínica.

– Cínica, eu?! Não!

– Então não finja que não sabe que a transferência do dinheiro não deu certo.

– O quê?!

– É isso mesmo o que você ouviu. Nenhum centavo sequer caiu na conta da minha avó. Aquele diálogo entre você e o gerente não passou de uma encenação, não é mesmo? Já que não falo francês, você pode ter conversado qualquer coisa com o sujeito, menos sobre a transferência do dinheiro do prêmio que prometeu devolver a minha avó.

– Mas eu lhe dei o comprovante.

– Deu, mas de nada valeu.

– Amanhã mesmo irei falar com o gerente para saber o que houve? Agora fale-me de você. O que está achando de Paris?

Joanna pareceu relaxar.

– Há um lado bom em toda essa história, sabe? – comentou. – Foi por meio do seu roubo que pude conhecê-la e eu, assim como muitos, adoraria conhecê-la pessoalmente.

Os olhos dela brilharam apaixonados e Silvia apanhou a garrafa de vinho que Joanna havia levado para presenteá-la. Leu o rótulo e comentou:

– Esse é dos bons, não?

– Foi sugestão de uma amiga. Espero que goste.

– Vou adorar!

E Joanna se prontificou a abrir o vinho enquanto Silvia ligou para o restaurante para pedir o jantar. A escolha foi: filé de salmão ao molho de mostarda com azeitonas e legumes, quiche Lorraine de presunto Parma, queijo muçarela e especiarias, Boeuf Bourguignon e de sobremesa a famosa Tarte Tatin e Crème Brûlée. Joanna pareceu adorar cada prato que logo seriam entregues por delivery.

A seguir, cada uma falou um pouco de si, enquanto degustavam o vinho saboroso e requintado. Por estarem de estômago vazio, a bebida logo deixou ambas embriagadas a ponto de rirem da situação. A seguir, Silvia pediu licença para ir ao toalete. Ao se levantar da poltrona, uma repentina tontura a fez sentar-se novamente.

– Acho que bebi demais!

Por fim, ela se retirou da sala e teve a impressão de ter apagado enquanto esteve sentada no vaso. A cabeça doía e um rugido interno, terrível, importunava seus ouvidos. Ao soar da campainha da casa, ela finalmente reagiu, exclamando, alegremente:

– A comida chegou! Ulá lá lá!

Ela se encaminhava para a porta, com as pernas ligeiramente trêmulas quando esbarrou em algo quente e macio estirado ao chão. Ao voltar os olhos para baixo, para ver o que era, Silvia foi dominada pelo terror. Joanna Mullins estava caída no tapete, empapada de sangue. Havia recebido um golpe na cabeça.

Silvia gritou, desesperada e o rapaz do delivery abriu a porta da frente da casa para ver o que se passava:

– Madame, o que houve? – Silvia nem precisou responder, o rapaz rapidamente avistou o corpo da jovem se esvaindo em sangue sob o tapete persa da sala.

A atitude mais sensata a ser tomada, seria ligar para a polícia e para um hospital mais próximo. Mas os dedos do motoboy tremiam tanto que ele precisou teclar duas vezes o monitor do celular para que tivesse êxito na ligação. Quando uma voz do outro lado da linha o atendeu, ele disse, velozmente:

– Mandem uma ambulância para a Rua... e uma chefatura de polícia. Urgentemente!

E novamente seus olhos aterrorizados colidiram com os de Silvia Navarro.

# CAPÍTULO 20

A tragédia tornou-se o acontecimento número um em todos os noticiários da TV aberta, paga e redes sociais: "Brasileira é assassinada na casa da modelo Silvia Navarro. Modelo nega qualquer envolvimento no caso. A polícia investiga."

– Mademoiselle – começou o delegado assim que pode ficar a sós com Silvia em sua sala na chefatura de polícia. – Pode nos explicar o que houve exatamente nà sua casa essa noite?

– Estou um tanto confusa... – murmurou Silvia transparecendo sinceridade.

De fato, seus nervos estavam tensos, quase explodindo. Dava a impressão de que iria começar a gritar a qualquer momento, percebeu o delegado que prontamente a aconselhou:

– Procure se acalmar.

Com extrema força de vontade ela procurou seguir o conselho, respirando fundo e fechando os olhos, temporariamente.

– A vítima – perguntou o delegado, finalmente dando início ao pequeno interrogatório –, mademoiselle a conhecia, não?

Silvia logo percebeu que não poderia dizer a verdade. Seria um escândalo e lhe daria motivos suficientes para ter matado a moça. Por ora, o melhor a se fazer era mentir descaradamente inventando uma história convincente.

– Essa moça era minha fã. Queria me conhecer... Veio do Brasil para isso. Depois que me tornei famosa, adquire fãs por toda parte do mundo. Recebo cartas, e-mails e presentes sem parar.

– Entendo.

Quando Vincent chegou à delegacia, foi permitido que ele se juntasse à noiva, enquanto ela era interrogada pelo delegado. O pequeno interrogatório terminou com a autoridade lhe fazendo um alerta:

– Não saia da cidade até que o assassino seja pego.

Silvia assentiu, enquanto disfarçava um arrepio interior.

– Mademoiselle – tornou o delegado seriamente. – Tenha cuidado!

Se o alvo do assassino era a senhorita, ele pode voltar a procurá-la assim que souber que matou Joanna Mullins por engano.

Silvia tornou a sentir um arrepio gelar sua alma.

Assim que o casal se aconchegou na luxuosa BMW de Vincent Cassel, o rapaz voltou-se para a noiva e perguntou, seriamente:

– Essa Joanna, Silvia... Quem era ela?

Silvia demorou a responder e quando fez, sua voz soou muito diferente do habitual:

– Joanna Mullins era a neta da mulher de quem eu roubei o bilhete premiado da loteria.

– Você, o quê?!

Silvia contou a ele tudo o que fez sem omitir um detalhe sequer.

– Não disse nada as autoridades – afirmou ela na sequência – para que não pensem que eu teria um bom motivo para assassinar essa moça, mas eu jamais faria isso. Eu ia devolver-lhe a quantia... Cheguei até a ir ao banco, acompanhada de Joanna para fazer a transferência para a conta da sua avó. Mas por algum motivo a transferência não se realizou. Inclusive, tenho de falar a respeito com o gerente da minha conta, amanhã, sem falta.

Vincent procurou confortar a noiva, endereçando-lhe um olhar afetuoso.

– Isso que me aconteceu só poder ser armação daquela papa-anjos: Marguerite Chevalier.

– Marguerite não pode ter assassinado Joanna.

– Ela não, mas pagou para alguém fazer só para me incriminar.

– Ela a odeia tanto assim?

– Ela e outros mais. – Num rompante, Silvia declarou. – Não posso perder tudo o que conquistei até hoje. Não agora que sou rica e famosa. Desde menina, eu sonhei com essa vida glamourosa e não é justo que tudo vá por água abaixo por causa de uma sapata que teve a infelicidade de morrer na minha própria casa.

– Você a odiava, não?

– Não exatamente. Apesar de ela ter me chantageado, eu estava disposta a ser sua amiga.

Vincent assentiu e os dois se silenciaram por alguns minutos. Foi Silvia quem rompeu o silêncio ao perguntar:

– Você ainda me ama depois disso tudo que lhe contei?

– É claro que sim, Silvia.

– Pois só quero ver até onde dura o seu amor por mim, se eu for condenada pelo assassinato daquela moça.

– Você não será condenada. Não pode ser.

– Você acredita na minha inocência. Eu acredito na minha inocência. E os outros?

– Assim que soube do que havia acontecido na sua casa, liguei para o meu pai e pedi a ele o contato do melhor advogado da França na atualidade. Ambos são amigos. Você precisará de um excelente advogado, caso as coisas se compliquem para o seu lado.

Ela suspirou:

– Mais ainda? De qualquer forma, obrigada.

E o advogado que era considerado uma sumidade no país foi contratado para defender Silvia nos tribunais, quando fatos até então desconhecidos pela justiça vieram à tona, incriminando-a sobremaneira.

Nesse ínterim, Carmem Cassel desabafava com o marido:

– Desde o início eu não simpatizei com essa moça.

– Nem eu.

– E agora ela toma parte de um crime hediondo... É sinal de que minha intuição estava certa. Essa jovem realmente não é flor que se cheire.

– Foi o que Marguerite Chevalier tentou nos dizer.

– Pois é.

– Se o melhor advogado do país não conseguir provar a inocência da moça, é porque ela realmente não presta.

– Só peço a Deus que faça o nosso filho perceber, de uma vez por todas, que Silvia Navarro não é moça para ele se casar.

– O tempo logo nos revelará a verdade. Fique calma.

Carmem Cassel olhou para o marido sem esconder a aflição. Valentino Cassel também se mostrava tenso. O dia do assassinato foi para ele também um dia atípico. Havia se demorado para voltar para casa, porque sua Mercedes havia apresentado defeito e o celular ficara temporariamente fora do ar.

A possibilidade de o crime ter sido cometido por outra pessoa estava sendo totalmente descartado pela polícia. Contudo, muitos dos personagens envolvidos nessa história também tiveram uma noite atípica.

Romeu Duartino voltou tarde para casa e parecia drogado ou alcoolizado. Seu blazer estava sujo e amassado, sinal de que havia brigado com alguém. Havia, inclusive, uma mancha de sangue que ele declarou para empregada ser dele próprio ao se ferir numa queda.

Marguerite Chevalier também voltou tarde para o seu apartamento na Avenida Champs-Élysées onde finalmente consultou o celular que não via desde as dezoito horas daquele dia. Quando Isabelle quis saber onde a mãe havia estado, Marguerite afirmou ter ido a um cinema para se distrair um pouco. Mas Marguerite sempre odiara cinemas, ainda mais os de bairro, não tão chiques como haviam no seu.

Isabelle Chevalier, por sua vez, estranhou a demora do marido. Jean-Pierre não era de chegar tarde em casa, mas naquele dia em especial, voltara em torno das vinte e uma horas e estava tenso e disperso. O que houve?, quis saber Isabelle estranhando o comportamento do marido e tudo que Jean-Pierre respondeu foi que havia ido à Basílica Sacre Coeur em Paris rezar um pouco.

Vincent Cassel ficou ao celular, conversando com Charles, o irmão caçula que se encontrava na África, enquanto dava acabamento nas fotos que entregaria no dia seguinte para uma aspirante a modelo. Ficara sozinho no estúdio das dezoito às vinte e uma horas e ninguém do edifício o viu sair.

Angelina Pérez, por sua vez, havia novamente fugido da clínica em que estava internada e até aquele momento não se tinha notícias do seu paradeiro.

Seria algum deles o verdadeiro assassino da jovem brasileira? Só o tempo poderia revelar...

LIVRO 5

# OS CAMINHOS DO HORIZONTE

## ONDE EU FUI TE REENCONTRAR

# CAPÍTULO 1

Nos dias que se seguiram, a polícia se mostrou implacável quanto às investigações em torno do assassinato da brasileira Joanna Mullins. Por meio da ex-namorada da vítima que morava em Paris, e da avó quando foi localizada no Brasil, descobriu-se o verdadeiro motivo que levou Joanna a França em busca da top model internacional. Também veio à tona o desfalque que Silvia dera na conta da igreja da cidade onde nasceu e cresceu.

O vídeo em que ela aparecia se debruçando sobre o cadáver de Edmundo Dujardin no cemitério do Araçá na cidade de São Paulo também viralizou na internet e chamou a atenção da polícia, pois comprovava o fato de que Silvia Navarro era mesmo capaz de fazer qualquer coisa para se dar bem na vida. O coveiro que a ajudou naquela noite e que também aparecia no vídeo foi demitido por justa causa e, quando entrevistado por repórteres, afirmou ter sido mesmo a famosa modelo quem estivera ali, naquela noite memorável. Logo, descobriu-se a razão para Silvia ter pedido para abrir o caixão de Edmundo, o que chocou ainda mais a opinião pública a seu respeito.

Em suma, todas as evidências apontavam Silvia Navarro como assassina de Joanna Mullins. Por isso, ela foi presa e seu julgamento, marcado.

Marguerite Chevalier estava em polvorosa com os rumos que a vida de Silvia havia tomado. Estava tão radiante com o destino miserável da moça que pôs um CD de Michael Jackson para tocar e dançar pela grande sala do luxuoso apartamento em que morava, enquanto se embebedava com a melhor e mais cara champanhe do mundo.

Minutos depois, a campainha do seu apartamento tocava e ela efusivamente abria a porta. Hector Finn, o amante latino de muitas mulheres e homens de dinheiro, residentes em Paris, estava ali, elegantemente vestido, olhando sorrateiramente para sua ex-cliente.

– Jurei que nunca mais o veria – declarou Marguerite pomposamente –, mas não resisti. Vem cá, gostosão!

E ela puxou o gigolô pelo colarinho, beijando-o despudoradamente seus lábios carnudos e sensuais.

– Hoje é o dia mais feliz dos meus últimos anos. Estou que não me aguento!

E os dois rolaram pelo chão, como dois endiabrados, dominados pelas artimanhas do desejo. Mais tarde, Marguerite fez questão de misturar dez garrafas de Moët & Chandon à água morna e deliciosa da jacuzzi de seu luxuoso banheiro para se banhar com o amante. Só não encheu totalmente a banheira com o espumante mais refinado do mundo, porque não dispunha de outras garrafas, caso contrário, teria se banhando somente com a tal bebida refinada.

Hector massageava seus pés e lambia seus dedos com sabor de espumante enquanto Marguerite, bêbada, gargalhava e dizia, quase em estase:

– Como é bom ser rica! Rica! Rica! Rica!

E confidencialmente, Hector Finn pensou no quanto seria bom se apoderar de boa parte daquela fortuna somente para poder fugir para uma ilha deserta sem nunca mais ter que se sujeitar aos caprichos daqueles ricos cheios de plástica, feiosos e imundos até a alma.

No julgamento de Silvia Navarro havia uma multidão diante da entrada do Edifício dos Tribunais Criminais de Paris. Uma bateria de câmeras de televisão, microfones e repórteres estavam a postos para registrar ou transmitir ao vivo cada detalhe do julgamento que, poderia se dizer, parou o mundo.

Milhares de fãs da top model se amontoaram em torno do carro que a trouxe para o próprio julgamento. Sendo Silvia, um exemplo nato de que uma pessoa nascida e crescida num país de terceiro mundo é capaz de alcançar fama internacional, milhares e milhares de jovens que nasceram nas mesmas condições que ela, acompanhavam seus passos na esperança de também conquistar o mesmo apogeu que ela conquistara. Eram esses jovens, especialmente, que torciam pela sua absolvição.

Vincent Cassel também foi rodeado por um enxame de fãs e curiosos que o obrigou a lutar para abrir caminho até a entrada do prédio. A certa altura, um repórter audacioso empunhou um microfone contra o seu rosto e perguntou:

– Senhor Cassel, sua amante é inocente ou culpada?

– Silvia não é minha amante – respondeu ele, rispidamente. – É minha noiva e vamos nos casar em breve.

– O senhor acha mesmo que isso seja possível? – atalhou outro repórter. – Uma mulher cujas evidências apontam como autora de um crime hediondo?

– Silvia é inocente. Seu advogado provará isso no tribunal.

– E quantos aos roubos de que ela foi acusada? Além de assassina é uma ladra...

Vincent quis esmurrar o repórter, mas conteve-se. Por fim, entrou no prédio abarrotado de gente e seguiu para o seu devido fim.

O júri foi formado de doze cidadãos que haviam renunciado a seus compromissos para julgar uma suposta criminosa. O que não podia se precisar naquele momento, é que os doze jurados haviam conhecido Silvia Navarro numa vida anterior àquela.

O primeiro integrante do júri era Sebastian Kurz, que na vida passada fora um respeitado cidadão e pai de família, religioso e defensor dos bons costumes e da moral, mas que caíra de amores por Silvia Navarro quando ela se tornou uma marafona de luxo em Amsterdã. Na ocasião, Silvia não sossegou enquanto não fez o pobre homem abandonar a família para se render de vez aos seus caprichos. Foi um escândalo na alta sociedade e, quando já não havia mais nada que pudesse despertar seu interesse no sujeito, Silvia o proibiu de vê-la e o homem foi à loucura; acabando na sarjeta onde, tempos depois foi resgatado pelo filho.

O segundo integrante do júri era Napoleon Kurz, o filho que tirou o pai da sarjeta e desejou o pior a Silvia Navarro pelo que fizera ao pobre homem e a outros, segundo apurou na época. Seu ódio por Silvia foi tão forte que ainda se alojava em sua alma.

O terceiro integrante do júri era Gerard Polanski que também se apaixonara perdidamente por Silvia, na vida passada, e cometeu suicídio por ela desprezá-lo sem ter consideração alguma por sua pessoa. Tanto que, quando ela soube que ele havia morrido, comentou: "Ele morreu? Antes ele do que eu!".

O quarto integrante do júri era Patrick Dupont que também se rendera aos encantos de Silvia, na vida anterior àquela, em que ela chamara sua esposa para flagrar os dois na cama, algo que deixou a mulher em surto.

O quinto integrante do júri era Helena Dupont que na encarnação passada fora esposa de Patrick e, num momento oportuno, invadiu a casa de Silvia, prendeu-a em seu quarto, onde lhe deu uma surra tremenda. Mais tarde, para se vingar do que a mulher havia lhe feito, Silvia convenceu Patrick Dupont a matar a esposa, deixando o gás escapar durante a madrugada, para que ficasse viúvo, inteiramente livre para ela. Contudo, Patrick percebeu que o vazamento poderia causar uma explosão e, por isso, voltou para casa bem quando ela foi pelos ares. Morreu junto da esposa e, por isso, Helena ainda odiava Silvia até a alma.

O sexto integrante do júri era Rudolf Biancheri que na vida anterior fora capaz de vender a alma para comprar presentes caríssimos na intenção de conquistar Silvia Navarro, a cortesã mais cobiçada de Amsterdã naquela época.

A sétima integrante do júri era a Senhora Biancheri que na vida passada odiara Silvia por ela ter convencido seu marido a lhe passar todas as economias, deixando-a na miséria. A Senhora Biancheri jurou que Silvia haveria de receber o troco pelo que fizera, ainda que fosse numa vida futura, pois na ocasião, ela já acreditava no processo das reencarnações.

O oitavo participante do júri era o sujeito que na existência passada fora o pai da Senhora Biancheri e sofreu horrores por ver a filha na miséria e, consequentemente, ele próprio, que dependia do dinheiro do genro.

O nono participante do júri era Eduard Garcin que na existência passada também se rendera aos gracejos de Silvia que o conquistou somente para descartá-lo mais tarde e fazê-lo sofrer interminavelmente.

O décimo participante do júri era Samuel Garret, o sujeito que abusou da ingenuidade da órfã, noutra vida, quando ela fugiu do orfanato para localizar Marguerite Chevalier.

O décimo primeiro integrante do júri era o médico que Silvia contratara para fazer o aborto do filho que gerou com Jean-Pierre, num momento de trégua entre o casal e que mais tarde, abortou de forma cruel e assassina.

O décimo segundo participante do júri era Enrico Balzano que na existência passada fora um boêmio inveterado e poeta que tivera profunda admiração pela cortesã mor de Amsterdã. O único que seria capaz de defender Silvia pelos seus deslizes e maldades, tanto na vida passada quanto na atual.

Ter um júri formado por indivíduos que, na maioria, Silvia havia destruído ou aterrorizado suas vidas no passado não seria nada favorável para sua absolvição do caso. Prova definitiva de que o que se faz numa existência retorna para si na existência seguinte.

Ainda que o mundo espiritual compreenda que o maior responsável pela morte da esposa de Patrick Dupont tenha sido ele próprio, ao aceitar a sugestão de Silvia para que deixasse o gás da cozinha ligado durante a madrugada, ainda assim Silvia tomou parte na tragédia, pois a ideia partiu dela, tanto que brindou a morte trágica do casal quando a casa dos Dupont foi pelos ares.

Citamos apenas esses personagens por terem sido os mais evidentes durante a narração do que foi a vida de Silvia Navarro na existência passada. Obviamente que ela prejudicou muita gente, pelo simples prazer de ver o outro sofrer, especialmente os homens. Pode-se dizer, claramente, que Silvia fez muito mais inimigos do que amigos e que atualmente, colhia o que plantara na existência em questão. Mesmo que tivesse motivos para ter feito tantas maldades, o senso da vida não leva em conta esses motivos, apenas devolve para cada um, os reflexos de suas ações, sejam boas ou más.

Vale lembrar, contudo, que Silvia começou a pagar caro pelo que fazia aos outros, na mesma vida em que cometera deliberadamente tais absurdos contra o próximo, pois morrera cedo, sem poder usufruir das conquistas terrenas que fizera na ocasião. Além de ter passado grande período no limbo – mundo das trevas – por revolta e recusa de receber ajuda dos espíritos de luz, Silvia também tivera uma infância difícil na reencarnação atual, por viver descontente com a condição financeira e o país em que reencarnou.

O juiz que presidiria o julgamento era Georges Dupont, que na vida anterior fora mordomo na casa dos Cassel e percebera que Vincent Pérez, o irmão gêmeo idêntico de Jean-Pierre havia tomado seu lugar, enquanto Jean-Pierre havia sido internado num hospício por pensarem que ele, na verdade, era Vincent Pérez.

Fatos que só aconteceram por influência maligna de Silvia que, mesmo noutro plano de vida, desejava se vingar de Isabelle por ter feito indiretamente Vincent se apaixonar por ela.

Com a troca dos gêmeos, Isabelle seria feita de boba, usada por Vincent enquanto seu verdadeiro amado estaria internado injustamente num hospício. Quando a verdade viesse à tona, como de fato aconteceu, ela se revoltaria com Vincent, acabando de vez com qualquer possibilidade de eles dois permanecerem juntos como marido e mulher. E ela ainda carregaria a culpa por ter aprisionado Jean-Pierre no hospício e ter ficado grávida de Vincent Pérez.

Para Silvia, essa também seria a vingança perfeita contra Vincent, por ele ter se apaixonado por Isabelle, o que direta ou indiretamente causara a morte da própria Silvia na reencarnação em questão.

Marguerite Chevalier estava sentada na primeira fila ao lado do estilista Romeu Duartino com o qual voltara a amizade, somente para desfrutarem juntos da alegria de ver Silvia Navarro sendo humilhada perante o mundo todo. Ali também estavam Madalena Ayala e Veruska Caron, rezando interiormente para que Silvia fosse inocentada do crime que estava sendo acusada. Vincent também ocupava um dos assentos da primeira fileira e se mostrava esperançoso diante dos fatos.

Em suas casas, pela TV aberta, Carmem e Valentino, Isabelle e Jean-Pierre, Dulce e Clara acompanhavam o julgamento do momento. Até mesmo a mãe de Edmundo Dujardin se mantinha atenta ao julgamento da jovem, transmitido via satélite para todo o mundo. Ainda custava lhe acreditar que Silvia tivesse se prestado aquele papel só para readquirir um bilhete premiado.

Elza Mullins também acompanhava tudo pela TV.

# CAPÍTULO 2

O julgamento teve início e o promotor distrital tomou a palavra:

– A ré, Silvia Navarro, é acusada de ter assassinado a brasileira Joanna Mullins a sangue-frio em sua própria residência. O motivo é evidente. Silvia Navarro, enquanto morava no Brasil, furtou um bilhete de loteria premiado com milhões de reais de uma idosa chamada Elza Mullins, avó da vítima, que veio a Paris, atrás da ladra, na esperança de recuperar a quantia roubada. Caso Silvia Navarro se recusasse a devolver o dinheiro do prêmio, Joanna pretendia expor toda a verdade a mídia. Sabemos disso pelo depoimento de Dona Elza Mullins e da ex-namorada de Joanna, onde ela ficou hospedada desde que chegara a Paris.

Pelo depoimento da mãe do falecido Edmundo Dujardin, com quem Silvia Navarro ficou hospedada até sua morte, a jovem ligou desesperada para a mulher em busca de um blazer do morto que misteriosamente havia desaparecido do guarda-roupa dele horas depois do seu sepultamento. A mãe de Edmundo logo se lembrou que o filho havia sido enterrado com ele e isso explica por que Silvia seduziu o coveiro para que tirasse o caixão de dentro da gaveta e o abrisse no meio da noite. Ela precisava recuperar o bilhete premiado e conseguiu. Só não esperava que alguém estivesse às escondidas no cemitério, àquela hora, filmando a cena com o celular. Apesar da pouca luz, era visível ser a própria Silvia quem esteve ali fazendo tudo aquilo. O próprio coveiro a reconheceu depois de ela ter ficado famosa.

Outro fato que comprova o mau-caratismo da ré foi o rombo que ela fez na conta da paróquia da cidade onde nasceu e cresceu. A ré simplesmente desviou todo o dinheiro arrecadado numa festa beneficente intitulada "a festa do milho" para sua conta num momento oportuno.

A senhora Marguerite Chevalier, altamente conhecida no mundo da alta costura, relatou que Silvia quis comprar seu lugar no mundo da moda por meio de vasta quantia. Mas Dona Marguerite não se deixou coagir, pois nunca fora de fazer conchavos.

Voltando-se para Silvia que ouvia tudo atentamente, o promotor distrital perguntou:

– O que a ré tem a dizer sobre essas acusações?

Silvia respirou fundo e fez o que era certo:

– É tudo verdade, meritíssimo. Isso tudo realmente aconteceu como foi narrado.

Um burburinho se agitou por entre os presentes, obrigando o juiz a bater o malhete para impor silêncio na corte.

– Silêncio! Silêncio no tribunal!

Silvia pediu permissão para se defender:

– Quem daqui já não teve um sonho? Quem daqui já não traçou uma meta e batalhou para conquistá-la? Eu nasci pobre, extremamente pobre e sonhava ser uma top model. Quando me deparei com a quantia arrecadada pela igreja com a festa do milho, eu não resisti, seria o valor perfeito para eu fazer meu book de modelo e chegar ao sucesso. Haveria de devolver centavo por centavo quando eu ficasse famosa e foi o que fiz. Já devolvi nota por nota para a conta da igreja da cidade onde eu nasci. Vocês podem confirmar por meio da transferência que fiz e do frei Humberto Lagerfeld.

Ela suspirou e prosseguiu:

– Quanto ao bilhete premiado da loteria, eu mesma fui ao banco falar com o gerente da minha conta para transferir a quantia correta para a conta de Dona Elza no Brasil. Por algum motivo, um dos números da conta foi digitado errado e a quantia foi estornada de volta para mim. Assim que Joanna Mullins me contou o que havia ocontecido, prometi a ela que corrigiria o erro logo pela manhã do dia seguinte. E foi o que eu fiz. Se consultarem o meu gerente, ele confirmará os fatos.

Silvia dizia a verdade. Tudo aquilo também já havia sido apurado.

– Como podem perceber – continuou Silvia em sua defesa – não havia motivo real para eu assassinar brutalmente Joanna Mullins.

O promotor distrital pediu licença para falar:

– A ex-namorada da vítima afirma que Joanna contou a ela que Silvia Navarro havia correspondido às suas cantadas. Que em troca do silêncio, prometera, indiretamente, ficar com ela na noite em que foi justamente assassinada.

Novo burburinho entre os presentes e Silvia novamente procurou se defender:

– Joanna realmente se mostrou interessada em mim e eu pretendia fazê-la entender que meu interesse por ela não era sexual.

– E como ela não aceitou, você a matou para que ela não expusesse sua história na mídia. Fatos que certamente fariam da senhorita, como modelo de destaque de empresas famosas, perder os contratos por causa do escândalo. E perder contratos desse porte significaria perder milhões de euros e dólares.

Silvia engoliu em seco e o promotor distrital aproveitou de seu momento de fraqueza para afirmar com todas as letras:

– A ré afirma ser inocente perante as acusações, mas não explica como Joanna Mullins apareceu morta, caída no tapete de sua sala de estar, esvaindo-se em sangue devido ao golpe que recebeu de um taco de golfe. Sabemos que foi um taco, pois o objeto foi encontrado no meio de um arbusto de uma das casas vizinhas a da ré.

Silvia tomou a palavra:

– Tudo o que me lembro daquela noite fatídica é que Joanna chegou em casa, trocarmos algumas palavras e eu liguei para o restaurante para pedir que entregassem alguns pratos. Depois, saboreamos o vinho que ela havia me levado de presente, o qual nos deixou zonzas por estarmos de estômago vazio, certamente. Então, eu fui ao toalete onde penso ter tido uma espécie de apagão, do qual só despertei ao som da campainha da casa tocando insistentemente. Só poderia ser mesmo o motoboy entregando o jantar, o que muito me alegrou naquele instante, pois eu estava faminta. Foi ao voltar para a sala que colidi com o corpo de Joanna caído ao chão, esvaindo-se em sangue. Para mim, o assassino matou Joanna no período em que estive no toalete. Acho que pensou que eu fosse ela, porque estávamos à meia luz...

A voz lhe faltou e o promotor distrital voltou a falar:

– Havia digitais da ré no taco de golfe, o qual ela certamente levou para a casa pelo simples propósito de usá-lo como arma do crime.

– Eu?! Não! – agitou-se Silvia transparecendo profunda indignação. – Nunca manejei um taco de golfe em toda minha vida.

Naquele instante, Vincent se recordou da tarde em que passou ao lado da noiva ensinando-lhe a jogar golfe. Algo que a divertiu um bocado e descontraiu a ambos. Sobre aquilo ele nada diria, pois só serviria para complicar ainda mais as coisas para Silvia que se mostrara bastante eficiente com um taco nas mãos.

A seguir, novos fatos foram abordados sobre o crime até o promotor encerrar, dizendo:

– Só há uma maneira de impedir que uma jovem ambiciosa como essa volte novamente a matar. É colocá-la atrás das grades. Prisão perpétua! Ainda que isso não faça com que Joanna Mullins recupere a vida que perdeu, brutalmente, pelo menos impedirá que outras pessoas se tornem vítimas de uma sanguinária desalmada como essa. – E depois de um suspiro, o homem acrescentou: – Por ora é só meritíssimo.

Foi a vez do advogado de defesa tomar a palavra. Falava calmamente, com os olhos se deslocando lentamente pelos rostos dos jurados.

– Basta os jurados olharem para a ré que não hesitarão em votar por sua absolvição...

E o sujeito apresentou todas as evidências que dispunha em defesa de Silvia Navarro. Mas não foram o suficiente para convencer os jurados a respeito da inocência de Silvia. Todos ali pareciam odiá-la pelo simples prazer de odiar e, por isso, onze jurados consideraram Silvia Navarro culpada pelo assassinato de Joanna Mullins.

– Não, meritíssimo! – gritou Silvia em pânico. – Eu sou inocente! – Ela levantou os olhos para o juiz e acrescentou: – Vocês têm de acreditar em mim. Eu sou inocente!

Vincent parecia querer morrer de desgosto, contratara o melhor advogado da França para defender sua amada e ele falhara. Veruska e Madalena também estavam penalizadas diante da condenação. Marguerite e Romeu Duartino, ao contrário dos demais, vibravam de felicidade.

Ao voltar os olhos aflitos na direção de Marguerite Chevalier, a mulher, sem emitir som algum, articulou a seguinte frase que Silvia conseguiu entender muito bem por meio de leitura labial:

"Agora você vai ter o que merece!"

E Silvia respondeu à altura, só que silenciosamente: "Eu volto, sua filha da mãe! De uma forma ou de outra, eu volto para acabar com você!"

Sem mais, os guardas conduziram a condenada para o interior do edifício onde ela seria transferida para uma penitenciaria feminina de segurança máxima.

O veredicto deixou Isabelle e Jean-Pierre sem palavras:

– Ela foi mesmo condenada... – murmurou Jean-Pierre, aturdido.

– Que horror! Será mesmo que ela é culpada? Tantos inocentes já foram julgados culpados.

– Pois é... – Jean-Pierre estava com a mente longe.

– Mas se não foi ela que matou aquela moça – arrematou Isabelle preocupada. – Quem foi? E justamente com um taco de golfe.

E os olhos de Jean-Pierre Cassel voltaram-se para a esposa, pensativos.

Carmem e Valentino Cassel também comentavam sobre o veredicto final.

– Pelo visto, minha intuição estava mesmo certa. Essa moça era mesmo perigosa. Que bom que tudo isso tenha acontecido antes de ela ter se casado com o nosso Vincent. Pior seria se ela tivesse ficado gravida dele e deixasse um rebento seu no seio da nossa família.

Ao perceber que o marido parecia distante, Carmem foi até ele, pousou a mão em seu ombro e disse:

– Meu bem, agora você já pode relaxar... Sei bem o quanto estava contrariado com o noivado do Vincent e essa sirigaita. Agora ele já não corre mais o risco...

– Que Deus a ouça, Carmem. Que Deus a ouça.

E a esposa torceu para que estivesse certa.

A prisão de Silvia Navarro tornou-se manchete em todos os jornais, telejornais e sites de notícia. Se antes ela ocupava as capas das revistas para expor sua beleza, talento e seu carisma inigualável, agora ela era exposta na mídia como uma das piores pessoas do mundo. "Uma loba em pele de cordeiro", "A assassina por trás de um rosto de porcelana", "A mulher mais linda do planeta é mau-caráter!", "Silvia Navarro, quem diria?", esses eram os títulos das manchetes que se espalhavam pelo mundo.

Os verdadeiros fãs de Silvia continuavam acreditando na sua inocência, os invejosos, por sua vez, salivavam de felicidade por vê-la derrotada e os entediados com a vida se compraziam de ver um novo escândalo afugentando o marasmo dos seus dias insípidos.

No Brasil, Silvia Navarro se tornou a vergonha nacional, alvo de críticas e insultos por acreditarem que sua má-fama faria o mundo pensar que o país era mesmo uma terra onde só havia mau-caráter, prontos para dar um golpe financeiro ou assassinar alguém para encobrir suas falcatruas.

Como se não bastasse os escândalos políticos brasileiros, em que entra partido, sai partido e a roubalheira e o mau-caratismo continuam a imperar, agora havia Silvia Navarro como mau exemplo para a humanidade.

Diante da imagem da Virgem Maria, Dulce uniu as mãos e orou pela filha. Silvia sempre fora uma garota amorosa apesar de sua ambição pelo dinheiro, poder e fama. Deus haveria de perdoá-la, desejou Dulce.

# CAPÍTULO 3

Por ordem do Tribunal de Justiça Criminal da França, Silvia foi transferida imediatamente para uma das penitenciárias femininas do país. Num ônibus amarelo com janelas gradeadas, ela foi conduzida até o local juntamente com meia dúzia de mulheres que tiveram o mesmo destino que o seu e se mantinham sob os olhos atentos de dois guardas armados que encaravam Silvia com admiração, imaginando seu corpo sem aquelas vestes. Na mente de um deles, inclusive, só havia um pensamento: aprisionar Silvia no porão de sua casa para se servir sexualmente do corpo dela quando bem quisesse. A boca do indivíduo salivava de desejos e Silvia pareceu ler seus pensamentos, o que lhe provocou um súbito mal-estar.

As companheiras de viagem também olhavam para ela com admiração e curiosidade. Silvia, por sua vez, perguntava-se intimamente quais barbaridades aquelas mulheres haviam sido capazes de cometer para terem sido condenadas assim como ela? Por um lado, era bem melhor não saber, pois a resposta poderia aterrorizá-la tanto quanto o que estava por vir em seu caminho.

Para distrair a mente, Silvia voltou os olhos para a paisagem que ladeava a estrada por onde o veículo seguia seu rumo, aquela poderia ser a última vez que ela veria os campos verdes com os olhos da liberdade se realmente terminasse seus dias atras das grades. A garota brasileira de futuro promissor que conquistaria o mundo e faria todos admirá-la encontrara seu fim cedo demais. Não era justo terminar assim. Não mesmo!

Minutos depois, a voz de um dos guardas soava no interior do ônibus:

– Deem uma última olhada no verde lá fora, minhas queridas, pois a nova casa de vocês se aproxima.

Assim fizeram as ocupantes do ônibus e foi quando Silvia avistou o pequeno cemitério da prisão, onde dois sujeitos sepultavam mais um condenado que não tivera ninguém para reclamar seu corpo. Que fim mais triste. Acabar num lugar daqueles, sem ter sequer alguém para lhe levar uma flor. Quantas e quantas não morriam daquela forma sem que ninguém guardasse por si qualquer afeto por sua memória?

Mais alguns segundos e o ônibus estacionou no interior da penitenciária.

– Chegamos, meninas! – anunciou o guarda com mórbido prazer. – Sejam muito bem-vindas ao seu novo lar!

Quando Silvia se deparou com as muralhas de alvenaria encimadas com arame farpado, teve um súbito estremecimento. Seus dias não podiam se encerrar num lugar horrível daqueles. Não seria justo com uma jovem que enfrentara os piores desafios para chegar aonde chegou.

Minutos depois, as prisioneiras do Bloco D da penitenciária espiavam por detrás das barras, a famosa modelo sendo conduzida pelo corredor comprido e malcheiroso do local até a cela que se tornaria sua morada de longos anos. Umas olhavam para Silvia com admiração, outras com indiferença ou ódio e algumas com desejo ardente e carnal. Mais alguns passos e a guarda parou, destrancou a cela e disse, autoritária:

– Entre!

Silvia não agiu, porque ficou simplesmente petrificada.

– O que está esperando? – ralhou a guarda. – Um tapete vermelho para pisar e uma chuva de pétalas de flores?

Silvia hesitou por mais alguns segundos até pisar definitivamente naquele que se tornaria seu lar eterno. Ao ouvir a cela se fechar às suas costas com um estardalhaço, ela percebeu que não haveria mais qualquer perspectiva de um futuro brilhante e feliz para a sua pessoa. Restava apenas a certeza de que ficaria encarcerada naquele purgatório pelo resto da vida.

Só então ela se ateve às três mulheres que ocupavam a cela e a observavam com grande interesse.

Uma delas rompeu o silêncio:

– Você é muito mais gostosa pessoalmente do que pelas fotos. Mesmo de cara lavada é uma gracinha.

Silvia estava paralisada demais para responder e seu estado perturbador fez com que as colegas de cela rissem dela.

– Não se preocupe, doçura – tornou a companheira que há pouco havia se pronunciado. – No pátio da penitenciaria há espaço suficiente para você desfilar para nós.

As três reclusas riram novamente e debochadamente de Silvia que se lembrou da mãe naquele instante que, certamente, a aconselharia rezar diante daquele momento tão difícil de sua vida. Mas de que valeria rezar, se havia sido condenada? Além do mais, nem mesmo Deus se atreveria a ouvir alguém aprisionado num lugar tão fétido e lúgubre como aquele. Era o que poderia se chamar de inferno na Terra. De fato, era.

A cela apertada mal cabia os quatro catres cujos colchões eram imundos e no canto direito havia um vaso sem nenhuma privacidade para ser usado.

Em meio a tudo isso, havia uma barata perambulando pelos cantos como se estivesse embriagada e Silvia teria gritado de pavor, pois nada lhe era mais repugnante na vida do que as baratas, contudo, não tinha forças para reagir a nada. A voz da colega de cela voltou a soar junto ao ouvido de Silvia que estremeceu diante da pergunta:

– Como é que uma beldade como você veio parar num pardieiro como esse? Só uma estúpida mesmo para se deixar ser apanhada pela justiça. Prova definitiva de que toda moça bonita tem um cérebro de minhoca.

A mulher tinha lá os seus quarenta e poucos anos, e examinava Silvia de cima a baixo com olhos estreitos e vigilantes.

– A belezinha está assustada, não é? Pois logo você se acostuma.

Silvia fez ar de quem diz: "é o jeito" e se dirigiu até o catre, onde se deitou como se mergulhasse o corpo numa lavagem para porcos. Fechou os olhos e tudo que recordou a seguir foi das frases: "Aqui se faz, aqui se paga!". "Tudo o que se faz, um dia volta para você!". E certamente ela fizera algo de muito ruim no passado para estar passando por aquilo. Comprimiu o punho contra a boca, com toda força, para não chorar de desgosto pelos rumos que sua vida havia tomado.

Tempos depois, ouvia-se a voz da carcereira anunciando:

– Hora de encher o bucho, meninas!

As portas das celas se abriram estrepitosamente por todo o bloco e as prisioneiras seguiram em fila dupla até o refeitório. Silvia não queria ir. Ter de comer num lugar horrendo como aquele lhe embrulhava o estômago; por outro lado, sentiria fome mais tarde e daí não haveria o que comer. Assim, ela se levantou do catre com grande esforço, ajeitou os cabelos e seguiu as demais por um corredor estreito e sem qualquer ventilação, passando por duas portas gradeadas até chegarem ao refeitório repleto de mesas e bancos retangulares de madeira.

Por trás do balcão onde ficavam os tachos de comida, algumas reclusas serviam as outras com má vontade e total falta de higiene. Coçavam o nariz e estancavam o suor de seus rostos sem qualquer tato. A comida que despejavam nos pratos com conchas de metal de aspecto repulsivo estava longe de se parecer com a melhor do cardápio parisiense de todos os tempos. Silvia por pouco não vomitou.

Segundos depois, ela se dirigia a uma mesa sob os olhos atentos das presas que se divertiam por vê-la se sentindo um peixe fora d'água. Ao sentar-se, Silvia novamente encarou o alimento de origem duvidosa no prato a sua frente. Para quem comera nos restaurantes mais caros e sofisticados de Paris, aquilo sequer poderia ser chamado de comida.

– Doçura, é melhor você limpar o prato! – sugeriu a presidiária que se mantinha olhando fascinada para a beleza imaculada de Silvia Navarro. – Quem não come, o bicho come!

– Mas essa comida... – murmurou Silvia olhando enojada para o prato.

– É o que tem para hoje, belezinha! – advertiu uma presa do outro lado da mesa.

E ela tinha razão, percebeu Silvia, lembrando-se a seguir do velho e popular conselho: se a vida lhe der somente um limão, faça uma limonada! E no caso dela, seria uma bem azeda.

Entre uma colherada e outra, Silvia observou discretamente as reclusas que lotavam o refeitório. A cada rosto que pousava os olhos, uma questão emergia do seu interior: por que continuar vivas sabendo que estão condenadas a viver num lugar horrendo daqueles por dez, quinze, vinte anos ou até mesmo pelo resto de suas vidas? Essa era uma pergunta para qual nem as próprias condenadas tinham a resposta.

Meia hora depois de terem chegado ao refeitório, uma sirene ardida anunciava que a hora da refeição havia terminado. Assim, cada presa retornou à sua respectiva cela, marchando em fila dupla como de hábito. Conversas na fila eram proibidas bem como qualquer brincadeira de mão.

Foi a vez, então, de Silvia se deparar com algo ainda mais nojento perante tudo que já tinha visto ali. As companheiras de cela usavam o vaso, cada qual por sua vez, infestando o ar já sufocante da gaiola com o cheiro de urina ou de fezes. E isso era feito às claras, para quem quisesse ver, pois não havia sequer um biombo para dar privacidade a quem dali fizesse uso do vaso.

Ao som da sirene noturna, anunciando que as luzes seriam apagadas em um quarto de hora, as presidiárias começaram a se despir para vestir a camisola, deitar-se nos respectivos catres e dormir.

Silvia jamais sentiria vergonha de se despir na frente de outras mulheres, mas perante aquelas que olhavam para ela com olhos de cobiça, ela se sentiu profundamente constrangida. Teve receio, subitamente, de que uma delas tentasse abusar sexualmente dela, pegando-a desprevenidamente enquanto estivesse dormindo, por isso, seria melhor ficar alerta para se defender em qualquer eventualidade.

Assim terminava a primeira noite de Silvia Navarro na prisão de altíssima segurança. Para quem brilhara nas passarelas e diante das câmeras de fotógrafos famosos, ganhando milhões de euros a cada instante, aquele era o pior reverso da medalha que alguém poderia estar tendo na vida.

Às seis horas da manhã do dia seguinte, a sirene novamente soou ardida e insistente para que as reclusas acordassem para tomar o café da manhã e a seguir exercessem seus trabalhos diários. Algumas eram destinadas à cozinha anexa ao refeitório, onde atendiam às ordens de uma cozinheira-chefe. Descascavam batatas, legumes e frutas... Outras eram incumbidas de trabalhar na lavanderia, lavando e passando as roupas, lençóis, fronhas e toalhas de banho das detentas. Muitas cuidavam da limpeza do presídio e as mais confiáveis ajudavam no escritório do local e na biblioteca. Silvia, por sua vez, foi incluída no grupo que se incumbia de fazer a faxina da penitenciaria.

Ao longo da jornada de nove horas de trabalho havia pequenos intervalos e o dia terminava com as reclusas exaustas de suas funções. Por um lado, até que era bom, pensou Silvia, sensatamente, pois não sobrava muito tempo para pensar em besteiras. Já dizia o ditado: cabeça vazia, oficina do diabo! Quanto mais ocupada com obrigações, menos tempo para se refestelar com memórias do que viveu de bom ou do que poderia ter vivido.

Havia também uma hora para fazerem exercícios num pátio apropriado para aquilo e Silvia adorou a ideia, pois o exercício manteria seu corpo esbelto e saudável.

Foi em meio à madrugada, certa noite, que Silvia despertou ao ouvir gemidos ecoando no interior da cela e até mesmo pelos corredores da ala da prisão em questão. O susto retardou sua compreensão dos fatos. Quando percebeu o que se passava ali, compreendeu rapidamente que não era porque aquelas mulheres haviam sido aprisionadas ali que haviam perdido a necessidade de serem amadas.

Por isso, muitas se apaixonavam pelas próprias colegas de cela, por carência ou porque realmente se percebiam atraídas pelo mesmo sexo. Até cartas de amor eram trocadas pelas mais românticas, prova definitiva do quanto o ser humano necessita desses mimos para alegrar seus dias.

O único senão no meio de tudo aquilo se dava quando uma reclusa se recusava a ceder aos desejos da outra e eram violentadas por isso. E também quando as mais desejadas eram disputadas a tapas, socos e pontapés pelas reclusas mais competitivas.

Algumas se apaixonavam pelos funcionários do sexo masculino que trabalhavam ali e, mesmo sem serem correspondidas, viviam a ilusão de um dia serem amadas reciprocamente por eles.

Ou seja, a necessidade de amar e ser amada sobrevivia até mesmo perante as piores amarguras e talvez fosse por essa necessidade que muitas dali sobreviviam e encontravam sentido na vida para sobreviver em meio àquele inferno sem chamas. Era mesmo um inferno, a própria casa do satã, concluiu Silvia mesmo estando ali há tão pouco tempo.

De certo modo, Silvia Navarro havia voltado aos bordéis do qual tomara parte na vida anterior. Pois a noite, depois que as luzes se apagavam, o sexo corria solto por entre as grades das celas daquela prisão fétida e sombria.

Foi no pátio, onde as reclusas tinham uma hora para se exercitarem que Silvia observou mais uma vez os muros da prisão, com seus arames farpados no topo, altos demais para serem escalados ou transpostos. Não seria por ali, certamente, que ela conseguiria escapar daquele inferno.

Observando-a de longe, uma das detentas aproximou-se dela e comentou, num tom maroto:

– Vejo nos seus olhos a vontade louca de fugir daqui a qualquer custo.

Silvia levantou os olhos com uma expressão de surpresa e a reclusa continuou:

– A vigilância desse lugar é ininterrupta, vinte e quadro horas consecutivas. Ou seja, há guardas armados prontos para atirar em qualquer uma que tente fugir daqui. Atiram sem dó porque qualquer fuga bem-sucedida pode lhes custar o emprego. Caso a fugitiva escape, seu rastro é perseguido por cães farejadores enormes, policiais armados e helicópteros com holofotes capazes de iluminar até mesmo o inferno. Por isso, até hoje nenhuma fugitiva teve êxito ao escapar daqui. O máximo que conseguiram foi chegar a uma cidadezinha nas proximidades onde foram apanhadas e fuziladas sem dó nem piedade. Para os policiais, é melhor trazer para cá uma fugitiva morta do que uma viva. Para que as todas saibam que não há escapatória desse inferno.

Silvia ouvira com atenção, palavra por palavra, até que se recordou de algo que há muito marcara sua infância.

– Edmundo Dante... – murmurou, pensativa.

– O quê?! – estranhou a reclusa que se matinha olhando para ela com olhos libidinosos. – Quem?

Silvia explicou:

– O Conde de Monte Cristo. Ele conseguiu escapar.

A reclusa riu:

– Aquilo não foi real, sua boba. Trata-se apenas de um livro. Uma história fantasiosa.

– Baseado numa história real segundo li, certa vez, no Google.

– Que seja, mas... Edmundo Dante era inocente e você, é?

Os olhos de Silvia brilharam e a fulana a sua frente adiantou-se na resposta:

– Não precisa nem me responder.

As presas não podiam dar telefonemas para fora, mas tinham permissão de receber dois telefonemas de cinco minutos duas vezes ao mês. Mas para Silvia, ligavam apenas seus fãs ardorosos e repórteres interessados numa entrevista sensacionalista com ela. Assim, ela decidiu nunca mais atender as chamadas.

# CAPÍTULO 4

Foi ilusão, Silvia ter pensado que nenhuma das reclusas a desejaria e seria capaz de disputá-la a tapa para tê-la somente para ela. Muitas a queriam e quando Silvia se deu conta do fato, passou a ficar atenta, pronta para se defender, caso alguma viesse para cima dela. A reclusa que todas ali chamavam de Leoa foi a que mais se interessou por Silvia Navarro e estava disposta a fazer qualquer coisa para tê-la em suas mãos.

Havia também as reclusas que invejavam a beleza de Silvia. Uma delas, um dia, enquanto todas tomavam sol no pátio, achegou-se em Silvia e disse, com ódio impregnado em cada palavra:

– Esse seu rostinho bonito me irrita, sabia? Mas sei bem como impedir que ele continue me aborrecendo. Basta um murro ou dois, e mais uns pontapés bem dados que não vai restar nada que se aproxime da beleza.

Silvia achou por bem ser paciente e polida com a fulana:

– Podemos ser amigas, não acha?

– Não quero ser sua amiga. Não gosto de você.

– Por que, se eu nunca lhe fiz nada de mal?

– Nem precisa. Sua presença já é um mal para mim.

– É por causa da minha beleza, não é? Você queria ser bela como eu...

– Ainda que eu fosse tão bela, eu esfolaria sua cara para tirar essa arrogância da sua face.

– Eu só queria dizer que a beleza não é tudo. Se fosse, eu não teria vindo parar num lugar como esse. De que me serve esse rostinho bonito num lugar assim?

A reclusa continuava olhando para ela com total desaso, pronta a fazer o que uma voz maldita ditava em sua mente. Quando estava prestes a agir, Leoa agarrou-a pelo braço e a arrastou para longe dali onde a empurrou contra o chão e lhe desferiu um chute atrás do outro. Acontecera tudo tão subitamente que quando Silvia deu por si, já era tarde para impedir a agressão. Logo, algumas guardas apartavam a briga e a vítima era levada para a enfermaria onde desmaiou de agonia e dor.

Como punição, Leoa foi para a solitária e o maior medo de Silvia era o que viria depois de ela sair de lá. Se fora capaz de quase matar uma mulher por aborrecê-la, seria bem capaz de quebrar-lhe o corpo para possuí-la, caso se recusasse. Naquela noite, Silvia mais uma vez se lembrou dos conselhos de Dulce e rezou fervorosamente para que Deus a protegesse, ainda que não merecesse por ter sido tão má no passado.

A primeira carta para a mãe chegou um mês depois de Silvia ter sido transferida para o presidio. Dulce recebeu a correspondência com lágrimas a transpassar seus olhos vermelhos e inchados.

*"Querida mamãe, já me encontro na penitenciária onde cumprirei os anos de condenação. Devo estar sendo uma vergonha para a senhora, não foi isso que planejei para mim, por isso lhe peço desculpas pelos transtornos que venho lhe causando. Sempre procurei esquecer que o destino nunca me quis bem, mas minha memória é boa, o que se há de fazer? Risos. Pode me escrever sempre que quiser, suas palavras pelo menos me confortarão nesse lugar triste e melancólico."*

Na carta em questão, Silvia nada dizia sobre o assassinato e o que Dulce mais queria ler ali era uma frase da filha garantindo-lhe que ela era mesmo inocente quanto ao assassinato de Joanna Mullins. O fato da jovem nada escrever a respeito, reforçou em Dulce a hipótese de a filha realmente ter cometido o crime.

O dia das detentas recebem visitas finalmente chegou e Vincent estava lá, para rever a jovem que tanto amava. Antes, porém, de ambos se encontrarem na sala reservada para os respectivos encontros, o moço começou a suar frio e teve uma tremedeira horrível. Rapidamente foi amparado pelas guardas e atendido pela médica do local. Sua pressão havia subido, certamente por ter ficado emocionalmente abalado por saber que Silvia agora vivia num lugar tão frio e deprimente como aquele. Antes que piorasse, foi aconselhado que ele voltasse para visitar a detenta noutra ocasião. Assim, Vincent deixou um bilhete, escrito de próprio punho que Silvia leu com lágrimas infinitas.

Pela estrada de volta a Paris, Vincent foi obrigado a parar no acostamento, onde chorou copiosamente por quase uma hora. A imagem do presídio continuava cravado em sua memória e era propriamente o local quem lhe provocava todo aquele mal-estar. Ele nunca estivera em um antes, mas só de se imaginar ali... Desde então, pesadelos horríveis importunavam Vincent madrugada afora, onde ele se via encarcerado, passando horrores numa cela imunda e bucólica.

Ao escrever para a amada, pedindo-lhe desculpas pelo que houvera, Silvia lhe sugeriu que procurasse Madalena Ayala, pois ela poderia ajudá-lo a entender o que estava se passando com ele e superar aquilo.

O encontro dos dois se deu no próprio ateliê onde a mulher trabalhava.

– Eu preciso ver a Silvia... – começou Vincent em tom de desabafo. – Ela precisa de mim agora mais do que nunca, contudo, só de pensar em ir até o presídio, eu começo a passar mal. Já procurei até um psiquiatra e...

– Meu querido, não se preocupe – falou Madalena em tom amoroso. – Silvia não ficará chateada com você por não ir vê-la. Ela compreende que seu mal-estar vem de momentos árduos que viveu em vidas passadas. Onde você certamente foi encarcerado por algum motivo.

Vincent sentiu um arrepio de gelar a alma.

– Acalme-se! O que você viveu já é passado.

– A senhora realmente acredita que já vivemos aqui anteriormente?

– Sim.

– Eu não sei se acredito em reencarnação. Acho mesmo que não. De qualquer modo, o que teria feito eu numa vida passada para ir parar numa penitenciária?

– Eu não sei... Mas a resposta virá à tona quando você menos esperar.

Os olhos dele se encheram d'água e Madalena segurou sua mão para lhe dar algum conforto.

Ao deixar o ateliê, Vincent precisou de um momento para se recuperar. Uma breve tontura o fez se apoiar contra a parede do edifício bem quando Hector Finn seguia pela mesma calçada. Assim que o viu, o sujeito foi ao seu auxílio:

– Olá – disse, gentilmente. – Você quer ajuda?

Vincent olhou para o homem, ficando temporariamente sem palavras.

– Cara, acho melhor chamar uma ambulância...

– Não, não... – respondeu Vincent respirando profundamente. – Já está passando...

Ambos ficaram se olhando por um longo e misterioso minuto. Havia um misto de curiosidade de ambas as partes perante a forte sensação de já se conhecerem de algum lugar. Ainda que a sensação não fosse das melhores, a curiosidade pairava no ar. Por fim, cada qual tomou seu rumo sem sequer imaginar que noutra vida haviam dividido a mesma cela, quando ambos foram condenados por assassinato.

Diante do que havia acontecido com Vincent, Silvia achou que ninguém mais iria querer visitá-la na prisão, somente sua mãe poderia desejar vê-la, se fosse à França, o que era muito improvável, pois sequer ia a cidade vizinha, sozinha.

Mas Silvia estava enganada, ainda havia uma pessoa disposta a visitá-la, sempre que possível. E seu nome era Madalena Ayala.

– Minha amiga – emocionou-se Silvia ao tocar as mãos da mulher. – Você não deveria ter vindo a um lugar pavoroso desses.

– Eu precisava vê-la – retrucou Madalena com os olhos cheios d'água. – Gosto de você. Sempre gostei...

– Eu sei e os meus sentimentos por você são os mesmos.

Breve pausa e Silvia desabafou:

– Isso aqui é o próprio inferno, sabe? Simplesmente horrível.

Madalena assentiu e disse com evidente esperança:

– Quando encontrarem o verdadeiro assassino, você será solta e...

– Acho que nunca o encontrarão. Se fui condenada, não há mais motivos para a polícia continuar investigando o caso.

Aquilo era bem verdade, pensou Madalena, tristemente. Um minuto depois, Silvia admitia:

– Sabe, eu sinto no fundo da minha alma que mereço tudo pelo que estou passando.

E Madalena sabia intimamente o quanto aquilo era verdade, pois na vida não havia erro, só acerto de contas.

– Eu virei vê-la sempre que possível – afirmou Madalena antes de partir. – Não perca as esperanças.

– É tudo o que me resta, não é mesmo?

As duas se despediram e foi então que Silvia notou algo de interessante em relação àquele dia em especial. Os familiares e amigos que visitavam as reclusas eram seus únicos elos com o mundo lá fora. E elas voltavam felizes para a cela, sinal de que o afeto ainda era para todos, a maior preciosidade do mundo.

Dias depois, a carcereira entregava para Silvia um embrulho que havia sido enviado para lá e devidamente checado pela segurança do local, antes de ser posto em suas mãos. Havia um bilhete escrito de próprio punho por Vincent Cassel:

"Espero encontrá-la com saúde e paz no coração quando esse pacote chegar até você. Em meio a tanto corre-corre, acabei me esquecendo de procurar pelo diário que minha bisavó havia escrito. Você desejava lê-lo e agora ele está em suas mãos.

– O diário! – exclamou Silvia, radiante, desembrulhando imediatamente o embrulho.

Ali estava o que ela mais queria ler desde que soube da sua existência. O diário de Ettiénne Navarro Vandenberg Cassel. E ele continha toda a história de Silvia Navarro na vida passada. Uma órfã que sonhara ter conhecido seus pais verdadeiros e aos 15, 16 anos de idade fugira do orfanato onde vivia em busca de uma mulher chamada Marguerite

Chevalier que prometera adotá-la e misteriosamente não cumprira a promessa. Uma órfã que foi usada e abusada sexualmente por sujeitos que prometeram ajudá-la a encontrar a tal mulher que mais tarde se revelou ser uma cafetina mau-caráter, cujo intento com a adoção de meninas era fazer delas prostitutas em seu bordel.

Uma órfã cuja revolta com Marguerite a fez se entregar para o mundo da prostituição e, mais tarde, aplicar um golpe no filho de um ricaço para enriquecer a suas custas e, com o dinheiro, humilhar ou ganhar o amor que tanto queria ter daquela que lhe prometera dar um lar e uma família.

Uma órfã que, tempos depois, descobriu que sua mãe verdadeira era uma das freiras com quem conviveu a vida toda no orfanato onde cresceu e que jamais lhe revelou o segredo, mesmo sabendo o quanto ela desejava conhecer a mãe biológica.

A mesma órfã que se vingou de seu pai que era padre e indecorosamente seduzia as mulheres, casadas ou solteiras, só por diversão; que se apaixonou perdidamente por um sujeito chamado Vincent Cassel pelo qual, mais tarde, num repente de ciúmes, pisou em falso e rolou escadaria abaixo até quebrar o pescoço.

Revoltada com sua morte prematura, o espírito de Silvia passou a atormentar a cabeça de muitos só para se vingar do triste destino que tivera.

Havia relatos ali, também, de quando Vincent se passou por Jean-Pierre e, com isso, gerou um filho em Isabelle Binoche Cassel. Um filho que Isabelle rejeitou e que morreu numa emboscada contra o exército nazista que na ocasião havia ocupado Paris. E havia detalhes também sobre a prisão de Vincent Cassel sob a acusação de ter assassinado Silvia Navarro. Étienne havia sido realmente precisa ao relatar a história que envolveu sua origem até sua morte em 2003.

Silvia, a atual, agora sabia por que Vincent Cassel se sentira tão mal ao visitar um presidio. Porque ele certamente fora Vincent Pérez que injustamente fora preso sob falsa acusação.

Étienne também contava sobre Angelina Pérez e o que ela fizera contra a irmã e o cunhado por inveja. Uma mentira que separou os gêmeos e fez o casal viver com o peso da culpa pelo resto de suas vidas.

Ao fechar o diário que se tornara propriamente um livro para relatar a história de uma família, Silvia se pôs a refletir. Não havia dúvidas de que ela havia sido Silvia Navarro na outra vida e, por isso, desmaiara ao pousar os olhos no retrato de Silvia, pendurado na grande sala da mansão dos Cassel. O maravilhoso retrato pintado a óleo que Laurence Piemonte fizera dela. Quanta história, quantas alegrias e tristezas. E o mais importante naquilo tudo é que Silvia poderia ter escolhido uma vida melhor. Tivera oportunidade para isso, mas seu ódio não lhe permitiu optar pelo bem. Que tolice!

Depois de ler e reler o diário diversas vezes, Silvia se perguntou quem teria sido Joanna Mullins na vida anterior? Teria havido uma conexão entre ela e a Silvia Navarro do passado? Só mesmo Madalena Ayala poderia ajudá-la a solucionar o mistério. Ambas conversariam a respeito na próxima vez que Madalena fosse visitá-la no presídio. E quando isso aconteceu, Madalena explicou a Silvia que se caso houvesse necessidade de fazer tal esclarecimento, os mentores fariam por meio dela (médium) em breve.

A título de curiosidade, Madalena pediu emprestado o diário de Étienne e Silvia atendeu ao seu pedido, com a condição de que ela mesma o devolvesse para Vincent Cassel, assim que terminasse a leitura. E Madalena cumpriu o trato e se emocionou tremendamente ao ler cada página escrita por Étienne Navarro Vandenberg Cassel que quando menina fora amparada pela própria Madalena em sua existência passada.

# CAPÍTULO 5

Nas semanas que se seguiram, Silvia continuava disposta a fugir da penitenciária, a qualquer custo. A questão era como escapar de um lugar de tão alta segurança como aquele? A única solução foi pedir ajuda a Leoa, pois era a única dentre todas as reclusas capaz de arquitetar um plano engenhoso de fuga.

– Eu preciso escapar daqui – admitiu Silvia assim que teve oportunidade de ficar a sós com a detenta. – E você é a pessoa certa para me ajudar.

A colega riu, descaradamente, e Silvia rapidamente acrescentou:

– Se me ajudar, eu posso torná-la rica!

– De que me vale o dinheiro num lugar desses? – inquiriu a mulher com bom senso.

De fato, dinheiro algum serviria para ela dentro de uma prisão, mas fora, poderia ajudar alguém de quem ela gostasse muito e foi nessa possibilidade que Silvia se apegou:

– Leoa, você deve ter família lá fora. Uma boa quantia poderá ajudá-los a melhorar de vida...

– Não tenho ninguém. Mesmo que tivesse, nada faria para ajudá-los. Cada um que se vire!

Silvia novamente se viu aturdida e a detenta riu, a ponto de deixar Silvia incomodada com seu sorriso maroto e debochado.

– Por que ri de mim? – perguntou, aflita.

– Porque você é mesmo uma tola. Mesmo que escape daqui, em questão de horas será capturada e jogada novamente numa dessas celas escuras e malcheirosas.

– Serei rápida e astuta.

– Isso de nada lhe servirá.

– Não?! Por que não?!

– Que cabeça de minhoca a sua, hein? Não é à toa que dizem que por trás de um rostinho bonito não existe cérebro.

– Se eu não tivesse cérebro não teria chegado aonde cheguei.

– Opa! Maravilha! Palmas para você!

E a mulher bateu palmas, cinicamente. Por fim, inclinou-se para a frente e, olhando desafiadoramente para Silvia, falou:

– Por ter se tornado uma modelo famosa de propaganda e desfile, seu rosto se tornou conhecido pelo mundo todo. Portanto, onde quer que você vá, qualquer um a reconhecerá e vai entregá-la de volta para as autoridades mesmo que você alegue inocência perante todos. Para o mundo, você continua sendo uma assassina sanguinária e mau-caráter. Ninguém vai deixá-la livre. Em outras palavras: aquilo que você mais preza em você, ou seja, sua própria beleza a condenou a prisão pelo resto da vida.

O rosto de Silvia desmoronou. Leoa tinha toda razão. Onde quer que fosse ela seria reconhecida, pois seu rosto se tornara famoso pela mídia. Sua vontade de se tornar famosa pelo mundo se transformara no seu pior pesadelo, sua eterna maldição.

Só havia uma saída, caso conseguisse fugir dali: provar sua inocência ou viver eternamente escondida numa floresta, onde ninguém pudesse reconhecê-la e entregá-la às autoridades.

Certa noite, Silvia despertou às três horas da madrugada pensando no romance espírita que havia ganhado de Madalena Ayala. Por meio dele, ela encontrou uma solução para encarar o mundo, depois que fugisse da penitenciária, sem que ninguém percebesse que ela era a famosa top model. A descoberta a fez relaxar e assim, dormir mais tranquilamente.

Na manhã seguinte, logo que teve a oportunidade, Silvia escreveu para Madalena Ayala pedindo que lhe mandasse de presente o livro em questão, ao que a mulher atendeu prontamente ao pedido. Assim, Silvia começou a se preparar para enfrentar o mundo quando surgisse a oportunidade de fugir dali.

Já havia se passado seis meses desde que Silvia chegara ao presidio, mas para ela era como se já estivesse trancafiada ali havia seis anos. Todos os dias, novas condenadas, de diversas idades chegavam à penitenciária e muitas morriam nos primeiros dias ou em questão de semanas por não suportarem tão amarga realidade.

– O que fazem com o corpo das detentas quando morrem? – quis saber Silvia, certo dia. – São enviadas aos seus familiares?

Leoa riu.

– As que tem família, sim. Mas o processo é tão burocrático para a retirada do corpo que é preferível para os próprios familiares que elas sejam enterradas aqui.

– Aqui?! – espantou-se Silvia arrepiando-se toda.

Leoa gargalhou:

– Não aqui, exatamente, sua tola! Mas no pequeno cemitério que fica além dos muros da prisão. Você deve ter passado por ele quando foi trazida para cá. Fica bem próximo.

Recordando-se do momento, Silvia exclamou:

– Sim! Inclusive, estavam sepultando um cadáver.

– Acontece quase todos os dias. Quando não é uma, são duas, três a bater as botas nas mesmas vinte e quatro horas. Especialmente as mais idosas.

– Cruz credo! – arrepiou-se Silvia, soltando uma exclamação de repulsa em português.

– O sino que você ouve, vez ou outra dar badaladas, anuncia a morte de uma detenta. É o único gesto espiritual, digamos assim, prestado as mortas.

Silvia novamente se arrepiou e Leoa riu escancaradamente da sua pessoa.

Foi no dia que Silvia foi incumbida de levar alguns produtos de limpeza até o bloco E do presídio que ela se deparou com uma sala repleta de caixões, prontos para guardar os corpos das prisioneiras que morressem em confinamento. Que lugar mais odioso, pensou Silvia, que desde menina sequer podia passar em frente a uma funerária com caixões expostos na vitrine, como se fossem vestidos de Versace ou Dior para serem admirados por possíveis compradoras. Onde já se viu expor aquilo? Algo tão tétrico deveria ser escondido dos olhos do ser humano, especialmente dos que amam a vida como ela. E os cadáveres, por que os expor aos olhos dos vivos? Era uma humilhação para ambas as partes.

Uma senhora detenta varria o local naquele instante e quando viu Silvia parada ali, petrificada, olhando para os caixões, comentou:

– Não são nada agradáveis de se ver, não é mesmo?

– Não são – balbuciou Silvia, arrepiando-se novamente.

– O meu nome é Kayluba – apresentou-se a mulher que já tinha oitenta anos, mas por ser negra aparentava ter bem menos idade.

– Olá – respondeu Silvia ainda admirada por se ver numa sala com tantos caixões.

– Você é a famosa modelo que matou aquela brasileira, não é mesmo?

– Eu não matei ninguém. Sou inocente.

– Entendo. É uma pena uma jovem tão linda como você terminar seus dias num lugar como esse. Uma beleza tão marcante quanto a sua não merece ser varrida do mundo por um crime que não cometeu.

– Então a senhora acredita na minha inocência?

– Acredito.

Silvia sentiu um nó na garganta e comentou:

– Há quanto tempo a senhora está aqui?

– Há quase cinquenta anos.

– Tudo isso?

– Sim.

Silvia novamente sentiu um nó se apertar na garganta.

– Desculpe-me por perguntar, mas... O que a senhora fez para receber uma pena tão extensa?

– Matei minha sogra. Eu e meu marido nos conhecemos na África. Era um homem encantador. Queria diminuir a fome dos africanos e fazia o que podia para isso. Casamo-nos em Paris e continuamos morando na casa que ele sempre morou com os pais. Era evidente que sua mãe me detestava, mas fingia que não, só para não pôr o filho contra ela. Vivíamos até que razoavelmente bem até meu marido morrer num acidente. Foi terrível. Mas o pior veio depois, a mulher me forçou a assinar papéis renunciando a qualquer quantia que eu pudesse vir a receber de herança por parte do filho dela. Eu, por não querer confusão para o meu lado, assinei tudo rapidinho e quando eu estava para voltar para África, descobri que estava grávida e por ser uma gravidez de risco, o médico me aconselhou a evitar viagens. Foi então que o pesadelo começou. A mãe do meu ex-marido me atazanava dia e noite, fazendo uso de palavras que me recuso a repetir, para ofender os negros e os pobres. Foi assim até o dia em que fiquei muito nervosa e perdi o bebê. A perda acabou comigo, deixou-me debilitada e deprimida. E quando minha sogra afirmou perante mim que o aborto havia sido a melhor opção para a família, pois seria uma vergonha para todos ter uma criança negra tomando parte da árvore genealógica da família, eu perdi a cabeça e a matei com facadas. Foi um assassinato brutal do qual não escapei impune, apesar de admitir perante o júri os motivos que me fizeram perder a cabeça daquela forma. Há cinquenta anos, o racismo no mundo ainda era muito forte, e um negro, mesmo perante a justiça, era sempre quem arcava com as consequências de qualquer acusação. Mas eu a matei, não nego! No fundo era isso que eu queria ter feito com ela desde o início do nosso convívio. Contudo, ninguém tem o direito de matar ninguém, a não ser que seja em defesa própria.

– Eu sinto muito – declarou Silvia atemorizada.

– O que está feito está feito.

Breve pausa e Silvia perguntou:

– É a senhora quem limpa esse lugar?

– Sim. E já faz muito, muito tempo. Eu não me importo. Além do mais, gosto de me manter ocupada.

– Mas é uma sala tão tétrica...

– Mas a gente se acostuma. Até mesmo com a infelicidade e a própria desgraça a gente se acostuma.

Silvia preferia não ter ouvido aquilo, tampouco o que foi dito a seguir:

– Minha função aqui não é somente manter o lugar limpo e sim, ajeitar as detentas que morrem num caixão apropriado para serem enterradas no cemitério da prisão.

– Nossa, é como se o cadáver dessa gente fosse um lixo que se joga fora.

– Exato! Muitas não têm familiares e só lhes resta o cemitério da penitenciária para serem sepultadas.

– Ah, sim, eu vi o local quando fui trazida para cá.

Silvia novamente se arrepiou só de se recordar da cena.

– Quer dizer que se eu morrer amanhã, minha mãe não terá o direito de me velar, tampouco sepultar meu corpo no túmulo de nossa família?

– Não sei... Cada caso é um caso. Mas o processo para isso deve ser bem burocrático.

– Sem dúvida.

Kayluba se manteve por um minuto, absorta num silêncio reflexivo.

– A senhorita ainda é rica, não é? Ganhou um bom dinheiro com seu trabalho de modelo, não é mesmo?

– Sim.

– Se houvesse uma forma da senhora me ajudar.

– Ajudar em quê?

– Ajudar minha gente. O local onde nasci na África continua em petição de miséria. Se a senhora prometesse fazer algo pela minha gente eu a ajudaria fugir daqui e...

– A senhora teria como fazer isso por mim?

– Sim.

– Como?!

Dona Kayluba voltou os olhos para os caixões, deixando Silvia sem entender nada. Por fim, disse:

– Os caixões podem atravessar os muros da prisão, você só tem de se deitar dentro de um deles e pronto. Ele será enterrado e assim que os meus ajudantes voltarem para cá, eu a desenterro. Direi que preciso ficar um pouco por lá, orando pela morta e...

Silvia estava perplexa:

– A senhora está querendo me enterrar viva?

– É sua única chance.

– Mas eu posso morrer asfixiada.

– Eu a tirarei de lá antes que isso aconteça. É pegar ou largar!

E voltando a encarar um dos caixões, Silvia comentou:

– Eu detesto caixões, velórios, cadáveres, enterros, cemitérios, tudo que permeia a morte.

– Mas é sua única forma de fugir daqui para provar sua inocência. Pense bem...

E Silvia voltou a encarar a mulher que se mantinha olhando esperançosa para ela.

– Está bem. É só me explicar o que devo fazer e...

– Promete que vai ajudar minha gente?

– Prometo!

A mulher respirou, aliviada, enquanto os olhos lacrimejavam. Por fim, disse:

– Quando ouvir o sino anunciando a morte de uma das detentas, é sinal de que haverá um cadáver aqui para ser enterrado ao raiar do dia. Então, você corre para cá quando estiver a caminho do refeitório para tomar o café da manhã. As detentas e as policiais ainda estarão sonolentas, por isso demorarão a perceber sua ausência. Por isso que esse é o melhor horário para você pôr o plano em ação. Chegando aqui, você se deita ao lado do cadáver que permanece dentro do caixão, até a minha chegada e a dos funcionários que me ajudarão a levá-lo para o cemitério do presídio.

Silvia riu.

– A senhora ficou maluca?! Eu não chego perto de um cadáver nem que a vaca tussa. Toda vez que era obrigada a ter de me deparar com um presunto, eu chegava a gastar um sabonete por banho para me lavar de qualquer contato que por acaso tivesse tido com ele.

– Mas é sua única escolha!

– Não é não! Bata o sino anunciando a morte de alguém e esse alguém serei eu. Entro no caixão e vocês me levam como se eu estivesse morta de verdade.

– Não sou eu quem bato o sino. É o departamento médico que o faz, depois de confirmada a morte da prisioneira. Então, eles trazem o cadáver para cá, jogam num caixão adequado ao seu tamanho e eu deposito algumas flores em homenagem a morta. Só então, eu chamo os dois funcionários que me ajudam a conduzir o caixote até o cemitério do presídio onde ele será devidamente enterrado.

– E se a senhora esconder o cadáver? Tirá-lo de dentro do caixão, escondê-lo atrás de algum lugar por aqui para que eu possa me deitar sozinha dentro dele?

– Não tenho forças para isso, a não ser que você me ajude. Além do mais, o tempo é curto. E por muitas vezes os ajudantes chegam aqui na mesma hora que eu.

Silvia transpirou de tensão.

– Eu não vou suportar ter de me deitar ao lado de uma morta. Só de pensar, minha visão chega a escurecer.

– É o preço que terá de pagar para recuperar sua liberdade.

Silvia refletiu por instantes até questionar:

– A senhora fugirá comigo?

– Não! Pois eu não mereço a liberdade. Mas você sim, porque é inocente, pelo menos em relação ao crime que foi julgada. Então, você dará um jeito de cumprir o que me prometeu. É só o que lhe peço.

– Está bem.

– Foi o dedo caprichoso do destino que a pôs no meu caminho para que eu possa finalmente fazer algo pela minha gente da África. Você não precisa ir até lá, mas se for, diga-lhes que fui eu quem a mandou.

– Está bem.

A África era um continente que Silvia jamais pensara em visitar, simplesmente por racismo e preconceito. Agora, no entanto, uma negra estava disposta a ajudá-la a recuperar sua liberdade. Era o destino, mais uma vez, dando-lhe uma preciosa lição.

Dias depois, quando o sino tocou na noite anunciando a morte de uma detenta, Silvia percebeu que chegara o momento da sua fuga. Ao serem liberadas para o café da manhã, num momento oportuno, ela seguiu até o local onde o caixão, com a morta da vez, aguardava os funcionários para levá-lo para o cemitério.

Cautelosamente, ela destravou a tampa e se ajeitou junto ao cadáver que estava ali em total penumbra. Teria de suportar tal horror caso quisesse escapar, pois era sua única chance, lembrava-se Silvia a todo instante. Em seguida, ajeitou o tampo novamente no lugar e ficou quietinha para que ninguém a descobrisse ali.

Às oito horas da manhã, os funcionários apareceram para realizar o sepultamento, levaram o caixão para o cemitério do presidio, onde uma cova fora aberta para sê-lo devidamente enterrado.

Silvia suava em profusão. E se Dona Kayluba não aparecesse? E se ela não a desenterrasse a tempo? Ela morreria asfixiada. Seria o caos. Mas elas duas haviam combinado. Dona Kayluba haveria de estar ali antes que o oxigênio acabasse.

E o caixão foi posto na cova e a terra foi sendo jogada por cima até cobri-lo por completo. Silvia já não podia mais se aguentar naquela posição, em meio aquela escuridão e condição pavorosa. Os segundos pareciam correr de uma forma absurda...

Dona Kayluba, onde a senhora está? Venha rápido, por favor! Suplicava Silvia em total desespero. Lembrou-se então de acender o isqueiro que havia levado para afastar a escuridão da qual tinha tanto horror. Assim, o interior do caixão foi iluminado e só então Silvia ousou olhar para o rosto da prisioneira que morrera nas últimas horas. Quando a viu, o horror tomou conta da sua pessoa. Aquilo só podia ser mesmo um pesadelo. Dona Kayluba estava ao seu lado, morta. Fora ela quem morrera nas últimas 24 horas e, portanto, jamais abriria a cova e a desenterraria dali. Em questão de minutos, Silvia estaria morta. O pânico foi total. Ela unhava a madeira que revestia o caixão de uma forma desesperadora e foi assim até perder os sentidos.

O que Silvia não sabia, é que a reclusa que mais a invejava havia notado seus passos e a seguido até a sala dos caixões onde pôde ver, discretamente, onde ela havia se escondido. Ao perceber o que pretendia com aquilo, a detenta fechou os feixes do caixão para que a moça realmente não pudesse fugir dali em hipótese alguma. Diante dos movimentos da reclusa, Silvia nada disse, porque pensou ser Dona Kayluba quem estava ali fazendo o que deveria ser feito. Teve receio de abrir a boca e ser ouvida por mais alguém que pudesse estar ali na sua companhia.

# CAPÍTULO 6

A campainha do apartamento de Marguerite Chevalier tocou e antes mesmo que ela fosse ver quem era, Romeu Duartino invadiu o local, pois a porta não fora trancada a chaves. Diante de Marguerite nos braços de Hector Finn, o estilista estremeceu.

– Então você voltou a se encontrar com a velhota – esbravejou, furioso. – Essa mulher aí tem idade para ser sua bisavó. Ou melhor, tataravó!

– Veja como fala comigo, viado! – retrucou Marguerite, desvencilhando-se freneticamente dos braços do amante.

– O Hector é meu! – defendeu-se Romeu histérico. – E você o roubou de mim, sua ladra mau caráter e feiosa.

– Não, meu querido – retrucou Marguerite apoiando-se totalmente no que havia acontecido de fato – foi ele quem veio atrás de mim e se veio, foi porque não se contentava com você. Pudera, olhe-se no espelho!

Ao invés disso, Romeu catou o primeiro objeto que viu sobre o aparador ao seu lado e o arremessou contra aquela que se tornara sua rival. Marguerite se desviou a tempo e atirou um cinzeiro de murano com o intuito de levar realmente o estilista a óbito.

– Para! – gritou Hector, mas foi em vão; Romeu foi para cima de Marguerite e se o gigolô não tivesse agido rapidamente, apartado a briga, os dois teriam se atracado a ponto de um tirar o sangue do outro. – Parem! – tornou Hector se posicionando entre os rivais. – Parem já com isso!

Houve uma trégua e o gigolô desabafou:

– Vocês estão brigando por minha causa, que besteira. Pois eu não gosto nem de um nem do outro. Só faço o que faço porque me pagam muito dinheiro com o qual pretendo mudar de vida em breve.

– Pois eu lhe darei o mundo se continuar comigo – atalhou Marguerite bem segura da sua intenção.

– E eu lá gosto de mulher pelancuda e pedante?

Marguerite, por pouco não desmoronou. As palavras do michê haviam lhe atingido no peito.

– E quanto a você – arrematou Hector, voltando-se para o estilista.

– Você não passa de um babaca que se acha superior aos outros só porque está em ascensão no mundo da alta-costura. Romeu Duartino, você precisa saber que sua fama e todo o dinheiro que conquista com ela não faz de você uma pessoa atraente nem interessante. Só faz de você apenas mais um iludido no meio de tanta falsidade.

E voltando-se para Marguerite, Hector completou:

– O que eu acabo de dizer serve igualmente para você, madame. Fama ou fortuna não faz uma pessoa melhor; só encobre temporariamente as deficiências que possuem e se recusam a enxergar e mudar.

E pegando suas coisas, o sujeito completou:

– Passar bem! *Au revoir!*

– Ingrato! – berro Marguerite, vermelha de raiva. – Depois de tudo o que eu fiz por você? Pois volte para o seu lugar de direito, seu mal-agradecido. Eu pago outro para ir para a cama comigo.

Hector não se calou diante da provocação, respondeu à altura, porque não mais guardaria ofensas e humilhações dentro de si:

– Você pode até pagar outro gigolô, quantos mais você quiser, mas não terá o amor sincero que você mais deseja receber de cada um, pois todos só estarão aqui por causa do seu dinheiro. Do seu dim-dim, fofinha.

– Desgraçado! – berrou Romeu, tomando as dores da ex-amiga.

E Hector também lhe foi sincero:

– Isso também serve pra você, florzinha.

E sem mais, o moço deixou o apartamento, sentindo-se como se estivesse recuperando a liberdade que um dia lhe fora privada por algum motivo injusto.

Quando Marguerite se jogou no sofá, chorando convulsivamente, Romeu Duartino tentou consolá-la.

– Eu ainda mato aquele sujeito! Mato!

E Romeu pensou lá com seus botões:

– Eu também o mato! Mato de amor – e suspirou, recordando-se dos bons momentos que viveu ao lado do gigolô.

E com o rosto borrado de tanto chorar, Marguerite voltou para o estilista e perguntou:

– Você ouviu o que ele disse? Chamou-me de flácida, para não me chamar de gorda. Justo eu que faço pilates três vezes por semana. Pode?

– Mas amiga – Romeu usou de sinceridade – você está mesmo fora do seu peso ideal já faz algum tempo. É que ninguém tem a coragem de dizer isso para você.

O comentário encerrou de uma vez por todas qualquer possibilidade dos dois retomarem a amizade. Marguerite enrijeceu o corpo, o maxilar e falou, em tom de ameaça dilacerante:

– Fora daqui, viado! Antes que eu acerte você com a minha arma e diga a polícia que foi em legítima defesa.

– Ficou nervosinha, foi? A velhota e flácida ficou atacada, é?

Ele gargalhou e partiu, rindo às pampas pelo hall que dava acesso aos elevadores do edifício. Assim que se acalmou, Marguerite ligou para Isabelle:

– Filha – disse ela num tom lamuriento, assim que a jovem atendeu a ligação pelo celular. – Preciso fazer uma lipoaspiração completa e com urgência.

E logo pela manhã do dia seguinte, Marguerite estava no consultório de um dos cirurgiões plásticos mais experientes do cenário francês.

Vincent estava tentando se entreter com o golfe quando avistou uma mulher trajando burca indo na sua direção. Ela parecia aflita e desesperada. Quem seria?

– Olá – disse Vincent tentando parecer simpático. – O que deseja?

A figura tinha os olhos fundos e inteligentes, o que fez Vincent comentar consigo mesmo: Aqueles olhos... Lindos e intensos... Ele já os vira antes. Onde?

– Quem é você? – perguntou ele diante do silêncio repentino da recém-chegada. Só então percebeu que ela tremia, o que o deixou muito assustado.

– Você está com falta de ar? É melhor se sentar...

A voz da moça finalmente atravessou seus lábios:

– Sou eu, Vincent. Ajude-me, por favor!

E os olhos do rapaz brilharam e um sorriso dominou sua face linda e bem escanhoada.

– Silvia, meu amor! Você está viva! Viva!

E ele a abraçou forte e demoradamente. Ambos choraram em meio ao abraço, felizes pelo reencontro.

– Ninguém daqui pode saber quem sou eu – falou Silvia quando pôde. – Não posso ser novamente presa. Preciso provar a minha inocência. Ninguém acredita em mim. Até mesmo eu, em muitos momentos, perguntei-me se não tive um surto e um lapso de memória e, por isso, não me recordo de ter matado aquela moça. Mas onde e quando eu teria conseguido um taco de golfe para acertar a cabeça daquela jovem?

A menção do objeto fez Silvia e Vincent olharem para o taco com o qual Vincent estivera jogando até então.

– Vincent, meu amor. Vim procurá-lo, pois sei que você acredita na minha inocência. De todas as pessoas desse mundo, acho que você é o único que acredita que sou inocente.

– Você tem razão, Silvia. Acredito em você.

– Por isso vim lhe pedir abrigo, até que eu consiga encontrar uma forma de provar que não tive nada a ver com aquele crime. Posso ficar aqui?

– É logico que pode! Em um dos quartos para os empregados. E se alguém me questionar a respeito, inventarei uma desculpa.

Os dois se abraçaram e Silvia chorou no ombro de Vincent Cassel.

– Obrigada.

A seguir, o moço conduziu Silvia até um dos quartos desocupados dos empregados e disse:

– Está um pouco empoeirado, mas pedirei que o limpem imediatamente.

– Não! – opôs-se Silvia radicalmente. – Eu mesma faço isso! Quanto menos contato tiverem comigo, melhor.

– Você tem razão.

Ele a fez se sentar na beiradinha da cama que havia ali para que pudesse descansar.

– Vou buscar água e alimentos para você, deve estar com fome.

– Estou, não nego.

– Volto já!

E lá foi Vincent até a cozinha da casa pegar alimentos que rapidamente trouxe numa sacola apropriada e colocou tudo em cima da mesa que havia no quarto agora ocupado por Silvia, para que ela se servisse à vontade. Só depois de se alimentar é que ele matou sua curiosidade.

– Agora, conte-me, de onde foi que você tirou a ideia de se vestir assim? Achei genial, pois só mesmo uma burca para encobrir seu rosto tão conhecido pelas pessoas.

Silvia respirou fundo e se pôs a falar em tom de desabafo:

– Meu grande dilema, caso eu conseguisse fugir daquele inferno, era como eu iria transitar entre as pessoas se a maioria delas me conhecia por meio das propagandas e desfiles que fiz e me tornaram tão famosa pelo mundo. Foi lendo um romance na prisão, Ninguém desvia o destino, que a ideia me ocorreu. No livro, a personagem principal forja a própria morte para fugir do marido que acredita ser capaz de matá-la, como ela o vê fazendo em seus pesadelos. Mas para evitar que ele a reconheça, caso se encontrem por acaso, algum dia, ela faz uso de uma burca para esconder sua verdadeira identidade. Então, eu disse para mim mesma: essa é a melhor forma de ocultar quem de fato sou ao fugir da prisão. Assim, aprendi algumas palavras na língua árabe para usar quando eu tivesse a oportunidade de escapar daquele inferno. Madalena Ayala me ajudou. Sendo ela de origem árabe, mandou-me um livro com áudio para quem estivesse interessado em aprender a língua. Daí eu pratiquei.

– Ótimo! Mas, afinal, como você conseguiu escapar da penitenciária?

— É uma longa história. Longa e terrível história.

E Silvia resumiu os fatos até o ponto em que acendeu o isqueiro e se deparou com o cadáver de Dona Kayluba, duro e frio, ao seu lado no caixão. Se Dona Kayluba era quem a tiraria dali, estando morta, não haveria ninguém para desenterrá-la. Em questão de segundos ela também morreria, pois o oxigênio em breve se esgotaria.

– Eis que então – relatou Silvia com grande emoção –, ouviu barulhos vindo do lado de fora, como se alguém estivesse escavando o local e de fato estava. Logo, pensei que minha fuga tivesse sido descoberta e as guardas estavam ali para me tirar do caixão e me devolverem para a minha cela. Naquele momento, agradeci a Deus por minha fuga ter sido descoberta. Apesar dos horrores do cárcere, era preferível viver numa gaiola a morrer daquela forma.

Silvia enxugou as lágrimas e prosseguiu:

– A tampa do caixão foi aberta e para minha surpresa, havia um homem maltrapilho parado ali. Ao me ver com vida, chocou-se e quando estiquei a mão, deve ter pensado tratar-se de uma assombração. Tanto que recuou, enquanto me olhava com horror e espanto. Foi preciso grande esforço da minha parte para sair da cova e quando percebi que o sujeito não taparia o buraco, eu mesma decidi fazer aquilo em respeito ao cadáver de Dona Kayluba que fora a única mulher daquele inferno todo a querer me ajudar a fugir de lá por acreditar na minha inocência.

Nova pausa e Silvia foi além:

– Rezei um Pai Nosso e agradeci a Dona Kayluba em voz alta por saber que seu espírito me ouviria. Restava agora saber quem era o sujeito maltrapilho que despudoradamente abrira a cova e, por sua ousadia, me impedira de morrer daquela forma tão estúpida. Não levou muito tempo para eu compreender quais eram suas verdadeiras intenções com o cadáver que estivesse naquele caixão. Já ouvira falar sobre os necrófilos, mas jamais pensei que encontraria um pela minha frente. Achei-o nojento e desumano. Onde já se viu?

Silvia não conseguiu ir além, por pouco não vomitou e Vincent rapidamente lhe ofereceu um copo d'água para umedecer a boca e acalmar um pouco.

– Não diga mais nada – aconselhou-a. – Isso lhe faz muito mal.

– Faz, faz sim – admitiu ela –, mas você merece saber como foi que recuperei a minha liberdade, entre aspas, para provar perante todos que não matei Joanna Mullins.

– Está bem.

Silvia tomou mais um gole de água e retomou sua narrativa:

– Ao perceber quais eram as verdadeiras intenções daquele sujeito imundo e que também poderia ser vista ali por uma das guardas da penitenciária, afastei-me do cemitério, seguindo em direção ao bosque perto dali. "Você!", soou a voz do sujeito enorme e maltrapilho que me seguiu e a certa altura, agarrou-me, quando tropecei num galho de árvore seco caído ao chão. Logo, ele comprimiu seu corpo imundo sobre o meu, agarrando-me com suas mãos enormes, dominado totalmente pelo seu desejo ardente de me possuir. O pior é que eu não podia gritar por socorro. Mesmo porque não deveria haver ninguém ali por perto para me ajudar. Minha única escapatória seria fingir uma ternura que não sentia por aquele homem asqueroso, para que ele afrouxasse as mãos e, assim, eu escapasse. O plano deu certo, sussurrei-lhe palavras de afeto e quando ele relaxou, soltei-me de suas mãos e corri para longe com toda força que dispunha, decidida a escapar de mais um inferno que o destino me jogara nas mãos. Embrenhando-me pela mata, fui parar num acampamento cigano. As chances de ser reconhecida num lugar como aquele seriam mínimas, pensei. Contudo, uma das ciganas me reconheceu e, por isso, fugi dali antes que me entregasse às autoridades em troca de alguma recompensa. Nessa confusão toda, minha roupa ficou suja, fedida e rasgada. Não poderia chegar a uma estação de trem vestida naquelas condições. Isso só serviria para chamar a atenção de todos ao meu redor, o que não poderia acontecer. Mas então me lembrei dos refugiados que chegam ao país em trajes tão precários quanto os meus; quem me visse, certamente pensaria que eu era uma dessas refugiadas e por isso arrisquei. No primeiro vilarejo que encontrei uma estação de trem, tomei uma locomotiva para Paris, pagando a passagem com os trocados que Dona Kayluba havia me dado exatamente para aquele propósito. Que mulher excepcional. Pensou em tudo, pobre coitada.

Novas lágrimas e Silvia prosseguiu:

– Chegando a Paris, liguei para Madalena Ayala de um telefone público e ela se prontificou a me ajudar. Assim. fui parar no seu apartamento onde tomei um banho e ela me arranjou uma burca limpa e cheirosa. Insistiu para que eu ficasse hospedada com ela, o que não seria má ideia, todavia, eu precisava chegar até você, Vincent, pois só você tem condições de me ajudar.

– Foi por isso então que Madalena me ligou, perguntando-me se eu estava em Paris ou na casa dos meus pais.

– Sim! Eu precisava encontrá-lo e quando soube que você estaria aqui, decidi vir vê-lo, apesar de Madalena insistir para que eu o aguardasse voltar para Paris. Assim, peguei um trem para Saint-Émilion e vim para cá a pé. Os ubers geralmente exigem cartão de crédito e não tenho nenhum no nome de Nazira Abdala para poder pagar a corrida.

– Nazira Abdala?!

– É o nome que passei a usar depois que fugi da prisão.

Vincent achou graça e Silvia também riu com ele. Por fim, a jovem retomou sua história:

– Já era tarde da noite quando alcancei os portões da propriedade e visto que seria muito estranho, eu, uma desconhecida, entre aspas, chegar à casa tarde da noite, decidi pernoitar na mata na companhia dos insetos noturnos que ali habitam.

Quando Silvia fez uma pausa, Vincent opinou com sinceridade:

– Você fez muito bem em vir me procurar. E saiba que meus esforços para lhe ajudar nunca tiveram fim. O advogado que contratei continua na busca de provas que a absolvam desse crime hediondo. Ele há de conseguir.

– Espero mesmo que sim, obrigada.

Ela procurou sorrir, externando profundo agradecimento e afirmou:

– Você pode pensar que eu não mereço estar passando por tudo isso, mas eu mereço, sim, por todo mal que causei a muitos em minha encarnação passada. Eu fiz muitas maldades e hoje colho o que plantei.

– Você acredita mesmo que esteja pagando um carma pelos erros cometidos no passado?

– Não só acredito como tenho provas disso. O diário que me mandou... Eu o li e reli. E por meio dele entendi por que desmaiei em frente ao quadro de Silvia Navarro e achei que já tinha estado nessa casa anteriormente, bem como vivido em Paris. Eu fui Silvia Navarro na vida passada.

– Eu já não sei dizer se acredito nisso totalmente.

– Não importa. Cada um que acredite no que fizer mais sentido para si.

– Entendo... Pelo visto, você se espiritualizou um bocado enquanto esteve presa.

– Sim. E foi bem melhor mergulhar nos livros do que ficar olhando para aquelas paredes imundas, revoltada com a vida por tudo o que estava me acontecendo ou já havia me acontecido. O papel de vítima não muda a vida de ninguém, só faz com que cada um se afunde ainda mais no lodo da mesmice. Por isso estou aqui, para limpar meu nome, provando de uma vez por todas que não sou uma assassina.

– E vai conseguir. Tenho fé!

E o moço novamente abraçou sua amada, externando todo o seu carinho por ela.

# CAPÍTULO 7

Jean-Pierre caminhava ao lado de Isabelle quando avistaram Silvia Navarro passando em frente a janela do quarto que ocupava na casa.

– Quem será? – estranhou Jean-Pierre franzindo os olhos para ver melhor.

O silêncio de Isabelle despertou a atenção do marido.

– O que foi? Está branca feito cera.

– É que... Aquela mulher na janela, lembrou-me Silvia Navarro.

Jean-Pierre voltou a olhar na direção, franzindo o cenho.

– Vamos até lá.

E quando encontraram a porta do quarto fechada a chaves, Jean-Pierre perguntou:

– Quem está aí? Abra a porta, por favor.

Silvia gelou até a alma. A burca fora lavada e estava secando, e ela não tinha como se esconder.

– Aqui é Jean-Pierre Cassel, filho do dono desta casa, exijo que abra essa porta...

Ele não precisou completar a frase, a porta se abriu e Silvia se mostrou de rosto lavado para o casal.

– Imploro a vocês dois que não me entreguem à polícia – pediu Silvia com voz trêmula e embargada.

Isabelle estava em choque.

– Você está viva!

– Sim! Para provar a minha inocência. E eu preciso imensamente que vocês dois me ajudem. Foi o Vincent quem me escondeu aqui até que haja uma forma de eu provar que não matei aquela brasileira. Posso ter roubado o bilhete de loteria da avó dela, mas isso não me faz uma assassina.

– Está bem – admitiu Jean-Pierre, visivelmente tenso. – Não diremos nada a ninguém, Prometo!

– Eu também prometo – assegurou Isabelle com pena da moça a sua frente.

A seguir, Silvia fez um resumo dos últimos acontecimentos de sua vida. De tudo que tinha passado para fugir da penitenciaria na esperança de provar sua inocência. Jean-Pierre e Silvia ouviram tudo atentamente e antes de partirem, Silvia fez um pedido muito sério a Isabelle:

– Não diga nada a sua mãe, pelo amor de Deus. Se ela souber que estou aqui, ela me entrega à polícia num estalar de dedos. Ela me odeia, você sabe? Tanto quanto eu a abomino.

Isabelle assentiu e o casal partiu. Pelo caminho do jardim que levava à mansão, Jean-Pierre comentou:

– Pobre moça... Que vida mais cheia de reviravoltas!

– É exatamente o que eu estava pensando – afirmou Isabelle e voltando os olhos para o campo de golfe, acrescentou: – Quando lembro que aquela moça foi morta com um taco de golfe, chego a ter ojeriza só de olhar para esse lugar. Incrível como um objeto pode ser tão útil para praticar o esporte e, ao mesmo tempo, nocivo quando usado com intenções malignas.

– O que prova, meu amor, que nessa vida tudo tem dois lados: o do bem e do mal.

– Sim. E se podemos escolher entre o bem e o mal, estupidez daquele que não opta pelo bem.

– Sim – concordou Jean-Pierre, refletindo silenciosamente a respeito do drama que vinha vivendo recentemente e do qual fazia segredo de todos que o amavam.

Assim que teve a oportunidade, Carmem Cassel foi falar com o filho:

– Vincent, meu filho, soube que você tem uma hóspede na casa dos empregados. Que veio buscar comida na cozinha para servi-la.

O moço ficou temporariamente sem saber o que dizer, por fim, optou pela verdade, ao que a mãe respondeu, horrorizada:

– Não acho certo você querer acobertar uma assassina. Além do mais, seremos incriminados por termos dado guarida a uma fugitiva.

– Silvia é inocente, mamãe.

– Se é, onde está o verdadeiro criminoso?

– Hão de encontrá-lo.

Valentino Cassel opinou a seguir:

– Mesmo assim, o nome dessa moça ficará marcado por causa desse escândalo e...

– Papai, todos merecem uma segunda chance na vida.

– Eu sei, mas...

– Eu a amo! E como sei que o senhor ama a mamãe e a mamãe o ama da mesma forma, podem compreender o que me faz querer ajudar Silvia tão obstinadamente.

Valentino e Carmem se entreolharam, carentes de uma alternativa para mudar a opinião do filho.

Jean-Pierre e Isabelle estavam novamente lado a lado quando a moça comentou:

– Eu estava pensando, sabe? Sobre o assassinato daquela brasileira. Ela foi morta com um taco de golfe e não é todo mundo que tem um taco de golfe em casa, concorda? Quem a matou deveria ter fácil acesso ao objeto ou praticar o esporte. E se foi até a casa de Silvia com um taco nas mãos é porque já pretendia cometer o assassinato.

Jean-Pierre olhava agora para Isabelle com grande interesse.

– Mas se Joanna Mullins era realmente o alvo do assassino, ele ou ela certamente teria de saber que Joanna estaria na casa de Silvia Navarro naquela noite. E, nesse caso, só uma pessoa saberia. A ex-namorada da vítima, em cuja casa Joanna estivera hospedada.

– Faz sentido. Mas por qual motivo essa moça mataria Joanna?

– Ela com certeza sabia sobre o bilhete premiado. E que Silvia devolvera a quantia a ela. Talvez tivesse conseguido a senha da conta da moça ou de sua avó para poder roubar a quantia. Transferi-la para a sua conta pessoal.

– É, mas a quantia foi estornada. Foi isso inclusive que levou Joanna falar com Silvia Navarro naquela noite, pouco antes de ser assassinada.

– Sim. Mas talvez ela não soubesse desse fato.

– Pode ser. Mas se o alvo do assassino era mesmo Silvia Navarro, ele só pode ter matado Joanna Mullins por engano. Por pensar que ela fosse a top model.

– Mas ambas eram fisicamente diferentes uma da outra.

– Então, o assassino decidiu matar Joanna para jogar a culpa em Silvia.

– Nesse caso, o assassino teria de ser alguém que realmente odiasse Silvia. Mas o assassino não saberia o que Silvia fez à avó de Joanna, o que daria a Silvia motivo para matar a moça e ser incriminada depois.

– Então, o assassino acertou sem querer e, com isso, temos duas opções: o criminoso matou Joanna para incriminar Silvia Navarro e fazê-la pagar por um crime que não cometeu. Alguém que certamente a odeia. Ou o assassino matou Joanna, porque ela era realmente o seu alvo. E, além disso, Silvia Navarro tinha motivos de sobra para assassinar a moça. E há ainda uma terceira opção: foi a própria Silvia quem matou a moça para impedi-la de contar ao mundo o que ela fez e para não ter também de devolver o dinheiro do prêmio a verdadeira vencedora.

– Pois agora que você mencionou tudo isso, vi uma outra possibilidade para o assassino ter feito o que fez com Joanna Mullins. Talvez ela tivesse descoberto algo a seu respeito e, por isso, teve de ser calada. O que nos leva novamente à ex-namorada da vítima.

– E onde essa moça teria conseguido o taco de golfe?

– Pois é... Onde?

– Não podemos deixar de considerar os vizinhos de Silvia. Algum deles poderia ser um jogador de golfe.

– Segundo a polícia, nenhum era adepto ao esporte.

– Então...

Isabelle voltou a refletir, silenciosamente, enquanto Jean-Pierre mergulhava no seu próprio drama pessoal, guardando segredo de todos a sua volta.

Horas depois, Vincent se encontrava no quarto com Silvia Navarro, quando seu celular tocou e ele pediu licença a moça para atender a ligação. Silvia logo notou que algo de grave havia acontecido, pois o moço gesticulava bastante e falava acelerado.

– O que houve? – questionou ela, assim que ele terminou a chamada.

– Era Jean-Pierre. Ele e Isabelle estão no hospital onde Marguerite Chevalier foi fazer uma lipoaspiração. Houve uma hemorragia durante o processo e agora Marguerite precisa urgentemente de uma transfusão de sangue.

– E o hospital não tem banco de sangue?

– Tem. Mas o tipo sanguíneo dela está em falta. É O negativo.

– O negativo, você disse?

– Sim. E nenhum banco de sangue consultado até então, dispõe desse tipo sanguíneo no momento. Quem tem O negativo só pode receber transfusão de quem também é O negativo.

Silvia sentiu-se arrepiar por inteira.

– O que foi? – estranhou Vincent sua reação, aproximando-se dela e a envolvendo em seus braços.

– O meu tipo sanguíneo é O negativo – explicou Silvia após breve conflito interior.

– É mesmo?

– Sim. – E voltando os olhos para o noivo, declarou, um tanto ansiosa: – Então eu posso ajudar.

– Você?! – Vincent não acreditou no que ouvia. Silvia e Marguerite se odiavam. Nem mesmo uma necessidade daquelas seria capaz de romper tamanho ódio e, no entanto, o bom senso falava mais alto no coração de Silvia Navarro.

– Eu doarei o sangue. Está decidido.

– Mesmo depois de todas as coisas que essa mulher fez contra você?

– Sim. Será ótimo para mostrar a ela que não existe rancor da minha parte.

– É um gesto nobre. Silvia, assim você me surpreende.

Ela se afastou e declarou:

– Se eu posso fazer uma gentileza dessas, por que não fazer? Além do mais, ela é a mãe de Isabelle, que soube manter segredo de que me encontro escondida aqui na sua casa.

– É verdade.

Vincent ainda se mostrava perplexo com a decisão da jovem que tanto amava.

– Vamos rápido para o hospital – declarou Silvia indo apanhar sua bolsa. – Antes que seja tarde.

E sem mais, ambos se dirigiram para o carro do moço estacionado na garagem da mansão. A BMW se encontrava em movimento, com Vincent na direção, quando ele pisou no freio e disse, exaltado:

– Para tudo! Você não pode ir ao hospital de jeito nenhum!

Silvia arregalou os olhos numa expressão de espanto e precaução.

– Por que não posso?

– Porque você é uma foragida da polícia. Eles a apanharão. Seu rosto é conhecido em qualquer parte do mundo.

O desânimo momentaneamente tomou conta da jovem que, rapidamente, encontrou uma saída para o problema:

– Eu irei de burca com a minha identidade falsa. Ninguém saberá que sou Silvia Navarro.

– É muito arriscado.

– Mesmo assim, temos de tentar. Aquela víbora está entre a vida e a morte e mesmo sendo uma víbora, é filha de Deus.

– Saiba que isso pode pôr em risco a sua liberdade. Se alguém do hospital suspeitar que você não é você...

– Ainda assim eu correrei o risco. Vamos!

E visto que Silvia não recuaria perante as advertências, Vincent Cassel pisou fundo no acelerador.

# CAPÍTULO 8

Chegando ao hospital, a suposta Nazira Abdala foi rapidamente para uma salinha onde seu sangue foi devidamente colhido para salvar a vida de Marguerite Chevalier. Em respeito às tradições muçulmanas, por momento algum foi pedido que a doadora abaixasse o véu que cobria seu rosto, sendo assim, Silvia pôde ocultar sua verdadeira identidade sem problema algum.

Pelo tempo todo que estiveram ali, Vincent se manteve apreensivo, temendo o pior. Jean-Pierre e Isabelle se mantinham ao seu lado, também transparecendo forte tensão. Quando Silvia os reencontrou na sala de espera, Isabelle novamente a agradeceu, derramando-se em lágrimas. Silvia, modestamente traduziu em palavras o que ia fundo no seu coração naquele momento:

– Eu doei o sangue como faria para a minha própria mãe, caso estivesse precisando de uma transfusão.

Isabelle assentiu, abraçando Silvia com tremendo carinho e quando o médico contou a todos que a transfusão havia sido um sucesso, Isabelle pôde finalmente voltar ao apartamento do casal, onde tomou um banho e se alimentou devidamente, o que não fazia desde que a mãe havia sido internada.

– Ela ficará bem – assegurou Jean-Pierre, enlaçando ternamente a esposa que o tinha como um porto seguro. – O médico garantiu.

– Se não fosse a Silvia, a mamãe não escaparia dessa. E ela foi muito corajosa em ir ao hospital, mesmo sabendo que poderia ser reconhecida.

– Foi sim.

– Quando a mamãe se recuperar, precisará saber que foi Silvia quem a salvou. Essa rixa entre as duas tem de acabar.

E Jean-Pierre novamente se mostrou cordato com a esposa.

Quando Marguerite se recuperou da cirurgia, Vincent voltou ao hospital para visitá-la.

– Soube que foi você quem conseguiu um doador de sangue para mim – declarou Marguerite muito emocionada.

Vincent assentiu com um ligeiro balançar de cabeça:

– Foi uma doadora na verdade.

Marguerite se mostrou consternada:

– Então, posso dizer que lhe devo a minha vida.

– Eu fui apenas o intermediário. A atitude partiu inteiramente dessa jovem. Assim que soube que você precisava do sangue tipo O negativo, prontificou-se a doar. Fez de coração.

– Que bom que ainda existem pessoas dispostas a ajudar o próximo nesse mundo maluco e desumano em que vivemos.

– Sim.

Breve pausa e Vincent acrescentou, ponderadamente:

– Marguerite, a moça que lhe doou o sangue, eu acho que você deveria conhecê-la...

As sobrancelhas da mulher se arquearam.

-- Sim! Por que não?

– Inclusive, ela se encontra no hospital agora. Se você quiser falar com ela, eu chamo.

– Por favor! Faço questão!

Marguerite nunca parecera tão entusiasmada com algo nos últimos tempos, do que com o momento de conhecer e agradecer pessoalmente aquela que lhe salvara a vida.

Vincent deixou o quarto para ir até a sala de espera onde Silvia ficara aguardando por ele. Ao vê-lo, ela compreendeu de pronto que o momento que ela tanto ansiava finalmente chegara. Assim, seguiu-o até o quarto onde Marguerite estava internada e, quando a mulher a viu, envolta naquela burca em tom marrom com nuances dourados, em que apenas seus olhos podiam ser vistos, Marguerite disse:

– Não sei se você fala francês, mas é a única língua que posso usar para me comunicar com você.

Silvia assentiu e Marguerite foi além:

– Sou-lhe extremamente grata pelo que fez por mim. Jamais imaginei ser salva por uma mulher de origem árabe. Seu gesto muito me engrandece. Posso dizer que lhe devo a minha vida.

Silvia novamente fez um movimento de cabeça e Marguerite completou:

– Se puder me dizer seu nome...

Silvia não reagiu.

– O seu nome, minha querida – insistiu Marguerite, articulando as palavras com mais recato.

Silvia continuou sem reação.

– Eu perguntei o seu nome – tornou Marguerite, achando que a moça não havia entendido nada do que ela havia lhe dito até então. Mas a resposta finalmente soou no recinto e, por um instante, Marguerite pensou estar ouvindo coisas.

– O meu nome é Silvia Navarro.

– O que foi que você disse?!

Silvia deu um passo à frente e repetiu, enfaticamente:

– O meu nome é Silvia Navarro, *ma chérrie.*

Marguerite voltou-se para Vincent, num raio, e perguntou, contrariada:

– Que brincadeira de mau gosto é essa, Vincent?

O rapaz prontamente respondeu:

– Não é brincadeira alguma. Foi Silvia Navarro mesmo quem lhe doou o sangue.

E Silvia abaixou o véu que cobria sua face linda e perfeita, provocando um súbito mal-estar em Marguerite Chevalier.

– Vincent... – gaguejou a mulher, atônita. – O que essa criatura está fazendo aqui se foi condenada por assassinato? Isso não faz sentido!

– Há dias que Silvia escapou da prisão para poder provar sua inocência.

– Ela escapou da prisão?! – era muita informação para Marguerite absorver de uma só vez. Sua cabeça começava a girar, enquanto Vincent fez um pequeno resumo dos últimos acontecimentos, envolvendo a vida da moça.

Foi a vez de Silvia falar com todo prazer:

– Quando o Vincent me disse que a senhora precisava urgentemente de um doador do tipo O negativo, eu me prontifiquei a ajudá-la.

Os olhos de Marguerite iam e vinham de Vincent para Silvia.

– Não! – exclamou ela em choque. – Isso não pode ser verdade.

– Mas é – tornou Vincent categoricamente. – E eu alertei Silvia a respeito dos riscos que ela estaria correndo ao vir para o hospital fazer a doação, mas ela quis fazer mesmo assim.

– Eu queria, sabe? – desabafou Silvia com um prazer inigualável. – Queria muito que meu sangue estivesse correndo dentro de você que tanto me odeia, para que você nunca mais se esquecesse de que seu pior inimigo pode ser, de uma hora para outra, o seu melhor amigo.

Os olhos de Marguerite transbordavam de lágrimas e não se podia precisar se eram de emoção ou revolta. Tudo o que conseguiu dizer foi:

– Você me salvou porque quis. Eu não lhe pedi para correr risco algum...

– Eu sei.

Nesse instante, o celular de Marguerite tocou e ela pediu a Vincent que lhe entregasse o aparelho.

– É do pessoal da agência, querendo saber se estou melhor. Eles são mesmo uns amores.

Voltando-se para Silvia, Vincent falou seriamente:

– É melhor irmos embora. Você não deve continuar se expondo dessa forma.

– É tão cedo – afirmou Marguerite, parecendo muito sincera. – Fiquem mais um pouco, por favor. – Seu tom surpreendeu o casal. – Isabelle daqui a pouco estará aqui. Quero muito que ela saiba do que você fez por mim.

– Ela já sabe.

– Já?

– Sim! Estava aqui quando Silvia veio doar o sangue.

– Mas ela sabe quem realmente está por de trás dessa burca?

– Há muito que ela sabe e guardou segredo para proteger a Silvia até que possa provar sua inocência.

– Então você é mesmo inocente – arrematou Marguerite, enquanto digitava uma mensagem no celular. – Aquela moça que foi assassinada na sua casa foi mesmo morta por outra pessoa.

Vincent novamente respondeu pela noiva:

– Sim! E nós vamos provar isso perante as autoridades.

– Faço votos que sim – argumentou Marguerite finalmente deixando o celular de lado e respirando mais aliviada. – Agora fale-me de você, da sua fuga. Não deve ter sido fácil escapar de uma prisão como aquela onde você foi parar.

– Sim... – afirmou Silvia com lágrimas nos olhos.

E o assunto se estendeu até ouvirem sirenes de viaturas da polícia ecoando nas proximidades do hospital. Logo, soavam ardidas em frente ao local.

– O que está havendo? – estranhou Vincent indo até a janela do quarto.

– Algum bandido ou vítima baleada num assalto – sugeriu Marguerite rapidamente. – É melhor vocês não saírem agora. Para sua própria segurança.

Vincent assentiu e Silvia se mostrou inquieta, o medo de ser descoberta pela polícia pressionava-lhe o peito. Nada lhe seria pior do que voltar para aquela prisão lúgubre e fedorenta.

Minutos depois, a porta do quarto se abria e dois policiais armados invadiam o local. Diante da moça que trajava burca, um deles afirmou, categórico:

– Silvia Navarro, você está presa!

Silvia estremeceu e quando Vincent tentou dizer que a moça era Nazira Abdala, uma cidadã árabe, Marguerite interveio:

– Senhor policial, a polidez, em muitos casos, nem sempre é uma dádiva.

O sujeito pareceu não a compreender e assim, Marguerite se fez mais clara e sem rodeios:

– Tire logo o véu que cobre o rosto dessa moça e verá que se trata da própria Silvia Navarro.

Silvia e Vincent ficaram atônitos.

– Está esperando o quê? – berrou Marguerite furiosa.

– Moça – tornou o policial ainda polido ao extremo.

– É ela mesma, policial.... – reforçou Marguerite, categórica. – Chega de mimimis!

Só então Silvia compreendeu que havia sido entregue as autoridades pela mulher que salvara a vida, doando seu sangue.

– Eu arrisquei a minha vida para salvar a sua... – declarou a moça, indignada.

Marguerite riu:

– Salvou porque quis! Você achou mesmo que só porque fez um gesto nobre eu ia poupá-la de pagar pelos crimes que cometeu? Não seja estúpida. Além de mau-caráter, você é uma assassina!

Silvia quis pular sobre a mulher acamada e foi detida por Vincent no exato momento em que se moveu. Ela esperneava nas mãos do moço quando ele a deteve. Seus gritos de ódio e de revolta chamaram a atenção de todo o hospital. Logo, havia um aglomerado de pessoas em frente a porta do aposento, esticando o pescoço e ficando na ponta dos pés para ver o que se passava ali dentro. Tudo o que Silvia conseguiu dizer foi:

– Que o meu sangue que corre pelas suas veias acabe com você de algum modo. Sua jararaca, serpente imunda!

– Vade retro satanás! – esbravejou Marguerite sem pesar algum.

E novamente o policial se voltou para Silvia e disse:

– Queira nos acompanhar, por favor.

Ela fitou o sujeito nos olhos e compreendeu que dessa vez não haveria escapatória. Uma dúzia de desculpas afloraram em seus lábios, mas morreram ali. Por fim, ela acompanhou os homens, enquanto lágrimas rolavam por sua face linda e cobiçada. Por onde passava, quem estivesse com um celular a mão registrava o acontecimento por diversos ângulos. Logo, os vídeos viralizaram nas redes sociais e não se falava noutra coisa pelo mundo.

Vincent acompanhou Silvia até ela ser posta no camburão. Queria morrer de arrependimento por ter permitido que a ela doasse o bendito sangue, expondo sua pessoa daquela forma.

Ao voltar para o quarto onde Marguerite estava internada, Vincent mal conseguia encarar a mulher. Seus olhos lacrimejavam e o queixo tremia de ódio e, ao mesmo tempo, de desespero por tudo que havia acontecido.

– Por que a senhora fez isso? – quis saber ele com voz embargada.

E a resposta de Marguerite não poderia ter sido outra:

– Porque essa moça não presta. É uma ladra, vigarista e assassina.

E Vincent novamente defendeu Silvia com toda sinceridade:

– Não se sabe realmente se ela matou Joanna Mullins.

– O júri concluiu que sim – afirmou Marguerite parecendo mais confiante do que o próprio júri na ocasião do julgamento.

– Ainda assim, eu acredito na inocência dela.

– Porque é um bobo. Pergunte a sua mãe, seu pai, irmão e cunhada se eles se sentiam seguros e tranquilos sabendo que havia uma assassina nas dependências da casa? Acho que nem é preciso perguntar, não é mesmo Vincent? Pelo seu olhar, torna-se evidente o mal-estar que causou em todos para acobertar uma fugitiva nas dependências da sua família. Essa delinquente desqualificada tem de pagar pelos crimes que cometeu. Não pode escapar impune.

– Uma delinquente e desqualificada que salvou a sua vida!

– Só para me provocar! Para espicaçar a minha pessoa. Mas o tiro dela saiu pela culatra. Estou agindo como todo bom cidadão deve agir para proteger a sociedade em que vive.

– Pobre Silvia... Ela só quis ajudá-la.

– Pobre Silvia?! Me poupe! O lugar dela é mesmo dentro de uma prisão fétida e pavorosa. Que apodreça lá pelo resto da vida!

Vincent achou melhor não dizer mais nada. Apanhou suas coisas e partiu, sem dizer adeus. Pelo caminho até o estacionamento, Jean-Pierre ligou para saber o que havia acontecido, pois não se falava noutra coisa nos telejornais senão na captura de Silvia Navarro em um hospital de Paris.

Pelo caminho de volta para casa, Vincent chorou pelo desfecho trágico que resultou a boa intenção de Silvia. Ao se ver diante de Carmem, a mulher tentou consolá-lo:

– Eu sinto muito querido, mas a lei é a lei.

– Eu ainda acredito na inocência dela, mamãe.

Carmem se calou, crente de que o filho não podia ver a verdade porque estava cego de paixão pela jovem que tão famosa ficou por sua beleza, talento e escândalos.

# CAPÍTULO 9

Algemada pelos pulsos e tornozelos, Silvia ocupou um lugar discreto do ônibus que a levaria de volta à prisão da qual ela fugira semanas antes. Tal como ela desejou a Jean-Pierre e Vincent Cassel na vida passada, quando ambos foram presos indevidamente, era ela quem vivia o mesmo na vida em questão. Ela semeara o mal no passado e no agora colhia o mesmo mal que semeara.

"Eu não posso acabar de novo dentro daquele lugar", dizia Silvia para si mesma. "Tenho de ser livre novamente! Agora mais do que nunca! Para acertar, de uma vez por todas, as contas com aquela víbora!".

Quando o veículo se pôs em movimento, Silvia chorou por sua nova derrota. Ali, mais uma vez terminava seu elo com a liberdade. Se fora má na outra vida, nessa, em questão, vinha fazendo o possível e o impossível para ser uma pessoa melhor. Que Deus tivesse piedade dela.

A chuva caia forte naquele instante, deixando a estrada deslizante.

– Cuidado! Essa pista está um limbo – disse o guarda para o motorista. – É melhor diminuir a velocidade.

O sujeito no volante pretendia dizer algo quando levou a mão ao peito. Seu rosto se avermelhou e uma expressão de dor dilacerante tomou-lhe a face.

– O que foi? – assustou-se o colega, mas não houve resposta. O infarto foi fulminante e o corpo do homem tombou sobre a direção, desgovernando o ônibus para fora da estrada onde tombou sobre a mata. Todos ali ficaram desacordados por instantes, o susto e os solavancos haviam sido tremendos. Foi Silvia quem recuperou os sentidos em primeiro lugar. Seu corpo estava dolorido, e cada movimento aumentava a dor. Mas era preciso fugir dali. Aquela poderia ser sua última chance de escapar do inferno que era o seu destino. E foi por essa meta que ela rastejou pelo teto do veículo, que ficara de cabeça para baixo, até chegar ao guarda que mantinha as chaves das algemas presas no coldre. Ele ainda se mantinha apagado e isso facilitou as coisas para ela, que logo se viu livre das algemas dos punhos e tornozelos.

Quando o sujeito recobrou a consciência, Silvia já havia conseguido sair do veículo por uma das janelas estilhaçadas e se arrastara para longe dali, sem saber ao certo que rumo tomar. Os centímetros lhe pareciam metros, de tão árduos que eram os movimentos físicos para prosseguir. Sentia o sangue quente escorrer pela perna e sua maior preocupação continuava sendo sua aparência física, pois sem ela, não haveria como continuar impressionando o mundo com sua beleza. Ainda que pudesse contar com o uso do Photoshop para as fotos, ao vivo, não teria a mesma sorte.

– Eu tenho de continuar. Não posso desistir...

A voz de Marguerite Chevalier ressoava em sua mente, insistentemente: "Você achou mesmo que só porque fez um gesto nobre eu ia poupá-la de pagar pelos crimes que cometeu? Não seja estupida. Além de mau-caráter, você é uma assassina!" Que mulher horrível. Que a vida se incumbisse de lhe dar o troco por suas maldades.

Silvia sentiu seu coração parar por um instante ao ouvir vozes ecoando ao longe. Os guardas haviam recuperado a consciência e logo estariam atras dela. Assim, ela se arrastou com mais altivez, enquanto as vozes dos guardas ecoavam como um açoite aos seus ouvidos. "Eles não podem me pegar novamente! Tenho de ficar livre para provar minha inocência", repetia incansavelmente.

Mas seus apelos foram em vão, logo, os dois policiais a encontraram e a arrastaram de volta para o local onde havia acontecido o acidente, como se ela fosse um mero saco de batatas. Silvia gritava e esperneava, mas os dois homens eram implacáveis. Logo, seus punhos e tornozelos estavam devidamente acorrentados.

Ao ser arrastada de volta para a cela que ocupava na ala C da prisão, as prisioneiras aplaudiram e caçoaram do seu regresso.

– A top model voltou, minha gente! Ulá lá lá! – exclamou Leoa com seu sarcasmo inigualável.

Infelizmente ela havia voltado para o inferno, pensou Silvia, entre lágrimas, tal como Dorothy um dia regressara a Oz. Só que, dessa vez, todos a vigiariam com redobrada atenção. Se ela fora capaz de se deitar ao lado de um cadáver num caixão para fugir dali, seria capaz de muito mais, areditava a vigilância do lugar.

Ao contrário de muitas fugitivas, Silvia Navarro havia sido recuperada com vida. Para muitos dali teria sido melhor que ela fosse morta durante a captura, para lhes poupar da vergonha de terem deixado uma reclusa escapar de um lugar que era para ser inescapável.

Sozinha na alcova de grades, Silvia contemplou seu rosto no pequeno espelho que havia pendurado ali. Por sorte, não havia ferimentos que poderiam deixar cicatrizes. Sua beleza ainda se mantinha intacta e esse era um ponto a seu favor.

– Eu vou acabar com aquela ordinária – ela se referia a Marguerite

Chevalier. – Não sossego enquanto não a destruir.

A volta de Silvia para a prisão foi a manchete dos principais jornais do mundo. Não se falava noutra coisa, senão na captura da top model assassina fugitiva. O mais chocante foi saber que ela havia se disfarçado de árabe, fazendo uso de uma burca para encobrir sua verdadeira identidade desde que fugira do local. Agora, as autoridades ficariam muito mais atentas a suas artimanhas.

Ao estar totalmente recuperada, Marguerite finalmente recebeu alta do hospital, o que muito a alegrou, pois não aguentava mais ficar longe de casa, do trabalho e dos falsos amigos que a bajulavam. A vida lhe dera outra rasteira e ela, mais uma vez, conseguira superar com êxito. Reencontrar o apartamento lindamente florido aguardando por sua volta foi renovador para o seu espírito mutilado pelos últimos imprevistos.

– Fez um bom trabalho – elogiou ela à empregada que cuidava da casa.

– *Merci,* madame.

A seguir, Madalena tomou um banho demorado, enquanto as roupas que trouxera do hospital eram lavadas e desinfetadas.

– Pensando bem – admitiu ela, horas depois. – Dê todas essas roupas para os pobres. Não quero ter motivos para me lembrar dos últimos acontecimentos.

– Oui, madame.

E para o seu reflexo no espelho Marguerite sorriu, feliz por ter dinheiro mais do que o suficiente para renovar seu guarda-roupa com as melhores grifes de Paris e do mundo.

– Como é bom ser rica! – exclamou, enquanto saboreava um delicioso suco de laranja. – Pensando bem – completou endereçando um olhar entusiasmado para a sala onde se encontrava – vou redecorar todo esse apartamento de cima a baixo. Enquanto estiverem fazendo a reforma, vou passar um tempo em Milão.

Sem delongas, apanhou o celular e discou para um dos melhores decoradores de Paris.

– Patrick, meu doce, *je suis désolé!* Só você para me ajudar a superar essa fase, no melhor estilo dos ricos.

O moço do outro lado da linha adorou ouvir aquilo, primeiro, porque amava seu trabalho, segundo, porque amava o dinheiro e terceiro, porque Marguerite tinha o suficiente para ele enfiar a faca, torcer e assim construir sua casa de veraneio nos Alpes Suíços como seu amante tanto desejava.

Marguerite estava radiante com a decisão que tomara, e ansiosa para contar a Isabelle que, certamente, também se empolgaria com a novidade. Ouviu-se então a campainha tocar e logo a empregada apareceu para anunciar:

– Há uma senhora querendo-lhe falar, madame.

– Seu nome? Ela disse?

Não houve tempo para a mulher responder. A recém-chegada havia invadido a morada e, por isso, ela mesma respondeu:

– Não, não disse.

Tanto Marguerite quanto a camareira se voltaram para a intrusa.

– Quem lhe deu o direito de entrar na minha casa sem permissão. Saia daqui, agora mesmo!

– Marguerite Chevalier, eu preciso lhe falar e com urgência.

Só então, Marguerite percebeu que a mulher falava em português e era uma velha conhecida sua.

– Dulce! – exclamou ela, olhando-a com surpresa e desagrado.

– Olá, Marguerite. Quanto tempo, hein?

Marguerite respondeu com voz entrevada:

– Anos...

– Sim. Desde que você me roubou o homem com quem eu iria me casar.

– Eu não roubei ninguém! Foi ele que arrastou as asinhas para cima de mim e, se fez, foi porque estava descontente com você. Eu apenas agarrei a oportunidade...

– Você a agarrou, porque o Mathias era de família rica, se ele fosse o João da padaria ou o Pedro da quitanda, você não teria se interessado.

– Ache o que quiser.

O diálogo morreu pelo tempo que Dulce ficou a admirar a luxuosa sala do apartamento onde se encontrava.

– O que faz aqui? – tornou Marguerite impaciente. – Como conseguiu me localizar?

Dulce respondeu somente a primeira pergunta:

– Vim para lhe falar da minha filha. Silvia Navarro é minha filha. Você sabia disso, não sabia?

– Sim, eu sabia – e com profundo sarcasmo Marguerite observou: – E que educação mais chinfrim você deu a ela, hein? Tornou-se uma bandida, assassina, ladra e mau-caráter.

– Não acredito que Silvia seja tudo isso que estão falando dela.

– Não acredita porque mãe nenhuma quer ver os podres de um filho. Sabe que a criatura não presta e, mesmo assim, tapa o sol com a peneira.

– Ainda assim acredito que Silvia seja inocente.

– Pois eu, não! Para mim, ela é capaz de qualquer coisa para alcançar seus objetivos.

– Tal como fez você, um dia, para alcançar os seus, não é mesmo? Sempre quis ser rica e morar na Europa, viver cercada do luxo e da riqueza e, por isso, tirou o Mathias de mim.

– Se posso escolher o melhor, por que eu haveria de escolher o pior? Entre Paris e aquela cidadezinha xexelenta em que nascemos, você acha mesmo que eu iria preferir continuar morando naquele fim de mundo daquele país de samba no pé, rebolado e flanelinhas?

– Nosso país, Marguerite. Nossa pátria!

– Seu país, sua pátria! Nasci naquele pardieiro por engano. Um lapso do destino. Por isso fiz questão de corrigir esse lapso, enquanto havia tempo...

– E por isso você tirou de mim o homem que eu amava.

– Amava nada! E convenhamos, você não servia pra ele. Não tem classe. Mal sabe se vestir quanto mais usar uma maquiagem adequada. Veja-se no espelho, agora, por exemplo. Você acha mesmo que isso é roupa que se prese para uma mulher andar por Paris? Dulce, minha querida, você foi sempre cafona. Extremamente jacu. Eu lhe prestei um favor tirando o Mathias de você. Ele teria se cansado de você, em questão de semanas, caso tivessem se casado. Ao meu lado, pelo menos, ele foi feliz. Acredite! E chega desse blá blá blá! Diz logo o que você quer e se manda! Tenho mais o que fazer. Desembucha!

– Marguerite, ouça-me! Eu juntei todas as minhas economias para pagar uma passagem de avião até aqui...

– Não tenho culpa se você é pobre.

– Vim aqui te pedir para ajudar a Silvia... Ela ajudou você quando mais precisou...

– E só por isso agora vou ter de ajudá-la?

– Seria o mínimo que você poderia fazer por ela.

– Não moverei um dedo a favor daquela mau-caráter, trambiqueira e assassina.

Voltando os olhos para o retrato de Isabelle num dos porta-retratos que havia ali, Dulce perguntou, com os olhos cheios d'água:

– Onde está Isabelle?

– Ah, então, você sabe que ela é minha filha? Não é de se espantar, o mundo inteiro sabe disso.

– Sim. O mundo inteiro sabe disso. Onde ela está? Gostaria imensamente de conhecê-la. Sempre admirei seu trabalho.

– Ela está no apartamento dela. Com o marido dela.

Dulce permaneceu olhando para o porta-retrato com olhos de admiração.

– Você deve sentir muita inveja de mim, não é mesmo? – atalhou Marguerite no seu tom prepotente de sempre. – Tive uma filha linda, famosa e de caráter impecável. Enquanto a sua... – Marguerite riu. – Pois saiba que Isabelle é mesmo uma jovem de ouro.

– Eu sei.

– Se sabe, maravilha! Agora vá embora!

Nisso, ouviu-se vozes no hall do apartamento e logo Isabelle adentrou o aposento.

– Salut! – comprimento ela, endereçando um olhar simpático para Dulce que se portou como a maioria diante de uma celebridade.

– Essa mulher só fala português – explicou Marguerite que acrescentou a seguir: – E ela já está de partida.

Dulce a corrigiu há tempos.

– Também falo francês, minha querida. Esqueceu-se? Não tão bem como vocês, mas arranho.

De fato, Dulce Navarro havia aprendido a língua com uma parente de Mathias Soriat, pela qual conheceu o moço quando ele foi visitar os parentes no Brasil. Diante do tremor repentino de Dulce, Isabelle a acudiu:

– A senhora está bem?

– Desculpe-me. Deve ser o cansaço da viagem.

– Sente-se aqui. Vou apanhar um copo d'água.

Assim que a jovem deixou a sala, Marguerite aproximou-se de Dulce e falou com toda antipatia:

– Não venha poluir minha casa, minha vida e a vida da minha filha com os seus problemas. Eles são seus, não meus. Se você precisa de um psicólogo ou psiquiatra isso é problema seu. Inteiramente seu.

Nisso, Isabelle reapareceu trazendo consigo um copo d'água gelada para a visita. Dulce tomou o copo de suas mãos, com olhar agradecido.

– Acho melhor a senhora comer alguma coisa.

– Ela não está com fome!

– Mamãe...

– O que é isso, Isabelle? Meu apartamento não é nenhum Café parisiense.

Ignorando as palavras da mãe, Isabelle voltou a sorrir para Dulce que parecia carente de um sorriso, mais do que tudo na vida.

– Respire fundo. Relaxe!

– Obrigada.

Breve pausa e Isabelle disse:

– Vou preparar uns petit four para a senhora. Volto num minuto.

E a jovem novamente se retirou do local. Assim, Marguerite aproveitou a chance para expulsar de vez Dulce Navarro dali.

– Agora vá embora dessa casa e nunca mais volte. Vou chamar um uber para você.

Dulce mirou fundo os olhos de Marguerite como se estivesse pronta para destruí-la com um simples olhar.

– O que foi, mulher, por que me olha assim?

Dulce queria falar, mas não sabia por onde começar.

– Desembucha! – atalhou Marguerite no limite da paciência.

– Nossas filhas... – falou Dulce, finalmente. – Nasceram praticamente na mesma data. Com apenas um dia de diferença de uma para outra.

– E daí?

– E daí que a sua filha teria muito mais oportunidades por ser filha de um homem rico, enquanto a minha... A minha não teria a mesma chance.

– Vá direto ao ponto, mulher!

– Dentro de mim, sempre senti que tinha de fazer algo de especial pela minha filha. Até mesmo fazer um grande sacrifício para que ela pudesse ser feliz e bem-sucedida. No espiritismo me disseram, uma médium me disse, que eu tinha esse sentimento de culpa porque na vida passada eu não havia sido uma mãe verdadeiramente presente para com meus filhos.

– Quanta baboseira... – desdenhou Marguerite querendo dar fim àquele encontro o mais rápido possível.

– Acho mesmo que na vida passada eu não fui uma mãe de verdade...

– Que se dane se você foi ou não! Não acredito em espiritismo.

– O fato é que eu... – a voz de Dulce se elevou: – Eu troquei as meninas!

Marguerite ia dizer alguma coisa, mas a frase a impediu de prosseguir.

– O que foi que você disse?

– Isso mesmo o que você ouviu. Eu troquei os bebês. Você ficou com a minha filha e eu fiquei com a sua filha.

Os lábios de Marguerite Chevalier se moveram sem emitir som algum.

# CAPÍTULO 10

Por fim, Marguerite irrompeu numa gargalhada.

– Você só pode estar louca! Doida e varrida! Gagá!

– Não! – defendeu-se Dulce severamente. – Eu sabia que seria pobre a vida toda, não queria isso para a minha menina e, por isso, troquei os bebês.

Marguerite novamente gargalhou:

– Você bebeu! Caducou!

– Silvia é sua filha! – retrucou Dulce levantando-se e se posicionado diante da dona do apartamento.

– Pois eu prefiro ter o demônio como filho do que aquela infeliz.

Dulce arriou os ombros e um ar de derrota tomou-lhe a face:

– Se não acredita em mim, faça um teste de DNA.

– Não farei teste algum, porque isso não passa de um devaneio seu, sua louca!

Marguerite se mostrava agora ainda mais descontrolada.

– Foi por isso que vim até aqui, para reparar o mal que você está fazendo a sua própria filha. Antes tarde do que nunca.

– Minha filha é Isabelle Chevalier...

Dulce não a deixou terminar:

– Sua filha é Silvia Navarro. E minha filha é...

A mulher calou-se ao ver Isabelle pelo espelho, parada junto a porta da sala. Ela ouvira tudo e talvez tivesse sido melhor assim. Pausadamente, mirando fundo os olhos de sua verdadeira progenitora, Isabelle questionou:

– A senhora está dizendo que...

Dulce afirmou:

– É isso mesmo o que você ouviu. Você é minha filha...

Marguerite novamente gargalhou, histérica e desvairadamente:

– Essa mulher cheira cola! Pelo amor de Deus, Isabelle, o que ela diz não faz o menor sentido.

– Se não acreditam em mim, faça um teste de DNA – reforçou Dulce entre lágrimas.

– A única coisa que eu farei é expulsá-la desse apartamento aos pontapés.

– Mamãe! – Isabella a deteve. – Essa história diz respeito a mim também.

– Isabelle, essa mulher que destruir a nossa paz. Só porque eu me casei com o homem que ela supostamente amava, ela quer se vingar de mim pondo minhocas na sua cabeça, na minha cabeça, na cabeça de todo mundo.

– O que eu digo é a mais pura verdade. Eu jamais inventaria uma mentira tão perturbadora como essa. Pois façam o teste de DNA e vocês confirmarão o que eu digo.

– Pois eu farei, não se preocupe. Imagine só eu ser mãe daquela...

— Mas você é! – reafirmou Dulce categoricamente.

– Tá bom! Sou sim! Agora você já pode ir, ok? Vou chamar um Uber que a leve direto para o aeroporto Charles de Gaulle onde você pegará o primeiro voo direto para o seu paisinho de origem. E chegando lá, minha querida, vá direito ao um psiquiatra ou para um manicômio.

– Mamãe – interveio Isabelle novamente.

– Isabelle, minha filha...

– Essa senhora ficará em casa até que apuremos essa história.

– Não acredito que você dará créditos a essa maluca.

– Com o DNA, esclareceremos tudo.

Marguerite bufou.

– Pois muito bem – afirmou relutante. – O que é preciso ter para fazer um teste de DNA? Um fio de cabelo? Pois bem, aqui está o meu. Só falta um da assassina. Que alguém vá buscar na penitenciária.

– Pedirei ao Vincent.

– Peça! Peça sim! Inclusive, o endereço de um lugar para internar essa doida.

Marguerite queria simplesmente esganar Dulce Navarro, que se voltou para Isabelle e disse:

– Eu e Marguerite crescemos na mesma cidade do interior de São Paulo. Nossos pais eram muito pobres e como a maioria dos brasileiros, não tinham condições de nos dar uma vida mais digna. Eram boias-frias e a mãe de Marguerite partiu para São Paulo com a promessa de voltar para buscá-la, quando estivesse estabilizada financeiramente. Os anos se passaram e ela nunca mais apareceu. No início, ligava para saber da menina e foi assim, até as ligações cessarem. Marguerite acreditava piamente que a mãe haveria de cumprir a promessa que lhe fizera e, para não alimentar esperanças em seu coração, disseram-lhe que a mãe havia morrido para que ela não mais aguardasse sua volta. Marguerite ficou desolada, quase morreu de desgosto. Tornou-se amarga, invejosa e pérfida desde então. Somente eu me mantinha ao seu lado, porque sabia que ela precisava de uma amiga, ainda mais quando as outras haviam se afastado dela por não suportarem o seu gênio de cão.

Breve pausa e Dulce prosseguiu:

– Dois, três anos depois desse fato, chegou à cidade um moço, filho de uma brasileira com um francês podre de rico que deixaria tudo para o filho após a sua morte. Seu nome era Mathias Soriat e ele havia ido à cidade visitar sua tia, que gentilmente me dava aulas de francês sem me cobrar centavo algum. Interessei-me pela língua francesa depois de me tornar fã de Edith Piaf. Queria saber o significado das letras das canções e foi o que mais me motivou a aprender a língua. Pois bem... Marguerite se encantou pelo Mathias, enquanto ele se encantou por mim. Pediu-me em namoro e eu aceitei, não somente por ele ser atraente, mas também para praticar a língua francesa com ele. Nós só falávamos em francês. A princípio não sabíamos que ele era rico, só depois é que soubemos, e Marguerite então o quis para ela, a todo custo.

Marguerite interveio:

– Quis sim, não minto! Fui sempre mais bonita e fogosa do que essa daí.

– Mais fogosa, com certeza – admitiu Dulce, maliciosamente.

– Era a minha chance de mudar de vida – admitiu Marguerite orgulhosa do que fizera por si. – A minha única chance de sumir daquele lugar pavoroso, cafona e cheio de jacus a ir e vir, de um lado para o outro. Eu queria uma vida digna, com iates, mansões, restaurantes, luxo por toda parte. Que futuro teria eu me casando com um pé-rapado?

– Mas o Mathias gostava de mim.

– Porque ainda não me conhecia no íntimo.

– E a conheceu bem, não é? Profundamente!

– Você também nunca foi santa, Dulce.

A mulher não argumentou, apenas afirmou com indignação:

– Ele havia prometido se casar comigo, estava tudo arranjado e você o tirou de mim. Eu o amava sem interesse algum por suas posses. Você, no entanto, amava-o pelo dinheiro que ele possuía.

Rindo, Marguerite admitiu, peitando a rival despudoradamente:

– O Mathias precisava de uma mulher forte ao lado dele. Não de uma sonsa e ridícula como você. Ele precisava de uma mulher que soubesse se vestir adequadamente e se portar na alta-sociedade. Dulce, minha querida, você foi sempre relaxada com a sua aparência. Eu a poupei de passar ridículo perante a família do Mathias e dos amigos dele.

– Você foi sempre muito mais ambiciosa do que eu, confesso... Mas ladra de homens eu nunca fui.

– O que está feito, está feito!

– De fato.

Isabelle concluiu a seguir:

– Quer dizer, então, que a herança que o papai me deixou não me pertence. Afinal, ele nunca foi meu pai.

– Isabelle, isso não vem ao caso agora – adiantou-se Marguerite, seriamente.

– É um fato importante, mamãe. Afinal, Silvia é a verdadeira herdeira de Mathias Soriat.

– Depois averiguamos isso, meu bem.

– Marguerite tem razão, Isabelle. Depois vocês resolvem isso.

Com pena da mulher, Isabelle acrescentou, carinhosamente:

– Venha, a senhora precisa descansar.

– Isabelle, minha filha! Essa mulher não ficará hospedada aqui – interveio Marguerite furiosa.

– Aqui nem pensar, mamãe. Descontrolada como a senhora está, é bem capaz de cometer uma barbaridade qualquer.

– E você gostaria que eu reagisse como, diante de uma doida como essa?

Isabelle nada respondeu, apenas conduziu Dulce para fora do apartamento, onde apanharam o elevador e seguiram para o carro da moça que ficara estacionado nas proximidades.

Assim que partiram, Marguerite começou a andar pela sala de estar como se fosse uma fera subitamente enjaulada.

— Isso não pode ser verdade! Não pode! – resmungava, enquanto cuspia pelas ventas.

Ao ver seu reflexo no espelho, apanhou um vaso de cristal e o arremessou contra sua imagem refletida ali.

— Controle-se, Marguerite. Controle-se! Dulce está mentindo. Só quer deixá-la perturbada. Só isso!

Diante do estardalhaço, a empregada correu para lá:

— Madame, a senhora está bem?

— Não! Não estou! Não poderia estar, diante de uma assombração como essa que voltou para atazanar a minha vida e destruir a minha paz. Mas isso não vai ficar assim. Não pode. Eu não mereço.

Marguerite estava tão desorientada que nem percebeu que dissera tudo isso em português, o que não podia ser compreendido por uma criada que só dominava a língua francesa. E ela continuou desabafando consigo mesma e jogando palavras ao vento como se pudesse reverter qualquer mau agouro simplesmente pelo dom da palavra:

– É obvio que Dulce é a mãe de Silvia, as duas são iguais, uma tão peçonhenta quanto a outra.

Enquanto Isabelle dirigia seu carro rumo a casa, Dulce foi lhe contando parte da sua história, tendo de repetir pausadamente alguns trechos para que a moça pudesse compreendê-la melhor. No apartamento, Isabelle alojou Dulce no quarto para visitas e afirmou com sinceridade:

– Não se preocupe. Comigo a senhora estará em boas mãos.

Dulce agradeceu e foi se deitar, enquanto Isabelle foi explicar para Jean-Pierre o que havia se passado. O moço mal podia acreditar no que ouvira.

Nesse ínterim, a polícia recebeu um e-mail de um senhor chamado Alfredo Novaes que dizia ter morado numa das casas vizinhas a de Silvia Navarro onde ocorrera o crime brutal. No e-mail, o Senhor Novaes revelava algo muito importante para elucidar o crime. Visto que não era certo se manter calado diante dos fatos, pois tais fatos poderiam fazer uma jovem pagar por um crime que não cometera, ele tomou a atitude de enviar um e-mail para explicar algo muito importante.

Demorou para ele perceber que a casa onde havia ocorrido o assassinato da brasileira Joanna Mullins era vizinha a sua. Ele havia ouvido falar a respeito do assassinato, mas não se ateve a esse pequeno detalhe. Quando percebeu, quis ver fotos do crime e percebeu que o taco de golfe que matou a vítima era, na verdade, um taco que ele muito usara em suas partidas num dos clubes da cidade. Deixara o objeto para que sua faxineira o descartasse no recipiente da reciclagem localizado em frente à casa. Ou seja, o assassino de Joanna Mullins tirou o taco de golfe de lá e com ele acertou-lhe o golpe fatal. Os familiares do senhor Novaes o aconselharam a não comentar o fato com a polícia, pois isso poderia incriminá-lo; mas visto que ele já estava no Brasil quando o crime acontecera e tinha o passaporte e testemunhas para provar, não havia motivos para esconder tão importante pista.

O delegado leu e releu o e-mail até soltar um longo assovio.

– Com isso descobrimos a origem da arma.

– Sim – concordou o assessor prontamente. – Mas isso não inocenta Silvia Navarro, de forma alguma. Pois ela poderia ter saído para caminhar e visto os objetos para doação ou reciclagem na frente da casa do Senhor Novaes e pegado o taco, já com o intuito de usá-lo como arma do crime que pretendia cometer aquela noite.

– Sem dúvida. Mas não podemos descartar a possibilidade de o assassino ter chegado ao local desprovido de arma e, quando viu o taco, pensou em usá-lo como arma do crime.

– Nesse caso, a pessoa teria de ter ido a pé até a casa de Silvia.

– E certamente o fez para não correr o risco de ter seu veículo rastreado mais tarde. Os moradores da rua poderiam descrever o veículo à polícia.

– Muito bem. Com isso concluímos que ainda havia muito para descobrir a respeito do caso e Silvia Navarro foi condenada sem ter provas suficientes contra ela.

Nisso, o telefonema tocou estridentemente e o delegado soltou um novo assovio após ouvir as palavras do outro lado da linha. Voltou-se então para o colega de trabalho e afirmou, com ares de vitória:

– A ex-namorada de Joanna Mullins acabou de ser presa por porte de cocaína. Os cupcakes que vendia para universitários continham droga no recheio. E noutros havia maconha.

– A que ponto chega o ser humano para despertar o interesse da freguesia por seus produtos.

Os dois homens riram às pampas e o delegado concluiu:

– Joanna Mullins certamente descobriu o esquema, pois estava hospedada na casa da doceira. Por medo da jovem dar com a língua nos dentes, a fulana a matou.

– Bem provável. Vamos até lá, preciso interrogar essa moça.

E os dois partiram para a chefatura onde a doceira estava detida.

Com os fios de cabelo deixados na escova que Silvia havia usado enquanto estivera escondida na mansão da família Cassel, o teste de DNA pôde ser feito sem que ela soubesse a respeito. Quando o resultado chegou às mãos de Marguerite, ela o abriu com muito medo do que poderia estar escrito ali. Os olhos dela liam e reliam com desagrado o que fora registrado ali.

– Deu positivo, não foi? – questionou Isabelle que se mantinha ao seu lado, porque aquilo também lhe interessava imensamente.

– Isso é um absurdo. Não pode ser verdade – respondeu Marguerite estendendo o exame para a jovem que leu atentamente o que fora reportado ali:

– A senhora é realmente mãe da Silvia....

– Você é a minha filha! – gritou Marguerite explodindo em lágrimas. – Você!

E a mulher abraçou a jovem como se dependesse daquele abraço para continuar viva. Isabelle a consolou com gestos e palavras carinhosas:

– Vou continuar sendo sua filha. A senhora me criou. Temos um elo que nos une pela eternidade. Nada entre nós duas irá mudar. A senhora será sempre a minha mãe de coração. Eu apenas ganhei uma nova mãe. Hoje tenho duas, e posso amar ambas da mesma forma. A única alteração nisso tudo é o fato de que a Silvia é realmente sua filha biológica.

– Como, se ela é tão ambiciosa, perversa, capaz de qualquer coisa para atingir suas metas?

– A senhora também é assim.

Aquilo era mesmo um fato irrefutável.

– Ela jamais pode saber dessa história – desabafou Marguerite meio minuto depois, ao que Isabelle respondeu sensatamente:

– Mas ela acabará sabendo. É inevitável.

Marguerite engoliu em seco só de se imaginar diante de Silvia, que sempre odiou.

– A ex-namorada de Joanna Mullins confessou que foi ela mesma quem matou Joanna aquela noite na casa de Silvia Navarro. Sabia que Joanna estaria lá, porque foi ela mesma quem lhe forneceu o endereço de Silvia Navarro em Paris. Sabendo que o roubo do bilhete da loteria daria a Silvia motivos de sobra para assassinar Joanna, o crime teria de ser cometido na sua casa para que ela fosse totalmente incriminada. Assim, ela seguiu Joanna até lá e, ao passar em frente à casa de um dos vizinhos de Silvia, avistou um recipiente de objetos para doação ou reciclagem, em que encontrou o taco de golfe com o qual matou a vítima. Para facilitar as coisas, havia também narcotizado o vinho que ela mesma deu a Joanna para levar de presente para Silvia aquela noite. Por isso, tanto Silvia quanto Joanna logo ficaram zonzas e desorientadas. Pela janela da sala, a assassina observou quando Silvia deixou a sala para ir ao toalete e adentrou o local, pegando a vítima desprevenida. Fugiu dali o mais rápido possível. É obvio que ela desejava também se apossar da fortuna que a avó de Joanna havia ganhado na loteria, mas não sabia até então que o dinheiro havia voltado para a conta de Silvia Navarro. Tomaria posse do dinheiro por meio da senha do banco que ficara arquivada na memoria do laptop que ela mesma havia emprestado para Joanna movimentar a conta.

Marguerite ouviu cada palavra com redobrada atenção e estremeceu visivelmente quando Isabelle acrescentou:

– Com isso, Silvia será libertada em poucas horas. Os advogados já estão agilizando o processo. Como a senhora pode perceber, Silvia era mesmo inocente o tempo todo. Pagando por um crime que não cometeu.

No íntimo, Marguerite não queria que aquilo fosse verdade, pois a soltura de Silvia Navarro permitiria que ela, cedo ou tarde, ficasse frente a frente com sua pessoa.

A notícia de que a verdadeira assassina de Joanna Mullins havia sido presa e confessado o crime logo ganhou as manchetes de todos os jornais espalhados pelo mundo. Silvia Navarro alegara inocência e muitos duvidaram da sua pessoa, contudo ela falara a verdade.

O advogado de defesa entrou com um pedido de libertação de Silvia e o governo francês providenciou um pedido de desculpas pelo engano cometido.

A comprovação de que Silvia Navarro era inocente e que a justiça havia cometido um erro gravíssimo ao condená-la à prisão perpétua foi manchete das milhares de revistas espalhadas pelo mundo. Sua imagem de assassina foi substituída por uma de heroína e exemplo de que a justiça no mundo pode ser extremamente falha.

A revista Vogue, em consideração ao engano cometido, fez uma matéria intitulada: "A difícil arte de julgar corretamente uma pessoa" e teve novamente Silvia na capa usando uma foto dela no banco de imagens da própria revista. A edição tornou-se a mais vendida dos últimos tempos.

Era Vincent Cassel quem estava esperando por Silvia às portas da prisão quando ela foi solta. Esperava por ela de braços abertos, louco de saudades pela jovem que tanto amava. Logo, Silvia estava em seus braços, aninhada em seu peito, ouvindo-o admitir entre lágrimas:

– Acabou, meu amor. O pesadelo acabou!

Ela se agarrou a ele, intensamente.

– Me leva embora desse lugar. Antes que mudem de ideia.

– Venha!

Assim que entraram no carro, Silvia declarou:

– Não quero ir para minha casa. Aquele lugar me traz péssimas recordações.

– Eu sei. Por isso, você ficará hospedada na mansão até que as coisas se ajeitem.

– Obrigada.

E ela deixou os olhos se perderem no horizonte que jamais se mostrou tão lindo, colorido e valioso como naquele instante.

Ao chegarem à mansão, Silvia tomou um minuto para admirar o local.

– E mais uma vez estou de volta a essa casa. Vida vai, vida vem e eu sempre venho parar aqui. Deve haver uma explicação ainda mais profunda para isso. Um dia, quem sabe, eu descubro.

– Venha!

Ele a puxou pelas mãos e os dois adentraram a mansão. Minutos depois, Silvia tomava um banho demorado e vestia uma das roupas que Madalena Ayala havia providenciado para ela.

– Eu precisava disso – admitiu ela ao se ver linda e perfumada diante do espelho.

Ao encontrar Isabelle e Jean-Pierre, Carmem e Valentino no andar térreo da mansão, Silvia agradeceu a todos:

– Obrigada, mais uma vez, por tudo que fizeram por mim.

Vincent tomou a palavra:

– Há uma pessoa que quer muito lhe falar, Silvia.

– Uma pessoa?

– Sim. Ela a aguarda na outra sala.

Quando Silvia avistou Dulce, seu rosto se iluminou.

– Mamãe! – Ela correu até a mulher e a abraçou feliz e demoradamente. – A senhora aqui, que surpresa mais agradável!

– Silvia, minha filha – Dulce passou a mão pelo rosto da jovem, externando todo o carinho que sentia por ela.

– Quando chegou a Paris? Como veio parar aqui?

– Não foi difícil como eu pensei que seria. Clara me ajudou.

– Que bom! – exclamou Silvia, e abraçando Dulce novamente, disse: – Que surpresa agradável!

Dulce recuou o rosto e falou, seriamente:

– Precisamos conversar, Silvia. O assunto é sério.

– Se veio me repreender pelo dinheiro que roubei da igreja... Já devolvi tudo.

– Eu sei.

– E quanto ao bilhete da loteria, também devolvi toda quantia para a ganhadora.

– Sei disso também, minha querida.

– O que há, então? A senhora me parece aflita.

– Estou, não nego.

– A senhora não está bem de saúde?

– Não tem nada a ver com a minha saúde. Até onde sei, estou bem. O que me trouxe a Paris foi você e Marguerite Chevalier.

– Não me fale dessa mulher. Ela não presta!

– Sei que tiveram lá suas desavenças.

– Ela não passa de uma serpente traiçoeira...

– Silvia. Marguerite e eu fomos amigas no passado. Amigas até ela roubar de mim o meu namorado com o qual se casou por ele ser rico, não porque o amava. O sonho dela foi sempre grandioso, nunca suportou ter nascido na família em que nasceu, tampouco no Brasil. Com esse casamento, ela poderia mudar de vida, porque Mathias Soriat era um homem rico e, assim, ela fez. O ódio por ele ter caído na lábia dela foi tanto que acabei me deitando com o primeiro sujeito que me quis e dele engravidei. Num momento de loucura da minha parte eu quis ter minha filha por meio de cesariana para que pudesse ser na mesma data que Marguerite tivesse a filha dela. Por coincidência, havíamos engravidado com apenas alguns dias de diferença.

Com certa impaciência, Silvia interrompeu a narrativa:

– Mamãe, por que a senhora está me contando tudo isso? O que tem a ver essa história toda comigo e...

Dulce a interrompeu, falando o que já não poderia mais guardar dentro de si:

– Eu troquei os bebês. A minha filha, eu coloquei no lugar da que Marguerite Chevalier deu à luz. E a filha dela eu tomei para mim e criei como se fosse minha filha legítima.

O rosto de Silvia se congelou numa expressão de horror e espanto ao mesmo tempo. E o que Dulce disse a seguir, com todas as letras, parecia surreal.

– Você, na verdade, é filha de Marguerite Chevalier e Isabelle é minha filha.

Foi como se o tempo tivesse parado nesse momento. Como se o mundo tivesse deixado de existir nesse instante, pelo menos para a belíssima Silvia Navarro.

# CAPÍTULO 11

Silvia agora olhava para Dulce como se fizesse de uma grande distância.

– A senhora pirou, né? – disse, por fim.

– Não, filha – afirmou Dulce compassivamente.

– Não me chame de filha! Se a senhora não é minha mãe, não me chame de filha!

– E-eu...

Silvia levava as mãos a cabeça, pressionando a fronte, num gesto desesperador.

– Isso não é verdade. Não pode ser... – murmurava tomada de indignação.

Dulce ousou falar mais uma vez:

– Marguerite também não acreditou a princípio. Foi preciso fazer um teste de DNA para comprovar e...

– Um teste?! O que deu esse teste?

Dulce não precisou responder, era tudo muito evidente.

– Quer dizer que eu nasci rica e por sua causa fui obrigada a viver naquele fim de mundo? Você não pode ter sido tão perversa.

– Eu fui má, fui sim, mas...

– Por isso, a senhora colecionava as revistas em que Isabelle aparecia na capa ou nas manchetes. Eu achava estranho todo aquele seu interesse por ela, mas...

– Sim! Era a única forma de eu poder revê-la. Mas saiba que por nenhum momento eu deixei de amar você, meu amor. Dizem que o amor é convívio e isso é a mais pura verdade. Você se tornou verdadeiramente minha filha e cada resfriado que você tinha, cada dor de cabeça que te perturbava a paz, eu sofria junto. Porque não queria vê-la sofrendo. De alguma forma você se tornou parte da minha carne e do meu sangue.

– Eu odeio você! Eu odeio você! – berrava Silvia derramando-se num pranto agonizante.

Na vida passada, ao saber que Dulce fora sua mãe que não a assumira como filha por ser freira, Silvia se revoltou com ela, e no plano espiritual decidiu não mais ter vínculos com Dulce numa vida futura, o que de fato aconteceu. Ela não nasceu de seu ventre. Contudo, ambas precisavam superar as mágoas que tanto traumatizaram suas vidas e, por isso, o destino as uniu mais uma vez para isso. Quanto a Marguerite, Silvia finalmente nascera filha dela como tanto desejou na vida passada, apesar de todo mal que ela havia lhe feito. O espírito de ambas precisava de um reencontro para superar conflitos pendentes.

Diante dos berros de Silvia, Isabelle foi até a sala na esperança de abrandar a situação.

Quando Silvia conseguiu finalmente olhar para Isabelle, sua pergunta foi inevitável:

– Isso tudo é mesmo verdade?

Isabelle não precisou responder que sim. Seus olhos disseram mais do que mil palavras.

– Que horror! – exclamou Silvia horrorizada. – Eu saí de um pesadelo para cair em outro.

– Eu sinto muito.

– Você não tem culpa. Você foi tão vítima quanto eu.

E voltando-se para Dulce que continuava desolada num canto da sala, Isabelle foi até ela, confortou-a em seus braços e decidiu levá-la para um dos quartos da casa onde ela pudesse se recompor. Ao passar por Silvia, que permanecia sentada, em choque por causa da descoberta, Dulce afirmou:

– Quem nunca errou na vida que atire a primeira pedra.

Silvia nada respondeu, fechou-se num casulo de ressentimento e revolta por tudo que havia descoberto, que sequer refletiu sobre o real sentido da frase. Após dar um calmante para Dulce, Isabelle estava novamente frente a frente com Silvia Navarro.

– Silvia!

O chamado da modelo fez a jovem olhá-la com mais atenção.

– Acho que você deveria encontrá-la, não acha?

Por uns segundos, Silvia não sabia a quem Isabelle se referia.

– Estou falando da Marguerite. Vocês têm de se encontrar. Não adiantará uma fugir da outra. Cedo ou tarde...

Silvia respirou fundo e fechou os olhos. Para ela aquele não seria um encontro e, sim, um confronto.

– Eu a levo até lá se quiser... – prontificou-se Isabelle querendo realmente ajudar a amiga.

– Não sei se devo... – foi tudo o que Silvia conseguiu responder.

– Mas ela é sua mãe e esse fato, nem você nem ela podem encobrir.

– Eu sei, mas... É tão difícil para mim ter de encará-la, depois de todo mal que ela me fez...

– Eu sei, mas... Não é você quem vem se espiritualizando, conhecendo a fundo as leis que regem a vida? Então está na hora de você pôr em prática o que vem aprendendo.

– Você tem toda razão – concordou Silvia retomando a confiança em si e na vida.

Uma hora depois, as duas moças adentravam o apartamento de Marguerite Chevalier na Avenida Champs-Élysées, pegando a mulher totalmente de surpresa.

– Isabelle, minha querida! – exclamou Marguerite feliz por rever a filha amada. Mas seu sorriso desmoronou da face ao avistar Silvia à sua sombra. O choque com a presença da moça foi tão grande que a mulher ficou temporariamente sem ação. Isso fez com que Isabelle tomasse a iniciativa de falar:

– Acho que vocês duas têm muito o que conversar. Vou deixá-las a sós.

– Isabelle, por favor! – protestou Marguerite querendo desesperadamente evitar o confronto.

– Depois conversamos, mamãe.

E a jovem deixou a sala indo ficar noutro cômodo do apartamento. Diante do desconforto com a situação, Silvia voltou sua atenção para os objetos caríssimos que decoravam o local, enquanto Marguerite procurava por palavras que nunca fizeram parte do seu vocabulário. Por fim, rompeu o silêncio desconfortante, dizendo:

– O destino caprichou conosco, não? Quem poderia imaginar que...

Silvia que nunca fora de abaixar a cabeça por nada, retomou sua confiança em si, peitando a mulher a sua frente com seus olhos lindos, vivos e arrogantes:

– Eu lhe disse que era inocente.

– Eu não tinha como acreditar em você. Muitos assassinos admitem inocência quando, na verdade, são mesmo assassinos frios e sanguinários.

– Por sorte, pegaram o verdadeiro culpado.

– Que bom! Uma injustiça a menos no mundo.

– Pois é. – O assunto morreu e o clima voltou a ficar tenso até Marguerite novamente romper o silêncio, comentando: – O dinheiro que seu pai lhe deixou...

– Você acha mesmo que estou preocupada com isso? – rebelou-se Silvia indignada.

– A herança é sua por direito.

– Eu sei. De qualquer modo...

– A única culpada de tudo que nos aconteceu é Dulce Navarro. Se há um demônio nessa história toda, esse demônio é ela. Foi Dulce quem a tirou de mim e a impediu de levar uma vida digna ao meu lado e ao lado de seu pai.

– Eu sei.

– Se sabe, não me olhe com esse ódio.

– Sejamos francas. Você nunca gostou de mim, não é agora que vai gostar.

– Você tem razão. Amor é convívio. A minha filha ainda é a Isabelle que criei com todo amor e afeto... Não dá para apagar todos esses anos ao lado dela num estalar de dedos.

– Eu sei. Não estou lhe pedindo que me ame. Nem prometo amá-la igualmente.

– É bom mesmo que sejamos francas uma com a outra.

O silêncio novamente pairou no ar e Isabelle achou melhor voltar a sala para ajudar na reaproximação das duas mulheres, cujo destino as havia unido mais uma vez para que evoluíssem espiritualmente.

– Mamãe! – exclamou Isabelle carinhosamente. – Posso dizer com sinceridade que ganhei uma irmã, não posso?

E a jovem enlaçou Silvia enquanto um sorrisinho sem graça escapava dos lábios ressequidos de Marguerite.

– Somos agora parte de uma mesma família – continuou Isabelle com grande satisfação. – É assim que eu encaro tudo o que aconteceu. O que está feito está feito... Acho que vocês poderiam trocar um abraço e um beijo carinhoso... E com esse abraço, apagar as desavenças e dar um novo rumo a vida de vocês. Que tal?

Percebendo que nem Silvia nem Marguerite tomariam ação, Isabelle puxou Silvia pelo punho até a mãe e reforçou o pedido:

– *Allons-y!* (Vamos lá!) Troquem um abraço conciliador.

Tanto Silvia quanto Marguerite engoliram em seco e só cederam ao pedido de Isabelle porque sabiam que ela não as deixaria em paz se não o fizessem.

– *Voilà comment on fait!* – incentivou a moça diante do abraço mais sem graça que ela já vira em toda vida. – Não foi dos melhores, mas é um começo.

– Podemos ir? – indagou Silvia, chacoalhando o corpo como que para espanar o pó.

– Tão cedo? – estranhou Isabelle querendo prolongar o encontro. Mas Silvia lhe foi sincera:

– É que estou cansada, foi um dia tumultuado para mim...

– Você tem toda razão. Havia me esquecido. Eu a levo de volta agora mesmo.

Silvia e Marguerite se despediram friamente e Isabelle e Silvia partiram, sem delongas, de volta à propriedade dos Cassel.

Pelo caminho até lá, a única pessoa a falar dentro do Jaguar dirigido por Isabelle foi a própria, na esperança de alegrar Silvia diante da última reviravolta de sua vida.

– Gostaria tanto de ter visto o resultado do exame de DNA – comentou Silvia a certa altura. – Acabei me esquecendo de pedir a...

– Depois ela te mostra. Mas eu mesma o vi e não há dúvidas quanto a autenticidade.

– Pois é... E o de vocês, saiu no mesmo dia?

– O nosso?!

– O resultado do exame de DNA.

– Ah! Eu e Dona Dulce não fizemos. Não seria necessário visto que o seu e o de Marguerite já havia sido feito.

– Só perguntei por que achei que você também gostaria de confirmar o fato.

– Não há o que confirmar se o seu exame e o de Marguerite já confirmou tudo. Foi a própria mamãe quem me falou que só esse exame bastaria.

– Ela tem razão. Quer dizer... a mãe que você se refere é a...

– Marguerite! Acho que vou sempre chamá-la de mãe. Acostumei-me. Penso que com você acontecerá o mesmo em relação a Dona Dulce.

– Sim...

Ao reencontrar Vincent, o moço abraçou e beijou Silvia ternamente.

– Como foi lá?

Silvia deu de ombros e o rapaz acrescentou, com boa vontade:

– No começo será difícil... Com o tempo, você se acostuma...

Silvia fez que sim com a cabeça, ainda que duvidasse intimamente que aquilo seria possível. Ao ver Dulce deixando a casa na companhia de Isabelle, Silvia abaixou a cabeça, deixando-se ser totalmente dominada pelo ódio e o rancor que sentia da mulher que até horas atrás acreditava ser sua verdadeira progenitora.

– Eu a levarei para o meu apartamento – explicou Isabelle, carinhosamente. – Lá também será o seu lar.

Vincent assentiu e acenou para as duas mulheres que partiram na companhia de Jean-Pierre Cassel. Silvia permaneceu ali, cabisbaixa, envolta numa energia pesada de rancor e mágoa alternantes.

Naquela noite, Silvia preferiu jantar sozinha no quarto que fora destinado para ela ocupar na casa. Não queria ver ninguém tampouco conversar. Vincent achou melhor respeitar sua decisão e foi assim até ouvir Silvia descendo a escadaria da casa, agitada, em busca das chaves de um dos carros que estivesse parado na garagem da mansão.

– Seja lá onde você queira ir, eu a levo! – anunciou Vincent pegando a noiva totalmente desprevenida. E Silvia não precisou dizer nada, ele bem sabia onde ela tanto desejava ir àquela hora da noite.

Uma hora depois, Isabelle a recebia em seu apartamento.

– Ela está no quarto – informou Isabelle indicando o caminho para a recém-chegada.

Foi como se Dulce estivesse esperando pela vinda da moça, pois se mantinha sentada sobre a cama, com as costas apoiadas em travesseiros, aguardando pelo momento de sua chegada.

– Não consigo dormir – admitiu Silvia assim que se aproximou da mulher.

– Eu também não conseguiria – admitiu Dulce com sinceridade.

– Toda essa armação que a senhora fez... Eu jamais acreditaria de que fosse capaz se me contassem a respeito.

– Eu sei... Foi por raiva também que eu agi dessa forma. Quando me arrependi, já era tarde demais para voltar atrás e eu já havia me apegado a você. Por isso lhe digo, que o amor é mesmo uma questão de convívio.

– Eu sei... E acho que é por isso que, apesar de tudo, a raiva que senti da senhora ao saber do que fez, passou. Apesar de ter me roubado a vida que era minha por direito, a senhora é a mulher que me criou e que eu aprendi a amar durante todos esses anos. A senhora me usou para uma desforra sem jamais pensar em mim diretamente. Foi de um egoísmo tamanho. Mas eu não vou carregar ressentimentos pela senhora. Porque uma coisa é certa. Se não fossem as revistas que a senhora colecionava para poder acompanhar o sucesso de sua verdadeira filha, acho que nunca teria brotado em mim o desejo de me tornar uma top model. No fundo, eu desejava ser rainha das passarelas para que minha mãe, que eu até então pensava ser a minha mãe, olhasse também para mim com a mesma admiração com que olhava para as fotos de Isabelle Chevalier. Um fato levou ao outro.

Dulce concordou. Silvia acrescentou:

– Quando eu disse que queria ser modelo famosa e bem-sucedida financeiramente, era para tirar a senhora daquela vidinha miserável em que vivia.

– Uma vida de que eu nunca reclamei, Silvia.

– Verdade. Mesmo assim, eu sempre quis lhe dar uma vida mais digna. Foi isso também que me moveu, me deu coragem para roubar o dinheiro da igreja e ir para São Paulo e depois roubar aquele bilhete premiado da Mega-Sena. Eu sabia dos riscos que eu estava correndo ao roubar e, mesmo assim, corri todos eles também pela senhora.

– Eu sei, filha... Eu sei...

E num momento de amor extremo, a jovem abraçou a mulher que a havia criado e se tornara, mais uma vez, sua mãe no plano terrestre. Depois daquele encontro, repleto de palavras sinceras e amorosas, ambas finalmente poderiam dormir tranquilas. A compreensão fora mais forte do que qualquer mágoa ou ressentimento e isso era um avanço para ambas na escala da evolução espiritual.

Ao tomar o carro de volta para a mansão, Vincent elogiou Silvia pela atitude que tivera há pouco.

– O perdão que você deu a essa senhora pelo que ela lhe fez é admirável.

– Até mesmo eu estou admirada com o que fiz – admitiu Silvia com sinceridade. – Agora, tenho a certeza de que Dulce foi uma mãe muito mais louvável do que Marguerite teria sido para mim.

– Como, se Marguerite foi tão maravilhosa para Isabelle como mãe?

– Eu sei, mas... Dizem que a vida escreve certo por linhas tortas, não é mesmo? Pois eu sinto que a vida me pôs nas mãos de Dulce Navarro por ter sido a melhor opção para mim.

– Entendo...

– Há algo em torno de Marguerite que... – Silvia branqueou e Vincent se assustou com a sua reação.

– O que foi? Você ficou pálida de repente.

– Eu... – seus lábios tremiam e Vincent se apavorou.

– É melhor levá-la para um pronto-socorro.

– Não! – retrucou Silvia severamente. – Você vai me levar é para outro lugar, agorinha mesmo!

E para lá o carro seguiu, prontamente.

# CAPÍTULO 12

Minutos depois, Silvia entrava, feito furação, no apartamento de Marguerite Chevalier.

– O que é isso?! – assustou-se a mulher com a repentina entrada da moça. – A expressão no rosto de Silvia a apavorou. – O que houve?! Aconteceu alguma coisa com Isabelle?

– Não, ela está bem.

– Então, o que a fez vir aqui a essa hora? Você me parece aflita. Ansiosa por algo.

Silvia moderou seu comportamento:

– Desculpe. Acho que me excedi. Queria lhe contar a respeito do teste...

– Teste?! Que teste?

– De DNA. Isabelle e Dulce mandaram o material para análise.

O rosto de Marguerite desmoronou.

– As duas?! Para quê?

– Ora, para confirmar que são mesmo mãe e filha...

– Não é preciso confirmar... Se sou sua mãe e você é minha filha, Isabelle só pode ser mesmo filha da Dulce.

– Sim, mas...

Silvia encarou Marguerite, que tentou disfarçar a agitação e o tremor repentino que sentia, mas não conseguiu.

– O que foi?! – incomodou-se ela perante o olhar desconfiado da moça. – Você me olha de um jeito. Pare de me olhar assim!

Silvia aproveitou seu momento de fraqueza para triunfar perante a mulher, mais uma vez. Disse:

– Sei muito bem por que você está tão desesperada assim, mamãe. Eu estava certa...

Marguerite estremeceu visivelmente diante das suas palavras:

– Certa do quê, criatura?

– Quer mesmo que eu diga?

O horror na face de Marguerite era assustador. Seus lábios e queixo tremiam e Silvia adorou ver o seu desespero refletido no espelho da sala. Por fim, disse, saboreando cada palavra:

– O exame logo provará que Dulce não é a mãe biológica da Isabelle.

– É logico que ela é! – retrucou Marguerite quase num berro.

– Não é! – afirmou Silvia categoricamente. – E você sabe muito bem que ela não é!

Marguerite parecia se encolher como uma sombra que vai se apagando num final de tarde. Então, Silvia lhe fez a pergunta que ela mais temia:

– Onde está a filha de Dulce Navarro?

Marguerite estremeceu a olhos vistos.

– Diga-me! – berrou Silvia no limite da paciência. – O que você fez à menina?

E quanto mais a mulher se encolhia, mais e mais Silvia a amedrontava:

– Responda-me, antes que eu ponha a boca no mundo.

– Não faça isso!

– Ah! – ironizou Silvia, saboreando sua vantagem. – Reagiu, *ma chérrie?* Agora solta essa língua!

– Eu sou sua mãe, esqueceu-se? Respeite-me!

– Agora esse fato é importante para você?

– Sim, antes eu não sabia...

– Pois para mim, você ainda odeia o fato de eu ser sua filha. Vai odiar eternamente.

– Não criamos laços afetivos... Pelo menos, ainda não.

– Está bem, agora responda a minha pergunta: o que você fez a filha de Dulce Navarro?

– Por que você me odeia tanto?

– Não fuja da pergunta. Responda!

Não havia escapatória, percebeu Marguerite sentindo-se frente a frente com o destino cruel do qual fizera o possível e o impossível para escapar. Ainda lhe era muito difícil falar a respeito. Seria assim, talvez para todo sempre. Silvia novamente insistiu:

– Fale! Estou esperando.

– Eu falo... – afirmou Marguerite, visto que não tinha outra saída. – Mas eu preciso que você impeça Dulce e Isabelle de obterem o resultado do teste. Se for provado que Dulce não é a mãe biológica de Isabelle, eu nem sei o que pode me acontecer...

Silvia se fez exigente mais uma vez:

– Estou esperando a resposta, mamãe. Onde está a menina?

Marguerite tomou ar e finalmente reviveu o passado em palavras:

– A menina... A menina está morta! Há mais de quinze anos.

O sorriso de triunfo na face de Silvia foi inevitável.

– Eu sabia! – exclamou, feliz por sua perspicácia.

– Como poderia saber? – questionou Marguerite tomada de indignação. Ao que Silvia respondeu, sabiamente:

– Minha intuição é muito forte. Dizia-me o tempo todo que ainda havia algo de mais podre em toda essa história e estava certa... Por isso vim aqui, exigir que me contasse a verdade.

Breve pausa e Silvia acrescentou, pensativa:

– Quer dizer, então, que Isabelle é adotada?

Marguerite confirmou com um ligeiro balançar de cabeça. E assumiu:

– Eu guardei segredo do fato para que nem mesmo eu me lembrasse do que aconteceu àquela que, até então, pensava ser minha filha legítima. Foi horrível, sabe? Ver a menina doente, definhando na cama e os médicos fazendo de tudo para salvá-la sem ter êxito. Eu a amava loucamente. Ainda a amo, mesmo sabendo que ela não era minha filha biológica. Não suportei sua morte e quando visitei um orfanato nas imediações do local onde eu morava na ocasião, decidi adotar uma criança. Eu sabia que nenhuma substitui a outra, mas, quando a órfã olhou para mim, com seus olhinhos mimosos, vi nela a possibilidade de ter minha filha de volta. Por isso eu a adotei. E mantive o nome de Isabelle para abrandar a saudade que eu sentiria dela e o sentimento de culpa por não a ter salvado da morte.

– Do que foi exatamente que ela adoeceu? Você tem culpa nisso, não tem?

O rosto de Marguerite novamente perdeu a cor.

– Eu já havia me tornado viúva nessa ocasião e andava carente... extremamente carente.

– Então foi por causa de homem que você deixou a menina morrer.

– Não fale assim. Eu sofri imensamente pelo que aconteceu.

– Pelo menos, você deu um lar para uma menina órfã.

– Sim! E fiz dela uma moça bem-sucedida profissionalmente e feliz. Isabelle é o que se pode chamar de pessoa que deu certo na vida. Em todos os sentidos.

– Sim. Ironicamente falando, a morte de uma menina acabou dando um lar para outra que, talvez, jamais viesse a ter tal oportunidade.

– Concordo. A vida tem dessas. Morre um para salvar o outro.

Breve reflexão e Silvia advertiu:

– A Dulce precisa saber da verdade.

– Não, isso não!

– Ela precisa saber, sim!

– Ela vai me odiar pelo que aconteceu.

– Você não a odeia pelo que ela lhe fez, odeia? – Silvia não esperou Marguerite responder. – Portanto...

– Ninguém pode saber dessa história. A mídia trataria dessa informação como escândalo. Por isso...

Silvia pareceu não a ouvir, sua mente vagava longe e distraída.

– Silvia, não se esqueça de que sou sua verdadeira mãe. Se Dulce não tivesse nos separado...

– Eu estaria morta, mamãe! E a falsa Isabelle estaria no meu lugar. Só estou viva porque Dulce me tirou de você. Por isso, posso dizer, sem sombra de dúvida, que o destino me tirou das suas mãos para que eu pudesse sobreviver.

A afirmação de Silvia era precisa e incontestável, percebeu Marguerite, intimamente. Silvia então abriu a porta que dava para o hall onde ficavam os elevadores do andar do edifício, em que Vincent ficara aguardando por ela para poder ouvir tudo sem que Marguerite soubesse da sua presença. Quando Marguerite o viu, ela simplesmente queria morrer de vergonha. Ele nada disse, mas seus olhos diziam tudo.

– Que vergonha, meu Deus! Que vergonha! – admitiu a mulher perante o moço que achou melhor permanecer calado.

Minutos depois, Silvia e Marguerite seguiam no carro dirigido por Vincent até o apartamento de Isabelle e Jean-Pierre Cassel. Chegando lá, Marguerite se viu novamente obrigada a encarar Dulce Navarro para lhe contar toda história.

– Minha verdadeira filha, morta?! – exclamou Dulce recusando-se a acreditar naquilo. – Não pode ser verdade...

– Infelizmente é – afirmou Marguerite também com lágrimas nos olhos.

Dulce calou-se, temporariamente, enquanto sua mente explodia de perguntas e flashes do que vivera ao lado da verdadeira filha.

– Quer dizer então que a minha menina não é Isabelle... Quem eu acompanhei passo a passo desde que ela se tornou famosa?

Marguerite não precisou responder e Dulce, num súbito rompante, foi para cima dela querendo agredi-la.

– Você deixou minha filha morrer, sua assassina?

– E você acha que eu não sofri ao ver a menina morta? – defendeu-se Marguerite assustada. – Sofri horrores! Tanto que quis morrer com ela. Se eu tivesse poderes, reverteria a situação, faria com que a pequena vivesse novamente, mas... Quem somos nós diante da morte? E não se esqueça, Dulce, de que foi você quem trocou as meninas. Foi você quem mudou o curso da história. Você! Única e exclusivamente você!

A derrota de Dulce Navarro era visível. Ainda assim, ela tentou se defender:

– Fiz o que fiz para dar um futuro melhor para a minha menina e, no entanto... – Voltando os olhos para Isabelle que assistia tudo calada, Dulce afirmou: – Eu a amei e orei por você, dia após dia, noite após noite...

E a jovem, morrendo de pena daquela mulher que estava sendo devastada pelo destino que ela mesma traçara para si e para a filha, admitiu:

– Eu sinto muito.

Quando Dulce voltou a encarar Silvia, as palavras já não mais tinham força para atravessar seus lábios. Silvia, então, foi até ela e a confortou em seus braços. Deu-lhe tempo para chorar e recobrar o equilíbrio. Isabelle, por sua vez, confortou Marguerite que também transparecia derrota e dor pelo que a verdade causara em todos.

– Quer dizer, então, que... – comentou Isabelle num murmúrio.

– Sim – admitiu Marguerite com voz embargada. – Eu a tirei de um orfanato. E jamais quis que você soubesse disso, por medo de se revoltar contra mim. Deixar de me amar como sempre me amou.

– Eu jamais faria isso – admitiu Isabelle, abraçando Marguerite ainda mais forte.

Houve um silêncio profundo até Dulce se recompor e perguntar a Marguerite:

– Onde você enterrou a minha menina?

A resposta da mulher foi certeira:

– No cemitério de uma cidadezinha próxima.

– Eu quero ir lá. Preciso ir.

– Está bem. Podemos ir amanhã se quiser. Eu lhe farei companhia.

Dulce aceitou a sugestão de bom grado.

Ao voltarem para casa, Vincent comentou com Silvia:

– Só você para perceber o que realmente havia acontecido.

– Minha intuição é forte. Sempre foi.

– Pois eu nunca vi Marguerite Chevalier tão abalada em toda vida. Na verdade, pensei que nada poderia abalá-la a esse ponto.

– Nem eu, a princípio.

– Isabelle também ficou em choque, não foi para menos; uma hora ela descobre que não é filha de Marguerite e sim de Dulce Navarro, depois lhe é revelado que ela, na verdade, foi adotada... Não deve estar sendo fácil para ela.

– Mas ela é forte. Vai superar tudo isso numa boa.

– Sim, desejo de coração que supere.

No dia seguinte, logo pela manhã, Silvia, Dulce, Isabelle e Marguerite foram até o cemitério da cidadezinha de San German visitar o túmulo daquela que, na verdade, chamava-se Silvia Navarro e morrera com pouco mais de três anos de idade. Na lapide do túmulo havia uma placa escrito "Charlotte Chevalier. Nascimento: 16/08/1998. Morte: 01/02/2001." O nome da menina fora escrito errado, porque o sujeito que fizera a placa havia se confundido, explicou Marguerite que achou por bem deixar do jeito que estava, uma vez que um nome era apenas um nome.

Dulce ajoelhou-se e depositou as flores que levara especialmente para a filha. Silvia se mantinha ao seu lado, para lhe dar todo apoio emocional possível.

– E eu que, durante todos esses anos achei que houvesse feito o melhor pela minha filha... Que ela havia crescido e se tornado linda e famosa... No entanto...

Dulce novamente chorou e Silvia a confortou em seus braços. Marguerite e Isabelle também derramavam lágrimas diante da cena tocante. Por fim, Dulce quis partir, pois já não suportava mais estar ali diante de tão drástica realidade.

# CAPÍTULO 13

A pedido de Silvia, Dulce seguiu com ela e Vincent para a mansão dos Cassel. Mesmo assim, ela reassumiria os cuidados para com a mulher que ainda amava como uma mãe legítima.

– Mamãe – chamou Silvia cautelosamente quando se viu a sós com Dulce no quarto. – Sinto muito pela perda da sua filha. Deve estar doendo muito no seu coração.

Dulce espremeu os olhos como se pudesse apagar a realidade com um simples gesto e determinação. E Silvia novamente a lembrou de um fato importante:

– Mas se a senhora não tivesse trocado as meninas... Teria sido eu quem estaria morta a uma hora dessas.

– Não diga isso, filha...

– Mas é verdade.

– Nem você nem minha menina deveriam ter morrido...

– Eu sei. Mas o fato é que a senhora me salvou das garras daquela mulher...

– Não a queira mal... Marguerite é sua mãe...

– Minha mãe é a senhora! Foi e sempre será a senhora.

Ao trocar os bebês, Dulce trouxe de volta para junto de si, a filha que rejeitou na encarnação passada, por ter nascido de um deslise seu, pois sendo freira, na ocasião, não poderia ter se entregado a um homem, ainda mais, um padre. O que poucos sabem é que Dulce decidiu ser freira na vida passada por causa do que acontecera a ela e à própria Silvia na vida anterior aquela. Inclusive, o próprio Mathias Soriat se tornara padre pela revolta que sentiu em relação a tragédia que também marcara sua vida anterior aquela.

Quando Silvia reencontrou Vincent na sala da mansão dos Cassel, o moço quis saber:

– Como ela está?

– Melhor. Tomou um calmante. Deve dormir agora.

– Você se preocupa com ela...

– Claro que sim! Para mim ela foi e sempre será a minha mãe legítima.

Vincent apreciou as palavras e beijou a jovem que a seguir disse, com espanto:

– Você já se deu conta de que o meu verdadeiro nome é Isabelle Chevalier? Pois se sou a filha legítima de Marguerite Chevalier, foi esse o nome que ela me deu antes de Dulce ter feito a troca das meninas. Portanto, a menina que está sepultada naquele cemitério, como Isabelle Chevalier, na verdade, chamava-se Silvia Navarro, pois foi esse o nome que Dulce lhe deu ao nascer.

– Faz todo sentido – riu Vincent, achando perspicaz a avaliação de Silvia a respeito dos fatos.

– Pois bem. Segundo Marguerite, Ann era o verdadeiro nome da menina que ela adotou no orfanato e que passou a ser chamada de Isabelle Chevalier, porque assim ela desejava, para encobrir a dor que sentia pela morte da filha biológica. Tanto que Marguerite usou a própria certidão de nascimento de Isabelle como certidão legitima de Ann. Em outras palavras, se meu verdadeiro nome é Isabelle Chevalier, a certidão da Isabelle me pertence.

Silvia riu e Vincent também achou graça:

– Pois é! Que grande confusão virou tudo isso.

Foi nesse momento que Silvia percebeu algo que até então lhe passara despercebido até o momento.

– Não foi por isso! – exclamou, perplexa, levando a mão a boca.

– Não foi por isso, o quê? – estranhou Vincent sua reação repentina.

Silvia se voltou para ele, com os olhos brilhando de triunfo e explicou, eufórica:

– Marguerite nos contou que colocou outra menina no lugar da filha que morreu porque não suportaria viver sem a pequena. Disse, inclusive, ter lhe dado o mesmo nome e a mesma certidão de nascimento como que para encobrir totalmente a perda da filha, certo?

– Sim, ela disse...

Silvia riu, triunfante:

– Mas isso tudo é mentira! Não foi por amor à menina falecida que ela fez tudo isso, foi por causa da herança. Da herança que seu marido morto havia deixado para a filha.

– Explique-se melhor, Silvia. Não estou entendendo nada.

– Vincent, presta atenção! Marguerite não deve ter tido direito a herança do esposo, ele certamente deixou um testamento passando tudo para a menina e, com isso, Marguerite só poderia desfrutar do dinheiro que era dele, por meio da criação da filha do casal. No entanto, com a menina morta, Marguerite não teria direito a mais nada. A herança passaria automaticamente para os familiares do morto. Por isso, ela precisou adotar uma menina que tivesse a mesma idade de "Isabelle" para ocupar o seu lugar e assim manter a vida endinheirada que estava acostumada a ter. Foi por isso também que Marguerite passou a chamar a menina pelo mesmo nome. Para que ninguém desconfiasse de que a pequena não era a verdadeira herdeira do pai.

– Calma aí, Silvia, você está indo longe demais. Alguém deveria conhecer a pequena Isabelle e perceberia a substituição.

– Vincent, Marguerite teve o cuidado de adotar uma menina extremamente semelhante à que morreu para que ninguém que a conhecesse percebesse a troca. Ou inventou que a menina estava com alguma doença contagiosa para afastar as pessoas da garotinha. Nesse ínterim, deve ter se mudado com a menina para outra casa, bairro ou até mesmo cidade para que ninguém percebesse a troca. Caso a reencontrassem, tempos depois, seria natural a garota estar fisicamente diferente, pois havia crescido.

– Faz sentido.

– Faz todo sentido! Por isso que o nome na lápide do cemitério é de outra garota. Ela enterrou a criança com outra certidão de nascimento para não haver nenhuma evidência de que a herdeira original havia morrido.

– Não – riu Vincent se recusando acreditar naquilo. – Marguerite não pode ter pensado nisso tudo.

– Ela pensou!

– Não pode ser...

– Mas é! E a danada ainda teve sorte, porque Isabelle se tornou uma das modelos mais bem pagas do mundo. Marguerite não esperava que houvesse outra fonte de renda em sua vida. E tem mais, foi com o dinheiro da herança que ela montou a agência de modelos.

Vincent soltou um risinho inconformado:

– Se Marguerite realmente fez isso, ela é mesmo terrível.

– Sempre foi, *mon chér.* Não se esqueça de que ela roubou o namorado da amiga. E deve ter aprontado muito mais coisas de que não temos conhecimento. E lhe digo mais: alguém lá em cima gosta de mim. Se tivesse me deixado nas mãos dessa mulher, pobre de mim.

E apanhando sua bolsa, Silvia falou, eufórica:

– Vou até lá, agora mesmo, falar com ela!

– Deixe-a em paz, Silvia. Tudo isso é passado...

– Não é não! O que ela fez foi crime e quando eu estava na pior, ela não se importou em me pisar e espezinhar até me esmagar completamente.

Vincent foi atrás da noiva, antes que ela e Marguerite se atracassem durante o novo encontro que estava por vir. A perseguição de uma para com a outra só podia ser mesmo coisa de outra vida, afinal, ele nunca vira uma mãe e filha se digladiariam daquela forma.

Uma hora depois, Silvia se via novamente frente a frente com Marguerite Chevalier na luxuosa sala de seu apartamento na Avenida Champs-Élysées.

– Olá, *ma chérrie.* Trago-lhe novidades – falou Silvia, olhando desafiadoramente para a mãe biológica.

– Boas, espero! – respondeu a mulher que não conseguiu esconder o desagrado por rever a jovem novamente em sua morada.

– Ah, sim! Maravilhosas! – ironizou Silvia, adorando pôr contra a parede a mulher que tanto mal havia lhe feito em duas vidas distintas. – A novidade diz respeito a você.

E sem rodeios, Silvia contou a mulher as conclusões a que chegara naquela tarde. Marguerite, fugindo do seu olhar, respondeu com um quê de irritação:

– Você continua implicando comigo...

– Não é implicância.

– É sim! Mesmo depois de saber que sou sua mãe, continua a me importunar com absurdos!

– Até agora, todos os absurdos tiveram fundamento. E esse novo que descobri também é real.

Marguerite molhou os lábios ressequidos e decidiu novamente encobrir a verdade com unhas e dentes:

– Você nunca vai me deixar em paz, não é mesmo? Vai sempre estar em busca de algo para me cutucar, espezinhar, acabar com a minha paz. Olha, eu vou dizer uma coisa para você e com toda sinceridade: Dulce fez bem em tê-la tirado da minha vida. Com você ao meu lado eu certamente não teria tido sossego, tampouco o sucesso que adquiri agenciando minha adorada Isabelle.

– Terminou? – inquiriu Silvia penetrando a mulher de olhos argutos. – Então confirme as minhas suspeitas, se bem que nem é preciso... É mais do que evidente.

Marguerite por fim riu. Um riso de derrota e de descaso. Então, começou a bater palmas como se aplaudisse uma celebridade brilhando num dos palcos da vida.

– Parabéns! Você está certa! — afirmou com voz gutural. – Você daria um bom detetive, sabia? – O sarcasmo em sua voz era total. – Mas você teria feito o mesmo se estivesse no meu lugar. Tanto que foi capaz de roubar o dinheiro da festa do milho em sua cidade e, mais tarde, o bilhete da Mega-Sena de uma idosa para poder bancar os seus sonhos. Como diz o ditado: filho de peixe, peixinho é! Agora não tenho mais pelo que me preocupar, você está viva e continua sendo a herdeira do seu pai. Ponto final!

– E vou querer cada centavo do que me pertence.

– É seu por direito! Faça bom proveito.

– Farei mesmo.

Subitamente, Silvia começou a rir.

– O que foi, agora? Tenho cara de palhaça, por acaso?

– De palhaça não, mas de cafajeste, sim! Na verdade, você é quase uma criminosa...

– Pois você é farinha do mesmo saco.

– Você tem razão. Tive mesmo a quem puxar.

As duas se enfrentaram pelo olhar e Silvia admitiu:

– Pelo menos você tirou uma criança de um orfanato e fez da vida dela uma vida menos solitária e humilde.

– Como vê, eu não sou tão má.

E naquele instante, Silvia lembrou de todas as maldades que Marguerite Chevalier havia feito na vida passada. Prometendo um lar para órfãs quando, na verdade, fazia das garotas adotadas, prostitutas em seu bordel. Pelo menos, na vida atual, ela dera um lar de verdade para uma menina órfã, e ajudara muitas jovens que sonhavam brilhar nas passarelas.

# CAPÍTULO 14

Ao saber de tudo, Vincent se mostrou novamente pasmo diante da noiva.

– Então é mesmo verdade – afirmou, assim que Silvia lhe relatou o resultado do confronto. – Que mulher mais ladina.

– Sim! Tenho a quem puxar.

Ele riu e Silvia riu com ele.

– E eu acreditei nela quando disse que tinha sentido a morte da menina e precisava pôr outra no lugar. Por isso adotara uma criança...

– Que nada, chérie. Isabelle só foi adotada para garantir a herança do marido que havia morrido, caso contrário teria permanecido no orfanato até que tivesse idade suficiente para assumir os rumos da própria vida.

– Que horror! E eu pensando que Marguerite era uma mulher idônea...

– *Chérie,* não se surpreenda se descobrir que desde a morte do marido ela teve amantes, gigolôs, boys...

– Bom, isso já se comentava pelos bastidores da alta-costura. Inclusive, que ela forçava os rapazes aspirantes a carreira de modelo a se deitarem com ela para conseguir destaque nos desfiles dos grandes estilistas. Mas não é, só ela quem abusa do poder, muitos bambambãs também fazem isso.

Silvia se mostrou indignada e Vincent a enlaçou pela cintura e declarou, com sinceridade:

– Você é muito esperta. Além de bonita e talentosa, é de uma inteligência admirável.

Ela sorriu, agradecida e o beijou. A seguir, foi ver como Dulce estava passando.

– Que destino mais cruel foi o meu, o seu e o da minha filha – admitiu a mulher, ainda abalada com tudo que havia descoberto.

– O destino nada mais é do que as consequências dos nossos atos – respondeu Silvia bem certa do que dizia. – Grande parte se deve pelo que fizemos em vidas passadas.

– Não existe essa história de vida passada, Silvia. A vida é uma só.

– Não é não, mamãe. Só mesmo levando em conta que vivemos um processo de reencarnações para entender por que nascemos numa condição específica, com essa família e com certos problemas.

– Pois eu não acredito em nada disso. Sou católica. Sempre fui e sempre serei.

– A senhora não precisa acreditar. Mas para mim faz todo sentido. Eu e a senhora nos reencontramos nessa vida para acertar pendências. Na vida passada a senhora foi minha mãe e em parte, a senhora foi culpada pelos rumos que tomei naquela ocasião e que desgraçaram a minha existência. Eu desencarnei, preferindo ver o capeta à senhora. No plano espiritual escolhi jamais ser sua filha novamente, mas a vida é tão sábia, tão sábia, que atendeu ao meu pedido sem nos privar do contato necessário que precisaríamos ter para a nossa própria evolução. Eu realmente não sou sua filha biológica, exatamente como escolhi no plano espiritual, mas acabei sendo uma filha de criação, o que nos uniu novamente para o nosso crescimento espiritual.

– Como você pode saber que foi assim...

– Eu sinto, na alma! E tenho evidências por meio do diário que Ettiénne Cassel deixou escrito. Há um lugar que eu gostaria que a senhora conhecesse.

– Um lugar?

– Sim. Não muito longe de Paris. Podemos ir lá se quiser.

– Está bem.

No dia seguinte, logo pela manhã, as duas partiram para a cidade de São Leopoldo onde o Orfanato Santa Eulália sobrevivia aos efeitos do tempo e da evolução humana.

Subindo por uma ruela maltratada, Silvia e Dulce entraram pelos portões do local que um dia fora o lar de ambas na reencarnação passada. Aquilo que já havia sido uma pequena e bonita propriedade, agora tinha uma aparência sombria e descuidada, carente de uma boa demão de tinta e reparos. Silvia e Dulce pararam diante do pórtico da antiga construção sentindo um frêmito de emoção por se verem num lugar como aquele. Era um misto de tristeza e alegria ao mesmo tempo, pois a alma de cada uma reconhecia o lugar que um dia as abrigou das chuvas e dos invernos rigorosos europeus. Ambas foram recebidas na portaria do local por uma senhorinha muito prestativa e sorridente:

– Bom dia! Em que posso ajudá-las?

Silvia poderia dizer a verdade: estamos aqui porque acredito piamente que esse foi nosso lar durante boa parte de nossa existência na reencarnação passada, mas a mulher ficaria certamente indignada diante das suas palavras e, portanto, era melhor fazer uso de uma mentirinha para o bem de todos.

– Viemos visitar o local, pois... – Silvia não sabia realmente como continuar.

Diante da sua dificuldade, a senhorinha completou a frase por ela:

– Vieram, porque Deus as trouxe aqui, não é mesmo?

Silvia concordou com a mulher que gentilmente as conduziu para o interior do orfanato.

— Não temos muitos empregados atualmente — lamentou a idosa que falava sem parar e com grande empolgação sobre o local. Mais alguns passos e ela parou diante de uma sala onde havia uma mesa de chá preparada junto à lareira.

– É aqui que fazemos nossas pequenas refeições – explicou a mulher, indo servir uma xicara de chá para as recém-chegadas.

Minutos depois, as três mulheres retomavam a jornada pelo interior do orfanato. A cada passo, a crescente sensação de já ter estado ali assombrava Dulce. Silvia notava o que se passava com ela, mas se mantinha calada, pois era preciso lhe dar tempo para absorver tais revelações. Então, subitamente, Dulce travou os passos e perguntou:

– Há uma capela aqui, não há?

A senhorinha prontamente respondeu:

– Havia, mas foi desativada devido ao mal estado do telhado. Não tínhamos condições financeiras de arrumá-lo.

– Poderia nos levar até lá? Gostaria imensamente de visitar o local.

– Acho que não haverá problemas em darmos apenas uma espiadinha.

E as três mulheres seguiram para lá.

– Era um lugar tão acolhedor... – comentou Dulce assim que pisou no interior da antiga capela.

– Sim. Como todos os lares de Cristo.

E num novo lampejo de memória, Dulce reviveu o momento em que ela, na vida passada, guardara algo muito importante por trás de uma das tábuas largas do assoalho da capela. Movida por aquele momento tão mágico e revelador, ela adentrou o aposento, caminhando como se estivesse em transe.

– Mamãe... – Silvia a chamou, baixinho, e logo se calou ao perceber o que se passava com a mulher. Rapidamente ela fez sinal para a senhorinha se manter quieta até que Dulce agisse de outra forma.

A certa altura, Dulce ajoelhou-se no assoalho desgastado pelo tempo e começou a apalpá-lo. Então, ergueu uma das tábuas para ter acesso ao espaço que havia entre a superfície e a base de concreto onde havia muito pó e teias de aranha. Mesmo assim, ela continuou a vasculhar o local até localizar o que sua intuição dizia estar ali: um recipiente de lata que retirou do local como se retirasse algo muito precioso e exclamou:

– Vejam isso!

Silvia e a idosa olhavam com grande interesse para o objeto empoeirado nas mãos de Dulce.

– O que será? – empertigou-se a senhorinha maravilhosa com a descoberta. – Deve estar escondido aí por muitos anos.

As três mulheres seguiram para um lugar seguro, onde a caixa de metal foi limpa e seu conteúdo revelado.

– São manuscritos! – exclamou Dulce após breve consulta. – Assinados por uma Irmã chamada Dulce. Estão destinadas a... – Dulce travou a língua no exato momento em que um arrepiou lhe gelava a alma. Com dificuldades ela completou: – Estão destinadas a Deus.

As três mulheres se entreolharam e Dulce se pôs a ler trechos das cartas que Irmã Dulce havia escrito para o Criador:

*"Hoje eu cometi o maior de todos os pecados. Entreguei-me a um homem, porque o desejo carnal falou mais alto dentro de mim. Dominou--me por completo. Ele me seduziu com palavras, olhares e toques que não pude resistir. Nós dois iremos para o inferno, porque ele não é propriamente um homem, é um servo de Deus e fez um voto de castidade que não soube cumprir. Por outro lado, se ele realmente estiver apaixonado por mim como estou por ele, eu farei de tudo pelo nosso amor."*

*"Mathias Soriat partiu e com ele levou qualquer esperança minha de nos casarmos. Disse-me para esquecê-lo, que se assim o fizesse, Deus me perdoaria pelo maior deslize de toda minha vida. Tive de aceitar sua decisão. Chorei horrores. Eu o amo!"*

*"Estou desesperada. A menstruarão não veio. Se eu estiver grávida, prefiro a morte a ter que expor minha barriga perante todos. Será uma vergonha."*

*"Estou mesmo grávida e fazer um aborto seria um crime perante a sociedade e Deus. Por isso, terei mesmo de parir essa criança e procurar Mathias para lhe falar a respeito."*

*"Estou arrasada. Mathias Soriat pediu-me para abortar o bebê. Foi de uma frieza e eu, uma tola em cair no seu jogo de sedução. Ele faz isso com muitas mulheres, descobri por meio da faxineira que limpa a paróquia em que ele atua. Não sei por que os homens são assim. Não sei nem por que Deus permite que um cafajeste desses use batina e saia ileso de tudo isso."*

Noutra folha, lia-se:

*"A madre superiora me aconselhou a ter a criança e assim que ela nascer, mantê-la como uma das órfãs do nosso orfanato. Isso evitará*

*um escândalo e minha difamação perante a sociedade. Aceitei. A madre sabe o que fala."*

*"O fruto do meu amor proibido e indecente nasceu hoje. É uma menina saudável, Benza Deus! Contudo, olhar para ela me faz recordar o cafajeste que fez com que eu me entregasse a ele, sem pudor algum. Eu o odeio e o amo ao mesmo tempo. Acho que será assim até o fim dos meus dias. Pedi para tirarem uma foto da bebê para que eu mandasse para o pai conhecê-la e, assim, quem sabe, amolecer o seu coração. A foto foi enviada junto a uma cartinha, espero que o comova."*

*"Não recebi até hoje nenhuma resposta em relação à foto que mandei da menina para o seu legítimo pai. Ele simplesmente a ignorou e é o que eu também devo fazer em relação à menina e tudo mais que vivi com aquele homem desprezível."*

*"Silvia completou hoje onze anos de idade. Seu maior desejo é ter um pai e uma mãe. Sinto um aperto no peito por não poder lhe contar a verdade, mas o fato é que ela não me merece como mãe e nem ao pai que comigo a gerou. Somos mais do que pecadores, somos indignos de ter uma menina tão linda quanto ela."*

Havia ainda muito o que ler e foi por isso que Dulce Navarro pediu emprestado à secretária do orfanato, o diário que encontrara. A senhorinha assentiu e disse:

– Essa história é bastante conhecida.

Dulce e Silvia se espantaram diante do comentário da mulher.

– Quer dizer que a senhora já tinha ouvido falar a respeito dessa Irmã?

– Todos que trabalharam ou residiram aqui certamente tomaram conhecimento da história que envolveu Irmã Dulce e o padre Mathias Soriat. Foi, de certo modo, uma tragédia, sabe? O padre se matou depois que a filha, já adulta, o encontrou e o desmoralizou perante a sociedade. Dizem que ele não prestava. Não é porque um homem se torna padre que seu caráter se purifica, não é mesmo? Pelo menos, é isso o que eu penso. Descobriu-se mais tarde que ele havia seduzido outras freiras por onde passara, levando sua palavra de fé. E tinha amantes, mesmo depois de ter se tornado reverendo. Penso também que os desejos de um homem não deixam de existir somente porque ele se torna padre. Mas no caso de Mathias Soriat, penso que seu prazer era mesmo o de iludir as mulheres, somente para possui-las e depois, jogá-las fora. Muitos são assim.

Dulce novamente sentiu um arrepio na alma, só de ouvir aquela história tão chocante e decepcionante.

Assim que o carro tomou a estrada, Dulce voltou-se para Silvia e comentou:

– Não é porque eu encontrei esse diário que significa que fui eu que o escrevi numa vida passada.

– Sabe o que eu penso, mamãe. Que é bem mais fácil pensar que temos apenas uma vida, assim, quando morremos, não teremos de arcar com as consequências do que fizemos de mal para os outros e a nós mesmos.

Dulce era tão devotada a sua religião que jamais admitiria que ela ficara deveras impressionada com o que descobriu.

– Mamãe – murmurou Silvia a seguir, com voz embargada.

– O que é?

– Eu amo a senhora.

A declaração atingiu Dulce em cheio.

– Eu também a amo filha. Sempre amei.

E Silvia estendeu a mão direita até encontrar a da mãe que envolveu a sua carinhosamente e a levou até os lábios para beijá-la, apagando de vez, todo e qualquer rancor que um dia destruiu suas vidas no passado.

# CAPÍTULO 15

Dias depois, Silvia e Vincent eram surpreendidos pela aparição repentina de Angelina Pérez.

– Dona Angelina, a senhora aqui, sozinha?! – surpreendeu-se Vincent, chocado.

– A minha filha – balbuciou a mulher transtornada. – Você a encontrou?

– A senhora não deveria estar aqui...

– Já lhe disse que não é internada naquele hospício que eu vou poder encontrar a minha menina.

– A senhora não deveria...

A mulher agarrou-lhe os braços com desespero e declarou:

– Preciso encontrar Cécile, minha filha, entende? Eu sinto, bem aqui no meu coração que ela está viva. Alguém precisa me ajudar...

Por pena da mulher, Vincent achou melhor ajudá-la de outra forma.

– Está bem. Vou levá-la para a minha casa.

– Não! Você vai me levar de volta para aquele maldito hospício.

– Não mesmo! Confie em mim!

Só então, Angelina prestou atenção em Silvia que se mantinha ao lado de Vincent, olhando para ela com pena.

– Essa moça não é para você – declarou Angelina, endereçando um olhar hostil para a jovem. – Afaste-se dela!

Vincent achou melhor desviar o assunto:

– Essa é a Silvia, acho que já se conhecem, não é mesmo?

– Não gosto dela.

– Depois falamos sobre isso.

E sem delongas, Vincent conseguiu pôr a mulher na sua BMW e partiu, na companhia da noiva, rumo à mansão dos Cassel.

– Mamãe – falou o moço assim que se viu diante de Carmem. – Preciso de um grande favor da senhora.

– O que é filho?

E após rápida explicação, o moço apresentou Angelina a Carmem

Cassel que não gostou nenhum pouco de ver aquela mulher amargurada na sua frente. Ao mesmo tempo que lhe causava pena, fazia com que sentisse repugnância por sua pessoa. Isso, porque na vida anterior, ambas haviam sido irmãs e Angelina fizera Carmem e Valentino carregarem a culpa pela morte de uma criança sem que na verdade tivessem lhe feito mal algum.

Quando Valentino soube da presença de Angelina Perez na casa, também reagiu contra sua estada ali.

– Essa mulher aqui?! Onde o Vincent está com a cabeça?

Com o filho falou, severamente:

– Vincent, meu filho, você trouxe para dentro da nossa casa uma paciente fugida de um hospício? O que deu em você, rapaz? Ela pode ser perigosa.

Vincent defendeu-se no mesmo instante:

– Ela não é perigosa, papai. Pode estar certo disso. É apenas uma mulher transtornada por causa do desaparecimento de sua filha. Um triste e infeliz destino que mãe e filha tiveram.

– Vincent, meu querido, sei o quanto seu coração é bondoso e generoso, mas ajudar o próximo tem limite.

– Ela não ficará aqui dentro de casa necessariamente. Vou deixá-la num dos quartos dos empregados. Ali, ela não fará mal a ninguém.

Valentino e Carmem tentaram esquecer o fato de que havia uma estranha e maluca naquela casa, mas não conseguiram. Mantinham-se atentos para qualquer movimento suspeito da parte da hóspede, bem como deixaram os empregados da casa em estado de alerta caso a vissem fazendo algo indevido. Foi então que Angelina apareceu na sacada em que o casal geralmente se reunia para ler e conversar sobre os fatos do dia a dia e disse:

– A culpa foi minha, toda minha – declarou, aos prantos. – Eu jamais deveria ter deixado minha filha sozinha em casa. Mas eu estava tão apaixonada e tão envolvida por aquele canalha que não resisti ao seu convite e saí, como ele tanto desejava. Achei que a menina continuaria dormindo até que voltássemos... Que nada de mal lhe aconteceria e, no então, ela havia desaparecido quando regressei. Imediatamente eu pedi ajuda a polícia e buscas foram feitas para encontrar Cécile, mas não havia rastro sequer da pequena. Foi como se ela tivesse se evaporado. Mas eu sei que ela está viva, eu sinto isso bem dentro do meu coração.

Valentino e Carmem se entreolharam, perguntando-se intimamente se aquela história era realmente verídica ou fruto de uma imaginação fértil e doentia.

– O Vincent... – prosseguiu Angelina, chorosa – é o único que acredita em mim. Prometeu me ajudar a encontrar minha menina e fará.

Acredito nisso!

– Mas Dona Angelina – observou Valentino, habilmente – é bem provável que sua filha já esteja morta a uma hora dessas. Afinal, já se passaram tantos anos...

– Não! – respondeu ela quase num grito. – Ela está viva e hei de encontrá-la!

Por estar caminhando perto da sacada, Silvia pôde ouvir o desabafo da mulher que não gostava dela nenhum pouco. Mesmo assim, quis lhe ajudar de algum modo e, por isso, foi até lá.

– Afaste-se de mim, não gosto de você! – reagiu Angelina assim que viu Silvia se aproximando dela e dos donos da mansão.

– Calma! – pediu Silvia gentilmente. – Só quero ajudá-la! A senhora, por acaso, teria uma foto da sua filha?

Angelina continuou olhando de esguelha para Silvia que impacientemente perguntou:

– Tem ou não?

A mulher finalmente cedeu:

– Está lá com as minhas coisas no hospício.

– Entendo. Quando foi exatamente que sua filha desapareceu?

– Já faz mais de quinze anos.

– Não foi isso que eu perguntei. A data, quero saber quando exatamente ela sumiu.

Angelina procurou se recordar com precisão e Silvia quis saber:

– Como era mesmo o nome dela?

– Cécile...

– Cécile... – repetiu Silvia, articulando pensativamente cada silaba.

– Sim. Cécile era o nome da minha filha.

Nisso, Isabelle e Jean-Pierre apareceram, pois haviam acabado de chegar à mansão. Ao ver Isabelle, Angelina exclamou, eufórica:

– É ela! Minha filha! – e quis abraçar a moça, mas Carmem Cassel procurou rapidamente explicar:

– Essa é Isabelle... Minha nora.

Com os olhos cheios d'água, Angelina ficou a encarar a jovem que sentiu um repentino nó na garganta. Um minuto depois, como se tivesse despertado de um transe, Angelina dizia:

– Pois minha filha teria a mesma idade que a sua e seria tão linda quanto você.

– Eu sinto muito por ela –admitiu Isabelle comovida.

Angelina voltou a falar com ênfase:

– Pois minha filha está viva, sabe? Sei que está!

Isabelle achou melhor concordar com a mulher que lhe endereçava o olhar mais carente que já vira no rosto de alguém em toda vida. Foi nesse momento que algo se agitou no cérebro de Silvia Navarro. Uma possibilidade, absurda, sem dúvida; mas bem provável.

Duas horas depois, Silvia chegava ao apartamento de Marguerite Chevalier em Paris. Seu rosto nunca estivera tão sério como naquele momento.

– Você aqui, de novo? – reclamou a mulher. – O que é dessa vez? Veio para me espicaçar novamente, é isso?

– Não – respondeu Silvia num tom amável atípico. – Vim apenas para falar do orfanato.

– Orfanato?! Que orfanato?

– O orfanato do qual você adotou Isabelle.

O rosto de Marguerite se avermelhou ligeiramente.

– Por que isso agora, Silvia?

– Curiosidade apenas. Diga-me o nome do local e onde fica localizado.

– Está bem, direi. Se quiser, anoto num papel para você não se esquecer.

– Por favor.

– O que está se passando pela sua cabeça, Silvia?

– Nem queira saber, mamãe. Nem queira saber...

As duas novamente se enfrentaram pelo olhar e Marguerite lhe fez o que havia prometido.

Horas depois, Silvia estava de volta ao apartamento de Marguerite.

– Estive no orfanato que me passou o endereço – explicou – e eles confirmaram que uma garotinha chamada Ann foi mesmo adotada no mês de fevereiro do ano de 2001 por uma mulher chamada Marguerite Chevalier.

– Está vendo? E você estava duvidando de mim.

Silvia se manteve olhando firmemente para a mãe que se incomodou profundamente com o seu olhar.

– Pare de me olhar assim. Como se eu fosse uma vigarista. Não se esqueça de que foi Dulce quem agiu de má-fé, não eu!

– Dizem que os iguais se atraem.

Breve pausa e Silvia voltou a falar com intensidade:

– Vou contar-lhe uma história triste e interessante ao mesmo tempo. Uma senhora chamada Angelina Pérez tinha uma filha que desapareceu na tarde do dia 4 de fevereiro de 2001, três dias depois da morte da menina que você acreditava ser sua legítima filha. Coincidentemente a senhora adotou uma menina na mesma ocasião e fez dela uma substituta para a sua filha, com o mesmo nome e certidão de nascimento. Então, eu me pergunto: será mesmo que Isabelle Chevalier foi adotada ou a senhora a roubou da mãe dela, ao notar que ela se assemelhava imensamente a sua suposta filha? E tem mais! A adoção, caso alguém investigasse na época, comprovaria perante a justiça que Isabelle não era a verdadeira herdeira de Mathias Soriat e isso a deixaria sem o dinheiro dele que você tanto prezava. A adoção também implicaria em testemunhas e elas não poderiam existir. Então, a melhor solução para os seus planos seria roubar uma menina e pô-la no lugar da morta.

– Você esteve no orfanato e eles confirmaram a adoção.

– Porque você pagou para alguém de lá juntar um documento forjado aos arquivos do local. Suspeitou que eu ou qualquer outra pessoa pudesse desconfiar e agiu antes que fossemos averiguar.

Os olhos de Marguerite rodopiaram enquanto sua pele se avermelhava.

– Eu penso, Dona Marguerite... Que Isabelle é a filha sumida de Angelina Pérez. Que a senhora se aproveitou de um momento oportuno para apanhar a menina e, caso alguém perguntasse sobre ela, diria que era a sua filha legítima, segundo a certidão de nascimento da sua suposta filha falecida...

Marguerite, forçando um sorrisinho sem graça, reagiu:

– Sua imaginação vai longe...

Mas Silvia não se deixou desviar do raciocínio:

– Isso é crime, sabia?

– Mesmo que fosse verdade, Isabelle me seria eternamente grata pelo que fiz por ela. Afinal, transformei ela numa celebridade. Uma das modelos mais bem pagas do mundo.

– E você acha que fama e dinheiro é tudo?

– No mundo em que vivemos, sim! No céu, talvez, não! E note que eu disse talvez porque não tenho absoluta certeza disso.

– Isso a senhora nunca vai saber, porque irá direto para o inferno, assim que eu provar o que fez.

– Por que você me odeia tanto?

– Não é ódio, é justiça! Eu lhe disse, naquele dia em que me entregou para a polícia que você também cairia e agora estou vendo essa queda bem diante dos meus olhos.

– Pois saiba que eu fui uma mãe muito melhor para Isabelle do que se ela tivesse crescido ao lado daquela louca que anda feito mendiga pelas ruas de Paris.

– Foi, não nego. Mas Angelina Péres só ficou louca depois que lhe furtaram a filha. Se isso não tivesse acontecido...

– Ao lado dela, Isabelle nunca teria alcançado a fama que conquistou. E ela deve tudo isso a mim.

Silvia novamente teve de concordar com a mulher que se preocupou ao vê-la pegando o celular e teclando um número.

– Filha...

– Agora você me chama de filha?! Está desesperada, não é? Tremendo por baixo desse Versace maravilhoso que está usando! Porque sabe muito bem que o que você fez é crime. Dá cadeia!

– O que foi que eu fiz para ter um demônio como você nascida de dentro de mim?

Sem lhe responder, Silvia ligou para Isabelle pedindo que fosse até lá, pois tinha algo de grande importância para lhe falar. Jean-Pierre a acompanhou. Vincent também estava presente quando a verdade foi exposta, nua e crua, por Silvia, que narrou cada detalhe com um prazer indescritível.

– Quem nunca errou que atire a primeira pedra – gritou Marguerite, furiosa. – Não é isso que está escrito na bíblia? Por outro lado, eu possibilitei a Isabelle ou Cécile, como queiram chamá-la, uma vida maravilhosa. Eu fui e sou uma mãe presente e dedicada a sua prole. Disso ninguém pode me recriminar.

E voltando-se para Isabelle que, na verdade se chamava Cécile Pérez, Marguerite mudou o tom:

– Eu a amo e você sabe disso. Nunca fiz segredo do que sinto por você, minha querida. Se fui desonesta contigo, peço-lhe perdão. Mas...

E mirando bem nos olhos da mulher que sempre tivera como mãe, Isabelle respondeu:

– A senhora tem toda razão. Foi mesmo uma mãe sensacional. Nunca me deixou faltar nada e sempre me incentivou a realizar meus sonhos. Por isso, eu a perdoo pelo que fez a mim e a minha verdadeira mãe. Não quero erguer nenhuma barreira entre nós.

Marguerite agora chorava e Silvia se perguntava, intimamente, se aquilo tudo não era encenação. Quando seus olhos colidiram com os dela, Marguerite se sentia triunfante, pois Isabelle a perdoara pelo que fez e não daria parte a polícia, tampouco lhe causaria maiores danos como consequência pelos seus atos escusos. Mas ainda restava Angelina Pérez. Quando ela soubesse de toda verdade, como reagiria? Silvia agora se mostrava ansiosa por esse momento.

# CAPÍTULO 16

Após ouvir toda história, Angelina voltou-se para Isabelle e disse, entre lágrimas:

– Então você é mesmo minha filha como eu supus desde a primeira vez que a vi.

– Sim.

A mulher engoliu em seco.

– Foram mais de quinze anos à sua procura. Lutando para fazer com que todos entendessem que eu não estava louca. Fui humilhada e espezinhada por muitos, mas...

– Agora a senhora está livre desse pesadelo.

Angelina fechou os olhos.

– Estou – declarou, suspirando. E ao ver a mão da jovem estendida na sua direção, o coração de Angelina Pérez bateu ainda mais rápido.

– Me dê um abraço – convidou Isabelle com profundo carinho pela mulher a sua frente.

E quando as duas se abraçaram foi como se partes de um todo, separados há tempos, fossem novamente reunidas para um bem maior.

– Minha filha... – murmurava Angelina, alisando os cabelos da jovem que também chorava em seus ombros.

Todo o sofrimento de Angelina na vida em questão se deu pelo seu mau-caratismo na vida em que desprezara o próprio filho por ter nascido autista e adotara o sobrinho por meio de uma mentira que ela mesma criara para ferir Carmem e Valentino Cassel. Na vida atual, Angelina acabou sentindo na pele, o que sua mentira causara à irmã e ao cunhado na existência anterior.

Quando Angelina reencontrou Carmem Cassel, ambas se detiveram pelo olhar. Suas almas sabiam que no passado haviam sido irmãs e que, por causa da inveja de Angelina, Carmem fora obrigada a doar um dos gêmeos para ela, privando a si mesma e ao marido da alegria de ver o menino crescer ao lado do casal e de seu irmão. Angelina fora má e pagou na vida em questão todo mal que causou a muitos no passado. Provando de vez que todo mal que se faz, um dia volta para si, ainda que numa vida futura.

Mas não havia mais rancor, pelo menos da parte de Carmem e Valentino Cassel. Havia apenas uma felicidade crescente por ver uma mãe que passara mais de quinze anos em busca da filha roubada, finalmente ao lado da jovem.

Horas depois, Marguerite Chevalier se fechava em seu luxuoso banheiro para tomar um banho de espuma. Desejava se recompor perante os últimos acontecimentos que marcaram sua vida. A verdade viera à tona, a verdade que ela fizera o possível e o impossível para esconder de todos, e que ninguém mais soubesse daquilo, pois seria um escândalo na mídia, uma vergonha que ela certamente não saberia como enfrentar.

Nisso, a porta do apartamento se abriu delicadamente com a chave que Angelina havia tirado discretamente da bolsa de Isabelle num momento oportuno. Ela mesma havia perguntado à moça, como quem não quer nada, se ela não teria uma chave do apartamento de Marguerite para qualquer emergência. Assim que obteve a resposta, esperou o momento certo para apanhar o objeto que lhe permitiria ficar frente a frente com aquela que, por pouco, não destruíra sua vida por completo.

Marguerite se banhava como uma rainha quando Angelina parou junto ao batente da porta do luxuoso banheiro em que a mulher se encontrava. Marguerite estava tão relaxada na banheira de espuma e desligada da realidade que demorou para perceber que havia alguém ali.

– Quem é você?! – assustou-se ao avistar a mulher parada rente à porta do aposento.

Angelina a olhava fria e desafiadoramente. Em silêncio profundo.

– Eu lhe fiz uma pergunta! – exaltou-se Marguerite, puxando uma toalha para cobrir o corpo nu e ensaboado. Um frio repentino assomava-lhe o peito.

– Não me conhece mais? – desafiou Angelina, fuzilando-a com um olhar cheio de ódio e revolta.

Sim, é óbvio que ela a conhecia. Jamais se esqueceria do rosto da mulher de quem ela roubara a filha.

– Saia daqui! – tornou Marguerite, fingindo uma segurança que não tinha.

Angelina finalmente se moveu e disse:

– Você roubou a minha menina...

– Eu vou chamar a polícia! – gritou Marguerite, procurando por um objeto para se defender.

– Chama! – desafiou Angelina sem titubear. – E a verdade virá à tona! Porque eu tenho como provar que Isabelle Chevalier é na verdade minha filha. Vai ser um escândalo e você irá para a cadeia que é seu lugar de direito.

A fulana estava certa, percebeu Marguerite imediatamente. Para se safar da situação, ela teria de agir de outra maneira, com tato e fingimento.

– Podemos conversar num lugar mais adequado.

– Ah, é? – zombou Angelina dando mais um passo à frente.

– Não se aproxime de mim! – gritou a mulher desesperada ao notar que a outra não recuaria. – Socorro! – tornou Marguerite, desenfreadamente. – Alguém me ajude! Socorro!

– *Salope!* (Cadela!) – grunhiu Angelina com raiva e, sem pensar duas vezes, deu um tapa na face de Marguerite que caiu contra a parede agarrando-se na cortina.

– Para!

Mas Angelina não parou, estapeava a rival sem dó nem piedade, com uma força descomunal. A força que Marguerite fez foi tanta que a cortina escapou do varão e ela foi ao chão.

– Mulheres como você não deveriam nascer – tornou Angelina espumando de raiva.

– Pare, por favor! – suplicou Marguerite, rompendo-se num pranto desesperador. – Eu não mereço isso. Não mereço! Eu fui boa para a sua filha. Fiz dela uma modelo famosa. Realizei seus sonhos.

E quanto mais ela se defendia, mais raiva incitava em Angelina que, num novo repente de ódio, pegou a outra pelos cabelos e a arrastou até o vaso onde enfiou sua cabeça e deu descarga. Marguerite se debatia como uma louca, mas a força de Angelina era superior à dela.

– Sabe por quantos anos eu passei sonhando reencontrar a minha filha? Vivi desesperada à sua procura? Carregando uma culpa que, na verdade, eu não tinha?

Marguerite se defendeu:

– Você a deixou sozinha naquele dia... Se não tivesse, não a teria perdido.

– Eu só a perdi por sua culpa, se não existisse pessoas como você no planeta, isso jamais teria me acontecido. Minha vontade é a de matar você.

– Se você me matar, será presa. Assim acabará novamente longe da sua menina. É isso que você quer?

Angelina parecia surda aos apelos:

– Por sua culpa, as pessoas riram de mim, acharam que eu estava louca! Fui humilhada, ridicularizada e internada num manicômio. Você destruiu a minha vida. Agora vai pagar por todo mal que me fez.

Com ímpeto, ela puxou a cabeça da rival pelos cabelos, libertando seu rosto de dentro do vaso; mas o alívio durou pouco, Angelina arrastou Marguerite pelos cabelos até a sala do apartamento, enquanto ela estrebuchava pelo chão feito uma serpente.

A sacada do local, era para lá que Angelina se dirigia. Ao perceber seu destino, Marguerite entrou em parafuso. Agarrou-se com toda força ao pé da mesa que havia ali, debatendo-se para evitar o pior. Quando Angelina tentou soltar sua mão do móvel, Marguerite teve a chance de escapar e correr atrás da arma que guardava no apartamento.

– Volta aqui, sua cadela! – gritou Angelina tentando agarrá-la.

– Eu vou acabar com você – sussurrava Marguerite, enquanto apanhava o revólver. Tinha a impressão de que seu coração iria sair pela boca. Finalmente ela se apossou da arma; só bastava mirar contra o demônio e seus tormentos teriam fim.

Mas Angelina foi mais rápida, com uma almofada nas mãos acertou-lhe com tudo, e a arma foi longe. Não ouve tempo para ir atrás, Angelina novamente agarrou Marguerite pelos cabelos e a arrastou até a sacada, empurrando-a para fora, nua, à vista de qualquer um que pudesse vê-la ali. A seguir, Angelina fechou a porta envidraçada por dentro para que Marguerite não tivesse como voltar para o interior do apartamento. Marguerite gritava, enquanto batia com toda força na porta que se mantinha firme perante os chacoalhões. Logo, seus berros e seus estardalhaços chamaram a atenção de todos nas proximidades e as câmeras dos celulares passaram a registrar o escândalo.

– Tomem conta da sua vida, seus urubus! – gritava ela, ensandecida. – Que o diabo os carregue!

Quando a porta cedeu perante a força de Marguerite, ela foi imediatamente para cima de Angelina. Uma descabelava a outra enquanto rolavam pelo chão aos gritos e grunhidos de ódio.

A arma, lembrou-se Marguerite, e se arrastou para o local onde ela havia caído. Angelina a segurava pelas pernas, enquanto ela tentava alcançar seu objetivo.

– Eu vou matar essa desgraçada, eu vou matar!

Nisso, a porta do apartamento se abriu e Isabelle apareceu.

– Mãe! – gritou ela, assim que avistou as duas mulheres em tão hedionda situação. – Não faça isso!

Angelina e Marguerite olharam para a moça, assustadas. Era óbvio que ela se dirigia a Angelina.

– Chega de tanto sofrer.

– Cécile, minha filha...

– Mamãe, por favor. Marguerite errou, errou tremendamente, mas...

– Ela tem que pagar pelo meu sofrimento. Pelos anos que passei batendo de porta em porta atrás de você, implorando para que me ouvissem enquanto todos me achavam insana.

– Apesar de tudo que ela nos fez, eu a amo, porque para mim, até horas atrás, ela era mesmo a minha mãe legítima.

– Mas isso está errado – retrucou Angelina indignada. – Ela não merece o seu amor.

– É melhor amar do que odiar, mamãe.

E, de repente, o conselho servia tanto para Angelina quanto para Marguerite, que se soltaram e se recompuseram.

Logo, as fotos de Marguerite nua na sacada de seu apartamento na Avenida Champs Élysees viralizaram na mídia e nas redes sociais. Não se ria ou se falava de outra coisa senão no flagra que muitos deram naquele episódio tão inusitado.

Foi Silvia quem explicou à mídia o que houve. E assim toda a verdade veio à tona a respeito do roubo da pequena Célile Pérez, conhecida mundialmente por Isabelle Chevalier. E novamente Marguerite foi manchete nos jornais, escandalizando o mundo, especialmente os conservadores.

Ao se reencontrar com a filha legítima, Marguerite quis saber:

– Por que você jogou meu nome na lama se sou sua mãe biológica?

E a resposta de Silvia foi a mais autêntica possível:

– Antes, a mídia descobrir o que aconteceu por meu intermédio, do que por repórteres mal-intencionados.

– Você acabou comigo.

– Eu não, mamãe. Foi você mesma quem cavou a própria cova.

E as duas se enfrentaram pelo olhar até Marguerite admitir com toda sinceridade:

– Eu a odeio, sabia? Sempre a odiei. Não é porque você nasceu de dentro de mim que terei de amá-la e adorá-la. Tantas mães não gostam de um filho e fingem gostar, porque assim tem de ser, mas eu assumo os meus sentimentos em relação a você. A Dulce, na verdade, me fez um favor quando a tirou de mim. Bendita hora que ela teve essa ideia para se vingar. Com isso, ela só me ajudou e sei bem o quanto foi difícil para ela suportar você, que é uma criatura intragável. O que Dulce fez me poupou de transtornos, porque Isabelle ou Cécile Pérez como a queira chamar, ela, sim, só me deu alegrias e foi mesmo uma filha excepcional.

Silvia suspirou e sorriu, feliz:

– Que bom que finalmente você foi sincera comigo. A sinceridade é mesmo uma dádiva. E lhe digo o mesmo, não faço questão de lembrar que nasci de você. Para mim, Dulce continuará sendo minha verdadeira mãe.

– Que ótimo! Estamos livres uma da outra.

– Sim.

E Marguerite acabou rindo da situação e o lindo rosto de Silvia se distendeu numa expressão divertida.

– E eu que pensei que uma mãe jamais poderia odiar seu filho. Um filho odiar sua mãe, já vi muitos casos, mas uma mãe odiando um filho...

– Vivendo e aprendendo, *ma chèrie?*

– *Oui!*

Silvia já ia partindo quando Marguerite perguntou num tom mais ameno:

– Você sabe, não sabe? O que fiz noutra vida para ter nascido na pobreza, ter tido uma infância e adolescência pobre e infeliz que me obrigou a casar com um homem que eu detestava só para poder fugir da miséria. E como se não bastasse tudo isso, ter de perder a menina que me obrigou a roubar outra para substituí-la.

– Você certamente não foi flor que se cheire.

Marguerite fez que sim com a cabeça e comentou, com segurança:

– Se nessa vida em questão, eu colho o que plantei, Angelina Pérez também deve ter tido o que mereceu, por não ter sido correta numa encarnação passada.

– Você tem razão. Ela também não foi flor que se cheire.

– Assim como você.

– Assim como eu e outros mais.

Marguerite fez ar de compreensão e Silvia partiu, após dizer "Au revoir!".

Dias depois, Marguerite ligava desesperadamente para um amigo médico ir vê-la em seu apartamento. Logo, ela era internada num hospital de Paris devido a um AVC diagnosticado pelo médico em questão. Marguerite nunca mais voltaria a ser a mesma, sua imagem imponente e soberba reduziu-se a de uma senhora quase sem vida, prostrada numa cadeira de rodas. Passou a viver numa casa de repousos em que Isabelle a visitava semanalmente.

# CAPÍTULO 17

Na sacada da mansão dos Cassel, Dulce Navarro lia mais um dos manuscritos que ela mesma havia escrito na vida passada e fora escondido debaixo do assoalho da capela do orfanato em que viveu. Dizia:

"Sonhei de novo com a mesma casa... Nela estava eu, Mathias e outras pessoas. Silvia já era moça e ela se encontrava adormecida sobre um leito, tendo ao seu lado um rapaz a chorar convulsivamente. Demorei para perceber que Silvia, na verdade, estava morta. Por isso o moço chorava daquela forma. Foi então que outro sujeito entrou no quarto empunhando uma arma e a disparou. Nesse instante eu gritei e quando dei por mim, estava sentada na cama, suando em profusão, com o peito a ir e vir desenfreadamente. Nunca fui de ter sonhos repetidos, mas esse me persegue há muito, muito tempo... Para ser bem exato, desde que Silvia atingiu seus 14, 15 anos de idade."

Nisso, Silvia apareceu e beijou a mãe na testa e, a seguir, comentou a respeito do que havia lido.

– O sonho que Irmã Dulce tinha constantemente poderia ser uma visão do que aconteceu a ela numa vida anterior aquela.

– Será que isso realmente é possível? – duvidou Dulce que se mantinha arraigada a suas crenças.

– Com certeza – afirmou Silvia tendo a impressão de que havia mais alguém nas proximidades, invisível a seus olhos.

E realmente havia. O espírito de Mathias Soriat estava presente, observando atentamente as duas mulheres. Ao voltar-se para o espírito de luz que o acompanhava, comentou:

– O sonho persistente de Irmã Dulce era realmente uma visão do passado. Do dia em que nossas vidas foram desgraçadas por uma tragédia.

– Uma tragédia?! – surpreendeu-se o amigo espiritual.

– Sim. E foi por causa dela que fiz um pacto com o demônio; jurei que nunca mais eu comungaria com os mandamentos da Igreja. Eu estava furioso com Deus por Ele não ter impedido que meu filho morresse de uma forma tão hedionda no século dezenove.

– E mesmo assim você se tornou um padre na vida seguinte.

– Um padre de formação, mas com o demônio em meu coração. Eu não prestava, nunca prestei. Abusei conscientemente das mulheres por meio da minha imagem de homem santo e direito.

– Mas no final você acabou se matando... O que prova que o pacto com o demônio só atrai desgraça.

– Verdade. O meu erro foi culpar Deus pelo que houve. A culpa não foi de Deus e, sim, do rapaz... E todos pensam que ele é bom, quando, na verdade, destruiu a vida de muitos na encarnação em questão.

– A quem exatamente você se refere? – indagou o espírito de luz.

– Eu me refiro a Jean-Pierre Cassel. A culpa foi dele. Toda dele.

E o espírito de luz enviesou o cenho, surpreso com tal revelação.

Ao entrar na sala com piano de calda, Carmem encontrou o filho mais velho desolado, olhando a paisagem ao longe pela janela.

– Jean-Pierre – chamou ela, aproximando-se dele. – O que há? Você me parece preocupado.

O moço procurou sorrir para a mãe e não conseguiu. Por fim, abaixou a cabeça e chorou, ao que Carmem rapidamente procurou consolá-lo:

– O que está acontecendo, Jean-Pierre? Abra-se comigo, sou sua mãe.

Com muito custo, ele admitiu:

– Sou estéril, mamãe. Refiz os exames em diversos laboratórios e não há dúvidas quanto a isso.

– Eu sinto muito, meu querido.

– Quando a Isabelle souber, pedirá o divórcio.

– Não pense assim...

– Penso, porque sei que o maior sonho dela é o de ter filhos.

– Ela o ama.

– Não a esse ponto.

– Vocês podem adotar uma criança.

– Ela quer gerar o próprio filho. Quer ter a experiência de fecundar uma criança.

– Vocês podem fazer uma inseminação artificial.

– Isso não!

– Filho...

– Minha vida estava indo bem demais para ser verdade. Eu, casado com uma das mulheres mais lindas e famosas do mundo e, agora, me vem essa bomba, o que prova que ninguém pode mesmo ter uma vida perfeita.

– Jean-Pierre, meu filho... Haverá uma solução para o problema de vocês.

– Será?
– Tenhamos fé.

Assim que Carmem deixou a sala, Silvia adentrou o aposento pela porta em arco que dava para o jardim. Ao vê-la, o moço soube de imediato que ela havia escutado seu desabafo com a mãe.

– Desculpe-me, ouvi sem querer...

Jean-Pierre se esforçou para não chorar e ela foi até ele, tocou-lhe o ombro na esperança de confortá-lo diante dos fatos. Então, ele se levantou e a abraçou, porque necessitava imensamente daquele abraço.

– Lembre-se de que hoje em dia há tratamentos miraculosos para a esterilidade – argumentou Silvia querendo ajudar. – Você tem de tentar.

– Já tentei os melhores.

– Então, você já sabia que era estéril.

– Sim. Foi quando fiz os exames pré-nupciais. Mas me casei com Isabelle sem contar para ela. Eu estava desesperado e me apeguei à esperança de que um tratamento poderia reverter a situação.

– Você agiu assim porque a ama e não queria que nada desse mundo os separasse.

– Exato! Mas nossas verdades o tempo não apaga, cedo ou tarde, temos de encará-las, não é o que dizem?

– É.

Jean-Pierre se afastou, enxugou os olhos e perguntou:

– Silvia. Sei que você vem estudando o espiritismo já algum tempo. E que teve revelações surpreendentes...Você acredita mesmo que já tivemos uma outra vida nesse planeta?

– Não só uma, mas muitas.

– Se isso é mesmo verdade, quem será que fui eu numa vida passada?

– Um dia, tudo lhe será revelado e, nesse dia, você terá a resposta para muitas das suas questões existenciais.

Jean-Pierre ficou pensativo. Um minuto de silêncio e Vincent encontrou os dois na saleta do piano, imersos naquele clima tão tristonho.

– Ah! Vocês estão aí! – exclamou ele, sentindo uma pontada de ciúme por encontrar Silvia sozinha ao lado de Jean-Pierre. – Estava procurando você, meu amor. Está tudo bem?

– Está sim – mentiu ela, escondendo a verdade por trás de um sorriso bonito.

Assim que se trancou em seu quarto, Jean-Pierre pegou o celular e discou para o irmão-caçula que morava na África.

– Jean-Pierre, meu querido, que surpresa boa – respondeu Charles

Cassel com seu vozeirão bonito e animado de sempre.

– Preciso muito falar com você, meu irmão. Desabafar...

E assim fez Jean-Pierre. Charles Cassel foi da seguinte opinião, diante dos fatos:

– Meu irmão, você precisa contar a verdade a sua esposa. Esse segredo vai acabar o deixando doente. Se Isabelle não suportar a realidade, isso é um direito dela. Cada qual tem seus limites e temos que respeitar.

Mesmo assim, Jean-Pierre não tinha coragem de encarar Isabelle para lhe revelar o que carecia de urgência. A seguir, comentou:

– A mamãe me sugeriu a adoção, mas o maior desejo de Isabelle é gerar o próprio filho. Ela sonha com essa experiência desde menina. Então, a mamãe me sugeriu que Isabelle faça uma inseminação artificial, mas ela não aceitaria. Nem eu, para lhe ser bem sincero, pois o filho seria mais dela do que meu.

– Não deixa de ser uma opção.

– É, mas vai que o doador é um sujeito mau-caráter, até mesmo um assassino...

– Eu entendo. E gostaria muito poder ajudá-lo. Estou triste por saber que está passando por isso. Talvez, se você e Isabelle estivessem onde estou, cercado de tanta miséria e de crianças carentes de afeto e alimento, perceberiam que a adoção seria uma ótima opção não só para vocês como para muitos.

– Charles, meu irmão, não tenho estômago para enfrentar a realidade que o cerca aí onde está. Só você é capaz.

– Na verdade, quase ninguém tem estômago para isso, Jean-Pierre. Aprendemos a ter, na marra, porque é a vida de um semelhante que está em jogo. Carece de urgência.

Jean-Pierre endossou as palavras do irmão e perguntou a seguir:

– Charles, meu irmão, seria muito lhe pedir que fosse o doador de esperma para fecundar Isabelle? Ela nada saberia a respeito. Seria um segredo somente nosso. Por sermos irmãos, a criança também nasceria com o meu sangue e parecida fisicamente comigo, já que somos parecidos.

– Jean-Pierre, meu querido, se o mundo fosse um lugar seguro, eu teria filhos, mas o mundo não é, na verdade nunca foi. Quando não é um tsunami é uma guerra, quando não é uma guerra é um vírus, quando não é um vírus é a seca, quando não é a seca é o vício, a pobreza, a inveja e o desamor.

– Você tem razão. Toda razão.

– Eu sinto muito por ter sido franco com você.

– Não há do que se desculpar. Fez bem em me dizer tudo isso. O que me faz perceber o quão corajosos são nossos pais por terem concebido três filhos num mundo tão caótico em que vivemos. Diante de todos os perigos que o dia a dia nos traz, pôr um filho no mundo é mesmo uma questão de coragem, benza Deus esses pais corajosos.

E a ligação se encerrou um minuto depois.

Dias mais tarde, Jean-Pierre conversava com a esposa a respeito do seu drama:

– Isabelle, meu amor...

– O que houve? – assustou-se ela ao ver a brancura no rosto do marido. – Você me parece ansioso...

– Estou! É que tenho um assunto muito sério para tratar com você. Estive no médico, na verdade, passei por vários e descobri que não há um meio de engravidá-la senão por inseminação artificial. Terei de ser submetido a uma pequena cirurgia para que possam extrair meus espermatozoides para depois aplicar em você.

– É por isso, então, que você andava cabisbaixo, triste e introspectivo.

– Era. Mas agora estou mais aliviado pois dessa forma conseguirei dar o filho que você tanto sonha ter.

– Está bem, meu querido, faremos desse jeito. Para mim não há problema algum.

– Caso você não engravide na primeira, teremos ainda duas chances para que o processo tenha êxito.

– Está bem. Mas acredito que não haverá problemas. Tenho fé.

Dias depois a inseminação foi feita e logo, Isabelle se descobriu grávida e radiante por gerar o filho que tanto desejava ter.

**Agosto de 2019**

Nas semanas que se seguiram, Silvia e Vincent também ficaram envolvidos com os preparativos para o casamento deles. Seria um dos marcos do ano, no mundo das celebridades e alta-costura.

– Filha, você está linda! – elogiou Dulce, assim que viu Silvia trajando o lindo vestido de noiva desenhado por Jean-Paul Gaultier.

– Obrigada, mamãe.

– O que foi? – estranhou Dulce o semblante da filha. – Você ficou repentinamente triste.

– Fiquei mesmo – admitiu a moça com certo despontamento. – Há um nó aqui na garganta...

– Deve ser de emoção e ansiedade.

– Deve ser... – Silvia procurou sorrir para tranquilizar a mãe e ela mesma, contudo, no íntimo, algo a importunava consideravelmente. Despertou quando Dulce comentou, bem-humorada:

– Pode ser de praxe uma noiva se atrasar para o casamento, mas mais do que quinze minutos se torna deselegante para os convidados.

– A senhora tem toda razão. Vamos!

Pelo trajeto até a igreja, Silvia permaneceu calada e com a mente longe, enquanto seus olhos admiravam os edifícios que ladeavam as ruas da bela Paris por onde o veículo tomava caminho. Ela sonhara mudar de vida, ser famosa e rica e, agora, ela era tudo isso e muito mais, contudo...

A catedral estava lotada de celebridades do mundo da moda, cinema, TV, política e empresários, e a imprensa em peso se mantinha ali, aguardando ansiosamente a chegada da noiva. Quando a limosine parou, trazendo Silvia lindamente vestida de branco, flashes e mais flashes foram disparados em torno do veículo. Por não ter pai, Silvia decidiu atravessar sozinha a igreja, segurando com as duas mãos o buquê maravilhoso de orquídeas. Seu coração estava disparado e quando a marcha nupcial teve início, executada pela orquestra contratada especialmente para abrilhantar o momento, a noiva recuperou a autoconfiança.

Atravessou o local com a elegância de uma princesa rumo ao trono. Ela estava linda, observou Vincent radiante. Esplendidamente linda e exuberante.

Ele então a recebeu aos pés do altar florido, beijou-lhe a testa e a conduziu até local apropriado junto ao padre que fez uso de palavras bonitas, mas Silvia sequer notou. Sua mente vagava longe, sob o domínio da percepção da alma.

Recordava-se, naquele instante, da encarnação que tivera no século dezenove, em que ela foi cortejada por dois moços distintos: um pobre e um rico. E ela preferiu o rico para poder ter segurança financeira ao longo daquela existência. Escolha que resultou num fim trágico para ela e muitos ao seu redor.

A seguir, a alma de Silvia reviu trechos da vida que tivera na primeira metade do século vinte, onde ela amara Vincent Cassel, perdidamente, e por esse amor tamanho acabou morta prematuramente e com o espirito revoltado a ponto de inspirar o mal no coração de muitos que culpava por sua desgraça.

E, mais uma vez, ela seguia ao encontro de Vincent, pois o destino os unira mais uma vez e só agora ela sabia por que sentia tanto medo dele, mesmo sem ele nunca lhe ter feito mal na vida em questão. Era porque nas vidas anteriores àquela, a união dos dois só lhe trouxera desgraça e ela não mais queria passar por aquilo. Por isso que quando o padre se voltou para ela, no altar, e lhe perguntou, pausadamente:

– Silvia Navarro, você aceita se casar com Vincent Cassel, ser fiel, na alegria e na tristeza, na saúde e na doença, amando-o e respeitando-o até que a morte os separe?

Ela não respondeu de imediato, o que causou certo suspense nos convidados. Por fim, respondeu, claramente:

– Não!

Vincent achou graça, mas o padre, não. E enquanto ecoava um burburinho no ambiente, Vincent aguardava pelo "sim" que Silvia jamais diria.

– Não, Vincent. Eu não quero.

Só então ele compreendeu que ela falava sério:

– Por que, se eu a amo tanto?

E ela quis responder: porque no passado nossa união acabou em desgraça e noutra encarnação você desprezou o meu amor por causa de outra. Agora, sou eu quem não o quer mais. E Silvia virou-se para o corredor central da belíssima catedral e partiu, sorrindo para si como se tivesse tirado um peso tremendo das costas. Os fotógrafos e repórteres cercaram a moça, mas ela nada respondeu, apenas encaminhou-se até a limusine que a conduzira até lá, entrou e pediu ao chofer que a levasse longe dali.

No momento em que Silvia lhe deu as costas, quando estava prestes a pisar no primeiro degrau do pequeno lance de escadas que ligava o altar ao corredor, Vincent reviu em pensamento um trecho do que ambos haviam vivido numa vida anterior aquela. Ele viu Silvia pisar em falso e rolar escada abaixo até morrer aos pés da escadaria.

O "não" de Silvia Navarro na hora de seu casamento, o evento mais esperado do ano, tomou conta das manchetes de todos os meios de comunicação. Não se falava noutra coisa nas redes sociais, apenas naquele episódio que impactou a vida de todos. Mais uma vez, Silvia Navarro conseguia chamar a atenção do mundo todo para ela. E, desde então, ninguém soube do seu paradeiro.

# CAPÍTULO 18

Assim que teve a chance, Jean-Pierre procurou Vincent para lhe ser gentil de algum modo:

– Poxa, meu irmão, você é um cara tão legal, não merecia estar passando por isso.

– Vai saber se eu não mereço.

Jean-Pierre achou graça:

– Essa vida é mesmo cheia de altos e baixos. Reviravoltas e surpresas... Temos de estar preparados. Mesmo que não estejamos, o melhor a fazer é encarar tudo de peito aberto, para o que der e vier.

– Você disse tudo, meu irmão. Tudo!

Para fugir dos paparazzi, Silvia armou um esquema de chegar à Cote D'Azu, incógnita. Para isso, convidou Madalena para lhe fazer companhia. Havia muito que planejavam passar um fim de semana juntas.

– É como se eu já estivesse estado aqui – admitiu Silvia enquanto observava com olhos encantados o mar mediterrâneo à sua frente.

– E agora, minha amiga? O que pretende fazer?

– Cumprir uma promessa que fiz a uma senhorinha enquanto estive presa.

– Você fala sério?

– Sim. Afinal, promessa é dívida, não é o que dizem?

— Segundo você, essa mulher morreu, não foi?

— Sim! Mas antes da sua morte fizemos um trato. Devo honrar esse trato. Não é porque ela morreu que vou descartá-lo.

— Você está certa. E se me permite pergunta: qual foi o trato que vocês duas fizeram?

— Eu explico...

Dias depois, Silvia tomava um voo para a África do Sul.

A cada aldeia africana que visitava, mais e mais Silvia sentia seu coração se apertar. Aquela miséria, fome e total falta de perspectiva de um futuro melhor lhe devastava a alma. E no meio daquelas pessoas machucadas pela pobreza, havia um rapaz levando sorrisos e auxílio a todos. Quem seria? De perto, ele era ainda mais bonito. Tinha um metro e noventa de altura, o rosto bronzeado, feições perfeitas, olhos pretos, corpo esguio e atlético. Ao sorrir, revelava dentes brancos e impecáveis.

Ao notar sua presença, ele a olhou com uma expressão simpática, o que fez Silvia se perguntar, intimamente, como um jovem tão lindo e saudável como aquele poderia estar ali, trocando sua juventude nas baladas, com os amigos e uma garota, para se dedicar aquela gente sofrida e necessitada?

– Quer um café? – perguntou ele, querendo ser solícito com ela.

– O que disse?

Ele sorriu lindamente para ela e respondeu:

– Um café?

Ela sequer disse que sim, ficou apenas a olhá-lo, atentamente, enquanto ele se servia na máquina de café.

– Obrigada.

– Não há de quê.

Ela sorveu o líquido olhando timidamente para o moço que também a olhava com certo interesse.

– Jamais pensei que encontraria um jovem como você num lugar como esse, trabalhando pelos necessitados.

– Mas existem muitos como eu.

– Será?

– Sim. Não vou dizer que são milhares, mas um bocado deles.

Silvia assentiu, enquanto olhava atentamente para aqueles olhos negros, bonitos e atraentes. Por fim, achou melhor se apresentar:

– O meu nome é Silvia Navarro.

– Olá, Silvia! – sorriu ele, tomando-lhe a mão. – O meu é Charles. Charles Cassel.

E foi como se o tempo parasse para que os dois admirassem, por mais tempo, aquele reencontro de almas, só que, dessa vez, no plano terrestre.

Muitos dos avanços que Silvia tivera nos últimos tempos, devia-se ao contato que ela tivera com Charles no plano espiritual, em que ambos se gostaram mutuamente e desejaram viver, lado a lado, uma nova experiência terrestre.

– Posso lhe fazer uma pergunta? – disse ela por fim. – Por que um homem tão lindo e rico como você, veio parar num lugar como esse? De onde foi que nasceu em você essa vontade se dedicar aos necessitados?

– Um dia eu percebi que essa vida de "caras e bocas" que os ricos e as celebridades cultuam não me satisfazia em nada. Eu era adulado por todos em qualquer lugar que fosse por ser filho de um milionário cujo nome é respeitadíssimo no país em que nasci. Se eu fosse um carteiro, um entregador de pizza ou até mesmo um masterchef de um renomado restaurante, não me tratariam com a mesma pompa e respeito. E para ter certeza disso, certa vez peguei emprestado o traje de um dos faxineiros do tênis clube mais famoso de Paris, vesti e me pus a limpar o saguão onde ninguém notou quem eu era simplesmente porque ninguém presta atenção a pessoas que exercem esse tipo de função.

Fiz o mesmo no The Brooks e no Links Club, outros dois respeitadíssimos clubes da cidade e descobri o mesmo. Até os ricos que me reportavam a necessidade de ajudar o próximo e tratar a todos de forma igual e respeitosa, não perceberam que era eu, Charles Cassel trajando um macacão de faxineiro, caso contrário teriam me cumprimentado. Foi isso que me fez perceber, de vez, que eu buscava algo mais verdadeiro para preencher a minha vida e foi então que me deparei com artistas que se dedicam a causas nobres e aqui estou. É logico que meus pais se assustaram diante da minha decisão, mas apoiaram, mais tarde, por perceberem que eu estava feliz sendo prestativo dessa forma.

– Sua dedicação é mesmo admirável.

– Obrigado.

– Os negros já sofreram tanto no passado e continuam sofrendo, mesmo depois de tanta conscientização mundial...

– Por isso que eu e outros mais estamos aqui para ajudar a mudar esse cenário.

– Meus parabéns, novamente.

– E você, o que a trouxe até aqui.

– Um acordo que fiz com uma presidiária.

E Silvia contou a ele toda história.

– Eu acho que eu teria morrido de choque e pavor se tivesse acontecido comigo o mesmo que aconteceu a você.

– Talvez. Mas o fato é que somos muito mais fortes do que pensamos. Graças a Deus!

Ambos riram e nesse ínterim, Silvia admirou mais uma vez os olhos esverdeados, quase azuis do rapaz lindo ao seu lado. Charles Cassel era um sonho de homem. O homem, talvez com quem ela sempre sonhou.

– O que foi? – perguntou ele diante do repentino rubor da jovem.

– Nada não... – ela riu. – É que eu não me canso de dizer a mim mesma: como ele é bonito.

– Obrigado mais uma vez. – Novo sorriso e ele quis saber: — Silvia, você fez de tudo para chegar aonde chegou. Fez da sua ambição o seu maior propósito de vida. E agora que conquistou tudo que almejava, mesmo depois de tantos sufocos, há algo mais que você busca na vida?

A resposta dela soou a mais sincera possível:

— Um grande amor... Não é o que todos desejam?

— Sim. Viver uma linda e contagiante história de amor.

— Penso que sim.

A timidez novamente pegou ambos desprevenidos, corando-os até a raiz dos cabelos.

Desde então, a convite de Charles, Silvia passou a tomar parte das atividades diárias do rapaz. Assim foi aprendendo cada vez mais sobre as necessidades urgentes daquele povo sofrido e carente de atenção.

Havia um fogo ardente em Charles que o mantinha ágil e dedicado a causa nobre que traçou para sua vida.

– A sua dedicação a essa gente é admirável – elogiou Silvia em certo momento.

– Eles merecem muito mais. Se cada um que tem uma vida estável financeiramente nesse planeta se prestasse a ajudar os mais necessitados, teríamos muito menos miséria e violência espalhadas pelo mundo.

E Charles estava certo e muita gente financeiramente próspera espalhada pelo mundo também sabia daquilo, contudo, nada fazia para solucionar o problema simplesmente por preguiça, comodismo ou ganância.

Quando voltaram para o casebre, na hora de dar boa-noite, Charles parou diante de Silvia, enquanto seus olhos admiravam os seus, intensamente. Ele então se aproximou dela até ficar a centímetros de distância. Ergueu a mecha de seu cabelo e o cheirou delicadamente. Depois, recolocou-a no lugar e admitiu:

– Você é linda, sabia? – afagou seu rosto, enquanto ela lutava para não desabar em seus braços e passar vergonha. Foi como se ele tivesse percebido sua aflição, pois seu sorriso agradável lentamente se ampliou, cresceu, até que não era mais simplesmente um sorriso e sim, um porto seguro.

– Eu não queria me apaixonar por você – admitiu ele seriamente. – Não deveria me apaixonar por você, pois você ia se casar com meu irmão... Não é certo que eu...

– Não diz mais nada – pediu ela com olhos a lacrimejar. – Eu também não queria me envolver com você, mas já não dá mais, eu e você nos apaixonamos um pelo outro e...

E antes que Charles dissesse mais alguma coisa, Silvia o beijou e ele logo correspondeu de forma intensa e real. Naquele momento, Silvia quis se entregar a um homem pela primeira vez porque achou que Charles era realmente o cara perfeito para ela.

Houve uma noite, então, que Silvia voltou-se para o rapaz e disse:

– Charles...

– Diga.

– Há outro motivo para você ter vindo para cá, não há? Um do qual ninguém sabe a respeito.

Os olhos dele brilharam e retiveram lágrimas.

– Desculpa... – adiantou-se Silvia ao perceber que fora invasiva.

– Não há pelo que se desculpar. Você está certa. Há mesmo outro motivo que fez eu dedicar a minha vida a essa gente. – Breve pausa e ele explicou, em tom de desabafo: – Um dia eu quis saber de onde viera a fortuna da minha família, a qual vem passando de geração para geração. Meu pai não soube me responder, então, eu fui investigar e uma médium me disse: não procure a verdade, você pode não gostar do que vai descobrir. E ela estava certa. A fortuna da minha família veio do transporte e da venda de escravos no século dezoito. Meu tataravô era um mercador de escravos. Fez fortuna por meio dos negros que capturou e vendeu como meros objetos. Ato que destruiu lares, sonhos e amores... Estou aqui, também, na esperança de redimir o que meus antepassados fizeram aos antepassados dessas pessoas. E, com isso, parar de vez com a desgraça que se abate sobre a minha família, de geração em geração.

Silvia sentiu um arrepio de gelar a alma.

– É de se arrepiar, não é mesmo?

– É sim... – respondeu ela abraçando a si mesma.

E naquela noite, enquanto seu físico dormia, o espírito de Silvia, por meio de uma viagem astral, revisitou o passado quando ela reencarnara na África do Sul, entregando seu próprio povo nas mãos dos mercadores de escravos, em troca de agrados e presentes. Por isso, ela pagaria caro por suas maldades em vidas futuras. Porque na ocasião deixou muitas crianças órfãs ao entregar seus pais para serem levados, acorrentados, em péssimas condições de sobrevivência em navios negreiros. Ela também destruiu grandes amores ao fazer isso, tendo de provar o mesmo em existências futuras.

No dia seguinte, enquanto Silvia observava as casas de sapê que abrigavam toda aquela gente humilde e carente de auxílio, Charles achegou-se a ela e comentou:

— É surpreendente ver essa gente sorrindo mesmo vivendo nessa miséria, não é mesmo? Isso prova que o dinheiro não é tudo.

— Pode não ser para garantir um sorriso de felicidade – retrucou Silvia precisa em suas palavras. – Mas para tirar essa gente dessas condições precárias de vida, é sim, sem dúvida alguma. E eu acho que todos que tem influência no mundo deveriam aproveitar do seu poder para arrecadar dinheiro para ajudar essa gente. Fazer como muitas celebridades da música fazem, doando parte da sua arrecadação para ajudar os necessitados ou simplesmente fazendo shows e projetos beneficentes para o mesmo propósito.

E digo mais. Eu estar aqui pessoalmente auxiliando essas pessoas é uma grande ajuda; sem dúvida, mas eu estar no meu espaço, ganhando dinheiro com o meu trabalho para enviar uma grande soma para cá, é muito melhor. Porque aqui, eu não posso ganhar o dinheiro que faço nas passarelas, o que me limita totalmente a ajuda que posso prestar a essa gente. E você também, Charles, rico como é, pode usar o prestígio que tem na sociedade para arrecadar fundos e melhorar a situação aqui.

– Hoje você está afiada, hein?

– Às vezes é preciso ser, quando realmente se quer ajudar alguém. E eu quero ajudar essa gente tal como você já faz. Só que eu quero ir além. Matar a fome dessas pessoas com alimentos reais, não apenas com fé e afeto.

– E há também o Brasil, que foi meu lar por dezoito anos. Preciso fazer alguma coisa por eles também. Pois lá há muita gente carente necessitando de ajuda. E quando eu falo ajuda, não é ajuda para erguer uma nova igreja na cidade ou reparar o telhado da velha, é ajuda para levar comida a quem não tem.

– Você tem razão, Silvia. Toda razão.

– Por isso eu lhe proponho uma parceria para que juntos trabalhemos em prol de quem mais precisa.

– Eu aceito!

# CAPÍTULO 19

A volta de Charles à mansão de sua família foi recebida com grande entusiasmo e surpresa por parte de seus pais.

– Charles, meu querido, que surpresa mais agradável – exclamou Valentino, feliz por rever o rapaz.

Pai e filho se abraçaram e em seguida foi a vez de Carmem beijar o filho que tanto amava.

– Que bons ventos o trazem, meu querido? – perguntou a mãe com a esperança crescente de ter o filho morando mais próximo dela e do marido.

– Os ventos da prosperidade – respondeu Charles, abrindo um sorriso de ponta a ponta. – E os bons ventos do amor...

– Então, você está amando! – alegrou-se Valentino sorrindo à beça. – Quem é a felizarda?

Foi nesse exato momento que Silvia entrou na sala e Charles se posicionou ao seu lado, entrelaçou sua mão à dela e disse, ampliando o sorriso e satisfação:

– A felizarda é essa moça bonita aqui. Acho que vocês já a conhecem, não é mesmo?

Valentino e Carmem se entreolharam, orando intimamente para que aquilo fosse uma brincadeira de muito mau gosto. Mas não era. Charles e Silvia estavam realmente apaixonados um pelo outro.

A seguir, Charles contou aos pais como ele e Silvia haviam se conhecido e rapidamente se desculpou:

– Eu sei de tudo a respeito dela e do Vincent, mas... aconteceu, o que posso fazer?

Valentino achou por bem ser sincero com o filho:

– Seu irmão terá um baque ao saber que você e Silvia...

– Eu sei. Mas haverá certamente um jeito de contornarmos a situação. Não quero desavenças na família.

– Nem nós – respondeu Carmem, temendo o pior.

Minutos depois, Carmem tinha uma conversa em particular com

Silvia Navarro:

— Gostaria que soubesse que eu nunca simpatizei com você.

— Eu sei – admitiu Silvia honestamente falando. – Percebi isso desde o primeiro instante em que pousou os olhos em mim.

Carmem lentamente prosseguiu:

— Quando você abandonou o Vincent em pleno altar, eu, na verdade, senti um alívio tremendo. Você ficaria longe da minha casa, do seio da minha família para sempre... Mesmo eu sabendo que você não era uma assassina e tivera lá seus méritos como pessoa ao ajudar Marguerite Chevalier quando ela mais precisou, eu a repudiava. Acho que ainda a repudio. No entanto, Charles a trouxe de volta para cá. E eu me pergunto se você não fez de propósito, seduziu-o por saber que ele é irmão do Vincent, só para afrontar Vincent e nós.

– O meu encontro com o Charles foi totalmente casual. E tanto ele quanto eu evitamos nos apaixonar um pelo outro para não gerar possíveis conflitos em família.

– Se tudo realmente aconteceu ao acaso, então minha pergunta é outra: por que o destino a quer perto de nós?

– Eu não sei responder, mas a resposta está, certamente, vinculada a vidas passadas.

– Você acredita mesmo nisso?

– Sim.

– Está bem. Por outro lado, devo reconhecer que você tem feito algo de bom pelo Charles... Mostrou a ele que os sonhos de uma pessoa podem continuar existindo, mesmo namorando, noivando ou casando. Ainda mais se a pessoa amada está disposta a ficar ao seu lado para o que der e vier.

– Eu, pelo menos, estou. Charles tem sido realmente uma grande surpresa na minha vida. Um reencontro de almas. E nos conhecemos no momento certo, em que já não me deixo mais levar por aparências e futilidades, preferindo algo mais sincero e de coração.

– Só lhe peço uma coisa. Você já desapontou um filho meu, não quero que desaponte o outro.

– A senhora não se esqueça de que Vincent Cassel, antes de me conhecer, vivia só de aventuras, o que feriu muitos corações femininos... E quanto ao Charles... Pode ser ele quem vai se cansar de mim e me deixar vendo navios. Quem vai saber? A vida é tão imprevisível, não é mesmo?

Nesse ponto, Carmem admitiu que Silvia estava certa.

Nisso, Vincent chegou à mansão e Charles foi cumprimentá-lo.

– Charles, você aqui?! – surpreendeu-se Vincent abrindo um sorriso de boas-vindas para o irmão caçula. – Que surpresa genial!

Os dois se abraçaram forte e demoradamente.

– Você está ótimo!

– Você também!

Foi então que Vincent avistou Silvia Navarro, parada ao lado de Carmem Cassel. Seus olhos ainda expressavam a paixão que um dia sentira pela moça e, talvez, ainda se mantinha alojado em um canto discreto do seu coração.

– Olá! – disse ele para ela, um tanto encabulado.

– Olá! – respondeu Silvia, carinhosamente.

Foi certamente um baque para Vincent saber que Silvia estava namorando Charles, mas algo em seu coração o fez aceitar os desígnios do destino que ele próprio colaborou, na existência passada, para tomar aquele rumo. Afinal, Charles havia sido seu filho, fruto de uma farsa que ele tinha armado para conquistar Isabelle Binoche na ocasião. Farsa que fez a jovem rejeitar o próprio filho que, de desgosto, acabou se afastando da família e encontrando a morte prematuramente ao se opor ao exército nazista durante a Segunda Guerra Mundial.

Nos meses que se seguiram, Charles e Silvia se dedicaram totalmente ao propósito que os trouxera de volta da África do Sul. A sandália e a linha de bolsas e colares que Silvia lançou com seu nome foi um tremendo sucesso e todo lucro obtido com as vendas era doado para as instituições de caridade espalhadas pelo mundo. A seleção de fotos que Silvia fez com os fotógrafos mais famosos da atualidade também era vendida em eventos beneficentes para os mesmos fins. Com isso, Silvia foi considerada pelo New York Daily News como uma das pessoas mais generosas do mundo. Um ícone internacional que dispunha do seu tempo para se dedicar ao próximo, com tremenda boa-vontade e perseverança. Isso também lhe rendeu o título de Embaixadora da Boa Vontade pela UNICEF.

Ao saber que muitas mulheres desejavam ter um corpo igual ao seu e, para isso, procuravam um cirurgião plástico; Silvia lembrou, em diversas reportagens, que nenhuma mulher é fisicamente igual a outra e o desejo de se encaixar num modelo padrão é ignorar a própria essência. Cada uma tem seu próprio charme e deve reconhecê-lo e enaltecê-lo.

Nesse ínterim, Isabelle aguardava com grande alegria pela chegada do filho que, ao nascer, recebeu o nome de Jean-Luc Cassel. O nascimento do bebê foi manchete em todas as mídias, pois sendo Isabelle uma celebridade, o mundo inteiro queria conhecer seu filho. Vincent, o tio mais coruja do momento, tirou fotos e mais fotos do bebê que encantava a todos.

– Esse já nasceu famoso – comentou ele com a namorada da vez. Uma modelo novaiorquina de beleza estonteante que estava em ascensão nos Estados Unidos.

Depois de almoçar com Madalena Ayala no restaurante Maison de La Truffe, Silvia foi abordada por um rapaz de não mais do que dezenove anos que lhe disse:

– O chofer da mademoiselle não pôde vir, então, a empresa me mandou no seu lugar para apanhá-la aqui.

– Está bem – concordou Silvia. Ela despediu-se da amiga com um aceno e entrou no veículo que logo partiu.

Pelo caminho, Silvia finalmente admitiu para si que andava cansada, trabalhando bem mais do que podia suportar. Mas era também por Charles que ela se esforçava tanto. Ela o amava e nunca fora tão grata à vida por tê-lo conhecido. Em breve se casariam e teriam filhos.

Por um instante, ela fechou os olhos e se imaginou gravida, acariciando sua barriga que crescia ao gerar um filho seu com o homem amado. Pôr um filho num mundo tão cheio de inveja e violência era algo de muita responsabilidade. Ao reabrir os olhos, Silvia se deparou com os olhos do motorista olhando sinistramente na sua direção, por meio do espelho retrovisor.

–Algum problema? – indagou ela, sentindo-se levemente apreensiva.

– Não! Nenhum problema – respondeu o moço forçando um tom amistoso. – É que o Senhor Charles Cassel preparou uma surpresa para mademoiselle...

– Charles?!

– Sim. A senhora vai adorar...

E Silvia se alegrou com a ideia, sem saber ao certo se deveria. Mas não havia surpresa alguma esperando por ela. Silvia Navarro estava sendo sequestrada, e o pior ainda estava por vir.

# CAPÍTULO 20

Quando Silvia finalmente percebeu o que estava acontecendo, perguntou ao motorista, sem esconder a aflição:

– O que você quer de mim? Diga!

Ele simplesmente riu, assustadoramente.

– É dinheiro que você quer? – tornou Silvia suando frio. – Eu lhe dou. É só me passar a quantia.

E o sujeito continuou mudo, concentrado na estrada que levava até a casa onde Silvia seria aprisionada. Chegando ali, ele a conduziu até o local sob a ameaça de uma arma. Silvia insistia nas perguntas às quais o rapaz não parecia disposto a responder nenhuma delas:

– O que você quer de mim? Diga! É dinheiro o que você quer? Eu lhe dou! É só dizer quanto.

Por fim, o sujeito afirmou:

– Não quero o seu dinheiro. Quero apenas que olhe para mim e tenha a mesma consideração que tive por você.

As palavras dele surpreenderam e impressionaram Silvia consideravelmente.

– Nós já nos encontramos, é isso? – questionou ela, olhando ainda mais atentamente para o jovem bonito de olhar triste. – E eu fui grosseira com você? Eu sinto muito. Peço-lhe perdão.

O jovem voltou a falar, quase chorando:

– Eu tentei chegar perto de você, mas não consegui. Havia sempre um bando de seguranças a escoltá-la e você também estava sempre com pressa.

– É que minha vida é muita corrida.

– Corrida para quem não lhe interessa!

– Não é isso! É que tenho muitos fãs, torna-se impossível dar atenção a todos.

– Eu não sou fã qualquer. Sou Oliver Martin. Único e exclusivo. Você não faz ideia do quanto eu me dobrei e redobrei para que me olhasse nos olhos com o mesmo interesse que eu lhe dispensava. Mas agora eu a terei só para mim. Vamos nos tornar mais próximos do que qualquer outro que já tenha se aproximado de você.

– Você não pode me prender aqui...

– Já prendi! Estamos no meio do nada. Você pode berrar, espernear que ninguém vai ouvi-la, porque não há ninguém a pelo menos um quilometro daqui.

– A polícia logo estará à minha procura. Se o pegarem...

– Se me pegarem, antes de qualquer coisa, eu darei fim à minha vida e a sua.

E quando o rapaz novamente empunhou a arma, Silvia gelou. Nunca, em toda vida, sentira tanto medo. Ela suplicou:

– Não vale a pena estragar sua vida dessa forma. Se me soltar, prometo que nada direi as autoridades sobre o que você fez.

– Não a soltarei. Não insista. Sua vida terminará aqui comigo ao seu lado.

Silvia já ouvira falar de fãs obcecados por seus ídolos, capazes de fazerem qualquer coisa para se aproximar deles, mas jamais pensou que atrairia um desse tipo. Sem mais, ele a fechou num quarto e foi cuidar de alguns afazeres pela casa. Silvia, por sua vez, tentava abrir a janela que fora devidamente fechada com ripas para que não pudesse escapar. Não havia jeito, ela estava mesmo presa naquele lugar que mais parecia uma penitenciária.

Com o decorrer das horas, Charles avisou a polícia sobre o desaparecimento da noiva e Madalena procurou ajudar nas investigações, descrevendo o rapaz que apanhara Silvia em frente ao restaurante. Logo, o sequestro se tornou notícia número um da mídia sensacionalista.

Enquanto isso, Silvia era mantida em cativeiro, com uma alimentação razoável para que não passasse fome ou qualquer outra necessidade.

Nos dias que se seguiram, Oliver Martin aparecia para ouvir Silvia contar sobre a sua vida. Mantinha-se sentado numa cadeira, com a arma em punho, enquanto ela narrava, sob forte pressão, detalhes do que vivera. Então, ele se retirava, fechando devidamente a porta do aposento para que ela não tivesse chance alguma de fugir. Se ela ao menos pudesse recuperar o celular que Oliver havia tirado dela, poderia pedir ajuda, finalizando de vez aquele martírio.

Houve um dia, então, que Oliver não apareceu para lhe trazer comida. Teria ele saído para ir ao supermercado e na volta lhe acontecido uma tragédia? Se ele não mais aparecesse, em breve ela estaria morta de fome e, por isso, ela precisava fugir dali enquanto lhe restava alguma força física.

Silvia então forçou a maçaneta até a fechadura ceder. Ao se ver livre, deixou o quarto a passos concentrados, atenta a qualquer barulho que indicasse a presença de Oliver ou de qualquer outra pessoa na casa. Desceu a escada do sobrado aos ecos do rangido dos degraus de madeira e depois, do assoalho de tábuas largas, velho e cheirando a mofo. Ela precisava escapar dali, mas, antes, precisava comer alguma coisa e, por isso, dirigiu-se até o fundo do sobrado, onde certamente haveria uma cozinha. De fato havia e, por sorte, encontrou pacotes de biscoito, chocolates e outras guloseimas para se alimentar. O pão estava mofado, mas o resto ainda podia ser consumido sem problema algum. Agora, só lhe restava recuperar a bolsa para fugir dali o quanto antes.

Ao se aproximar do cômodo que viria ser a sala de estar do velho e abandonado sobrado, Silvia estacou de súbito, gelando até a alma. Sobre o sofá rasgado e amarelado pelo tempo estava Oliver, deitado com a arma nas mãos.

Nesse ínterim, Isabelle havia encontrado os exames que comprovavam a esterilidade do marido.

– Esses exames... – disse ela ao confrontá-lo –, todos eles comprovam que você é estéril. Se isso é mesmo verdade, como é que posso ter engravidado? Não tem como, tem?

Jean-Pierre engoliu em seco, não havia mais mentiras para encobrir a verdade que ele próprio tentava ignorar. Ao fim de sua narrativa, Isabelle inquiriu quase chorando:

– Por que você me escondeu a verdade, Jean-Pierre?

E a resposta do marido foi a mais sincera:

– Porque tive medo de perdê-la se soubesse que eu era estéril.

– Você não tem culpa de ter nascido assim.

– Eu sei, mas a questão é que menti para você. Eu já sabia que era estéril antes de nos casarmos, mas achei que ainda haveria um tratamento que pudesse reverter a situação, mas não.

Isabelle agora se mostrava aturdida:

– Mas se tratamento algum surtiu efeito, a técnica que foi usada para extrair os seus espermatozoides deu certo.

Os olhos dele, tomados de aflição, fizeram-na estremecer.

– Quer dizer... – murmurou ela, chocada. – Que os espermatozoides que me fecundaram não são seus?

A resposta era evidente. Por um minuto, Isabelle perdeu a fala. O clima pesou e Jean-Pierre tomou-lhe as mãos, implorando por seu perdão.

– Foi a única forma que encontrei de realizar o seu desejo de ser mãe. Poderíamos ter adotado uma criança, mas o que você queria era gerar uma do seu próprio ventre e, então...

Isabelle ainda se mantinha em choque.

– Me perdoa... Eu só quis realizar o seu sonho.

Por fim, ela deixou escapar do peito um suspiro cheio de tensão e disse:

– Não preciso perdoá-lo de nada, você apenas fez o que fez para me ajudar. – E levando a mão à barriga de grávida, Isabelle a massageou e concluiu: – Não importa quem seja o pai dessa criança que cresce dentro de mim, o que importa é que você a criará com o mesmo amor que daria a um filho biológico.

Jean-Pierre assentiu, enquanto derramava-se em lágrimas. A vida lhe dera uma rasteira ao privá-lo de gerar um filho, mas quem sabe fora assim, por um propósito maior?

Ao despertar do choque que levou ao encontrar Oliver Martin estirado sobre o sofá com a arma na mão, Silvia pensou em lhe dizer alguma coisa ou até mesmo, correr desembestada para fora da casa, em total desespero, ainda que soubesse que ele poderia atirar nela sem dó nem piedade. O que fazer? Só então ela percebeu que havia algo errado com o sujeito. Ele tremia e gemia baixinho, como se sentisse profunda dor. Ela então se aproximou dele com cuidado e pousou a mão em sua testa.

– Você está ardendo em febre – comentou, verdadeiramente penalizada com o estado do rapaz. – Você precisa ser levado a um pronto-socorro, urgentemente.

Ele tentou dizer alguma coisa, mas a voz não passou de um sussurro rouco e confuso. Então, Silvia saiu da casa em busca do carro que Oliver dirigira até lá e o encontrou estacionado aos fundos da propriedade, com o tanque totalmente vazio. Oliver o havia esvaziado de propósito para que Silvia não pudesse usar o veículo, caso conseguisse escapar do quarto ou dele num momento oportuno.

Restava a possibilidade de encontrar o celular do rapaz na esperança de que estivesse com bateria para que ela pudesse sair a pé, pelos arredores, em busca de captar sinal. Infelizmente não encontrou aparelho algum.

Por não haver remédios no em parte alguma da casa, Silvia se inspirou nos cuidados que Dulce tivera sempre com ela, toda vez que ela adoecia. Encheu um balde d'água e começou a fazer compressa fria no rapaz para que a febre baixasse.

– Você vai ficar bom – garantiu-lhe, querendo muito acreditar naquilo.

Oliver Martin olhava para ela com os mesmos olhos de um filho carente e desamparado pela mãe que o pôs no mundo. Depois, ela se sentou junto dele no sofá e o fez deitar a cabeça no seu colo para que pudesse lhe fazer um cafuné como se fosse uma mãe disposta a amparar seu filho num momento de desalento.

– Você vai ficar bem – dizia Silvia, cada vez mais penalizada com o estado do rapaz.

Foi naquela mesma tarde, durante um cochilo, que a alma de Silvia revisitou o passado, no dia em que ela, grávida de Jean-Pierre Cassel, abortou o bebê.

Um aborto!, murmurou ela ao despertar da visão. Ela havia cometido um aborto e da forma mais cruel! E era um menino que esperou tomar forma para tirá-lo e chocar Jean-Pierre, na ocasião, seu marido.

Ao voltar os olhos para Oliver que se mantinha deitado na posição fetal, sobre o velho sofá de três lugares daquela sala triste e abanonada, Silvia compreendeu porque tudo aquilo estava acontecendo com ela. Oliver Martin era a reencarnação da criança que ela abortara na vida passada e, por isso, ele ansiava tanto pela sua atenção, seu amor e sua consideração.

– O filho... – murmurou Silvia em choque.

Por isso havia um sentimento de piedade e não de raiva ou rancor em relação àquele rapaz.

Depois de longa busca, Silvia finalmente encontrou sua bolsa e, dentro dela, o celular e o carregador. Assim, ela saiu com o celular nas mãos, erguendo para o alto na esperança de captar algum sinal. Por sorte, o sinal pegou há uma distância de trezentos metros da casa e foi Jean-Pierre quem, rapidamente atendeu a chamada:

– Silvia?!

– Jean-Pierre!

– Sim! O Charles esqueceu o celular aqui. Coitado, anda tão atarantado com o seu desaparecimento que... Onde você está?

– Em algum lugar no meio do nada. Uma casa velha...

– Pela sua chamada podemos localizar o local. Avisarei as autoridades.

– Não! Isso não! Você não deve avisar ninguém.

– Você está sob ameaça de morte?

– É uma longa história. O que importa agora é que alguém venha me buscar... Avise o Charles, por favor!

– Ele não está na França. Viajou para a África por causa de uma emergência. Eu mesmo cuidarei disso. Mantenha o celular ligado para que eu possa chegar até você.

– Se fizer isso por mim, Jean-Pierre, eu o agradecerei imensamente.

Não havia tempo para dar explicações, por isso Jean-Pierre saiu da casa dos pais alegando uma desculpa qualquer e tomou a estrada, seguindo a direção que o GPS indicava.

Ao voltar para casa, Silvia encontrou Oliver Martin em pé, suando em profusão, com os olhos vermelhos de raiva.

– Você me traiu! – falou ele, chorando. – Se fez minha amiga e me apunhala pelas costas.

Silvia tentou se explicar:

– Estou apenas pedindo ajuda. Você não está bem. Precisa de cuidados médicos. Vai morrer se continuar aqui sem ajuda médica. Além do mais, logo não teremos mais o que comer...

Oliver pensou em ir para cima dela, mas uma nova torrente de tosses o fez cambalear, exigindo que Silvia o ajudasse novamente a se deitar no sofá. E novamente ela ficou a acariciar os cabelos do rapaz até Jean-Pierre chegar para levá-los dali.

– Quem é ele? – quis saber Jean-Pierre assim que encontrou Silvia e o rapaz na casa.

– É uma longa história – disse ela em lagrimas. – Ajude-me a levá-lo para o carro.

Quando Jean-Pierre escorou o rapaz em seus braços, uma onda de calor ecoou em seu peito. Ao voltar os olhos para Silvia, ambos se derramaram em lágrimas. Foi preciso um momento para se recomporem. No caminho rumo ao pronto-socorro, Silvia relatou a Jean-Pierre tudo o que havia se passado com ela desde o sequestro e qual era a conexão daquilo tudo com a vida anterior.

Oliver Martin foi internado e, quando recebeu alta, Silvia e Jean-Pierre o levaram para casa. Arcaram com os custos de um bom psiquiatra para o rapaz e das sessões de terapia que passou a fazer. Para a polícia foi dito que o sequestrador sumiu da casa sem deixar vestígios e que Jean-Pierre havia localizado Silvia após ela recuperar seu celular e ter ligado para ele.

# CAPÍTULO 21

O casamento de Silvia com Charles foi um acontecimento. Dessa vez, Silvia decidiu se casar num dos castelos da França disponíveis para cerimonias matrimoniais. E o castelo escolhido foi o Château de Villete. Um lugar esplêndido para quem cultiva o bom gosto e a beleza arquitetônica em meio à natureza.

Muitos secretamente apostavam na possibilidade de Silvia desistir do casamento em pleno altar como fizera com Vincent Cassel, anteriormente. Como se ela fosse a personagem de Julia Roberts no filme "Noiva em fuga", sempre disposta a fugir da cerimônia na hora H. Mas, dessa vez, Silvia disse "sim" e o casamento se concretizou e a lua de mel foi na Riviera Francesa, visitando as lindas praias de Saint-Tropez, Nice e Cannes.

Logo, Silvia Navarro estava grávida e mesmo com o barrigão à mostra, ela não parou de trabalhar em prol dos necessitados da África e do Brasil. A criança nasceu de nove meses completos e a felicidade do casal foi tamanha. Recebeu o nome de Ettiénne Cassel e teve Jean-Pierre e Isabelle como padrinhos de batismo.

Dulce Navarro cuidava da menina toda vez que Silvia precisava se dedicar às campanhas de arrecadação de donativos para os carentes. Só agora, Dulce compreendia que ajudar o próximo era muito diferente do que simplesmente frequentar uma missa ou um culto, uma vez por semana. Ajudar o próximo era fazer com que comida, abrigo, estudo e oportunidades chegassem aos carentes, o que Silvia fazia muito bem por meio da influência que tinha no mundo material.

Quem diria que aquela jovem irritadiça e revoltada com a vida, que só prezava o luxo e a riqueza, transformar-se-ia numa moça capaz de fazer o mundo melhor? Nem a própria Dulce teria acreditado, se uma vidente lhe tivesse dito. Mas o fato é que as pessoas podem mudar para melhor e, nesse melhor, transformar o mundo num lugar menos carente de afeto, alimento, abrigo e oportunidades. Silvia era um exemplo disso, bem como muitos outros que usavam da sua influência para ajudar os mais necessitados.

Se Silvia Navarro tivesse existido somente no período em que entregou sua gente a escravidão, ela não teria tido a chance de reparar seus erros. Só mesmo por meio do processo de reencarnações é que uma pessoa como ela teve a possibilidade de reparar seus erros e se redimir de seus atos, muitas vezes, conduzidos pela ignorância e má influencia de outros ao seu redor.

Em 11 de março de 2020, a OMS classificou como pandemia o surto causado pela Covid-19. Por isso, países fecharam seus aeroportos e o distanciamento social foi exigido para evitar o contágio. Aglomerações foram proibidas e o uso de máscara se tornou obrigatório para todos circularem em locais públicos.

Angelina Pérez, que na vida passada sonhou ser absurdamente rica, finalmente pôde realizar seu sonho por ser mãe legítima de Cécile Pérez, que continuou sendo chamada de Isabelle Chevalier, porque todos a conheciam por esse nome. Angelina agora morava no apartamento que fora ocupado por Marguerite, desde que ela passara a morar numa casa de repouso por causa do AVC. Tudo ia bem para Angelina até ela ser diagnosticada com Covid-19, o que a deixou desolada.

– Não posso morrer disso – ralhava, febril. – Não é justo! Não agora que estou rica e posso desfrutar do que há de melhor na Europa.

Nisso, ouviu a porta de entrada do apartamento se abrindo e quando ela foi ver quem era, espantou-se ao avistar Marguerite Chevalier entrando de fininho no local. Como ela poderia estar ali se havia tido um AVC que a deixara presa a uma cadeira de rodas?

Quando a recém-chegada avistou Angelina parada, olhando na sua direção, exclamou, assustada:

– O que faz aqui, assombração?

– Eu agora moro aqui.

– Você, o quê?! Não pode, esse apartamento é meu.

– Era seu! A partir do momento que você foi internada, Isabelle me deu para morar. Mas, afinal, você não estava doente?

– Melhorei! – mentiu Marguerite, despudoradamente.

Nisso, a porta do apartamento se abriu e um moço muito bonito apareceu.

– Doçura – disse ele que se calou ao ver Angelina olhando inquisitivamente na sua direção. – Desculpe-me! Pensei que estivesse sozinha.

– Aguarde-me no carro, por favor! – ordenou Marguerite, vermelha feito um pimentão.

O rapaz assentiu e Angelina quis saber:

– Quem é ele?

– O enfermeiro que está me acompanhando.

–Ah, sim... Claro! E, pelo visto, ele também cuida de você na cama, não é mesmo, *chérie?*

Marguerite desconversou:

– Vim apenas buscar umas coisinhas minhas...

– Sei...

Angelina fez ar de piedade e completou com voz atípica:

– Queria pedir desculpas pelo que lhe fiz naquela tarde. Se pudesse me perdoar...

– Perdoada está!

– Obrigada – Angelina aproximou-se de Marguerite que não a suportava e disse: – Quero apenas um abraço para selar de vez a nossa reconciliação.

Marguerite estava tão atarantada naquele momento que acabou cedendo, apesar de saber que todos deveriam manter distanciamento uns dos outros por causa da covid-19. Angelina a abraçou tão forte e pronunciou palavras de afeto, olhando bem nos olhos da mulher que a fizera de palhaça por mais de quinze anos consecutivos, só para fazê-la contrair o vírus. E fez!

Dias depois, ambas eram internadas na UTI, em estado grave. E sofreram horrores até irem a óbito. No sepultamento de ambas, havia apenas seis pessoas presentes na hora do adeus: Isabelle, Jean-Pierre, Silvia, Charles, Vincent e Dulce. E todos usavam máscara para não se deixarem contaminar pelo vírus.

Ao voltarem para casa, Isabelle comentou com Jean-Pierre:

– Que mundo mais maluco o nosso. Quando menos se espera, surge um vírus capaz de parar o mundo para que não nos deixemos ser contaminados por ele.

– É triste.

– Sim. Muito triste. Pessoas e mais pessoas não param de morrer... Que a vacina chegue o quanto antes.

– É a única solução.

Houve uma pequena reflexão e Isabelle acrescentou, pensativa:

– Dizem que as pessoas irão mudar depois dessa pandemia. Será mesmo?

– Se outras já houve e poucas mudanças aconteceram, não acredito que o ser humano mude agora.

E Isabelle pensou no quanto era triste constatar o fato.

Diante de Madalena, Silvia desabafava:

– Mal posso acreditar que Marguerite Chevalier esteja morta... Ela me parecia inatingível.

– Ninguém é de ferro, Silvia. Somos tão frágeis quanto o algodão que se solta pelo ar e desaparece com o vento. Um dia vocês ainda se encontrarão e, dessa vez, quem sabe, será tudo diferente.

Uma lagrima rolou pelo rosto bonito de Silvia Navarro que, no íntimo, já não desejava maldade a ninguém. Madalena então se voltou para ela e disse:

– A tragédia que fez com que a família Cassel se mudasse de uma vez por todas para a mansão na baia da Gasconha. Pois bem, você sempre quis saber o que houve e agora eu posso lhe dizer.

Os olhos de Silvia brilharam. E voltando os olhos para o passado, Madalena relatou o que o mundo espiritual lhe havia permitido conhecer.

Em 1797, Jean-Pierre encarnou em condições paupérrimas e se apaixonou perdidamente pela jovem Silvia, que também nascera pobre. Por imposição dos pais da moça, e da própria Silvia que sonhava ter uma vida mais abastada, ela acabou optando por se casar com Vincent; que na ocasião era de classe média alta. Sua decisão deixou Jean-Pierre arrasado; com a ajuda de um senhor muito rico e solitário, ele pôde pagar seus estudos de Medicina na melhor universidade inglesa da época. Depois de formado, Jean-Pierre se casou com uma jovem chamada Isabelle, na esperança de esquecer Silvia. Quando percebeu que não conseguiria, voltou para a cidade onde nasceu e cresceu só para poder rever a moça e provocá-la. Abriu um consultório no local e começou a clinicar ansioso para que Silvia contraísse uma doença que a obrigasse a se consultar com ele. Quando isso aconteceu, Jean-Pierre considerou aquele o momento perfeito para matar a saudade da mulher amada e, também, armar-lhe uma vingança por ter preferido se casar com outro homem. Silvia se deixou ser examinada pelo médico que, no fundo, a apalpava com segundas intenções. Exames foram feitos e antes que Jean-Pierre revelasse o resultado para sua paciente, Vincent o procurou para ter uma conversa em particular.

"Preferi conversar com você a sós para não deixar Silvia em pânico caso o exame dela apresente algo de muito grave."

Jean-Pierre se fez claro e objetivo:

"É grave! Silvia deve ter no máximo três ou quatro meses de vida. Com sorte, seis!"

Vincent engoliu em seco, tentando evitar o pranto inevitável. Jean--Pierre, por sua vez, deliciava-se com o seu sofrimento. Inventara aquela mentira com o propósito de fazer Silvia e o marido sofrerem, porém, Vincent decidiu não revelar nada a Silvia para não a fazer sofrer, o que prejudicou, de certo modo, os planos de vingança de Jean-Pierre.

Nas semanas que se seguiram, Jean-Pierre visitava a paciente com a desculpa de que precisava fazer-lhe exames periódicos quando, na verdade, queria mais era desfrutar da sua companhia e se refestelar com o sofrimento de Vincent por acreditar que a esposa em breve iria morrer.

Certo dia, Jean-Pierre chegava à mansão quando avistou Vicent saindo da casa, chorando desesperadamente. Correu na sua direção para saber o que havia acontecido. Mas Vincent, tomado de aflição, não conseguia responder a nenhuma pergunta que Jean-Pierre lhe fazia. Tudo o que conseguiu dizer foi o nome da esposa.

"O que tem Silvia?", empertigou-se Jean-Pierre, pressentindo algo muito grave no ar. Não esperou pela resposta, entrou na mansão onde o casal vivia, invadindo seu interior sem se ater aos bons modos da época. Subiu a grande escadaria que ligava os dois andares da morada numa velocidade assustadora. Chegando ao quarto de Silvia, correu até a cama onde a moça jazia.

"Não faça isso comigo!", falou Jean-Pierre em tom de súplica. "Não faz isso!", gritou, ardido. Erguendo a morta nos braços e a abraçando desesperadamente, continuou a gritar: "Você não pode morrer! Não é justo!".

Vincent surgiu a seguir e explicou, entre lágrimas:

"Ela não suportou esperar pela morte. Não a condeno, de que valeria se o fim era tão certo e tão próximo?"

Jean-Pierre olhou para o copo onde a própria Silvia havia posto o veneno para dar fim à vida que acreditava estar no fim. Havia uma carta de despedida, escrita por ela numa caligrafia trêmula e pálida.

Num movimento desesperador, Jean-Pierre começou a chacoalhar o cadáver da jovem que tanto amava e seus berros atraíram a atenção dos demais moradores e empregados da residência.

"Acorda!", suplicava ele incansavelmente. "Isso não é real!"

"Deixe sua alma em paz, Jean-Pierre", ordenou Vincent severamente. "Deixe-a em paz!".

E seu tom fez o médico voltar a si, afastando-se da cama, andando de um lado para o outro, enquanto mergulhava as mãos nos cabelos num gesto desesperador.

"Silvia não podia ter feito isso! Não podia!".

E Vicent sustentou sua opinião a respeito da decisão da esposa:

"Foi melhor assim para evitar sofrimentos piores. Logo seu físico padeceria e...".

Um choro inesperado cortou a frase ao meio. Via-se, então, naquele cômodo lúgubre e tristonho, dois moços que amaram perdidamente uma mesma mulher, tomados pelo desespero da perda.

"Você ainda tinha esperanças de que ela sobreviveria à doença?", perguntou Vincent quando conseguiu firmar a voz.

Os lábios de Jean-Pierre moveram-se sem emitir som algum.

"Acreditava?!"

O horror nos olhos do médico assustou Vincent que logo compreendeu o que realmente se passava com Jean-Pierre. Isso o fez dar um passo à frente, na direção do moço, fitando-o austeramente.

"Ela estava condenada, não estava?", indagou, olhando com profunda atenção para o médico. "Você disse que ela estava...".

Ao ver Jean-Pierre engolindo em seco, Vincent foi até ele o agarrou pelo colarinho.

"Olha para mim!", gritou, chacoalhando o fulano feito uma marionete. "Você disse que ela só tinha mais algumas semanas de vida... Você disse!".

E num movimento brusco, Vincent empurrou o médico para longe de si. Voltou-se para a esposa sobre o leito e a agarrou, apertando fundo e chorando obstinadamente:

"Traga-a de volta!", gritou, endereçando o pedido ao próprio Jean--Pierre que timidamente respondeu:

"Como?".

"Você é médico, tem de saber!".

"Não há mais nada o que fazer."

E Vicent apertou Silvia em seus braços, chorando copiosamente.

"Por quê?", indagou em meio a um pranto agonizante. "Por que você fez isso conosco?".

Mas Jean-Pierre não precisava responder à pergunta. A verdade era uma só: Silvia havia preferido se casar com Vincent e não com ele, Jean-Pierre, que naquela vida a amara também tão loucamente quanto na existência posterior.

"Você é um assassino...", afirmou Vincent, transtornado. "Você...".

Vincent largou o corpo da amada e deixou o quarto, escorando-se nos móveis e paredes. Assim que partiu, Jean-Pierre ajoelhou-se rente a cama, pegou a mão de Silvia e a beijou enquanto dizia, suplicantemente:

"Perdão! Perdão! Perdão! Mas você me trocou por ele. Eu a amava. Era louco por você e, mesmo assim, você o preferiu. Eu só queria lhe dar uma lição, fazê-la sofrer um pouco, como eu sofri ao perdê-la. Você não iria morrer tão cedo, gozava de plena saúde... Eu inventei que você estava à beira da morte para maltratar você e ele... Acabar com a felicidade de vocês dois e poder ter um motivo para vir aqui lhe ver constantemente. Foi por isso que...".

A voz de Vincent ecoou no quarto:

"Você mentiu!", exclamou, adentrando o cômodo com uma arma na mão que apontava na direção daquele que tinha como rival. "Você destruiu as nossas vidas! Que você queime no quinto dos infernos seu... seu infeliz!".

E a arma disparou atingindo Jean-Pierre no peito, num tiro fatal.

"Vá para o inferno, demônio. Para o inferno!".

E curvando-se sobre Silvia, Vincent a beijou e a seguir atirou em si mesmo.

Quando os familiares e os empregados chegaram ali, o que se via naquele quarto que um dia abrigara um casal feliz, era a morte jorrando um sangue que mancharia por muito tempo a vida daqueles três espíritos.

Assim que Silvia recobrou os sentidos no plano espiritual e tomou conhecimento do que realmente havia acontecido, odiou Jean-Pierre, mais do que qualquer coisa no mundo, pois ele havia destruído sua vida e os sonhos que ela poderia realizar. Silvia se voltou contra Deus por acreditar que Ele a deveria ter impedido de cair numa mentira como aquela.

Vincent, por sua vez, não perdoou Silvia pelo que atraiu para ambos. Contudo, viveu no limiar do amor e do ódio se alternando constantemente.

Jean-Pierre, no plano espiritual, prometeu fazer o possível e o impossível para reparar o grande mal cometido.

Quando Isabelle, esposa de Jean-Pierre, soube do acontecido, por pouco não enlouqueceu. Dependia do marido para sobreviver e com ele, morto, sua condição financeira se tornou um caos. Havia ainda o filho do casal para criar e ela teria de ser muito forte para superar a culpa que a acompanhou até o seu desencarne: a mentira fora ideia dela, para que também fosse uma forma de fazer sofrer aquela que tivera como rival. Seria eternamente difícil para ela amar um homem sabendo que ele ainda amava outra.

Madalena fez uma pausa e Silvia comentou com voz embargada:

– Mas Silvia foi apenas uma vítima em toda essa história. E depois ela teve uma vida tão cruel...

– Não teve não! Se você prestar bem atenção, verá que Silvia teve uma vida cheia de oportunidades para ser feliz e próspera e ela jogou tudo para o alto.

– Mas, afinal, por qual dos dois moços Silvia era realmente apaixonada quando se deu essa tragédia?

– Penso que foi sempre por Vincent, mas o fato desse amor tê-lo feito assassinar Jean-Pierre e depois levá-lo ao suicídio, fez com que Vincent passasse a amar e odiar Silvia, ao mesmo tempo. Por isso, ele a amou e desamou na encarnação em que nasceu gêmeo de Jean-Pierre. Foi para puni-la pelo mal que havia lhe feito na vida anterior aquela. E toda mentira que Isabelle viveu ao lado de Vincent, quando ele se passou por Jean-Pierre Cassel, seu irmão gêmeo na ocasião, foi a própria Isabelle quem atraiu tal experiência para si por ter incitado Jean-Pierre a mentir, diagnosticando Silvia com uma doença terminal. A ideia foi dela!

– Devemos levar em consideração, também, que Silvia estava grávida quando tomou a dose de veneno. Com isso, o bebê que gerava em seu ventre também morreu. E Jean-Pierre sabia a respeito da sua gravidez. Tanto, que o mal-estar que ela sentia e obrigou Vincent a chamá-lo em sua casa para examinar a esposa, eram sintomas da gravidez, sobre os quais Jean-Pierre afirmou ser uma doença grave que em questão de semanas mataria a moça. Outra criança também morreu nessa história. Isabelle havia engravidado de Jean-Pierre pela segunda vez e, por não ter mais uma fonte de renda segura por causa da morte do marido, ela fez um aborto.

– Então foram cinco mortes. Praticamente cinco assassinatos.

– Sim. E tudo por causa de uma paixão ensandecida por parte de Jean-Pierre e Isabelle.

– E esses bebês? Reencarnaram certamente tempos depois?

– Sem dúvida. Mas não sei dizer quem foram eles no passado nem no presente.

– Que história mais triste – murmurou Silvia emotiva.

– Sim. Trágica – concordou Madalena também comovida. – Uma simples mentira destruiu a vida de muitas famílias, pois os pais de cada um dos envolvidos na tragédia nunca mais se recuperaram do acontecido.

Mathias Soriat, pai de Silvia na ocasião, revoltou-se com Deus, fez um pacto com o demônio e isso o levou a uma encarnação cheia de promiscuidade e mau-caratismo.

Dulce, mãe de Silvia na ocasião, encarou a tragédia como uma punição por ela não ter sido tão devota a Deus quanto achou que deveria e por isso decidiu ser freira na encarnação seguinte. Quando se tornou Irmã Dulce.

Carmem e Valentino, pais de Vincent na ocasião da tragédia, jamais perdoaram o filho por ter assassinado Jean-Pierre e se suicidado a seguir. O repúdio pelo espírito do rapaz, ainda que de forma inconsciente, afastou Vincent deles na encarnação em que ele foi criado por Angelina Chermont.

O que poucos souberam, na existência em questão, é que foi Valentino Cassel quem pagou os estudos para Jean-Pierre se formar em medicina. O pagamento foi feito em troca de ele deixar Silvia livre para Vincent cortejá-la e se casar com ela, como de fato aconteceu. Jean-Pierre aceitou a proposta por pensar que com um diploma de medicina nas mãos seria mais bem-quisto pela sociedade e pela própria Silvia. Doce ilusão. Por isso ele reencarnou totalmente desprovido de ambição financeira e soberba na existência em que nasceu irmão gêmeo de Vincent Pérez.

Carmem e Valentino se culparam tanto pela desgraça que se abateu sobre todos que atraíram Jean-Pierre como filho do casal, na encarnação seguinte, na esperança de se redimirem perante o espírito do rapaz. E Vincent e Jean-Pierre nasceram lado a lado, mais uma vez, gêmeos, para se redimirem do que fizeram um ao outro na encarnação que terminou em tragédia.

Georges Dupont fora o pai de Jean-Pierre na encarnação em que ele se formou em medicina e morreu com um tiro à queima-roupa disparado por Vincent Cassel na ocasião. Georges muito se culpou por não ter nascido em condições financeiras cabíveis para dar ao filho o status que talvez, porventura, tivesse feito Silvia tê-lo escolhido como marido. Por isso, Georges, na encarnação em que trabalhou como mordomo, nunca viu Vincent Pérez com bons olhos, tampouco Silvia Navarro quando ela chegou à mansão dos Cassel.

E ainda há um fato curioso em toda essa história. Joanna Mullins trabalhava na casa de Vincent e Silvia na vida em que ocorreu tal tragédia. Joanna era louca pelo patrão, a ponto de desejar que ele ficasse viúvo para desposá-la. Foi ela quem descobriu que Silvia estava supostamente com os dias contados e revelou o fato à patroa. Fez isso para torturá-la com a notícia. Foi Joanna também quem incitou Silvia a se matar antes que a suposta doença a matasse. E para isso, conseguiu o veneno adequado. Assim, ela seduziria Vincent que, viúvo, poderia se casar com ela.

– Joanna Mullins, quem diria... – Silvia soltou um assovio. – Então, foi por isso que a família Cassel se mudou para a casa na baia da Gasconha. De qualquer modo, a mudança não os impediu de viver novos amargores e desafios em vidas futuras.

– Não impediu, porque as verdades de cada um não estão alojadas dentro de uma casa, e sim, na alma de cada espírito. Você pode até mudar de casa, mas de alma, não! E é nela que reside todas as suas virtudes, defeitos e acertos que devem ser feitos.

Silvia compreendeu e a seguir comentou:

– Mas, agora, Jean-Pierre e Isabelle estão juntos novamente e a paz finalmente reinará entre todos.

– Contudo, a história de cada um não tem fim. Nem como um livro em que se chega a última página e se lê "Fim". Ainda há muito por vir.

Silvia assentiu e a pergunta inevitável saltou-lhe aos lábios:

– E quanto a Marguerite, o que fez ela para ter uma vida tão despudorada na existência passada e na atual? O que fiz a ela para me odiar tanto, mesmo eu tentando ser boa para ela?

– É uma ótima questão – respondeu Madalena pensativa. – Penso que a desforra entre vocês duas teve início na vida em que você encarnou na África e ajudou os mercadores de escravos a escravizar seu próprio povo. Marguerite certamente era uma das mulheres que você entregou aos brancos e, por algum motivo, arrependeu-se mais tarde. Deveriam ser amigas e você traiu sua amizade em troca de bens materiais. Angelina também tomou parte dessa fase e eu, talvez, também estava lá.

– Pelo visto, somos todos culpados pelo que nos aconteceu e acontece de ruim.

– É porque nos deixamos levar por impulsos, cobiça, ciúme, ganância, vaidade. Só mesmo na dor é que refletimos sobre os nossos atos e percebemos que precisamos mudar ou nos redimir. É por isso que existe o processo das encarnações, para que cada um possa se refazer dos males cometidos. Sem a encarnação não poderíamos fazer justiça por nós mesmos. Tampouco aproveitar a vida de uma forma mais saudável e inteligente.

– Você disse tudo, Madalena! *Perfect!*

O encontro terminou com Silvia soprando um beijo para Madalena, já que todos deviam manter distanciamento para evitar o contágio do vírus.

Horas depois, na mansão dos Cassel, Isabelle confortava o pequeno Jean-Luc em seus braços. Charles aproximou-se dos dois, olhando com carinho para o menino.

– Posso pegá-lo um pouquinho?

Visto que o moço usava máscara e havia desinfetado as mãos com álcool em gel, a cunhada atendeu prontamente ao seu pedido. Quando Charles tomou o menino em seus braços, o garotinho aquietou-se no mesmo instante, o que impressionou Isabelle.

– Ele gosta de você – comentou ela olhando com surpresa para o cunhado.

– Eu também gosto muito dele – respondeu Charles com olhos marejados.

Foi o tom que Charles usou para falar do menino e seu olhar fraternal para a criança que fez Isabelle recordar-se das palavras que Jean-Pierre havia lhe dito, quando descobrira que não podia ter filhos pelos meios tradicionais e fizera uso de um banco de doadores incógnitos:

"Foi a única forma que encontrei de realizar o seu desejo de ser mãe. Poderíamos ter adotado uma criança, mas o que você queria era gerar uma do seu próprio ventre e então..."

Estaria ela imaginando coisas? Seria Charles, na verdade, o pai biológico de Jean-Luc Cassel?

A verdade ainda viria à tona, trazendo com ela muitas reviravoltas; o que prova que uma história relatada num livro não termina na sua última página, prossegue, como a história de cada um de nós.

Não há como colocar um ponto final na narrativa do que vivemos, pois estamos sempre tomando parte de novos acontecimentos que nos farão progredir na escalada da evolução. Em qualquer plano do universo, estamos sempre em movimento. Quando contamos uma história, relatamos apenas parte da nossa existência, não do todo de nossa vida, que está em constante mutação...

Tudo o que fizer por amor ou ódio voltará para você.
Então que se faça tudo por amor
para só o amor merecer.
Mas ninguém saberá o que é realmente
o amor até que prove do desamor.
E não conhecerá a alegria
até que prove da tristeza,
e numa nova existência
seja superior as suas próprias fraquezas.

*Américo Simões*

**OBRAS DO AUTOR**

1- A ETERNIDADE DAS PAIXÕES. 2 - AMANDO EM SILÊNCIO
3 - AS APARÊNCIAS ENGANAM. 4 - A OUTRA FACE DO AMOR
5 - A VIDA SEMPRE CONTINUA. 6 - A SOLIDÃO DO ESPINHO
7 - A LÁGRIMA NÃO É SÓ DE QUEM CHORA
8 - AS PAZES COMIGO FAREI. 9 - DÍVIDAS DE AMOR
10 - DEUS NUNCA NOS DEIXA SÓS. 11 - DEPOIS DE TUDO, SER FELIZ
12 - E O AMOR RESISTIU AO TEMPO. 13 - ENTRE O MEDO E O DESEJO
14 - FALSO BRILHANTE, DIAMANTE VERDADEIRO
15 - HORA DE RECOMEÇAR. 16 - MULHERES FÊNIX
17 - NENHUM AMOR É EM VÃO.18 - NEM QUE O MUNDO CAIA SOBRE MIM
19 - NINGUÉM DESVIA O DESTINO. 20 - O QUE RESTOU DE NÓS DOIS
21 - O AMIGO QUE VEIO DAS ESTRELAS. 22 - O DOCE AMARGO DA INVEJA
23 - O AMOR TUDO SUPORTA? 24 - O LADO OCULTO DAS PAIXÕES
25 - PAIXÃO NÃO SE APAGA COM A DOR.
26 - POR ENTRE AS FLORES DO PERDÃO 27 - POR UM BEIJO ETERNO
28 - POR AMOR, SOMOS MAIS FORTES. 29 - PAIXÕES QUE FEREM
30 - QUANDO É INVERNO EM NOSSO CORAÇÃO
31 - QUANDO O CORAÇÃO ESCOLHE. 32 - QUEM EU TANTO AMEI
33 - SE NÃO AMÁSSEMOS TANTO ASSIM
34 - SEM VOCÊ, É SÓ SAUDADE. 35 - SEM AMOR EU NADA SERIA
36 - SÓ O CORAÇÃO PODE ENTENDER
37 - SUAS VERDADES O TEMPO NÃO APAGA
38 - SOLIDÃO, NUNCA MAIS. 39 - VIDAS QUE NOS COMPLETAM
40 - CASTELOS DE AREIA. 41 - O AMANTE CIGANO. 42 - SEGREDOS
43 - PAI HERÓI. 44 - O NOSSO AMOR DE ONTEM
45 - VOCÊ NÃO SOUBE ME AMAR.
46.O DESTINO OS AMANTES. 47 - O ESPELHO TEM DUAS FACES
48 - PELAS ESQUINAS DA VIDA E DA MORTE.
49 - A DOIS PASSOS DO PARAÍSO.
50 - OS CAMINHOS DO HORIZONTE ONDE EU FUI TE REENCONTRAR
51- DEPOIS DE TER VOCÊ

Acompanhe a página do autor nas redes sociais
Américo Simões (No Youtube) - Meco Garrido (No Youtube)
americo_simoes_escritor (No Instagram)
Américo Simões Romances (No Facebook)